대원불교
학술총서
09

대원불교
학술총서
09

철학으로서의 불교

Buddhism As Philosophy
(Second Edition)

마크 시더리츠 지음
강병화 옮김

운주사

발간사

오늘날 인류 사회는 4차 산업혁명을 통해 완전히 새로운 세상을 맞이하고 있습니다. 전통적인 인간관과 세계관이 크게 흔들리면서, 종교계에도 새로운 변혁이 불가피하게 되었습니다. 이런 상황에서 대한불교진흥원은 다음과 같은 취지로 대원불교총서를 발간하려고 합니다.

첫째로, 현대 과학의 발전을 토대로 불교를 현대적으로 재해석할 필요가 있습니다. 불교는 어느 종교보다도 과학과 가장 잘 조화될 수 있는 종교입니다. 이런 평가에 걸맞게 불교를 현대적 용어로 새롭게 이해할 수 있도록 하려고 합니다.

둘째로, 현대 생활에 맞게 불교를 이해할 필요가 있습니다. 불교가 형성되던 시대 상황과 오늘날의 상황은 너무나 많이 변했습니다. 이런 변화된 상황에서 부처님의 가르침을 제대로 이해할 수 있도록 하려고 합니다.

셋째로, 불교의 발전과정을 종합적으로 이해할 필요가 있습니다. 북방불교, 남방불교, 티베트불교, 현대 서구불교 등은 같은 뿌리에서 다른 꽃들을 피웠습니다. 세계화 시대에 부응하여 이들 발전을 한데 묶어 불교에 대한 총체적 이해가 가능하도록 하려고 합니다.

대원불교총서는 대한불교진흥원의 장기 프로젝트의 하나로서 두 종류로 출간될 예정입니다. 하나는 대원불교학술총서이고 다른 하나는 대원불교문화총서입니다. 학술총서는 학술성과 대중성 양 측면을 모두 갖추려고 하며, 문화총서는 젊은 세대의 관심과 감각에 맞추려고 합니다.

본 총서 발간이 한국불교 중흥에 조금이나마 기여할 수 있기를 바랍니다.

불기 2567년(서기 2023년) 7월

(재)대한불교진흥원

이 책에 대해

『철학으로서의 불교』는 학생들을 교육할 때 일어날 수 있는 어떤 특수한 틈새를 메우기 위해 작성되었다. 이를테면, 불교철학 전통 전체나 일부에 방점을 둔 학부 철학과정에서 사용할 수 있도록 교과서 역할을 도맡는 것이다. 이 과정 중의 학생들이나 강사가 아니라 해도, 일반 독자들에게도 흥미롭게 다가가는 저술이기를 희망하는 것도 물론이다. 일단은 먼저, 무엇은 하고 또 무엇은 하지 않을지 언급해 두면서, 어떻게 하면 수업 중 이 책이 가장 잘 활용될 수 있을지 몇 마디 하는 게 좋겠다.

가장 먼저 밝혀야 할 점은 이 책의 범위에 대한 문제다. 불교철학 전통은 붓다로부터 시작되어 남아시아에서 1,500년 동안 전개되는 동안 동남아시아, 티베트, 동아시아로 퍼져 나갔고, 오늘날에도 발전을 이어오고 있다. 이 책은 이 전통의 남아시아 부분만을 다루고 있다. 이를 통해, 인도 전통에 대응해 오면서 발전한 각각의 불교 전통을 탐구하는 데 필요한 배경 지식을 제공한다. 하지만 이 책은 보다시피 이미 충분히 길다. 공정을 기해, 불교 전통의 다른 부분들도 다루려면, 훨씬 더 많은 시간이 필요할 것이다.

최근 몇 년 동안, 인도 불교철학을 주제로 한 연구가 큰 증가세에 있다. 이는 당연히 불교철학 텍스트와 이론, 교리를 어떻게 해석하는 게 최선일지를 놓고 학문적 견해의 불일치가 등장했다는 걸 의미한다.

대승불교의 유가행파가 외부세계 반실재론의 한 형태인지, 또 어떤 불교 철학자가 모순된 진술이 참일 수 있다고 주장하는지 같은 문제에 대해 의견을 달리하는 일들이 일어났다. 견해 간의 불일치 문제를 여기서 논의하지는 않을 것이다. 우리는 여기에 제시된 해석들은 모두 방어 가능하다고 생각한다. 하지만 반론을 방어하는 일은 학술지 지면에 맡겨두는 게 가장 좋을 것이라 판단했다. 학생들이라면 여기에 제시된 해석보다 해당 전통을 독해하는 여타의 방법을 배우는 데 관심이 있을 수 있다. 장 끝에 있는 더 읽을거리 목록이 유용한 지침이 될 것이다. 하지만 우리는 학자들 간의 해석 불일치에 대해 꼼꼼히 논의하는 일이 학생들의 학습 초입 단계에서는 산만감을 줄 수 있다고 생각했다.

이 책의 특정 지점에서는 불교의 개념과 이론, 또는 주장을 서양 전통의 일부 관련 항목과 비교한다. 이는 불교 사상이 '진정한 철학'임을 보여주기 위한 일이 아니라는 점을 꼭 강조해 두고 싶다. 우리는 불교의 방대한 문헌을 연구하는 사람이라면, 이 문헌군의 저자들이 철학 탐구에 종사하고 있었다는 점을 분명히 알 수 있을 거라 생각한다. 불교가 철학적이라는 사실은 특별히 호소할 일도 아닌 것이다. 이 책은 철학과의 학부과정에서 활용하기에 적합하도록 저술되었고, 이런 맥락에서 서양 전통의 유사하거나 관련된 개념 및 이론과 비교해 보는 일은 두 가지 이유로 의미가 있다. 첫째, 이러한 과정 중의 일부 학생들은 이미 서양 전통에 익숙할 것이고, 그래서 이미 배운 것과 연결하는 일은 유용한 교수 전략이 된다. 둘째, 이 둘을 비교할 때 서양 전통에 아직 친숙하지 않은 학생들의 경우, 철학 강사는 학생들이 철학 학부과정의 내용을 넘어 더 많이 탐구해 보도록 장려하고 싶을 수 있다. 하지만 어쨌든, 강사는 이 강의가 처음이자 아마도 마지막 철학과정일 수도 있는 학생들에게 이 둘을 비교하는 데 있어 서양철학의 측면을 꼭 설명해야 한다고 생각할 필요는 없다. 비교를 통해 무언가를 얻을 수도 있지만, 그렇지 않더라도 잃을 건 없으니 말이다.

이 책의 내용 중 일부는 몇몇 학생들, 특히 철학을 이전에 접해 본 적이 없는 학생들에게 어려울 것이다. 일부 개별 장(5장 및 7장)은 상당히 길고 많은 부분을 다루고 있다. 독서 과제는 한 장의 한 절 또는 몇 절로 짜되, 한 번에 전체 장을 부과하지 않는 게 좋다. 그리고 책에 나오는 자료에 대해 아마 상급 학부과정에서는 충실히 다룰 수 있겠지만, 여건이 그렇지 않다면 전체를 다 다루지 못할 수도 있다. 예를 들어, 9장은 어떤 경우에는 너무 끝에 있는 장일 수도 있다. 강사가 시간이 촉박하다고 느낀다면 다음 부분은 건너뛸 수 있다.

> 4장 4절과 9장 6절로, 여기서는 완전히 존재하지 않는 것에 대해 유의미한 말을 하는 게 가능한지의 문제를 다루고 있다.
>
> 5장 9절로, 여기서는 표상주의에 대한 한 논증을 탐구한다. 바로 앞 절에 다른 논증이 제시되어 있고, 또 논증의 제안자가 전개하는 이 표상주의에 대한 논증은 명확성이 떨어지기 때문에, 이후 표상주의 논제를 활용하는 일이 위태롭지 않도록 이 논의는 생략할 수 있다.

7장 7절로, 여기서는 궁극적으로 실재하는 것들의 본성을 언어로 표현할 수 없다는 유가행파의 논제에 대한 논증을 논의하고 있다.

역사적 기록을 엄격히 준수하고자 하는 강사의 경우, 3장의 4절과 5절, 5장 2절은 문제가 있어 보일 수 있다.

3장 4절은 8세기 중관학파 철학자 샨티데바가 전개한 논증을 논의하고 있다. 이 장의 전체가 초기 아비달마에서 이미 시행되고 있는 윤리학을 어떻게 접근해야 할지 설명하려는 시도이기 때문에, 이 논증은 일부의 관점에서는 부적절하다고 생각할 수 있다.

3장 5절에서는 인도의 불교 철학자들이 논의하지 않았던 문제, 즉 소위 자유의지 문제에 대해 논의한다. 학생들은 이 쟁점에 대해 자주들 문제 제기하며, 학자들은 불교도가 제시할 수 있는 몇 가지 답안을 제안했다. 하지만 여기에 기술된 해결책은 역사적 기록에서는 찾아볼 수 없는 답안들이다.

5장 2절에서는 인도불교 전통에서 결코 충분히 전개되지 않은, 무아를 입증하는 접근법을 논의하고 있다. 더욱이 이 논의는 대승 문헌인『대지도론』속의 한 일화에 의해 촉발되었기에, 아비달마 이론을 다루는 장에는 어울리지 않는다고 여겨질 수 있다.

유가행파는 7장에서, 또 중관학파는 8장에서 다루어지고 있는데, 이는 이들 학파가 처음 전개되기 시작한 역사적 순서를 바꾼 것이다. 그 이유는 중관학파의 변증법적 방식을 접한 학생들 중 유가행파의 형이상학적 이론으로 돌아가기 꺼리는 경우들이 있다는 데 있다. 그럼에도 불구하고, 역사적 기록을 고수하기로 마음먹은 강사라면, 이 장들을 역순으로 짚어갈 수 있다.

강사들은 이따금 이 책의 방식과는 달리, 불교의 철학적 전통 중 일부를 가져다 서양 전통에 몰두하는 강좌를 열고자 한다. 이 책이 그러한 목적을 위해 사용될 수 있는 방법은 붓다의 기본 가르침과 철학의 세부설명 간 공통된 핵심사항을 제시하는 자료로 시작해(1~3장, 3장 5절은 생략 가능), 나머지 일부 장들을 활용하여 공통된 핵심사항이 전개된 다양한 방식에 대해 논의를 하는 것이다. 예를 들어, (아비달마를 다루는) 5장부터는 관심을 1·3·4·5절에만 국한해 쏟을 수 있다. 유가행파에 대한 논의는 7장의 1~4절과 6절에 제시된 자료에만 초점을 국한시킬 수 있다. 중관학파에 대한 짧은 탐구는 8장의 1~4절과 7절에 초점을 맞출 수 있다. 그리고 여기에 제시된 자료들은 다양한 방식으로 구성되어 있어 여타의 수업 상황에 맞춰 활용되기에 적합하리라 생각된다.

제프 딘(Jeff Dean)과 리즈 윌슨(Liz Wilson), 그리고 해킷 출판사(Hackett Publishing) 직원의 도움과 격려가 없었더라면, 『철학으로서의 불교』 2판을 준비하는 일은 불가능했을 것이다. 많은 분들이 초판을 갱신하고 개선하는 방법에 대한 유용한 제안을 했다. 로라 게레로(Laura Guerrero)와 말콤 키팅(Malcolm Keating)은 자신들의 카우샬라

(kauśalya) 상담으로 무궁무진한 공덕을 지었다. 나는 매튜 다스티(Matthew Dasti), 그레이엄 프리스트(Graham Priest), 카스텐 스트룰(Karsten Struhl), 얀 웨스터호프(Jan Westerhoff), 해킷의 이름 모를 검토자의 조언과 제안으로부터도 도움을 받았다. 말할 필요도 없이, 남아 있는 흠결은 단지 이 인과연속에 대한 무시이래의 무지에 기인하는 바이다.

번역문 출처, 발음 안내

약어

AKBh: *Abhidharmakośābhāṣyam of Vasubandhu*, Prahlad Pradhan, ed.(Patna: Jayaswal Research Institute, 1975).

AP: *Ālambanaparīkṣā with Ālambanaparīkṣāvṛtti of Diṅnāga*, N. Aiyaswami Shastri, ed.(Madras: The Adyar Library, 1942).

BCA: *The Bodhicāryāvatāra of Śāntideva with the Commentary Pañjika of Prajñākaramati*, P. L. Vaidya, ed.(Dharbanga: Mithila Institute, 1960).

BSB: *Bodhisattvabhūmi*, Nalinaksha Dutt, ed., Tibetan Sanskrit Works, vol.8 (Patna, 1966).

M: *Majjhima Nikāya*, V. Trenckner, ed.(London: Pali Text Society, 1948-1960).

MMK: *Mūlamadhyamakakārikā*, Raghunath Pandeya, ed., as *The Madhyamakaśāstram of Nāgārjuna, with the Commentaries Akutobhayā by Nāgārjuna, Madhyamakavṛtti by Buddhapālita, Prajñāpradīpavṛtti by Bhāviveka, and Prasannapadā by Candrakīrti*(Delhi: Motilal Banarsidass, 1988).

MP: *Milindapañho*, R. D. Vadekar, ed.(Bombay: Bombay University Publications 1972).

MPS (*Mahāprajñāparāmitā Śāstra*): Étienne Lamotte, trans., *Le traité de la grande vertu de sagesse de Nāgārjuna*(*Mahāprajñāpāramitāśāstra*) (Louvain, 1944).

NS, NSB, NSV: *Nyāyadarśanam of Gotama, with Vātsyayana's Bhāṣya,*

Uddyotakara's Vārttika, Vācaspati Miśra's Tātparyatika, and Viśvanātha's Vṛtti, Tārānātha Nyāya Tarkatīrtha and Amarendramohan Tarkatīrtha, eds.(Delhi: Munshiram Manoharlal, 2003).

PV, PVBh: *The Pramāṇavārttikam of Dharmakīrti*, Ram Chandra Pandeya, ed.(Delhi: Motilal Banarsidass, 1989).

S: *Saṃyutta Nikāya*, M. Leon Feer, ed., 5vols.(London: Pali Text Society, 1884-1898).

TB: *Bauddha Tarkabhāṣā of Mokṣākaragupta*, B. N. Singh, ed. and trans. (Varanasi: Asha Prakashan, 1985).

TS: *Tattvasaṅgraha of Sāntarakṣita*, edited with the Pañjikā(=TSP) by Embar Krishnamacharya(Baroda: Oriental Institute, 1984).

Triṃś: "*Triṃśikā: Kārikā* and *Bhāṣya*", in Vijñaptimātratāsiddhi, K. N. Chatterjee, ed.(Varanasi: Kishor Vidya Niketan, 1980), pp.27-134.

Viṃś: "*Viṃśatikā: Kārikā* and *Vṛtti*", in *Vijñaptimātratāsiddhi*, K. N. Chatterjee, ed.(Varanasi: Kishor Vidya Niketan, 1980), pp.1-26.

VM: *Visuddhimagga of Buddhaghosâcariya*, Henry Clarke Warren, ed., rev. by Dharmananda Kosambi(Cambridge, MA: Harvard University Press, 1950).

VV: *Vigrahavyāvartanī*, edited and translated in *The dialectical method of Nāgārjuna*:(Vigrahavyāvartinī), E. H. Johnston and Arnold Kunst, eds., Kamaleswar Bhattacharya, trans.(Delhi: Motilal Banarsidass, 1978).

발음

1. 모음(*ā, ī, ū*) 위의 장음 기호는 모음의 값이 그 길이에 있어 두 배가 됨을 나타내는 것이다. 따라서 *a*는 "but"의 "*u*"와 비슷하게 발음되지만, *ā*는 "father"의 "a"와 비슷하게 발음되면서 더 길게 유지된다.

2. 자음 뒤의 *h*는 기음을 나타낸다. 즉, 자음 소리 뒤에 후 부는 입김이 뒤따른다. 따라서 *th*는 "the"의 "th"와 비슷하게 발음되지 않고 "warthog"의 "th"와 비슷하게 발음된다.
3. *c*와 *ch*는 둘 다 "cherry"의 "ch"와 대략 비슷하게 발음되지만, c는 기음 없이 발음된다.
4. 세 개의 치찰음 *s*, *ś*, *ṣ* 중 첫 번째는 English의 "s"와 비슷하게, 두 번째와 세 번째는 English의 "sh"와 대략 비슷하게 발음된다.
5. 산스크리트어에는 음의 높이 혹은 음조의 악센트는 없지만, 3음절과 4음절 단어의 강세 악센트는 대략 다음과 같이 작동한다.

> 끝에서 두 번째 음절에 장모음이 있는 경우(예를 들어, *Nikāya의 kā*), 강세는 끝에서 두 번째 음절에 온다. 즉, ni-KĀ-ya.
>
> 끝에서 두 번째 음절에 단모음이 있는 경우(예를 들어, Nāgārjuna의 *ju* 또는 Himālaya의 *la*), 강세는 앞의 음절에 온다. 즉, nā-GĀR-ju-na, hi-MĀ-la-ya.

산스크리트어 발음에 대한 더 자세한 내용은 Rigpa Shedra Wiki 웹사이트의 "Pronunciation of Sanskrit words"(https://www.rigpawiki.org/ index.php?title=Pronunciation_of_Sanskrit_words) 참조.

발간사 • 5
이 책에 대해 • 7
번역문 출처, 발음 안내 • 13

서론 ● 철학으로서의 불교? 21
1. 철학이란 무엇인가? • 21
2. 불교란 무엇인가? • 29
3. 철학으로서의 불교 검토하기 • 42

1장 초기불교: 기본 가르침 50
1. 붓다는 누구였는가? • 50
2. 첫 번째 가르침 • 56
3. 괴로움의 원인과 치료 • 65
4. 괴로움 없이 살아가기 • 75

2장 공한 인격체 85
1. 본질로서의 자아 • 86
2. 오온 • 93
3. 무상에 근거해 무아를 주장하기 • 98
4. 통제자 논증 • 116
5. 편리한 지시어로서의 "인격체" • 125
6. 두 종류의 진리二諦 • 138

7. 세속적 실재로서의 인격체 • 141
8. 무아와 재생 • 154

3장 불교 윤리 162
1. 열반은 기술될 수 있는가? • 163
2. 단멸론자가 말하는 열반이란 무엇인가? • 172
3. 열반은 무엇과 같을까 • 178
4. 도덕적 의무의 토대 • 182
5. 온들의 집합의 인과적 연속에는 자유의지가 있는가? • 197

4장 니야야에 대한 짧은 해설 204
1. 니야야의 범주 도식 • 205
2. 앎의 수단 • 220
3. 자아의 존재에 대한 논쟁 • 232
4. 자아의 존재는 부정될 수 있을까? • 249

5장 아비달마: 공한 인격체의 형이상학 265
1. 부분전체론적 허무주의에 대한 논증 • 266
2. 부분전체론적 허무주의에 대한 또 다른 논증 • 279
3. 궁극적으로 실재하는 존재자로서의 법 • 287
4. 어떤 법이 존재하는가? • 291
5. 찰나성 • 303
6. 기억에는 기억하는 자아가 필요한가? • 314

7. 가변적 연합 전략 • 326
8. 표상주의와 시간 지연 논증 • 332
9. 원자론에 근거한 표상주의 논증 • 345

6장 대승의 흥기 356
1. 역사적 뿌리 • 357
2. 보살 이상과 공성 • 365
3. 유마힐이라는 이상적 대승인 • 370

7장 유가행파: 오직 인상일 뿐과 물리적 대상의 부정 393
1. 우리가 감각적 경험에서 알아차리는 것은 무엇인가? • 393
2. 실재론에 대한 어떤 증거가 있는가? • 402
3. 가벼움에 근거한 세친의 논증 • 409
4. 원자 문제 • 424
5. 유식에 대한 몇 가지 추가적인 반론 • 444
6. 유식의 구제론적 요점 • 462
7. 허무주의를 피하는 방법으로서의 표현 불가능성 • 474

8장 중관학파: 공성 교리 490
1. 중관학파의 공성 주장을 해석하는 방식들 • 491
2. 운동에 반대하는 논증 • 497
3. 처와 계에 반대하는 논증 • 504

4. 법은 발생할 수 있는가? • 517
5. 발생을 일으키는 건 결합이 아닐까? • 538
6. 모든 것은 다른 모든 것과 연결되어 있는가? • 541
7. 공성의 구제론적 요점 • 550

9장 디그나가 학파: 불교 인식론 558
1. 두 가지 앎의 수단으로서 지각과 추론 • 561
2. 유가행경량부식 유명론 • 567
3. 지각과 지각적 판단 • 575
4. 추론 • 581
5. 말의 의미에 대한 아포하 이론 • 586
6. 실재하지 않는 것에 대해 말할 수 있을까? • 597
7. 인지는 인지 그 자신을 인지하는가? • 606

용어 해설 • 621
역자 후기 • 627
찾아보기 • 639

서론 • 철학으로서의 불교?

제목을 보면 알 수 있듯이, 이 책의 목적은 불교를 철학으로 보고 검토하는 것이다. 그러기에 앞서 이 두 가지 각각에—불교와 철학에— 대해 좀 더 명확하게 이해하는 게 좋겠다. 이렇게 한다면, 불교를 철학의 한 형태로 보고 연구하는 게 어떤 일인지 이해하는 데 도움이 될 것이다. 그리고 이 점을 명확히 짚어두는 게 중요하다. 불교나 철학에 대한 선입견으로 인해, 불교에 대한 철학적 연구가 어떻게 이뤄지는지 온전히 파악하는 데 지장이 있을 수 있기 때문이다.

1. 철학이란 무엇인가?

철학을 처음 접한 사람들은 철학이 무엇에 대한 학문인지 알고 싶어 한다. 여타의 학문 분야에는 나름의 주제가 있다. 가령, 생물학은 생명 과정에 대한 연구이고, 사회학은 인간 사회에 대한 연구이며,

천문학은 행성과 별을 조사하는 학문이다. 그렇다면 철학은 무엇을 다루는가? 당신에게 철학 연구가 낯설지 않다면야, 특별한 주제가 있어서 철학이 별도의 학문 분야로 자리 잡은 게 아니라는 점을 알 것이다. 사실, 어떤 의미에서는 자연스럽게 "철학적"이라고 생각되는 물음이 있다. "나는 어떻게 살아야 하는가?", "우리는 어떻게 무언가를 아는가?", "이 모든 건 어떻게 해서 존재하게 된 것인가?" 등과 같은 물음 말이다. 하지만 첫 번째 질문은 문학에서, 두 번째는 인지과학에서, 세 번째는 천체물리학에서도 다뤄진다. 철학이 다른 학문과 다른 점은 과연 무엇인가?

이미 철학을 공부한 사람이라면, 그 답이 내용보다는 방법과 더 관련이 있다는 점도 배워 알 것이다. 철학이 하나의 학문 분야로 분리되게 된 데에는 답 그 자체보다는 질문에 답하는 방식과 더 관련이 있다. 철학을 공부한다는 건 복잡한 문제를 신중하고 비판적으로 생각하는 법을 배우는 일이다. 철학이라는 학문이 도달했던 "여러 해답"을 꼭 배워야 하는 건 아니다. 이로 인해 철학 공부에 좌절하게 될 수 있다. 우리가 어떤 과목을 처음 공부할 때는 그 학문에 의해 발전된 지식의 본체를 배우길 기대한다. 화학을 공부할 때는 원소의 원자량을 배우고, 역사를 공부할 때는 1차 세계대전의 원인을 배우는 식이다. 나중에야 비로소 그 학문이 자신의 지식 분야 내에서 활용하고 있는 방법들을 살펴보기 시작한다. 철학 공부는 그렇지 않다. 사실, 철학 입문 수업에서 플라톤은 영혼이 불멸한다고 생각한다거나, 데카르트는 한 가지 의심할 수 없는 사실은 "내"가 존재한다는 것이라고 주장했었음을 배울 수도 있다. 하지만 모든 철학자가 플라톤과 데카르트의 이러한 주장에 동의하는 건 아니라는 점도 배우게 된다. 어떤 학생들은 이 점에 엄청난 좌절감을 느낀다. 이들은 도대체 철학이 입증한 사실이 어디에 있는지 알고 싶어 한다. 그 존재해 온 모든 세월 동안, 과연 철학은 어떤 진전을 이루었고, 어떤 해답을 내놓았는가?

이 질문에는 사실상 철학이 상당히 중요한 어떤 사실을—진리란 심히 복잡다단하다는 사실을—입증했다는 것으로 답할 수 있다. 철학의 입장에서 볼 때, 어떤 질문에 단순하게 답하는 건 아무래도 옳지 않다. 이는 중요(하지만, 어떻게 보면 심란한) 결과다. 철학자들이 자주 묻는 질문에는 마치 간단하고 명료한 답이 있을 것만 같다. 가령, 마음과 몸이 어떻게 상호작용하는지에 대한 질문을 예로 들어보자. 내 위장 상태는 먹을 게 뭐가 있는지 생각하게 하고, 그 결과 내 마음의 상태는 냉장고 방향으로 몸의 움직임을 일으키게 한다. 어떻게 이런 일이 일어나는가? 철학이 이 질문을 탐구한 결과는 우리가 여전히 답을 모른다는 것이다. 더 상세한 과학적 뇌 연구조차 이게 어떻게 작동하는지 설명하는 데 (적어도 단독으로는) 성공하지 못할 것이다. 하지만 우리는 자신이 하는 모든 일에서 마음과 몸이 함께 작동하는 데 의지한다. 그래서 아마도 철학은 결국 어떤 사실을—겉보기에 평범한 문제의 표면 아래에는 놀라운 복잡다단함이 숨어 있다는 사실을—입증한 것 같다. 어떤 사태의 진상을 규명하는 일은 정말 어렵다는 걸 밝힌 것이다.

하지만 철학은 어떤 사실도 입증하지 못한 게 아니냐는 불평에 대꾸할 다른 방법도 있다. 불평을 늘어놓는 이들은 철학을 연구하는 게 무슨 의미가 있는지 의문을 가질 것이다. 이 같은 의혹을 제기하는 걸 보면 이들은 어떤 분야를 연구하는 목적이 지식의 습득이라고—이미 알고 있는 사실에 새로운 사실을 추가하는 것이라고—생각한다는 걸 짐작할 수 있다. 그래서 이들이 제기하는 도전에 대응하는 법은 바로 이들의 이 가정에 의문을 제기하는 것일지도 모르겠다. 어쩌면 철학을 연구하는 이유는 (또는 적어도 한 가지 이유는) 이런저런 기술을 얻는 것이 될 수도 있다. 특히, 철학 연구는 자신의 용어를 신중하게 정의하고, 자신의 견해를 지지하는 타당한 논증을 구성하고, (자신과 상대의) 논증을 비판적으로 평가하고, 반론에 대응하는 등 비판적 논증 기술을 배우는 최선의 방법이 될 수 있다.[1] 그리고 이러한 논증 기술은 삶의 다양한 영역에서 중요한 역할을 한다. 예를 들어, 변호사업에 매주 중요한 역할을 한다. 이는 철학 연구가 (고대 그리스와 중세 인도에서 유명했던) 법 관련 업무를 준비하는 최선의 길로 인정받았던 이유를 설명해 줄 것이다. 물론 철학자들이 씨름하는 문제들은 사려 깊고 성찰적인 사람이라면 누구나 저절로 관심을 가질

---

1 "논증"이라는 말에 대한 주석. 철학자들이 사용하는 방식에 따르면, 논증이란 바로 어떤 결론을 뒷받침하기 위해 증거를 제시하는 일이다. 논증은 항상 두 개 이상의 진술, 즉 결론과 하나 이상의 전제로 구성된다. 결론은 논증의 작자가 대중으로 하여금 받아들이도록 만들려는 진술이다. 전제는 그 작자가 대중이 이미 받아들일 가능성이 높다고 생각하는, 또 결론이 참일 가능성이 더 높다는 점을 보여줄 수 있다고 생각하는 진술이다. 논증을 제시하는 건 다른 사람을 설득하는 한 방식이다. 제대로 이루어진다면, 논증은 대중의 합리성과 관계한다는 점에서 여타의 설득 형태와는 다르다—결론을 받아들일 타당한 이유가 제시되었는지 여부를 결정하는 일을 대중에게 맡기는 것이다.

법한 것이다. 하지만 이런 식으로 생각하면서 철학과 씨름하는 일의 이점은 "정답"을 얻는 데 있는 게 아니라, 대개는 복잡한 문제에 대해 더 신중하고 비판적으로 생각하는 법을 배우는 데 있다.

이렇게 말한다고 해서 철학자들이 던지는 질문이 중요하지 않다는 건 아니다. 사람들은 이를 시급한 질문으로 여기기 때문에 답을 찾는 힘든 작업을 수행한다—그 때문에 논리적이고 분석적인 기술을 개발한다. 그래서 이 지점에서는 철학자들이 던지는 게 대체 어떤 종류의 질문인지 더 얘기하면 좋겠다. 철학적 탐구는 몇 가지 영역으로 넓게 분류될 수 있다. 그 영역 중 하나는 윤리학으로, 이는 우리가 어떻게 살아야 하는지에 대한 일반적인 질문과 관련이 있다. 그래서 (타자를 대하는 상황에서 무엇이 옳고 그름을 구성하는지와 관련된) 도덕의 본성에 관한 질문만 포함하고 있지는 않다. 윤리학은 어떤 삶이 최선의 삶인지에 대한 질문도 다룬다. 요즘은 윤리나 도덕에 대한 질문이 종교에 속한다고 생각하곤 한다. 그리고 대부분의 종교가 이 문제에 대해 할 말이 많은 점도 사실이다. 그러나 옳고 그름, 선과 악에 대한 질문을 종교의 문제로 여긴다면, 이는 대개 종교란 그저 우리가 어떻게 행동해야 하는지를 말해주는 것이라고 생각하는 게 되는 셈이다. 그래서 이렇게 생각하는 사람들은 윤리나 도덕을 일련의 규칙이나 계명 정도로 여긴다. 그렇지만 철학자들이 말하는 윤리란 이런 게 아니다. 철학자들의 말에 따르면, 윤리학은 우리가 어떻게 행동해야 하는지에 관한 상충되는 견해들을 비판적으로 검토하는 일을 한다. 그리고 이 일은 (있다면) 종교적 신념이 무엇이든 상관없이 할 수 있다. 중세의 기독교 사상가인 토마스 아퀴나스가 특정한 인간 본성론에 근거한다면, 우리는 유덕함에 대해 어떤 결론을 내릴 수 있는지 확정해 보려 했을 때, 그는 바로 이런 의미에서 윤리학을 하고 있었던 것이다. 독일의 무신론자 프리드리히 니체 또한 신은 죽었으니 이제 어떻게 살아야 할지 자문했을 때, 그 역시 그랬던 것이다. 윤리적 문제에 대한 이 두 사람의 논의를 철학적으로 만드는 지점은 여러 논증들을 비판적으로 검토한다는 데 있다.

형이상학은 철학의 또 다른 주요 영역이다. "형이상학"이라는 말은 여러 다양한 방식으로 사용된다. 예를 들어, 서점의 "형이상학" 섹션에는 점성술이나 오컬트에 관한 책이 진열되어 있곤 한다. 그러나 철학에서 사용되는 방식으로 보자면, 형이상학은 그야말로 실재의 기본 특징에 대한 잘 훈련된 연구를 의미한다. 윤리학이 사태가 어떻게 되어야 하는지에 대한 질문과 관련이 있다면, 형이상학은 사태가 근본적으로 어떤 것인지, 또는 실재는 기본적으로 무엇과 같은지에 대한 질문과 관련이 있다. 이제는 어쩌면 이런 질문을 과학에 넘겨야 한다고 생각할 수도 있다. 그리고 예를 들어, 어떤 화합물이 무엇인지 알고 싶다면 화학으로 눈을 돌려야 하는 것도 사실이다. 그러나 형이상학적 질문은 과학이 답할 수 있는 질문보다 훨씬 더 기본적이거나 근본적이다. 화학은 두 화학 물질을 혼합하면 어떤 결과를 낳는지 말해줄 수 있다. 그러나 원인과 결과 관계의 일반적 본성에 대한 물음은 형이상학적 질문이다. 과학 역시도 물리적 세계의 본성에 대해 많은 점을 알려준다. 그러나 존재하는 일체가 물리적인지 여부는 형이상학적 질문이지, 과학자들이 과학의 방법을 이용해 답할 수 있거나 답해야 하는 질문이 아니다. 형이상학적 질문의 다른 예는 다음과 같다. 시간의 본성은 무엇인가? 별개의 소 같은 개별자 말고, 별개의 소 모두에 동시에 존재하는 단일한 소성牛性 같은 보편자가 존재하는가? 모든 점에서 완벽하고 영원한 우주의 창조자가 존재하는가? 자아는 존재하는가? 만약 존재한다면 어떤 것인가? 철학자들은 이와 같은 형이상학적 질문을 좇으면서 어떻게 단어나 문장이 의미를 가질 수 있는지, 또 진술이 참이라고 하는 의미는 무엇인지 등, 서로 관련이 있으면서도 또 구별되는 언어철학적 질문도 하게 되었다.

철학의 또 다른 중요한 영역은 인식론, 즉 앎에 대한 이론이다. 이 분야에서 기본 질문은, 상황이 어떤지, 그래서 무엇을 해야 하는지를 우리가 어떻게 알 수 있게 되는지다. 인식론의 탐구 방식은 대체로 무언가를 알고 있다는 말이 무엇을 의미하는지를 묻는 형식을 취한다. 예를 들면, 모든 착오의 가능성을 배제하지 않았다면, (심지어는 착오가 없을 때조차도) 무언가를 알고 있다고 말할 수 있을까? 그렇지만 인식론적 탐구는 앎의 수단이나 방법이 무엇인지 묻는 형식을 취할 수도 있다. 감각지각과 추론(또는 추리)은 앎을 획득하는 신뢰할 만한 방법으로 유망한 후보지만, 권위(신뢰할 만한 사람의 말을 받아들임) 또는 유추에 의한 추리는 어떤가? 그리고 앎의 다른 수단들이 있다면, 이 수단들은 서로 어떻게 관련되는가? 각각은 고유한 변별적 영역을 가지는가, 아니면 동일한 대상에 대한 앎을 획득하는 데 모두 똑같이 잘 기능하는가? 지식의 어떤 수단은 다른 수단보다 우선하는가?

앞서 철학의 본성에 관해 말한 대목을 보면 짐작할 수 있듯이, 철학자들은 각기 다른 분야에서 서로 다른 여러 이론을 발전시켰다. 그리고 형이상학, 인식론, 윤리학 내의 어떤 이론이 옳다는 일반적합의는 없다. 단순한 답일수록 틀렸다는 데에는 대체로 동의한다. 가령, 주체에 기반한 윤리적 상대주의라는 윤리학 이론을 예로 들어보자. 이 이론은 누군가에게 한 어떤 행위가 도덕적으로 잘못인지는 행위한 자가 그 행위를 하는 것이 잘못이라고 진심으로 믿는지 여부에 달려 있다는 견해다. 오늘날의 모든 철학자는 이 이론이 틀렸다는 데 동의할 것이다. 그러나 이러한 분야들 내의 더욱 정교한 이론들에 관해서는 합의가 도출되기 어렵다. 형이상학, 인식론, 윤리학 내에서 제안되었던 온갖 이론에 대해 철학자들이 전개해 온 심각한 비판들이 존재한다. 철학 행위의 대부분은 제시된 견해에 대한 반론들을 살펴보고는 이에 대응이 가능한지를 따져보는 일이다(철학 이론이 그토록 정교하게 성장한 건 이러한 과정을 통해서다). 하지만 이렇게 함으로써 철학 내의 한 분야에서 자신이 주장하는 견해와 그 또 다른 분야에서 자신이 취하는 입장 사이에 연결점이 있다는 걸 우리는 흔히 발견한다. 예를 들어, 윤리학 내의 특정 이론은 어떤 형이상학적 문제에 대해 특정 입장을 취하지 않는 한 쓸모없을 수 있다. 이 같은 연결점을 보는 법을 배우는 건 철학을 연구하는 또 다른 중요한 이점이다.

철학이란 앞서 말한 바와 같은 것이라고 이해한다면, 모든 문화가 고유한 철학 전통을 발전시킨 건 아니라고 할 수 있다. 그러나 고대 그리스는 그렇게 했다—그리스는 현대 서양철학이 시작된 곳이다. 그리고 고전 인도도 그랬다. 각각 자신만의 철학 전통을 추동한 자극은 윤리적 문제들에 답하려는 관심에서 비롯한 것 같다. 어떻게 삶을 살아야 하는지에 대해 받아들여지던 견해들이 불만족스러워 이러한 문제를 체계적으로 따져보려는 노력이 생겨났다. 하지만 두 경우 모두에서, 이 같은 탐구의 노력은 곧 형이상학과 인식론의 주요한 발전으로 이어졌다. 어떻게 살아야 하는지를 결정하는 방향으로 나아가려면, 세계의 본성과 그 안에서 우리가 점하는 위치에 대해 더 분명히 알 필요가 있다는 점을 철학자들이 깨닫게 되었기 때문이다. 그리고 이는 결국 무엇이 앎을 구성하고, 어떤 과정이 앎을 낳는지에 대한 더 명확한 사실을 요구한다. 사람들은 때로 철학이 그렇게 다른 두 문화에서 대략 동시에 생겨난 일이 과연 우연의 일치일 수 있을까 의아해한다. 이제 우리는 고전 인도와 그리스 세계 사이에 무역을 통한 접촉이 있었음을 알고 있다. 그래서 적어도 일부 고대 그리스 철학자와 일부 고전 인도 철학자가 서로의 연구에 대해 어느 정도 알고 있었음은 상상할 수 있다. 하지만 두 철학 전통은 진정으로 구별되는 것처럼 보인다. 이들은 윤리학, 형이상학, 인식론에서 동일한 기본 질문들을 다룬다. 그리고 동일한 분석 및 논증의 기본 기술을 사용한다. 때때로 두 전통의 개별 철학자들은 놀랄 만큼 유사한 결론에 도달하기도 한다. 하지만 그렇다고 해서, 한 전통과 다른 전통 사이에 상당한 차용 관계가 있었다고 가정해서는 안 된다. 어쨌든, 우리는 똑같은 발명품이 별개의 두 문화에서 독립적으로 발생할 수 있다는 점을 알고 있다. 예를 들어, 수학에서 0은 고대 인도에서, 또 접촉 이전 중앙아메리카의 마야인들에 의해서도 발명되었다.

2. 불교란 무엇인가?

그러니까 철학은 윤리학, 형이상학, 인식론 (그리고 관련된 여러 분야) 내에서 제기한 질문을 체계적으로 탐구하는 학문이다. 철학은 분석과 논증을 체계적이고 반성적인 방식으로 사용한다. 이는 철학의 의미에 대한 설명으로 적어도 당분간은 활용될 것이다. 제목에 포함된 또 다른 용어인 불교는 어떤가? 여기가 좀 더 안전해 보인다. 불교도는 무엇을 믿으며, 불교 수행에는 어떠한 것이 있는지 자세하게는 알고 있지 못할 수 있지만, 불교는 고대 인도에서 붓다가 창시한 종교이고, 이후 아시아 전역에 퍼졌으며, 지금은 서양에서 신도들을 끌고 있다는 사실은 모두가 확실히 알고 있다. 서양에서? 물론이다. 하지만 "종교"라는 말에는 여러 곤란한 문제가 숨어 있다. 어떤 의미에서는 불교를 딱 종교라고 부를 수 있지만, 다른 의미에서는 잘못일 수 있다. 그리고 이 문제를 분명히 짚어두는 게 철학이 무엇인지 밝히는 일만큼이나 우리의 과업에 중요하다는 게 드러날 것이다.

우리는 대개 어떤 말을 친숙한 예에 기대어 이해한다. "종교"의 경우를 보자면, 대부분의 서구 사람들에게 친숙한 예는 기독교, 유대교, 이슬람교다. 이들 모두는 일신교로, 영원한 단일 인격적 존재가 우주의 창조자이며 모든 점에서 완벽하다는 믿음을 포함하고 있다. 물론 모든 종교가 이 같은 믿음을 공유하는 건 아니다. 힌두교와 신도는 둘 다 다신교의 한 형태다. 그렇지만 모든 유신론을 하나의 이름으로 묶어 분류하는 게 그렇게 지나친 일은 아닌 것 같다. 그런데 특별히 누군가에게 가장 친숙한 종교가 기독교라고 한다면, 종교란 "신앙"의 일종이라고 생각할 수도 있겠다. 종교를 이런 식으로 생각하는 건 이성적 논증에 근거하지 않은 채, 신념으로 받아들이는 일련의 믿음으로 보는 일이다. 그렇다면 종교는 머리와 가슴 중 "가슴" 쪽에,

또는 이성과 신앙을 분리하는 쪽에 속하는 것으로 보인다.

현대 서구 문화는, 이성을 사용하여 해결해야 하는 질문이 있는 반면, 신앙과 느낌을 통해서만 다뤄질 수 있는 질문이 있다고 가정하는 경향이 있다. 이는 이성과 신앙을 가르는 이분법인데, 이성은 머리의 문제로, 신앙은 가슴의 문제로 간주되기 때문이다. 이 같은 이분법 말고도, 과학적 발견의 대상으로 간주되는 사실과 합리적 탐구나 조사로 드러나지 않는 사적, 주관적 헌신으로 간주되는 가치 사이의 관련 이분법도 존재한다. 이성의 사용이 냉정하고 신중하고 공정하고 의도적인 방식으로 무언가를 생각하는 일과 관련이 있다는 데 동의한다고 가정해 보자. 그러면, 어떤 문제는 차분하고 냉정한 이성의 숙고를 통해서만 결정되어서는 안 된다는 점도 사실일 것이다. 예를 들면, 삶의 동반자를 선택하는 일에는 아마 "가슴" 쪽의 상당한 의견이 포함되어야 할 것이다. 하지만 "머리"와 "가슴"이 엄격하게 이분법적으로 나뉜다는 점은 그다지 명백하지 않다. 또 어떤 경우에서는 종교적(또는 "영적")이라고 생각하는 문제들이 그런 식으로 분리된 "신앙" 쪽에 꼭 속한다는 점도 그다지 명백하지 않다.

모든 유신론(일신교와 다신교)의 공통점 한 가지는 각각의 유신론이 인간의 이상적인 상태에 대한 어떤 이상을 표현하려 한다는 데 있다. 이 이상적 상태는 보통의 사람들이 제 나름대로 알아서 살아가는 방식과는 아주 다른 모습으로 묘사된다. 후자인 "범속한" (또는 "세속적") 상태는 마땅히 그래야 할 방식에서 이탈한 것이기에 본질적으로 불만족스럽다고 묘사된다. 그리고 이상적 상태는 이 타락한 상태로부터의 구원으로 표현된다. 종교란 "영적" 문제를 다루는 것이라고 여길 때, 우리의 마음속 생각은 구원을 얻음, 즉 불만족스러운 존재 상태로부터 벗어나는 일을 가리키고 있다. 종교의 관심은 한마디로 구원론과 관련이 있다. (구원론은 구원을 다루는 교리다.) 그런데 종교란 신앙이라고 여긴다면, 구원론적 관심은 정서적 헌신의 형태를 통해서만 다뤄질 수 있다고 가정하는 셈이다. 이는 이성의 사용이나 논리적 탐구가 구원을 찾는 데 거의 혹은 전혀 소용이 없다고 보는 태도다. 우리 문화 대부분의 사람들이 이를 믿는다. 하지만 고전 인도 문화에서는 이렇게 보지 않았다. (고대 그리스인이나 중세 이슬람 철학자들도 이런 식의 주장을 했던 것 같지는 않다.) 붓다를 비롯한 고대 인도의 많은 사람들이 볼 때, 구원을 추구하는 데 자신의 이성적 능력을 사용하는 일은 완전히 이치에 맞는 행위였다. 물론, 이 능력이 인도인들이 인정했던 유일한 통로는 아니었다. 『바가바드 기따』에 따르면, 어떤 길을 따라야 할지는 개인의 재능과 선호에 달려 있다. 그런데 『바가바드 기따』에 기술된 네 가지 길 모두 구원에 이르게 하는데, 왜냐하면 모두 우리의 진정한 정체성에 대한 앎을 심어주기 때문이다. 인도불교는 일반적으로 해탈의 길은 네 가지가 아니라 단 하나라고 가르친다. 하지만 그 길은 철학적 추론과 명상이 결합된 실천으로 이루어져 있다. 고대 인도의 다른 이들과 마찬가지로, 인도의 불교도들은 우리가 누구고, 우주의 어디에 속하는지에 대한 진실을 알게 됨으로써, 불만족스러운 상태로부터의 구원이 이루어질 수 있다고 생각했다. 그리고 이들은 이러한 통찰을 얻으려면, 철학적 합리성을 사용해야 한다고 생각했다.[2]

불교가 구원론적 관심을 다루는 일련의 가르침을 의미한다면, 불교는 종교의 하나일 것이다. 그러나 종교를 일종의 신앙, 어떤 이유도 댈 수 없는 헌신 같은 것으로 생각한다면, 불교는 여기에 속하지 않을 것이다. 불교도가 되는 건 오로지 신앙에 근거하여 이런저런 교리를 받아들이는 게 아니다. 그리고 구원은 붓다의 가르침에 대한 독실한 믿음만 가지고 이루어지지 않는다. (실제로 우리가 연구할 불교도들은 이 같은 믿음을 최종적 해탈의 장애물로 볼 가능성이 높다.) 오히려 해탈, 즉 (불교 용어를 사용하면) 열반(nirvāṇa)은 세계의 본성에 대한 합리적 탐구를 통해 달성된다. 어떤 종교나 예상할 수 있듯이, 불교의 가르침에도 상식에 크게 어긋나는 몇 가지 주장이 포함되어 있다. 그러나 단지 붓다의 가르침이라고 해서 불교도들이 비상식적인 주장을 받아들일 것으로 보이지는 않는다. 대신, 이들은 이러한 논의를 뒷받침하는 주장을 검토하고는 그 주장이 정말로 참일 가능성이 있는지 스스로 판단할 것 같다. 불교도들은 붓다를 자신들 전통의 창시자로 경외한다. 하지만 이러한 태도는 스스로 지성의 힘을 통해 중요한 진리를 발견한 스승에게도 동일하게 적용된다. 실제로 우리가 붓다라고 부르는 인물, 즉 고따마瞿曇[3]는 일련의 과거

---

2 이는 불교는 철학이지 종교는 아니라고 말하는 게 아니다. 그렇게 말한다면, 이성과 신앙 사이에 엄격한 이분법이 있다고 가정하는 셈이다. 불교도들은 그러한 가정을 거부할 가능성이 높다. 구원론적 문제에 대한 이들의 태도와 오늘날 과학적 문제에 대한 우리의 태도를 비교하는 게 유용할 수도 있겠다. 우리 대부분은 물리학 같은 더 고등한 과학 이론을 그대로 믿는 경향이 있다. 하지만 적절한 훈련을 받는다면, 이러한 이론을 뒷받침하는 증거를 스스로 평가할 수 있다는 점을 알게 된다.

3 "Gautama"는 산스크리트어식 이름이고, "Gotama"는 팔리어식이다. 이 외에 그를

붓다들 중 가장 최근의 붓다였다고 하는데, 붓다들 각각은 열반에 이르는 길을 보여주는 동일한 기본 진리를 서로 무관한 방식으로 발견했다고 전한다.[4] 이는 역사적 사실의 반영일 수도 있고, 아닐 수도 있다. 그러나 이 주장 뒤에 숨은 정신은 주목할 가치가 있다. 이 정신이 시사하는 바는 불교의 가르침이 실재의 본성과 그 안에서의 우리의 위치에 대한 객관적 사실에 근거하고 있다는 점이다. 그리고 이러한 사실은 초인간적 계시에 의존하지 않고도 인간의 이성이 사태를 이해할 수 있다는 생각을 분명하게 보여준다.

모든 종교란 유신론적이어야 한다고 생각한다면, 불교는 또 한 번 종교의 자격을 갖추지 못할지 모른다. 붓다는 서구 일신론의 신에 해당하지 않는다. 또한 붓다는 선지자, 즉 영적 문제에 대한 권위가 신에 대한 특권적 접근권에서 나오는 자로도 간주되지 않는다. 고따마

지칭하는 여러 별칭이 있다. "샤키아무니(釋迦牟尼, Śākyamuni)"(샤키아釋迦족의 성자), "싯다르타(悉達多, Siddhārtha)"(목표를 성취한 자), "타타가타(如來, Tathāgata)"(그렇게 간 자)를 그 중 흔하게 쓴다. "붓다"는 이름이나 별칭이 아니라 지위다. 붓다는 괴로움, 괴로움의 원인 및 그 치료에 관한 사실을 독자적으로 발견하고는 이를 세상에 가르친 사람이다. 붓다가 되려면 아마도 길고 힘든 준비과정이 필요할 것이다. 이 과정에 들어가기로 선택했지만, 아직 붓다의 지위(佛果)라는 목적지에 도달하지 못한 사람을 보살(菩薩; 깨달을 〔운명의〕 존재)이라고 한다.

4 불교도는 조건에 의하여 발생하는 일체가 무상하다고 믿는다. 여기에는 고따마가 전개하고 불교 전통을 통해 전해진 가르침도 포함될 것이다. 그래서 결국 이러한 가르침도 사라질 것이다. 하지만 고따마가 인정한 사실들은 계속 유지될 것이다. 따라서 시간이 지나면 또 다른 붓다가 출현해 인간 구제를 위한 그러한 사실들의 중요성을 인정할 수 있다. 이 일은 과거에 여러 번 있었다고 여겨진다.

는 단지 극도로 지적이고 이타적인 인간으로 여겨진다. 사실 불교는 서구의 일신론이 인정하는—영원하고 전능하며 모든 점에서 완벽한 창조자인—신과 같은 존재가 존재함을 명시적으로 부정한다. 대부분의 사람들에게 이러한 부정은 무신론적 태도와 매한가지다. 그래서 불교를 종교의 하나로 포함시키려면, 무신론적 종교가 존재할 수 있다고 말하는 게 합당할 것이다.

물론 붓다는 다양한 신의 존재를 인정했다. 그렇다면 힌두교의 일부 형태가 다신교인 것과 마찬가지 의미에서 불교도 다신교로 생각해야 할까?[5] 아마 어떤 유신론의 형태를 필요로 하는 "종교"에 대한 깔끔한 정의에 불교가 딱 들어맞기를 원한다면 그럴 수 있을지도 모른다. 그러나 불교에 관한 한, 이는 요점에서 다소 벗어나 있는 생각이다. 고대 인도의 불교도들이 믿었던 신들은 (고대 그리스와 여타의 기독교 이전 유럽의 신들처럼) 유한한 존재였는데, 오히려 인간이 더 오래 살고 더 강력했다. 더 중요한 점은 이 신들은 열반을 구하는 데 아무런 역할도 하지 않는다는 것이다. 어쩌면 의로운 신에 대한 숭배와 희생이 농작물을 생장시킬 적시의 강우나 사랑하는 사람의 건강 같은 여러 세속적 이익을 가져다주었을지는 모르겠다. 그러나 신들이 우리에게 열반을 수여할 수는 없다. 실제로, 이들이 인간보다 더 깨달은 존재도 아니라는 것을 보여주기 위해, 신들 역시 필멸의 존재라는 사실(상상할 수 없을 정도로 오래 살 수 있지만, 여전히 다른

---

5 실제로 고전 힌두교 텍스트에 나타나는 그 많은 신들이 인도 불교 문헌에서도 똑같이 등장한다. A. K. Warder, *Indian Buddhism*(Delhi: Motilal Banarsidass, 1970), pp.152-56.

모든 존재들과 마찬가지로 영원하지 않다)을 거론한다. 그런 점에 있어 붓다나 아라한(붓다의 가르침을 따라 열반을 얻은 사람) 같은 깨달은 인간조차 다른 사람에게 열반을 수여할 수 없다. 오직 자력으로 얻을 수 있을 뿐이다. 깨달은 존재는 그 과정에 조언을 하면서 다른 사람을 도울 수 있을 뿐이다. 그리고 불교의 핵심은 괴로움의 종식을 위해 열반을 얻는 데 있다. 그래서 이러한 정신적 전통에서 보면, 신들의 존재 여부에 관한 질문은 별 관련이 없는 것이다.

업(karma)과 재생(rebirth)의 교리는 또 다른 중요한 문제다. 이미 잘 알고 있겠지만, 고전 인도불교는 이 교리를 받아들였다. 이 불교도들은 통상 죽음이 우리 존재의 끝이 아니라고, 즉 죽은 뒤에 인간이나 (인간이 아닌 동물, 신, 다양한 지옥 중생이 포함된) 다른 모습의 유정으로 다시 태어난다고 믿었다. 어떤 종류의 재생을 받게 되는지는 자신의 업에 달렸는데, 업은 자신이 행사한 행위의 도덕적 성질과 관련이 있다. 자신의 행위가 주로 도덕적으로 선했다면, 운이 좋은 삶의 환경 안에서 인간으로, 아니면 신으로도 다시 태어날 것이다. 하지만 자신의 삶이 나쁜 의도에서 행해진 행위로 가득 차 있다면, 결국 아귀, 즉 소위 굶주린 귀신이 될지 모른다(먹을 수 있는 일체가 배설물 맛이기 때문에 이렇게 불린다). 이제 이 얘기는 많은 사람들의 귀에 여타의 친숙한 종교가 말하는 이야기, 즉 죽은 이후 생에 대한 약속과 지은 죄에 대한 징벌의 교리 같은 것으로 들릴 것이다. 사정이 이렇다면, 불교는 다른 정신적 전통과 정말 다르다고 할 수 있을까? 불교는 우리가 객관적 증거가 있는 것들만을 믿기를 기대한다는 게 정말 사실일까?

좋은 질문이다. 불교도들이 전통적으로 믿어온 부분이 합리적 방식으로 매번 지지를 받을 수는 없다고 판명날 수 있다. 이는 불교를 철학으로 고찰할 때 드러날 수 있는 결과 중 하나다. 그러나 이에 대해 좀 더 말하기 전에, 업과 재생의 교리에 대해 있을 수 있는 몇 가지 혼동을 해소해야 할 필요가 있다. 첫 번째는 불교도들의 이해처럼, 업은 죄에 대한 신의 징벌이 아니라는 점이다. 업의 법칙은 기본적으로, 도덕적으로 선한 동기에서 행위하면 즐거운 결과를 받고, 악한 의도로 행위하면 괴로운 결과를 받는다는 점과 관련이 있음을 눈치챘을 것이다. 이는 그렇다면 누가 선과 악을 결정하는지 질문하게 만든다. 불교도에게는 이런 결정을 하는 자가 존재하지 않는다는 게 정답이다. 업은 우주의 통치자에 의해 포고되고, 우주의 도덕 경찰에 의해 집행되는 일련의 규칙이 아니다. 업은 그 대신 세상이 어떻게 돌아가는지를 간단히 설명하는 일련의 비인격적인 인과법칙으로 이해된다. 이런 점에서 업의 법칙은 과학이 조사하는 소위 자연법칙과 꼭 닮아있다. 다리 위에 서서 바위를 떨어뜨리면, 일정한 가속도로 아래의 물 쪽으로 떨어지는 현상이 바로 인과법칙이다. 아무도 이 법칙을 통과시키지 않았고, 누구도 이 법칙을 집행하지 않는다. 물리법칙은 입법기관이 통과시킨 법과는 다르다. 중력 경찰이란 존재는 없다. 그리고 만약 무언가가 중력법칙과 반대로 행동한다면, 이는 법칙이 틀렸다는 증거가 될 것이다. 진정한 인과법칙에도 예외는 없다. 마찬가지로, 업의 법칙은 복종하거나 위반할 수 있는 규칙 같은 게 아니라, 뒤따르는 것을 항상 예외 없이 일반화하는 것으로 이해된다. 만약 우리가 충분한 연속적 삶들을 걸쳐 지나가는 사람들을 충분히 계속 추적할 수 있다면, 과학이 자연법칙의 정체를 발견하는 것과 같은 방식으로 업의 법칙의 정체를 알아낼 수 있을 것이다. 즉, 우리는 관찰을 통해, 작동 중인 인과관계를 드러내는, 규칙적으로 이어지는 패턴을 드러낼 수 있을 것이다.[6]

업과 재생을 바라보는 불교의 태도에 대해 두 번째 지적해야 할 점은, 재생에 대한 믿음이 여타의 여러 종교 전통 내에서 내세에 대한 믿음이 하는 역할과 같은 기능을 하지 않는다는 것이다. 죽은 뒤 다시 태어나리라는 사실은 안도나 위안의 원천으로 여겨지지 않는다. 그리고 불교 수행의 요점은 즐거울 다음 생을 보장하거나 괴로울 다음 생을 예방하는 데 도움이 되는 일을 하지 않는 것이다. 진실은 정반대다. 다음 장에서 더 자세히 살펴보겠지만, 붓다는 계속 이어지는 재생이야말로 우리가 해방되어야 할 대상이라고 주장한다. (간단히 말해, 다시 태어남은 다시 죽음을 수반하기 때문이다.[7]) 혹자는

---

6 명상이나 요가의 수행이 여러 비일상적인 힘神通의 개발로 이어진다는 것은 불교도들뿐만 아니라 여타의 고전 인도 학파 역시도 널리 받아들이고 있는 점이다. 자주 언급되는 힘은 전생, 즉 먼저는 자신의 삶을, 그런 뒤는 타인의 삶을 회상하는 능력이다. 그런 힘을 가진 사람은 업의 인과법칙이 실제로 무엇인지 우리에게 말해줄 수 있다. 한 생애 동안의 어떤 행동에 즐거운 재생이, 또 어떤 행동에 괴로운 재생이 규칙적으로 뒤따르는지 관찰할 수 있기 때문이다. 모든 의도적 행위에는 어떤 업의 결과가 있기 때문에, 그 패턴은 아주 복잡하고 식별하기 어려울 것이다. 하지만 적어도 원칙상은 식별할 수 있다.

7 불교는 다른 인도 학파와 마찬가지로, 계속되는 윤회는 불만족스러우니 해탈을 구해야 한다고 생각한다. 재생은 반복되는 죽음을 의미하기에 불만족스럽다는 생각은 초기 우파니샤드 중 두 곳의 여러 구절에 표현되어 있다.(Robert E. Hume, trans., *The Thirteen Principal Upanishads*[Oxford: Oxford University Press,

상대적으로 편안한 환경에서 자신이 계속해 존재하는 걸 보장받기 위해 업의 인과법칙에 대한 지식을 활용하려 할지 모르겠다. 그러나 불교의 분석에 따르면, 이러한 시도는 상황이 실제로 어떤지 전혀 모르는 무지를 드러낼 뿐이다. 그리고 이러한 행동은 무지에 뿌리를 두기에, 불가피하게도 불교를 통해 치료해야 할 더 많은 괴로움을 낳을 것이다. 업과 재생의 교리는 죽음이라는 사실에 맞서 기분 좋으라고 만든 게 아니다. 이를 받아들이는 불교도들이 볼 때 해결책이 아니라 문제인 것이다.

재생과 업의 교리에 대한 세 번째 요점은, 이 교리가 불교에만 있었던 견해가 아니었다는 것이다. 대신 붓다 이전부터 영적 교사들에 의해 일반적으로 받아들여졌으며, 불교가 인도에 존재했던 오랜 시간 동안 대부분의 인도인들에게 있어 세상의 상식 중 하나였던 것으로 보인다. 그래서 인도의 불교도들이 업에 따라 재생을 겪는다고 주장했을 때, 이는 대중이 신기해하거나 이상하게 여겼을 주장이 아니었다. 자, 종교란 신앙에 기대어 반드시 받아들여야 하는 어떤 주장을 하는 것으로 생각할 때, 우리는 이미 이 같은 주장이 상식의 영역에 속하지 않는다고 여기고 있는 것이다. 따라서 불교도들이 업과 재생의 교리를 받아들였다는 사실은 불교가 신조라는 의미에서 종교, 즉 증거 없이 신앙으로 받아들여야 하는 일련의 교리라는 점을 보여주지 못한다. 어쩌면 인도인들은 타당한 증거 없이 이 교리를 받아들였을 것이다. 그러나 만약 그렇다 해도, 이들이 불교도로서 수행을 해야 했기 때문에

1931], pp.143, 355 참조.) 우파니샤드 중 일부는 붓다 시대 이후에 작성되었지만, 대부분의 학자들은 이 특정 구절들을 붓다 이전의 것으로 간주한다.

업과 재생의 교리를 받아들인 건 아니었다.

업과 재생의 교리는 우리 기준으로 상식적 세계관이 아니다. 그래서 이 교리가 사실이라는 증거가 무엇인지 묻는 건 합당한 일이다. 다시 말해, 철학으로서의 불교를 탐구하고 있다면, 합당한 태도일 것이다. 우리가 철학을 연구할 때는 진실이 무엇인지 알아내는 데 관심이 있기 때문이다. (항상 찾을 수는 없지만, 이는 우리의 목표다.) 역사적 유물로, 즉 종교사 연구의 일환으로 불교를 연구한다면, 상황은 달라질 것이다. 아마 그렇다면, 우리는 단지 인도의 불교도들이 업과 재생을 믿었다는 사실에 그저 주목해서, 이들의 믿음이 정당화될 수 있는지 여부에 대한 물음은 제쳐두었을 것이다. 대신, 이 믿음이 불교의 다른 측면, 예를 들어 윤리적 가르침이나 예술적 표현 내용에 어떤 영향을 미쳤는지 평이하게 탐구할 수 있을 것이다. 이런 식으로 불교와 다른 종교를 연구하면서 배울 수 있는 점들은 아주 많다. 가르침이 참인지 또는 거짓인지에 대한 의문은 한쪽으로 미뤄둔 채, 전통의 또 다른 요소들이 어떻게 서로 관련되어 있는지에 방점을 맞춘다면, 불교의 내적 논리, 즉 불교가 어떻게 하나의 체계로 묶여 있는지를 보는 법을 배울 수 있다. 이런 방식은 우리가 그렇게 하지 않았을 때 놓칠 수 있는 면들을 보는 데 도움을 줄 수 있다. 그러나 이를 통해 이 가르침이 합리적인지 알 수는 없다. 그리고 합리적인지 여부는 불교와 같은 종교를 연구할 때 우리가 알고 싶어 하는 부분이다. 불교도들은 상식에 어긋나는 불교의 가르침들을 합리적 논거를 통해 뒷받침할 수 있다고 주장한다. 이들의 주장은 옳을까? 그리고 우리에게 낯선 인상을 주는 불교도들의 주장 중 일부가 합리적인 지지를 받을 수 없다는 점이 밝혀진다면, 이는 전체 불교 체계에 얼마나 많은 피해를 줄까? 이는 철학적 검토에 딸려오는 질문이다.

그리고 이 방식으로 업과 재생의 교리(뿐만 아니라 논쟁의 여지가 있는 여타의 견해들)에 대한 논의를 진행할 것이다. (무엇보다도) 바로 이 교리에 믿을 만한 타당한 이유가 있는지 물을 것이다. 만약 그럴 만한 이유가 없을 때, 이 교리가 불교 체계라는 배 밖으로 던져졌을 때, 불교의 다른 중요한 가르침들도 함께 쓸모없게 될지 어떨지 목도하게 될 것이다. 이는 특히나 남의 종교를 누군가가 의문시해서는 안 되는 신성불가침에 속한다고 생각한다면, 충격으로 다가올 수 있다. 어떻게 다른 사람의 전체 삶의 방식에 중심이 될 수 있는 믿음을 비판할 수 있을까? 그러나 이같이 반문하는 사람은 어떤 점을 망각하고 있다. 바로, 불교 철학자들은 자신의 가장 중요한 주장들이 합리적 조사를 받아야 한다고 여겼다는 점이다. 이 점이 이들을 철학자로 만든다. 이들은 분명 자신과 다른 입장의 불교 철학자들의 견해를 비판했다. 그리고 불교도와 다른 인도의 철학자들 사이에 많은 합리적 비판이 오갔다. 그러니 불교의 교리를 합리적 검토의 대상으로 삼지 않는다면, 사실상 불교의 명예를 실추시키는 일이 될 것이다. 불교의 교리를 단지 역사적 관심사에 지나지 않는 것으로 연구할 뿐, 그 핵심 가르침에 얼마나 많은 진리가 담겨 있는지 묻지 않는 태도는 이 교리를 인간의 중요한 창작물로 진지하게 받아들이지 않는 일에 해당할 것이다.

3. 철학으로서의 불교 검토하기

지금까지 철학이 무엇이고, 불교가 무엇인지 충분히 이야기했다. 그리고 이미 철학으로서의 불교를 연구하는 게 어떤 의미인지 논의하기 시작했다. 이 점에 대해서는 여러 가지 할 말이 많이 있다. 하나는 이 연구가 선택적일 거라는 점이다. 다른 종교 전통과 마찬가지로 불교는 엄청나게 복잡다단한 현상이다. 철학으로서의 불교를 연구한다는 건 주로 텍스트를 연구하는 것을 의미한다. 구체적으로 말해, 철학 이론과 주장을 제시하는 불교 문헌을 연구하는 걸 의미한다. 하지만 이는 비구와 비구니가 불교 승가(saṃgha)에 입문할 때 준수해야 할 규율을 명시하는 등의 다른 다양한 불교 문헌과, 단순한 도덕적 가르침을 재가 신도 대중에게 제시하기 위해 고안된 보다 대중적인 저술들을 고려하지 않는다는 걸 의미한다. 더욱이 불교에는 (문헌이 방대하긴 해도) 문헌보다 훨씬 더 많은 것이 있다. 그리고 텍스트에 방점을 둔다는 건 이들 다른 영역에는 거의 손을 대지 않으리란 걸 의미한다. 조각, 건축, 회화, 찬탄시, 희곡처럼 불교의 다양한 예술적 표현이 나타나 있는 분야는 검토하지 않을 것이다. 불교 기관, 조직 및 역사에 대해서도 말할 게 거의 없다. 불교적 명상 수행에 대해 거의 언급하지 않을 것이며, 불탑 신앙과 같은 재가불교도의 헌신적 수행에 대해서도 전혀 언급하지 않을 것이다. 불교의 이러한 모든 측면은 다른 곳에서 다뤄져 여기서 그 연구를 반복할 필요가 없다.[8]

---

8 인도불교의 기원부터 기원후 12세기 후반 그 멸망에 이르기까지 인도불교에 관한 많은 주제들을 논한 훌륭한 자료는 A.K. Warder의 *Indian Buddhism*이다.

그렇지만 앞으로 검토할 많은 주제에 또한 초점을 맞춘 다른 연구들이 있다. 이 연구들은 중심 학파와 그 주요 교리를 조사하여 불교를 소개하려는 시도로 볼 수 있다. 이 연구들은 통상 역사적으로 구성되기 때문에, 불교 교리사로도 불릴 수 있다. 이제 본 연구는 역사적 진행 과정도 추적할 것이다. 하지만 여기서는 누가 누구에 영향을 미쳤는지, 즉 불교의 핵심 가르침이 발전하는 데 있어 무엇이 무엇에 영향을 미쳤는지에 대한 관심이 전형적인 교리사보다는 적을 것이다. 사실 이따금 역사상 순서에서 벗어날 것이다. 이러한 이탈은 관념이 발전한 역사적 순서를 파악하는 것보다 개념적 연결점을 이해하는 게 우선시될 때 일어날 것이다. 그러나 본 연구와 불교 교리사 간의 가장 중요한 차이점은 후자가 불교 철학자들의 결론만을 제시할 가능성이 더 높다는 것이다. 우리의 임무는 이들의 결론뿐만 아니라, 이들의 결론을 뒷받침하는 주장을 살펴보는 데 있다. 조사의 대상이 되는 불교의 견해들에 대해 다른 인도 철학자들이 제기한 반론을 살펴볼 것이며, 불교도들이 제시한 대응도 숙고할 것이다. 우리도 나름대로의 반론을 해 본 뒤, (만약 있다면) 불교 철학자들이 어떤 대응을 했을 수 있을지 알아내려고 노력할 것이다. 간단히 말해, 불교 교리가 합리적 조사의 시험에 얼마나 잘 견디는지 보려고 노력할 것이다. 우리는 불교를 철학적으로 검토하고 있기 때문에, 불교의 가르침에서 (만약 있다면) 무엇이 참인지 알고 싶은 것이다.

우리가 흔히들 얘기하는 불교의 가르침 중 일부는 틀렸다. 이는 불교 철학자들의 주장 중 일부가 자연에 대한 과학적 설명과 아주 다른, 자연 세계에 대한 견해에 근거하고 있기 때문이다. 예를 들어,

일부 불교 철학자들은 돌이나 테이블 같은 일상의 물리적 물체는 흙地, 공기風, 물水, 불火의 네 가지 다른 유형의 매우 많은 수의 원자로 구성되어 있다고 주장한다. (고대 그리스 철학에도 비슷한 견해가 있었다.[9]) 사물이 네 가지 원소四大種나 물질로 구성되어 있다는 이 생각은 오늘날 우리가 알고 있는 바로는 틀렸다. 고대 철학자들이 물을 원소라고 불렀을 때, 이들은 모든 액체에는 단 한 가지의 근본 물질만이 존재한다는 걸 염두에 두고 있었던 것이다. 그래서 H_2O와 에틸알코올의 차이는 물 요소 외에 얼마나 많은 불 요소가 존재하는지의 문제일 수 있었다. 우리는 이제 자연적으로 발생하는 네 가지 원소보다 훨씬 많은 원소가 존재하며, 두 개의 액체는 전혀 다른 원소로 구성될 수 있다는 사실을 알고 있다. 더군다나 이 원소들 각각이 다시 더 근본적인 입자들로 이루어져 있다는 것도 알고 있는데, 결국에 우리는 이 입자들 중에서도 가장 기본적인 것, 즉 여섯 종류의 쿼크에까지 도달했다. 그래서 불교 철학자들이 네 가지 요소 각각에 색깔이 존재하는지 여부를 묻는 질문 같은 걸 논할 때는 바로 이 질문이 틀렸다고 말할 수 있다—정답 같은 건 없을 것이다.

이는 불교철학이 시대에 뒤떨어진 과학 이전의 세계관으로 치부될 수 있다는 뜻일까? 그렇지 않다. 여기의 상황은 고대 그리스 철학을 연구할 때 마주하게 되는 일들과 같다. 그리스 철학자 아리스토텔레스

---

9 고전 중국철학에는 "나무", "불", "흙", "금", "물"의 다섯 가지 용어를 사용하는 우주론이 있다. 현대 학자들은 이를 고전 그리스 및 인도철학의 요소 이론 같은 것으로 해석했지만, 일부 학자들은 이 해석에 의문을 제기한다. 논의는 A. C. Graham, *Disputers of the Tao*(La Salle, IL: Open Court, 1989), pp.340-70 참조.

는 지구가 우주의 중심이라고 믿었다. 우리는 이 믿음이 틀렸다는 걸 알고 있지만, 아리스토텔레스는 여전히 중요한 철학자로 여겨진다. 고대 철학을 연구하면서 배운 점은 현대의 과학 지식과 상충되는 부분은 제쳐두고, 남아 있는 부분에 집중하는 법이다. 이는 적법한 접근법이다. 고대 그리스와 고대 인도에서 철학이 시작되었을 때, 철학자들은 진정 포괄적인 세계관을 개발해야 한다고 느꼈다. 철학자들이 형이상학, 인식론, 윤리학의 질문에 답하기 위해, 개발 중이던 합리적인 분석 및 논증의 방법으로도 자연 세계를 연구하는 게 적합해 보였다. 예를 들어, 아리스토텔레스는 생물학과 기상학에 관한 논문을 썼고, 인도철학의 상키야 학파는 화학 이론을 발전시켰다. 실제로 현재 대부분의 자연과학은 철학에 기원을 두고 있다. 그러나 자연과학은 고유의 방법론을 개발했고 독립된 학문이 되었다. 이제 철학은 형이상학, 인식론, 윤리학의 문제에 주로 초점을 맞추고 있다. (철학이 자연과학 자체에 대한 철학적 탐구로 이어질 수 있지만, 과학을 철학적으로 연구하는 일은 과학을 수행하는 일과는 다르다.) 이것이 오늘날 우리가 고대 철학자들을 살펴볼 때, 자연 세계가 작동하는 방식에 대한 이들 견해의 세부사항은 한쪽으로 제쳐두는 경향이 있는 이유다. 왜냐하면 이런 세부사항이 사실과 맞지 않다고 해도, 형이상학, 인식론, 윤리학이라는 핵심 철학적 영역에서 그 틀린 부분이 이들의 견해에 거의 또는 전혀 영향을 미치지 않는다는 점이 대개는 밝혀지기 때문이다. 이는 우리가 불교 철학자들을 대하는 방식이기도 하다.

앞으로 살펴볼 텍스트에도 마찬가지로 한쪽으로 제쳐놓고 싶은 또 다른 부분들이 있다. 우리의 검토 대상은 불교도들이 형이상학, 인식론, 윤리학에서 자신들의 핵심 주장을 뒷받침하는 논증을 제시하고, 또는 이의를 제기하는 텍스트다. 하지만 어떤 경우에는 주장을 뒷받침하는 근거가 붓다의 권위에 호소하는 일과 관련이 있다. 이런 일은 불교철학의 두 다른 학파 사이에서 어떤 교리를 놓고 논쟁을 있을 때 일어났다. 그럴 때 한 학파는 경전(고따마와 그 주요 제자들의 교설)의 어떤 구절을 자신들의 입장을 인정하는 근거로 가져올 수 있다. 자, 만약 붓다의 가르침은 무조건 따라야 한다고 이미 생각했다면, 이는 문제의 견해를 인정해야 할 타당한 이유가 될지도 모르겠다. 그러나 그렇지 않은 사람들에게 이런 식으로 행해지는 논쟁은 붓다의 교설을 해석하는 방식과 관련이 있을 뿐이다. 문제는 어떤 교리가 붓다 자신의 말과 일치하는지 여부가 아니다. 우리가 답하고 싶은 질문은 어떤 교리가 참이라고 생각할 이유가 있는지 여부이다. 때때로 우리가 볼 텍스트는 두 질문에 모두 답하려 한다. 이런 일이 일어나면 우리는 참인 이유에 답하려는 시도에만 초점을 맞출 것이다.

이 책 대부분의 장에는 불교철학의 주요 자료와 광범위한 논의에서 발췌한 꽤 긴 인용문이 포함되어 있는 경우가 있다. 이는 경전에서 시작해서 약 1,500년 후에 쓰인 텍스트로 끝나는 다양한 불교철학 텍스트의 구절을 읽게 되리라는 걸 의미한다. 이 텍스트들을 읽고 이해하는 동안 우리는 현실적인 난관에 부딪히게 될 것이다. 이 텍스트들은 대부분이 불교 이외의 고전 인도 철학자들을 위해 작성된 것이기 때문에, 그 주장이 무엇인지, 또 저자는 반론에 어떻게 반응하는지 아는 일이 그렇게 쉽지는 않다. 하지만 천천히 시작할 것이며, 이는 많은 도움이 될 것이다. 여기서의 주안점은 이러한 텍스트를 스스로 읽고 이해하는 법을 배우는 데 있다. 그래야 불교철학의 어떤 주제를 더 깊이 들여다보고 싶을 때 다른 사람의 해석에 의존하지 않고 그렇게 할 수 있을 것이다. 그러면 진실이 무엇인지 스스로 알아낼 수 있는 준비를 더 잘할 수 있을 것이다.

마지막으로 철학으로서의 불교를 연구하기 전에 한 가지 더 짚고 넘어가겠다. 어떤 사람들은 이 책의 제목을 불교철학이 무엇인지 알려준다는 의미로 받아들일지도 모르겠다. 그러나 지금쯤 짐작했겠지만, 불교철학이라는 건 없다. 적어도 여기서 "철학"을 사용하는 의미에서는 없다는 것이다. 철학이라는 학문의 본질을 고려할 때, 불교 철학자들 사이에서 의견이 일치하지 않는 것은 놀라운 일이 아니다. 마찬가지 이유로, 기독교철학이나 유대철학이라는 것도 없다. 기독교와 유대교의 기본 진리를 표현하기 위해 철학의 도구를 사용하는 철학자들이 있다. 그러나 아퀴나스와 키에르케고르는 서로 기독교의 가르침을 이해하는 방식이 크게 달랐고, 마이모니데스와 스피노자도 역시 유대교를 철학적으로 어떻게 표현할지를 놓고 접근하는 방식이 서로 달랐다. 불교도 사정이 다르지 않다. 모든 불교 철학자들이 동의하는 어떤 기본 사항들이 있지만, 동의하지 않는 중요한 문제도 있다. 때때로 이러한 차이점들로 인해 상황이 상당히 복잡해질 수 있다, 그래서 길을 잃지 않기 위해서는 불교철학의 체계를 유형화하거나 분류하는 게 유용할 것이다. 불교철학의 발전은 다음의 세 단계로 기본적으로 분류할 수 있다.

1. 초기불교(Early Buddhism): 붓다와 그 직제자들의 가르침

2. 아비달마(Abhidharma): 초기불교의 가르침을 일관되고 체계적으로 해석하려는 시도에서 성장한 엄격한 형이상학적 및 인식론적 이론의 발전

3. 대승(Mahāyāna): 불교 형이상학과 인식론은 어떠해야 하는지 대안적 설명과 더불어, 아비달마적 교리 측면에 대한 철학적 비판

두 번째 단계와 세 번째 단계에서는, 직면하는 철학적 도전들에 서로 다른 방식으로 대응하면서 많은 다른 학파들이 발전하였다. 이 책을 기술하는 데 중요한 학파는 다음과 같다.

2a. 비바사사(Vaibhāṣika, 설일체유부Sarvāstivāda)

2b. 경량부(Sautrāntika)

2c. 상좌부(Theravāda, 현재 동남아시아의 많은 지역에서 행해지고 있는 불교 형태)

3a. 중관학파(Madhyamaka, 티베트 불교 대부분의 철학적 토대)

3b. 유가행파(Yogācāra, 불교 관념론)

3c. 유가행경량부(Yogācāra-Sautrāntika, 불교 인식론, 디그나가 Dignāga 학파).

이 학파들을 각각 차례로 살펴보고, 그 견해들이 앞선 철학자들의 연구에서 어떻게 발전해 갔는지 보면서, 그 주장들의 장점을 이해하고 평가하려고 노력할 것이다. 하지만 다음 세 장에서는 모든 불교철학 학파들이 동의하는 기본 사항, 즉 초기불교의 기본 가르침으로 시작할 것이다.

더 읽을거리

Warder의 *Indian Buddhism*(각주 5에서 인용)은 인도의 불교 역사에 대한 여전히 훌륭한 자료지만, Jan Westerhof의 *The Golden Age of Indian Buddhist Philosophy*(Oxford: Oxford University Press, 2017)는 이 전통의 철학적 구성요소를 다루는 데 있어 훨씬 철저하고 정교하다.

고대 그리스 철학과 고전 인도 철학 사이의 역사적 관계에 대한 논의는 Thomas McEvilley, *The Shape of Ancient Thought*(New York: Allworth Press, 2002) 참조.

붓다가 철학자로 간주될 수 있는지에 대한 논의는 Douglass Smith and Justin Whitaker, "Reading the Buddha as a Philosopher", *Philosophy East and West* 66, no.2(April 2016): 515-38 참조.

(서구의 관점에서 썼지만) 입문자를 위한 철학의 방법들에 대한 짧은 소개는 Peter S. Fosl and Julian Baggini, *The Philosopher's Toolkit: A Compendium of Philosophical Concepts and Methods*, 3rd ed(Chichester, UK: Wiley-Blackwell, 2020) 참조.

1장 초기불교: 기본 가르침

이 장에서는 초기불교의 기본 가르침, 즉 붓다와 직제자들의 가르침을 탐구할 것이다. 이는 불교 철학자라면 인정하는 핵심 원리를 소개하는 역할을 할 것이다. 다음 장들에서는 다양한 불교 철학자들이 어떻게 이러한 핵심 가르침을 서로 다른 방식으로 발전시켰는지 검토할 것이다. 그런데 모든 불교 학파에 공통된 기본 아이디어에 도달하기 전에, 붓다의 생애에 대해 몇 마디 언급하는 게 좋겠다.

1. 붓다는 누구였는가?

그가 누군가의 스승이었다는 점을 제외하면, 고따마의 생애와 관련된 확실한 부분은 거의 없다. 최근까지 학자들은 그가 기원전 566년부터 486년까지 살았다고 꽤 확신했다. 하지만 최근 연구에 따르면, 그의 죽음은 늦어도 기원전 404년이었을 것이다. 따라서 그가 80년 동안 살았다는 전통적 주장을 받아들인다면, 아마도 그의 생애는 기원전 5세기 전체에 걸쳐 있었을 것이다. 그는 현재 인도 국경 근처로 네팔 서부 지역에 속하는 석가족[1]의 고향인 도시 국가 카필라성(Kapilavastu)에서 태어났다. 그는 비교적 안락한 환경에서 자랐다. 그러나 성년 초기에 가장이라는 안정된 삶을 버리기로 선택하고는 유행하는 출가자, 이를테면 특정한 정신적 질문들에 대한 답을 찾는 데 온 삶을 바친 이, 사문(śramaṇa)이 되었다.

기원전 6~5세기 인도의 사문은 인도의 종교적 삶의 새로운 현상을 대표했다. 이들은 널리 퍼진 브라만적 정통성의 핵심 요소들이 자신들의 정신적 관심사에는 들어맞지 않다며 거부했다. 이들이 도전한 베다 종교는 일련의 텍스트, 즉 브라만 사제들이 초자연적인 기원과 권위를 가진다고 여기는 베다에 중심을 두고 있었다. 이 텍스트들은 다양한 형태의 제의와 희생을 명하고 있는데, 이는 우주의 질서를 유지하기 위한 것이기도 하고, 자신의 이름으로 수행되는 제의나 희생에서 여러 이익을 얻기 위한 것이기도 하다. 하지만 업 및 재생의 개념과 관련해 등장한 새로운 아이디어들로 인해, 낡은 종교적 관행들은 불만족스럽게 보이게 되었다. 내가 죽고 난 뒤에 새로운 삶의 모습으로 태어난다면, 지금의 내 상황을 더 편안하게 만들려고 노력하는 게 무슨 의미가 있겠는가? 이번 다음에 올 생에 더 관심을 가져야 하지 않을까? 과연 생을 이어간다는 건 정확히 어떤 의미인가? 그 순환은 영원히 이어지는 것인가? 베다 종교는 사람들이 인간의 삶과

---

1 그래서 그가 나중에 얻은 별칭이 '석가모니(Śākyamuni)', 말하자면 '석가족(Śākyas)의 성자(muni)'다.

행복에 대해 재래의 견해를 고수하는 한 만족스러운 것인 양 보였다. 우리 각자가 지상에서 단 한 번뿐인 삶(또 어쩌면 그 이후 한 번의 내세)을 누린다면, 감각적 쾌락, 부나 권력, 유덕한 자의 사회적 지위 같은 것들에 삶을 바치는 게 사리에 맞을지 모른다.[2] 그러나 인간 삶의 본질에 대한 새로운 아이디어의 출현으로 인해, 오래된 답은 더 이상 약효가 없는 듯 보였다. 그래서 사문들은 인간의 행복과 행복을 획득하는 방법에 대한 새로운 설명을 찾아 나섰다.

수많은 사문 중에는 인간 존재의 문제에 대한 해결책을 찾았다고 주장하며 이를 다른 사람들에게 가르쳐주겠다고 한 사람들이 있었다. 해답은 각기 달랐지만, 진정한 본성을 보지 못하게 가로막는 무지를 극복해야만 참된 행복을 찾을 수 있다는 점은 대부분이 공유했다. 그리고 진정 이상적인 상태에 도달하려면, 재생의 굴레로부터 해방(mokṣa)되어야만 한다는 점 또한 이들이 공유하는 부분이었다. 또한 사문들은 자신들이 추구하는 이상적인 상태를 달성하기 위해 다양한 기법을 탐구했다. 여기에는—금식, 장시간에 걸친 부동자세의 유지, 수면 금지 같은 고행을 하는 식의—다양한 금욕적 행위들을 비롯해, 마음을 고요하게 하면서 마음을 한 곳에 집중한 채로 유지하는 법을

2 베다에서는 재생을 가르치지 않았고, 내세의 문제만을 꼽아 분명히 말한 바도 없었다. 당시 브라만 문화는 또한 삶의 세 가지 가능한 목표, 즉 감각적 쾌락(kāma), 부와 권력(artha), 덕과 사회적 평판(dharma)을 인정했다. 이러한 각각의 목표를 달성하기 위한 방법과 관련하여 모종의 특별한 과학이 있다고 여겨졌고, 이러한 각각의 과학을 중심으로 문헌들이 발전되었다. 그래서 예를 들면, 『까마수뜨라』는 감각적 쾌락을 얻는 전통적 과학의 기초 텍스트다.

배우고, 각종 변성 의식 상태를 탐색하는 등의 다양한 명상 또는 요가 수행도 포함되었다.[3]

새롭게 등장한 여타의 출가자들과 마찬가지로, 고따마는 가장의 삶을 포기한 뒤 적합한 사문 스승을 찾기 위해 애썼다. 가장 오래된 기록에 따르면, 그는 여러 스승에게 배웠고, 그들의 이론과 기법을 완전히 익혔지만 충분치 않음을 알게 되었다. 그런 뒤 스스로 헤쳐 나가기로 결심했다. 외떨어진 숲을 만나게 된 그는 괴로움의 문제를 해결하기 위해 밤을 새워가며 집중해 노력하기로 마음을 먹었다. 그는 다양한 요가 기법을 사용하면서 네 단계 명상에 잇따라 들어갔고, 그에 따라 자신의 전생에 대한 회상, 업이라는 일반 법칙에 대한 이해, 장차 네 가지 고귀한 자의 진리四聖諦라고 불리는 것에 대한 앎 등 세 종류의 지식을 획득했다. 이러한 앎은 그의 깨달음(bodhi), 열반의 달성 또는 재생으로부터의 해방을 알리는 신호탄이었다. 이렇게 목표를 달성한 그는 자신이 발견한 바를 다른 사람들에게 가르칠지 말지 고민했다. 처음에는 자신이 발견한 진리가 난해하고 미묘하기

---

3 사문 운동이 브라만적 정통성에 대한 반대로 시작되었을 수는 있지만, 베다 전통은 결국 해방, 이를테면 목샤(mokṣa)를 얻기 위한 여러 가지 고유한 체계를 개발함으로써 이 도전에 대응했다. 여기에는 상키야(Sāṃkhya), 니야야(Nyāya), 불이론不二論 베단따(Advaita Vedānta) 같은 철학 학파가 포함되었다. 이 학파들은 베다의 권위를 인정하기 때문에 '정통학파'로 불린다. 이 점에서 정통학파는 불교 및 다른 '비정통' 학파(자이나 등)와 다른데, 불교 등은 베다가 어떤 특별한 권위적 지위를 가진다는 점을 부정하기 때문이다. 이러한 정통학파를 통해 브라만 전통은 까마, 아르따, 다르마라는 원래 세 가지에 더하여 사실상 목샤를 삶의 네 번째 가능한 목표로 인정하고 있었다.

때문에 단념했다고 한다. 그러나 결국에는 이러한 진리를 파악할 수 있고 또 자신의 발견으로부터 이익을 얻을 수 있는 누군가가 있을 거라는 결론을 내렸다. 그래서 그는 인간의 괴로움의 문제를 (다른 이의 가르침에 의지하지 않고) 자신의 노력을 통해 해결하고는 그 앎을 자비로 남들에게 전하는 이, 바로 붓다라는 일생의 사업에 착수했다.

깨달음을 얻기 전 고따마의 삶에 대한 훨씬 더 상세한 또 다른 설명이 있다. 거기서 고따마는 왕자고, 그의 아버지 정반왕(Śuddhodana)은 강력하고 부유한 왕이다. 고따마의 잉태는 순결했고, 또 보통의 방식이 아니라 피부를 찢거나 고통을 주지 않은 채 어머니의 옆구리에서 태어났다. 탄생 직후 그는 네 방향으로 각각 일곱 걸음을 내디딘다. 세상은 응답하여 포효하고 그의 발아래에는 꽃이 피어난다. 선지자는 정반왕에게 이 아이가 자라서 붓다나 세상의 군주가 될 것이라고 말한다. 만약 어려서 네 광경, 즉 노인, 병자, 시신, 유행 출가자를 본다면 붓다가 될 것이고, 보지 못한다면 세상의 군주가 되리라는 것이었다. 정반왕은 장남을 강력한 왕으로 만들기로 결심해, 젊고 건강하며 매력적인 사람들로 둘러싸인 호화로운 궁전에서 고따마를 키웠다. 그는 이런 환경에서 자라나 결혼을 하고 아들을 얻었다. 하지만 사냥을 하는 동안 4일 연속으로 네 가지 광경을 각각 보게 된다. 그런 뒤 고따마는 사문이 되기로 결심을 하고는 밤에 궁전에서 탈출한다. 그는 스승들을 만나가며 여러 해를 보내지만, 스스로 헤쳐 나간 다음에서야 비로소 해탈이라는 목적을 달성하는 데 성공한다. 깨달음을 얻은 직후에 그의 발견을 세상에 전하지 않도록 설득한 자는 죽음의 악신 마라(Māra)다. 그때, 다른 신들은 그를 마라의 힘으로부터 보호하고 세상에 붓다의 존재를 확고히 해달라고 간청한다.

깨달음을 얻기 전 고따마의 초기 생애에 대한 보다 상세한 이 설명은 불교 예술 및 문학에서 붓다에 대한 대중적인 묘사에 근거한 것이다. 그러나 이 버전의 이야기는 붓다의 입멸이 있은 지 몇 세기 뒤에나 등장한다. 그리고 이 이야기는 한 종파를 창시한 자의 삶이 전설로 뒤덮이게 되는 통상의 과정을 분명 반영하고 있다. 예를 들어, 카필라성은 그 시대에 군주제가 아니었기 때문에, 고따마가 왕자였다거나 그의 아버지가 왕이었을 수 없다는 점을 우리는 알고 있다. 마찬가지로, 붓다는 자신이 보통의 인간 그 이상이 아니라고 꽤 완강하게 주장했다. 이는 그의 탄생과 깨달음을 둘러싼 기적의 이야기가 고따마 생애에 대한 최초기 설명에 전혀 없는 이유를 설명해줄 것 같다. 훨씬 뒤에야 그의 추종자들 중 일부가 아마도 포교에 대한 열의로 초기 생애의 이야기를 성인전의 형태로 변형시켰을 것이다. 하지만 여전히 그의 전기에 첨가된 전설적인 이야기로부터 배울 점들이 있다. 예를 들어, 네 가지 광경에 관한 이야기를 생각해 보자. 어째서 전설 창작자들은 귀한 왕자가 호화로운 자신의 삶을 포기하도록 자극할 광경으로 노인, 병자, 시신, 사문을 택했을까? 분명 앞의 셋은 인간이 가진 필멸성의 운명과 이 사실에서 비롯하는 실존적 위기를 의미하는 반면, 네 번째는 이 위기를 면할 가능성을 상징하기 때문이다. 이 점은 우리가 괴로움에 대한 붓다의 가르침을 이해하려 노력할 때 유용하다고 밝혀질 것이다.

2. 첫 번째 가르침

고따마의 깨달음 획득 이전의 삶에 대해 확실히 알고 있는 점은 많지 않지만, 깨달음 이후 스승으로서의 경력에 대해서는 많은 부분 알고 있다. 예를 들어, 우리는 그가 바라나시(Vārāṇasī) 근처의 사르나트(Sārnāth)에서 다섯 명의 전 동료 출가자를 만났을 때, 새로운 통찰을 최초로 가르쳤다는 사실을 알고 있다.[4] 그 만남의 기록은 나중에 더 자세히 살펴보겠지만, 먼저 그 교설의 대강을 언급하면서 시작하는 게 좋을 것 같다. 붓다는 처음 이전 동료들이 제기했던 의심을 언급하면서 시작한다. 이들은 극단적인 금욕주의의 길을 따랐던 것 같지만, 고따마는 이들을 떠나 독립하면서 그런 관행을 버렸다. 그래서 이제 고따마가 방탕한 삶에 빠졌다고 의심하고 있다. 그래서 그는 자신이 발견한 길을 금욕주의와 감각적인 쾌락의 삶이라는 두 극단 사이의 "중도中道"라고 묘사하는 일로 시작한다. 그런 뒤 이 길을 바른 견해(正見, right view), 바른 의도(正思惟, right intention), 바른 말(正語, right speech), 바른 행위(正業, right action), 바른 생계수단(正命, right livelihood), 바른 노력(正精進, right exertion), 바른 마음챙김(正念, self-possession), 바른 집중(正定, right concentration)이라는 여덟 가지 요소로 구성된 수행을 열거하면서 "고귀한 자의 여덟 갈래 길(八正道, the Nobles' eightfold path)"[5]이라고 묘사한다. 이는 자연스럽게 네 가지

---

4 붓다의 가르침을 통칭해 "법(Dharma)"이라 한다. (이 단어는 종종 "법〔law〕"으로 번역된다. 동일한 산스크리트어의 다른 용법을 보게 될 것이다.) 불교 전통은 사르나트에서의 만남을 "법의 수레바퀴의 최초 전개初轉法輪"이라 칭한다.

고귀한 자의 진리(四聖諦, the four Nobles' truths)를 나열하는 일로 이어지는데, 왜냐하면 그런 길이 존재한다는 주장이 바로 네 가지 진리 중 네 번째이기 때문이다. 네 가지는 간단히 다음과 같은 형태다.

1. 괴로움이 있다(苦諦).

2. 괴로움의 기원이 있다(集諦): 괴로움은 원인에 의존하여 존재하게 된다.

3. 괴로움의 종식이 있다(滅諦): 미래의 모든 괴로움은 막을 수 있다.

4. 괴로움의 종식에 이르는 길이 있다(道諦).

이제 두 번째 진리는 열두 가지 연결된 원인과 결과의 사슬十二緣起이라는 관점에서 자세히 설명되데, 그중 첫 번째는 무지無明다. 문제의 무지는 실재의 세 가지 특징三法印인 무상無常, 괴로움苦, 무아無我를 알지 못하는 것으로 설명될 것이다. 따라서 붓다가 다섯 명의 출가자에게 무아 교리를 가르치고, 나아가 인격체의 모든 구성물이 비영속적이라는 사실에 근거하여 무아를 주장한다는 점은 중요하다. 마지막으로, 이 최초의 가르침을 전하는 경에 따르면, 다섯 명의 사문이 결국 깨달음을 얻었고, 그 결과 그 후 열반의 상태에는 여섯 명이 있었다고

---

5 이 단어는 더 일반적으로 "고귀한 여덟 갈래의 길(the noble eightfold path)"로 번역된다. 그러나 여기서 "고귀한(noble)"에 해당하는 단어(ārya)는 깨달음을 얻은 자를 가리킨다. 그래서 여덟 갈래의 길은 고귀한 자들이 따르는 길이다.

한다.

요약하면, 붓다의 가르침 경력의 이 초기 일화에는 다음의 교리와 생각이 담겨 있다.

중도中道라는 교법
여덟 갈래의 길八正道
네 가지 고귀한 자의 진리四聖諦
열두 가지 연결된 의존적 발생의 사슬十二緣起
존재의 세 가지 특징三法印

이제 좀 더 자세히 살펴보자. 네 가지 진리四聖諦 교리는 붓다의 가르침에서 중심적인 조직 기능을 하므로 여기서 시작해야 한다. 이 중 첫 번째, 괴로움이 있다는 건 충분히 분명해 보인다. 그리고 이것이 사실임은 부정하기 어려울 것이다. 세상에는 너무나 많은 괴로움이 있다. 그러나 이 점을 보면 붓다가 왜 이를 지적할 필요가 있다고 생각했는지 의문이 든다. 사실, 불교도들은 대부분의 사람들이 이 진리의 진정한 의미를 가장 인정하기 어려워한다고 주장한다. 이는 네 가지 진리 중 첫 번째인데, 고제는 붓다가 생각하기에 보통 사람들이 하나같이 부정하기 때문이다. 그가 왜 이렇게 생각하는지 알려면 여기서 "괴로움"이 바로 무엇을 의미하는지 이해할 필요가 있다. 그리고 여기가 바로 네 가지 광경의 전설이 관련되는 곳이다. 이 전설이 말해주는 바는 불교도에게 괴로움이라는 용어는 다치거나 아플 때 느끼는 통상적인 고통을 뜻하지 않는다는 것이다. 대신 실존적 괴로움을—자신의 필멸성을 자각하는 데서 오는 좌절, 소외, 절망을—의미한다. 이 전설에 따르면, 고따마는 자신의 생에서 뒤늦게나마 늙음, 질병, 쇠락, 죽음이라는 사실과 마주치지 않았다면, 붓다가 되지 않았을 것이라고 한다. 이 사실을 인정하는 게 어째서 중요할까? 우리 각자는 자신의 삶이 잘 되었으면 하고 바란다. 또 행복하기를 원한다. 그리고 행복을 원할 때, 그런 행복이 충족되려면 내 삶이 의미, 가치, 목적을 가지고 있다는 느낌이 필요하다. 물론, 사람마다 행복의 조건은 다르다. 그러나 우리가 행복해질 때는 나의 정체성과 지향에 대해 누군가 좋은 말을 하는 걸 듣기 때문이다. 어려움은 우리가 자신의 죽음을 인정할 수밖에 없는 상황에 일단 이르게 되면, 내 삶이 의미 있다는 느낌을 유지하기가 어렵게 된다는 데 있다. 결국, 내가 죽고 세상이 나 없이 즐겁게 흘러갈 텐데, 무엇이 내 삶에 의미를 부여할 수 있겠는가? 자, 우리 모두는 언젠가 죽으리란 사실을 어느 정도 알고 있지만, 여전히 죽음이 무기한 연기될 수 있으리란 가정 하에서 삶을 살고 있다. 늙음 등의 사건으로 인해 이러한 가정이 거짓으로 드러날 때 실존적 괴로움이 일어나는 것이다.

여기가 업과 재생의 교리를 받아들이느냐 아니냐가 중요해지는 지점이다. 실제로, 이 교리를 부정해야만 방금 말한 실존적 괴로움에 대한 설명이 타당하다고 생각할 수 있다. 그리고 불교도들은 이 교리를 받아들이기 때문에, 불교도들이 의미하는 "괴로움"이란 실존적 괴로움, 즉 필멸성의 함의를 인정하는 데서 오는 소외와 절망이라는 의미가 아닌 다른 것일지 모른다고 의심할 수 있다. 결국, 죽은 뒤에 또 다른 삶을 산다면, 나의 죽음은 나의 끝일 수 없다. 그리고 이번 생에서 내가 한 일이 다음번에 내가 어떤 삶을 받을지를 결정한다면, 지금 내게 일어나는 일이 내 미래의 존재에 항상 의미가 있는 게 아닐까? 그렇다면 업과 재생의 교리를 받아들인 사람에게 실존적 괴로움은 왜 일어나는 것인가? 그러나 불교도는 이런 의문점은 단지 괴로움의 진정한 본성을 파악하는 게 얼마나 어려운지 보여주는 사례에 불과하다고 대답할 것이다. 이 전통은 괴로움의 개념 내에서 세 가지 다른 층, 즉 고통으로 인한 괴로움苦苦, 비영속성으로 인한 괴로움壞苦, 조건으로 인한 괴로움行苦을 구별하는데, 각각은 앞의 층보다 더 파악하기 어렵다. 재생이란 사실 자체가 일종의 실존적 괴로움이 되는 이유를 설명하기 위한 것이 바로 세 번째 층이다. 그러나 왜 이렇게 생각하는지 알려면, 불교도들이 괴로움의 경험이라고 주장하는 앞의 두 가지 방식을 좀 더 설명할 필요가 있다.

첫 번째는 보통 고통스럽다고 분류하는 모든 경험들을 포함한다. 베이거나 화상을 입거나 맞는 것, 치통이나 두통을 앓는 것, 소중한 재산을 잃는 것, 원하는 직업을 갖지 못하는 것 등이다. 주목할 점은 치통 같은 간단한 경우조차 그 경험의 부정적인 본성에 사실상 두 가지 수준이 있다는 것이다. 먼저 고통 그 자체의 느낌, 즉 즉각적인 아픔의 감각이 있다. 그러나 치통 같은 게 있을 때 흔히 경험하는 걱정 같은 것도 있다. 즉, 이 고통스러운 느낌은 내가 누구이고 어디로 가고 있는지에 대해 무언가를 말해주는 것일까 하는 걱정이 드는 것이다. 이를 두고 분명히 표현할 길은 없지만, 이 같은 "편하지 않음"[6], 즉 자신에 대해 편치 않은 느낌은 고질적인 고통을 겪을 때 삶에 배어들어 평범한 즐거움조차 갉아먹을 수 있다.

두 번째 형태의 괴로움은 비영속성에서 유래하는 모든 부정적 경험을 포함하고 있다. 이것은 생각보다 훨씬 범위가 넓다. 뒤에서 더 자세히 보겠지만, 불교도들은 원인에 따라 생겨난 것은 마찬가지로 소멸해야 한다고 주장한다. 그리고 평소 마음으로 아끼던 모든 것은 원인에 의존하기 때문에 당연히 모두 비영속적이다. 이제 치통의 고통은 비영속성에서 파생되는 경험들 중 하나로 간주될 수 있다. 건강한 치아는 항상하지 않기 때문에 치통이 생기는 것이다. 그러나 치통처럼 원치 않는 것을 얻는 일만이 여기에 포함되는 것은 아니다. 우리가 원하는 것을 얻는 일도 무상함으로서의 괴로움의 범주에 속한다. 욕망하는 것을—자동차, 직업, 아이, 소중한 사람들의 존중, 친구의 행복을—얻는 일도 부정적인 경험의 범주에 넣는 것은 아마 직관에 반하는 일처럼 보일 것이다. 하지만 이 때문에 불교도들은 이런 종류의 괴로움이 첫 번째 괴로움보다 더 미묘하다고 말한다. 원하는 대상은 영구적이지 않기 때문에 원하는 것을 얻는 데에도 괴로움이 있는 것이다. 그래서 우리가 느끼는 행복은 매번 그 상실에 대한 불안으로 물들어 있다. 실제로 원하는 것을 얻는 데서 오는 행복감 그 자체는 영원하지 않다. 새로움이 사라지면, 행복감도 사라진다. 그래서 우리는 항상 새로운 것을 추구하는지도 모른다. 이는 우리가 따르는 패턴을 설명하고 있다. 이전에 원했던 것을 얻었다면 (혹은 얻을 수 없다고

---

6 "괴로움(suffering)"보다는 "편하지 않음(dis-ease)"이 여기서 논의되는 산스크리트어 duḥkha(苦)의 더 나은 번역일 수 있다. 이 용어는 영어 "dis"와 관련된 접두사 duḥ와, 원래 구멍이나 공간을 의미했지만 "행복"이나 "편안함"을 의미하게 된 명사 kha가 결합된 것이다.

판단해 포기하면), 다시 어떤 새로운 목표, 어떤 새로운 욕망의 대상을 상정하는 일 말이다. 그리고 자신의 행동에서 이러한 패턴을 알아차리기 시작할 때, 새로운 것을 얻어 느끼는 행복은 물이 빠지듯 흘러나가 버린다.

마지막 요점은 자연스럽게 세 번째 단계의 괴로움, 즉 조건으로 인한 괴로움으로 이어진다. 여기서 "조건"이란 재생의 원인이 된다고 알려진 요소(즉, 행위를 동기부여하고, 업의 결과業果를 초래하는 의도 또는 의지)를 의미한다. 그래서 조건으로 인한 괴로움은 재생으로 인한 괴로움이다. 그러나 앞서 던진 질문으로 돌아가면, 왜 재생이라는 단순한 사실이 괴로움으로 여겨져야 하는가? 어떤 재생은 정말 싫을 수 있다. 그러나 업의 인과법칙을 안다면, 싫은 재생은 피하고, 상대적으로 운이 좋은 상황에서 재생하는 길을 얻을 수 있을 것이다. 그런데 왜 여전히 괴로움으로 간주되는가? 그 답은 다시 태어남이 다시 죽음을 수반한다는 사실에 함축되어 있다. 재생이 무상함(즉, 우리의 필멸성)으로 인한 괴로움을 피하는 데 도움이 될 거라 생각한다면, 이는 바로 다시 태어난다는 사실이 바로 그 벗어나고자 하는 무상에 맞닥뜨리게 되는 걸 의미함을 망각하고 있는 셈이다. 이 점을 고려한다면, 이 전망은 더 이상 그다지 매력적으로 보이지 않는다. 사실—태어나고 어떤 삶을 살고, 그 삶을 잃고, 그런 뒤 새로이 시작하는—이러한 생사의 순환을 영원히 겪는다는 생각은, 이게 다 무슨 소용일까 하는 우주적 권태감 같은 걸 불러일으킬 뿐이다. 무한의 권태를 벗어나려면, 바로 지금의 삶의 의미를 간직하면서 단절 없이 미래의 생들로 이어나가야 한다. 그러나 이 삶이 다음 삶으로부터, 그리고 그 다음은 그 이후 삶으로부터 의미를 이어받는 식이라는 말인데, 정말 이렇게 될 수 있을까? 아마 업과 재생의 교리는 중생이 괴로움에 처할 수밖에 없다는 주장을 약화시키는 게 아니라 실제로는 그 점을 강화할 것이다.

이쯤 되면 붓다가 지나치게 비관적인 건 아닌지 하는 의구심이 드는 것도 당연한 일이다. 확실히 인생에 파멸과 어둠만이 있는 것은 아니다. 그리고 약간의 행운과 양식이 있다면 행복을 누리는 삶을 살 수 있다. 물론 불교도들은 이것이 바로 열반에 해당한다고 응수할 것이다. 그러나 대론자는 열반을 구하는 일은 좀 가혹해 보인다고 말할 것이다. 이를 위해서는 일반적으로 삶을 가치 있게 만든다고 여겨지는 대부분, 즉 감각적 쾌락, 부, 권력이라는 세 가지 (세속적) 목표를 버려야 하기 때문이다. 확실히 적어도 어떤 사람들은 가족, 경력, 오락과 같은 세속적인 목적에 기꺼이 헌신하는 인생을 살 수 있다. 불교는 이를 추구해도 즐거움과 기쁨을 얻을 수 있다고 답할 것이다. 불교도들은 사람들이 때때로 즐거움과 기쁨을 경험한다는 걸 부정하진 않지만, 그 즐거움과 기쁨은 본성상 기만적이라고 주장한다. 행복한 상태에서는 이 느낌이 계속될 것만 같지만, 사실은 앞서 설명한 이유들로 인해 그럴 수 없다. 그리고 불교도들은, 긴 안목에서 보면, 그러한 이유들 때문에 세속적인 목표를 추구하는 데서 얻은 행복보다 괴로움이 더 클 거라고 주장한다. 행복을 추구하는 일은 다람쥐 쳇바퀴 같은 일이 될 것이고, 이 쳇바퀴 위에 있는 느낌은 소외와 절망으로 이어진다. 자신의 삶에 대해 조금이라도 성찰하는 사람이라면, 삶의 행복보다는 괴로움이 더 클 수밖에 없다.

다음으로 넘어가기 전에 마지막 질문이 있다. 과연 항우울제가 도움이 될 수도 있을까? 현대 의학은 삶의 즐거움을 잃은 사람들을 돕기 위해 여러 약물을 개발했다. 그리고 방금 논의한 좀 더 미묘한 괴로움의 느낌은 이런 사람들이 처한 상태와 다소 닮아 있는 것 같다. 간편한 알약이 깨달음의 추구라는 힘든 과업의 대안이 될 수 있을까? 여기 불교도가 이 같은 질문에 대답할 수 있는 한 가지 가능한 방법이 있다. 먼저, 어떤 알약도 사실을 바꿀 수 없다고 주장하는 것이다. 알약을 먹어서 그러한 사실을 평가하는 방식을 바꿀 수는 있지만, 사실 자체를 바꾸는 일은 전혀 다른 문제다. 알약이 실제로 하는 일은 환상을 조장하는 것이기 때문에, 그러한 사실을 계속 못 본 척할 수 있다는 기분을 만들어낼 수 있다. 항우울제를 복용하면, 행복 추구의 프로젝트가 끝없이 다람쥐 쳇바퀴를 도는 일이라는 느낌을 피할 수 있게 된다고 가정해 보자. 그렇다면 붓다를 괴로움의 분석으로 이끈 동일한 사실을 보게 되더라도, 우리는 다른 관점에서 그러한 사실을 보고 있게 될 것이다. 불교도는 그렇다 해도 그러한 사실에 대한 우리의 평가는 비현실적이라고 주장할 것이다. 알약을 복용하면, 결국 세속적인 행복을 얻을 수 있다는 환상이 다시 주입될 뿐이라는 것이다. 그리고 불교도들은 이는 사실을 정직하게 직시하면서 적절한 행동을 취하는 것의—열반을 구하는 것의—대안이 될 수 없다고 주장할 것이다.[7] 그렇다면, 불교도들의 이러한 가정이 참일지

---

7 이는 항우울제가 임상적 우울증으로 고통 받는 사람들에게 진정 도움이 될 수 있다는 점을 부정하는 게 아니다. 불교도들은 행복 추구의 프로젝트가 장기적인 관점에서 볼 때 지속될 수 없다고 주장한다. 마치 우울한 분석처럼 보이겠지만, 불교도들은 이 프로젝트에 대한 더 나은 대안, 즉 열반이 있다고 주장한다는

묻는 것도 흥미로운 질문이 될 것이다.[8]

3. 괴로움의 원인과 치료

네 가지 고귀한 자의 진리四聖諦 중 첫 번째가 괴로움의 존재를 지적하는 것이라면, 두 번째는 괴로움이 어떻게 기원하는지 설명하기 위한 것이다. 여기서의 기본 아이디어는 어떤 현상의 원인을 학습하면, 그 현상을 통제할 수 있게 된다는 데 있다. 그래서 붓다는 괴로움이 발생하는 데 의존하는 조건이라고 자신이 주장하는 요인들에 대해 자세히 설명한다. 이 설명, 즉 열두 가지 연결된 의존적 발생의 사슬十二緣起은 전통적으로 볼 때 세 번의 연속적인 생三世에 걸쳐 일어나는 순서를 설명하는 것으로 이해된다. 한 생에서 (1)무지無明(즉 모든 중생은 무상, 괴로움, 무아를 특징으로 한다는 사실에 대한 무지)가 발생하고, 무지의 발생으로 인해 업의 능동적 힘으로 이해되는 (2)의지(行,

---

것도 기억해 두자. 그리고 이들은 우리가 더 나은 대안을 찾기 위해 노력해야 한다고 생각한다. 임상적으로 우울한 사람은 그러한 노력을 할 수 없을 수도 있다. 그 모든 게 소용없다는 느낌 때문에 상황을 개선하기 위한 어떤 일도 할 수 없는 것이다. 그렇다면야 불교도들도 항우울제가 그런 경우에는 유용할 거라 말할 것이다.

8 알약을 먹어서 괴로움의 미묘한 느낌이 일어나는 걸 영원히 막을 수 있다고 가정해 보자. 또한 붓다의 분석이 옳다고, 즉 행복 추구의 프로젝트는 정말 끝없이 다람쥐 쳇바퀴를 도는 일 같은 거라고 가정해 보자. 정말 약을 먹지 않고, 사실을 직시하며, 열반을 구하는 게 더 나을까? 불교도들은 그럴 것이라고 가정하는 것 같지만, 그 이유는 무엇인가? 그들의 답은 어떤 가정에 근거하는 것 같은가? 그리고 그 가정은 옳은가?

saṃskāras)가 발생한다. 다음 생에서 (3)의식識이 발생하는 것은 한 생의 이러한 의지에 의존해서다. 즉, 지난 생에서 행위를 하도록 이끈 욕망 때문에 (새로운 생에서 의식의 최초 순간의 형태로) 재생이 발생한다. 다음으로 이 의식에 (4)감각이 있는 신체名色의 발생이 의존한다. 즉, 태아의 신체를 구성하는 물질이 감각적 존재가 되는 것은 그 재생 의식再生心의 첫 번째 순간 때문이다. 다음으로 이 감각이 있는 신체의 존재에 (5)여섯 가지 감각 능력六根(다섯 가지 외적 감각과 고통 같은 내적 상태를 감수하는 "내적 감각")이 의존한다. 이것들에 (6)접촉觸, 말하자면 감각 자극이 의존한다. 그리고 감각 자극이 주어지면 (7)느낌受, 즉 즐거움, 고통, 즐거움도 고통도 아닌 중립의 느낌이라는 쾌와 관련된 상태가 발생한다. 다음으로 느낌은 (8)욕망愛을 유발하고 욕망은 (9)전유(取, upādāna), 즉 어떤 것을 "나" 또는 "나의 것"으로 취하는 태도를 야기한다. 전유에 의지하여 거기서 (10)생성有이 발생한다. 생성은 다음 재생을 초래하는 의지와 그 재생에서 감각이 있는 신체를 구성하는 정신물리적 요소로 이루어져 있다고 설명된다. 이 생성에 의지해 (11)태어남生, 즉 세 번째 생으로의 재생이 있다. 그리고 탄생에 의지해 거기서 (12)늙음老과 죽음死이 있는데, 여기서는 모든 실존적 괴로움을 나타내는 것들로 여겨진다.

이 목록에는 분명 약간의 문제가 있다. 예를 들어, 열 번째 조건인 생성有은 두 번째 의지行 및 네 번째 감각이 있는 신체名色와 중복되는 듯 보인다. 또한 세 번째 생으로의 재생은 별개의 조건으로 나열되지만, 두 번째 생으로의 재생은 그렇지 않다는 점도 이상해 보인다.

여섯 가지 감각 능력六根을 생략하고, 오히려 감각이 있는 신체名色가 의식識의 조건 역할을 하는 다른 버전의 목록이 있다. 의식識이 감각이 있는 신체名色의 조건이라고 이미 말했기 때문에, 이는 의식識을 감각이 있는 신체名色의 원인이면서 동시에 결과로 만드는 효과가 있다.[9] 그리고 처음 두 조건이 생략된 열 개의 고리로만 이루어진 버전들도 있다. 이러저러한 문제로 인해 일부 학자들은, 현재 열두 가지 목록은 원래 두 개 이상의 개별 목록이 융합된 결과라고 말한다.

이러한 문제들은 한쪽으로 미루고, 대신 이 목록의 바탕이 되는 기본 논리를 살펴보자. 이 목록의 발상은 다음과 같다. 우리는 지난 생에 자신의 존재에 대한 사실에 무지한 채 만들어진 의지에 따라 행동했기 때문에 이 생에 태어났다. 몸, 감각, 마음을 가지고서 태어난 우리는 감각 대상과 접촉하게 되고, 이 인지적 접촉은 즐거움, 고통, 중립의 느낌을 일으킨다. 이 느낌들은 욕망을 촉발하고, 무지에 의해 조건화된 욕망은 전유로 알려진 태도, (더 이상 존재하지 않거나 아직 존재하지 않는 것을 포함해) 어떤 것은 "나"로, 또 다른 것은 "나의 것", 이를테면 나의 소유로 취하는 태도를 초래한다. 재생에 기름을 붓는 것이 바로 이러한 입장이고, 이로 인해 모든 유정과 관련된 괴로움이 생겨난다.

첫 번째 조건인 무지가 어떻게 지각이 있는 존재(이 사슬의 네 번째 고리까지 등장하지 않는 것)가 없는 상태에서 일어날 수 있는지 의아하지

---

9 이 버전의 목록으로 인해, 이후 일부 아비달마 철학자들은 동시에 존재하는 두 가지 사물이 서로의 원인과 결과가 될 수 있다고 주장할 수 있었다. 동시적 상호 인과관계 개념은 아비달마 논쟁의 주제가 되었다.

않는가? 무지는 무지한 자의 존재가 필요한 게 아닌가? 이 점이 의아하다면, 이는 이 목록을 이어지는 생들의 시작에 대한 설명으로 간주하고 있는 것이다. 그러나 주석가들은 이 목록을 이런 식으로 받아들여서는 안 된다고 말한다. 여기서 연속된 세 개의 삶 중 첫 번째로 상정된 삶은 그 자체로 좀 더 앞서는 어떤 삶에서 일어난 이전 조건의 결과이다.[10] 그래서 마음과 몸이 있기 이전에 무지가 일어났다는 말이 아니다. 무지는 괴로움을 낳는 데 핵심 역할을 하기 때문에 이 목록 중 가장 먼저 나오는 것이다. 사실 이 이론의 내용은 어떻게 무지가 괴로움을 야기함으로써, 무지를 강화시키고, 따라서 영속시키는지에 대한 설명이다. (세 가지 특징三法印을 설명하는 대목에서 어떻게 무지가 이러한 역할을 하는지 논의할 것이다.) 의존적 발생의 사슬에 시작이 있다고 본다면야, 이 사슬을 업과 재생의 교리와 분리하는 것도 가능하다. 그렇다면 이 이론은 한 사람의 삶의 어떤 한 지점에서 일어나는 무지가 이후의 괴로움과 계속되는 무지의 발판을 마련하는 특정한 방식으로 행동하게 만든다는 주장에 불과한

---

10 붓다는 이 점에 대하여 우리가 살아온 일련의 생에서 첫 번째 삶을 식별해낼 수 없다고 한다. 후기 전통에서는 이를 생의 연속에는 (그래서 무지도) 시작이 없다는 뜻으로 본다. 그러나 붓다의 말씀은 다른 방식으로 해석될 수 있다. 그 연속 속에서 첫 번째 삶이 있었을 테지만, 그게 어느 것인지는 결코 말할 수 없다는 것이다. 이전의 생들이 있었다 하더라도, 어떤 것도 기억하지 못할 가능성이 있기 때문이다. 이러한 어려움을 고려하면, 그 연속에서 첫 번째 삶이 있었는지 아니면 없었는지, 그리고 어떻게 첫 번째 삶을 설명할 수 있는지 추측하는 것은 무의미하다. 괴로움은 현재 삶에 존재하며, 그러한 추측은 그 문제를 해결하는 데 도움이 되지 않을 것이다.

게 된다.

괴로움의 종식이 있다는 세 번째 진리는 두 번째 진리로부터 나온다. 무지는 교정할 수 있는 조건이다. 무지는 치료될 수 있기 때문에, 괴로움을 초래하는 악순환의 고리는 끊을 수 있다. 네 번째 진리는 이러한 치료를 위해 고안된 여덟 가지 수행법을 제시하는 것이다. 다시 한 번 나열하면, 이는 바른 견해正見, 바른 의도正思惟, 바른 말正語, 바른 행위正業, 바른 생계수단正命, 바른 노력正精進, 바른 마음챙김正念, 바른 집중正定이다. 이 여덟 가지는 기본적으로 세 종류로 나뉜다. 처음 두 가지는 지혜를 나타내고, 다음 세 가지는 도덕성 요소이며, 마지막 세 가지는 명상을 구성하는 수행이다. 각 요소는 마치 순차적으로 나열되어 있는 듯 보일 수 있다. 바른 견해에서 시작해, 바른 행위의 규칙을 따르고, 바른 집중으로 나아가 열반을 달성한다는 식이다. 하지만 실제 수행에서는 각각의 요소들이 상호적으로 서로를 강화하는 식이라서 각 요소를 숙달하려면 다른 요소의 조력이 있어야 한다고 한다. 예를 들면, 붓다의 기본 가르침에 대한 초보적인 이해를 얻는 것(바른 견해)으로 시작하여, 이를 기반으로 열반을 구하려는 (바른) 의도를 형성한 다음, 거짓말을 하지 않기(不妄語; 바른 말)·도둑질을 하지 않기(不偸盜; 바른 행위)·도살일을 하지 않기(不殺生; 바른 생계수단) 등 재가 신도를 위한 도덕 규칙에 순종하는 노력에 착수할 수 있는 것이다. 그러나 이러한 도덕 규칙의 준수가 습관화되면, 그 결과 지혜를 얻는 데 방해가 될 수 있는 어떤 정념煩惱의 마음이 깨끗해진다. 그래서 이를 통해 붓다의 가르침을 더 깊이 음미할 수 있게 되고(바른 견해), 뒤이어 비구나 비구니가 되려는 (바른)

의도를 일으킬 수 있다. 비구와 비구니 승가(saṃgha)에 입문하게 되면 반드시 획득해야 할 새로운 도덕적 덕목을 받게 된다. 교법(Dharma)을 새로이 깊게 이해하면서 이 덕목에 따라 수행하면, 명상에 몰두하는 데 도움이 된다. 하지만 명상을 한다면, 요구되는 도덕적 덕목을 더 쉽게 얻을 수 있게 된다. 그리고 명상도 마찬가지로 교법에 대한 음미를 강화시키는, 마음의 본성에 대한 통찰을 낳는다. 요약하면 이런 식인 것이다.

목적을 달성하려면, 지혜와 명상의 상호적 관계는 특히나 중요하다. 불교의 길이라는 맥락에서 보면, "지혜"란—개념을 분석하고, 논증을 검토하며, 반론을 숙고하는 등—철학적 실천을 의미한다. 그래서 "지혜"의 내용은 바로 여기서 검토하고 있는 불교철학이다. 이제 우리는 궁극적으로 괴로움의 원인은 무지라고 불교도들이 주장한다는 점을 이미 알고 있다. 그리고 지혜는 무지에 대한 해독제처럼 보인다. 그래서 불교가 깨달음을 얻기 위해서는 철학을 하는 것이 필요하다고 주장하는 것은 일리가 있다. 그러나 철학을 하는 것으로 충분할까? 불교도들은 대개 아니라고 말한다. 그리고 왜 그런지 짐작하기 어렵지 않다. 우리는 무지가 무엇으로 구성되어 있는지 알고 있기 때문이다. 즉, 무지의 구성요소가 세 가지 특징三法印인 무상, 괴로움, 무아라는 사실을 인식하지 못하는 것이다. 자신의 삶에 대한 근본적인 가정, 즉 나와 내가 원하는 것은 무한정 계속 존재할 수 있고, 세속적인 목표를 추구함으로써 행복을 얻을 수 있으며, 이 삶의 의미와 가치를 소유하는 진정한 "내"가 존재한다는 가정들을 살펴본다면 왜 그런지 알 수 있다. 우리의 활동 대부분은 이런 가정들 위에 놓여 있기 때문에,

우리는 이를 끊임없이 강화하는 일을 하고 있다. 그래서 철학적 실천을 통해 이 가정들이 틀렸다고 알게 될지라도, 그 뿌리를 뽑는 일은 그리 만만하지 않다. 여기 상황은 흡연자의 경우와 비슷하다. 이들은 흡연이 삶을 단축시킨다는 사실을 아주 잘 알고 있을 것이다. 그러나 담배를 피울 때마다 중독이 강화되어 그 지식에 따라 행동하기가 더 어려워진다. 그래서 불교도들은 악순환을 끊고서 철학을 통해 획득한 지식을 명확히 깨달으려면 명상이 필요하다고 말한다.

명상을 배우는 일은 마음을 통제하는 법을 배우는 것이다. 그런 뒤, 이 통제력은 다양한 정신적 과정을 조사하고 무지와 괴로움을 영속시키는 그러한 과정에 대응하는 데 발휘된다. 그래서 명상을 통해, 영속적인 자아만이 할 수 있다고 상상하는 모든 일을 무상한 정신적 상태가 실제로 어떻게 하고 있는지 관찰함으로써, 자아가 존재하지 않는다는 것을 확증할 수 있을 것이다. 분노나 증오 같은 특정 정신적 상태가 어떻게 자아에 대한 믿음을 강화시켜 무지를 영속시키는지도 알 수 있다. 그리고 명상을 통해 이러한 상태에 대응하는 법을 배울 수 있다. 분노와 증오의 경우로 예를 들면, 명상 숙련자는 친구나 사랑하는 사람들로부터 시작하여 결국에는 분노와 적의를 느끼는 사람들에게까지 확대되는, 훨씬 큰 범위의 존재들에 대해 친절과 동감적 기쁨의 느낌을 함양하도록 가르침을 받는다. 그래서 명상은 불교 수행에 있어 철학을 보완하는 필수 요소다. (이 때문에 불교 철학자들이 이러니저러니 옳은 말을 해도, 불교철학 연구를 통해서만은 해탈에 이를 수 없다.)

이와 동시에, 명상 수행이 효과적이려면 철학을 하는 것이 필요하다고 한다. 우선, 명상을 통한 많은 성취에는 변화된 의식 상태가 포함된다. 변화된 의식 상태에서 우리가 알아차리는 내용은 일상적 경험에서 일어나는 일과는 아주 다르다. 이는 명상 상태에서의 경험들을 분류하고 그 경험들의 중요성이 무엇인지 알아내는 데 도움이 되는 개념적 틀이 필요하다는 걸 의미한다. 그렇지 않으면, 마치 윙윙거리고 불명료한 혼란의 덩어리 같은 상황과 마주하게 될 것이다. 철학을 하는 것은 명상에서 접하는 바를 이해하게 해주는 개념적 도구를 습득하는 데 도움이 된다. 그래서 예를 들어, 자아의 비존재에 대한 철학적 논증에 정통하면, 표면적으론 단순한 정신적 과정처럼 보이는 사태를 면밀히 관찰할 때 드러나는, 복잡한 인과적 연결의 중요성을 더 쉽게 음미할 수 있다. 이러한 인과적 연결이 존재한다는 사실을 통해, 배후에 서서 정신적 과정을 총괄하는 자아가 존재하지 않음을 확정할 수 있다. 그리고 이 사실이 바로 자신의 경우에 적용될 때 무아의 진리를 뼈저리게 깨달을 것이다. 그래서 명상은 수행자가 철학을 통해 얻은 지식을 적용하는 데 도움을 주고, 역으로 철학은 명상 수행을 촉진하는 데 중요한 역할을 한다.

팔정도의 구성요소들 사이에 흥미로운 관계가 있듯이, 삼법인이 서로 어떻게 관련되어 있는지 살펴볼 필요가 있다. 괴로움은 무상, 괴로움, 무아에 대한 무지로 인해 생긴다고들 한다. 그리고 괴로움은 세상에 대한 이 세 가지 사실을 완전히 알게 됨으로써 극복된다. 우리는 이제 불교도들이 말하는 괴로움의 진리라는 의미를 어느 정도 이해하게 되었다. 괴로움이 무엇이고 세속적인 방식의 삶에서 괴로움이 발생하는 까닭에 대한 이들의 주장이 옳다고 가정해 보자. 이들은 또한 모든 것은 무상하며, 중생에게는 자아가 없다고 주장한다. 이 주장들 역시 참이라고 가정해 보자. 무상과 무아는 괴로움에 대한 주장과 무슨 관계가 있을까? 여기서는 무상이 가장 중요한 요소라고 생각하기 쉽다. 이렇게 해석하면, 일체가 무상하다는 사실로 인해 괴로움은 불가피하다는 것과 자아는 존재하는 않는다는 것, 양자가 참이 된다. 이 같은 설명 방식에 따르면, 우리는 자신이 욕망하는 것들이 영원하다고 잘못 믿어, 그것들에 애착을 하게 되고, 결국 그것들이 소멸하면서 무상함이 드러날 때 괴로움을 겪는다는 것이다. 마찬가지로 영원한 자아가 있다는 가정에 기대어서 삶을 살다가, 삶이 필멸한다는 사실을 경험하며 이 가정이 거짓임이 드러날 때 괴로움을 겪는다는 것이다. 그렇다면, 무상이라는 사실을 꼭 간직한 채 살아가는 법을 배우는 게 해결책이 될 것이다. 우리가 사물에 집착하는 짓을 멈추고 이 순간을 사는 법을 배울 때 괴로움은 사라질 것이다.

삼법인에 대한 이 해석이 매력적이긴 하지만, 틀렸다. 괴로움의 발생과 소멸을 이해하는 열쇠는 무아의 진리다. 그리고 앞선 해석은 무아라는 사실을 충분히 심각하게 받아들이지 않았다. 왜냐하면 이 해석은 나에게 어떤 자아, 즉 바로 아주 무상한 자아가 있다고 가정하기 때문이다. 이는 현재 순간에 자신의 삶을 살라는 조언 이면에 있는 가정이다. 이 조언은, 여러 경험들에서 가치와 의미를 끌어낼 수 있는, 하지만 "내"가 아닌 다른 누군가인 새로운 자아에 의해 대체되는, 잠시 동안만 존재한 진정한 "내"가 있다고 해야만 타당할 것이다. 우리는 현재에 살라는 충고를 받는데, 그 이유는 바로 우리가 보통 미래에 대한 계획을 세운다는 핑계로 그 미래 자아의 이익을 반영해 이 현재 자아가 무엇을 할지를 결정해 버리기 때문이다. 지금은 불교가 이런 식으로 이해되기도 하지만, 이는 자아가 존재하지 않는다는 주장과는 분명 양립할 수 없다. 사실 정법이란 양극단의 중도라고 볼 때, 이런 식의 불교 이해는 극단적 견해의 하나일 수밖에 없다.[11] 그래서 이 해석은 삼법인을 이해하는 방식이 될 수 없다.

무아는 불교의 기본 가르침 중에서 가장 파악하기 어려운 교리로 널리 알려져 있다. 다음 장 전체 내용은 그 복잡성을 검토하는 데 전념할 것이다. 그러나 지금으로서는 무아에 대해 그리고 다른 두 특징과의 관계에 대해 딱 이만큼만 얘기할 수 있을 것 같다. 불교도가 의미하는 "괴로움"은 무엇보다도 실존적 괴로움이라는 점을 기억할 필요가 있다. 그리고 실존적 괴로움은 가치와 의미의 잠재적 담지자의 역할을 하는 "내"가 존재한다는 가정에서 비롯한다. 이러한 괴로움은 자신이 원하는 의미와 가치를 가질 수 없을 것 같다는—행복을 얻기 위해 아무리 노력해도 좌절할 수밖에 없을 것 같다는—막연한 느낌에서 일어난다. 그리고 괴로움을 경험하는 이유는 바로 이러한 좌절이 스스로 부여한 존재의 존엄성을 모욕하는 것처럼 보이기 때문이다. 이제, 일생을 구성하는 경험은 존재하지만, 그러한 경험에는 소유자

---

11 이것이 바로 "소멸론斷滅論"이라는 것인데, 내가 지금 존재하는 동안, 현재 나를 구성하는 부분이 소멸하면, 나는 완전히 사라질 것이며, 일반적으로 다른 누군가로 대체될 것이라는 견해다. 극단적 견해 중 다른 하나는 바로 "영원론常住論"이라 불린다. 진정한 "나"는 영원하다는 견해다. 의존적 발생 이론은 이 두 극단 사이의 중도로 여겨진다. 다음 장에서 더 자세히 다룰 것이다.

가 없다는 점을 보여줄 수 있다고 가정해 보자. "나"도 없고, 경험을 하는 경험자도 없다. 이럴 경우, 내 삶이 나에게 고유하게 특별한 가치와 의미가 있으리라는 확신은 착오에 근거하는 걸로 드러날 것이다. 내 삶의 경험이 의미 있으려면, 단지 경험 그 이상의 무언가가 존재해야 한다. 즉, 경험과는 별개로 좋은 의미나 나쁜 의미 같은 걸 소유하는 무언가가 존재해야 한다. 독립된 자아가 존재한다는 믿음이 없다면, 실존적 괴로움은 더 이상 일어나지 않을 것이다. 그러한 괴로움에는 어떤 의미와 가치에 대한 요구를 들어줄 수 없는 무언가에 대한 믿음이 필요하다. 자아가 존재한다는 믿음이 필요한 것이다. 무상도 여기서 제 몫을 한다. 무상하다는 사실이 우리에게 괴로움을 맨 먼저 일깨우는 것이다. 그리고 (거의) 모든 것이 무상하다는 사실은 무아 논증에서 주요한 역할을 할 것이다. 하지만 핵심적 역할을 하는 건 무아다. 그리고 불교도들이 무지의 핵심으로 여기는 것은 자아에 대한 그릇된 믿음이다.

4. 괴로움 없이 살아가기

깨달음을 얻는다는 건 과연 어떤 느낌일까? 붓다는 자신의 길 끝에 괴로움의 종식이 있다고 주장한다. 그리고 그 길을 따라가면 어떻게 그런 일이 가능하게 되는지 방금 살펴보았다. 그런데 그의 길이 일종의 치료제라는 건 알겠지만, 이는 깨달음의 획득이 과연 무엇과 같지 않은지를 말해줄 뿐이다. 깨달음을 얻었다는 건 실존적 괴로움이 없는 상태에 처해 있음을 의미할 것이다. 이 상태를 묘사하는 긍정적인 말이 있을까? 즐거운 상태일까? 깨달은 인격체는 행복할까? 아니면 괴로움이 없다니, 우리가 희망할 수 있는 최선의 상태일까? 붓다의 조언을 따르지 말지 고민하는 사람에는 합당한 질문일 것이다. 방금 삼법인에 대한 해석으로 받아들일 수 없는, "지금 이 순간을 위해 살라"라는 발상은 이 질문에 대한 하나의 답을 제시한다는 점에서는 좋았다. 이게 하나의 답이라면, 깨달은 인격체는 미래에 다가올 일을 걱정하지 않고 현재의 경험을 음미할 것이다. 그리고 아마 이는 나쁜 경험에 통상 동반되는 불안을 줄이면서 좋은 경험의 즐거움을 향상시킬 것이다. 그래서 아마 이 해석에 따르면, 깨달음의 획득은 즐거운 일이 될 것이다. 하지만 불교의 깨달음은 이런 게 아니기에 우리의 질문에 대한 답이 될 수 없다.

이 지점은 바로 업과 재생의 교리가 또 다른 역할을 하는 곳이다. 깨닫는다는 건 열반의 상태에 들어간다는 말이다. 범어 니르바나(涅槃, nirvāṇa)는 말 그대로 "소멸" 또는 (불이 꺼졌다고들 할 때) "꺼짐"을 의미한다. 물론 소멸하는 대상은 괴로움이다. 그러나 불교도들은 이따금 이러한 소멸을 다른 종류의 소멸, 즉 끊임없는 재생의 종결과 동일시하는 것처럼 보인다. 재생의 종결이란 과연 어떤 상태인 것일까? 자, 만약 자아가 존재하지 않는다고 할 때, 나는 다시 태어나지 않을 것이라는 말은 나는 소멸할 것이라는 말에 해당한다. 순전하고 완전한 절멸, 이게 바로 열반일까? 만약 상황이 이렇다면, 앞서 한 질문에 대한 답은 부정적일 수밖에 없다. 즉, 깨달음은 단지 더 이상의 괴로움에서 벗어난다고 하는 순전히 소극적인 결과를 가져올 뿐, 어떤 능동적인 결과도 낳지 못한다는 것이다. 그리고 이러한 벗어남도 어떤 전적으로 존재하지 않는 상태, 완전한 공백처럼 보이기 때문에, 이도 그다지 매력적으로 보이지 않는다.

열반을 이런 식으로 이해하는 데 따르는 문제점은 붓다가 받아들이지 않은 극단적인 견해 중 하나인 소위 "소멸론斷滅論"을 통해 짐작해볼 수 있다. 더욱이 붓다는 깨달은 인격체의 사후 운명에 관한 질문을 받았을 때, 완전히 존재하지 않는다고 말하는 건 옳지 않다고 말했다. 하지만 이러한 주장에 대한 설명은 2장 1절에서 할 것이다. 이 시점에서 할 수 있는 말은 깨달은 인격체의 사후에 일어나는 일보다 열반에 더 많은 것이 있다는 것이다. 깨달은 시점부터 죽는 시점 사이에도 깨달은 자의 상태로 있다. 불교도들은 수행의 최종 목적지를 따질 때, "남는 것이 있는 종식有餘涅槃"과 "남는 것이 없는 종식無餘涅槃"을 구별 짓는다. "종식"이란 새로운 업의 축적이 중단되는 걸 의미한다. 그리고 "남는 것"이란 현재의 생을 지속시켜 주는 잔여의 업이다. 그 잔여물이 다 소진되면, 이 생은 끝이 난다. 그래서 깨달은 자의 살아 있는 상태로서의 열반과 깨달은 자의 사후 상태로서의 열반[12]을 구별한다. 만약 열반의 상태에 긍정적인 것이 있는지 알고 싶다면, 이 남는 것이 있는 종식을 살펴봐야 할 것이다.

안타깝게도, 초기불교 문헌에는 이 유여열반의 상태에 대한 내용이 많지 않다. 어떻게 종식에 도달하는지에 대해서는 내용이 많이 있지만, 이를 달성하고도 삶을 유지하는 게 어떤 상태인지에 대한 부분은 그리 많지 않다. 붓다와 여타의 깨달은 자에 대한 예술적 묘사는

12 이것은 엄밀히 말하면 붓다의 죽음에만 적용되는 용어지만, 때때로 반열반(般涅槃, parinirvāṇa)이라고도 불린다.

종종 얼굴에 고요한 반쪽 미소를 띤 것으로 그려지며, 이는 그 상태에 고요한 행복 같은 게 존재함을 암시하는 것처럼 보인다. 그러나 이 부분은 자료에 명시적으로 진술되어 있지 않다. 그렇지만 불교도만이 재생으로부터의 해탈이라는 목표를 가르치는 유일한 인도 철학자는 아니었다. 그리고 해탈을 논의하는 다른 인도 철학자들 가운데 일부 역시 사후 해탈 상태(mukti)와 해탈되어 있지만 여전히 살아 있는 상태(jīvan-mukti)를 구별한다. 이에 더해, 해탈이 즐겁고 기쁜 것인지를 놓고 정통학파들 사이에도 논쟁이 있다. 후자의 논쟁은 사후 상태에 관한 것이다. 이 정통학파들은 빠짐없이 자아의 존재를 긍정하기 때문에 이러한 논쟁이 가능한 것이다. 그래서 불교도들과는 달리, 이들은 모두 해탈한 자는 마지막 삶이 끝나도 계속 존재한다고 주장한다. 그렇지만 일부는 자아가 사후 해방된 상태로 영원한 지복을 누린다고 주장하는 반면, 다른 일부는 이를 부정한다. 실제로 후자의 일부는 자아는 이 상태에서 아무것도 느끼지 못한다고, 즉 그 존재는 영원히 돌멩이의 상태와 다를 바 없다고까지 말한다. 게다가 해탈한 자아가 사후에 행복을 누린다는 것을 부정하는 자들은 또한 원칙적으로 여전히 살아 있으면서도 해탈해 있는 특별한 상태를 인정하지 않는다.

이 논쟁의 모든 당사자들은 해탈이 인간의 가장 수승한 목표라는 데 동의한다. 이들은 또한 자신이 진정 누구인지에 대한 무지가—감각적 즐거움, 부와 권력, 미덕과 평판 같은 부적절한 목표를 추구하게 함으로써—해탈하지 못한 상태에 머물게 하는 것이라는 데 동의한다. 이들 모두에게 해탈의 의미는 거의 같아 보이는데, 어째서 일부 인도 철학자들은 가장 수승한 가치를 가진 목표에 어떤 본질적으로 욕망할 만한 특징이 있다는 점을 부정하는 것일까? 왜 이들은 고통과 괴로움의 부재가 그 유일한 매력인 어떤 상태를 사람들이 추구할 거라 기대한 것일까? 이 매력이 해탈이 줄 수 있는 전부라면, 대부분은 희박한 확률을 피하고 세속적인 행복을 추구하는 전략에 충실하지 않을까?

이는 정통학파의 문헌을 살펴본다고 해서 명확하게 답할 수 있는 질문이 아니다. 그러나 약간의 추측을 통해 이 문제를 풀 수 있을지도 모르며, 그렇게 함으로써 불교적 열반에 대한 질문에 답할 수 있을 것이다. 『바가바드 기따』 3장 37절의 말처럼, "욕망은 여기서 적이다"라고 가정해 보자. 다시 말해, 우리를 윤회(saṃsāra)의 수레바퀴(영원한 재생의 상태와 그 괴로움)에 묶어두는 것은 감각적 즐거움, 부와 권력, 미덕과 평판 같은 것에 대한 우리의 욕망이다. 이러한 것들에 대한 욕망은 내가 이를 가진다면 더 나은 존재가 되리라는 그릇된 가정에 근거하기 때문에 문제가 된다. 더 나아가, 이러한 욕망과 욕망이 전제하고 강화하는 우리의 존재에 대한 무지가 없다면, 우리는 본질적으로 가치 있는 상태에 머물게 될 것이라고 가정해 보자. 다시 말해, 윤회로부터 해탈하는 것이 진정한 행복, 어쩌면 진정한 지복을 누리는 것이라고 가정해 보자. 그렇다면 거기에 소위 해탈의 역설이라는 게 발생한다. 이 역설은 다음과 같은 명제를 포함하고 있는데, 각각은 정통 인도 철학자들에게 참으로 보이는 것들이다.

1. 해탈은 본질적으로 욕망할 만한 것이다.
2. 이기적 욕망은 해탈의 획득을 가로막는다.

3. 해탈을 획득하기 위해서는 이기적 욕망 없이 살도록 자신을 단련해야 한다.

4. 행위의 예견된 결과를 욕망하지 않는 한, 이를 위한 의도적 행위에 매진하지 않는다.

종합해보면, 명제 3과 4는 해탈을 욕망하지 않는 한, 해탈을 획득하려는 노력을 하지 않을 것임을 말한다. 그리고 명제 2는 해탈을 추구하지 않은 한, 그 누구도 해탈을 얻을 수 없다고 말한다. 해탈이란 사람들이 그저 뜻밖의 행운으로 빠져드는 게 아니다. 무지를 극복하기 위해 노력하지 않는다면, 무지는 윤회의 속박을 영속시킬 것이다. 이를 종합하면, 결과적으로 해탈을 얻으려면 해탈을 욕망해야 한다는 것이다. 그리고 1은 해탈을 욕망하는 게 합당하다고 말한다. 문제는 2가 반대로 해탈을 욕망한다면 해탈을 얻지 못하리라고 말한다는 데 있다. 그래서 해탈을 원하는 것은 합당하지만, 해탈을 얻는 것을 불가능하기 때문에, 결국 해탈을 원하는 것은 합당하지 않는 게 된다. 이것은 역설이다.

해탈의 역설을 푸는 데 쓸 수 있는 다른 전략들이 있다. 1을 부정할 수 있지만, 그렇다면 왜 해탈을 얻는 데 관심을 가져야 하는지 의문이 제기될 것이다. 아니면 해탈에 대한 욕망이 이기적 욕망이 아니라고 주장할 수도 있다. 그러나 1이 사실이라면, 이는 믿기 어려워 보인다. 해탈이 그렇게 좋은 것이라면, 이를 얻고자 하는 나의 바람은 분명 이기적 욕망으로—나를 이롭게 하려는 욕망으로—간주될 것이다. 그렇지만 2를 적용하는 문제와 관련해 그러한 모든 욕망이 이기적이지는 않을 것이다. 욕망의 문제점은 욕망이 우리가 진정 누구인지에 대한 잘못된 견해를 강화하는 데 있다는 걸 기억해 두자. 해탈이 우리가 진정 누구인지에 대한 사실과 상충하지 않는 방식으로 즐거운 것이라면 어떨까? 설사 이게 사실이라고 해도, 문제는 이러한 지복을 경험하지 못한 이들은 세속적인 용어가 아닌 다른 방식으로 이를 생각하기 어려울 것이라는 데 있다. 해탈이 지복의 상태라고 말할 때, 우리는 그 상태가 강렬한 감각적 즐거움이나 큰 부와 권력을 획득할 때 오는 전율 같은 게 아닐까 상상할 것이다. 그렇다면 우리는 결국 그릇된 방식으로—2가 해탈의 획득을 가로막는다고 말한 방식으로—해탈을 욕망하게 될 것이다. 그러나 이는 실현 가능한 전략을 시사하고 있다. 즉 1이 틀렸기 때문이 아니라, 무엇이 욕망할 만한 것인지에 대해 세속적으로 생각하는 사람들을 오도할 수 있기 때문에 1을 부정하라는 전략인 것이다. 이는 해탈의 긍정적인 부분이 아니라, 해탈하는 것이 고통과 괴로움에서 영원히 자유로워지는 것이란 점을 강조하는 부분이다. 그렇다면 긍정적인 점을 목표로 삼지 않고도 해탈의 지복을 획득할 수 있을 것이다. 그 욕망은 단지 고통과 괴로움을 제거하는 데 있었을 것이다.

이런 간접적인 전략이 통한다고 알려진 상황들이 있다. 다른 사람들에게 좋은 일을 하면서 자애롭게 행동할 때 얻게 되는 "따뜻하고 포근한" 느낌을 생각해 보자. 자신이 아닌 타인을 돕는 게 목적일 때 이러한 만족감을 얻게 된다. 이는 지금껏 사람들을 도운 유일한 이유가 내가 이러한 따뜻하고 포근한 느낌을 갖길 원했기 때문이었다면, 나는 결코 성공하지 못했으리라는 것을 의미한다. 만약 다른 사람을 돕는 것이, 나 자신에게 이익을 주는 궁극적인 목적이 나를 이롭게 하는 것이라는 계산된 전략의 일환이었다면, 나는 결코 따뜻하고 포근한 느낌을 얻지 못했을 것이다. 나는 그 느낌을 목표로 삼아서는 그 느낌을 얻을 수 없다. 나는 다른 사람을—타인을 이롭게 하는 것을—목표로 삼을 때만 그 느낌을 얻을 수 있다. 이는 자선에도 역설이 있다는 뜻일까? 아니다. 우리는 때때로 자애롭게 행동할 수 있고 그렇게 함으로써 따뜻하고 포근한 느낌을 얻을 수 있다. 이런 식으로 좋은 느낌을 바라는 사람에게 해줄 최선의 조언은 타인의 안녕을 진심으로 걱정해야 한다는 것이다. 그리고 이는 배울 수 있는 일이다. 우리는 따뜻하고 포근한 느낌을 간접적으로 얻을 수 있다—이 느낌을 목표로 삼는 게 아니라 다른 것을 목표로 삼아서 말이다. 자선의 역설이란 존재하지 않는다.

해탈이 즐겁거나 행복한 상태임을 부정한 정통 인도 학파들의 경우에도 이를 적용할 수 있을까? 어쩌면 이들은 단지 대중의 현재 이해력에 맞춰 조언을 하고 있는 것일지도 모른다. 아마 대중이 해탈과 함께 오는 행복에 대해 잘못 이해한 탓에, 행복을 얻지 못하도록 가로막는 식으로만 행복하기를 원하기 때문에, 이 학파들은 대중에게 다른 것, 즉 괴로움의 종식을 목표로 삼으라고 조언하는 것이리라. 그리고 아마도 우리는 초기불교가 열반에 대해 비슷한 방식으로 말하고 있다는 점을 알아야 할 것이다. 이 해석에 따르면, 열반은 괴로움의 영구적 종식처럼 주로 부정적으로 묘사된다는 사실과, 남는 것이 있는 종식有餘涅槃에 대한 긍정적인 언급이 거의 없다는 사실은, 이러한 태도가 전략적으로 선택된 것임을 나타낸다. 어쩌면 남는 것이 있는 종식이 진정한 행복의 상태일지도 모른다. 그렇지만 이는 세속적인 행복과는 전혀 다를 것이다.

업과 재생의 교리를 받아들이지 않는 사람들에게 붓다의 길이 이치에 맞으려면 이런 해석이 필요할지도 모른다. 만약 재생이 없는데다 붓다가 자아는 없다고 한 말도 옳다면, 내가 죽은 뒤에는 깨달음을 얻든 얻지 못하든 어떤 괴로움도 없을 것이다. 그래서 남는 것이 없는 종식無餘涅槃에는 괴로움이 없다는 말로는 깨달음을 얻으려는 동기가 내게 생기지 않을 것이다. 내게는 남는 것이 있는 종식有餘涅槃, 즉 여전히 살아 있지만 깨달아 있는 상태에 대한 사실이 동기가 될 것이다. 그리고 이 상태에 모든 실존적 괴로움이 없다는 말을 듣는 것만으로 충분할지는 확실하지 않다. 만약 실존적 괴로움의 부재가 깨달음으로부터 얻어낼 수 있을 거라 생각되는 전부였다면, 깨달을 가망이 있는지 계산해서는 세속적인 행복을 추구하는 게 낫다고 판단했을 것이다. 깨달음을 진정한 행복이라고 긍정적으로 묘사하는 것만이 내가 이를 추구하도록 동기를 부여할 수 있을 것이다. 그리고, 그렇다면 깨달음에 대한 나의 욕망이 이를 성취하는 데 방해가 되지 않을까 하는 질문이 남는다. 하지만 이는 우리가 다시 짚어봐야 할 질문이다. 자아가 없다고 믿게 되는 게 무엇인지 아직 따져보지 않았기 때문이다. 그리고 무아임을 믿게 되는 건 깨닫는 데 중요한 요소다. 불교의 무아 교리는 다음 장의 주제가 될 것이다. 그런 다음 깨닫는다는 게 무엇인지에 대한 질문으로 다시 돌아올 것이다.

더 읽을거리

붓다의 생애와 전법에 대한 자세한 내용은 A. K. Warder, *Indian Buddhism*(서론의 각주5에 인용)의 3장과 4장 참조.

역사적 붓다가 존재했는지에 관한 학자들의 논쟁에 대한 논의는 Oskar von Hinüber, "The Buddha as a Historical Person," *Journal of the International Association of Buddhist Studies* 42(2019): 231-64 참조.

붓다가 자신의 길을 최초로 설법한 일에 대한 설명(S IV.420-24)은 Bhikkhu Bodhi, trans., *The Connected Discourses of the Buddha*(Boston: Wisdom Publications, 2000) pp.1843-47에서 볼 수 있다.

여덟 갈래의 길 각각의 부분들 사이의 상호관계에 대한 더 자세한 설명은 David Burton, *Buddhism, Knowledge and Liberation*(Aldershot, UK: Ashgate, 2004), pp.62-75 참조.

해탈이 욕망할 만한 것인지 여부를 놓고 벌인 힌두교 학파들 간 논쟁에 대한 논의는 Arindam Chakrabarti, "Is liberation(mokṣa) pleasant?" *Philosophy East and West* 33, no.2(April 1983): 167-82 참조.

소위 자선의 역설과 그 해결은 18세기 영국의 철학자이자 신학자인 Joseph Butler에 의해 공식화되었다. 논의는 Amélie Oksenberg Rorty, "Butler on Benevolence and Conscience," *Philosophy* 53, no.204(April 1978): 171-84 참조.

2장 공한 인격체

붓다는 세 가지 특징, 즉 무상, 괴로움, 무아에 대한 무지 때문에 윤회의 괴로움을 경험한다고 주장한다. 이 세 가지 중 그의 진단에서 중심적인 역할을 하는 것은 무아라는 특징이다. 초기불교에 따르면, 자아는 존재하지 않으며, 인격체(個我, person)는 궁극적으로 실재하지 않는다. 이는 다음처럼 다소 아리송하게 표현될 수 있다. 우리는 공한 인격체, 즉 자아가 없는 인격체이다. 이 장에서는 이 주장을 고찰할 것이다. 또 초기불교 텍스트에 보이는, 자아는 없다는 주장에 대한 논증 일부를 살펴볼 것이다. 그리고 인격체는 궁극적으로 실재하는 않는다는 말의 의미를 밝히기 위해 노력할 것이다. 하지만 그전에, 자아가 존재한다는 말의 의미를 밝힐 필요가 있다. "자아(self)"라는 말은 여러 가지 다른 방식으로 사용되는데, 그중 한 가지만 붓다가 답하려고 하는 철학적 질문과 관련이 있다. 불교도들이 자아에 대해 말할 때 생각하고 있는 의미를 명료히 밝히는 일부터 시작한다면,

불교적 무아 교리의 의미에 대한 많은 혼란을 피할 수 있다.

1. 본질로서의 자아

불교도들이 의미하는 "자아"는 한 인격체의 본질(essence)이다—그 인격체가 계속 존재하기 위해 계속 존재해야 하는 하나의 부분이다. 이것이 앞으로 사용할 "자아"의 정의다. 하지만 이는 어떤 의미인가? "나"라는 말이 지시하는 바가 무엇인지를 묻는 질문에 대해 할 수 있는 한 가지 답으로, 자아가 존재한다는 견해를 생각해 보는 게 도움이 될 것이다. 나는 한 인격체다. 그리고 인격체는 다양한 구성요소로, 즉 팔다리와 장기 같이 신체를 이루는 부분과 생각·느낌·욕망 같이 마음을 이루는 부분으로 구성되어 있다. 인격체는 일정 기간 동안—그 이상은 아니더라도 적어도 일생 동안은—계속 존재한다. 그러나 한 인격체가 계속 존재하기 위해 그 인격체의 모든 부분이 계속 존재해야 하는 건 아니다. 나는 손가락이나 발가락을 잃어도 살아남을 수 있다. 그리고 나는 없어지지 않더라도 커피를 향한 내 욕망은 상실할 수 있다. 그래서 분명 한 인격체의 모든 부분이 한 인격체가 계속 존재하는 데 필요한 것은 아니다. 자아가 존재한다는 말은 필수적인 어떤 한 부분이 존재한다는 말이다. 그렇다면 이 한 부분이 바로 "나"라는 말이 사실상 지시하는 곳일 수 있다. 다른 부분은 "나의 것"이라고 불리는 게 더 적절할 것이며, 그 한 가지 본질적인 부분만이 진정한 "나"로 간주될 것이다. 이에 대한 대안은 "내"가 모든 부분을 전체적으로 지시하는 거라고 말하는 것이다. 이 대안을 "나"라는 것이 인격체의 명칭이라고 보는 견해라고 부를 텐데, 여기서 "인격체"란 내가 존재하는 동안 몸과 마음을 구성하는 모든 부분으로 이루어진 전체를 의미한다. 따라서 "나"라는 말은 인격체의 본질적인 한 부분의 명칭이거나, 아니면 전체로서의 인격체를 지시하는 것이다. (물론 이는 이름이나 다른 인칭 대명사와 같이 사람을 지시하기 위해 사용하는 여타의 말에도 적용된다.)

자아가 존재한다고 말하는 건 시간을 뛰어넘어 인격체의 동일성을 설명하는 그 인격체의 한 부분이 존재한다는 것이다. 만약 자아가 존재한다면, 그 자아라는 부분이 존재하는 한, 그 자아를 소유하는 인격체는 계속 존재할 것이다. 그렇다면 자아는 시간을 뛰어넘어 인격체의 동일성의 토대가 될 것이다. 자아를 통해, 나라는 현재의 이 인격체가 이전의 어떤 인격체와 동일한 인격체인 이유를 설명할 수 있을 것이다. 하지만 "동일한 인격체(same person)"라는 표현에 주의할 필요가 있다. 영어 단어 "same"은 모호하기 때문이다. "x와 y는 동일하다"라고 할 때는 두 가지 의미가 있을 수 있다. x와 y가 질적으로 동일함을 의미할 수도 있고, 아니면 x와 y가 수적으로 동일함을 의미할 수도 있다. x와 y가 질적으로 동일하다는 말은 이 둘이 동일한 성질을 공유한다고, 즉 이 둘이 서로 닮았거나 비슷하다고 말하는 것이다. x와 y가 수적으로 동일하다고 말하는 것은 이 둘이 하나로서 동일한 것이라고, 즉 x와 y가 하나의 존재자를 놓고 이름을 두 개 붙인 것일 뿐이라고 말하는 것이다. 그래서 공장에서 나온 두 개의 티셔츠가 똑같이 보이는 경우처럼 질적인 동일성이 있지만, 수적으로 구별되는 경우가 있을 수 있다. 그리고 또한 여름에는 푸르고 매끄러우나 가을에는 붉고 주름이 지는 나뭇잎처럼 수적인 동일성은 있지만, 질적으로는 구별되는 경우가 있을 수 있다. 우리가 위에서 언급한 자아 이론가에 따르면, 자아란 지금 존재하는 어떤 인격체가 이전에 존재했던 누군가와 동일한 인격체인지 설명하는 것이라고 말했다. 명심해야 할 핵심은 여기서 "동일하다"는 말은 수적인 동일성의 의미를 뜻한다는 점이다.[1]

다른 많은 사물들과 마찬가지로, 인격체도 매우 중요한 질적 변화를 겪으면서도 계속 존재할 수 있다. 내가 지금 가지고 있는 속성은 예전의 속성과 많이 다르지만, 나는 계속해서 하나의 동일한 인격체, 즉 나로 존재할 수 있다. 영어 단어 "동일하다"는 말의 모호성 덕분에, 우리는 "그는 동일한 사람이지만 동일하지 않다"라는 식으로도 표현할 수 있다. 이렇게 말한다고 해서 모순되지는 않는다. 첫 번째 "동일한"("동일한 사람")은 수적인 동일성의 의미로 사용된다. 두 번째 "동일한"은 질적인 동일성의 의미로 사용된다. 즉 "동일하지 않다"는 질적으로 구별됨을 의미하는 것이다. 한때는 커피를 좋아하는 속성이 있었지만, 지금은 커피를 싫어하는 아주 다른 속성이 있는 것은 바로 같은 한 사람, 즉 나이다. 한 사람은 수적인 동일성을 보유하면서도 질적

1 "동일하다"는 말의 모호성은 대체로 문맥에 의해 해결된다. "x와 y가 동일한 P다"라고 말할 때, 그 의미는 수적인 동일성이다. "x와 y가 동일하다"라고 말할 때, 그 의미는 질적인 동일성이다. 그래서 '이건 내가 어제 너한테 보여줬던 것과 동일한 나뭇잎이야'라고 말할 수 있는 것이다. 또는 '이 나뭇잎은 작년에 이 가지에 있던 잎과 동일하다'고 말할 수 있는데, 이는 두 잎이 질적으로 동일하다는 것이다. 다른 언어는 이처럼 모호하지 않다. 예를 들어, 독일어에서는 수적인 동일성은 das selbe, 질적인 동일성은 das gleiche라고 한다.

변화를 겪을 수 있다. 자아는 시간을 뛰어넘는 인격체의 수적인 동일성을 설명하는 것으로 여겨지기 때문에, 아마도 자아는 질적 변화를 겪을 것이다. 자아가 할 수 없는 것은—사멸하여 다른 자아로 대체되는—수적 변화를 겪는 일이다

만약 자아가 존재한다면, 자아는 "나를 *나*로 만드는 것", 즉 "나에게 나의 동일성(identity)을 부여하는 진정한 나"이다. 이런 식의 자아 설명은 대개 오해를 사기 쉽다. 사람들은 종종 "자아를 발견한다", "진정한 아이덴티티를 찾는다"는 말을 하곤 한다. 이 말의 의미는 대체로 자신의 특징 중 무엇이 자신에게 중요하고 가치 있는지 알아낸다는 것이다. 그래서 누군가는 자신의 아이덴티티는 외모가 아니라 예술적 재능이나 의사소통 능력 같은 덜 피상적인 것들과 관련이 있음을 깨닫게 되었다고 말할 것이다. 이 같은 발견은 아마도 개인의 성장에 중요할 것이다. 그러나 이는 불교적 자아 의미와는 아무런 관련이 없다. 자아가 존재하지 않는다고 하더라도, 우리는 여전히 한 사람의 특징 중 어느 것이 그 사람의 행복에 가장 중요한지 물을 수 있다는 사실을 통해 이를 알 수 있는 것이다. 자아에 대해 말하는 것은 인격체의 어떤 한 부분, 즉 그 인격체가 존재하는 한 반드시 존재해야 하는 부분에 대해 말하는 것이다. "발견될 수 있는 아이덴티티"에 대해 말하는 것은 특징이나 속성에 대해, 즉 한 사람이 어떤 사람인지에 대해 말하는 것이다. 한 사람이 계속 존재하려면 반드시 계속 존재해야 하는 그 사람의 어떤 한 부분이라는 게 없을 수도 있다. (이것이 바로 붓다의 주장이다.) 하지만 한 사람의 어떤 특성이 다른 사람보다 삶에서 더 중요한 역할을 한다는 것은 여전히 사실일

수 있다. 그렇지 않다면, 한 사람이 "내 아이덴티티를 잃었다"고 말하는 건 타당하지 않을 것이다. 아마 지금 내게 가장 중요한 나의 특성을 잃는다면, 내 삶은 아마도 덜 의미 있을 것이다. 그래도 이것은 여전히 내 삶일 것이다. 나는 그 질적 변화에서 살아남을 수 있다. 나는 어쩌면 완전히 다른 사람이 될 수도 있다. 하지만 나는 여전히 나일 것이다.

자아가 나에게 "동일성(identity)"을 부여하는 것이라는 생각과 관련하여 발생하는 또 다른 오해가 있다. 통상 누군가의 아이덴티티가 그 사람을 다른 모든 사람과 구별하는 것이라 생각한다는 것이다. 여기에다 자신의 아이덴티티가 자신의 모습, 특징, 속성으로 이루어져 있다는 생각을 덧붙이는데, 그 결과 자아는 자신을 다른 모두와 다르게 만드는 것이라는 개념이 되어 버리는 것이다. 지금 이 "다르다"는 말은 "동일하다"가 그런 것과 마찬가지로 모호하다. 즉, 수적 다름이나 구별이 있고, 또 질적 다름이 있다. 만약 의미하는 바가 수적 다름이라면, 자아가 자신을 다른 사람과 다르게 만드는 것임은 참이다. 우리가 자아를 갖고 있다고 한다면, 나의 자아와 너의 자아는 하나가 아니라 별개의 것이어야 한다는 것이다. 그러나 "다르다"의 의미가 질적 다름이라면 이는 참이 아니다. 우리가 자아를 갖는다고 한다면, 각각의 자아가 다른 모든 자아와 다르다는 의미에서 유일무이해야 한다는 주장은 참이 아닌 것이다. 이점들을 고려해 자아라고 할 수 있으려면, 두 자아는 마치 하나의 꼬투리에 들어 있는 두 개의 완두콩처럼 완벽하게 비슷해야 하며, 여전히 한 사람을 수적으로 다른 사람과 구별하는 역할을 해야 한다.

자아가 질적으로 유일무이해야 한다는 생각이 지닌 문제는 다시 한 번 자아 개념과 자신의 모습·속성·특징에 대한 개념을 혼동하게 만든다는 데 있다. 그리고 속성은 두 가지 사물 간에 공유될 수 있지만, 수적인 동일성은 그렇지 않을 수 있다. 오늘 이 나무의 가지에 있는 나뭇잎은 작년 여기에 있었던 나뭇잎과 동일한 색, 동일한 모양, 동일한 무늬 패턴 등과 정확히 같을 수 있다. 그러나 이것들은 수적으로 구별되는 똑같은 나뭇잎들이다. 어떤 두 사람도 질적으로 완전히 똑같지는 않을 것이다. 동일한 DNA를 공유하는 쌍둥이라도 지문 패턴이 다른 등 신체적 다름이 있다. 여전히 질적으로 정확히 똑같은 두 사람이 존재할 수 있다는 가정에는 모순이 없다. 예를 들어, 우리 각자가 과거에 헤아릴 수 없이 많은 삶을 살았다고 상상해 보자. 우주에는 헤아릴 수 없이 많은 존재들이 존재할 수 있다는 점을 감안하면, 어딘가에서 누군가가 한때 내가 지금 살고 있는 것과 꼭 같은 삶을 살았을 가능성이 없어 보이진 않는다. 하지만 그것은 내가 아니라 다른 누군가였을 것이다. 그래서 나를 나인 그 사람으로 만드는 것이 나의 자아라면, 나의 자아는 나를 다른 사람과 질적으로 다르게 만드는 것이 아니다.

게다가 각각의 인격체가 다른 모든 인격체와 질적으로 다르다고 가정해 보자. 이는 설사 자아들이 존재하지 않는다고 쳐도 참일 수 있다. 사실상 질적으로 모두 동일한 자아들이 존재한다고 쳐도 이 가정은 참일 수 있다. 이것은 실제로 많은 비불교 인도 철학자들이 가지고 있던 자아관이다. 이들의 관점에서 자아는 단일하거나 부분이 없는 것이다—부분을 가지지 않는다. 자아는 단지 경험의 주체일 뿐이며, 우리가 하는 다양한 경험을 인식하는 우리의 일부이다. 그렇다면, 당신의 자아와 나의 자아는 꼭 하나의 꼬투리에 들어 있는 두 개의 완두콩 같을 것이다. 통상 서로 다른 사람들을 질적으로 다르게 만드는 것은 그 사람들이 서로 다른 경험을 하기 때문이라고 가정하기 마련이다. 그러나 이러한 자아관에서는 사람들이 하는 서로 다른 경험으로 인해 그들의 자아들이 질적으로 서로 달라지지 않는다고 말한다. 자아는 단일하기 때문에, 경험을 인식하는 동안 경험에 의해 변할 수 없다. 그 경험에 의해 변하는 것은 그 인격체의 다른 부분이다. 먹는 경험은 내 몸의 모양을 바꾼다. 커피 냄새를 맡는 경험은 내 마음의 욕망을 강화시킨다. 그들의 관점에서, 나의 자아는 이러한 변화에 영향을 받지 않으며, 단순히 목격하거나 알아차릴 뿐이다. 이러한 견해를 고수하는 이들은 인격체의 질적 유일무이성은 자아가 아닌 그 인격체의 부분들에 대한 사실들로 설명할 수 있다고 말할 것이다. 자아의 존재를 부정하는 이들도 같은 방식으로 인격체의 질적 유일무이성을 설명할 수 있다.

여기에 중요한 철학적 요점이 있다. 수적 구별에 대한 질문과 두 사물을 서로 구별하는 방식에 대한 질문을 혼동하지 않는 게 중요하다. 적어도 의미론적 실재론이라는 철학적 입장을 견지하는 사람은 이 두 가지 질문이 혼동되지 않을 것이라고 주장할 것이다. 의미론적 실재론자들은 어떤 진술이 참인지 거짓인지 여부는 우리의 이해의 한계와 무관하게 객관적 사실에 의해서만 결정된다고 주장하다. 그래서 이들은 우리가 두 사물을 서로 구별할 수 없기 때문에 이 둘이 진정 별개의 사물인지에 대해 전혀 말할 수 없다고 말할 것이다.

두 자아가 질적으로 동일하다는 사실은 우리가 이 둘을 구별할 수 없음을 의미할 것이다. 그러나 이는 이 둘이 진정 단 하나의 자아임을 의미하지는 않을 것이다. 비록 이 둘을 결코 구별할 수 없을지라도, 이 둘이 수적으로 구별되는 두 가지 사물이라는 점은 완전히 사실일 수 있다.

2. 오온

자아가 존재하지 않는다는 점을 보여주기 위해, 무엇을 찾아야 하며, 어디를 봐야 하는지 알아야 한다. 자아란 "나"라는 말이 일관되게 지칭하는 인격체의 일부라는 점을 우리는 이제 알고 있다. 그래서 우리는 "나" 같은 단어를 실제 어떻게 쓰고 있는지 확인함으로써 무엇을 찾아야 할지 말할 수 있다. 예를 들어, 우리는 "나는 뉴욕에서 태어났지만, 여러 해 동안 중서부에서 살았다"는 식으로 말을 한다. 그래서 만약 "나"가 자아를 가리킨다면, 자아는 그 인격체의 과거·현재·미래의 역사를 관통해 계속 존재하는 수적으로 동일한 하나의 어떤 존재가 되어야 할 것이다. 이 단어를 사용하는 방식에서 더 많은 단서를 찾을 수 있지만, 이는 우리가 현재 목적을 위해 무엇을 찾고 있는지 충분히 말해준다. 우리는 어디를 봐야 할까? 자아는 인격체의 일부로 여겨지기 때문에, 우리는 분명 인격체를 이루는 부분들을 살펴볼 필요가 있다. 인격체-부분이라는 기본 범주 목록이 있다면 도움이 될 것이다. 이것이 바로 붓다가 제시한 오온五蘊 교리다. (온〔skandha〕이라는 단어는 여기서 "묶음"이라는 의미로 사용된다.)

이는 다음과 같다.

색(色, rūpa): 신체적 또는 물리적인 모든 것[2]

느낌(受, feeling): 즐거움, 고통, 즐거움도 고통도 아닌 중립의 느낌

지각(想, perception): 지각 가능한 대상의 감각적 특징을 파악하는 정신적 사건, 예를 들어 파란색 부분을 파랗다고 보는 것

의지(行, volition): 예를 들어, 배고픔, 주의력 등 신체 및 정신 활동의 원인이 되는 정신적인 힘

의식(識, consciousness): 신체 및 정신 상태에 대한 알아차림

이러한 범주에 대해서는 주의할 필요가 있다. 이 명칭들은 정확한 정의와 함께 술어로 사용된다. 이 단어들을 통상적인 의미로 오해해서는 안 되는 것이다. 예를 들어, 두 번째 온인 느낌은 세 종류의 쾌 관련 감각만을—즐거움樂受, 고통苦受, 중립捨受(즐거움도 고통도 아님不苦不樂受)만을—가리킨다. 느낌에는 분노와 질투 등의 정서처럼 흔히 "감정"으로 불리는 것들은 대부분 포함되어 있지 않다. 그러한 정서들

---

2 rūpa의 문자적 의미는 "형태" 또는 "모양"이며, 불교 문헌의 번역문에서 "형태"로 번역되는 것을 종종 볼 수 있을 것이다. 하지만 오온 중 첫 번째 명칭으로서 rūpa는 실제로 "형태나 모양이 있는 것", 다시 말해 물질적이거나 물리적인 모든 것을 의미한다. 이 같은 경우, 괜찮은 영어 번역을 생각해내기보다는 산스크리트어 원어를 고수하는 게 가장 좋다.

은 의지라는 전혀 다른 온에 속한다. 마찬가지로 여기서 "의식"은 알아차림 그 자체를 의미하지, 알아차려지는 것이 아니다. 그래서 내가 고통의 감각을 의식할 때는 관련하는 온이 두 가지 있다. 즉, 느낌의 온에 속하는 고통, 그리고 의식의 온에 속하는, 고통을 알아차리는 의식이 그것이다. 다시 말하지만, 우리는 때때로 "인식(perception)"이라는 단어를 사용하여 무언가에 대한 믿음과 태도를 나타낸다. 그래서 "새 정부에 대한 나의 인식은 이 정부는 나약해서 곧 붕괴되리는 것이다"라고 말할 수 있다. 이것은 지각의 온에 속할 수 있는 종류의 것이 아니다. 인식은 일련의 복잡한 정신적 상태인 반면, 지각(perception)의 온에 포함되는 것들은 단순한 정신적 사건이다. 이러한 술어적 의미에서 지각은 감각 내용에 대한 식별일 뿐이다. 즉 파란색 조각이나 레몬 냄새에 대한 단순한 생각이다.

오온을 통틀어 명색(名色, nāma-rūpa)이라고도 한다("명칭과 형태"로도 번역된다). 여기서 명(nāma)은 색(rūpa) 이외의 네 가지 온을 가리킨다. 명의 문자적 의미는 "명칭"이지만, 여기서는 "명칭으로만 지목될 수 있는 것"을 의미한다. 색은 외적 감각으로 지각될 수 있지만, 다른 네 가지 범주에 속하는 것들은 보이거나 만져질 수 없다고 생각하는 것이다. 이 네 가지는 공적으로 관찰할 수 없는 것들이기 때문에, 이것들이 무엇인지 손가락으로 가리켜 지목하는 방식으로는 설명할 수 없다. 그래서 이러한 네 가지 사적 상태에 대해 그 사용법을 배운 명칭을 통해서만이 이것들에 대해 의사소통할 수 있다. 이를 통해 알 수 있는 것은 오온 교리가 일종의 심신 이원론을 나타낸다는 점이다. 붓다는 우리가 보고 만질 수 있는 인격체의 부분—신체의 부분—

외에도 물리적이지 않는 다른 구성요소가 있다고 주장하고 있는 것이다. 오늘날의 일부 철학자들은 소위 물리주의라는 견해를 주장하는데, 이에 따르면 존재하는 모든 것은 물리적인 것이다. 이 견해에서 보면, 인격체에는 물리적 구성요소, 즉 신체와 뇌 이외에 다른 것은 없다. 생각과 정서처럼 우리가 정신적 사건이라고 여기는 것들은 실제로는 단지 복잡한 뇌 사건들이라는 것이다. 붓다가 색의 온 이외에도 네 가지 명의 온이 있다고 말할 때, 그는 사실상 물리주의가 참임을 부정하고 있다. 그의 설명에 따르면, 정신적 사건은 별도의 비물리적인 종류에 속한다. 이 주장은 나중에 더 자세히 살펴보겠다.

곧 보겠지만, 붓다는 오온 교리를 자아를 찾는 도구로 사용한다. 그는 순서대로 각각을 살펴보고는 그 범주에 포함된 무엇이 과연 자아로 간주될 수 있는지 찾아내려 한다. 물론, 우리는 그가 다섯 개 중 어디에서도 자아 같은 건 찾을 수 없다고 주장하리라는 사실을 알고 있다. 그러나 이는 새로운 질문을 제기한다. 이를 통해, 정말 자아가 존재하지 않음을 보여줄 수 있을까? 오온과 별개로 자아가 존재할 가능성이 있지는 않을까? 붓다의 전략이 통하려면, 오온 교리가 인격체의 부분들을 빠짐없이 철저히 분석한다는 점을 보여줘야 할 것이다. 우리는 이를 철저하게 따져보는 방식의 주장(exhaustiveness claim)이라고 부를 것이다.

> 철저하게 따져보는 방식의 주장: 인격체의 모든 구성요소는 오온 중 하나 이상에 포함된다.

다음 구절에서 후대 주석가인 붓다고사(Buddhaghosa)는 이 주장을 지지한다.

> 오직 이것들, 즉 색과 그 나머지 것들만이 자아나 자아와 관련된 어떤 것에 대한 허상의 토대를 제공한다. 다음처럼 말씀하셨기 때문이다.
>
> 비구들이여, 색이 있을 때, 색에 애착하고 색에 사로잡히기 때문에, "이것은 나의 것이고, 이것은 나이며, 이것은 나의 자아다"라는 신념이 생겨난다.
>
> 비구들이여, 느낌이 있을 때 … 지각이 있을 때 … 의지가 있을 때 … 의식이 있을 때, 의식에 애착하고 의식에 사로잡히기 때문에, "이것은 나의 것이고, 이것은 나이며, 이것은 나의 자아다"라는 신념이 생겨난다.
>
> 그러므로 오온만을 상정하신 것이니, 오직 오온만이 자아나 자아와 관련된 어떤 것에 대한 허상의 토대를 제공하기 때문이다.
>
> 다섯 가지 행위 및 나머지 것들과 같이 그가 상정한 다른 요소들도 여기에 포함되니, 의지의 온에 포함되기 때문이다. 그러므로 붓다께서는 오온만을 상정하신 것이다. 왜냐하면 여기에 다른 모든 유형이 포함되기 때문이다. 따라서 이러한 방식을 통해 더 적지도 더 많지도 않다는 결론에 도달하게 된다. (VM XIV.218)

이 구절은 적어도 불교도들이 인격체에 오온 이상의 것은 없다는 주장을 반드시 지지해야 한다고 인정하고 있음을 분명히 보여준다.

그러나 붓다고사의 주장이 얼마나 타당한지는 분명하지 않다. 이 주장은, 우리가 인격체를 인식하고, 그래서 그 인격체에 자아가 있다고 믿게 될 때, 우리가 인식하고 있는 것은 오온 밖에 없다는 생각을 담고 있다. 이러한 생각은 참일까? 그리고 참이라고 쳐도, 이는 철저하게 따져보는 방식의 주장이 참임을 보여줄 수 있는가? 우리는 이 질문으로 다시 돌아올 것이다.

3. 무상에 근거해 무아를 주장하기

이제 붓다가 무아 논증을 어떻게 공식화하는지 살펴보자. 다음 구절에서 붓다는 1장 2절에서 논의했던 일화에 등장하는 다섯 명의 전 동료 사문을 언급하고 있다. 이 구절은 서로 다른 논증을 담고 있는데, 이 둘은 구별되어야 한다. 첫 번째는 무상에 근거한 논증이라 부를 것인데, 왜냐하면 오온은 무상하다 혹은 일시적이다는 주장에 기반하기 때문이다.

> 그때 세존께서는 다섯 명의 사문에게 말씀하셨다.
>
> "비구들이여, 색은 자아가 아니다. 비구들이여, 만약 지금 이 색이 자아라고 한다면, 이 색은 파괴되는 경향이 있지 않을 것이고, 색에 대해 '나의 색은 이렇게 되어라, 나의 색은 그렇게 되지 마라!'라고 할 수 있을 것이다. 그러나 비구들이여, 색은 자아가 아니기에, 그러므로 색은 파괴되는 경향이 있고, 색에 대해 '나의 색은 이렇게 되어라. 나의 색은 그렇게 되지 마라!'라고 할 수

없는 것이다.

"느낌 … 지각 … 의지 … 의식은 자아가 아니다. 비구들이여, 만약 지금 이 의식이 자아라고 한다면, 이 의식은 파괴되는 경향이 있지 않을 것이고, 의식에 대해 '나의 의식은 이렇게 되어라, 나의 의식은 그렇게 되지 마라!'라고 할 수 있을 것이다. 그러나 비구들이여, 의식은 자아가 아니기에, 그러므로 의식은 파괴되는 경향이 있고, 의식에 대해 '나의 의식은 이렇게 되어라, 나의 의식은 그렇게 되지 마라!'라고 할 수 없을 것이다."

"비구들이여, 어떻게 생각하는가? 색은 영구적인가, 아니면 일시적인가?"

"세존이시여, 일시적입니다."

"그리고 일시적인 것은 괴로운 것인가, 아니면 즐거운 것인가?"

"세존이시여, 괴로운 것입니다."

"그리고 일시적인 것, 괴로운 것, 변하기 쉬운 것을 두고 '이것은 나의 것이고, 이것은 나이며, 이것은 나의 자아다'라고 할 수 있는가?"

"세존이시여, 결코 그렇지 않습니다."

"느낌 … 지각 … 의지 … 의식은 영구적인가, 아니면 일시적인가?"

"세존이시여, 일시적입니다."

"그리고 일시적인 것은 괴로운 것인가, 아니면 즐거운 것인가?"

"세존이시여, 괴로운 것입니다."

"그리고 일시적인 것, 괴로운 것, 변하기 쉬운 것을 두고 '이것은 나의 것이고, 이것은 나이며, 이것은 나의 자아다'라고 할 수 있는가?"

"세존이시여, 결코 그렇지 않습니다."

"그러므로 비구들이여, 그 모든 색에 대하여, 과거·미래·현재의 것이든, 주관적인 것이든 외부에 존재하는 것이든, 거친 것이든 미세한 것이든, 비천한 것이든 고귀한 것이든, 멀리 있는 것이든 가까이 있는 것이든, 최고의 지식으로 비추어 본 바른 견해는 다음과 같은 것이다. '이것은 나의 것이 아니고, 이것은 내가 아니며, 이것은 나의 자아가 아니다.'

"그 모든 느낌에 대하여 … 그 모든 지각에 대하여 … 그 모든 의지에 대하여 … 그 모든 의식에 대하여, 과거·미래·현재의 것이든, 주관적인 것이든 외부에 존재하는 것이든, 거친 것이든 미세한 것이든, 비천한 것이든 고귀한 것이든, 멀리 있는 것이든 가까이 있는 것이든, 최고의 지식으로 비추어 본 올바른 견해는 다음과 같은 것이다. '이것은 나의 것이 아니고, 이것은 내가 아니며, 이것은 나의 자아가 아니다.'

"비구들이여, 이를 이해하는 학식 있고 고귀한 제자는 색에 대해 혐오감을 품으며, 느낌에 대해 혐오감을 품으며, 지각에 대해 혐오감을 품으며, 의지에 대해 혐오감을 품으며, 의식에 대해 혐오감을 품는다. 그리고 이러한 혐오감을 품으면서 그는 정념을 떨쳐 없애게 되고, 정념이 없음으로 인해 자유롭게 된다. 그러면서 그는 재생을 다했으며, 성스러운 삶을 살게 되었으며, 마땅히 해야 할 일을 끝냈으며, 더 이상 이 세상에 속하지 않는다는 것을 안다."

세존께서 이렇게 말씀하시자 기쁨에 찬 다섯 명의 사문은 세존의 말씀에 갈채를 보냈다. 지금 이 설법을 듣는 동안, 다섯 사문의 마음은 애착에서 자유롭게 되었고 악행에서 해방되었다. (S III.66–68)

여기서 붓다는 왜 온蘊들이 자아가 아닌지 다음의 두 가지 서로 다른 이유를 든다. 즉, 무상하고("파괴되기 쉽고", "일시적이며"), 자신의 통제 아래에 있지 않다("괴로운 것이며", "x에 대해 '나의 x는 이렇게 되어라 … '라고 할 수 없는 것이다"). 무상에 근거한 논증과 두 번째 논증을 구분하기 위해, 오온이 자신의 통제 아래에 있지 않다는 주장은 일단 제쳐두고(4절에서 논의할 것이다), 파괴되기 쉽고 일시적이라는 주장에만 초점을 맞추자. 철저하게 따져보는 방식의 주장에 암묵적 전제[3]를 추가하면, 이 논증은 다음처럼 될 것이다.

1. 색은 무상하다.
2. 감각은 무상하다.
3. 지각은 무상하다.

---

3 암묵적 전제는 진술되지 않은 전제로서 논증이 유효하게 작용하기 위해 제공되어야 하는 것이지만 논증의 저자가 중복될 것이라 생각해 진술하지 않은 것이다—일반적으로, 저자에게는 자신과 대중이 공유하는 주지의 사실처럼 보이기 때문이다. 여기서는 암묵적 전제를 대괄호 안에 넣는 관행을 따를 것이다.

4. 의지는 무상하다.

5. 의식은 무상하다.

6. 자아가 존재한다고 한다면, 자아는 영구적일 것이다.

암묵적 전제 〔인격체에는 오온 이상의 것이 존재하지 않는다.〕

결론 그러므로 자아는 존재하지 않는다.

이 논증은 타당하거나 논리적으로 훌륭하다. 즉, 이 전제들이 모두 참이라면, 결론도 참일 것이다. 그러니 이제 할 일은 전제가 정말 모두 참인지 확인하는 것이다. 하지만 그러기 전에, 명확하게 짚고 넘어가야 할 중요한 부분이 있다. 여기서 "영구적인 것"과 "무상한 것"은 과연 무엇을 의미하는가? 다시 한 번, 업과 재생의 교리가 관련이 있게 된다. 붓다와 이 교리를 받아들인 대중에게 "영구적인 것"은 영원한 것을 의미하고, "무상한 것"은 영원하지 않은 것을 의미한다. 왜냐하면 우리가 재생을 겪는 것이 자아라고 믿는다면, 그러면서 재생으로부터의 해탈도 가능하다고 믿는다면, 그 자아는 모든 생에 걸쳐 계속 존재하는 것이며, 그러면서 심지어 육체적 삶과도 독립적으로 존재할 수 있는 것이라고 주장할 것이기 때문이다. 이는 붓다가 전제 6에서 염두에 두었던 것일 수 있다. 그리고 그렇게 생각할 경우, x가 자아가 아니라는 점을 보여주기 위해 필요한 일은 바로 x가 —비록 오랫동안 지속되더라도—영원히는 지속되지 않는다는 점을 보여주는 일이다. 그래서 예를 들어, 내 신체에 해당하는 색이 영원히 지속되지 않는다면, 이 색은 나의 자아가 아니다. 그리고 물론 내 신체는 내가 죽을 때 사라지기에, 이는 내 신체가 나의 자아가 아님을 보여주기에 충분할 것이다.

업과 재생을 받아들이지 않는 이들에게는 어떨까? 재생을 믿는 것은 이번 생 앞과 뒤에 그 인격체가 존재한다고 믿는 것이다. 만약 재생을 믿지 않는다면, 그 인격체가 단 한 번의 생애 동안만 존재한다고 믿을 것이다. 이 경우, 자아는 인격체의 시간을 뛰어넘는 동일성의 토대가 되기 위해, 한 번의 생애 그 이상 존재할 필요가 없을 것이다. 그래서 전제 6의 "영구적"은 "적어도 일생 전체에 걸쳐 존재하는 것"을 의미할 수 있다. 영구적은 영원함이라는 의미일 수 없는 것이다. 마찬가지로, 온이 이와 관련된 의미에서 무상함을 보여주려면, 온이 한 인격체의 일생 전체에 걸쳐 존재하는 게 아님을 보여줘야 할 것이다. 이는 업과 재생을 가정하지 않고는 논증이 통하지 않으리라는 뜻일까? 어쨌든, 우리의 신체가 삶 전체에 걸쳐 지속된다는 것은 사실이지 않나?

꼭 그렇지는 않다. 첫째, 자아는 인격체의 본질적인 부분이어야 하고, 신체는 부분들로 이루어진 전체라는 사실을 기억해야 한다. 신체를 구성하는 기관 중 어느 부분이 본질적일까? 그것이 없으면 내가 살 수 없는 기관은 단 한 개도 없는 것 같다. 물론 나는 심장 없이는 살 수 없다. 그러나 심장 대체 수술이 보여주듯, 내가 계속 존재하기 위해 이 심장이 필요한 것은 아니다. 내 심장이 나의 자아라고 치면, 대체 심장을 얻었을 때 나는 사라지고 다른 누군가가 내 신체 속에 살고 있게 될 것이다. 그 대체 심장은 다른 사람에게서 왔으니, 그 인격체의 자아일 것이다. 하지만 내가 심장 대체 수술을 받기로 선택한다면, 지살은 하지 않았을 것이다! 뇌는 어떤가? 나는 뇌 없이 살 수 없다. 즉, 뇌를 대체하는 수술 같은 건 없으니 나는 이 뇌 없이는 살 수 없다. 하지만 여기서 문제는 "원칙상의" 어려움이 아니라, 전적으로 현실상의 어려움인 것으로 보인다. 만약 뇌 전체를 재프로그래밍하는 방법을 안다면, 한 인격체의 심리를 모두 보존한 채 질병에 걸린 뇌를 건강한 뇌로 대체할 수 있을 것이다. 이는 컴퓨터의 고장난 하드 드라이브를 교체한 다음, 모든 것을 새 하드 드라이브에 다시 설치하는 것과 같다.

이 뇌 대체 시나리오는 전제 1을 뒷받침하기에는 너무 공상과학적으로 보일지 모르겠다. 그러나 누군가가 신체가 영구적임을 이와 관련된 방식으로 부정할 수 있는 두 번째 이유가 있다. 이는 바로—세포를 구성하는 분자 수준에서—신체의 모든 부분이 끊임없이 대체되고 있다는 것이다. 7년 전에 우리의 신체를 구성했던 원자 중 지금 우리 신체를 구성하는 원자는 단 하나도 없다고 한다. 신진대사와 감수분열 같은 생명 과정에는 생명체를 구성하는 부분들의 지속적이고 점진적인 교체가 따른다. 이 과정이 충분히 오래 지속되고 나면, 주어진 기관을 구성하는 모든 물질이 새로워진다. 지금 내 뇌를 구성하고 있는 원자는 이전에 내 뇌를 구성했던 원자와 수적으로 구별된다. 이 점을 고려하면, 지금의 신체 및 뇌는 7년 전의 신체 및 뇌와 수적으로 동일하지 않다고 할 수 있다. 그렇다면 색은 이와 관련된 의미에서 보면 무상할 것이다.

우리는 전제 6, 즉 자아가 영구적이어야 한다는 전제를 어떻게 해석할지, 또 전제 1, 즉 색은 무상하다는 전제가 어떻게 전제 6에 대한 우리의 해석에 비추어 참일 수 있는지 논의했다. 논증을 검토하는 일반적인 관행은 먼저 우리가 참이라고 생각할 수 있는 이유가 무엇인지 살펴본 뒤, 논증 전체를 평가하는 방식일 것이다. 나머지 전제 2~5를 방어한다면, 어떻게 할 수 있을까? 이 전제들은 전제 1이 그랬던 방식으로는 업과 재생의 질문에 영향을 받지 않는다. "영구적"을 영원함을 의미하는 것으로 해석하든, 아니면 단 한 번의 생애 동안 지속되는 의미로 해석하든 상관없이, 네 가지 명(nāma)의 온은 모두 무상한 것으로 간주될 것이다. 이는 붓다가 다음 구절에서 주장하는 내용이다.

> 비구들이여, 배우지 못한 범부는 차라리 마음이 아니라, 네 가지 요소四大로 이루어진 신체를 자아라고 간주하는 편이 나을 것이다. 그런데 내가 왜 이렇게 말하겠는가? 비구들이여, 네 가지 요소로 이루어진 이 신체는 1년도 지속되고, 2년도 지속되고, 3년도 지속되고, … 100년도 지속되고, 그 이상도 지속된다는 것은 명백한 일이다. 그러나 비구들이여, 심心, 의意, 식識으로 불리는 것은 이것으로 사라졌다가 저것으로 일어나기를 밤낮으로 그칠 새 없이 계속 이어진다.
>
> 비구들이여, 여기 학식 있고 고귀한 제자는 다음처럼 주의 깊게 의존적 발생을 숙고한다. "이것이 존재할 때 저것이 존재하니, 이것은 그것의 발생으로부터 발생한다. 이것이 존재하지 않을 때 저것이 존재하지 않으니, 이것은 저것의 소멸로부터 소멸한다." 비구들이여, 즐거운 느낌은 즐거운 대상과의 접촉에 의존하여

발생한다. 그러나 즐거운 대상과의 접촉이 사라질 때, 그 집촉으로부터 일어난 느낌, 즉 즐거운 대상과의 접촉에 의존하여 발생한 즐거운 느낌은 소멸하고 종식하게 된다. 비구들이여, 즐겁지 않은 느낌 … 중립적 느낌은 중립적 대상과의 접촉에 의존하여 발생한다. 그러나 중립적 대상과의 접촉이 사라지면, 그 접촉에서 일어난 느낌, 즉 중립적 대상과의 접촉에 의존하여 발생한 중립적 느낌은 소멸하고 종식하게 된다.

비구들이여, 마치 두 나무 막대를 비비고 부딪치면 열이 존재하게 되고 불꽃이 일어나게 되지만, 이 두 나무 막대를 분리해 갈라놓으면 두 나무 막대에서 일어나는 불꽃이 소멸하고 종식하게 되는 것과 같다. 비구들이여, 정확히 똑같은 방식으로, 즐거운 느낌은 즐거운 대상과의 접촉에 의존하여 발생하지만, 즐거운 대상과의 접촉이 사라지면, 그 접촉에서 일어난 느낌, 즉 즐거운 대상과의 접촉에 의존하여 발생한 즐거운 느낌은 소멸하고 종식하게 된다. 즐겁지 않은 느낌 … 중립적 느낌은 중립적 대상과의 접촉에 의존하여 발생하지만, 중립적 대상과의 접촉이 사라질 때, 그 접촉에서 일어난 느낌, 즉 중립적 대상과의 접촉에 의존하여 발생한 중립적 느낌은 소멸하고 종식하게 된다. (S II.96f)

물론, 붓다는 생각이 깊은 사람이라면 신체보다는 마음을 자아로 여길 가능성이 더 높다는 점을 알고 있다. 이는 바로 서양철학 전통에서 르네 데카르트가 한 일이다. 그는 진정한 "나"는 신체가 아니라 마음이라고 결론지었다. 생각하는(즉, 의식하는) 실체는 적어도 한 생애 동안 존속하며, 본성상 비물질적인 것이다. 많은 인도 철학자들도 다소 비슷한 결론에 도달했다. 붓다의 요점은, 마음이 적어도 한 생애 동안 존속한다는 결론은 환상에 기초한다는 것이다. 왜냐하면 우리가 마음이라고 부르는 것이 실제로는 각각 단 한 순간만 지속되지만, 각각 서로 뒤따르는 개별 사건들이 끊임없이 연속하는 것이기 때문이다. 이 서로 다른 사건들을 소유하는 마음 같은 것은 없으며, 단지 사건 자체들만 있을 뿐이다. 그러나 사건들이 끊임없는 상속을 통해 서로를 계승하기 때문에, 이 모든 사건들이 일어나는, 존속하는 어떤 존재에 대한 환상이 만들어지는 것이다.

18세기 영국 철학자 데이비드 흄은 데카르트에 대해 이와 비슷한 말을 했다. 데카르트는 마음을 알아차리고, 인지하고, 지각하고, 의지하고, 믿고, 의심하는—즉, 모든 정신적 활동의 주체인—어떤 것으로 생각해야 한다고 주장했다. 흄은 내면을 들여다보았을 때, 자신이 발견한 것은 모두 개별적인 정신적 사건들이었고, 각각은 덧없는 것이었으며, 결코 이 사건들을 소유하는, 존속하는 실체가 아니었다고 응수했다. 그는 경험의 존속하는 주체로서 자아라는 허구를 발명하게 만드는 건 바로 그러한 정신적 사건들 간의 관계라고 결론지었다. 붓다도 이와 비슷한 주장을 한다. 그리고 흄과 마찬가지로, 그는 자신의 주장을 뒷받침하기 위해 인과관계를 활용한다.

1장에서 우리는 괴로움의 기원을 설명하기 위해 의존적 발생緣起의 교리가 어떻게 활용되는지 보았다. 지금 살펴보고 있는 구절에서는 이 교리가 다른 용도로 쓰이고 있다. 의존적 발생의 관계는 결과와 그 원인 사이의 관계다. 이 관계가 유지되는 경우, 결과는 원인과 조건이 획득될 때는 일어날 것이고, 결과는 원인과 조건이 획득되지 않을 때는 일어나지 않을 것이다. 붓다는 모든 명名의 온蘊이 의존적으로 발생한다고 주장한다. 그는 느낌의 예를 사용하지만, 이 예는 다른 종류의 정신적 사건에도 일반화된다. 자신이 가장 좋아하는 아이스크림을 먹는 데서 생겨나는 즐거운 느낌의 원인을 생각해 보자. 이 느낌은 (내 혀의 미뢰에 위치한) 내 미각과 아이스크림 사이의 접촉에 의존해서 발생한다. 접촉이 있기 전에는 즐거운 느낌이 없었고, 접촉이 중단될 때는 이 느낌도 사라진다. 나는 다음 순간에 즐거움의 느낌을 느낄 수 있으나, 그것은 새로운 감각-대상 접촉의 사건에 ―가령, 내가 다음 아이스크림 조각을 취할 때― 의존하여 일어난다. 그래서 이 느낌은 첫 번째 느낌과 수적으로 구별되는데, 이는 두 번째 느낌의 원인이 다르기 때문이다. 하나의 느낌이 사라지고, 다른 느낌으로 대체된 것이다. 지금 감각은 본성상 부단히 새로운 대상과 항시 접촉하고 있다. 이는 느낌과 여타의 정신적 사건들의 끊임없는 흐름이 존재한다는 걸 의미한다. 이 흐름을 존속하는 단일한 존재로 착각하기 쉽다. 그러나 붓다는 이 흐름을 구성하는 개별 사건들에 주의를 기울인다면, 이 사건들이 의존적으로 발생하는 방식을 보게 되어, 지속하는 경험의 주체라는 환상을 극복하는 데 도움이 될 것이라고 주장한다.

의존적 발생에 호소해 보여주고자 하는 바는 두 가지다. 즉, 의식의 흐름을 구성하는 정신적 사건 그 위에 있는 마음 같은 것은 존재하지 않는다는 점과 이 각각의 사건 자체는 아주 단기적이라는 점이다. 첫 번째 점에서 붓다에게 동의했다고 가정해 보자. 두 번째 점과 관련해서 이런 방식의 호소는 얼마나 성공적일까? 즐거움과 고통의 느낌이 일시적이라는 데 동의하기는 비교적 쉽다. 이를 입증하기 위해 의존적 발생을 이용할 필요는 없다. 그리고 이 느낌들은 일시적이기 때문에, 자아가 될 수 없다. 지각에 대해서도 마찬가지다. 그러나 의지의 문제는 어떤가? 새로운 과자에 대한 나의 욕구는 방금 본 광고의 효과만큼 지속될 것이다. 하지만 커피에 대한 나의 욕구가 그렇듯, 존속하는 의지가 우리에게 있는 것 같다. 이에 대해 이것은 획득된 의지, 즉 항상 갖고 있었던 것도 아니고 또한 쉽게 제거될 수 있는 의지라고 답할 수 있을 것이다. 그래서 대론자는 일생 전체에 존속하는 것 같은 의지를 찾아야 한다. 대론자는 생명을 위협하는 상황을 피하려는 욕구처럼, 때때로 본능적 욕구로 불리는 것을 제시할 수 있다. 본능적 욕구는 이와 관련된 의미에서 영구적인 의지가 아닐 수도 있을까? 붓다는 그러면 우리가 설명하고 있는 것은 하나의 존속하는 의지가 아니라, 의지의 반복되는 패턴이라고 답할 것이다. 즉, 각각의 의지는 잠깐 동안 지속된 후 사라진다는 것이다. 따라서 이 욕구는 특정한 감각-대상의 접촉 사건에 의존해서 발생하고, 그 사건이 중단될 때 사라질 것이다. 대론자는 그러면 의지의 반복되는 패턴을 무엇으로 설명할 수 있는지 알고자 할 것이다. 상대는 이러한 패턴이 하나의 존속하는 의지, 즉 항상 내게 현재해 있는, 생명을 위협하는 상황을 피하고자 하는 영구적인 욕구가 존재한다고 가정함으로써만 설명될 수 있는 게 아닌가 하고 의심하는 것이다. 생명을 위협하는 상황에 대한 나의 지각은 의식에 의해 조명되는 내 마음의 일부에 의지를 불러오지만, 이 의지는 내가 위협을 알아차리지 못할 때에도 지속된다는 것이다.

붓다가 이런 반론을 제시받았다는 증거는 없으니, 어떻게 답했을지는 알 수 없다. 그러나 후대의 불교 철학자들은 이에 대해 어떤 대답을 할 수 있었는지 보여준다. 여기에는 특정 현상과—한 인격체의 일생 동안 반복되는 욕구의 패턴과—이 현상을 어떻게 설명할지를 놓고 두 가지 상충하는 이론이 제시되어 있다. 대론자의 이론을 "벽장 속" 이론이라고 부르겠다. 이 이론은, 어떤 욕구들은 관찰되지 않을 때는 마음의 어두운 구석에 감춰진 채 계속 존재한다고 주장하기 때문이다. 이 이론은 떨어지는 금고를 피하고자 하는 욕구, 고삐 풀린 비료 마차를 피하고자 하는 욕구 등등의 모습으로 각기 다양한 시간대에 그 자신을 현출하는 것은 지속적으로 존재하는 어떤 단일한 의지라고 주장함으로써 이 현상을 설명한다. 이와는 달리, 불교의 의존적 발생 이론은 이 욕구들은 수적으로 구별되는 복수의 의지라고 주장한다. 이 불교적 이론은 인격체의 신체 부위가 배열되는 방식에 호소함으로써 이 패턴을 설명한다. 집 안의 온도를 제어하는 온도조절기를 생각해 보라. 온도조절기의 부분들이 조립되는 방식 때문에 온도가 특정 임계값 아래로 떨어질 때마다 온도조절기가 보일러에 신호를 보낸다. 방이 너무 차가워질 때까지 보일러를 켜는 신호가 온도조절기의 벽장에서 기다리는 것 같지는 않다. 같은 맥락에서, 불교도들은 위험 자극이 위험을 피하려는 의지를 유발하는 건 인체가 조직되어 있는 방식 때문이라고 말할 것이다.[4] 이는 가능한 설명처럼 보인다. 예를

---

4 실제로 불교 문헌에는 이런 말이 없다. 이 예시는 아비달마 경량부 학파의 일원이 의식이 없는 명상 상태滅盡定位 동안 업 종자의 연속성에 대해 말한

들어, 위험을 감지할 때마다 피하려는 이러한 욕구를 가지는 게 뇌의 특정 뉴런들이 배열되어 있는 방식 때문이라고 가정하는 건 타당한 설명이다. 그러나 벽장 속 이론도 마찬가지로 많은 사람에게 가능한 설명처럼 보인다. 그렇다면 어느 쪽을 선택해야 할까?

이 같은 경우를 다루는 원리가 있다. 서양에서는 오컴의 면도날로 알려져 있지만, 인도 철학자들은 이를 가벼움의 원리(Principle of Lightness)라고 부른다. 두 경쟁 이론 중 "더 가벼운 쪽"을 선택하도록 지시하기 때문이다. 이는 다음처럼 진술될 수 있다.

> 가벼움의 원리: 관련 현상을 설명하고 예측하는 데 똑같이 훌륭한 두 개의 경쟁 이론이 주어지면, 더 가벼운 이론, 즉 관찰 불가능한 존재자의 수를 가장 적게 상정하는 이론을 선택하라.

관찰 불가능한 존재자를 상정한다는 말은 어떤 것을 결코 직접 관찰한 적이 없는데도 그것이 존재한다고 말하는 것이다. 관찰 불가능한 존재자를 상정하는 건 언제나 좋지 못한 발상이라고 생각할 수도 있다. 누구도 그것을 보거나 느낄 수 없는데, 왜 어떤 것이 존재한다고 믿을까? 하지만 현대물리학은 전자와 양성자 같은 아원자 입자가 존재하지만 아무도 보거나 느낀 적이 없다고 말한다. 이 점이 현대물리

내용에 기초한 추정이다(5장 6절 참조). 이들이 이 문제에 이처럼 접근하는 것은 성향이나 힘을 실재하는 존재로 말하는 점에 대해 전반적으로 반감을 가지기 때문이다. 이러한 태도를 감안한다면, 반복되는 욕구에 대해 이처럼 말했을 것 같다.

학을 비합리적 이론으로 만드는가? 그렇지 않다. 가벼움의 원리가 말하는 바는, 우리가 그래야 할 때만, 즉 관찰하는 대상을 설명할 그보다 더 나은 방식이 없을 때만, 관찰 불가능한 존재자를 상정해야 한다는 것이다. 이 현상을 더 잘 설명하는 다른 이론이 없기 때문에, 아원자 입자가 존재한다고 하는 이론을 받아들이는 것이다. 그렇지만, 반복되는 욕구라는 현상의 경우에는 상황이 다르다. 앞서 벽장 속 이론과 불교의 의존적 발생 이론은 이 현상에 대해 똑같이 훌륭하게 설명한다고 말했다. 하지만 벽장 속 이론은, 의존적 발생 이론은 하지 않는 관찰 불가능한 존재자를 상정한다. 전자의 이론은 우리가 의지를 알아차리고 있지 않을 때에도 마음속에 의지가 계속 존재한다고 말한다. 후자의 이론은 대신—관찰될 수 있는—뇌 속 뉴런의 패턴을 말한다. 이 점이 후자의 이론을 더 가볍게 하며, 그래서 선택해야 할 이론은 바로 이 이론이다.

가벼움의 원리는 영구적 의지가 있다는 식의 반론에 불교도가 대응하는 데 도움이 될 것이다. 또한 전제 (5), 즉 의식은 무상하다는 전제를 방어하는 데도 사용할 수 있다. 다음 구절에서 붓다는 의식 역시 감각-대상의 접촉에 의존해서 발생한다고 주장한다.

> 비구들이여, 의식識은 의식이 존재하는 데 의존하는 것에 따라 이름이 붙여진다. 눈에 의존하여 색깔-형태에 대해 존재하게 되는 의식을 눈의 의식眼識이라 한다. 귀에 의존하여 소리에 대해 존재하게 되는 의식을 귀의 의식耳識이라 한다. … 마음(意, manas)에 의존하여 법에 대해 존재하게 되는 의식을 마음의 의식意識이라

한다.

> 비구들이여, 마치 불이 불타는 데 의존하는 것에 따라 이름이 붙여지는 것과 같다. 통나무에 의존해서 타는 불은 통나무의 불이라 한다. … 쓰레기에 의존해서 타는 불을 쓰레기의 불이라고 한다. 비구들이여, 정확히 이와 같은 방식으로 의식은 의식이 생겨나는 것에 의존하여 이름이 붙여지는 것이다. 눈에 의존하여 색깔-형태에 대해 존재하게 되는 의식을 눈의 의식이라 한다. 귀에 의존하여 소리에 대해 존재하게 되는 의식을 귀의 의식이라 한다. … 마음에 의존하여 법에 대해 존재하게 되는 의식을 마음의 의식이라 한다. (M I.259-60)

이에 대해 우리는 의식을 지속하는 어떤 단일한 것으로 경험한다며 이의를 제기할 수도 있다. 내가 처음 아이스크림을 보고 나서 한 입 베어 물었을 때, 먼저 아이스크림의 색깔을 알아차리고, 그런 다음 아이스크림의 맛을 알아차리는 건 하나의 동일한 의식이라는 것이다. 불교도는 한 인격체의 생에 의식이 전혀 일어나지 않는 시기가 있음을 지적하면서 대응할 것이다. 만약 대론자가 그때에도—오직 벽장 안에서만—의식이 계속 존재한다고 주장한다고 하면, 불교도는 의존적 발생 이론이, 의식이 연속하는 것처럼 보인다는 주장에 비해 더 가벼운 설명을 한다고 답할 것이다.[5]

---

5 방금 살펴본 구절에서 붓다의 논증은 약간 다르다. 이 논증은 여섯 가지 감각 및 그 각각의 대상과 상응하는 여섯 가지 별개의 의식이 있다는 주장에 의지한다. 이 열두 가지 항목(시각眼과 보이는 것色, 청각耳과 들리는 것聲 등등)을 총칭하여

그런데 가벼움의 원리는 마음이 발명된 허구라는 주장을 불교도가 방어하는 데도 도움이 될 것이다. 붓다와 흄이 지적했듯이, 우리는 결코 실제로 마음을 느낌작용, 지각작용, 의지작용과 같은 정신적 사건들의 배후에 서 있는 어떤 것으로 알아차리지 못한다. 느낌, 지각, 의지 그 자체를 알아차릴 뿐이다. 그래서 마음은 관찰 불가능한 것이다. 그리고 붓다가 우리의 정신적 삶에 대한 모든 사실을 설명해주는 것이라고 말한 건 바로 이 정신적 사건들 사이의 인과관계다. 그래서 마음은 필수적이지 않으며, 관찰 불가능한 상정물이 된다.[6]

그렇지만 왜 가벼움의 원리를 받아들여야 하는가? 이 원리 뒤에 숨은 의도는 의미론적 실재론의 배후에 있는 의도와 같다. 의미론적 실재론은 진술의 진실성이 우리의 이익이나 인지 능력의 한계 같은 주관적 요인에 의해서가 아니라, 바로 객관적 사실에 의해 결정된다고 말한다. 그 기본 발상은 무엇이 사실인지 알아내는 데 있어서, 마음 밖에 있는 세상이 우리가 무엇을 믿어야 할지를 결정하게 해야 한다는 것이다. 의미론적 실재론자들이 볼 때, 내 마음속의 요인들을 통해 무엇이 사실인지를 결정할 수 있다고 생각하는 건 마술적 사고에

십이처(十二處, āyatanas)라고 한다.

6 그렇지만, 초기불교가 이원론적임은 기억해 두자. 마음의 존재를 부정하면서도 여전히 이원론자일 수 있다. 가장 친숙한 형태의 이원론은 실체 이원론으로, 실체에는 물리적 실체와 정신적 실체라는 두 가지 종류가 있다는 견해다. 데카르트는 이런 식의 이원론자였다. 불교도들은 마음의 존재를 부정한다. 그러나 느낌과 지각 같은 정신적 사건의 존재는 물질적인 것(rūpa)과 구별되는 것으로 보며 긍정한다. 초기불교는 실체 이원론은 부정하지만, 소위 사건 이원론은 긍정한다.

빠져드는 일이다. 마찬가지 이유로, 이들은 관찰 불가능한 존재자를 상정하는 일은 본질적으로 수상하다고 말할 것이다. 어째서 아무도 관찰할 수 없는데, 어떤 것이 존재한다고 믿는가? 존재한다고 말하면, 관찰 대상을 설명하는 게 더 쉽기 때문인가? 이는 그냥 보기에 좋아 보이는 설명을 통해 이른바 마음과 무관하다고 하는 사실이 무엇인지 결정하는 일이다. 즉, 인지적 한계로 하여금 우리가 믿고 있는 어떤 진술이 참인지 결정하도록 내버려 두는 일인 것이다. 바로 마술적 사고다. 가벼움의 원리는 세상이 우리에게 다른 방도가 없다고 말할 때만 관찰 불가능한 존재자를 상정하는 데 의지해야 한다고 말한다.

이제 무상에 근거한 논증의 명시적 전제들에 대한 검토를 끝냈다. 여전히 하나의 암묵적 전제, 즉 철저하게 따져보는 방식의 주장이 남아 있다. 이 전제를 받아들인다면, 무상에 근거한 논증이 자아는 존재하지 않는다는 주장을 입증하는 데 성공했다고 말해야 할 것 같다. 철저하게 따져보는 방식의 주장에 대한 중요한 반론이 있다. 많은 이들은 이 주장을 받아들일 수 없다고 여기는 것이다. 왜냐하면 이 주장은 신체와 다양한 정신적 상태를 가지는 "내"가 존재한다는 우리의 소유 감각을 설명하지 않은 채로 두기 때문이다. 만약 철저하게 따져보는 방식의 주장이 참이라고 하면, 신체 및 느낌과 욕구 같은 다양한 정신적 상태가 존재할 테지만, 이것들은 누구 또는 무언가의 신체와 정신적 상태가 아닐 것이다. 소유자가 없는, 즉 주체가 없는 상태일 것이다. 그리고 이 때문에 많은 이들이 불합리하다는 인상을 받는다. 이는 철저하게 따져보는 방식의 주장에 대한 타당한 반론이고, 그렇기에 '무상에 근거한 논증에 대한 타당한 반론인가?' 이 질문에 대한 언급은 뒤로 미룰 것이다. 대신, 앞서 살펴본 구절에 포함된 두 번째 논증, 즉 통제에 근거한 논증으로 돌아갈 것이다. 이 논증도 철저하게 따져보는 방식의 주장에 의지한다. 이 논증을 검토해 보면, 철저하게 따져보는 방식의 주장에 대한 이 중요한 반론을 더 잘 구성하는 데 도움이 될 것이다. 그러면, 철저하게 따져보는 방식의 주장과 이를 뒷받침하는 논증을 받아들여야 하는지의 여부를 더 잘 결정할 수 있을 것이다.

4. 통제자 논증

무상에 근거한 논증은 우리가 "나"라는 단어를 사용하는 특정한 방식에서 시작된다. 통제에 근거한 논증은 이 단어의 또 다른 용법을 출발점으로 삼는다. 우리는 흔히, "나는 오늘 내 머리는 괜찮은 거 같은데, 내 손톱은 좀 지저분해 보여. 난 이걸 어떻게 좀 해야겠어"라는 식으로 말한다. 이는 "나"란, 그 인격체의 상태를 평가해서, 불만족스럽다고 여기는 점들을 변화시키고자 하는 "어떤 것이다"라고 생각한다는 점을 말해준다. 이것을 실행 기능이라고 부르자. 그렇다면 만약 자아가 존재한다면, 자아는 실행 기능을 수행하는 인격체의 해당 부분일 것이다. 앞서 살펴본 구절에서, 붓다는 각각의 온蘊이 때때로 우리가 원하는 대로 되지 않기 때문에, 자아가 될 수 없다고 말했다. 이는 마치 우리가 자아를 완전히 통제할 수 있고, 그렇기에 자아는 우리 눈에 항상 완벽할 것이라고 붓다가 가정하고 있다는 양 들린다. 왜 그럴까? 만약 자아가 실행 기능을 수행한다면, 그 인격체의 다른 부분들을 통제하려 할 것이다. 그런데 왜 자아가 모든 것을 완전히 통제해야 하는가? 그리고 자아가 스스로를 통제한다고 가정하는 건 좀 이상하지 않나? 실행 기능의 핵심은 다른 것들을 통제하는 게 아닌가? 지금까지 이 논증은 썩 유망해 보이지 않는다.

그러나 이는 이 논증을 다르게 살펴볼 필요가 있음을 시사한다. 다음 원리를 검토해 보자.

> 비재귀성 원리(Irreflexivity Principle): 존재자는 그 자신에게 작용할 수 없다.

이 원리는 인도 철학자들 사이에서 널리 받아들여지고 있다. 이를 뒷받침하는 증거로 이들은 다른 것은 자를 수 있지만 그 자신은 자를 수 없는 칼날, 또한 다른 물건은 만질 수 있지만 그 자신은 만질 수 없는 손가락 등등의 예를 든다. 이 원리에 대한 반례, 즉 이 원리가 보편적으로 타당하지 않다는 점을 보여주는 예가 있는가? 그 자신을 치료하는 의사는 어떤가? 의사 예의 문제점은 의사가 자신의 내향성 발톱을 제거할 때, 치료를 하는 주체는 내향성 발톱이 아니라 의사의 손이라는 다른 부분이라는 데 있다. 이 원리를 지지하는 사람들은 반례처럼 보이는 예라는 것도, 의사라는 복잡한 시스템 중 손이라는 한 부분이 발톱이라는 다른 부분에 작용하는 식과 관련이 있다는 것이 밝혀질 거라고 주장한다. 그래서 반례는 존재하지 않으며, 그렇기에 이 원리가 타당하다는 것이다.

이 원리가 옳다고 가정해 보자. 만약 자아가 실행 기능을 수행한다고 하면, 자아는 그 인격체의 다른 부분에 이 기능을 수행할 수 있지만, 자아 그 자신에게는 이 기능을 수행할 수 없을 것이다. 이는 내가 불만족스럽게 여겨 나의 자아를 바꾸고자 할 수 없다는 걸 의미한다. 그리고 뒤집어보면, 이는 내가 싫다고 여겨 바꾸고자 애쓸 수 있는 인격체의 그 어떤 부분도 나의 자아가 될 수 없음을 의미한다.[7] 예를 들어, 내 코가 나의 자아라고 생각한다고 가정해 보자. 그렇다면 내 코는 실행 기능을 수행하는 나의 부분일 것이다. 내가 내 신체와 마음의 여러 부분들을 평가할 때, 이 일을 할 수 있는 건 내 코일 것이다. 내 머리 모양이 마음에 들지 않는다고 결정하거나, 내가 싫어하는 습관을 없애려고 노력할 때, 내 코가 이 일을 할 수 있을 것이다. 코가 절대 할 수 없는 한 가지는 코 자신을 싫어해 바꾸려고 하는 일이다. 그래서 만약 내가 내 코에 대해 무언가 바꾸고 싶다고 여긴다면 이는 내 코가 나의 자아가 아니라는 점을 보여줄 것이다. 그리고 물론 내 코가 간지러울 때 나는 내 코가 싫어서, 긁고는 간지러움을 멈추려 한다. 그러므로 나의 코는 나의 자아가 아니다. 전체 논증은 다음처럼 진행될 것이다.

1. 나는 때때로 색이 싫어서 바꾸고자 한다.

---

7 이렇게 논증을 해석하는 방식은 정통 인도철학의 상키야 학파가 (비록 목적은 다르지만) 동일한 기본 발상을 사용해 자아의 존재를 논증한다는 사실에서 영감을 얻은 것이다. Ganganatha Jha, trans.(Poona: Oriental Book Agency, 1957), *Tattva-kaumudi: Vācaspati Miśra Commentary on the Sāṃkhya-kārikā*의 게송17에 대한 주석 참조.

2. 나는 때때로 느낌이 싫어서 바꾸고자 한다.

3. 나는 때때로 지각이 싫어서 바꾸고자 한다.

4. 나는 때때로 의지가 싫어서 바꾸고자 한다.

5. 나는 때때로 의식이 싫어서 바꾸고자 한다.

6. 만약 자아가 존재한다고 하면, 실행 기능을 수행하는 인격체의 일부일 것이다.

암묵적 전제 〔인격체에는 오온 이상의 것이 존재하지 않는다.〕

결론 그러므로 자아는 존재하지 않는다.

이 논증은 통할까? 처음 다섯 개의 전제는 참인 것 같다. 내가 불만족스럽게 여겨 바꾸고 싶어 할 수 없는 인격체의 관찰 가능한 어떤 부분은 없는 것 같다. (바꾸는 데 성공하느냐의 여부는 별개의 문제지만, 이 문제는 여기서는 관련이 없다.) 앞서 우리는 비재귀성 원리가 어떻게 적용되는지 보았다. 만약 자아가, 내가 내 상태를 평가해 불만족스럽게 여겨지는 것들을 바꾸려고 할 때에 작동하고 있는 나의 한 부분이라면, 자아는 결코 내가 평가해서 바꾸려고 할 수 없는 단 하나다. 그래서 만약—나에게는 오온 그 이상 것이 존재하지 않는다는—하나의 암묵적 전제가 참이라면, 이 논증은 그 결론을 증명하는 것처럼 보인다.

이쯤에서 뭔가 아주 이상한 일이 여기서 벌어지고 있다는 생각이 들 것이다. 한편으로는 통제자에 해당하는 인격체의 부분이—실행 기능을 수행하는 부분이—존재하지 않음을 보여주기 위해 고안된 논증이 있다. 하지만 바로 이 논증에는 "나는 때때로 ~이 싫어서 바꾸고자 한다"라는 전제가 있는 것이다. 나는 어떤 것이 싫어서 바꾸고자 한다고 말하는 것은 내가 실행 기능을 수행한다는 것이다. 하지만 이 논증의 결론에 따르면, 실행 기능을 수행하는 것은 존재하지 않는다. 만약 정말로 책임자가 없다고 하면, 책임자가 없다는 걸 보여주기 위해 제시된 증거는 정말 가짜가 아닐까? 이 전제에 제시된 증거에 따르면 실제로 결론이 거짓이어야 하는 게 아닐까?

이러한 의심은 철저하게 따져보는 방식의 주장에 대한 아주 강력한 도전으로 발전할 수 있다. 이는 다음처럼 진행될 것이다. 오온에 우리가 항상 관찰해온 인격체의 모든 부분이 포함되어 있다고 가정해 보자. 우리가 때때로 오온의 각 부분을 싫어해 바꾸려고 한다는 점에 동의할 것이다. 또한 실행 기능을 수행하고 있는 것이 무엇이든 스스로에게 이 기능을 수행할 수 없다는 데 동의할 것이다. 그렇다면 인격체에게는 단지 관찰 가능한 부분들, 즉 오온 이상의 것이 존재해야 한다는 결론이 불가피해 보인다. 그리고 이 "이상의 것"은 실행 기능을 수행하는 부분인 자아임에 틀림없다. 이는 재귀성 원리를 위반하지 않고도 인격체의 관찰 가능한 모든 부분을 통제하는 것이 어떻게 가능한지 설명한다. 통제자는 통제자 자신을 관찰할 수 없다. 이는 또한 흄과 붓다가 "내면을 들여다보았을 때" 자아를 발견할 수 없었던 이유도 될 것이다. 자아는 관찰자이며, 재귀성 원리에 의해 자아 자신을 관찰할 수 없다. 오직 인격체의 다른 부분들인 오온만을 관찰할 수 있다. 붓다의 두 논증은 자아가 존재하지 않음을 증명하는 데 실패한 것에 그치지 않는다. 두 논증이 제시하는 증거가 실제로는 자아가 존재한다는 견해를 지지하는 것으로도 밝혀지는 것이다.

이는 지금까지 불교의 무아 논증이 직면한 가장 심각한 반론이다. 불교도들은 성공적으로 대응할 수 있을까? 불교도들은 대론자가 상황을 규정하면서 범한 오류를 지적하는 것으로 시작할 것이다. 대론자는 통제자 논증에 대한 반론을 설명하면서, 논증의 결론은 실행 기능을 수행하는 것이 존재하지 않는다는 거라고 말한다. 그러나 이는 이 논증의 결론이 말하는 바가 아니다. 통제자 논증은 실행 기능을 수행하는 자아가 존재하지 않는다고 말하는 것이다. 이 말은 그 기능을 수행하는 다른 것이 존재할 수도 있다는 여지를 남긴다. 더 정확히는 그 기능을 수행하는 여러 가지 것이 존재할 수도 있다는 말이다. 불교도가 염두에 두는 바는 어떤 경우에는 인격체의 한 부분이 실행 기능을 수행할 수도 있고, 또 다른 경우에는 또 다른 부분이 그럴 수도 있다는 것이다. 이렇게 하면 항상 통제자의 역할을 담당하는 어떤 부분이 존재하지 않더라도 (그리고 마찬가지로 자아가 존재하지 않더라도) 모든 부분이 통제하는 주체가 될 수 있다. 어떤 경우에는 주어진 부분이 통제자 쪽에 속할 수도 있지만, 다른 어떤 경우에는 통제되는 쪽에 속할 수도 있다. 이를 통해 오온 외에는 아무것도 존재하지 않는 상태에서 어떻게 우리가 온 중 어느 하나를 바꾸려고 할 수 있는지를 설명할 수 있다.

다음과 같은 비유를 한 번 살펴보자. 군주제에는 군주가 있고 그의 신하가 있다. 군주는 군주 자신의 신하가 아니다. 통치자는 자신이 아닌 다른 사람을 다스린다. 이제 영국의 경우를 보면, 살아 있는 모든 시민이 영국 군주의 신하인 것은 참이다. 그러나 엘리자베스 2세 여왕이 영국 시민인 것도 참이다. 이게 어떻게 가능한가? 그녀가 영국 시민이라면, 이는 그녀가 영국 군주의 신하라는 걸 의미한다. 그러나 그녀는 영국 군주이고, 그래서 비재귀성 원리에 의해 그녀는 그녀 자신의 신하가 아니다. 이는 영국을 주재하는 어떤 관찰 불가능한 메타 군주가 존재함을 의미하는 것인가? 당연히 아니다. 엘리자베스 여왕은 그녀의 아버지가 죽기 전 아직 엘리자베스 공주였을 때 아버지 조지 왕의 신하였다.

이는 다음 명제가 어떻게 모두 참일 수 있는지 보여준다.

1. 인격체에는 오온 이상의 것이 존재하지 않는다(철저하게 따져보는 방식의 주장).
2. 나는 각각의 온에 대해 실행 기능을 수행할 수 있다.
3. 존재자는 그 자신에게 작용할 수 없다(비재귀성 원리).

모든 경우에 집행 기능을 수행하는 것이 인격체의 동일한 부분일 필요가 없기 때문에, 이 명제들은 모두 참일 수 있다. 그래서 어떤 경우에는 내 코가 나의 다른 부분들과 연합하여 내 머리카락에 대해 실행 기능을 수행할 수 있다. 또 다른 경우에는 다른 부분들과 연합하여 내 코에 대해 동일한 기능을 수행할 수 있다. 이를 "가변적 연합(shifting coalitions)" 전략이라 부를 것이다. 이 전략은 다른 맥락에서도 불교도에게 유용할 것이다. 사실상 불교도는 대론자가 "나"의 두 번째 가능한 의미를 잊어버렸다고 주장하고 있다. 대론자는 이 "나"라는 단어를 통제에 기반한 논증의 전제 1~5에서 보았고, 이 단어가 자아, 즉 인격체가 존재하는 한 존재하는 어떤 단일한 것을 의미한다고 추정했다. 나는 오온 각각을 싫어해서 바꿀 수 있다고 말할 때, 그 나라는 것은 각각의 온 모두에 대해 이러한 평가를 하고 변화를 착수시키는 하나의 동일한 존재여야 한다고 대론자가 추정했다는 것이다. 그러나 "나"는 하나로 합쳐진 인격체의 모든 부분을 가리키는 것일 수도 있다. 자아가 아니라, 인격체를 지칭하는 것일 수도 있다는 말이다.

그렇지만 불교도는 아직 위기를 모면하지 못했다. 한 예를 들자면, 우리는 이미 붓다가 인격체는 궁극적 실재가 아니라고 말했다는 점을 알고 있다. 우리는 아직 이 말이 무슨 뜻인지 알지 못하지만, 이는 반론을 피하는 방법으로서 가변적 연합 전략에는 좋은 소식처럼 들리지 않는다. 더군다나, 만약 "나"가 인격체를 가리키는 것이라면, 인격체는 다수가 아니라 하나여야 할 것이다. "나"는 1인칭 *단수* 대명사이고, "우리"는 1인칭 *복수형*이다. 하지만 가변적 연합 전략에는 서로 다른 때에 집행 기능을 수행하는 서로 다른 것들이 존재할 필요가 있다. 어째서 이러한 별개의 것들이 모두 하나의 것을 지칭하는 단일한 이름으로 불리는 것인가?

불교도는 이 질문에 대한 답을 가지고 있다. 바로 "나"는 불교도가 "편리한 지시어(假名)"라고 말하는 것인데, 이는 유용한 허구에 불과한 어떤 것을 일컫는 말이다. 인격체라는 말은 그러한 유용한 허구다. 인격체는 부분들로 이루어진 전체다. 그리고 전체는 그 자체로 실재하는 게 아니라, 오직 부분만이 실재한다. 나는 인격체가 유용한 허구임을 망각했기 때문에, 내가 "나"를 쓸 때마다 이것이 하나의 동일한 존재를 지칭하는 것이어야 한다고 생각하는 것이다. 나는 "나"라는 말이 하나로 합쳐진 모든 부분에 대해 언급하는 유용한 방식에 불과하다는 점을 망각한 것이다.

이것은 불교도가 철저하게 따져보는 방식의 주장에 대한 도전에 최종적으로 답하기 위해 사용할 기본 전략이다. 그러나 이 전략을 훨씬 더 자세히 알아볼 필요가 있다. 이 일을 시작하기 전에, 지금까지의 진행 상태를 요약하는 게 좋겠다. 붓다는 무아에 대한 두 가지 논증, 즉 무상에 근거한 논증과 통제에 근거한 논증을 제시했다. 두 논증 모두 인격체에는 오온 이상의 것이 존재하지 않는다고 하는 철저하게 따져보는 방식의 주장에 의존했다. 이 주장은 두 논증에 결정적인데, 이 두 논증은 자아의 어떤 속성이 각각의 온에는 결여되어 있다는 점을 보여주면서 진행되기 때문이다. 만약 인격체에 오온 이상의 것이 존재한다고 하면, 각각의 온에 그 결여된 속성을 보여준다고 해서 자아의 부재를 보여주는 건 아닐 것이다. 대론자는 우리가 오온 모두에 대해 어느 정도 통제할 수 있다는 것이 사실이라면, 철저하게 따져보는 방식의 주장은 참일 수 없다며 반대한다. 실제로 대론자는 인격체에는 오온 이상의 것이 존재해야 한다는 점을 보여주기 위해, 그 통제할 수 있다는 사실을 받아들인다. 불교도의 첫 번째 대응은 만약 온들이 교대로 집행 기능을 수행한다면, 오온 모두가 비재귀성 원리를 위배하지 않고도 통제하는 주체일 수 있음을 지적한다. 이에 대해 대론자는 그렇다면 하나의 통제자가 아니라 다수의 통제자가 존재할 것이라며 반대한다. 불교도의 두 번째 대응은 어떤 단일한 통제자, 즉 인격체가 존재하지만, 이 인격체라는 건 세속적인 실재에 불과하다는 것이다. 이제 이 말이 무슨 뜻인지 살펴볼 것이다.

5. 편리한 지시어로서의 "인격체"

앞으로 살펴볼 구절은 『밀린다 왕의 질문那先比丘經』에서 따온 것이다. 이 경은 밀린다 왕과 나가세나那先 비구 사이에 오간 대화의 형식을 취하고 있다. 밀린다는 역사상의 인물이다. 그는 기원전 2세기에 살았고, 그리스 혈통(그리스 이름은 메난드로스)이었으며, 알렉산더 대왕의 정복 이후 박트리아(오늘날 파키스탄)의 통치자 중 한 명이었다. 밀린다가 승려들과 불교의 가르침을 논의했다는 점에는 의심의 여지가 없지만, 그 가운데 나가세나라는 이름의 사람이 있었는지는 알 수 없다. 이 문헌은 기원후 1세기 초에 성립되었으니, 아마 실제 대화의 필사본은 아닐 것이다. 더 중요한 점은 초기불교 문헌이 아니라는 것이다. 붓다의 직계 제자들의 가르침을 기록한 게 아니다. 그렇지만 여전히 우리의 목적에는 유용하다. 여러 다양한 아비달마 학파들에 의해 권위를 인정받기 때문이다. 그래서 이 경의 견해는 붓다의 가르침에 대한 다양한 주석 전통들 사이의 일치된 입장을 대표한다.

우리가 살펴볼 구절은 나가세나와 밀린다의 첫 만남을 보여준다. 관례상 서로 인사를 건네면서 어떻게 바로 실질적인 철학적 논쟁으로 들어가는지 주목해 보자.

그때 밀린다 왕은 나가세나 존자가 있는 곳으로 왔다. 그러고는 가까이 다가가서 나가세나 존자에게 인사를 건넸으며, 우정과 예의에 대한 찬사를 받은 후 한쪽에 정중히 앉았다. 그러자 나가세나 존자는 답례했고, 이로써 밀린다 왕의 마음을 진실로 얻었다.

그리고 밀린다 왕은 나가세나 존자에게 다음과 같이 말했다. "존자께서는 어떻게 불리시는지요? 존자여, 이름은 무엇입니까?"

"폐하, 저는 나가세나라고 합니다. 폐하, 동료 비구들은 저를 나가세나라고 부릅니다. 하지만 제 부모가 이름을 나가세나龍軍로, 수라세나勇軍로, 비라세나雄軍로, 시하세나獅子軍로 지었든 간에, 이 나가세나라는 것은 단지 대응하는 말이고, 표현이고, 편리한 지시어고, 그저 이름일 뿐입니다. 왜냐하면 여기서는 어떤 인격체도 찾을 수 없기 때문입니다."

여기서 그가 하고자 하는 말이 부모가 그에게 다른 이름을 대신 지어줄 수 있었다는 게 아니라는 점에 주목할 필요가 있다. 다른 이름일 수 있었다는 건 물론 사실이지만, 철학적으로는 중요하지는 않다. 그의 요점은 오히려 그 이름이 무엇이든 주어진 자신의 이름은 실제로는 어떤 인격체가 아닌 무언가를 명명하는 유용한 방법일 뿐이라는 데 있다.

그러자 밀린다 왕이 말했다. "존자여, 제 말을 들어보십시오. 5백 명의 요나카인[8]과 8만 명의 승려들이여! 나가세나는 여기서

---

8 "요나카(Yonaka)"는 당시 펀자브 지역을 통치했던 그리스인(이오니아인)의 팔리어식 이름이다.

이렇게 말합니다. '여기서는 어떤 인격체도 찾을 수 없습니다.' 그가 하는 말에 제가 동의할 수 있겠습니까?"

그리고 밀린다 왕은 나가세나 존자에게 다음처럼 말했다. "나가세나여, 어떤 인격체도 찾을 수 없다고 한다면, 당신 승려들에게 수행자의 필수품을—의복, 음식, 침구, 병자에게 필요한 약을—마련해 주는 건 누구입니까? 마찬가지로 이 필수품을 쓰는 건 누구입니까? 계율을 지키는 건 누구입니까? 명상에 전념하는 건 누구입니까? 팔정도, 결과, 열반을 실현하는 것은 누구입니까? 생명을 파괴하는 건 누구입니까? 자신에게 주어지지 않은 걸 취하는 건 누구입니까? 부도덕한 일을 저지르는 건 누구입니까? 거짓말을 하는 건 누구입니까? 술을 마시는 건 누구입니까? 다섯 가지 무간업五無間業의 죄를 범하는 건 누구입니까? 존자의 말이 사실이라면, 공적도 없고, 과실도 없고, 공적이 있는 행위나 과실이 있는 행위를 한 자도 없고, 선한 행위든 악한 행위든 과보나 결과를 낳을 수 없습니다. 나가세나여, 승려를 죽이더라도 살인자가 아니며, 승단일지라도 계화상도, 갈마사도, 교수사도 없을 것이다.

인격체가 존재하지 않는다면, 승려를 공양하는 자도 없고, 열반의 길을 가는 승려도 있을 수 없다. 마찬가지로, 악행을 저지르는 자도 있을 수 없다. 밀린다는 나가세나의 주장에는 이러저러한 불합리한 일들이 뒤따른다고 생각하는 것이다.

"그대가 '폐하, 동료 비구들은 저를 나가세나라고 부릅니다'라고 말했는데, 그러면 이 나가세나는 무엇입니까? 존자여, 머리의 머리카락이 나가세나입니까?"

"그렇지 않습니다, 폐하."

"몸의 머리가 나가세나입니까?

"그렇지 않습니다, 폐하."

"손톱 … 이빨 … 피부 … 머리의 뇌가 나가세나입니까?"

"그렇지 않습니다, 폐하."

"존자여, 지금 색이 나가세나입니까?"

"그렇지 않습니다, 폐하."

"느낌이 나가세나입니까?"

"그렇지 않습니다, 폐하."

"지각이 나가세나입니까?

"그렇지 않습니다, 폐하."

"의지가 나가세나입니까?"

"그렇지 않습니다, 폐하."

"의식이 나가세나입니까?"

"그렇지 않습니다, 폐하."

"존자여, 그렇다면 색, 느낌, 지각, 의지, 의식이 합쳐진 것五蘊이 나가세나입니까?"

"그렇지 않습니다, 폐하."

"존자여, 그렇다면 색, 느낌, 지각, 의지, 의식 이외의 다른 무언가가 나가세나입니까?

"그렇지 않습니다, 폐하."

"존자여, 나는 그대에게 아주 자세히 질문했지만, 나가세나를 찾아낼 수 없었습니다. 존자여, 참으로 '나가세나'라는 것은 단지 공허한 소리일 뿐입니다. 지금 여기에 있는 나가세나는 무엇이란 말입니까? 존자여, 그대는 나가세나가 존재하지 않는다는 허언을 했고, 거짓을 말했습니다."

밀린다가 색色 또는 전체 신체를 말하기 전에 먼저 신체 각 부분들을 언급했다는 점에 주목해 보자. 각각의 경우에 그는 이것이 나가세나라는 이름에 해당하는 것인지 묻는다. 다음으로 그는 네 가지 명(nāma)의 온에 대해 묻는다. 나가세나는 이유는 말하지 않으면서 매번 "그렇지 않다"고 말한다. 우리는 그에게 붓다가 두 가지 무아 논증에 제시한 것과 같은 이유를 가지고 있으리라고 짐작해볼 수 있다. 밀린다가 제시하는 다음 가능성은 오온을 하나로 묶는 것이다. 나가세나가 이 또한 부정한다는 점은 주목할 만하다. 마지막 가능성은 오온 모두와 구별되는 무엇이라는 것이다. 나가세나의 부정은 철저하게 따져보는 방식의 주장, 즉 그 밖의 것은 존재하지 않는다는 데 해당한다. 마지막으로, 밀린다는 "나가세나"가 단지 공허한 소리, 즉 무의미한 난센스를 의미하는 것으로 받아들인다. 나가세나가 말한 명칭이라는 것은 이런 게 아니다. 그는 명칭을 편리한 지시어라고 불렀다. 명칭이란 무엇인가에 대한 이 두 관점은 아주 다른 결과를 낳는다. 만약 "나가세나"가 단지 공허한 소리일 뿐이라고 한 밀린다가 옳다면, 밀린다가 언급한 온갖 불합리한 결과가 뒤따를 것이다. 하지만 잠시 후 보게 될 텐데, 만약 나가세나가 옳고 명칭이 편리한 지시어라면, 그런 결과가 뒤따르지 않을 것이다.

나가세나는 이제 밀린다에게 명칭이 단지 공허한 소리에 불과하다는 것과 편리한 지시어라는 것의 차이를 이해시키려 한다. 그는 "수레"라는 말을 예로 삼아 밀린다의 추론을 뒤집음으로써, 이를 이해시킨다. 밀린다의 추론 방식을 고수하면 불합리한 일이 뒤따른다는 점 보여준다. 그렇다면 불합리에서 벗어나는 방법이, 말이 단지 소리에 불과하다는 것과 편리한 지시어라는 것을 구별하는 데 있다는 점을 깨닫게 될 것이다. 말을 편리한 지시어로 생각한다면 이러한 불합리에 빠지지 않을 것이다.

그때 나가세나 존자가 밀린다 왕에게 말했다. "폐하, 당신은 아주 귀하고도 귀한 왕자로 자랐습니다. 만약 폐하께서 대낮에 뜨거운 모래밭이나 거친 땅을 밟고 자갈 위를 걸으셨다면, 발은 아프고, 몸은 피곤하며, 마음은 무겁고, 신체의 의식身識은 고통스러웠을 것입니다. 제게 걸어서 오셨습니까, 아니면 무엇을 타고 오셨습니까?"

"존자여, 나는 걸어서 오지 않았습니다. 전차를 타고 왔습니다."

"폐하, 전차를 타고 오셨다면, 전차란 무엇인지 제게 말씀해주십시오. 폐하, 전차의 끌채가 전차입니까?"

"그렇지 않습니다, 존자여."

"차축이 전차입니까?"

"그렇지 않습니다, 존자여."

"바퀴들이 전차입니까?"

"그렇지 않습니다, 존자여."

…

"채찍이 전차입니까"

"그렇지 않습니다, 존자여."

"폐하, 끌채, 차축, 바퀴, 전차 몸체, 깃발, 멍에, 고삐, 채찍이 합쳐진 것이 전차입니까?"

"그렇지 않습니다, 존자여."

"폐하, 그렇다면, 끌채, 차축, 바퀴, 전차 몸체, 깃발, 멍에, 고삐, 채찍 이외의 다른 것이 전차입니까?"

"그렇지 않습니다. 존자여."

"폐하, 저는 당신에게 아주 자세히 질문했지만, 전차를 찾아낼 수 없었습니다. 참으로, '전차'라는 말은 단지 공허한 소리일 뿐입니다. 여기에 있는 전차는 무엇이란 말입니까? 폐하, 당신은 전차가 존재하지 않는다는 허언을 했고, 거짓을 말했습니다. 당신은 전 인도의 제일가는 왕이십니다. 무엇이 두려워 거짓을 말한 것입니까? 5백 명의 요나카인과 8만 명의 승려는 제 말을 들어보십시오. 밀린다 왕은 '나는 전차를 타고 왔다'고 말했습니다. 그리고 '폐하, 전차를 타고 오셨다면, 전차란 무엇인지 제게 말씀해 주십시오'라는 질문을 받았지만, 어떤 전차로 보여주지 못했습니다. 제가 그의 말에 동의할 수 있을까요?"

나가세나는 거짓말을 했다는 이유로 밀린다를 추궁하면서, "나가세나"라는 이름에 대한 밀린다 자신의 추론이 어떤 결과를 낳게 되는지 밀린다에게 이해시키려 하고 있는 것이다. 밀린다가 하는 식의 추론을 도리어 "전차"라는 명칭에 적용시켜 가면서 말이다. 나가세나는 유능한 스승이 되어 가고 있다. 밀린다 스스로 이 난제를 해결하길 바라는 것이다. 아래는 그 다음에 일어난 일이다.

> 그가 이렇게 말하고 나자 5백 명의 요나카인은 나가세나 존자에게 박수를 보냈고 밀린다 왕에게 다음처럼 말했다. "폐하, 이제 대답해 주시지요."
>
> 그러자 밀린다 왕은 나가세나 존자에게 말했다. "나가세나여, 나는 거짓을 말한 게 아닙니다. '전차'라는 말은 단지 대응하는 말로, 표현으로, 편리한 지시어로서 기능하는 것일 뿐이고, 그저 끌채, 차축, 바퀴, 전차 몸체, 깃발에 대한 이름에 불과합니다."
>
> "폐하, 그렇습니다. 전차라는 것을 잘 이해하셨습니다. 폐하, 정확히 같은 방식으로, 저를 지칭하는 '나가세나'라는 것도 단지 대응하는 말로, 표현으로, 편리한 지시어로서 기능하는 것일 뿐이고, 그저 머리의 머리카락, 신체의 머리카락 … 머리의 뇌, 색, 느낌, 지각, 의지, 의식에 대한 이름에 불과합니다. 그러나 궁극적으로 어떠한 인격체도 찾아낼 수 없습니다. 그리고 폐하, 와지라(Vajirā) 비구니가 세존 앞에서 이 게송을 읊은 일이 있습니다.
>
> 마치 부분들의 집합에 대해 '전차'라는 말이 있듯이,
> 오온이 존재할 때 '중생이 존재한다'고 세속적으로 말한다."
>
> (MP 25-28)

'전차'가 단지 공허한 소리가 아니라 편리한 지시어, 즉 부분들이 어떤 특정한 방식으로 합쳐질 때 부분들을 지칭하는 유용한 방법이라는 데 밀린다가 어떻게 동의하는지에 주목해 보자. 그래서 밀린다가 자신은 전차를 타고 왔다고 말했을 때, 실재하는 것—단지 어떤 전차가 아니라—을 언급하고 있었다는 점에서 그의 말은 참이었다. 그런데 이게 어쨌다는 것인가? 왜 그냥 "전차"란 어떤 전차의 명칭일 뿐이라고 말하지 않는 것인가? 답은 전차가 실제로는 실재하는 사물이 아니라는 것이다. 부분들은 실재하지만, 그 부분들로 이루어진 전체는 실재가 아니다. 전체는 부분 그 이상의 것이 아니다. 이는 "부분전체론적 허무주의(mereological nihilism)"[9]로 알려진 견해다.

이것이 바로 초기불교의 견해다. 아비달마에서는 이 견해를 체계적으로 발전시키고 주장했다. (5장 1절에서) 아비달마에 대해 살펴보면서 이 논증을 검토할 것이다. 초기불교를 대할 때, 우리는 전체가 진정 실재하는 것이 아니라, 오직 부분만이 실재한다는 전체에 대한 일종의 존재론적 편향 같은 걸 가지고 있다.[10] 그런데 이 편향을 이해하는 방법이 있다. 마차를 만드는 데 필요한 일련의 모든 부분을 놓고 생각해 보자. 바퀴테는 바퀴살에, 바퀴살은 바퀴통에, 바퀴통은 차축

9 부분전체론(mereology)은 전체와 부분 간의 관계와 관련된 형이상학이다. 그래서 부분전체론적 허무주의는 엄밀히 말하면 전체는 존재하지 않고, 오직 궁극적 부분만이 존재한다는 견해다.

10 존재론은 존재하는 것들의 기본 종류를 결정하는 일과 관련된 형이상학이다. 철학자들이 "존재론"이라고 말할 때 이는 존재자들의 기본 범주 목록을 의미한다. 그래서 예를 들어, 오온 교리는 초기불교의 존재론을 나타낸다.

에, 차축은 몸체에 연결되는 식으로, 이 부분들이 소위 "전차가 조립되는" 방식으로 배열된다고 가정해 보자. 이 경우, 우리에게는 이 집합체에 쓰는 말, 즉 "전차"가 있다. 이제 그 부분들이 소위 "전장에 흩어져 있는" 방식이라는 좀 다른 방식으로 배열된다고 가정해 보자. 바퀴테는 일부가 진흙에 잠겨 있고, 바퀴살 하나는 나무뿌리 아래 있으며, 다른 바퀴살은 북동쪽으로 3미터 떨어진 곳에 놓여 있는 식으로 말이다. 이 경우, 우리에게는 이 집합을 지칭할 만한 단일한 이름이 없다. "전차를 구성하는 데 사용되는 모든 부분들"로 부르는 게 나름 최선일 것이다. 이 차이는 다른 차이에 반영된다. 첫 번째 경우, 우리는 부분들을 하나의 사물로 생각하지만, 두 번째 경우는 부분들을 다수의 사물로 생각한다. 왜 대하는 태도가 다를까? 단지 첫 번째 경우는 부분들이 모두 서로에 대해 바로 접해있기 때문일까? 하지만 부분들이 뒤섞여 한 무더기로 쌓여 있더라도, 여전히 하나의 사물로 생각하지 않고, 단지 한 무더기의 부분 더미로 생각할 것이다. 그런 게 아니라, (한 경우에서는 하나의 사물로 생각하지만, 다른 경우에서는 다수의 사물로 생각하는) 존재론적 태도의 차이는 전자에는 부분들을 지칭하는 단일한 말이 있지만, 후자에는 없다는 사실에서 비롯된다. 그리고 왜 우리는 전자의 경우에 이러한 단일한 말을 가지고 있을까? 부분들이 그런 식으로 배열될 때 우리는 그 부분들에 관심이 있기 때문이다. 부분들의 세트가 전차의 조립 방식으로 배열될 때, 부분들은 "뜨거운 모래밭을 가로지르는" 운송 수단에 대한 우리의 필요를 만족시킨다.

이 지점에서 당신은 이렇게 생각할지도 모른다. "그럼, 물론이지.

부분들이 우리의 관심에 부합하는 방식으로 합쳐질 때라야 우리는 그 부분들을 지칭하는 단일한 말을 갖는 것이다. 이 때문에 나가세나가 '전차'라는 말을 편리한 지시어로 부른다는 데에는 의심의 여지가 없다. 부분들이 그런 방식으로 조립될 때, 그 부분들을 지시하는 방법이 있으면 편리하기 때문이다. 그러한 형태의 배열은 (전차를 이용하는 사회에 살고 있다면) 흔히 접할 가능성이 높다. 그리고 우리는 지칭할 수 있기를 원할 가능성이 높다. 하인에게 마차를 가져오라고 말하는 게 바퀴테가 바퀴살에 붙어있고 바퀴살이 바퀴통에 붙어있는 것을 가져오라고 말하는 일보다 훨씬 쉽다. 이와 달리, 전장에 흩어져 있는 방식으로 배열되어 있을 때는 부분들의 세트를 지칭할 필요가 있을 가능성이 훨씬 적다. 그리고 뇌가 서서히 고장 나기 전까지 그 용법을 알아야 할 말은 수없이 많다. 만약 그 부분들의 모든 가능한 다른 배열들을 지칭하는 수많은 말을 배워야 한다면, 우리의 머리는 터져버릴 것이다. 그래서 그러한 경우에는 편의를 위해 단 하나의 말만 사용한다. 이는 정말 일리 있는 말이다. 그런데 왜 그 전차가 정말 실재하는 게 아님을 보여줘야 하지?"

답은 존재론적 태도가 우리의 이익에 의해 좌우되어서는 안 된다는 것이다. 상식은 전차가 실재하는 사물이라고 말한다. 상식을 순순히 따른다고 가정해 보자. 그렇다면 우리는 서로 다른 방식으로 배열된 동일한 부분들을 놓고는, 다수의 사물이 아니라 하나의 사물로서의 전차라고 생각할 것이다. 그런 식으로 생각하는 게 더 편리하기 때문이다. 그리고 모두는 자신의 욕구나 필요에 따라 현실을 받아들이는 방식이 좌우되도록 내버려 둘 때 과연 어떤 일이 일어날지 잘 알고 있다. 이런 식으로 돈 관리를 했다가는 재앙을 맞게 될 게 뻔하다. 이것이 엄밀히 말해 전차가 실재하는 사물이 아닌 이유다. 이는 바로 아비달마가 "개념적 허구"라고 부르는 것이다. 즉, 궁극적으로 실재하지는 않지만 편리한 지시어로 사용되기 때문에, 상식에서는 실재한다고 받아들여지는 어떤 것이다. 문헌들에 등장하는 개념적 허구의 다른 몇 가지 예로 집, 류트, 군대, 도시, 나무, 숲, 개미 기둥 등을 들 수 있다. 이 목록은 얼마든지 더 댈 수 있다. 우리의 상식적 존재론은 우리가 실재한다고 생각하는 것들로 가득 차 있지만, 부분들로 이루어진 전체이기도 하다. 엄밀히 말하면 초기불교는 이들 중 어느 것도 진정 실재하는 게 아니라고 본다.

하지만 "전차"라는 말은 "단지 공허한 소리"가 아니라는 점에 주의하자. 분명 나가세나에게 공허한 소리라는 위상과 어떤 말이 편리한 지시어라는 것 사이에는 차이가 있다. 어떤 말을 단지 공허한 소리라고 하는 건 이 말에는 어떤 의미도 없음을 말하는 것이다. 그리고 이 맥락에서 보면, 지시되는 대상이 아무것도 없음을 의미한다. 그래서 만약 전차가 정말 실재하는 게 아니라면, "전차"라는 말은 어째서 단지 공허한 소리가 아닐까? 이미 대답하긴 했지만, 그래도 다시 한 번 설명하는 게 좋을 것 같다. "전차"라는 말은 이 말이 지시하는 듯 보이는 것이 아닌, 다른 어떤 것을 지칭한다. 이러한 지시에는 혼동의 소지가 있는 것이다. 왜냐하면 전차라는 말은 단일한 사물, 즉 전차의 명칭인 것처럼 보이지만, 실제로 그런 사물은 존재하지 않기 때문이다. 하지만 이는 특정한 방식으로 배열된 부분들의 집합에 대해 말할 때 유용한 방법이다. 그래서 이 단어를 올바르게 사용한다면, 우리는 이 세상에 존재하는 어떤 것에 대해 말할 수 있는 것이다. 이는 "허공에 핀 꽃空華"이나 "불임 여성의 자식石女兒"처럼 어떤 것도 지시하지 않는 말의 경우와는 다르다. (이들 표현의 산스크리트어식 대응어는 둘 다 복합어가 아닌 단일어다.) 불임 여성은 아이를 낳을 수 없기 때문에, 불임 여성의 자식 같은 것은 존재하지 않는다. 그래서 이 말로 명명되는 대상은 존재하지 않는다. "전차"라는 말을 사용하면 우리가 원하는 것을 얻는 데 도움이 될 수 있지만, "불임 여성의 자식"을 사용하면 결코 그렇게 되지 않을 것이다. 전차는 허구일 수 있지만, 불임 여성의 자식처럼 완전한 허구는 아니다. 대신 유용한 허구이다.

나가세나는 "전차"라는 단어를, 대응하는 말, 즉 "1다스"나 "6캔들이" 같은 계수적 용어라고도 부른다. 계수적 용어란 별개 사물들의 한 집합을 지칭하는 데 쓰는 단일 표현이다. 이와 같은 용어를 사용할 때, 여러 별개의 사물들이 있을 뿐이지, 이것들로 구성되는 하나의 부가적 사물은 없다는 걸 보통 우리는 분명히 알고 있다. 12개의 달걀은 단지 낱개 달걀들일 뿐이고, 맥주 6캔들이는 그저 맥주 6개일 뿐이다. "전차" 같은 단어나 "나가세나" 같은 이름을 대응하는 말이라고 부르는 건 이 표현들도 마찬가지라는 사실에 주의를 환기시키는 일이다. 이 표현들은 특정한 방식으로 배열된 사물들의 모음을 지칭하는 편리한 방법에 지나지 않는다. "전차"와 "나가세나"가 단수 표현이라는 사실 때문에 헷갈려서는 안 된다. 6캔들이가 6개의 사물일 뿐이지 7개가 아닌 것처럼, 인격체는 오온일 뿐이지 이 다섯 개에 다른 무언가가 더해진 것이 아니다.

6. 두 종류의 진리二諦

앞서 살펴본 구절에 대해 마지막으로 짚고 넘어가야 할 부분이 있다. 맨 마지막에 나가세나는 "궁극적으로 어떠한 인격체도 찾아낼 수 없습니다"라고 말한다. 이제는 그가 인격체는 단지 개념적 허구일 뿐이라고, 즉 우리가 편리한 지시어를 사용하기 때문에 존재한다고 믿는 것일 뿐이라고 말할 생각이었다는 점을 알 수 있다. 이에 대해서는 다음 절에서 더 얘기할 것이다. 하지만 일단은 이 "궁극적으로"라는 말의 참뜻이 무엇인지 물을 것이다. 답은 어떤 진술이 참이라고 말할 수 있는 두 가지 방식, 즉 궁극적인 방식과 세속적인 방식을 구별함으로써 도출된다. 나가세나가 말하고 있는 바는 인격체가 존재한다는 건 궁극적으로는 참이 아니라는 말이다. 하지만 그는 인격체가 존재한다는 건 세속으로는 참이라고 말할 것이다. 이러한 구별은 다음처럼 규정될 수 있다.

> 어떤 진술이 편리한 지시어를 사용하고 확실히 실행의 성공으로 이어진다면, 이럴 때에만 이 진술은 세속적으로 참이다.
>
> 어떤 진술이 사실과 부합하고 개념적 허구의 존재를 주장하거나 전제하지 않는다면, 이럴 때에만 이 진술은 궁극적으로 참이다.

건물 로비에 자판기가 있다고 가정한 뒤, "로비에 자판기가 존재합니다"라는 진술을 검토해 보자. 당신은 이 진술이 말하는 바가 사실과 부합한다고 생각할 수도 있다. 그러나 어떤 의미에서는 옳다고 하더라도, 여전히 이 진술은 개념적 허구, 즉 자판기의 존재를 주장한다. 이는 이 진술이 궁극적으로는 거짓임을 의미하는가? 그렇지는 않다. 이 진술을 궁극적으로 거짓이라고 하려면, 그 부정인 "로비에는 자판기가 존재하지 않는다"는 진술이 궁극적으로 참임이 보장되어야 한다. 그리고 그 진술이 참이 되려면, 자판기 같은 것이 존재하거나 적어도 존재할 수 있다는 것이 참이어야 한다. 이는 개념적 허구의 존재를 전제한다. 음료수 자판기라는 개념을 사용하는 어떤 진술도 궁극적으로 참일 수 없다. 그렇지만 우리의 진술은 세속적으로는 참이다. 이 건물을 잘 알고 있는 한국어 사용자라면, 이 진술을 이해할 수 있을 것이다. 왜냐하면 "자판기"와 "로비" 같은 편리한 지시어를 사용하기 때문이다. 그리고 이 진술을 수용한다면, 인공 감미료에 대한 나의 갈망 같은 우리의 욕구가 충족될 수 있을 것이다.

그래서 편리한 지시어를 사용하는 모든 진술은 세속적으로만 참일 수 있다. 궁극적으로 참일 수도, 궁극적으로 거짓일 수도 없다. 궁극적 관점에서 보면, 그러한 진술은 의미가 없을 뿐만 아니라, 참이거나 거짓일 수 없는 종류의 것이다. "세속적"이라고 번역되는 해당 산스크리트어(saṃvṛti)는 문자 그대로는 "은폐"를 의미한다. 그리고 불교 주석가들은 편리한 지시어가 실재의 본성을 은폐한다고 말하는 식으로 이 용어를 사용한다. "전차"와 같은 말은 실제로는 복수의 것들을 지시하지만, 즉 하나로 가장한 채 다수를 나타내지만, 단수의 것을 지칭하는 것처럼 보이기 때문에 혼동의 소지가 있는 것이다. 만약 사물이 실제 객관적으로 어떤 모습인지 완벽하게 기술할 목적이라면,

편리한 지시어의 사용을 피해야 한다. 물론 그 객관성에는 엄청난 대가가 따를 것이다. 만약 이 세계를 기술하는 데 편리한 지시어를 일체 사용할 수 없다고 한다면, 전차를 타고 뜨거운 모래밭을 건너려고 할 때는 이 전차를 구성하는 모든 부분을 나열하고 각 부분이 다른 부분과 어떻게 연결되어 있는지 기술해야 할 것이다. 그러려면 너무나 많은 시간이 들 것이다. 그래서 어쩔 수 없이 세속적 진리를 사용하게 된다.

하지만 이 점이 꼭 문제인 것은 아니다. 어쨌든 편리한 지시어를 사용하는 진술이 다 세속적으로 참인 것도 아니다. 앞선 정의에서는 그러한 진술이 확실히 실행의 성공으로 이어져야 한다고 했다. 자판기에 대한 진술은 실행의 성공을 낳을 수 있지만, 로비에 순간이동 장치가 존재한다는 진술은 그러지 못할 것이다. 순간이동 장치 같은 건 존재하지 않는다. 그러나 실제로는 자판기도 존재하지 않는다는 것 역시 참이지 않나? 왜 존재하지도 않는 사물에 대한 믿음이 실행의 성공으로 이어져야 하는가? 물론, 답은 자판기라 불리는 것을 구성하는, 적절하게 배열된 모든 부분이 존재한다는 것이다. 설탕, 탄산, 향을 인공적으로 넣은 시원한 음료 한 모금에 대한 내 욕구가 채워지는 건 그 부분들의 상호작용 때문이다. 그리고 원한다면야, 자판기의 모든 부분을 나열할 수도 있을 것이다. 대개는 그러길 원치 않는다. 우리는 그 상황에 대해 "로비에 자판기가 있다"는 식으로 짧게 기술한다. 그렇지만 모든 세속적으로 참인 진술 이면에는 세속적으로 참인 진술을 수용하는 일이 실행의 성공으로 이어지는 이유를 설명하는 어떤 (훨씬 긴) 궁극적으로 참인 진술이 있다는 점을 기억할 필요가 있다. 세속적 진리와 궁극적 진리 사이의 이러한 연결은 다음에서 중요한 역할을 한다.

7. 세속적 실재로서의 인격체

세속적 진리俗諦와 궁극적 진리眞諦의 구별은 주석가들이 초기불교 문헌에 대한 주석상의 문제를 해결하기 위해 개발되었다. 문제는 붓다의 가르침들에 사이에 큰 불일치가 있어 보인다는 점이다. 어떤 경우에 그는, 자아는 존재하지 않으며 인격체라고 생각하는 것은 실제로는 단지 무상하고, 비인격적인 상태의 인과적 연속일 뿐이라고 가르친다. 다른 경우에 그는 이에 대해 아무 말도 하지 않고, 대신 업과 재생의 교리에 기초한 도덕성을 가르친다. 이 두 경우의 불일치는, 이번 생의 행위로 다음 생의 업의 결과를 받으려면, 하나의 동일한 인격체가 존재해야 한다는 생각이 후자의 가르침에 포함되어 있다는 사실로부터 초래된다. 그래서 붓다는 자아가 실재하지 않는다고 가르치는 대목에서는 부정하는 부분을 도덕성에 대해 가르치는 대목에서는 긍정하는 것처럼 보이는 것이다. 물론 붓다 자신의 모순이라고 동의하고는 그냥 내버려 둘 수도 있다. 하지만 주석가들은 이러한 중대한 오류를 이 전통의 창시자 탓으로 돌리는 걸 피할 방법을 발견했다. 즉, 첫 번째 종류의 가르침은 완전하고 최종적인 진리를 나타내는 반면, 두 번째 진리는 일반인들이 이 완전하고 최종적인 진리를 파악하는 데로 진입하기 위해 우선 알아야 할 것을 나타낸다.[11] 주석가들은 이러한 구별을 이용해 의미의 해석이 필요한(neyārtha) 경전不了義經

과는 달리, 의미를 "완전히 끌어낸"(nītārtha) 경전了義經이라는 것에 대해 언급하게 되었다. 후자는 궁극적 진리의 진술로 간주되게 되었고, 전자는 세속적 진리의 관점에서 제시되는 진술이라고 한다.

그러므로 진리를 두 가지로 구별하는 본래 요지는 인격체에 대한 초기불교의 견해를 명료화하는 데 있다. 이 둘을 구별한다고 해서 전차가 궁극적으로 실재하는 게 아니라는 걸 아는 데 도움이 되는 것은 아니다. 전차가 최종 존재론[12]에 속하지 않는다는 것을, 또 말을 하는 방식 때문에 전차가 전적으로 실재한다고 여긴다는 것을 아는 건 그리 어렵지 않을 것이다. 만약 인격체와 관련된다면, 이러한 점들은 훨씬 더 알기 어려울 것이다. 『밀린다 왕의 질문』에서 따온 다음 구절에서 분명 알 수 있듯이, 이러한 점들이 어떻게 참일 수 있는지 알기 위해서는 사전에 많은 세심한 노력이 필요하다.

왕이 말했다. "나가세나는 바로 그 인격체로 태어난 자입니까,

11 이는 붓다의 교육학적 기술, 즉 대중의 역량에 맞게 가르치는 능력을 보여주는 것이라고 한다. 아마도 재생이라는 결과를 아직 완전히 파악하지 못한 대중에게 두 번째 종류의 가르침이 주어졌을 것이다. 재생이라는 결과를 모르기 때문에 부도덕한 행위를 하고, 이로써 재생의 굴레에 더 단단히 속박될 뿐인 것이다. 업에 기초한 도덕성을 가르침으로써 무지를 강화하는 행동을 덜 하도록 바라는 것이다. 그러면 인격체에 대한 완전하고 최종적인 진리를 더 잘 이해할 수 있을 것이다. 이러한 관행이 붓다 쪽에서 일종의 속임수를 쓴 것인지 묻는다면, 이는 흥미로운 질문이 될 것이다.

12 "최종 존재론(final ontology)"이란 우리의 이익과 인지적 한계에 양보하지 않고 실재의 객관적 본성을 정확하게 반영하는 존재론이다. 초기불교의 용어로 말하면, 단지 개념적 허구일 뿐인 것들을 포함하지 않는 존재론일 것이다.

아니면 다른 인격체입니까?"

존자가 말했다. "그는 그 인격체도 아니고, 다른 인격체도 아닙니다."

"예를 들어 주십시오."

"폐하, 이 경우에 대해 어떻게 말씀하시겠습니까? 당신이 갓 태어나 부드럽고 유약하며 등을 대고 누워 있던 아기였을 때, 그건 당신이었는지요? 지금 왕이신 이 인격체 말입니다."

"실로 그렇지 않습니다. 갓 태어나 부드럽고 유약하며 등을 대고 누워 있던 한 인격체와 다 자란 저는 다른 인격체입니다."

밀린다는 태어나고 그런 뒤 성인이 되어 가는 자가 하나의 동일한 인격체인지를 묻고 있다. 두 가지 주목할 만한 점이 있다. 첫째, 나가세나의 대답은 확실히 이상하다. 어떻게 어른인 나와 아기인 내가 동일한 인격체도 아니고, 또 별개의 인격체도 아닐 수 있을까?[13]

이 두 가지 가능성 중 하나는 참이어야 하지 않을까? 둘째, 밀린다의 대답은 상식적 견해를 대변해야 할 사람에게서 기대할 수 있는 말이

---

13 만약 나가세나가 어른과 아이는 질적으로 동일하지 않지만, 수적으로 다른 인격체인 것은 아니라고 말했다면 이상하지 않았을 것이다. 사실, 대부분의 사람들은 이 말이 사실이라고 할 것이다. 그 아이와 나는 하나의 동일한 (수적으로 동일한) 인격체지만, 그 아이는 지금 내게는 없는 귀여움 같은 성질들을 가지고 있어서 우리는 질적으로 다르다. 그렇지만 "동일하지도 않고 다르지도 않다"라고 해석하는 것만이 가능하다. 우리가 나가세나의 말을 모호한 영어 "same"과 "different"를 사용해서 번역한다면 말이다. 원본에는 이 애매모호함이 없다. 그가 부정하고 있는 것은 수적인 동일성과 수적인 구별성이다.

아니다. 상식적으로 말하면, 어른과 아이는 동일한 인격체다. 밀린다는 이 둘이 별개의 인격체라고 말한다. 여기서 밀린다와 나가세나가 얼마 간 대화를 해 왔다는 점을 염두에 두는 게 좋겠다. 밀린다가 배운 한 가지 점은 모든 온은 무상하다는 것과 자아는 존재하지 않는다는 것이다. 그는 불교도라면 어른과 아이가 별개의 인격체라고 말해야 한다고 결론을 내렸다. 나가세나는 이제 무아에 대한 이러한 일반적인 오해가 왜 잘못된 것인지 그에게 보여줄 것이다.

"폐하, 만약 그렇다면, 어머니나, 아버지나, 스승이나, 학식 있는 자나, 정의로운 자나, 지혜로운 자 같은 건 있을 수 없습니다. 폐하, 수정란의 어머니와, 배아의 어머니와, 태아의 어머니와, 신생아의 어머니와, 어린이의 어머니와, 성인의 어머니는 서로 다른 인격체입니까? 학생인 인격체와 다 배운 인격체는 서로 다릅니까? 죄를 저지른 인격체와 〔징벌로〕 손과 발이 잘린 인격체는 서로 다릅니까?"

"존자여, 실로 그렇지 않습니다. 하지만, 존자여, 그대는 이 질문에 뭐라고 답하시겠습니까?"

존자가 말했다. "폐하, 갓 태어나 부드럽고 유약하며 등을 대고 누워 있던 아기는 나였고, 지금 성장한 어른도 나입니다. 바로 지금 이 신체에 의존하여 모든 다른 요소들이 함께 모이는 것입니다."

"예를 들어 주십시오."

"폐하, 이는 마치 누군가가 켜 놓은 등불과 같습니다. 그 등불은 밤새도록 빛날까요?"

"존자여, 틀림없이 밤새도록 빛날 것입니다."

"폐하, 하지만 초저녁에 본 불꽃은 한밤중에 본 불꽃과 동일한 불꽃입니까?"

"존자여, 실로 그렇지 않습니다."

"한밤중에 본 불꽃과 새벽녘에 본 불꽃은 동일한 불꽃입니까?"

"존자여, 실로 그렇지 않습니다."

"폐하, 하지만 그렇다면 초저녁에 본 한 불꽃이 있었고, 한밤중에 본 다른 불꽃이 있었으며, 새벽녘에 본 또 다른 불꽃이 있었던 것입니까?"

"존자여, 실로 그렇지 않습니다. 그 첫 번째 불꽃에 의존하여 밤새도록 빛나는 하나의 불빛이 있었습니다."

……

"폐하, 이와 마찬가지로 일련의 정신물리적 요소들(dharmas)은 서로 연결되어 있습니다. 즉, 한 요소가 소멸하면 다른 요소가 생기하는데, 이는 전후가 없는 듯 매끄럽게 통합되어 있습니다. 그러므로 동일하지도 않고 다르지도 않은 인격체로서 이 최신 의식의 집합체는 이전 의식의 집합체와 연결되어 있습니다." (MP 41f)

이 구절의 전체적인 요점은 충분히 명확하다. 즉, 세속적으로 인격체라 불리는 것에 대한 궁극적인 진리는 바로 무상한 온들의 인과적 연속이 존재한다는 것이다. 그러나 세심한 주의가 필요한 몇 가지 의문점이 있다. 먼저 나가세나가 든 어머니, 학생, 범죄자의 예가 있다. 그가 이 예로 말하고자 하는 요점은 무엇일까? 밀린다가 유아와 성인은 틀림없이 별개의 인격체라고 생각했다는 점을 떠올려보자. 밀린다는 유아를 구성하는 온들과 성인을 구성하는 온들이 수적으로 구별된다고 이해했기 때문에 이렇게 생각한 것이다. 그래서 온들 그 위에 존재하는 자아가 없다면, 성인과 유아는 다른 두 인격체여야 한다고 추론했다. 따라서 그는 우리가 밀린다의 이름을 따 명명할 수 있는 어떤 원리를 암묵적으로 수용하고 있는 셈이다.

> 밀린다의 원리: 수적으로 구별되는 온들은 인격체를 수적으로 구별되게 만든다.

나가세나가 하고 있는 일은 우리가 이 원리를 받아들인다면, 불합리한 결과가 뒤따른다는 점을 보여줌으로써 이 원리를 거부해야 한다는 점을 보여주는 것이다.[14] 예를 들어, 어머니 같은 건 존재하지 않는다는 결과가 뒤따를 것이다. 어머니는 임신한 뒤 아이를 낳고 일반적으로는 성인이 될 때까지 키우는 여성이다. 그래서 어머니라는 것이 존재하기 위해서는 임신한 때부터 자식이 자랄 때까지 계속 존재하는 인격체가 있어야 한다. 그러나 인격체를 구성하는 온들은 끊임없이 소멸하고는

14 이 전략을 reductio ad absurdum, 즉 귀류법이라고 한다. 기본 발상은 먼저 어떤 진술이 참이라고 가정한 뒤, 그 가정으로부터 불합리한 결과를 추론해 냄으로써 이 진술이 거부되어야 한다는 점을 보여준다는 것이다. 이 불합리한 결과들은 아마 그 누구도 수용할 수 없을 것이기 때문에, 이는 해당 진술을 받아들여서는 안 된다는 점을 보여주는 것으로 여겨진다. 인도 철학자들은 이 전략을 tarka(思擇) 혹은 prasaṅga(成過失)이라 부른다.

대체된다. 예를 들어, 자궁에 배아가 있는 여성(임신 2주차)을 구성하는 온들은 6개월 된 태아를 임신한 여성을 구성하는 온들과 수적으로 구별된다. 그래서 밀린다의 원리에 따르면 이 두 여성은 별개의 인격체이며, 어느 쪽도 어머니가 아니다. 마찬가지로 시험을 치르는 학생을 구성하는 온들과 졸업장을 받는 학생을 구성하는 온들은 수적으로 구별된다. 그래서 밀린다의 원리에 따르면 학위를 취득한 인격체는 해당 학위 시험에 응시한 인격체와 동일하지 않다. 졸업장을 받은 자는 졸업장을 받기 위해 노력한 것이 아니었다. 이와 비슷하게 현재 감옥에 수감되어 있는 강도를 구성하는 온들은 작년에 편의점을 털었던 온들과 수적으로 구별된다. 그래서 죄수는 그 범죄를 저지른 인격체가 아니다. 즉, 처벌받을 이유가 없는 것이다.

밀린다는 이것이 모두 불합리한 결과라는 데 금세 동의한다. 그러나 잠시 멈춰서 왜 그런지 생각해 볼 필요가 있다. 자신이나 남들을 인격체로 생각할 때, 우리는 한 인격체가 적어도 일생 동안 존속하는 어떤 것이라고 생각한다. 다시 말해서, 우리는 태어나 죽을 때까지 모든 온을 하나의 편리한 지시어, 즉 "인격체" 아래 함께 모으고 있는 것이다. 이런 관행이 어째서 유용할까? 어머니, 학생, 범죄자의 예는 그 이유를 보여준다. 만약 임산부가 우리의 관행을 따르지 않고, 대신 밀린다의 원리를 따른다면, 그녀는 나중에 출산할 여성을 동일시하지 않을 것이다. 그래서 그녀는 의사의 산전 건강관리 조언을 따를 이유가 없을 것이다. 졸업생을 동일시하지 않은 학생은 학위를 취득하려고 시험을 위해 공부할 이유가 없을 것이다. 편의점을 턴 인격체를 동일시하지 않은 범죄자는 출소 후에 다시 강도짓을 하지 않을 이유가 없을 것이다.

우리의 인격체 개념은 인격체가 적어도 일생은 존속해야 한다는 것이다. 만약 밀린다의 원리를 따른다면, 이 개념을 오래—어쩌면 하루 동안이나, 아니면 단 1분 동안—지속하는 것과는 거리가 먼 어떤 개념으로 대체해야 할 것이다. (이는 개별 온들이 얼마나 오래 지속되는지, 또 완전히 새롭게 되려면 얼마나 많은 온이 대체되어야 하는지에 달려 있다.) 밀린다 식으로 생각한다면 이 인격체 개념이 보여주듯, 우리 자신을 인격체라고 생각할 수 없을 것이다. 이렇게 도출된 견해를 "단멸론(Punctualism)"으로, 또 우리의 정체에 대한 새로운 개념을 "단멸론적 인격체(P-persons)"로 부르기로 하자. 위의 예들이 말하는 내용은 우리 자신을 인격체가 아니라 단멸론적 인격체로 생각한다면, 이는 끔찍한 일이 되리라는 것이다. 우리의 편리한 지시어인 "인격체"는 이런 재앙을 피하는 데 도움이 되기 때문에 편리하다. 하지만, 정말 인격체라고 하는 그런 것이 존재하지 않는다면, 어째서 이런 편리함이 가능할까? 자신을 인격체로 생각하는 건 자신을 일생에 걸쳐 일어나는 모든 온들로 구성된 전체라고 생각하는 일이다. 그리고 전체, 이를테면 인격체 같은 전체는 궁극적으로 실재하는 것이 아니라, 단지 개념적 허구에 불과하다. 그렇다면 어째서 자신을 이런 식으로 생각하는 게 더 효과적일까?

이 질문에 대한 답은 앞 절에서 지적한 부분에 담겨 있다. 세속적으로 참인 진술은 유효한 진술이다. 그리고 세속적으로 참인 모든 진술에는 왜 이 진술이 유효한지 설명하는 훨씬 더 긴 궁극적으로 참인 진술이 있다. 나가세나는 밀린다에게 성인과 유아는 동일한 인격체라고 말하고는, 이어서 과거와 현재의 온들이 신체적 인과관계를 통해 통합되어 있다고 말하면서 이 점을 지적하고 있다. 그는 먼저 세속적으로 참인 것에 대해 말한 뒤 세속적 진리를 지탱하는 궁극적 진리에 대해 말한다. 그러나 나가세나가 성인과 유아에 대해 한 또 다른 말들도 있었으니, 그의 세 가지 진술 모두를 살펴보자.

1. 성인과 유아는 동일한 인격체도 아니고 별개의 인격체도 아니다.

2. 성인과 유아는 동일한 인격체다.

3. "유아" 온蘊들에서 "성인" 온들로 이어지는 인과적 연속이 존재한다.

우리는 앞에서 1이 이상해 보인다고 언급했다. 이제 1과 2가 서로 모순되는 것처럼 보인다고 덧붙일 수 있다. 1은 성인과 유아가 동일한 인격체가 아니라고 말하지만, 2는 동일하다고 말한다. 그러나 이제 이 두 가지 불일치를 벗어날 수 있는 방법을 찾을 수 있을지 모른다. 2는 세속적 진리를 나타내는 반면, 1(과 3 또한)은 궁극적 진리로 여겨진다고 가정해 보자. 1이 우리에게 상기시키려 하는 내용은, 궁극적 진리의 수준에서는 인격체에 대한 어떤 진술도 참일 수 없다는 것이다. 즉, 그런 모든 진술은 그저 무의미할 뿐이다. 성인과 유아가 동일한 인격체인지, 아니면 별개의 인격체인지 묻는 건 인격체 같은 것이 존재한다는 걸 당연시 하는 일이다. 이 전제는 거짓이기 때문에,

이 질문에는 답할 수 없다. 인격적 동일성에 대한 질문은 궁극적 수준에서는 제기될 수 없는 질문이다.

하지만 세속적 수준에서는 나는 그 유아였다고, 즉 우리는 동일한 인격체라고 말할 수 있다. 어머니, 학생, 범죄자의 예는 왜 2가 세속적으로 참인지 보여주려는 것이다—2가 유효하게 작동하기 때문이다. 그리고 왜 2는 유효하게 작동하는가? 3이 말해주듯, 궁극적 진리는 유아 온들이 소멸하면서 아동 온들이 생기하는 원인이 되며, 이런 식으로 단절 없는 연쇄를 이루면서 현재의 성인 온들에까지 이르게 했다는 것이다. 따라서 한때의 연속에 존재하는 온들과 이후의 연속에 존재하는 온들 사이에는 수많은 인과적 연결이 존재한다. 이는 다시 이전 온들에 일어난 일이 연속 상의 이후 온들의 상황에 영향을 미칠 수 있다는 걸 의미한다. 초반의 좋은 식습관이 나중에 잘 기능하는 색온들을 만든다. 오늘 밤 맥주를 과하게 마신다면, 내일 고통스러운 감각을 느낄 것이다. 지금 공부하려는 욕구는 연속하는 이후 온들에게 졸업장을 수령하는 행동을 불러올 수 있다는 식이다. 그래서 현재 온들이 연속 상의 과거나 미래 온들과 동일시할 때—그러한 다른 온들을 "나"로 생각할 때—현재 온들은 이후 온들을 위해 더 나은 방식으로 행동할 가능성이 더 크다. 자신을 인격체로 생각하는 건 연속 상의 과거나 미래 온들과 동일시하는 습관을 가지는 일이다. 이러한 이유로, 자신을 인격체로 생각하는 게 유용하다.

마지막으로, 나가세나는 인과적 연속의 또 다른 예를 제시한다. 이는 거의 같은 모양을 한 개별자들의 단절 없는 연쇄가 밤새도록 빛나는 하나의 불빛이라는 개념적 허구를 만들어냈던 사례다. 통상 밤새도록 존속하는 하나의 불빛이라고 생각한 대상을 더 자세히 살펴보면, 실제로는 단기적인 불꽃들의 연속임을 알 수 있다. 각각의 불꽃은 한 순간만 지속되는데, 불꽃은 기름을 연소시킬 때 생성되는 백열 가스 분자로 구성되어 있기 때문이다. 그러나 이러한 분자들은 분산되면서 새로운 분자들이 그 자리를 차지하는 원인이 된다. 첫 번째 불꽃의 열은 새로운 대체 불꽃을 생성하면서 더 많은 기름이 연소되는 원인이 되기 때문이다. 그래서 각각의 불꽃은 한 순간만 지속되지만, 소멸하자마자 즉시 다른 불꽃이 그 자리를 차지하는 원인이 된다. 그 결과로 황혼에서 새벽까지 존속하는 단일한 사물처럼 보이는 것이다. 그렇기에 밤새도록 빛나는 하나의 불빛이 존재했다는 점은 세속적으로는 참이다. 그렇지만 실재는 수적으로 구별되는 수많은 불꽃이 존재하는 것일 뿐, 이 불꽃들을 소유하는 하나의 불빛이 존재하는 게 아니라는 것이다. 궁극적 진실은 각각이 그 다음을 일으키는 단절 없는 불꽃들의 상속이 존재할 뿐이라는 것이다.

정신물리적 요소들[15]의 인과적 연속과 관련해, 나가세나는 궁극적 진리에 대한 흥미로운 설명을 제시한다. 세속적 진리는 나라는 것이 일정 기간 동안 존재해 온 인격체라는 것이다. 나는 이 존재에 "내"가 하는 잡다한 경험들을 알아차리고 있는 하나의 "나"의 있음이 수반되어 있다는 식으로 경험들을 한다. 바로 지금 나는 이 단어들을 읽으면서 이 개념들에 대해 생각한다는 걸 알아차리고 있다. 이전에 이 동일한 "나"는—저녁을 먹고, 음악을 들으며, 친구와 얘기를 나누는 등의

---

15 법(dharma)이란, 오온의 범주로 분류될 수 있는 개별 존재자를 말한다. 5장에서 아비달마를 살펴볼 때 자세히 언급할 것이다.

—다른 경험들을 알아차렸다. 이 의식적인 존재가 알아차리고 있는 대상들은 시간이 지남에 따라 달라지지만, 그 대상들을 알아차리고 있는 것은 항상 동일한 "나"이다. 복수의 것을, 즉 경험들을 하나로 묶는 "나"라는 하나의 존재가 존재한다. 이는 "인격체"라는 편리한 지시어를 사용할 때 상황이 우리에게 보이는 방식이다. 하지만 궁극적 진리는 정신물리적 요소들의 인과적 연속이 존재한다는 사실이다. 각 요소는 잠깐 동안 존재하고는 소멸하지만, 대체 요소가 생기하는 원인이 된다. 어떤 경우에는 그 대체물이 불꽃의 경우와 마찬가지로, 한 순간 전에 존재했던 것과 꼭 닮아 있다. 의식識 요소가 이와 같다. 매 순간 새로운 의식이 존재하지만, 각각은 이전 의식과 질적으로 동일하다. 또 어떤 때는 후속하는 요소가 이전 요소와 유사하지 않기도 하다. 즐거움의 느낌受은 욕구行를 낳고, 이 욕구는 다시 다른 종류의 경험을 낳기도 하는 것이다. 이것이 삶을 살아가는 인격체의 외양 뒤에 감춰진 실재다. 다양한 경험의 소유자인 존속하는 "나"는 존재하지 않는다. 그러나 이는 각각의 경험이 각기 다른 별개의 인격체에 의해 경험된다는 걸 의미하는 것도 아니다. 단지 정신물리적인 요소들과 이것들의 인과적 연결만이 존재할 뿐이다. 이 연속하는 것을 두고 삶을 살아가는 인격체라고 생각하는 일이 유용하게 되는 건 바로 이 같은 실재 덕분이다.

이제 우리는 철저하게 따져보는 방식의 주장과 붓다의 두 가지 무아 논증에 대한 논쟁으로 되돌아갈 지점에 와 있다. 이 두 논증이 모두 인격체에는 오온 이상의 것은 존재하지 않는다는 데 기반한다는 점을 기억할 것이다. 대론자는 자신이 어느 정도 모든 온들에 대해 통제를 행사할 수 있다는 건 대론자 본인들에게 오온 이상의 것이 존재함을 보여주는 사실이라고 보고서 통제에 근거한 논증에 반대했다. 이에 대한 불교도식 대응은, 만약 실행 기능을 수행하는 것이 온들 간의 가변적 연합이라면, 모든 온들을 통제할 수 있다는 것이었다. 그러나 대론자는, 만약 그렇다면 나는 모든 온들이 싫어서 바꾸고자 할 수 있다고 말할 때 마음속에는 이를 실행하는 하나의 내가 아니라 다수의 개별 내가 존재해야 할 것이라고 보고서 이 대응에 다시 이의를 제기했다. 이제 우리는 불교도들이 어떤 반응을 보일지 알 수 있는데, 궁극적으로는 하나의 통제자도 다수의 통제자도 존재하지 않지만, 세속적으로는 통제자는 처음에는 하나의 온을 통제하고 그런 뒤 다른 온을 통제하는 하나의 동일한 인격체라고 말할 것이다. 이는 통제자라는 것이 개념적 허구이기 때문이다. 온들의 인과적 연속 그 자체를 인격체라고, 즉 이 연속의 구성요소를 어느 정도 통제하는 것이라고 생각하는 게 유용한 것이다. 유용하기 때문에, 세속적으로 참인 것이다. 이를 통해 우리는 자신에 대해 어떻게 생각할지를 배웠다. 그러나 이 인격체, 이 통제자는 개념적 허구이기 때문에, 서로 다른 시간대에 서로 다른 온들을 통제하는 단 하나의 존재가 존재한다는 건 궁극적으로 참이 아니다. 또한 서로 다른 통제자가 서로 다른 온들을 통제한다는 것도 궁극적으로 참이 아니다. 궁극적 진리는 단지 인과적으로 상호작용하는 정신물리적 요소들이 존재할 뿐이라는 것이다. 이 실재로 인해, 우리 자신을 통제를 행사하는 인격체로 생각하는 게 유용한 일이 되는 것이다. 온들 위에 어떤 것이 존재한다는 우리의 생각은 환상이다. 하지만 유용한 환상이다.

8. 무아와 재생

이 전략을 가지고, 철저하게 따져보는 방식의 주장을 대론자의 공격으로부터 방어하는 데 성공할 수 있을까? 이 부분은 독자가 답해보도록 과제로 남겨둘 것이다. 앞으로 무아 논증에 대한 아주 다른 방식의 반론을 검토할 것이기 때문이다. 아마도 붓다가 재생을 믿는다는 점을 고려한다면, 어떻게 자아는 존재하지 않는다고 주장할 수 있었는지 궁금했을 것이다. 다시 태어나는, 즉 한 생에서 다음 생으로 넘어가는 자아가 존재하지 않는다면 어떻게 재생이 가능할까?

이 의문이 철저하게 따져보는 방식의 주장에 대한 반론과는 전혀 다른 방식의 반론이라는 데 주목해 보자. 철저하게 따져보는 방식의 주장에 대한 반론은 두 가지 무아 논증의 핵심 전제가 거짓임을 보여주려 했다. 이번 반론은 이런 식으로 진행되지 않는다. 대신 (자아는 존재하지 않는다는) 논증들의 결론이 (다시 태어나는 일이 있다는) 붓다의 믿음과 양립할 수 없음을 보여주려 한다. 만약 이 두 가지가 정말 양립할 수 없다면, 불교도는 자아를 받아들이거나, 재생에 대한 믿음을 저버리거나, 이 두 가지 방법 중 하나로 반응할 수 있다. 붓다의 가르침에서 무아가 얼마나 중요한지를 고려한다면, 재생에 대한 믿음을 저버리는 쪽이 더 나은 선택처럼 보일 수도 있다. 그러나 불교도는 선택할 필요가 없다고 말할 것이다. 무아와 재생은 양립 불가능하지 않기 때문이다. 즉 재생은 이전移轉이 아니다. 이것이 나가세나가 다음에서 지적하는 요점이다.

왕이 말했다. "나가세나여, 재생은 어떤 것을 이전하는 [넘겨주는] 일 없이 일어납니까?"

"그렇습니다. 폐하, 재생은 어떤 것의 이전 없이 일어납니다."

"나가세나여, 어떻게 무언가를 이전하는 일 없이 재생이 일어납니까? 예를 들어 주십시오."

"폐하, 한 남자가 한 등불로 다른 등불을 붙인다고 가정해 보십시오. 하나의 등불이 다른 등불로 넘겨졌을까요? [이전되었을까요?]"

"존자여, 실로 그렇지 않습니다."

"폐하, 정확히 같은 방식으로, 재생은 무언가를 이전하는 일 없이 일어납니다."

"또 다른 예를 들어 주십시오."

"폐하, 어렸을 때 선생님에게서 시나 이런저런 것을 배운 걸 기억하시는지요?"

"존자여, 기억합니다."

"폐하, 그 시가 선생님에게서 당신에게로 넘겨졌는지요? [이전되었는지요?]"

"존자여, 실로 그렇지 않습니다."

"폐하, 정확히 같은 방식으로, 재생은 어떤 것을 이전하는 일 없이 일어납니다."

"나가세나여, 그대는 참 뛰어난 분이십니다." (MP 71)

이 두 예는 하나의 것이 어느 정도 구별되지만 어떤 유사한 것의 발생을 야기하는 인과적 과정이 있음을 보여준다. 즉, 타는 양초는 타는 기름 램프가 존재하는 원인의 역할을 하고, 선생님의 시에 대한 지식은 학생이 시를 아는 원인의 역할을 한다. 이 같은 발상으로 보면, 하나의 온들의 집합, 즉 이번 생에서 인격체를 구성하는 온들의 집합이, 새로운 온들의 집합이 새로운 생의 환경에서 존재하는 원인이 될 때 재생이 일어난다는 것이다. 이는 한 일생 동안 정기적으로 일어나는 일들과 다르지 않다. 우리 신체의 세포들은 끊임없이 낡고 사멸하지만, 유사한 대체 세포를 생성한다. 욕구는 충족되고 그리하여 소진되면서 유사한 미래 욕구의 발판을 마련한다. 일생에 걸쳐 인격체가 계속 존재한다는 것은 단지 무상한 온들의 인과적 연속이 일어나는 일일 뿐이다.

물론, 단일 생애의 경우와 재생의 경우 사이에는 중요한 차이점이 있다. 한 생애 동안에는 질적 변화가 일어나지만 이는 점진적이다. 잠에서 깨어보니 어제보다 흰머리가 몇 가닥 더 늘어났을 수는 있지만, 내가 소가 된 채로 잠에서 깨는 일은 결코 일어나지 않는다. 하지만 인간으로 죽어서 소로 다시 태어나는 일은 가능하다고 여겨진다. 기차를 타거나 비행기를 타는 게 아니라면, 한 곳에서 잤다가 다른 곳에서 깨어나는 일은 없다. 하지만 대개는 죽은 곳이 아닌 다른 곳에서 다시 태어난다고 한다. 나는 보통 어제 한 일을 기억할 수 있지만, 거의 대개는 과거 삶의 사건을 기억하지 못한다. (그렇지만, 과거 삶의 사건을 회상하는 능력을 개발할 수 있다는 주장도 있다.) 여전히 재생의 과정은 인과법칙, 즉 업의 법칙에 의해 지배된다. 내가 이런 삶으로 다시 태어나는 것은 내가 이런 욕구를 가지고 이런 일을 했기 때문이다. 단일 생애의 경우, 별개의 정신물리적 요소들을 모두 "인격체"라는 편리한 지시어 아래에 하나로 묶는 것이 유용한 이유는 이 요소들이 인과적으로 연결되어 있기 때문이다. 이는 다른 생애의 온들에 대해서도 마찬가지다.

여기에는 또 다른 우려가 있다. 재생은 업의 인과법칙에 의해 지배되는 것으로 여겨진다. 그리고 업은 일종의 자연적 정의를 나타내는 것으로 여겨진다. 사람들은 마땅히 받아야 할 바, 즉 선행 행위로는 좋은 재생을, 악한 행위로는 나쁜 재생을 받는다는 것이다. 그리고 행위를 하고, 그런 뒤 보상이나 처벌을 받는 자가 하나의 동일한 존재가 아니라면, 이게 어떻게 정당할 수 있겠는가? 이 점이 밀린다를 괴롭혔다.

왕이 말했다. "나가세나여, 다음 존재로 태어나는 것은 무엇입니까?"

존자가 말했다. "폐하, 다음 존재로 태어나는 것은 명(nāma)과 색(rūpa)입니다."

"다음 존재로 태어나는 것은 동일한 명과 색입니까?"

"폐하, 다음 존재로 태어나는 것은 동일한 명과 색이 아닙니다. 폐하, 그러나 이 명과 색으로 우리는—선할 수도 있고 악할 수도 있는—어떤 행위를 하며, 이 행위로 인해 또 다른 명과 색이 다음 존재로 태어납니다."

"존자여, 만약 다음 존재로 태어나는 것이 동일한 명과 색이 아니라면, 우리는 자신의 행위로부터 자유로운 게 아닙니까?"

존자가 말했다. “만약 우리가 또 다른 존재로 태어나지 않는다면, 자신의 악한 행위로부터 자유로울 수 있을 것입니다. 폐하, 그러나 우리가 또 다른 존재로 태어나는 이상, 자신의 악한 행위로부터 자유롭지 못합니다.”

“예를 들어주십시오.”

“폐하, 마치 한 남자가 겨울에 불을 지펴 몸을 데우고는 불을 끄지 않은 채 가버리는 일과 같습니다. 그 불이 다른 남자의 밭을 태워 밭의 주인이 그를 붙잡아서 왕에게 보이고는 ‘왕이시여, 이 남자가 제 밭을 태웠습니다.’ 하니, ‘왕이시여, 저는 이 사람의 밭에 불을 지른 것이 아닙니다. 제가 끄지 못한 불은 이 남자의 밭을 태운 불과는 다른 불입니다. 저는 처벌받을 책임이 없습니다.’ 고 하였습니다. 폐하, 이 남자는 처벌받을 책임이 있을까요?”

“존자여, 틀림없이 그는 처벌받을 책임이 있습니다.”

“어떤 이유로 그렇습니까?”

“어떤 말을 하든지 간에, 그 남자는 마지막 불이 첫 번째 불에서 비롯했다는 이유로 처벌받을 책임이 있기 때문입니다.”

“폐하, 정확히 같은 방식으로, 이 명과 색으로 우리는—선할 수도 있고 부도덕할 수도 있는—어떤 행위를 하며, 이 행위로 인해 또 다른 명과 색이 다음 존재로 태어납니다. 그러므로 우리는 자신의 악한 행위로부터 자유롭지 못합니다.”

요점을 더 분명히 해 보자. 엄밀히 말하자면, 불의 경우에 이 남자가 몸을 데우려고 지핀 모닥불은 다른 남자의 밭을 태운 불이 아니다.

한 종류의 연료에 의존하는 불은 다른 종류의 연료에 의존하는 불과 수적으로 동일하지 않다. 그러나 하나의 불이 다른 불을 일으켰기 때문에, 첫 번째 남자가 두 번째 남자의 밭을 불태웠다는 점은 세속적으로 참이다. 마찬가지로 어떤 악한 행위의 실행에 수반되는 정신물리적 요소들은 아귀라는 고통스러운 여건으로 태어난 정신물리적 요소들과는 궁극적으로 구별된다.[16] 내가 그 악한 행위를 한 자라고 가정해 보자. 만약 내가 전혀 처벌을 받지 않고 죽는다면, 어떤 것도 이전되지 않는다는 사실이 응당 받아야 할 것을 받는 일로부터 내가 벗어나는 걸 의미할까? 그렇지 않다. 이 인간 온들이 저 아귀 온들을 초래했기 때문에, 그 아귀가 나, 즉 그 행위를 한 자일 것이라는 점은 세속적으로 참이다. 나는 내가 받아야 할 바를 받을 것이다.[17]

이는 불교도가 업과 재생의 교리는 무아와 양립할 수 없다는 비난에 맞서 이 교리를 방어하는 방법이다. 물론 업과 재생이 합리적인 불교도라면 버려야 할, 받아들이기 어려운 믿음이라고 생각할지도 모른다. 여기서 요점은 두 가지 진리二諦 이론과 인격체가 세속적으로 실재한다는 주장이 재생과 무아가 양립할 수 없는 게 아니라는 점을 보여주기

---

16 아귀는 일명 "굶주려 있는 귀신"으로, 우리와 비슷한 존재이지만, 대변, 소변, 고름, 피를 먹는다고 한다. 이들은 우리와 달리 어쩔 수 없이 반드시 먹어야 할 때만 먹고 마시기 때문에 항상 "굶주려 있는 귀신이다."

17 이 경우도 앞서 밀린다가 물었던 범죄자의 경우와 종류가 다르지 않다는 점에 유의하자. 전자는 인간적 정의의 경우지만, 후자는 자연적 정의의 경우다. 그리고 전자의 경우, 정의는 하나의 생 내에서 실현되지만, 후자에는 두 생이 필요하다. 그러나 원리는 같다. 올바른 인과적 연결이 있는 경우, 궁극적으로 별개의 온들이 관련되는 경우에도 마땅히 처벌을 받아야 한다는 건 세속적으로 참이다.

위해 사용될 수 있다는 데 있다. 불교도들이 재생에 대한 믿음을 저버리는 일이 있다면, 이 믿음이 자아는 존재하지 않는다는 자신들의 중심 교리와 모순되기 때문은 아닐 것이다.

불교도가 답해야 할 몇 가지 질문들이 아직 남아 있다. 이들 중 가장 중요한 부분은 바로 이것이다. 즉, 초기불교가 무아 교리를 방어하는 데 있어 전체는 실재하지 않는다는 주장을 결정적으로 활용한다는 점이다. 이 주장은 인격체는 세속적으로만 실재하는, 단지 개념적 허구에 지나지 않는다는 주장의 근거였다. 전차의 경우를 논의했을 때, 아마 바퀴살도 부분들로 구성된 전체가 아닐까 하는 생각이 들었을 것이다. 그래서 전체가 개념적 허구일 뿐이라면, 바퀴살 역시 궁극적으로는 실재하는 것일 수 없다. 궁극적으로 실재할 수 있는 유일한 것은 나눌 수 없는 것, 즉 부분이 없는 부분이어야 할 것이다. 그렇다면 과연 어떤 것이 그럴 수 있을까? 이 질문 이면에는 진정 나눌 수 없는 것은 존재하지 않지 않나 하는 의혹이 담겨 있을 것이다. 이 의혹은 불교적 접근법에 큰 난관이 있음을 보여준다. 불교철학의 아비달마 학파는 이 난관을 돌파하려고 했다. 5장에서는 궁극적으로 실재하는, 나눌 수 없는 존재자란 어떤 것인지 알아내려는 아비달마의 몇 가지 시도들을 살펴볼 것이다.

하지만 그전에, 무아 교리의 윤리적 귀결을 살펴보겠다. 1장에서는 깨달음이라는 불교의 목표를 달성하는 게 어떤 것인지 궁금했었다. 이제는 깨달음이 어떤 것인지 좀 더 알게 되었다. 깨닫는다는 건, 엄밀히 말하면, "나"란 것은 존재하지 않고 오직 인과적으로 연속하는 비인격적인 무상한 정신물리적 요소들만이 존재한다는 사실을 아는 일이다. 즉, "나"란 것은 개념적 허구일 뿐임을 아는 것이다. 이를 알면서 살아간다는 건 어떤 느낌일까? 자유로울까, 아니면 우울할까? 그리고 이 앎은 타인을 향한 내 행동에 어떤 영향을 미칠까? 타인의 행복에 더 많은 관심을 쏟게 될까? 아니면, 인격체는 존재하지 않으니, 타인의 권리가 침해되든 걱정할 필요 없다고 생각할까? 마음대로 살아도 된다고 결론을 내릴까? 이 중 몇 가지 질문은 다음 장에서 다룰 것이다.

더 읽을거리

팔리어 경전에 보존된 붓다의 말씀은 다양한 영어 번역본으로 볼 수 있다. 이 장에서 논의된 논증들의 출처는 SuttaCentral website(https://suttacentral.net/discourses)와 Access to Insight website의 "Sutta Pitaka: The Basket of Suttas"(https://accesstoinsight.org/tipitaka/sutta.html)에서 찾아볼 수 있다.

나가세나와 밀린다 왕 사이의 논쟁 전체는 T. W. Rhys Davids, trans., *The Questions of King Milinda*(Oxford University Press, 1890; Delhi: Motilal Banarsidass, 1965)에서 찾아볼 수 있다.

오컴의 면도날과 과학 이론을 구성할 때 이를 활용하는 문제에 대한 논의는 E. C. Barnes, "Ockham's Razor and the Anti-Superfluity Principle," *Erkenntnis* 53, no.3 (2000): 353-74 참조.

3장 불교 윤리

앞 장에서 논의한 인격체론은 일종의 환원주의다. 어떤 사물에 대해 환원주의적으로 본다는 건, 그런 종류의 사물은 엄밀한 의미에서 존재하지 않는다고, 또 그 존재는 단지 다른 종류의 사물 존재로 구성되어 있다고 주장하는 일이다. 예를 들어, 불교적 무아론에 따르면, 인격체의 존재는 단지 무상하고 비인격적인 온들의 복잡한 인과적 연속의 발생으로 구성된다고 한다. 하지만 불교도들만이 인격체에 대한 환원주의적 견해를 가지고 있는 건 아니다. 몇몇 해석에 따르면, 로크와 흄 모두 이러한 견해를 주장했다. 보다 최근에 데렉 파핏은 인격체에 대한 환원주의를 정교하게 변호했는데, 그는 이 환원주의를 두고, 인격체가 지속적으로 존재함에는 일련의 정신물리적 요소가 인과적으로 연속됨이라는 사실 외에 "그 이상의 사실"을 필요로 한다는 점을 부인하는 견해라고 설명한다. 스스로 환원주의적 견해가 참이라고 믿게 되자, 그 결과는 다음과 같다고 파핏은 말하고 있다.

> 이 진실은 우울한 것인가? 어떤 이는 그렇게 생각할 수도 있다. 하지만 나에게 해방과 위안을 주는 것이라 생각한다. 내 존재가 그러한 그 이상의 사실이라고 믿었을 때는 마치 나 자신 안에 갇힌 것 같았다. 내 삶은 마치 유리 터널 같아, 나는 해를 거듭할수록 그 터널 안을 더 빨리 통과하고 있었고, 그 끝에는 어둠이 있었다. 관점을 바꾸자 유리 터널의 벽이 사라졌다. 나는 지금 탁 트인 곳에 살고 있다. 여전히 내 삶과 타인의 삶은 다르다. 하지만 그 차이는 적다. 타인은 가깝다. 나는 남은 내 삶에 대해 덜 걱정하고 타인의 삶에 대해선 더 관심을 쏟게 되었다.[1]

불교도들도 비슷한 말을 한다. 깨닫게 되면, 환원주의의 진실을 알게 되면, 실존적 괴로움이 줄어든다고 한다. 또 타인의 행복에 더 관심을 기울이게 된다고 한다. 이 장에서는 어떻게 그렇게 될 수 있는지 탐구할 것이다. 윤리학은 우리가 어떻게 행동해야 하는지, 어떻게 살아야 하는지, 타인을 어떻게 대해야 하는지에 관한 질문과 관련이 있다. 불교도들은 인격체에 대해선 환원주의자다. 즉, 자아는 존재하지 않는다고, 또 인격체는 단지 세속적으로 실재할 뿐이라고 주장하는 것이다. 앞으로 이 주장의 윤리학적 귀결을 살펴보겠다.

1. 열반은 기술될 수 있는가?

앞(서론 1절)에서 철학 전통들은 대개 우리가 어떻게 살아야 하는지에

---

1 Derek Parfit, *Reasons and Persons*(Oxford: Oxford University Press, 1984), p.281.

대한 질문에 답을 찾는 것으로 출발한다는 걸 보았다. 초기불교의 답은 분명 괴로움의 종식인 열반을 구해야 한다는 데 있다. 1장에서는 이 주장이, 적어도 부분적으로나마 깨닫게 되어야만 실존적 괴로움에서 영원히 벗어나기를 희망할 수 있다는 생각에 바탕을 두고 있음을 보았다. 그러나 그 당시에는 깨달음에 단순히 괴로움이 없는 상태 그 이상의 것이 있는지 불분명했다. 열반은 즐거운 것인가? 웰빙 혹은 행복한 상태인가? 초기불교 문헌은 이 점에 대해 대부분 침묵하고 있다. 하지만 우리는 이 침묵이 해탈의 역설을 우회하기 위한 전략의 일환일지 모른다고 생각했다. 하지만 그렇다면, 열반이 무엇인지에 대한 더 많은 설명이 필요하다. 지금까지 불교의 무아 교리에 대해—불교도들은 우리 자신이 가장 근본적으로 무엇이라고 생각하는지에 대해—배운 바를 통한다면, 왜 불교도들은 열반이 궁극적 목표여야 한다고 생각하는지 더 잘 이해할 수 있을지도 모른다.

때때로 불교적 열반은 말로 표현할 수 없다는, 즉 단순히 기술되거나 이해될 수 없고 경험될 수 있을 뿐이라는 주장을 접할 것이다. 이 주장이 옳다고 한다면, 열반이 어떤 것인지에 대한 질문을 뒤쫓는 건 의미가 없을 것이다. 열반을 구할지 말지 결정하는 일에 대해서조차 할 수 있는 게 없을 것이다. 그저 열반을 획득한 사람들의 말을 가장 가치 있게 받아들여야 할 것이다. 어디로 이어졌는지도 모르는 채, 그 길에 들어서야 하는 셈이다. 하지만 이러한 주장은 다음과 같은 특정 초기불교 문헌에 대한 오해에 근거하고 있다.

사문 밧차(Vaccha)는 다음처럼 세존께 말했다. "고따마여, 어떻습니까? 고따마는 아라한이 사후에 존재한다고, 또 이 견해만이 참이며 다른 모든 견해는 거짓이라고 주장합니까?"

"밧차여, 그렇지 않다. 나는 아라한이 사후에 존재한다고, 또 이 견해만이 참이며 다른 모든 견해는 거짓이라고 주장하지 않는다."

"고따마여, 어떻습니까? 고따마는 아라한이 사후에 존재하지 않는다고, 또 이 견해만이 참이며 다른 모든 견해는 거짓이라고 주장합니까?"

"밧차여, 그렇지 않다. 나는 아라한이 사후에 존재하지 않는다고, 또 이 견해만이 참이며 다른 모든 견해는 거짓이라고 주장하지 않는다."

"고따마여, 어떻습니까? 고따마는 아라한이 사후에 존재하기도 하고 존재하지 않기도 하다고, 또 이것만이 참이며 다른 모든 견해는 거짓이라고 주장합니까?"

"밧차여, 그렇지 않다. 나는 아라한이 사후에 존재하기도 하고 존재하지 않기도 하다고, 또 이것만이 참이며 다른 모든 견해는 거짓이라고 주장하지 않는다."

"그러나 고따마여, 어떻습니까? 고따마는 아라한이 사후에 존재하는 것도 아니고 존재하지 않는 것도 아니라고, 또 이것만이 참이며 다른 모든 견해는 거짓이라고 주장합니까?"

"밧차여, 그렇지 않다. 나는 아라한이 사후에 존재하는 것도 아니고 존재하지 않는 것도 아니라고, 또 이것만이 참이며 다른 모든 견해는 거짓이라고 주장하지 않는다.

밧차여, 아라한이 사후에 존재한다는 이론은 이론의 밀림이고 황야고 꼭두각시극이고 몸부림이고 족쇄며, 염오에, 정념의 부재에, 종식에, 고요함에, 지식에, 최상의 지혜에, 열반에 이르게 하지 않는다. …

밧차여, 아라한이 사후에 존재하는 것도 아니고 존재하지 않는 것도 아니라는 이론은 황야고 … 최상의 지혜에, 열반에 이르게 하지 않는다.

이것이 바로 내가 알아낸 이 이론들에 반대하는 이유이고, 그래서 나는 이 이론 중 어느 것도 받아들이지 않았다."

"하지만 고따마께는 자신만의 이론이 있습니까?"

"오 밧차여, 여래는 모든 이론에서 자유롭다. 밧차여, 하지만 여래는 색의 본성, 색이 어떻게 일어나는지, 색이 어떻게 사라지는지, 감각의 본성 … 의식의 본성, 의식이 어떻게 일어나는지, 의식이 어떻게 사라지는지 알고 있다. 그러므로 나는 여래가 해탈을 성취했고, 애착에서 벗어났으므로, 자아나 자아에 속하는 것에 관한 모든 허상, 동요, 그릇된 개념이 사라졌고 희미해졌고 소멸했고 중단되며 포기되었다고 말한다."

"고따마여, 그런데 마음의 해탈을 성취한 비구는 어디서 다시 태어납니까?"

"밧차여, 그가 다시 태어난다고 말한다면, 이는 경우에 맞지 않는 말일 것이다."

"고따마여, 그렇다면 그는 다시 태어나지 않습니다."

"밧차여, 그가 다시 태어나지 않는다고 말한다면, 이는 경우에 맞지 않는 말일 것이다."

"고따마여, 그렇다면 그는 다시 태어나기도 하고 다시 태어나지 않기도 합니다."

"밧차여, 그가 다시 태어나기도 하고 다시 태어나지 않기도 하다고 말한다면, 이는 경우에 맞지 않는 말일 것이다."

"고따마여, 그렇다면 그는 다시 태어나지 않기도 하며 다시 태어나지 않지도 않습니다."

"밧타여, 그가 다시 태어나지 않기도 하며 다시 태어나지 않지도 않는다고 말한다면, 이는 경우에 맞지 않는 말일 것이다. ……"

"고따마여, 저는 이 문제에 대해 어떻게 생각해야 할지 몰라 많이 혼란스러워졌고, 앞선 대화를 통해 심어진 고따마에 대한 믿음이 이제는 사라져버렸습니다."

"오 밧차여, 이만하면 됐다. 이 문제에 대해 어떻게 생각해야 할지 몰라 많이 혼란스러워하지 말라. 오 밧차여, 이 교리는 심오하고 난해하고 이해하기 어려우며, 훌륭하고 탁월해 추론만 가지고는 도달하기 어렵고 미묘하며, 지혜로운 사람만이 이해할 수 있다. 이것은 다른 문파에, 다른 믿음에, 다른 신념에, 다른 수행 방식에 속하며, 다른 스승의 발아래 앉는 그대가 배우기는 어려운 교리다. 밧차여, 그러므로 나는 이제 그대에게 질문을 할 것이니, 그대가 옳다고 생각하는 대로 답해 보라. 밧차여, 어떻게 생각하는가? 불이 그대 앞에서 타오르고 있다고 가정해 보라. 그대는 그대 앞에 불이 타오르고 있다는 걸 알아차릴 수 있는가?"

"고따마여, 만약 불이 제 앞에서 타오르고 있다면, 제 앞에 불이 타오르고 있다는 걸 알아차릴 수 있을 것입니다."

"밧차여, 그런데 누군가가 그대에게 '그대 앞에서 타오르고 있는 이 불은 무엇에 의존합니까?'라고 묻는다면, 밧차여, 뭐라고 답할 것인가?"

"고따마여, 만약 누군가가 제게 '그대 앞에서 타오르고 있는 이 불은 무엇에 의존합니까?'라고 묻는다면, 고따마여, 저는 '제 앞에서 타오르고 있는 이 불이 의존하는 것은 풀과 나무라는 연료입니다.'라고 답할 것입니다."

"밧차여, 그런데 만약 그대 앞의 불이 꺼지게 된다면, 그대 앞의 불이 꺼지게 된 것도 알아차릴 수 있는가?"

"고따마여, 만약 제 앞의 이 불이 꺼지게 된다면, 제 앞의 이 불이 꺼지게 된 것을 알아차릴 수 있을 것입니다."

"밧차여, 그런데 만약 누군가가 그대에게 '그 불이 어느 방향으로 갔습니까? 동쪽입니까, 서쪽입니까, 북쪽입니까, 남쪽입니까?' 라고 묻는다면, 오 밧차여, 뭐라고 답할 것인가?"

"고따마여, 이 질문은 경우에 맞지 않을 것입니다. 다른 공급원이 없이 풀과 나무라는 연료에 의존하는 이 불은 이 연료가 모두 사라지고, 다른 연료를 얻을 수 없을 때 꺼졌다고 합니다."

"밧차여, 정확히 같은 방식으로, 아라한의 존재 근거를 이루는 모든 색, 즉 그 모든 색은 버려졌고, 뿌리째 잘렸고, 팔미라 나무처럼 땅에서 뽑혀버렸고, 존재하지 않게 되어서 장차 다시 싹틀 여지가 없게 된 것이다. 오 밧차여, 색이라는 것에서 해방된 아라한은 거대한 바다와 같이 깊고 헤아릴 수 없으며 이해할 수 없다.

그가 다시 태어난다고 말한다면, 이는 경우에 맞지 않는 말일 것이다. 그가 다시 태어나지 않는다고 말한다면, 이는 경우에 맞지 않는 말일 것이다. 그가 다시 태어나기도 하고 다시 태어나지 않기도 한다고 말한다면, 이는 경우에 맞지 않는 말일 것이다. 그가 다시 태어나는 것도 아니고 다시 태어나지 않는 것도 아니라고 말한다면, 이는 경우에 맞지 않는 말일 것이다.

모든 감각 ……

모든 지각 ……

모든 의지 …… 아라한의 존재 근거를 이루는 모든 의식, 즉 그 모든 의식은 버려지고, 뿌리째 잘렸고, 팔미라 나무처럼 땅에서 뽑혀버렸고, 존재하지 않게 되어서 장차 다시 싹틀 여지가 없게 된 것이다. … 그가 다시 태어나지 않는다고 말한다면, 이는 경우에 맞지 않는 말일 것이다. 그가 다시 태어나기도 하고 다시 태어나지 않기도 한다고 말한다면, 이는 경우에 맞지 않는 말일 것이다. 그가 다시 태어나는 것도 아니고 다시 태어나지 않는 것도 아니라고 말한다면, 이는 경우에 맞지 않는 말일 것이다." (M I.483-88)

어째서 이와 같은 구절들로 인해, 일부에서 열반의 상태는 말로 표현할 수 없다고 생각하게 되었는지 분명히 밝힐 필요가 있다. 첫째, 우리는 밧차가 열거한 네 가지 가능성 중 어느 것도 사후 아라한의 상황을 올바르게 기술하고 있지 않다면서 붓다가 부정한다는 점을 알 수 있다. 그런 뒤 붓다는 이 상황을 두고 "깊고" "헤아릴 수 없다"고 말한다. 논리적으로 보면, 네 가지 가능성 중 하나는 참일 수밖에 없기 때문에,[2] 붓다가 열반은 모든 이성적 담론을 초월하는 무언가라고 말하고 있다는 결론은 불가피해 보인다. 그러나 이제 우리는 두 가지 진리의 차이를 이해하고 있기에, 왜 이게 잘못인지 알 수 있다. 불의 예에서 알 수 있듯이, 붓다의 네 가지 부정은 모두 깨달은 인격체에 대한 어떤 진술도 궁극적 진리의 수준에서는 의미가 없다는 사실과 관련이 있기 때문이다.

불이 그 연료를 다 써버렸을 때, 우리는 불이 나갔다고 말한다. 불은 어디로 나갔나? 이 질문은 말이 안 된다. 꺼진 불이 어딘가로 나가기 위해서는 그 불은 계속 존재해야 할 것이다. 이 질문은 불이 계속 존재함을 전제한다. 하지만 이 질문은 여전히 의미 있어 보인다. 우리가 불에 대해 뭔가―꺼졌다는 식으로―를 말하고 있기 때문에,

---

2 사실 논리는 네 가지가 아니라, 두 가지 가능성만 제시하고 있는 것으로 보인다. P이다, P가 아니다, P이기도 하고 P가 아니기도 하다, P가 아니기도 하고 P가 아닌 것도 아니다는 식의 네 가지 가능한 답이 제시될 수 있는 소위 논쟁 형식의 질문들이 많이 있다. 이 일반적인 형태나 도식은 사구부정(catuṣkoṭi)으로 불린다. 그런데 논리는 우리를 단지 딜레마에 가두는 것처럼 보인다. 즉 "P"는 참이거나, 아니면 거짓이거나 둘 중 하나인데, 거짓일 경우 "P가 아닌 것"은 참이다. 학자들은 이 도식에 세 번째와 네 번째 가능성이 있는 것을 보면, 불교도들이 일종의 대안적 논리를 사용하는 게 아닐까 하고 논쟁을 벌였다. 그럴 법한 대답 중 하나는 이것이 표준 논리라는 것이다. 세 번째 가능성(P이기도 하고 P가 아니기도 하다)은 "P"가 모호한 경우를 다루기 위한 것이므로, 어떤 의미에서는 참이라고 할 수 있지만, 다른 의미에서는 거짓이라고 할 수 있는 것이다. 그리고 네 번째 가능성은 "P이다"와 "P가 아니다"일 가능성 이외에 제4의 가능성이 진정으로 존재하는 경우, 예를 들어 상황을 전혀 기술할 수 없을 가능성을 다루기 위한 것이다.

우리가 말하고 있는 실재하는 불이 존재해야 하지 않을까? 전혀 실재하지 않는 뭔가에 대해 어떻게 이야기할 수 있나? 그리고 이 실재하는 불은 여기 우리의 앞에 있지 않으니, 다른 곳에 존재해야 하는 건 아닐까? 이런 식의 역설적 상황에 직면했을 때는 잠시 멈추고 지금 쓰고 있는 말의 본성에 대해 묻는 게 도움이 된다. "불"이라는 말은 현실적으로 어떻게 기능하는가? 연료를 더 넣어서 불을 계속 태웠다고 말하는 상황을 생각해 보자. 여기서 우리는 마치 하나의 존속하는 사물, 즉 불이 존재하는 양 말하고 있다. 처음에는 불쏘시개에서 나온 불꽃으로 이루어지고, 그 뒤에는 통나무에서 나온 불꽃으로 이루어지며, 그런 다음에는 역시 새로운 통나무에서 나온 불꽃으로 이루어지는 하나의 불 말이다. 우리는 이를 통해 (마치 "밤새도록 빛나는 하나의 불빛"이 실제로는 등잔 불꽃의 인과적 연속이었듯이) "불"이 불꽃들의 인과적 연속을 지칭하는 편리한 지시어임을 알 수 있다. 그리고 이는 결국 "불"이라는 말을 사용하는 어떤 진술도 궁극적으로 참(또는 궁극적으로 거짓)일 수 없음을 의미한다. 그러한 모든 진술은 궁극적 진리의 수준에서는 의미가 없다. 궁극적 수준에서 말할 수 있는 것은 하나의 전체로서의 불꽃이 아니라, 개별 불꽃들이다. 그렇기 때문에 불이 어디로 나갔느냐는 질문에 어떤 식으로 답하더라도 참이 아니다. 진술이 참(또는 거짓)이려면, 진술이 유의미해야 한다. 그리고 단지 개념적 허구일 뿐인 것에 대한 진술은 궁극적으로는 유의미하지 않다.

사후 아라한의 경우에 이 분석을 적용해보면, 붓다가 열반은 말로 표현할 수 없는 상태임을 암시하지 않으면서 네 가지 가능성 모두를 거부할 수 있는 이유가 분명해진다. 아라한이란 말은 "불"이란 말과 마찬가지로 편리한 지시어다. 그래서 아라한에 대한 어떤 말도 궁극적으로는 참이 될 수 없다. 이 상황에 대한 유일하게 궁극적으로 참인 진술은 인과적 연속 상의 온들을 기술하는 진술일 것이다. 예를 들어, (세속적으로 "아라한의 죽음"이라고 부르는) 어떤 지점에 이르면, 그 순간까지 존재하던 명의 온이 후속하는 명의 온을 일으키지 않는다는 점은 참이다. 이는 아라한이 절멸한다는 의미인가—열반은 깨달은 인격체의 완전한 소멸을 의미하는가? 그렇지 않다. 아라한이란 것은 존재하지 않으므로, 아라한이 소멸했다고 말하는 것은 무의미하다. 그리고 정확히 똑같은 이유로, 아라한이 사후에 말로 표현할 수 없는 상태에 이른다고 말하는 것도 무의미하다.

2. 단멸론자가 말하는 열반이란 무엇인가?

그래서 열반에 대해 유의미한 사실을 말할 수 있는 것이다. 불교도들은 열반이 모두가 추구해야 할 최상의 가치가 있는 상태라고 주장한다. 이제 열반은 기술이 가능하다는 것도 알게 되었고, 또 불교도들이 열반을 중시하는 게 옳은지도 알고 싶기에, 열반이 무엇과 같은지 물을 수 있는 상황이 되었다. 특히, 자아는 존재하지 않으며 "나"는 단지 편리한 지시어에 불과함을, 즉 엄밀히 말해 존속하는 인격체 같은 건 존재하지 않음을 아는 건 어떤 느낌일까?[3] 파핏은 인격체에

3 보다 구체적으로 말해, 붓다가 깔아 놓은 길을 따라 깨닫게 된 자, 아라한이 된다는 건 어떤 것일까? 불교 전통은 붓다가 되려면 수많은 생애에 걸친, 헤아릴

대해 환원주의적 견해를 믿게 되어, 자신의 남은 삶에 대해 덜 걱정하게 되었다고 말한다. 이는 깨달은 인격체는 내일 무슨 일이 일어날지 신경 쓰지 않는다는 걸 암시한다. 이는 아마도 무슨 일이 일어나든, 이를 경험하는 자는 다른 누군가일 것임을 알기 때문일 것이다. 깨달았지만 여전히 살아 있는, 남는 것이 있는 종식有餘涅槃이 이런 것일까? 아라한은 온전히 현재 순간만을 사는 누군가일까? 이는 불교적 열반에 대한 대중적인 해석이다. 그리고 재미있는 해석처럼 들린다. 그러나 잘못된 해석이기도 하다. 앞서 (1장 3절에서) 봤듯이, 이 단멸론적 견해는 소멸론의 한 형태다. 그리고 소멸론은 붓다가 중도中道를 위해 거부해야 한다고 말하는 존재에 대한 두 가지 극단적 견해 중 하나로 알려져 있다.

하지만 이 시점에서 단멸론斷滅論을 거부하는 게 과연 옳을까 하는 의구심이 생길지 모른다. 나를 내 인생의 한 단계에서 다음 단계까지 (또는 한 생에서 다음 생까지) 동일한 인격체로 만들어줄 존속하는 자아가 존재하지 않는다는 게 사실이라고 가정해 보자. 오늘 밤 잘 준비를 하면서 이빨을 닦고 치실질을 해야 할까? 양치질은 지루하고 치실질은 아플 때가 있다. 내가 왜 그래야 하지? 이 현재의 온들은 이로부터 얻는 이익이 전혀 없다. 만약 그렇게 하는 데 어떤 이익이 있다면, 그 이익은 충치와 잇몸 질환의 고통을 피할 미래의 온들에 생긴다. 그리고 이제는 그 미래의 온들이 이 현재의 온들과 별개의

수 없는 노력이 필요하다고 주장한다. 그래서 붓다가 되는 게 어떨지 상상하는 일은 대부분의 사람들에게 매우 어려우리라 주장하는 건 당연할 것이다. 하지만 아라한이 되는 데에는 이 정도의 노력이 필요하진 않다.

것임을 알고 있다. 그렇다면, 왜 이 현재의 온들이 그 미래의 온들을 대신하여 이러한 희생을 해야 하는가? 왜 미래를 걱정하지 말고 현재의 있는 그대로를 음미하면 안 되는가? 어째서 단멸론은 인격체에 대한 환원주의적 견해에서 도출해야 할 올바른 결론이 아닌가?

단멸론은 자아는 존재하지 않고, 또 인격체의 부분들은 모두 무상하기 때문에 진정한 "나"는 아마도 하루나 일주일, 혹은 단 한 순간 정도로 지속될 뿐, 그리 오래 지속되지 않는다는 견해다. 단멸론자들은 이 견해가 우리에 대한 진실이라고 생각하기 때문에, 미래를 걱정하는 데 그렇게 많은 노력을 쏟는 걸 멈춰야 한다고 주장한다. 일단 이렇게 하면, 우리가 있는 그대로의 지금 여기를 진정으로 음미하는 법을 배울 거라고 이들은 생각한다. 그러나 단멸론자들이 말하는 내용이 우리에 대한 진실인지 한 번 생각해 보자. 이들은 다음처럼 말한다.

명제: "나"는 특정 온들의 집합이 지속되는 동안에만 존재한다.

우리 각자는 자신에게 특별한 관심을 쏟는다. 우리 모두는 자신의 행복에 특별한 관심을 가지고 있다. 그리고 "나"는 우리가 동일시하는 것이 무엇인지 나타낸다. 어떤 것이 "나"의 부분이라고 말한다면, 그 어떤 것이 내가 그 행복에 관심을 가져야 할 것들 중 하나라고 말하는 셈이다. 이 때문에 이 명제는 현재의 순간에만 관심을 가져야 한다는 귀결로 이어진다. 그러면 이 명제는 어떤 면에서 참으로 여겨지는가? 궁극적으로 참인가? 그렇지 않다. 단멸론자가 동일시의 대상으로 말하는 것은 현재에 함께 존재하는 온들로, 즉 이 현재의 신체 부분들, 이 현재의 생각들과 느낌들로 이루어진 전체다. 이것들의 이 "나"라는 것은 한 전체다. 이것은 "인격체"라 불리는 전체와 같은 전체가 아니다. 인격체라는 전체는 일련의 온들의 인과적 연속이다. 단멸론자가 동일시해야 한다고 말하는 전체는 온들의 한 집합일—바로 지금 함께 존재하는 온들일—뿐이지, 그러한 집합들의 상속으로 이루어지는 연속이 아니다. 그래도 하나의 집합은 전체다. 그리고 전체는 단지 개념적 허구일 뿐이다. 이 명제에는 전체에 대한 언급이 있기 때문에, 이 명제는 궁극적으로 참일 수 없다. (또한 궁극적으로 거짓일 수도 없다.)

그렇다면, 이 명제는 세속적으로는 참일 수 있을까? 진술이 세속적으로 참이려면, 확실히 실행의 성공으로 이어져야 함을 떠올려 보자. 우리 자신을 아주 잠깐 동안 지속되는 것으로 생각하는 방식과 인격체로서 적어도 일생 동안 지속되는 것으로 생각하는 방식 중 어느 쪽이 더 큰 성공으로 이어질까? 이 질문에 답하려면, 실행의 성공이 무엇인지 결정을 내릴 필요가 있다. 그리고 물론 사람마다 무엇이 성공인지 다르게 생각한다. 그러나 이는 단지 사람들이 즐거움과 기쁨을 얻는 방법에 개인차가 있기 때문이다. 확실히 모든 사람은 실행의 성공이 더 많은 즐거움과 기쁨을 가져오는 실행이라는 데 동의할 것이다.[4]

---

[4] 반론: 힘든 운동을 할 때처럼 고통을 덜기보다는 더 많기를 목표로 할 때가 있다. 답변: 운동의 목적은 격렬한 활동으로 인한 고통을 경험하는 게 아니다. 그 목적은 운동이 만들어내는 이득을 누리는 것이다. 여기에는 장기적으로 고통을 덜 받는 좋은 건강이 포함될 것이다. 여기에는 어려운 장애물을 극복했다는

이는 어떤 진술이 세속적으로 참인지 분명히 보여준다. 우리가 자신을 단멸론적 방식으로 생각할 때보다는 인격체로 생각할 때, 전반적인 즐거움과 기쁨이 더 크고 전반적인 고통과 괴로움은 더 적다. 이 현재의 온들을 인과적 연속 상의 미래의 온들과 동일시하기 때문에, 양치와 치실질을 하는 것이다. 그리고 이는 충치와 잇몸 질환이 더 적어지리라는 걸 의미한다. 만약 우리가 단멸론자의 조언을 따른다고 한다면, 이런 종류의 고통과 괴로움이 더 많을 것이다. 또 즐거움과 기쁨은 줄어들 것이다. 그래서 이 명제는 세속적으로 거짓이다. 나가세나가 말했듯이, 세속적 진리는 우리가 인격체라는 것이다. 이 현재의 온들이 이 연속 상에서 미래의 온들의 원인이라는 게 궁극적으로 참이기 때문에, 우리가 인격체라는 건 세속적으로 참이다. 그래서 이 온들이 행하는 일은 그 미래의 온들의 행복에 영향을 미칠 것이다. 이것이 바로 우리 자신을 인격체로 생각할 때 결과적으로 전반적인 행복이 더 커지는 이유다.

그래서 단멸론은 불교적 열반을 이해하는 올바른 방법이 아니다. 여전히, 누군가는 방금 살펴본 논증에 대항해 단멸론을 방어하려 할 수도 있다. 이들은 이 논증이 현재와 미래에 즐거움은 더 많이 얻고 고통은 덜 얻는 것으로 성공을 잘못 정의한다고 말할 수도 있다. 대신 성공을 현재의 기쁨은 더 많이 얻고 현재의 고통은 덜 얻는 것으로 정의해야 하지, 미래의 즐거움과 고통을 계산에 포함시키면 안 된다는 것이다. 이는 미래의 즐거움과 고통은 현재의 "나"에게

느낌에서 비롯되는 즐거움도 포함될 것이다. 만약 격렬한 활동이 고통만을 낳고 아무런 이득이 없다면, 아무도 자발적으로 운동하지 않을 것이다.

아무런 의미가 없기 때문이라고 단멸론자는 말할 것이다. 오직 현재의 즐거움과 고통만이 현재의 "내"가 소유하는 유일한 느낌들이기 때문에 계산에 넣어야 한다. 미래의 즐거움과 고통은 또 다른 "나"에 의해 느껴진다는 것이다. 그리고 이런 식으로 성공을 정의한다면, 이 명제는 세속적으로 참이라고 판명될 것이다. 만약 우리 자신을 인격체로 생각한다면, 우리는 양치질과 치실질을 할 것이다. 이는 기껏해야 현재의 중립적 느낌捨受을 낳을 뿐이다. 현재의 즐거움을 극대화하고 현재의 고통을 최소화하는 훨씬 더 좋은 방법들이 있다.

이 반론은 성공할 수 있을까? 판단은 각자의 몫이다. 그러나 여기에는 따져봐야 할 문제가 있다. 해당 논증은 이 명제가 세속적으로 거짓이라는 결론을 내리기 위한 것이다. 이 논증에 대한 단멸론자의 반론은, 어떤 이론이 세속적으로 참인지 아니면 거짓인지 결정하는 데 미래의 즐거움과 고통을 계산에 넣는 게 옳다고 이미 가정하고는 논증을 구성한다는 것이다.[5] 그러나 불교도는 이 반론도 역시, 현재의

---

5 이를 선결문제 요구의 오류라고 한다. 어떤 논증이 결론을 전제 중 하나에 몰래 들여올 때 범하는 오류다. 대표적인 예는 다음과 같다. "물론 신은 존재한다. 성경에서 그렇게 말하고 있다. 그리고 성경에서 하는 모든 말은 참이다. 왜냐하면 신의 말씀이기 때문이다." 이 논증은 "신은 존재한다"라는 결론이 참임을 전제하는 "성경은 신의 말씀이다"라는 전제가 옳다고 이미 포함시켜 놓고는 논증을 구성하고 있다. 이미 참이라고 가정하는 증거를 사용해서는 "신은 존재한다"라는 결론이 참임을 증명할 수 없기 때문에, 논리적으로 옳지 않다. 이 오류는 "선결문제 요구"로 불리는데, 논증이 ―뒷받침하는 증거를 제시하는― 해야 할 어떤 *일*도 하지 않고 상대에게 신이 존재하는지에 대한 *문제*에 대해 자신의 답을 받아들일 것을 *요구*하기 때문이다. 그리고 요구한다는 것은 자신이 일하지 않는 것에 대해 구걸한다는 것이다.

즐거움과 고통만을 계산에 넣는 게 옳다고 이미 가정하고 있다고 답할 수 있다. 여기에는 분명 중립적 입장이 필요해 보인다. 과연 그런 입장을 찾을 수 있을까? 있다면 어떤 형태일까? (이 질문에 대한 답을 찾는다면 4절에서 논의하는 대승 철학자 샨티데바의 논증에서 실마리를 발견할 수 있을지도 모르겠다.)

3. 열반은 무엇과 같을까

우리는 방금 열반이 무엇과 같은지에 대한 두 가지 견해, 즉 말로 표현할 수 없다는 견해와 온전히 현재에 사는 것을 의미한다는 단멸론자의 견해를 배제했다. 그런데 긍정적으로 말할 수 있는 어떤 점이 있을까? 지금쯤이면, 왜 깨달음이 실존적 괴로움의 종식을 가져오는지 알 수 있을 것이다. 사실상 불교도는 우리가 인격체라는 유용한 허구를 너무 심각하게 받아들이기 때문에 그러한 괴로움을 경험한다고 말하고 있다. 우리는 자신이 일시적이라는 사실로 인해 내 삶에 의미와 가치가 있을지 의문이 들 때 실존적 괴로움을 경험한다. 그런데 어떻게 내 삶이 의미와 가치가 있을 수 있다고 생각하게 되었을까? 이는 자신을 한 인격체로 생각할 때 갖는 의미의 문제인 것 같다. 하지만, 인격체는 "평균적인 대학생" 같은 말처럼 단지 유용한 허구일 뿐이다. 우리는 통계적 허구의 삶이 갖는 의미를 찾는 실수를 범하지 말아야 한다. 그래서 자신의 삶이 일견 무의미해 보인다고 절망감이 든다면, 이는 우리 자신이 무엇인지에 대한 견해에 근본적인 오류가 있기 때문이다. 이 점이 바로 인격체에 대한 환원주의적 견해를 받아들이자 자신의 남은 인생에 대해 덜 걱정하게 되었다고, 나의 필멸성이란 사실이 더 이상 실존적 두려움을 불러일으키지 않는다고 파핏이 말했을 때의 의미일지도 모르겠다.

여기서 불교의 논점을 알기 위해 어린 아이들을 사회화시켜 가는 과정을 한 번 생각해 보는 게 도움이 될 것이다. 어른으로서 우리는 자동적으로 우리 자신을 인격체로 생각하기 때문에, 자연스레 항상 이런 식으로 생각해 왔을 것으로 여긴다. 그러나 양육 경험은 우리에게 다른 말을 한다. 아이를 키우는 데 드는 대부분의 노력은 아이가 자신을 인격체로 생각하게 만드는 데 든다. 즉, 아이는 온들의 인과적 연속의 과거 및 미래의 단계를 ("적절하게") 동일시하는 법을 배워야 한다. 음식을 먹는 문제를 예를 들어 보자. 건강한 음식을 먹는 일이 항상 즉각적인 즐거움을 가져오지는 않는다. 그런데 고집불통인 아이에게 이러한 음식을 먹는 게 장기적으로 건강에 도움이 될 것이라고 말하는 건 거의 효과가 없다. 이는 꼭 아이가 어른의 말을 믿지 않기 때문만은 아니다. 이는 아이가 올바른 음식을 먹으면 될 건강한 어른과 동일시하지 않기 때문이다. 이에 담긴 기본적인 태도는 "왜 존재하지조차 않는 사람을 위해 지금 맛없는 음식을 먹어야 해? 왜 내가 그에게 일어날 일을 걱정해야 해?"이다. 과거의 잘못으로 체벌을 받을 때도 마찬가지다. 아이가 그 과거의 온들과 동일시하는 법을 배울 때까지, "다른 사람이 한 일로 왜 나를 고통스럽게 할까?"라며, 이를 벌주는 어른이 가하는 까닭 없는 체벌로 볼 것이다. 자신을 인격체로 보게 되는 일은 아이가 배우기에 쉬운 공부는 아니다. 하지만 우리는 아이가 자신을 삶을 자신이 쓰게 될 이야기라고 생각하게 함으로써, 이를 더 쉽게 만들려고 노력한다. 한 인격체가 되려면, 미래의 행복을 위해 현재를 희생하는 법을 배워야 한다. 아이는 현재의 선택이 미래를 위해 의미 있는 일이라고 생각하는 법을 배움으로써 이렇게 하는 법을 배운다. 그리고 자신이 그 이야기의 주인공이라고 생각하는 법을 배운다. 우리는 이러한 수업을 잘 받았기 때문에, 자신의 삶이 가치와 의미를 가지리라 기대한다.

불교도는 우리가 이 어린아이처럼 되기를 권하는 게 아니라는 점에 유의하자. 아이가 배우는 수업은 중요하다. 이 수업은 이 세상의 전반적인 고통과 괴로움을 줄여준다. 우리가 인격체라는 점은 세속적으로 참이다. 불교도가 지적하는 난관은 우리가 그 수업을 배운 방식에서 비롯된다. 우리는 자신을 드라마 속 캐릭터, 즉 현재의 행위가 이야기의 미래에 의미를 가지는 인물로 생각하게 되면서 이를 배웠다. 그리고 조금은 유용한 이 같은 신화 만들기는 실존적 괴로움이 펼쳐질 무대가 된다. 우리가 해야 할 일은 이 신화는 잊어버리고 계속 실행하는 것이다. 나는 이 인과적 연속의 과거 및 미래의 단계와 계속 동일시해야 한다. 그러나 나는 자신을 내 인생 이야기의 주인공으로 생각하기에 그렇게 하는 것이어서는 안 된다. 나는 이것이 세상에 더 많은 즐거움과 더 적은 고통을 가져다주는 방법이기에 그렇게 해야 한다. 나는 이 연속의 미래 요소들에 특별한 관심을 쏟기에 양치질과 치실질을 한다. 그래서 고통이 적다. 나는 연속의 과거 요소들에 책임이 있기에, 과거의 실수를 인정하고 반복하지 않는다. 그래서 고통이 적다. 어떤 면에서 깨달은 인격체의 삶은 우리의 삶과 매한가지다. 우리 모두는 인과적 연속의 과거 및 미래의 단계와 동일시한다. 그리고 양치질과 치실질을 하려고 노력한다. 차이점은 깨달은 인격체는 삶의 사건들에 의미와 가치를 덧씌우는 자아라는 목발에 기대지 않은 채 그렇게 한다는 것이다. 깨달은 인격체도 우리 모두와 마찬가지로 충치의 고통을 피한다. 그러나 깨달은 인격체는 실존적 괴로움도 피한다.

이런 식의 열반 설명에 대한 공통된 반응은 너무 우울하지 않나 하는 것이다. 이 우울감은 불교의 설명에 따르면, 삶의 모든 의미를 빼앗아가 버리는 느낌이 든다고 생각하는 데서 생겨난다. 만약 내 삶의 사건들이 어떤 더 큰 계획에 들어가지 않는다면, 이게 다 무슨 소용이 있을까? 우리의 삶이 항상 각자의 고유한 목적을 갖는다는 느낌은 환상에 불과하다는 말을 듣는 건 아무런 위안이 되지 않는다. 하지만 불교도에 따르면, 이러한 반응은 여전히 심대한 착오에 기대고 있는 것이다. 궁극적 의미의 결여가 우울감의 근거가 되려면, 무의미를 절망의 원천으로 삼는 어떤 주체가 존재해야 한다. 불교도가 우리의 삶에 의미가 있다는 점을 부정하는 건 우리의 삶이 본질적으로 무의미하다고 여기기 때문이 아니다. 오히려 불교도들은 의미에는 궁극적으로 존재하지 않는 어떤 것이 필요하다고, 즉 삶의 사건들에 의미를 수여할 수 있는 주체가 필요하다고 생각하기 때문이다. 만약 그러한 주체가 존재하지 않는다면—만약 자아가 존재하지 않는다면—그 삶의 모든 의미를 결여할 주체도 똑같이 존재하지 않을 것이다. 그 무엇도 삶의 의미를 가지거나 결여하지 않는다. 그저 삶이 존재할 뿐이다.

이 마지막 요점은, 깨닫는다는 건 지금 여기에 산다는 것임을 의미한다는 주장에 어떻게 약간의 진실은 있을 수 있는지 알도록 도와준다. 깨달았다고 해서 현재의 내 행위가 가져올 미래의 결과에 대해 전혀 염려하지 않는 건 아니라는 걸 알았다. 하지만 오늘 밤 맥주를 얼마나 마실지 결정할 때 내일의 숙취를 고려하는 일과, 이러한 결정을 나라는 존재가 내린다고 보는 일은 전혀 별개의 문제다. 내 삶의 매 사건이 내 동일성에 의미를 부여한다고 보는 건 부담스러운 일일 수 있다. 이는 현재를 음미하는 데 방해가 될 수 있다. 그리고 이는 나쁜 경험을 더 나쁘게 만들 수 있다. 병에 걸리거나 다치면 고통스럽다. 그러나 고통 그 자체 이외에도, 이 고통이 내가 누구인지 또 나는 어디로 가고 있는지에 대해 무언가를 얘기하는 게 아닐까 하는 데서 비롯되는 불안이 있다. 깨달은 인격체도 병에 걸리거나 다칠 때, 이들은 고통을 덜어줄 적절한 의학적 도움을 구할 것이다. 하지만 이들은 우리가 보통 그러한 상황에 처했을 때 느끼는 불안에 따른 괴로움은 경험하지 않을 것이다. 이들은 자아가 존재한다는 느낌에서 비롯되는 부담에서 자유롭다. 아마 그래서인지 불교 미술에는 붓다와 같이 깨달은 인격체의 얼굴에 잔잔한 반쪽 미소를 띠고 있는 경우가 많다.

4. 도덕적 의무의 토대

이쯤에서 불교 윤리에 대한 탐색의 두 번째 부분으로 넘어갈 것이다. 우리는 어떻게 살아야 하는지에—우리는 왜 열반을 추구해야 하는지에—관한 윤리학의 일부로 무아라는 귀결을 살펴봤다. 이제는 무아 교리가 타인에 대한 의무에 어떤 영향을 미치는지 검토할 것이다. 인격체가 단지 개념적 허구일 뿐이라는 데 근거한다면, 어떤 도덕적 귀결이 도출될 수 있을까? 만약 깨달은 인격체가 이것이 참임을 아는 자라면, 이는 그의 도덕적 행위에 어떤 영향을 미칠까? 앞서 인용한 구절에서, 파핏은 인격체에 대한 환원주의적 견해를 받아들이게 되자, 자신의 남은 인생에 대해서는 덜 걱정하고, 타인의 인생에 대해서는 더 걱정하게 되었다고 말했다. 불교도들이 이 진술의 첫 번째 부분에 어떻게 동의할 수 있는지는 이미 보았다. 이들은 두 번째 부분에도 동의할 수 있을까? 깨달음이 도덕성의 향상으로 이어질까?

만약 우리가 불교를 종교로 생각한다면, 불교도들이 도덕에 대해 많은 이야기를 할 수 있으리라 기대할 것이다. 종교는 대개 신자를 위한 도덕적 훈련의 주요 원천으로 여겨진다. 이러한 기대는 우리를 실망시키지 않을 것이다. 불교 문헌은 마땅히 함양해야 할 덕행과 버려야 할 악행, 도덕적 모범 사례를 고취하는 이야기, 잘못된 길을 간 사람들의 애석한 운명에 관한 경고의 이야기 등으로 가득 차 있다. 그런데 많은 사람들은 종교와 도덕 사이에 훨씬 더 긴밀한 관계가 있다고 본다. 사람들은, 종교는 초월적 힘에 대한 믿음으로, 또 도덕은 타인을 어떻게 대우할지 밝혀놓은 일련의 규칙으로 생각한다. 사람들이 이 둘이 연결되어 있다고 보는 건 이 규칙이 더 고등한 힘의 명령이라고 보기 때문이다. 이러한 견해에 따르면, 우리가 도덕적이려면 종교적 신앙이 사실상 필요한 것이다. 유혹이 충동질할 때에는 신에 대한 믿음만이 도덕적 율법에 순종하도록 만들리라 여기는 것이다. 하지만 불교도라면, 이러한 상황을 받아들이지 않을 것이다. 불교는 (서론의 2절에서 논의된 의미에서) 무신론적이기 때문에, 불교도는 도덕적 규칙을 신성한 명령이라 생각하지 않을 것이다. 예를 들어, 남의 재산을 빼앗는 게 잘못인 이유는 붓다가 이를 금했기 때문일 수 없다.[6] 그렇다면, 과연 불교는 실제로 도덕성의 토대를 제공할 수 있을까? 내가 왜 도덕적이어야 하는지에 대한 만족스러운 답을 줄 수 있을까?

플라톤의 대화편 『국가』에서, 이 질문은 특히나 강력하게 제기된다. 투명인간으로 만들어주는 반지가 있다고 가정해 보자. 자신의 이익을 위해 이 반지를 사용하면 공통적으로 받아들여지는 도덕적 규칙의 위반에 해당하게 된다고 하더라도, 반지의 주인이라면 이 반지를 그렇게 사용하지 않을까? 만약 절대 탄로 나지 않을 방식으로 은행을 털 수 있다면, 은행을 털겠는가? 여기서 문제는 도덕적 무지가 아니다. 우리는 도둑질이 나쁘다는 것을 안다. 문제는 도덕적 동기, 즉 왜 나는 도덕적이어야 하는가의 문제이다. 유신론자는 이 질문에 이미 답을 가지고 있을 것이다. 마법의 반지가 다른 인간들에게 보이지 않게 만들 수는 있지만, 신은 우리를 볼 수 있고, 그리고 우리의 죄를 벌할 것이다. 불교도는 이렇게 말할 수 없다. 또 창조주가 우리를 사랑하기 때문에 도덕적이어야 한다고도 말할 수 없다. 불교도는 우리를 창조한 존재가 있다는 것을 믿지 않는다. 그렇다면 불교도는

---

6 플라톤이 『에우티프론』에서 지적했듯이, 도덕적 규칙을 신성한 명령이라고 칭한다면, 왜 이 규칙을 따라야 하는가 하는 질문에 대한 답을 애초에 차단하는 일이 될 뿐이다. 만약 신이 하지 말라고 명령했기 때문에 도둑질이 그릇된 일이라면, 우리는 언제든 신이 왜 도둑질하지 않기를 바라는지 물어볼 수 있다. 이는 전적으로 임의적인 것일까? 아니면 신이 왜 금하는지를 설명하는 도둑질 등 여타의 부도덕한 행위에는 어떤 특징이 있는 것일까? 만약 후자라면, 그 행위들이 그릇된 이유는 신의 명령을 위반하는 데 있는 게 아니다. 그 행위가 무엇이든지 간에, 신의 금지 명령이 바로 그릇됨을 만드는 특징이다.

뭐라고 할 수 있을까? 불교도에 따르면, 왜 우리는 도덕적이어야 하는가?

불교도의 답에는 세 가지 층위가 있다. 각각의 층위는 열반으로 가는 길의 특정 단계에 있는 사람들의 능력에 대응하는 방식으로 도덕적 동기에 대한 질문에 답한다. 첫 번째 답은 도덕적 규칙이 업의 인과법칙을 반영하기 때문에 우리가 이를 따라야 한다는 것이다. 예를 들어, 도둑질은 아귀로 재생하는 등 나쁜 업의 결과의 원인이 되는 욕구를 그 동기로 한다. 반면, 모르는 사람들에게 자선을 행하는 건 천신이나 지위가 높은 인간으로 재생하는 등 좋은 업의 결과의 원인이 되는 욕구를 그 동기로 한다. 아귀보다는 지위가 높은 인간으로 다시 태어나는 게 훨씬 낫기 때문에, 도둑질을 삼가고 모르는 사람들에게 자선을 행하는 게 내게 유리하다. 이 답은 분명 업과 재생의 교리를 받아들이는 이들만 만족시킬 것이다. 하지만 보다 중요한 점은, 삶의 주된 목적이 즐거움과 기쁨을 얻는 데 있는 이들에게만 이 답이 효과가 있다는 것이다. 이들은 적극적으로 열반을 구하는 사람들이 아니다. 우리는 위에서 각각의 층위가 열반으로 가는 길의 특정 지점에 도달한 이들을 위해 고안된 가르침을 나타낸다고 말했다. 어떤 이유로 즐거움과 기쁨이 삶의 목적인 사람들이 이 길을 가고 있다고 말할 수 있을까? 이 가르침이 열반으로 나아가는 데 도움이 될까?

이 질문에 대한 답을 통해 우리는 두 번째 층위로 갈 수 있다. 붓다는 세 가지 독(三毒, kleśas), 즉 윤회(saṃsāra)에 얽매인 채로 머무르게 하는 요인에 대해 말한다. 이 세 가지는 탐욕貪, 증오瞋, 망상癡이다. 이 세 가지 요인은 스스로 영속하는 흥미로운 속성을 가지고 있다. 세 가지 독은 특정한 행위들에 동기를 부여하는 경향이 있고, 다시 이 행위들은 세 가지 독을 강화하는 경향이 있다. 여기서 "망상"이란 세 가지 특징三法印(무상, 괴로움, 무아)에 대한 무지를 가리킨다. 탐욕과 증오는 분명 그러한 무명, 즉 무아에 대한 무지를 전제하고 있다. 또한 탐욕과 증오는 무지를 강화하는 방식으로 행위하게 함으로써 탐욕과 증오의 한판 싸움을 위한 더 큰 무대를 마련한다. 예를 들어, 나의 탐욕으로 인해 내 것이 아닌 것을 취할 때, 나는 이것을 소유함으로써 더 나아질 수 있는 "내"가 존재한다는 믿음을 강화하고 있다. 그 결과 우리는 악순환의 고리에 빠지게 되는데, 이 때문에 재생의 굴레에 그렇게 오랫동안 매여 온 것이다. 붓다가 가르친 팔정도(1장 3절 참조)는 이 고리에서 빠져나오도록 돕기 위한 것이다. 이 길의 여덟 가지 요소 중 세 가지는—바른 말正語, 바른 행위正業, 바른 생계수단正命은—붓다의 재가 신도가 함양해야 할 기본적인 도덕적 덕목을 나타냄을 기억할 것이다. 예를 들어, 바른 행위에는 평소 늘 도둑질을 삼가야 함이 포함되며, 바른 말에는 정직의 덕목이 포함된다. 왜 이것들이 열반에 이르는 길에 포함되는 것인가? 이 세 가지가 즐거운 업의 결과를 낳기 때문이 아니다. 대신, 이러한 덕목들이 세 가지 독을 중화하는 데 도움이 되기 때문이다. 어떤 도덕적 훈련은 열반으로 이어지는 통찰을 얻기 위한 필수 전제 조건이다.

첫 번째 층위의 답은, 그렇게 하는 게 즐거운 재생으로 이어질 것이기 때문에, 우리가 도덕적이어야 한다고 말했다. 두 번째 층위의 답은, 그렇게 하는 게 열반을 얻는 데 필요한 훈련의 일부이기 때문에,

우리가 도덕적이어야 한다고 말했다. 세 가지 독을 중화하기 위해서는 탐욕, 증오, 망상에 해독제 역할을 하는 습관을 개발해야 한다. 예를 들어, 정직의 덕목은 우리 자신에 대한 진실을 더 잘 받아들이도록 만들 것이다. 그리고 평소 자신의 것이 아닌 재화를 취하는 걸 삼가는 덕목은 소유욕을 줄이는 데 도움이 될 것이다. 물론, 이 세 가지 독은 세속적으로 유덕한 사람들의 삶에도 못지않게 퍼져 있다. 나는 결코 도둑질은 하지 않겠지만, 내가 정당하게 얻을 수 없는 것들을 여전히 탐낼 수도 있다. 나는 내 생각만큼 도덕적으로 정직하지 못한 사람들에게 정당한 분노를 느낄 수도 있다. 그러나 업과 재생을 믿음으로써 심어진 세속적 도덕성은 그 길의 초기 단계에 불과하다. 이러한 도덕적 실천의 요점은 재가인의 존재를 포기하고, 비구나 비구니가 되는 게 충분히 가능하도록 세 가지 독을 중화하는 데 있다. 불교 승단에 입문하면, 세 가지 독을 없애기 위해 고안된 완전히 새로운 일련의 도덕적 실천법들을 마주할 수 있다. 예를 들어, 독신이어야 하며, 비구나 비구니에게 전통적으로 허락되는 유일한 소유물은 의복과 발우다. 특히 강력한 형태의 탐욕인 감각적 욕구를 중화하기 위해 고안된 명상 수행이 있다. 모두를 향한 평정과 자애를 함양해, 분노하는 경향을 억제하는 데 도움이 되도록 고안된 수행이 있다. 이는 우리의 정서 습관을 재훈련하는 이 체제를 따름으로써 궁극적으로 —자아는 존재하지 않는다는—우리 자신에 대한 진실을 온전히 파악할 수 있게 될 것이며, 그럼으로써 열반을 얻을 수 있게 될 거라고 주장하는 것이다.

이 주장이 옳다고 가정해 보자. 그렇다면, 열반을 구하는 사람은 부도덕한 행위를 해서는 안 된다는 걸 알 것이다. 이는 열반이 도덕적으로 순수한 자에 대한 보상이기 때문이 아니다. 이는 오히려 무아에 대한 해탈 통찰解脫智을 장애하는 동기에서 비도덕적 행위가 나오기 때문이다. 그러나 열반을 얻은 사람들은 어떤가? 이들은 왜 도덕적이어야 하는가? 그렇게 하는 게 열반을 얻는 데 도움이 되기 때문이 아니다. 이들은 이미 열반을 얻었다. 깨달음이 도덕적으로 행위해야 한다는 동기를 부여하는 원천이 될 수 있을까? 이제 세 번째 층위에 도달했다. 여기서 살펴볼 점은 자선을 베풀어야 할 의무에 대한 논증이다. 즉, 우리는 타인들이 고통이나 괴로움을 겪는 것을 막을 수 있을 때마다 그렇게 해야 한다는 것이다. 그래서 도덕성이 타인의 행복을 동등하게 고려하는 데 있는 것이라면, 이는 도덕적이어야 할 의무에 대한 논증으로 여겨질 수 있다. 예를 들어, 도둑질의 부도덕함은 도둑질이 타인에게 고통을 초래하면서 이익을 도모하는 것이란 사실로 설명될 수 있다. 도덕적이려면, 자신의 행복에 관심을 갖는 것 못지않게 본질적인 비중으로 타인의 행복에 관심을 가져야 한다. 자선은 도덕성의 핵심이라고 할 수 있다. 그래서 자선을 베풀어야 할 의무에 대한 논증은 내가 왜 도덕적이어야 하는지에 대한 질문에 답하는 데 도움이 될 것이다.

이 논증은 도덕성을 갖추는 일이, 좋은 재생이나 열반처럼 우리가 원할 수 있는 여타의 어떤 목적을 위한 수단이라고 주장하지 않을 것이다. 대신 우리가 원한다고 말하는 게 무엇인지 올바로 이해한다면, 타인의 행복을 증진하기를 원해야 함을 알게 될 것이라고 주장할 것이다. 물론 이 올바른 이해의 핵심은 깨닫게 되는 데 있다. 이 논증이 주장할 바는 일단 무아의 진리를 파악하면, 타인의 행복보다 자신의 행복을 더 선호할 이유가 없음을 알리라는 것이다. 그리고 모든 이가 이미 자신의 행복을 증진시켜야 함을 인정하기 때문에, 당연히 깨달은 자는 타인의 행복을 증진시킬 의무도 인정해야 하는 것이다. 그러나 이 논증이 주장하는 의무는 깨달은 자들에게만 적용되는 게 아니다. 자아가 존재하지 않는다는 게 참이라면, 우리 모두에게 적용된다.

이 논증은 타인의 괴로움을 대하는 자신의 평소 태도와 자신의 미래 괴로움을 대하는 자신의 태도를 비교하는 것으로 시작된다. 논증은 업과 재생이라는 가정을 사용하고는, 다음 생에 대해 어떤 태도를 취할 수 있을지 설명한다.

97. 다른 사람의 괴로움은 나에게 해를 끼치지 않으니, 그 괴로움을 막으려 노력할 필요가 없다고 한다면,
미래 신체의 괴로움도 나에게 해를 끼치지 않은데, 왜 노력해야 하겠는가?

98. "그때도 또한 바로 나일 것이다"는 잘못된 해석이니,
죽는 것은 한 물건이고, 태어나는 것은 완전히 다른 물건이기 때문이다.

99. 막아야 할 괴로움이 단지 자기 자신의 것일 뿐이라고 생각한다면,
발의 통증은 손의 통증이 아니다. 왜 하나가 다른 것을 보호해야 하는가?

100. 그것은 〔자기 자신의 괴로움의 국지성은〕 착각이고 통증은 “나”라는 느낌에서 비롯되는 것이라고 이의를 제기한다면, 그것은 잘못된 것이며, 자신과 타인에 대한 이러한 사고방식은 최선을 다해 버려야 한다.

101. 대기행렬이나 군대와 같은 연속과 집합은 실재하지 않는다. 괴로움을 소유하는 자는 존재하지 않는다. 그러므로 누구의 것이 될 것인가?

102. 모든 괴로움은 〔나의 것과 타자의 것 사이에〕 구별이 없기 때문에, 소유자가 없다. 그것이 괴로움이기 때문에 막아야 하는 것이다. 그 어떤 제약이 있을 수 있겠는가?

103. 그렇다면 왜 괴로움을 막아야 하는가? 〔막아야 한다는 데〕 예외 없이 모두가 동의하기 때문이다. 따라서 막아야 하는 것이라면, 사실상 모든 괴로움을 막아야 한다. 만약 그렇게 하지 않다면, 타자가 당하는 괴로움을 나 또한 겪을 것이다. (BCA VIII.97－103)

처음 두 게송은 업과 재생을 믿는 자라면, 심히 고통스러운 신체로 다시 태어나는 걸 막기 위해, 할 수 있는 일을 하리라는 사실을 논의하고 있다. 만약 당신이 재생을 믿는다면, 그 고통스러운 신체를 가진 인격체가 당신이리라 생각하기 때문에, 할 수 있는 일을 하리라는 게 지극히 합리적이라 생각한다. 이 게송들에서 말하는 요지는, 고통스러운 신체를 가진 미래의 인격체를 구성할 온蘊들은 지금 나를 구성하는 온들이 아니라는 점이다. 물론 모두가 재생을 믿은 건 아니다. 그러나 앞선 장에서 보았듯이, 삶의 한 단계에서 인격체를 구성하는 온들과 이후 삶에서 그 인격체를 구성하는 온들에 대해서도 마찬가지라고 할 수 있다. 그래서 자신의 이를 닦는 인격체와 그럼으로써 충치가 예방되는 인격체에 대해서도 마찬가지라고 할 수 있다. 결과적으로 게송 98의 후반부를 "양치질된 것은 한 이빨 집합이고 충치가 예방되는 것은 전혀 다른 이빨 집합이다"로 바꿀 수 있다.

게송 99는 내 손이 내 발의 가시를 제거하는 경우를 따져보고 있다. 손과 발은 모두 나의 일부라서 나 자신의 괴로움을 멈추기 위해 행위하고 있는 것이기 때문에, 우리는 이것도 똑같이 합리적이라고 생각한다. 이 게송은 그럼에도 손과 발이 별개의 것이라고 주장한다. 그래서 이제 우리에게는 고통을 막는 게 합리적이라고 생각하는 두 가지 경우가 있지만, 엄밀히 말하면 고통을 겪는 것은 한 물건이고 고통을 막기 위해 행위하는 것은 다른 물건이다. 하지만 우리는 각자가 자신의 행복에 특별한 관심을 갖는 게 지극히 타당하고 생각한다. 만약 누군가의 괴로움이 어떤 식으로든 나에게 영향을 미치지 않는다면, 나에게는 이에 대해 무언가를 할 의무가 없다. 타인을 돕는 게 아주 좋은 일이라고 생각할 수 있지만, 우리는 나 자신의 고통에만 주의를 쏟을 뿐 타인의 고통에는 그렇지 않은 게 불합리하진 않을 것이라 믿는다. 이 구절의 나머지 부분은 이러한 일반적인 태도와 처음 세 게송에서 논의된 두 가지 경우 사이의 명백한 충돌에 대해 논의한다. 이 모두를 다음처럼 표현할 수 있다.

1. 우리는 각자 오직 자신의 괴로움만을 막을 의무가 있다고

가정해 보자.

2. 자신의 미래 괴로움의 경우에, 괴로움을 겪을 한 온들의 집합의 이익을 위해, 막는 행위를 하는 것은 다른 온들의 집합이다. 자신의 현재 괴로움의 경우에, 괴로움을 겪을 한 부분의 이익을 위해, 막는 행위를 하는 것은 다른 부분이다.

3. 미래 온들과 별개의 현재 온들을 "나"로 부르게 하는 "나"라는 느낌은 개념적 허구다.

4. 그러므로 어떤 괴로움은 자신의 것이고, 어떤 괴로움은 타인의 것이라는 건 궁극적으로 참일 수 없다.

5. 그러므로 오직 자신의 괴로움만 막을 의무가 있다는 주장에는 궁극적 근거가 없다.

6. 그러므로 괴로움이 언제 어디서 발생하든 상관없이 괴로움을 막을 의무가 있거나, 그렇지 않으면 어떤 괴로움도 막을 의무가 없다.

7. 그러나 적어도 어떤 괴로움은 (즉, 자신의 괴로움은) 막아야 한다는 데 모두가 동의한다.

결론: 언제 어디서 발생하든 상관없이 괴로움을 막을 의무가 있다.

사실상 이 논증이 주장하는 바는 자신의 고통만 걱정할 뿐, 타인의 고통을 동등하게 걱정하지 않는 일이 정당하다고 생각한다면, 이는 불합리하리라고 비난하는 것이다. 결정적인 전제는 4다. 여기가 바로 무아가 도입되는 지점이다. 4는 자신의 고통과 타인의 고통에 대한 우리의 분별을 뒷받침할 수 있는 궁극적 사실이 존재하지 않는다고 주장한다. 자아가 존재하지 않는다고 가정해 보자. 만약 전체가 또한 실재하지 않는다면, 손과 발은 하나의 전체, 즉 내 신체의 부분이 될 수 없다. 이는 군대의 경우에 비유된다. 헬리콥터 조종사가 다친 군인을 후송할 때, 한 물건에 행위하는 것은 다른 물건이다. 만약 전체가 실재하지 않는다면, 현재 신체와 미래 신체는 한 물건, 즉 나의 무대일 수 없다. 이는 대기행렬의 경우에 비유된다. 영화관 입장을 기다리는 줄은 9시와 9시 15분에 서로 다른 사람들로 이루어져 있다. 군대와 영화의 대기행렬은 단지 유용한 허구일 뿐이다. 실제로는 군대와 대기행렬을 구성하는 부분들이 존재하는 것이다. 그래서 6이 결론을 내리듯이, 한편으로는 왜 내가 발에서 가시를 빼야 하고 양치질과 치실질을 해야 하는지 설명할 수 있는 궁극적인 사실도 없지만, 다른 한편으로는 왜 내가 타인의 괴로움을 막기 위해 동일한 관심을 가지지 않아도 되는지 설명할 수 있는 궁극적인 사실도 없다. 그렇다면 전제 7은 두 가지 선택지가 남아 있음을 지적한다. 즉, "누구의 것"이든 상관없이 괴로움은 막아야 한다는 것과 전혀 관심 가질 필요 없다는 것이다. 어느 경우든—나의 고통이든 타인의 고통이든—고통을 막기 위한 어떤 일도 하지 않는 것이 일관된 태도일 수도 있다. 그러나 그건 미친 짓이다. 따라서 내가 내 자신의 고통을 막기 위해 이미 인정한 의무는 타인의 괴로움에도 동등하게 적용된다. 일단 자아에 대한 환상을 극복하면, 나 자신의 고통을 막으려는 욕구가 실제로는 단지 고통을 막으려는 욕구일 뿐임을 알게 될 것이다.

우리는 불교도들이 자아의 존재를 부정한다는 것을 안다. 많은 사람들은 또한 불교도들이 깨달은 사람이라면 반드시 자선을 베풀 것이라고 주장함을 안다.[7] 이 두 가지가 다음과 같은 방식으로 연결되어 있다고 생각하고 싶을 수도 있다. "나에게 자아가 없다면, 당신과 나는 실제로는 별개의 사람들이 아니며 우리는 진정 하나이니, 따라서 나는 나의 행복에 관심을 가지는 만큼 당신의 행복에도 관심을 가져야 한다." 그러나 이는 불교도가 말하고 있는 바가 아니다. 문제는 "우리는 진정 하나이다"라는 데서 비롯된다. 실제로 이처럼 말하는 인도 철학자들이 있다. 그러나 불교도들은 아니다. 이들은 불이론不二論 베단따(Advaita Vedānta)로 불리는 정통학파에 속한다. 불교도들과는 달리, 이들은 자아가 존재한다고 주장한다. 그러나 다른 정통 인도 철학자들과는 달리, 진정 단 하나의 자아가 존재한다고 주장한다. 그래서 별개의 인격체라고 생각하는 것이 실제로는 별개가 아니라고 말할 것이다. 방금 살펴본 불교의 논증은 우리가 실제로는 별개의 인격체가 아니라는 데 동의한다. 그러나 불교도가 부정하는 건 인격체가 서로

---

7 실제로 불교도들이 논의하는 바는 자선(benevolence)이 아니라 자비(compassion)다. 하지만 그 차이는 우리의 목적에 중요하지 않을 것이다. 대승불교에서는 보살(최후의 열반에 들어가기를 거부하는 깨달은 자)이 모든 중생을 향한 자비로 가득 차 있다고 주장한다. 그리고 우리의 논의가 근거로 취하는 문헌이 대승 문헌이기 때문에, 이 논증이 초기불교와 아비달마가 아닌, 대승에만 적용되는 게 아닐까 할지도 모르겠다. 그러나 아비달마 또한 깨달은 자가 타인을 향해 자비를 느낀다고 주장한다. 더욱이 우리 논증의 전제들은 모든 불교도에게 받아들여질 수 있을 것이다.

별개라는 점이 아니다. 인격체가 존재하는 걸 부정하는 것이고, 다수거나 아니면 진정 하나일 수 있는 것들이 존재함을 부정하는 것이다. 불이론자(Advaitin)와 불교도는—우리는 모두의 행복에 대해 동등한 관심을 보여야 한다는—똑같은 결론을 주장할 수 있다. 그러나 이 둘은 아주 다른 방식으로 이를 주장한다.

불교의 논증이 정말 효과가 있을까? 만약 그렇다면, 많은 사람들이 불가능하다고 생각하는 일, 즉 도덕성을 위한 합리적이고 비유신론적 토대를 제공하는 일을 할 수 있을 것이다. 그런데 여기에는 한 가지 살펴볼 질문이 있다. 6에서는 오직 자신의 괴로움만을 막을 의무가 있다는 주장에 대한 궁극적 근거가 없다는 결론을 4와 5로부터 내린다. 이건 옳을까? 우리는 (2장에서) 어떻게 불교도가 4를 방어하는지 보았다. 만약 4가 참이라면, 5 역시 참이어야 한다. 궁극적으로 단지 괴로움만 있지, 괴로움을 소유하는 인격체는 없다. 하지만 괴로움은 인과적 연속으로서의 다른 온들과 더불어 발생한다. 인격체는 궁극적으로는 실재하지 않지만, 인격체라는 것이 세속적으로 참임을 기억하자. 그리고 이 세속적 진리는 온들의 인과적 연속이라는 궁극적 존재에 근거한다. 이 온들은 그 이전의 온들을 원인으로 했기 때문에, 내게 충치가 있다면, 그건 내 잘못임은 세속적으로 참이다—나는 꾸준히 양치질을 하지 않은 인격체와 동일한 인격체다. 이 모두는 우리가 이미 아는 내용이다. 그러나 여기에는 아직 등장하지 않은 또 다른 요점이 있다. 즉, 복수의 개별 인과적 연속들이 존재한다는 것이다. 이것들은 효과가 나타나는 장소에 따라 구별될 수 있다. 이 연속에서 꾸준히 양치질을 하지 않으면, 다른 인과적 연속에서 충치를 일으키는 게 아니라, 오직 이 연속에서만 충치가 일어난다. 바로 이 사실을 통해 편의상 한 연속을 "나"로 그리고 다른 연속을 "너"로 지정하는 이유를 설명할 수 있지 않을까? 이 사실이 바로 각기 충치가 일어나는 별개의 인격체라는 점을 세속적으로 참으로 만드는 궁극적 진리가 아닐까? 이 경우, 자신의 괴로움만을 막을 의무가 있다는 주장에 대한 궁극적인 근거가 존재할 수도 있는 것이다. 어쩌면 6은 4와 5로부터 도출되지 않을 것이다. 어쩌면 6은 거짓일 것이다.

우리는 철학에서 설득력은 있어 보이지만, 너무 강해서 그럴듯해 보이지 않는 주장을 하는 논증을 종종 접하게 된다. 자선에 대한 불교적 논증이 그 한 예가 될 것이다. 만약 우리가 무아 교리를 이해하고 받아들인다면, 이 논증은 완벽히 간단하고 수월해 보인다. 그러나 이 논증이 증명하고자 하는 바를 심사숙고해 보면, 이는 참이라고 하기에는 너무 좋아 보인다는 생각이 들기 시작한다. 서양 전통의 철학자들은 오랫동안 도덕적이어야 할 합리적 의무를 확립하기 위해 노력해 왔지만, 그 노력의 성과는 거의 보여주지 못했다. 그런데 정말 이렇게 쉬울 수 있을까? 철학을 연구하다 보면, 회의적인 사람이 된다. 그렇기에 이처럼 놀라운 결론을 증명하는 일견 그럴듯한 논증을 접할 때면 신중해지는 것이다. 우리는 그릇된 전제든 추론의 구멍이든, 어쨌든 숨겨진 결함을 찾아 논증을 시험해야 한다. 논증이 실제로 그 결론을 증명하지 않는다는 점을 보여줄 방법을 찾으면서, 논증에 반론을 제기하는 이의 입장을 취할 필요가 있는 것이다. 하지만 반론을 찾았다고 해서 할 일이 끝난 건 아니다. 반론이 애초에 생각한 만큼 신통치 않을 때가 있다. 그래서 우리는 반론을 명확하고 신중하게 제시할 필요가 있다. 그런 뒤, 그 반론에 대항해 논증을 방어하는 입장을 취할 필요가 있다. 논증에는 대론자가 꼬집은 문제 같은 건 실제로 없다는 점을 입증하기 위해 입론자가 취할 수 있는 조치가 있을 것이다. 자선에 대한 불교적 논증의 경우, 우리는 앞선 단락에서 반론을 제기하는 전략을 스케치했다. 그러나 이는 단지 스케치일 뿐이다. 이제는 좀 더 세심하게 세부내용을 채울 필요가 있다. 이렇게 하고 나면, 불교도가 반론에 대한 답으로 어떤 말을 할 수 있는지 자문해봐야 한다. 만약 당신이 충분히 신중하게 반론을 제기했다면, 당신은 불교도가 할 수 있는 조치가 여전히 있음을 발견할 수 있다. 그렇게 하지 않았다면, 아마 발견할 수 없을 것이다. 중요한 건 노력을 해야 한다는 점이다. 철학적 논증은 아주 설득력이 있다. 그러나 잘못된 이유로 설득되기를 바라는 사람은 아무도 없다. 이 때문에 우리는 그러한 논증을 접할 때 이를 시험한다. 먼저 우리는 논증을 이해하려고 노력하고, 그 다음 대론자의 입장에서 반론을 찾으며, 그런 뒤에는 이 반론에 대한 어떤 대응법이 있을지 살피는 것이다. 만약 자선에 대한 불교적 논증을 가지고 이렇게 한다면, 결국에는 당신이 도달할 최종 결론이 타당한 이유에 근거한다고 더욱 확신하게 될 것이다.

5. 온들의 집합의 인과적 연속에는 자유의지가 있는가?

윤리학은 옳고 그름에 관한 것, 즉 누군가가 칭찬이나 비난을 받을 만한 일을 할 때 어떻게 말할 것인가에 관한 분야다. 따라서 책임이 있는 행위자로 간주되는 이들이 행하는 행위와 관련이 있는 것이다. 여기 당신을 괴롭혔을 수 있는 무언가가 있다. 책임이 있는 행위자일 수 있는 유일한 것은 인격체이지만, 불교도들은 인격체는 실제 단지 온들의 집합의 인과적 연속일 뿐이라고 말한다. 이는 "인격체"가 하는 모든 일이 사실 이전 원인의 결과라는 걸 의미한다. 그리고 나의 모든 행위가 인과적으로 결정된다면, 내가 어떻게 그 행위들에 책임이 있을 수 있을까? 책임이 있으려면, 자신이 한 일이 이게 아니라 저걸 하기로 자유롭게 선택한 결과여야 하지 않을까? 만약 내가 이게 아니라 저걸 하기로 선택하는 것 자체가 이전 원인의 결과라면, 어떻게 선택이 자유로울 수 있을까?

이는 철학에서 소위 자유의지 논쟁에 등장하는 질문 중 일부이다. 논쟁의 한쪽에서는, 의지에 원인이 있다면 그 의지는 자유로울 수 없고 또 도덕적 책임을 위해서는 자유의지가 필요하다고 주장하기 때문에, 이런 이름이 붙은 것이다. 다른 쪽에서는, 모든 일에 원인이 있다면 그 의지는 이전 것의 영향을 받지 않고 선택하는 것이라는 의미에서 "자유롭다"고 말할 수 없다는 데는 동의한다. 하지만 이 다른 쪽은 도덕적 책임을 위해서는 이러한 의미에서 의지의 "자유로움"이 필요하다는 점은 부정한다. 이들은 내가 하기로 선택한 행위가 이전 사건들로 인해 일어났다고 하더라도, 여전히 그 행위에 대해 나에게 책임을 물을 수 있다고 하는 것이다. 이들은 인과적 결정론(모든 사건에는 원인이 있다는 견해)이 도덕적 책임과 양립할 수 있다고 믿는다.

이 논쟁은 서양철학에서 오랫동안 지속되어 왔다. 그러나 인도철학에는 이와 같은 논쟁이 없다. (중국철학 전통을 연구하는 학자들도 이러한 논쟁이 자신들의 전통에서는 제기된 적이 없다고 말한다.) 그래서 고전 인도의 불교 철학자들은 우리를 괴롭히는 이 질문에 답을 하지 않았다. 하지만 오늘날 불교철학을 연구하는 학자들은 "자유의지" 논쟁에 친숙하며, 불교 철학자들이 이에 대해 뭐라고 말할지 생각하기 시작했다. 이러한 논의를 통해 다양한 견해가 제기되었다. 여기에는 인격체라고 불리는 것에 대한 세속적 진리와 궁극적 진리 사이의 구별을 이용하는 방식도 포함된다.

당신이 잠든 사이에 내가 당신의 지갑에서 돈 전부를 취해서는 밤새도록 파티에서 써버렸다고 가정해 보자. 다음 날 아침에 일어난 당신은 지갑이 텅 비어 있는 걸 발견하고 나의 갈취에 대해 듣고는, 나는 동의하지 않는 절도죄를 내가 지었다고 내게 말한다. 나는 내 죄를 부정하지만, 내가 할 수 있는 변호라고는, 돈을 취하기로 선택한 온들의 존재 방식은 이전의 온들이 그 원인인데, 이런 식으로 내가 태어나기 전까지 뒤로 뻗쳐 있는 인과적 연속 상의 더 이전의 온들이 절도의 원인이 된다고 말하는 것이다. 우리는 더 이전의 조건에 의해 인과적으로 결정된 사건들이 일어나야 한다는 데 동의하고, 또한 내가 심지어 태어나기 이전의 상황에 대해 책임이 있을 수 없다는 데 동의하므로, 결과적으로 나는 일어났던 일에 대해 책임을 질 수 없다고 생각한다. 나는 지금 당신이 무일푼이라는 게 안타까운 일이라는 데 동의할 수 있지만, 나를 비난할 수는 없다. 죄에는 책임이 따르기 마련이지만, 나는 도둑질을 한 죄가 없다.

내 논리에 설득되어서는 안 될 것이다. 근데 안 될 건 또 뭐 있나?

돈을 훔쳐간 행위에 대한 나의 책임을 평가하려면, 내 손이 당신의 지갑을 만진 순간의 온들뿐만 아니라, 내가 무엇을 할지 또 어떻게 그것을 할지 생각하고 있던 당시의 온들을 살펴봐야 할 필요가 있음에 주목해 보자. 나는 내 행위에 대해 숙고했고 그 숙고를 바탕으로 행위하기로 선택했다. 그리고 그 숙고가 올바른 방식으로 (내 책임이 될 방식으로) 실행되었는지 알기 위해서는, 숙고 사건의 원인이 되는 더 이전의 온들을 살펴볼 필요가 있을 것이다. 달리 말해, 그 행위 당시에 존재했던 온들뿐만 아니라, 행위 당시의 그 온들에서 사건의 정점에 달하게 했던 별개의 온들의 인과적 연속에 대해서도 살펴볼 필요가 있다는 것이다. 이 점이 바로 나를 내가 태어나기 전으로 데려가는 이유다—그래서 우리는 내 책임이 없다는 데 동의한다.[8] 그런데 여기서 밀린다의 원리(2장 7절)와 나가세나의 반응을 떠올려보자. 밀린다는 다른 온들은 다른 인격체를 만들기에, 아이 밀린다와 어른 밀린다는 서로 다른 두 사람이라고 생각했다. 나가세나는 아이 온들과 어른 온들은 동일한 인격체도 아니고 다른 인격체도 아니라고 답했다. 이는 온들에 대한 진술은 궁극적으로 참인 반면, 인격체에 대한 진술은 세속적으로만 참이기 때문이다. 궁극적으로 참인 진술은 왜 어떤 진술이 세속적으로 참인지 설명해준다. 그러나 세속적으로 참인 진술 자체가 궁극적으로 참이거나 궁극적으로 거짓일 수 있다고 가정하는 일은 잘못이다. 만약 불교도가 책임을 판단하는 문제에 대해서도 마찬가지임을 보여줄 수 있다면 어떨까?

---

8 물론 재생을 믿지 않는 한 그렇다. 하지만 이 논의에서는 제외하도록 하자.

아이디어는 이럴 것이다. 책임 판단은 인격체에 대한 판단이다. 오직 인격체만이 어떤 일을 하는 데 책임이 있는 속성을, 즉 그 행위에 대해 칭찬이나 비난을 받을 속성을 가질 수 있다. 인격체는 부분으로 이루어진 전체이기 때문에, 인격체는 궁극적 실재가 아니다. 그래서 온들의 집합처럼 궁극적으로 실재하는 것들이 어떤 행위에 책임이 있다고 말하는 건 이치에 맞지 않다. 이것들에 책임이 없다는 것도 마찬가지로 이치에 맞지 않다. (인격적 동일성에 대한 판단이 세속적으로만 참이거나 거짓일 수 있는 것과 마찬가지로) 책임 판단도 세속적 진리의 수준에서만 이치에 맞을 수 있다. 그렇지만 어떤 인격체가 어떤 행위에 책임이 있다는 점을 세속적으로 참이거나 세속적으로 거짓으로 만드는 특정 조건이 있다. 내가 당신의 지갑에서 돈을 꺼내면서 무슨 일을 하고 있는지에 대해 생각했다면, 즉 내가 어떤 선택을 할지 숙고하고는 결과를 고려한 뒤, 그 결과를 숙고한 데 의지해 행위하기로 결정했다면, 내가 한 일에 대해 책임이 있다고 할 수 있을 것이다. 그리고 이러한 사건들은 이 "나"를 구성하는 온들의 인과적 연속에 관한 사실들의 측면에서 기술될 수 있다. 만약 손동작을 일으킨 결정적 의지가 특정한 성향과 특정한 기억 흔적에 의해 촉발된 특정한 알아차림 사건을 원인으로 일어났다면, 내게 책임이 있다는 것은 세속적으로 참이다. 반대의 경우라면, 내게 책임이 있지 않다는 것도 세속적으로 참이다. 궁극적 사건들이 모두 인과적 연속의 일부라는 사실은 책임 판단에 관한 한, 아무런 관련이 없다. 궁극적 사실은 일어난 일에 대해 내가 책임이 있다는 것을 세속적으로 참이거나 세속적으로 거짓으로 만들 수 있다. 모든 궁극적 사실에는 인과적 결정론에 따라 발생하는 사건이 수반된다. 그런데 궁극적인 수준에서 유지되는 인과적 결정론은, 나는 도둑질을 한 죄가 있다는 세속적으로 참인 사실과 완벽하게 양립할 수 있다. 온들의 연쇄가 합리적인 숙고라는 것을 구성한다면, 나는 책임이 있다. 나를 도둑이라고 부르는 게 옳을 것이다.[9]

이 전략이 효과가 있을까? 불교도는 이 전략을 활용해 온들에 대한 자신들의 결정론과 도덕적 판단이 참이나 거짓일 수 있다는 자신들의 견해를 조화시킬 수 있을까? 그건 각자가 결정할 몫이다. 그럴 수 없다고 생각한다면, 불교도는 다른 접근법을 통해 이 난제를 해결할 수 있을 것이다. 그리고 이 질문은 제기된 지 얼마 되지 않았기 때문에, 불교 철학자가 취할 수 있는 접근법이 하나밖에 없는지, 혹은 그 문제에 대해 어떤 접근법이 성공할 수 있는지 여부조차 아직 명확하지 않다. 그렇지만 우리가 여기서 배울 수 있는 점은 붓다의 가르침을 통해 성장한 철학 전통이 완결된 책이 아니라는 것이다. 불교철학은 현재 진행형의 기획이다.

9 "자유의지" 문제를 해결하기 위한 이와 유사한 접근법은 Christian List, "What's Wrong with the Consequence Argument: A Compatibilist Libertarian Response," *Proceedings of the Aristotelian Society* 119, no.3(October 2019): 253-74 참조.

더 읽을거리

다양한 윤리적 질문에 대한 불교적 견해의 개관을 비롯해 불교 윤리의 전반적인 성격에 대한 두 가지 다른 견해는 다음에서 찾아볼 수 있다. (1) Christopher Gowans, *Buddhist Moral Philosophy: An Introduction*(New York: Routledge, 2016), (2) Charles Goodman, *Consequences of Compassion*(New York: Oxford University Press, 2009).

자선 논증에 대한 아주 다른 해석은 Paul Williams, *Altruism and Reality: Studies in the Philosophy of the Bodhicāryāvatāra*(Richmond, UK: Curzon Press, 1998) 참조. 추가로 The Cowherds, eds., *Moonpaths*(New York: Oxford University Press, 2016)의 에세이 중 일부 참조. 여기에는 산문 해석과 함께 샨티데바의 자선 논증의 완전한 번역도 포함되어 있다.

이타주의의 본성과 불교 윤리 및 공리주의에서 이타주의를 어떻게 다루는지에 대한 논의는 Joel Kupperman, *Learning from Asian Philosophy*(New York: Oxford University Press, 1999)에 포함된 "The Emotions of Altruism, East and West"라는 제하의 장(pp.145-55) 참조.

인격체에 대한 환원주의 윤리적 귀결에 대한 Derek Parfit의 논의는 그의 책 *Reasons and Persons*(Oxford: Oxford University Press, 1984)의 14장과 15장에 포함되어 있다. 지금은 그의 입장에 대한 비판적 문헌이 존재한다. 그 최고의 에세이 중 일부가 Jonathan Dancy, ed., *Reading Parfit*(Oxford: Basil Blackwell, 1997)에 실려 있다. 보다 최근 것은 Andrea Sauchelli, ed., *Derek Parfit's Reasons and Persons*(London: Routledge, 2020)에 실려 있다.

불교의 결정론과 도덕적 책임의 문제에 대한 최초의 논문 모음집은 Rick Repetti, ed., *Buddhist Perspectives on Free Will: Agentless Agency?*(London: Routledge, 2016)에서 찾아볼 수 있다.

4장 니야야에 대한 짧은 해설

이 장에서는 정통 인도철학의 여섯 "학파" 중 하나인 니야야(Nyāya) 전통을 살펴볼 것이다. 니야야는 일상적으로 살아가는 삶은 괴로움이고, 괴로움의 궁극적 원인은 자신의 동일성에 대한 무지라는 불교의 견해에 동의한다. 하지만 "정통" 전통(1장 1절 참조)으로서 니야야는 자아의 존재를 받아들인다. 또한 영원히 존재하는 것이 있다고 주장한다. 그래서 존재의 특징에 대한 불교의 세 가지 주장三法印 중 두 가지를 논박한다. 더욱이 이 학파의 근본 문헌은 아마 붓다가 입멸한 지 5세기 뒤, 즉 기원후 2세기의 어느 시점에 작성된 것으로 추정된다. 비록 이 문헌이 더 오래된 구전 전통을 반영한다고 해도, 붓다는 니야야에 대해 전혀 알지 못했을 것이다. 그럼, 왜 니야야를 알아야 하는가? 두 가지 이유가 있다. 첫째, 자아의 존재에 대한 불교와 니야야 사이의 논쟁은 기원후 2세기부터 불교철학의 발달에 지대한 영향을 미쳤다. 둘째, 인도철학의 핵심 도구와 개념 중 일부는 니야야에서 유래했다. 그래서 니야야 체계를 간략하게나마 살펴보는 게 둘 간의 논쟁을 이해하는 데 더 도움이 될 것이다. 그리고 이 논쟁을 더 잘 이해할수록, 자아와 세계의 본성에 대해 누가 옳았는지 결정하는 데 더 좋은 위치를 점하게 된다.

앞으로 검토할 부분은 니야야의 형이상학과 인식론이다. 하지만 엄밀히 말하면, 우리가 살펴볼 형이상학은 니야야가 아니라, 다른 학파인 바이쉐시까(Vaiśeṣika)에서 온 것이다. 실재하는 것의 일곱 가지 범주 이론을 처음 전개한 것은 바이쉐시까였으며, 니야야는 이후에 이를 차용했다. 그렇지만 이 둘의 차이에 대해서는 걱정하지 않아도 된다. 우리는 니야야와 바이쉐시까의 전체 견해를 지칭하기 위해 단순히 "니야야"라는 명칭을 사용할 것이다. 먼저 일곱 가지 범주 교리를 중심으로 세워진 형이상학 이론을 검토할 것이다. 그런 뒤, 앎의 수단에 대한 이론의 형태를 띠고 있는 이들의 인식론을 살펴볼 것이다. 마지막으로 자아의 존재에 대한 니야야의 논증 몇 가지를 살펴볼 것이다. 바로 여기서 니야야의 형이상학과 인식론을 이해하려는 고된 노력이 보상받을 것이다. 여기서 형이상학과 인식론의 추상적인 질문에 대한 답변이, 우리가 무엇인지에 대한 우리의 관점에 어떻게 영향을 미치는지 명확해지기 시작할 것이기 때문이다.

1. 니야야의 범주 도식

범주 이론은 실재의 기본 구성요소를 설정해 보려는 시도를 나타낸다. 붓다의 오온 목록은 우리 경험 세계를 구성하는 근본적인 종류의 것들이 무엇인지에 대한 붓다의 견해를 나타낸다. 니야야는 실재에 대한 완전한 존재론이나 분석을 통해 구별해야 할 요소가 다섯 가지가 아니라 일곱 가지라고 주장한다. 그러나 이들의 목록에는 이 문제에 대한 근본적으로 다른 접근법도 반영되어 있다. 붓다의 오온 교리는 인격체나 여타 상식적인 대상의 부분 역할을 하는 기본적 종류의 것들을 찾으려는 시도로 보인다. 머리칼과 뼈(색의 온色蘊)는 몸의 부분인 것이지만, 고통(느낌의 온受蘊)과 배고픔(의지의 온行蘊)은 마음의 부분인 것이라고 생각할 수 있다. 하지만 니야야의 범주가 다 "~것(thing)"이라는 이름에 딱 들어맞는 건 아니다. 예를 들어, 이 종이 조각의 흰색은 성질이며, 성질은 니야야의 범주 중 하나다. 마찬가지로, 떨어지는 빗방울의 하향 움직임은 운동이며, 운동은 니야야 도식의 또 다른 범주다. 일상에서 속성이나 운동을 "~것"이라고 부르는 사람은 거의 없을 것이다. 이는 니야야가 일상과는 다른 방식으로 질문을 하기 시작해 이 범주 목록에 도달했음을 시사한다. 만약 그 질문이 "실재에서 무엇이 가장 기본적인 종류의 것들인가?"가 아니라면, 대체 질문은 무엇일 수 있을까?

니야야의 범주는 실체(dravya), 성질(guṇa), 운동(karma), 보편자(sāmānya), 내재(samavāya), 개별자(viśeṣa), 부재(abhāva)다. 꼬리를 흔들면서 들판에 홀로 서 있는 흰 소를 본다고 가정해 보자.

1. 이 소는 실체다.

2. 그 흰색은 성질이다.

3. 그 꼬리의 흔들림은 운동이다.

4. 지금까지는 그런대로 무난하다. 하지만 이것을 소로 만드는 것은 무엇인가? 왜 이것은 들판, 헛간, 젖 짜는 창고에 있는 그러한 다른 동물들과 같은 이름으로 불리게 되었는가? 그들 모두를 동일한 이름으로 부르는 걸 옳게 만드는 공통된 무언가가 그들에게 분명히 있을 것 같다. 니야야는 이것을 보편자로, 소의 경우는 소성牛性이라고 부른다.

5. 우리는 이 소에 대해, 이것은 희다, 이것은 꼬리를 흔들고 있다, 이것은 한 소다 라고 말한다. 이러한 것들을 말하면서 우리는 실체("이것")와 성질·운동·보편자를 연결하고 있다. 하지만 "~이다(is)"로 표현되고 있는 연결이란 무엇인가? 그건 내재라는 관계다. 내재란 "그 안에 있음"이라는 관계로, 소에 흰색·흔들림·소성이 위치해 있다고 할 때 말하고 있는 바로 그것이다.

6. 우리는 또한 이것이 하나의 특정한 소라고 말한다. 밭에 있는 어떤 소와 꼭 닮아 보이지만, 이 소는 별개의 소이다. 어떤 종류의 실체에 있어, 두 가지 질적으로 동일한 실체를 수적으로 구별하는 것은 각 개별자 안의 내재다. 뒤에 논의할 이유에서 보면, 별개의 소는 그 자신의 개별자에 의해 구별되는 게 아니다. 그러나 그것이 바로 특정한 소라는 점은 여전히 개별자에 의해 간접적으로 설명된다.

7. 우리는 아까 들판에 있던 염소가 지금 거기에 없다는 점도 알 수 있다. 소만 들판에 홀로 서 있다. 이 경우, 우리가 알아차리고

있는 것은 염소의 부재이다.

앞서 든 예가 시사하는 바는, 우리의 지각에는 이러저러한 요소가 있다고 우리가 판단한 내용과 상응하는 실재의 측면들을 니야야의 범주를 통해 나타낼 수 있다는 것이다. 무엇을 보냐고 물으면, 우리는 "이것은 꼬리를 흔들면서 들판에 홀로 서 있는 하나의 흰 소다"라고 말한다고 가정해 보자. 그리고 우리가 옳다고 가정해 보자. 니야야의 주장은 우리의 말이 어떻게 해서 참인지 설명하려면, 실재의 이 일곱 가지 구별되는 측면이 반드시 존재해야 한다는 것이다. 실체, 성질, 운동 등이 존재해야 한다. 우리가 이야기할 수 있는 무언가가 존재하려면, "것"(즉, 실체 등)이 있어야 한다. 그렇지만 판단으로서 "그것이 어떻다는 말"의 측면에 해당하는 진술의 부분들도 있어야 한다. 판단의 그러한 부분들은 또한 어떻게든 실재와 연결되어 있어야 한다. 따라서 성질, 운동, 보편자도 있어야 한다. 그렇다면, "희다", "흔든다", "소" 같은 말들로 표현되는 것이라면, "그것"으로 표현되는 실체와 어떻게든 관련되어 있어야 한다는 건 사실이다. 따라서 우리에게는 내재의 관계 같은 이러한 관계가 필요하다. 그렇지 않으면, 서로 연결되지 않는 명칭들의 나열일 뿐이다. 니야야의 범주 목록은 우리의 인지가 세계의 사실을 적절히 포착하려면, 실재의 가장 근본적인 측면이 무엇이어야 하는지를 반영한 결과로 만들어졌다.[1]

---

1 따라서 존재론에 대한 니야야의 접근법은 오온 교리에 반영된 접근법보다 더 정교하다. 불교 철학자들은 (9장 1절에서 논의되는) 자상(自相, svalakṣaṇa)이라는 단일 범주에서 정점에 이르는 새로운 존재론을 개발함으로써 이에 대응한다.

니야야의 범주 중 일부를 좀 더 자세히 살펴보자. 어떤 의미에서 보면, 전체 체계가 실체 범주를 중심으로 돌아가기 때문에, 이 범주에서 시작하는 게 분명 좋을 것 같다. 실체는 어떤 소, 어떤 물단지, 어떤 나무와 같은 구체적인 특수자이다. "실체"라는 단어가 여기서 어떻게 사용되고 있는지 분명히 짚고 넘어가는 게 중요하다. 일상언어에서 실체라는 말은 물질, 즉 철, 점토, 물 등과 같이 여러 다른 장소에 걸쳐 널리 발견될 수 있는 것을 의미하곤 한다. 하지만 철학에서 이 단어는 거의 이런 식으로 사용되지 않는다. 실체란 하나의 개별적인 사물, 즉 불연속적인 단 하나의 공간적 장소에서 발견되는 것이다.[2] 진흙으로 불리는 물질은 여러 다른 장소에 있지만, 어떤 소와 같은 실체는 한 번에 한 곳에만 있을 수 있다.

이 범주가 다른 범주들과 어떻게 관련되어 있는지 살펴보면, 실체가

오온 교리가 완전히 폐기된 적은 없지만, 나중에는 존재론적 중요성이 거의 없는 단순 분류 장치가 된다.

2 니야야의 실체 범주에는 세 가지 예외가 있다. 공간은 실체로 간주되지만, 공간적 위치를 점유한다고 할 수 없는데, 그렇다면 무한소급에 빠질 것이기 때문이다. 즉, 그 위치는 또 다른 공간에 있어야 하는데, 이 또 다른 공간은 그 자체로 자신의 공간적 위치를 필요로 하는 식이다. 다른 예외는 시간인데, 시간은 모든 곳에 만연해 있는 것처럼 보이기 때문이다. 즉, 세상의 여기저기에서 현재 사건들이 일어나고 있는 때는 바로 하나의 동일한 "지금"이다. 세 번째 예외는 자아다. 니야야가 볼 때, 자아는 경험의 주체다. 우리가 신체의 서로 다른 부분에서 느낌들을 알아차리는 게 가능하기 때문에, 자아는 단 한 부분에 위치해 있을 수 없다. 그러나 만약 자아가 신체 전체의 크기라고 한다면, 자아는 여럿이 합성된 것이어서 영원하지 않을 것이다. 따라서 니야야는 자아가 편재한다 또는 동시에 어디에나 있다고 결론짓는다.

무엇인지 더 명확하게 알 수 있다. 실체에는 성질, 운동, 보편자, 개별자가 내재되어 있다. 다시 말해, 이 네 범주의 항목들은 실체에서 발견될 수 있다는 것이다. 흰색, 흔드는 운동, 소성은 모두 우리의 소에 내재해 있다. 성질, 운동, 개별자는 오직 실체에 내재한 채로 존재할 뿐이다. 즉, 이것들이 소재할 실체가 존재하지 않는다고 하면 성질, 운동, 개별자는 존재하지 않을 것이다. 그리고 모든 실체는 몇 가지 성질과 실체 안에 내재하는 적어도 하나의 보편자를 가진다.

두 가지 다른 기본 유형의 실체가 있는데, 영원한 것과 영원하지 않은 것이다. 영원하지 않은 실체는 그 자체로 단일하거나 부분이 없는 영원한 실체들로 합성된 것이다. 예를 들어, 물단지는 분명 영원하지 않은 실체이다. 즉, 이 존재에는 시작(도공이 점토로 이것을 만들 때)이 있고 끝(부수어질 때)이 있다. 물단지는 점토 조각으로 만들어졌지만, 조각들 그 자체는 훨씬 더 작은 것들로 이루어져 있다. 이 과정의 끝에는 원자極微, 즉 너무 작아서 말 그대로 부분이 없는 것들이 있다.[3] 그리고 원자에는 부분이 없기 때문에, 영원하리라고 결론을 내렸다. 이 논리는 실체의 창조와 파괴는 부분의 재배열을 통해서만 일어난다는 것이다. 도공은 점토 조각들을 모아서 불에

---

3 "원자atom"라는 말의 본래 의미는 "부분이 없다"는 것이다. 물론 오늘날 원자라고 불리는 것들에는—전자, 양성자 등— 부분이 있다. 하지만 이렇게 이름을 붙인 것은 물리학자들이 원자를 처음 발견했을 때, 부분이 없다고 잘못 생각했기 때문이다. 인도 철학자들이 원자에 대해 말할 때, 의미하는 바는 진정으로 부분이 없는 물질 입자들이다. 아마도 지금 쿼크라고 불리는 것이 인도 철학자들이 염두에 뒀던 원자에 해당할지도 모르겠다. 어쨌든, 우리는 부분이 없는 물리적 입자를 의미하는 데 "원자"라는 말을 사용할 것이다.

구워 물단지를 만든다. 고양이는 물단지를 바닥에 떨어뜨려 산산조각 내서 부순다. 단일한 것은—부분들로 만들어지지 않은 것은—창조되거나 파괴될 수 없다. 그래서 그런 것이 만약 존재한다면, 그것은 영원해야 한다. 즉, 존재하게 될 수도, 존재하기를 그칠 수도 없다. 따라서 니야야는 소, 물단지, 나무 같은 우리가 지각할 수 있는, 영원하지 않은 물리적 실체들 외에도, 이것들을 만드는 영원한 물리적 원자가 존재해야 한다고 결론지었다. 영원한 물리적 원자는 네 가지 요소라고 생각되었는데, 이는 흙, 물, 불, 공기에 해당한다. 하지만 물리적이지 않은 영원한 실체도 존재한다. 공간, 시간, 에테르[4], 내적 감각, 자아가 그것이다.

실체는 성질과 운동을 가지고 있다. 소가 희다, 돌이 떨어진다는 식이다. 니야야는 이러한 사실을 다음처럼 말할 것이다. 소에는 흰색이 내재되어 있고, 돌에는 하향 운동이 내재되어 있다. 내재라는 관계는 내재하는 것과 내재되는 것 사이의 일종의 필연적 연결로 정의된다. 이는 소와 돌을 떠나서는 흰색과 하향 운동이 있을 수 없음을 의미한다. 그러나 그 반대는 참이 아니다. 소는 흰색을 잃고 대신 갈색이 되더라도 계속 존재할 수 있다. 마찬가지로, 돌은 더 이상 떨어지지 않고 멈추더라도 계속 존재한다. 실체는 성질과 운동의 기체다—기체란 이러한 범주의 항목들 아래에 있으면서 지탱하는 것이다. 이와 같이 실체는 자신에 내재하는 성질과 운동의 변화를 견딜 수 있다. 그렇지만 이는 실체에 내재하는 보편자에 대해서는

---

4 에테르는 고전 인도 철학자들이 소리를 전하는 매개체로 생각했던 것이다. 이제는 소리가 공기를 통해 이동한다는 사실을 알고 있다.

참이 아니다. 소는 소성이 내재되어 있지 않고는 계속 존재할 수 없다. 이 관계가 더 이상 유지되지 않을 때, 소는 존재하지 않게 된다. 그렇지만 보편자는 계속 존재한다. 보편자는 여전히 다른 소들에 내재해 있는 것이다.

단일 실체는 다른 것에 내재해 있지 않다. 하지만 영원하지 않은 실체는—자신의 부분으로서 단일 실체를 가지는 영원하지 않은 실체는—다른 것들에 내재해 있을 수 있다. 영원하지 않은 실체는 자신의 각 부분에 내재해 있다. 예를 들어 나무는 잎, 가지, 줄기, 뿌리에 동등하게 현존해 있다. 이 주장은 좀 이상하다는 생각이 들 수 있다. 어떻게 하나의 것이 동시에 여러 다른 장소에 동등하게 현존해 있을 수 있을까? 전체로서의 나무는 잎에 있을 수 없다고 생각할 수 있다. 잎이 위치해 있는 곳은 나무의 한 부분일 뿐인 것이다. 어쨌든, 나무는 크지만 잎은 작다. (전체란 실재하지 않는다고 생각하는 불교도들은 니야야 이론을 공격할 때 이런 특징을 활용할 것이다.) 그런데 이 주장은 생각만큼 이상하지 않을 수도 있다. 대부분의 사람들은 시간과 관련해서는 이와 유사한 생각을 받아들인다. 우리가 소와 같은 실체는 시간을 관통해 존속할 수 있다는 니야야의 주장에 동의한다고 가정해 보자. 플로라는 이름의 소는 어제 존재했고, 오늘 존재하며, 내일 존재할 것이다. 어제의 플로를 플로의 한 부분으로, 오늘의 플로를 또 다른 부분으로, 내일의 플로를 세 번째 부분으로 생각한다고 가정해 보자. 플로는 이러한 시간적 부분들에 동등하게 현존해 있다고 해야 할까? 다른 선택은 오늘 현존해 있는 것은 플로의 한 부분일 뿐이고, 내일 현존하는 것은 또 다른 부분일 뿐이라는 식으로 말하는 것이다.

그러나 그렇다면, 플로는 언제 존재하는가? 최선은 플로가 모든 시간 조각이 발생한 뒤 자신의 삶 마지막에 존재한다고 말할 수 있을 뿐인 것 같다. 그리고 플로는 서로 다른 시간대를 관통하며 존속하는 것이어야 한다는 점을 잊지 말자. 대부분의 사람들은, 플로가 죽기 전까지는 사실상 존재하지 않았다고 말한다면, 아주 이상하게 여길 것이다. 그 대신에 사람들은 플로가 자신의 다른 모든 시간적 부분들에 동등하게 현존해 있다고 말할 수 있다.[5] 니야야도 플로의 공간적 부분들에 대해 같은 말을 한다. 대부분의 사람들이 플로가 어제에, 오늘에, 내일에 동등하게 현존해 있다고 생각하는 것처럼, 그런 식으로 니야야도 플로가 자신의 머리, 자신의 앞다리, 자신의 꼬리에 동등하게 현존해 있다고 말한다.

앞서 우리는 두 실체가 질적으로는 동일하지만, 수적으로는 구별될 수 있다고 말했다. 플로는 자신의 쌍둥이 모와 꼭 같은 모습이지만, 이들은 별개의 두 마리 소다. 무엇을 통해 각각이 별개의 개체라는 사실을 설명할 수 있는가? 니야야는 내재해 있는 원자들에 의해 플로가 개별화된다고 답한다. 플로를 구성하는 것은 원자들의 한 집합이고, 모를 구성하는 것은 또 다른 집합이다. 그런데 이러한

---

5 요즘 실체가 각 단계에서 동등하게 현존해 있다는 걸 부정하는 철학자들이 있다. 따라서 이들은 실체가 존속한다(endure)는 걸 부정한다. 대신 실체는 편속한다(perdure)고 말한다. 이러한 철학자 중 가장 잘 알려진 이는 데이비드 루이스(David Lewis)로, 그는 이 주장으로 인해 발생하는 난제를 우회하기 위해 정교한 이론을 구축한다. Amelia Rorty, ed., *The Identities of Persons*(Berkeley: University of California Press, 1976)의 "Survival and Identity" 참조.

원자들이 (그 모습 그대로) 모두 질적으로 동일하다고 가정해 보자. 여기가 바로 개별자가 들어오는 지점이다. 각 원자에 내재하는 것은 그 원자를 별개의 개체로 만드는 개별자다. 자아의 경우도 마찬가지다. 여기서 우리는 니야야가 자신의 체계를 가볍고 간결하게 구축하는 훌륭한 사례를 볼 수 있다. 플로나 여타의 복합 실체들은 자신만의 개별자를 가지고 있지 않다. 이들은 자신들에 내재해 있는 부분들 때문에 개별화된다. 개별자를 갖는 것은 복합 실체의 궁극적 부분들일—영원한 실체들일—뿐이다. 니야야는 더 적은 비용으로 해결하려고 한다. 불필요하게 존재자를 상정하는 일을 피하려 하는 것이다.

성질 범주는 꽤 간단해 보인다. 그러나 한 가지 놀라운 특징이 있다. 성질은 자신이 내재해 있는 실체만큼이나 개별적이다. 플로에게 있는 흰색은 하나의 성질이고, 모에게 있는 흰색은 또 다른 성질이다. 이 두 흰색은 구별이 안 될 수도 있지만, 여전히 두 가지다. 하나는 여기 플로에게 있고, 다른 하나는 저기 모에게 있다. 사실, 우리는 플로와 모가 동일한 색이라고 말한다. 하지만 나야야는, 이 점이 진정으로 의미하는 바는 동일한 보편자, 즉 흰색성白色性이 두 가지 색 모두에 내재되어 있는 것이라고 말할 것이다. 이 보편자는 흰 모든 것에 존재한다. 플로에게 내재해 있는 이 색에는 흰색성이 내재되어 있는 것이다. 그러나 플로에게 있는 흰색은 오직 플로에게만 존재할 수 있다. 만약 플로가 갈색으로 변한다면, 그 흰색은 소멸할 것이다. 마찬가지로 만약 플로가 죽어 사체가 화장되면, 그 흰색은 소멸할 것이다. 이는 성질은 성질이 내재해 있는 실체에 의존한다는 의미이다. 성질은 개별적이라고도 말할 수 있지만, 자신만의 개별자는 가지지 않는다는 점은 알아두자. 대신 성질은 성질이 내재해 있는 개체에 의해 개별화된다. 이 흰색은 이 흰색이 플로에게 내재해 있기 때문에 별개의 개체인 것이다.

보편자는 철학자들이 여럿 위의 하나(One over Many) 문제라고 부르는 것에 대한 니야야식 반응이다. 플로와 모 그리고 무리의 나머지는 모두 별개의 것들이지만, 우리는 다 "소"라는 하나의 이름으로 부른다. 플로의 색, 우유의 색, 이 종이의 색도 마찬가지로 모두 "흰색"으로 불린다. 왜 그럴까? 우리가 그것은 소다, 그것은 흰색이다고 각각 지각한다고 말할 수 있다. 우리는 플로를 보고서 그것이 소라는 것을 안다. 그러나 어떻게 해서 이걸 알까? 우리로 하여금 이렇게 말하게 하는 것은 무엇일까? 각각의 경우에서 다수의 것들이 모두 서로 닮아 있기 때문에 이렇게 말하는 거라고 가정해 보자. 그렇다면, 여럿 위의 하나를 상정할 필요가 없을 것이다. 우리는 단지 플로와 플로가 보이는 방식, 모와 모가 보이는 방식을 가지고서는 이에 기초해 이들이 서로 닮았다고 판단할 것이다. 이렇게 하면 하나의 것, 즉 소성이 존재한다고 말하지 않을 수 있을까? 내 동생과 나는 서로 어떤 면(동일한 헤어라인)에서는 닮긴 했지만, 다른 면에서는 그렇지 않다(동생이 더 잘생겼다). 그렇다면 플로와 모는 어떤 특별한 방식으로 서로 닮아야 할 것이다. 플로의 색과 이 종이의 색이 서로 닮은 방식과는 다르게 말이다. 그런데 이제 또 다른 여럿 위의 하나 문제가 등장한다. 즉, 많은 다른 종류의 유사성이 모두 "유사성"이라는 단 하나의 이름으로 불린다는 것이다. 따라서 이 전략은 모든 다수의 사례에 공통되는 동일한 한 가지 것을 상정하는 걸 우회하는 데 도움이 되지 않을 것 같다. 보편자가 존재한다고 가정해야 할 것 같다.

플로와 모의 경우에서, 이 한 가지 공통되는 것은 소성, 즉 소의 속성이다. 우리가 이 둘을 모두 소로 보는 것은 이러한 각각의 특정한 실체에 내재해 있는 소성 덕분이다. 소성은 어디에 존재하는가? 일반적인 대답은 어디에나 있다는 것이다. 우리는 소가 있는 곳에서만 소성을 지각한다. 왜냐하면 소성이 발휘되기 위해서는 실체에 내재해 있어야 하기 때문이다. 그러나 이 견해에는, 그렇다면 왜 소성이 플로와 모에 내재해 있는지 해명하기 위해 또 다른 설명이 필요하다는 난관이 있다. 아마도 보편자가 동시에 어디에나 있다는 주장을 해석하는 더 좋은 방법은 보편자가 실제로는 공간적 위치를 점유하지 않는다는 식으로 말하는 것일 수 있다. 언제 존재하는지에 대해 말한다면, 보편자는 무시간적이거나 영원하다는 것이다. 물론, 소가 존재하지 않던 때도 있었다. 그래서 이는 분명 니야야로 하여금 보편자가 자신이 내재해 있는 사례와는 별개로 존재할 수 있다는 견해의 편에 서게 만든다. 그렇다면 이 견해는 난관을 만들어낸다. 하지만 대안은 최초의 소가 존재하게 되었을 때 소성이 존재하게 되었다고 말하는 것이다. 그렇다면 이는 이상한 말처럼 들린다. 어떤 소라고 하는 그런 것이 이미 존재하지 않았다면, 최초의 소가 어떻게 소일 수 있었겠는가?

보편자는 상정하기에는 좀 이상한 게 아닌가 하는 인상을 준다. 니야야는 여럿 위의 하나 문제를 해결하려면, 보편자를 상정해야 한다고 생각한다. 그러나 그렇게 하더라도 (개별자의 경우에 대해 그랬던 것처럼) 상정하고자 하는 보편자의 수에 대해서는 제한한다. 지금까지 그들이 플로와 모와 같은 별개의 개체에 대해 우리가 "소"라는 하나의 단어를 가진다는 것을 근거로 소성을, 또 "흰색"에 관해서도 이와 마찬가지 근거로 "흰색성"을 상정하는 것을 보았다. 모든 흰색 소에 적용되는 단 하나의 단어를 우리가 가지고 있다고 한번 가정해 보자. 이는 흰색-소성白色-牛性 보편자가 존재한다는 걸 의미할까? 니야야에 따르면, 그렇지 않다. 우리가 단어들을 이런 식으로 활용할 수 있다고 해서 이런 보편자가 꼭 존재하는 건 아니다. 왜냐하면 우리는 이미 두 개의 보편자, 즉 소성과 흰색성을 가지고 이 흰색 소를 설명할 수 있기 때문이다. 대부분의 경우, 니야야는 보편자를 "소", "나무", "흰색", "노란색", "흙", "공기", "불", "물" 등등처럼, 오늘날 자연종 용어로 불리는 것들로 제한해 인정한다. 니야야는 또한 그러한 종류의 것이 단 하나만 있을 경우, 보편자가 존재하지 않는다고 아주 분명히 말한다. 따라서 공간은 단 하나만 존재하므로, 공간성이라는 것은 존재하지 않는다. 이는 니야야가 단 하나의 내재만이 존재한다는 다소 이상한 주장을 하는 이유를 설명하는 데 도움이 된다. 소성과 플로를 관계시키는 내재는 하나의 관계이고, 흰색성과 이 종이의 색을 관계시키는 내재는 또 다른 관계라고 가정하는 게 당연할 것이다. 그렇지만 니야야는 이 둘이 별개의 관계가 아니라고 한다. 분리할 수 없는 모든 연결의 경우에 작용하는 단 하나의 내재가 존재할 뿐이라는 것이다. 동의할 수 없다고 가정해 보자. 다수의 내재가 있지만, 모두 단 하나의 이름으로만 불린다고 가정해 보자. 그렇다면 우리는 보편자, 즉 내재성(inherenceness)을 상정해야 할 것이다. 그런데 이제 이 보편자는 다수의 내재 각각과 어떻게 관계되어 있을까? 일반적으로 보편자는 내재를 통해 자신의 사례와 관계를 맺는다. 이제 새로운 여럿 위의 하나 문제가 등장한다. 우리에게는 소성과 소, 흰색성과 흰색 등등 사이에 존재하는 모든 내재를 내재성과 연결하는 다수의 내재 관계가 있는 것이다. 다른 여럿 위의 하나 문제를 풀었던 것과 같은 방식으로 이 여럿 위의 하나 문제를 푼다면, 우리는 두 번째 내재성을 갖게 될 것이다. 그리고 이런 식으로는 문제를 막을 수 없다. 무한소급의 길에 들어설 것이다. 단 하나의 내재가 존재한다고 말하는 편이 더 낫다. 그렇다면 니야야의 보편자론은 내재성을 상정할 필요가 없을 것이다.

논의해야 할 마지막 범주는 부재인데, 이는 니야야와 불교 사이의 논쟁에서도 중요한 역할을 한다. 부재는 실재 측면의 목록에 넣기에는 이상해 보일 수 있다. 예를 들어, 이 방에는 드릴 프레스가 없다는 식의 부재는 그냥 실재하지 않는다고 말할 수 있는 그런 게 아닌가? 니야야 논사들(니야야 학파의 철학자들)은 부재는 실재하지 않는 게 아니라, 존재하지 않는 것이라고 답할 것이다. 이는 부재가 (모두 존재한다고 할 수 있는) 다른 범주들과는 근본적으로 다르지만, 여전히 실재의 한 측면으로 인정되어야 함을 의미한다. 그렇지 않다면, 이 방에 드릴 프레스가 없다는 판단이 참임을 어떻게 설명할 수 있겠는가? 어떤 이들은 이 판단을 참으로 만드는 이유를 설명하기 위해 부재를 상정할 필요는 없다고 말할지도 모른다. 이들은 우리가 해야 할 일은 텅 빈 바닥을 가리키는 거라고 주장할 것이다. 이것이 바로 이 판단을 참으로 만든다는 것이다. 하지만 니야야는 바닥이 텅 비어 있다는 말이 어떤 의미냐고 반문할 것이다. 텅 비어 있다는 건 긍정적인 것인가, 아니면 부정적인 것인가? 만약 긍정적인 것이라면, 어째서 이것이 “이 방에는 드릴 프레스가 없다”는 부정판단을 참으로 만들 수 있는지 분명하지 않다. 바닥이라는 긍정적 속성이 부정적 단어 “없다”와 어떤 관련이 있을 수 있을까? 만약 부정인 것이라면, 결국 부정적 사실이 필요하며, 부재는 우리의 존재론에서 한 자리를 차지해야 한다.

부재에 대한 한 가지 결정적인 제약 조건이 있다. 부재에는 실재하는 대립자(counter-positive)가 있어야 한다. 부재의 대립자는 부재하는 바로 그것이다. 예를 들어, 들판에 염소가 부재한다는 사실의 대립자는 염소다. 제약 조건이란 들판에 염소가 부재하는 일 같은 게 있으려면 염소가 있어야 한다는 것을 의미한다. 드릴 프레스의 부재가 존재하려면, 드릴 프레스가 존재해야 한다. 인도철학에서 완전히 실재하지 않는 것의 대표적인 예는 토끼 뿔이다. 그리고 토끼 뿔은 실재하지 않기 때문에, 니야야에 따르면, 토끼 뿔의 부재 같은 건 존재할 수 없다. 토끼 불의 부재라는 것에는 실재하는 대립자가 없는 것이다. 우리는 토끼 뿔에 대해 이야기할 수 있다. 토끼 뿔은 완전히 실재하지 않는 것의 예라고 하면서 이것에 대해 말할 수 있는 것이다. 하지만 니야야는 우리가 이런 식으로 말하면서 사실상은 토끼의 머리에 뿔이 부재하는 일에 대해 이야기하고 있다고 말할 것이다. 뿔 같은 것이 존재하니, 이 부재는 완벽히 정당하다. 내가 할 수 없는 건, 내 작업실 벽의 텅 빈 지점을 가리키며 토끼 뿔의 부재가 존재한다고 말하는 것이다. 나는 같은 지점을 가리키며 사슴, 엘크, 염소 등의 뿔의 부재가 존재한다고는 말할 수는 있다. 그리고 내 말은 참일 것이다. 이 벽 거기에는 사슴 뿔이 존재하지 않는다. 그러나 이 말을 참으로 만드는 것은 벽의 존재와 사슴 뿔의 존재, 그리고 이 둘이 사이에 접촉이 없다는 사실이다. 우리는 토끼 뿔의 부재의 경우에는 이러한 분석을 할 수 없다. "토끼 뿔의 부재"라는 표현은 의미가 있는 말처럼 보인다. 그러나 니야야에 따르면, 의미가 없는 것으로 드러난다. 이제 이 전체 주제가 너무 난해해 보일지 모르겠다. 철학자들만이 실재하는 않는 것의 부재가 존재할 수 있는지 여부에 관심을 가지리라 생각할 수 있다. 그러나 곧 알게 되겠지만, 이 니야야의 관점은 불교의 무아 이론에 대한 반론에서 중요한 역할을 한다.

2. 앎의 수단

이제 어느 정도는 니야야의 형이상학 이론을 이해한 것 같다. 지금부터는 자아가 존재함을 증명하려는 니야야의 시도에 이르기 전에, 니야야의 인식론을 간단히 살펴봐야 할 것 같다. 일반적으로, 인식론은 안다는 것이 무언인지 이해하는 일과 관련이 있다. 그러나 지금 우리가 분석하고 있는 게 무엇인지 혼동을 피하려면, "앎(knowledge)"이란 단어를 꺼낼 수밖에 없는데, 하지만 여기에는 모호함이 있다. 누군가가 무언가를 안다고 말할 때, 이는 성향적인 의미에서 "안다"는 의미일 수 있고, 또는 일화적인(episodic) 의미에서 "안다"는 의미일 수 있다. 성향적인(dispositional) 의미에서 "안다"를 사용할 때는 어떤 것을 생각하고 있지 않을 때도 누군가가 그것을 안다고 말할 수 있다. 지금 당장은 뉴질랜드가 내 마음에서 가장 먼 곳일지도 모르지만, 나는 여전히 웰링턴이 뉴질랜드의 수도라는 걸 알고 있다고 말할 수 있다.

왜냐하면 누군가 내게 묻는다면, 나는 이렇게 말할 것이기 때문이다. 나는 정답을 제시할 수 있는 힘이나 능력을 가지고 있기 때문에, 성향적인 의미에서 알고 있는 것이다. 그러나 내가 이것을 일화적인 의미에서 알기 위해서는 뉴질랜드의 수도로서 웰링턴을 재현하는 인지가 내 안에서 진행되고 있어야 한다. 그래서 우리가 "안다"를 이런 식을 사용할 때는 내가 잠들어 있는 동안에는 나는 이것을 알고 있다고 말할 수 없다. 어떤 인식론적 이론이 우리에게 이 두 가지 의미 중 하나로 앎에 대한 분석을 제공한다면, 다른 의미로는 앎에 대해 무엇을 말할지 알아낼 수 있다. 그래서 어떤 앎의 의미를 가지고 시작하든 큰 차이는 없다. 중요한 것은 시작 지점을 분명히 밝히는 일이다. 대부분의 서양의 인식론은 성향적인 의미의 앎과 관련이 있다. 인도의 앎에 대한 이론은 항상 일화적인 의미에서 앎의 이론이었다. 인도의 인식론자들이 앎이란 무엇인지 정의를 내리려 할 때에 이들이 찾으려 했던 바는, 사실을 정확히 재현하는 인지적 사건이 무엇인지를 어떻게 하면 가장 잘 규정할 수 있을까 하는 것이었다.

니야야는 앎의 수단을 찾는 방식으로 이 과제에 접근한다. 앎의 수단은 참인 인지의 원인이 되는 일련의 조건이다. 어떤 것을 앎의 수단이라고 부르려면, 이것이 생산한 모든 인지가 사물의 상태를 정확하게 재현할 것이라고 말할 수 있어야 한다. 앎의 수단은 진실한 인지의 변함없는 원인이 되는 과정이다. (불교를 비롯해) 다른 인도 학파들도 인식론에 대한 이러한 접근법에서 니야야를 따른다. 이들의 논쟁은 주로 얼마나 많은 각기 다른 앎의 수단이 있으며, 또 각각의 수단은 어떻게 정의되어야 하는지에 관한 것이다. 그런데 서양의 인식론과의 또 다른 차이점에 내해 여기서 한마디 해 둘 필요가 있다. 서양에서는 인식론이 성향적인 의미의 앎과 관련이 있을 뿐만 아니라, 앎은 정당화된, 참인 믿음으로 분석되어야 한다는 데 널리 동의한다. 이 분석에 따르면, 내가 무언가를 알기 위해서는 내가 그것을 믿어야 하고, 내가 믿는 것이 참이어야 하며, 내가 그것을 믿을 만한 타당한 이유가 있어야 한다. 여기서 말하고자 하는 핵심은, 인도의 인식론적인 앎의 수단 분석에서는 정당화 개념이 중요한 역할을 하지 못한다는 점이다. 아는 자가 정당성을 부여할 수 있어야 하는 것으로 앎의 정당화 조건이 이해될 때는 적어도 그렇다는 것이다.[6] 내 시각이 제대로 작동하고, 조명 조건이 적절해, 내가 시각적으로 붉은 꽃을 인지한다고 가정해 보자. 그렇다면 니야야는 나의 인지를 앎의 한 경우로 간주할 것이다. 내 시각은 제대로 작동하고 있는지, 빛은 충분한지, 방안에서 돌아가는 홀로그램 프로젝터는 없는지, 잠에 들어 꿈을 꾸고 있는 건 아닌지 등등을 확인하기 위해 내가 점검하지

6 이러한 요구조건은 현대 인식론자들이 소위 말하는 정당화에 대한 내재주의적 견해와 관련이 있다. 내재주의에 따르면, 아는 자가 가지는 정당성은 이 아는 자가 내면적으로 접근할 수 있어야 하며, 이 아는 자가 쉽게 알아차릴 수 있는 것이어야 한다. 외재주의자들은 이를 부정한다. 외재주의자는 아는 자가 정당성을 가져야 한다는 데에는 동의하지만, 이 정당성은 아는 자가 알아차리고 있고 진술할 수 있는 것이어야 할 필요가 없다고 한다. 그래서 외재주의자는 어떤 믿음이 올바른 원인의 결과이기 때문에 정당화된다고 말할 수 있다. 외재주의자의 견해에서 보면, 만약 내가 올바른 방식을 원인으로 하는 참인 믿음을 가지고 있다면, 나는 안다고 하기 위해 그 믿음이 어떻게 생겨났는지 성찰할 필요가 없다. 내가 알게 된 방식을 알지 못하더라도 나는 알 수 있는 것이다.

않았더라도 말이다. 물론 내가 잠에 들어 꿈을 꾸고 있다면, 나의 믿음은 앎이 될 수 없을 것이다(설사 방안에 붉은 꽃이 있더라도 말이다). 그러나 그건 내가 무언가를 보는 꿈이 진실한 인지의 원인이 아니기 때문이다. 이 현재의 경우에는, 나는 알고 있다. 왜냐하면 진실한 과정에서 비롯된 인지를 가지고 있기 때문이다. 내 인지의 원인이 올바른 종류의 것이라면 충분하다. 내 인지의 원인이 올바른 종류의 것임을 보여줄 수 있어야 할 필요가 없는 것이다.[7]

니야야는 지각現量, 추론比量, 증언聖言量, 비교譬喩量의 네 가지 앎의 수단이 있다고 주장한다. (불교도들은 지각과 추론 두 가지만 있다고 주장한다.) 이들 중 세 번째와 네 번째인 증언과 비교는 본 연구에서 중요한 역할을 하지 않을 것이다. 증언이란 해당 주제에 대해 자격을 갖춘 전문가의 진실된 발언이다. 비교란 새로운 어휘를 습득하는 방법이다. 가바야(gavaya)라는 동물은 소와 비슷하게 생겼지만, 목에 처진 살이 없다는 말을 들었다고 가정해 보자. 당신이 처음 가바야를 보고는 가바야라고 알아봤을 때, 이것은 가바야다는 당신의 앎은 비교에 기반한다. 증언과 비교에 관한 인식론자들 사이의 논쟁은 이러한 과정이 진정한 믿음을 주는지 여부에 대한 게 아니다. 논쟁의 대상은 이 둘이 별개의 앎의 수단인지 여부다. 예를 들어,

---

7 최근 앎이 정당화된, 참인 믿음이 아니라 올바른 방식을 원인으로 하는 참인 믿음으로 이해되어야 한다는 생각이 일부 서구 인식론자들 사이에서 지지를 받고 있다. 니야야와 아주 비슷하게 들리는 이 대안적 접근법에 대한 고전적 설명은 Alvin I. Goldman, “A Causal Theory of Knowing,” *Journal of Philosophy* 64, no.12(June 1967): 357-72 참조.

불교도들은 증언이란 단지 추론의 하나일 뿐이라고 주장한다. 그러나 우리는 이 논쟁을 살펴보지 않을 것이다.

지각은 감각과 대상의 접촉으로 정의되는데, 이때의 접촉은 산란하지 않고 명확하게 한정된 상태에서 일어나는 것이다. 불교도와 마찬가지로, 니야야 논사들은 여섯 가지 감각, 즉 다섯 가지 외적 감각과 하나의 내적 감각을 인정한다. 이 감각 능력들 중 하나가 적절한 종류의 대상과 접촉할 때 인지가 생성된다. 니야야는 인지 결과가 진실하지 못하게 되는 방식에 두 가지가 있다고 인정한다. 첫째는 감각이 "산란한" 경우다. 감각이 산란한 경우, 대상에 있는 게 아니라, 다른 어딘가에 있는 특성을 대상에 귀속시키는 인지를 감각이 생산하게 된다. 황달로 인해 흰 소가 노랗게 보인다면, 이는 산란한 경우다. 마찬가지로 물속에 꽂혀 있는 곧은 나뭇가지가 휘어 보인다면, 이건 산란한 경우다. 노란색과 구부러진 모양은 내가 내 감각으로 지각한 특성이지만, 여기가 아니라 다른 어딘가에서 지각한 것이다. 감각이 실제로는 연결되어 있지 않은 두 개의 사물이 연결되어 있는 양 현전시킬 때 지각 오류가 초래된다. 지각적 인지가 진실하지 못할 수 있는 다른 방식은, 예를 들어 대상이 나에게서 너무 멀리 있어, 사람인지 인형인지 말할 수 없는 경우와 같이 명확하게 한정되지 않는 경우다.

지각적 인지는 비개념적인 것과 개념적인 것의 두 단계로 나뉜다.[8]

---

8 이 2단계 설명은 바짜스빠띠(Vācaspati)의 연구에서 처음 명시되었고, 그 후 니야야 논사들 사이에서 널리 받아들여지게 되었지만, 중요한 사상가인 자얀따(Jayanta)는 이를 거부했다. 아린담 차끄라바르띠(Arindam Chakrabarti) 같은 최근의 전통 옹호자들은 그 정합성에 의문을 제기했다.

우리가 통상 지각적 인지라고 생각하는 것은 항상 개념적인 것이다. 말하자면, 판단으로 표현될 수 있는 것, 즉 "x는 ~이다"의 형태를 띤다. 어떤 것을 보거나 느끼는 일은 특정한 특성을 가진 존재로 그것을 지각하는 것이다. 우리는 그저 대상을 보거나 그저 느끼는 게 아니라, 특정한 방식으로 보거나 느낀다. 소를 보는 것은 대상을 소로 보는 것이다. 따뜻한 벽을 느낀다는 것은 대상을 따뜻하다고 느끼는 것이다. 꼭 이런 식으로 느낌을 말하거나 생각할 필요는 없지만, 우리의 지각적 인지는 항상 이런 식으로 표현될 수 있다. 지각적 인지는 본성상 귀속적이다. 즉, 지각적 인지는 어떤 특성을 우리가 지각하고 있는 대상에 귀속시키는 것이다. 니야야는 이런 종류의 개념적 인지가 일어나기 위해서는 특성상 귀속적이지 않은 비개념적 지각이 먼저 일어나야 한다고 말한다. 이런 종류의 인지에서 우리가 지각하는 것은 그 자체로는 분리되어 있는 개념적 인지의 개별적인 구성요소들이다. 그래서 플로를 단지 그 자체로, 소성을 단지 그 자체로, 플로와 소성을 연결하는 관계적 결합을 단지 그 자체로, 비개념적으로 지각해야 한다. 물론 우리는 이렇게 하는 걸 결코 알아차리지 못한다. 비개념적 인지의 내용은 결코 표현될 수 없기 때문에, 우리는 그럴 수 없는 것이다. 무언가를 표현하기 위해서는 대상에 특성을 귀속시키는 판단을 해야 한다. 하지만 니야야는 모든 개념적 지각 이전에 이러한 비개념적 지각이 있어야 한다고 주장한다. 그렇지 않으면, 대상과 대상에 귀속시키는 특성을 연결할 수 없기 때문이라고 한다. 이 마지막 주장에 대한 논증은 간단하다. 먼저 대상과 특성을 각각 알아차리지 않는 한, 우리는 두 가지를 연결할 수 없다. 마찬가지로 먼저 관계적 결합을 따로 알아차리지 않는 한, 이 두 가지가 어떻게 서로 결합되어 있는지 우리는 알아차릴 수 없다. 따라서 우리는 개념적 지각 이전에 비개념적인 지각적 인지가 일어난다고 상정해야 한다. 물론 대상과 대상의 특성은 분리되어 존재하는 게 아니다. 플로는 결코 소성과 별개로 존재하지 않는다. 그러나 니야야는 플로를 소로 보려면, 먼저 플로를 보고, 소성을 보고, 이 둘을 연결하는 내재를 보아야 한다고 주장한다. 우리는 비개념적 지각에서 이렇게 한다는 것이다.

우리가 소성과 흰색성 같은 보편자를 지각한다고 니야야가 말한다는 데 주목해 보자. (불교도를 비롯해) 많은 사람들이 보편자가 실재한다는 생각을 받아들이기 어려워하는 만큼, 이러한 주장을 믿기는 힘들다고 여긴다. 보편자는 추상적인 것을 거론할 때 드는 완벽한 예시로서 많은 이들이 공격하는 부분이다. 그런데 우리는 지각될 수 없고, 오직 마음으로만 인지될 수 있는 것들을 생각하는 경향이 있다. 수와 같이 추상적이라고 생각되는 것들을 말이다. 그렇지만 니야야는 보편자가 지각 경험의 일부라고 역설한다. 우리가 플로라는 소를 볼 때, 우리는 특정한 실체를 볼 뿐만 아니라, 그 소성도 본다는 것이다. 만약 이게 참이 아니라고 한다면, 우리는 어떻게 플로를 소라고 부르는 법을 배울 수 있을까? "소"라는 말을 쓰는 법을 배우려면, 플로와 모에 공통점으로 관찰되는 어떤 특징이 있어야 한다. 그리고 만약 소성이 지각될 수 없는 것이라고 한다면, 공통점에 대한 알아차림은 이 말의 사용법을 배웠는지에 의존할 것이다. 우리는 상호의존하는 악순환에 갇히게 될 것이다.

보편자가 지각된다고 하는 것은 니야야가 다른 인식론적 문제들을 해결하는 데 도움이 될 것이다. 이는 어떻게 우리가 인과관계를 알 수 있는지, 또 어떻게 우리가 편재遍充 관계가 성립되는 때를 알 수 있는지를 설명할 것이다. (편재가 무엇인지는 곧 알게 될 것이다.) 다른 많은 철학자들과 마찬가지로, 니야야 논사들은 인과관계가 보편자들 사이의 관계라고 주장한다. 불이 연기의 원인인 경우를 생각해 보자. 니야야는 이 경우가 두 개의 보편자, 즉 불성火性과 연기성煙氣性 사이에 어떤 관계가 있음에 해당한다고 말할 것이다. 만약 보편자가 실재하는 게 아니라고 생각한다면, 우리는 이러한 분석을 거부해야 할 것이다. 그렇다면 불을 원인으로 하는 연기의 발생이 여기에 해당한다고 말해야 할 것이다. 즉, 모든 때 모든 불의 발생은 연기의 발생에 선행한다. 불이 연기의 원인인 것은 알고 있지만, 우리는 늘 존재할 모든 연기의 사례 중 제한된 수만을 지각할 수 있을 뿐인데, 어떻게 매번 이렇다는 걸 알 수 있는가? 만약 인과관계가 보편자들 사이의 관계이고, 우리가 보편자를 지각할 수 있다면, 늘 발생하는 모든 연기의 사례를 지각할 필요가 없을 것이다. 우리는 두 보편자가 올바른 방식으로 관계되어 있음을 단지 관찰하는 것만으로도 인과적 연결을 인지할 수 있을 것이다. 그리고 우리는 불과 연기가 특정한 경우들에서 어떻게 연결되어 있는지 단지 관찰하는 것만으로도 이렇게 한다. 추론의 중심에 놓여 있는 관계인 편재도 마찬가지다. 만약 이 관계가 특정한 사례들 사이에서뿐만 아니라, 보편자들 사이에서 유지되는 관계로 이해된다면, 우리는 이 관계가 유지된다는 걸 어떻게 알게 될 수 있는지 설명할 수 있다.

이 마지막 부분을 설명하려면, 앎의 수단으로서의 추론의 본성을 살펴봐야 한다. 추론을 지각과 대조하면서 추론이 무엇인지 설명해 보겠다. 우리는 지각을 통해 세계의 사건들을 직접 인지하게 된다. 추론을 통해서는 이것들을 간접적으로 인지한다. 따라서 우리는 누군가를 봄으로써 그가 해변을 걸었다는 걸 알 수 있고, 또는 모래사장에 난 발자국에 근거해 그랬다는 걸 추론할 수 있다. 여기서 우리는 두 가지 다른 방식으로 인지하지만, 이는 동일한 사건의 상태라고 가정되는 사실임에 유의하자. 우리가 지각을 통해 직접적으로든, 아니면 추론을 통해 간접적으로든, 알고 있는 사실은 하나의 동일한 인격체의 걷는 동작이다. 이는 앎의 수단들이 "혼재해 있다"는 니야야 교리의 한 예를 보여준다. 혼재해 있다는 말은 주어진 대상이 하나 이상의 앎의 수단에 의해 인지될 수 있음을 의미한다.[9] 내가 연기를 봄으로써 추론한 산불은, 내가 이 아래 계곡에서가 아니라 불이 난 바로 그 산에 있었다면, 나는 시각이나 촉각을 통해서 지각할 수 있었다는 것이다.

추론의 기본 구조는 연기에 근거해 불을 추론하는 이 흔한 예를 이용해 설명할 수 있다. 산에 불이 있다는 인지 결과를 낳는 추론은

---

9 유가행경량부(Yogācāra-Sautrāntika)의 불교도들은 동의하지 않을 것이다. 이들은 앎의 각 수단이 고유한 유형의 대상을 가지고 있다고 주장할 것이다. 이 이유는 9장 1절에서 논의할 것이다. 하지만 이 지점에서 니야야의 주장에 대해 어떤 의구심이 제기될 수 있는지 알 수 있을 것 같다. 내가 해변을 걷고 있는 누군가를 볼 때, 내가 알아차리고 있는 것은 바로 그 사람이다. 내가 발자국에 근거해 걷는 자를 추론할 때는 이 추론이 나로 하여금 발자국을 만든 바로 그 사람을 알아차리게 하는가? 아니면 나는 단지 "어떤 누군가"를 알아차리는 것인가?

다음과 같은 구조로 되어 있다.

> 산에 불이 있다.
>
> 산에 연기가 있기 때문이다.
>
> 연기를 가지는 것이라면 불을 가지고 있으니, 부엌의 경우와는 같고 호수의 경우와는 다르다.

정식 설명에는 이 세 가지 명제 외에도 실제로 두 가지가 더 있다. 하지만 이 둘은 우리의 목적에 중요하지 않기에 제외하기로 하겠다.[10] 인도의 논리학자들은 추론이 주제(산), 증명되어야 할 속성(불), 이유(연기), 긍정적 실례(부엌), 부정적 실례(호수)의 다섯 가지 조건으로 구성되어 있다고 분석한다. 우리는 증명되어야 할 속성을 산스크리트어식 명칭인 사디야(所證, sādhya)로 부를 것이다. 그래서 우리는 추론에서 먼저 주제가 사디야에 의해 특징지어진다는 주장을 보게 된다. 이 주장은 주제가 이유에 의해 특징지어진다는, 또 사디야가 이유에 편재해 있다는 근거로 뒷받침된다. 편재한다는 주장은 결과적으로 긍정적 실례와 부정적 실례로 뒷받침된다.

편재 관계는 보편적 관계다. 주장하는 바는 연기가 있는 곳이라면 불이 있다는 것이다. 이 점이 중요한 이유는 이 주장이 보편자들

---

10 세 개가 아니라 다섯 개로 구성되는 것은 니야야가 새로운 앎이 만들어지는 심리적 과정을 설명하고 있기 때문이다. 여기서 우리의 관심사는 무엇으로부터 무엇이 도출되는지에 대한 질문과–언제 논리가 알려진 진실에서 새로운 진실로 이어지는지에 대한 질문과– 더 관련이 있다.

사이의 관계로 이해될 수 있다는 데 있다. 즉, 불성이 연기성에 편재해 있다는 것이다. (불이 연기에 편재해 있다고 하는 것이지, 그 반대는 아님에 유의할 필요가 있다. 즉, 연기가 없는 불은 있을 수 있지만, 불이 없이 연기만 있을 수는 없다.) 앞에서 우리가 보편자를 지각한다는 니야야의 교리가 편재에 관한 니야야의 인식론적 문제를 해결하는 데 도움이 될 것이라고 말했다. 문제는 불이 거기서도 발생했는지 알기 위해 가능한 모든 연기의 사례를 인지할 수 없다는 것이었다. 니야야는 우리가 연기성과 불성이라는 보편자를 지각할 수 있음을 지적함으로써 이 문제를 해결하려고 한다. 그렇다면 아마도 우리는 이 둘 사이에 유지되는 편재 관계를 지각할 수 있을지 모른다. 그럼 그 실례는 무엇인가? 보편자의 인식론적 역할은 무엇인가? 보편자는 우리가 편재 관계를 알아차리게 되는 방식을 나타낸다. 부엌에서 연기와 불을 함께 지각할 때, 우리는 연기성과 불성이라는 보편자를 함께 지각한다. 이 때문에 우리는 사실상 이 두 보편자 사이에 유지되는 편재 관계를 알아차리게 된다. 그러나 두 가지 것이 동시에 발생하는 일이 단지 우연의 일치일 때도 있다. 편재를 확신하기 위해 반례, 즉 이유가 사디야 없이 일어나는 경우를 찾는 것이다. 만약 우리가 반례를 찾는다면, 이는 편재의 경우가 아니라 단지 우연의 일치일 뿐임을 알게 될 것이다. 예를 들어, 호수에는 불이 없지만, 이른 아침에는 호수에서 연기가 피어오르지 않나? 그렇지 않다. 그것은 연기가 아니라 안개다. 호수라는 부정적 실례는 반례를 찾는 일이 공허하게 끝났다는 증거다. 긍정적 실례는 증거를 뒷받침하는 것이고, 부정적 실례는 반하는 증거를 찾아 편재한다는 주장을 시험했다는 점을 보여주는 것이다.

이렇듯 니야야식으로 편재를 파악하는 일이 다소 복잡해 보일 수는 있지만, 실제로는 우리의 상식적 관행을 반영하고 있다. 편재 주장은 일반 원리를 단언한다. 즉, 이유의 모든 사례가 사디야의 사례라고 주장하는 것이다. 그렇다면 누군가가 비재귀성 원리처럼, 일반 원리를 도입할 때 어떤 일이 일어날지 생각해 보자. 우선 칼날은 칼날 자신을 자를 수 없고, 손끝은 손끝 자신을 만질 수 없다 등등처럼 뒷받침하는 예를 제시할 것 같다. 그러나 조금이라도 비판적인 사람이라면 이 주장을 좀 더 신중히 따져볼 것이다. 그 자신에게 경미한 수술을 하는 의사나 그 자신을 비추는 불빛처럼 가능한 반례를 찾아볼 것이다. 비재귀성 원리는 어떤 존재자도 그 자신에 대해 작용을 수행하는 일이 부재하지 않는다면 존재할 수 없다고 말한다. 의사와 불빛은 자신에 대한 작용의 수행을 결여하지 않는 경우인 것처럼 보일 수도 있다. 그래서 가능한 반례처럼 보인다. 하지만 어쩌면 아닐 수도 있다. 의사의 경우는 하나의 존재자가 아니라 다수의 존재자인 것인데, 손이 발톱에 수술하듯이, 그중 일부는 다른 존재자에게 수술을 할 수도 있는 것이다. 만약 그렇다면, 또 불빛의 경우도 만족스럽게 처리할 수 있다면, 이는 비재귀성 원리를 받아들일 충분한 이유가 될 것이다. 이 원리는 우리가 아무리 불신하게 만들려 해도 살아남을 것이다. 이 원리가 그렇지만 거짓일 가능성도 항상 있다. 어딘가에 아직 치명적인 반례가 있을 수도 있다. 그렇지만 앎의 게임에서는 그 무엇도 보장할 수 없다. 우리가 틀릴 수도 있지만, 적어도 진실을 찾으려는 선의의 노력은 기울인 것이다.

마지막으로 짚고 넘어가야 할 점이 있다. 다 알다시피, 우리가 타당한 추론이라고 여기는 것이 사실은 그렇지 않을 수 있다는 점을 방금 보았다. 간접적으로 믿음을 형성할 때 잘못될 수 있는 방법은 여러 가지가 있다. 니야야는 사람들이 추론을 할 때 저지르는 더욱 일반적인 실수 목록을 개발한다. 그렇기에 이 목록은 철학적으로 따져보는 데 쓸 수 있는 점검표가 된다. 즉, 만약 어떤 추론이 이러한 일반적인 오류를 범하지 않는다면, 이 추론이 진실한 믿음을 확립하는 것으로 받아들이는 게 합당할 것이다. 하지만 이런 추론의 오류, 즉 "유사 추론"에 대한 명칭에 대해 생각해 보는 것도 유익한 일이다. 이 명칭이 우리에게 말해주는 바는, 유사 추론은 전혀 추론이 아닌 것으로, 단지 추론처럼 보이는 것일 뿐이라는 점이다. 이러한 추론은 참인 믿음의 불변하는 원인이 아니기 때문이다. 그리고 추론이란 앎의 수단으로서 정의상 참인 믿음의 불변하는 원인이다. 그래서 진정한 추론이라고 할 수 있다면, 결코 거짓을 믿게 할 수 없는 것이다. 그리고 진정한 추론의 경우들이 있다. 나의 간접적 앎이 진실한 것인지 항상 알 수는 없을 것이다. 하지만 실제로 어떤 것도 알 수 없다고 결론을 내린다면, 이는 실수일 것이다. 이러한 종류의—데카르트가 근대 서양철학에 도입한 종류의—회의론은 인식론에 대한 니야야식 접근법 하에서는 정당화되지 않는다.

3. 자아의 존재에 대한 논쟁

이제 자아의 존재를 둘러싼 니야야와 불교 사이의 논쟁에서 니야야

쪽을 살펴볼 때이다. 근본 문헌인 『니야야 수뜨라』의 자아 논증을 주석한 바차야나(Vātsyāyana, 5세기)의 글로 시작하겠다. 바차야나는 자아가 지각되지는 않지만, (불교도라면 받아들이지 않을 이유인—베다가 자아에 대해 언급한다는 사실 때문에) 증언에 의해서뿐만 아니라 추론에 의해서도 알려진다는 설명으로 시작한다. 그런 뒤 관련 경귀(경전)를 인용하고 자신의 주석에서 이 추론을 설명한다.

> 실체들 가운데, 자아는 지각에 의해 파악되지 않는다. 자격을 갖춘 자의 증언에 의해서만 알려지는가? 그렇지 않다. 자아는 추론에 의해 알려질 수 있기 때문이다. 어떻게 그러한가?
>
> "욕망과 혐오, 노력, 즐거움, 고통, 인지는 자아에 대한 추론적 증표다."(NS I.1.10)
>
> 자아는 특정 유형의 대상과의 접촉에서 즐거움의 느낌을 가지며 바로 그러한 유형의 것이라고 지각하기 때문에, 그것을 소유하고자 욕망한다. 단일한 보는 자가 여러 대상을 하나로 묶기 때문에, 이러한 소유의 욕망은 자아가 존재한다는 추론적 증표다. 왜냐하면 대상이 하나의 지속하는 사물이라고 해도, 별개의 사람의 신체에서 일어나는 지각들에서 알 수 있듯이, 별개의 지각들에 의해서만은 하나로 묶일 수 없기 때문이다. 마찬가지로, 이전에 경험한 어떤 것들이 고통을 야기했을 때, 유사한 대상에 대해 혐오가 있는 이유는 경험이 하나로 묶이기 때문이다. 또한 즐거움의 원인으로 확립된 것과 유사한 것을 보면 그것을 얻으려고 노력한다. 다수의 대상에 대한 하나의 경험자가 존재하지 않는다면, 이 모든

일은 그렇게 되지 않았을 것이다. 또한 마치 별개의 사람들의 신체와 관련된 정신적 사건들처럼, 여러 별개의 지각들이 존재했다면, 가능하지 않았을 것이다. 여러 별개의 지각들이 하나의 지속하는 대상에 대한 것이라 할지라도 말이다. 고통의 원인과 관련된 노력은 이런 식으로 설명된다. 이전의 즐거움이나 고통을 기억하면서 그것을 성취하기 위해 시도하고, 즐거움을 얻고, 고통을 얻고, 즐거움이나 고통을 경험한다. 그 이유는 앞서 말한 것과 같다. 더욱이 어떤 것을 알고자 할 때, "이것은 무엇인가?" 하고 숙고한다. 숙고하다 보면, "이것은 그것이다"라고 인지한다. 이러한 인지는 알고자 하는 행위자 및 숙고하는 행위자와 다르지 않은 하나의 행위자에 의해 수행되는 것으로 파악되며, 이것이 자아에 대한 추론적 증표이다. 그 이유는 앞서 말한 것과 같다.

우리는 분석되어야 할 "별개의 사람들의 신체에서 일어나는" 경험이라는 뒷받침하는 예를 사용해 왔다. 무아론자를 따른다면, 지속하는 대상과 관련되지만 다른 신체들에서 일어나는 다른 정신적 사건들이 하나로 모이지 않는 것처럼, 단일한 신체에서 일어나는 정신적 사건들 역시 하나로 모이지 않을 것이다. 이 두 경우에는 서로 차이가 없기 때문이다. 이전에 봤던 것에 대한 기억작용은, 다른 사람이 본 것을 기억하지도 그저 보지 못한 것을 기억하지도 않는 단일한 사람의 행위이다. 이것은 다른 사람이 본 것을 기억하는 여러 사람의 행위가 결코 아니다. 무아론자는 이 두 사실을 설명하는 것이 불가능하다. 따라서 이는 자아가 존재함을 보여준다. (NSB on NS I.1.10, Tārānātha 184–88)

이 추론은 상당히 명료해 보일 것이다. 이 논증은 다른 시간대에 일어나는 정신적 사건들을 하나로 모으거나 종합하는 어떤 것이 왜 존재해야 하는지 이유 다섯 가지를 제시한다. 욕망의 경우를 들어보자. 시장에 진열된 망고를 보면, 나는 왜 하나 사서 먹고 싶은 욕망이 생길까? 분명 과거에 망고를 먹었을 때 느낀 즐거움을 내가 기억하기 때문이다. 그런데 과거의 경험을 기억할 수 있는 능력은 그 과거의 경험을 한 자가 바로 나였을 것임을 요구한다. 우리는 다른 인격체의 경험을 결코 기억하지 않으며, 아무도 하지 않은 경험을 기억하지도 않는다. 그래서 지금 망고를 먹고자 욕망하는 인격체와 이전에 망고를 먹는 즐거움을 느낀 인격체를 단일화하는 무언가가 존재해야 한다. 그리고 그 무언가는 자아여야 한다. 한 번 내게 소화불량을 일으켰던 적이 있는 음식 냄새를 맡을 때, 내가 혐오감을 느끼는 사실에서도 마찬가지 결론이 뒤따른다.

하지만 이 논증은 명료하긴 해도, 우리는 또한 불교의 대응도 예상해 볼 수 있다. 당신은 니야야 논사들이 불교도의 반론에 답하기 위해 인과적 연속으로서의 인격체 개념을 어떻게 사용할지 알아야 한다. 우리에게 필요한 것은 이 점을 고려해 추론을 공식화하는 것이다. 웃됴따까라(Uddyotakara, 6~7세기)는 바차야나가 쓴 상기 논의 구절을 주석하면서 이를 공식화한다. 동일한 대상이 하나 이상의 앎의 수단에 의해 인지될 수 있다는 첫 번째 단락의 요점에 주목할 필요가 있다–이 단락은 앎의 수단들이 "혼재해 있다"는 사실을 예증하고 있다.

“욕망은 … 증표이다”(NS I.1.10)는 『니야야 수뜨라』의 경귀로서 유사하거나 상이한 것들로부터 자아를 구별하기 위한 것이다. 또는 이 경귀는 증언과 추론을 연결하기 위한 것으로 간주될 수 있다. 요점은 자아에 대한 추론과 함께 증언에 의해 알려지는 자아에 대한 앎을 종합하는 것이다. 그러나 이 경귀는 앎의 수단들이 혼재해 있음을 예증하는 것으로 간주될 수도 있다. 왜냐하면 내가 이전에 앎의 수단들이 혼재해 있다고 말했을 때, 이것이 바로 내가 의미한 바였기 때문이다.

논에서 “특정 유형의 대상과의 접촉에서 즐거움의 느낌”이라고 했다. 거기서는 욕망 등의 종합을 통해 자아의 존재를 증명한다. 분석되어야 할 것은 다음과 같다. 어떻게 욕망 등이 그 자체로는 결코 지각되지 않는 자아를 증명하는가? 기억에 의해 연결되는 단일한 대상이 존재해야 하기 때문이다. 즉, 욕망 등은 기억이라는 방식에 의해 단일한 대상에 속하기 때문에, 단일한 행위자가 존재함이 입증된다. 다수의 행위자들, 다수의 대상들, 다수의 동기들의 종합 같은 건 전혀 존재하지 않기 때문이다. 색깔, 맛, 냄새, 촉감이 스스로 종합된다는 것은 사실이 아니다. 내가 봤던 색깔은 이 현재의 감촉이 아니고, 또한 내가 느꼈던 촉감은 내가 지금 보는 색깔이 아니다. 뎃바닷따가 보는 것이 야즈냐닷따가 본 것과 종합된다는 것도 사실이 아니다. 뎃바닷따가 봤던 것을 야즈냐닷따가 봤다는 것은 사실이 아니기 때문이다. 왜 그러한가? 생각의 대상은 별개의 마음에 한정되어 있기 때문이다. 무아론자에게는 마음을 상호 배제하는 대상의 한정이 없으므로 종합은 설명될 수 없다. 그러므로 종합자는 자아라는 결론에 이르게 된다.

처음부터 웃디요따까라가 자아는 지각되지 않는다는 점을 인정한다는 데 주목해 보자. 그렇다면, 자아의 존재가 어떻게 추론을 통해 입증될 수 있는지 궁금할 것이다. 지금까지의 논증은 본성상 부정적이었다. 즉, 종합 현상은 종합하는 자를 상정하지 않고는 설명될 수 없는 것이다. 우리는 여전히 자아가 종합자임을 보여주는 논증이 필요하다. 그렇지만 추론은 사디야가 이유에 편재한다는 사실에 의존한다는 걸 기억해 두자. 우리는 부엌에서처럼 연기와 불을 함께 관찰하기 때문에, 불이 연기에 편재해 있다는 점을 안다. 그러나 자아가 결코 지각되지 않는다면, 자아가 종합의 이유에 편재해 있다는 점을 어떻게 보여줄 수 있을까? 아래에서 밝혀지겠지만, 이 논증은 성질에는 담지자가 필요하다는 니야야의 원리에 의존한다. 노란색의 발생은 항상 노란색이 내재해 있는 어떤 실체를 수반한다는 것이다. 니야야의 도식에서 즐거움과 기억작용 같은 경험은 성질이다. 그래서 각각의 성질은 어떤 실체를 수반한다. 그렇다면 증명되어야 할 문제는 즐거움과 기억작용이 처음 망고를 맛본 때부터 현재 욕망하고 있는 때까지 존속하는 동일한 실체에 내재해 있다는 점이다. 이를 증명한다면 자아가 존재함을 증명할 수 있다.

종합은 원인과 결과 관계에 기인한다며 이의를 제기한다고 가정해 보자. 만약 종합이 행위자의 단일화 때문이 아니라고 생각한다면,

그것은 무엇인가?

〔반론:〕 인과관계로 인해, 이전의 정신적 사건으로부터 이전의 정신적 사건 및 세력과 본성이 일치하는 또 다른 이후의 정신적 사건이 발생하므로 정신적 사건이 다수라고 하더라도, 종합은 이전과 이후 사이에 유지되는 인과관계 때문이다. 이는 마치 종자의 경우와 같다. 예를 들어, 쌀알 이후에 벼싹이 나타나는데, 벼싹과 쌀알의 세력과의 일치는 쌀알의 선행에 의해 결정된다. 시간이 지나고 요소들(예를 들어, 흙과 물)의 협력으로 벼싹은 보리 종자가 아닌 또 다른 벼종자를 낳으니, 보리는 이 새로운 종자 이전에 나타난 것이 아니기 때문이다. 따라서 정신적 사건들이 인과관계를 통해 결정되기 때문에 연속하는 정신적 사건들이 종합되는 것이다. 하나에 의한 다른 것의 상속이 없어 정신적 사건들의 연속이 없는 경우에 관해 그 종합을 볼 수 없는 것은 지속하는 행위자가 존재하지 않기 때문이 아닌 것이다. 이 종합은 다른 방식으로 해명될 수 있기 때문에, 자아가 존재한다는 당신의 논지는 증명될 수 없다.

〔웃디요따까라의 대답:〕 그렇지 않다. 복수성이 배제되지 않았기 때문에, 우리의 의견이 불일치하는 것이다. 종합이 인과관계에 기인한다고 말할 때, 당신은 복수성을 배제하지 않았다. 왜 불일치하겠는가? 인과관계는 복수성에 의지하기 때문이고, 또 우리 모두는 복수성이 있는 곳에서는 종합이 발견되지 않는다는 데

동의하기 때문이다. 어떤 이유 때문인가? 한 사람이 경험한 것은 다른 사람에 의해 기억되지 않기 때문이며, 또 기억되지 않은 것은 종합할 수 없기 때문이니, 왜냐하면 인과관계가 부재할 때는 종합이 입증되지 않기 때문이다.

〔반론:〕 그러나 우리는 인과관계가 있는 곳에서 종합을 볼 수 있다고 말하지 않았다. 오히려 우리는 인과관계가 부재할 때는 종합을 볼 수 없다고 말하는 것이다. 왜냐하면 이전과 이후 사이의 올바른 관계가 없기 때문이다. 당신은 우리 견해의 의미를 왜곡하고 있다.

〔대답:〕 이것은 이치에 맞지 않다. 왜냐하면 우리가 의견을 달리하는 것에 대한 이유가 모호하기 때문이다. 당신은 그 이유를 명료하게 말하지 않았다. 나는 복수성이 있는 곳에서는 종합이 발견되지 않는다고 말했다. 당신은 인과관계가 유지되지 않는 복수성의 경우에서는 종합이 발견되지 않는다고 말했다. 이러한 모호함 때문에, 우리가 논쟁하는 것에 대한 이유가 명료하지 않은 것이다.

〔반론:〕 당신도 마찬가지로, "복수성이 있는 곳에서는 종합이 발견되지 않는다"고 말하면서 그 이유를 명료하게 말하지 않았다.

〔대답:〕 당신은 복수성이 있는 곳에서는 종합이 발견되지 않는다는 데 동의했기 때문에, 당신의 대응은 전혀 대응하지 않는 것보다

별로 나을 게 없다.

〔반론:〕 그렇지 않다. 당신은 당신의 주장을 증명하지 않았기 때문이다. 사실, 나는 종합이 인과관계에 기인한다는 점을 증명하지는 않았지만, 내가 말한 전부는 종합이 단일한 행위자가 존재하기 때문이 아니라, 다른 방식으로 일어날 수 있다는 것이다. 이는 당신의 이유가 입증되지 않음의 과실로 불리해지고 있음을 나타낸다—당신의 이유는 증명해야 할 바를 증명하지 못한 것이다.

양측 모두 과거의 경험에 대한 기억작용에 통시적 종합(다른 시간대를 가로질러 하나로 모으는 것)의 느낌이 있다는 데는 동의한다. 마치 경험을 가졌던 것이자 이제는 기억작용을 행하고 있는 어떤 하나의 것이 존재하는 듯 느껴지는 것이다. 니야야 논사들은 이 느낌이 자아가 존재함을 보여준다고 주장한다. 불교도들은 이 현상이 그보다는 오히려 경험할 때에 발생하는 요소와 기억할 때에 발생하는 요소 사이에 원인과 결과의 관계가 있음을 통해 설명될 수 있다며 이의를 제기한다. 웃됴따까라는 원인(예를 들어, 벼종자)과 결과(예를 들어, 벼싹)는 별개의 것들이기 때문에, 원인과 결과 관계로는 종합을 설명할 수 없다고 대응한다. 복수성을 가지고 단일성을 설명할 수는 없다는 것이다. 불교도는 그렇다면 종합을 설명하는 것은 자신들의 몫이 아니기에, 자신들이 해야 할 일은 니야야의 추론에 의문을 제기하는 것이라고 말한다. 그리고 이들은 자신들이 주장하는 인과관계가 종합을 설명한다고 생각한다. 쌀알을 심으면, 결국 새로운 쌀알이 생겨나지만,

이를 원래의 쌀알이라고 착각하기 쉽다. 그래서 이 종합이란 게 그런 것일 수 있다는 것이다. 이러한 가능성을 배제하지 않았기 때문에, 니야야의 논증은 결론을 증명하지 못한다. 웃됴따까라는 이제 종합의 의미를 명료히 함으로써 대응한다.

〔대답:〕 그렇지 않다. 당신은 이유가 특정한 형태임을 파악하지 못하고 있다. 당신은 아닐 수도 있다고 말하지만, 이는 일반적으로 취해진 이유와 관련해서만 사실이다. 우리는 특정한 종합을 염두에 두고 있다. 기억을 통한 종합, 즉 이전과 이후의 경험이 단일한 대상을 갖는 기억을 통한 종합 말이다. 그리고 당신의 논지에 따르면, 이런 종류의 기억은 일어나지 않는다. 왜 그렇겠는가? 누군가가 경험한 것을 다른 누군가가 기억하는 일은 없지만 기억하는 일 같은 것은 있기 때문에, 그 논지가 기억은 가능하다는 것일 때, 단일한 행위자가 종합을 가진다고 추론하는 게 옳기 때문이다.

〔반론:〕 당신은 우리가 기억은 일어나지 않는다고 생각한다고 여기지만, 기억이 가능하지 않다는 것은 전혀 우리의 논지가 아니다. 그렇다면 어떻게 가능한가? 바로 인과관계가 있기 때문에, 정신물리적 연속 상에서 기억이나 경험이 일어날 때 그 연속이 기억자이고 경험자이다.

〔대답:〕 정신적 사건들은 존속하지 않기 때문에, 이는 틀렸다. 존속하는 것은 훈습을 통해 냄새를 배게 한다고 알려져 있으며,

정신적 사건들은 존속하지 않으니 이들은 연결되어 있지 않기 때문이다. 냄새를 배게 하는 일이 고유한 힘을 통해 정신적 사건을 발생시키는 일이라고 가정해 보자. 이것이 당신이 가정하는 바라면, 우리가 앞에서 말한 것은 여전히 유효하다. 정신적 사건들은 존속하지 않기 때문에, 냄새를 배게 하는 것은 연결되어 있지 않다.

인도의 고전 심리학에서는 과거의 경험에 대한 기억작용을 "훈습"이라는 은유를 통해 이해한다. 원본 경험은 동일한 "냄새" 또는 본성이 배어 있는 어떤 것을 낳는 힘 또는 경향을 일으킨다. 이는 종자를 심었을 때, 종자의 냄새와 동일한 냄새를 가진 식물을 생산하는 참깨씨에 비유된다. 여기서 웃디요타라카의 요점은, 대론자의 모델에는 원본 경험과 이후 기억작용 사이에 매개체 역할을 하는 참깨씨 같은 게 없다는 것이다. 무상한 정신적 사건들만—경험과 기억작용만—있을 뿐이다. 대론자는 경험할 때부터 기억할 때까지 존속하는 어떤 것 없이 어떻게 기억작용에 원본 경험의 "냄새"가 배어 있게 될 수 있는지 설명하지 않은 것이다.

이전의 정신적 상태와 함께 존재하는 어떤 별개의 의식적 상태는 현재에서든 미래에서든 정신적 상태에 아무런 차이를 주지 못한다. 왜 그러한가? 현재의 것이 변하는 게 아닌 한, 이것은 발생한 그대로 소멸하는 것이다. 그리고 미래의 것에 대해서도 현재의 것은 연결되어 있지 않으며, 연결되어 있지 않은 것은 냄새를 배게 할 수가 없다. 따라서 기억작용이 인과관계에 기인한다고 주장하는 이들에게는 잘못된 배움이 배어 있는 게 틀림없다.

웃됴따까라가 대결하고 있는 불교적 견해에서 보면, 원인과 결과는 별개의 시간에 일어나는 두 가지 별개의 것이다. 먼저 원인이 존재하고, 그런 뒤 원인이 소멸하고 결과가 생기한다. 이 원인이라는 특별한 사건이 이후 사건을 어떻게 해서든 만들기 위해 자신의 배게 하는 힘을 발휘할 수 있는 시간이 없는 것이다. 이 두 사건은 시간적으로 겹치지 않는다. 웃디요타라카는 그렇다면 어떻게 원인이 결과를 낳을 수 있는지 묻는다. 원인은 결과가 존재하는 방식에 어떻게 영향을 미칠 수 있다는 것인가?

그래서 그대의 논지에 따르면 기억이 존재할 수 없다. 더욱이 모든 상태는 그 상태를 소유하는 어떤 것에 의존한다. 마치 발생이 행위라는 속성에 의존하는 것과 같다. 그리고 기억작용을 소유하는 존재자는 (1)행위의 대상일 수도 있고, 아니면 (2)행위의 행위자일 수도 있다. 예를 들어, 행위의 대상인 경우는 곡물씨에 대해 요리를 할 때이고, 행위의 행위자인 경우는 가고 있는 뎃바닷따이다. 그러나 (1)기억작용은 존재하지 않기 때문에 행위의 대상에 의지하는 것일 수 없다. 존재하지 않는 것을 기억할 때, 기억은 지지됨이 없는 상태에 놓여 있다. 그러나 (2)만약 기억을 지지하는 것이 행위자라면, 이는 우리의 논지와 부합하지만 당신의 논지에는 부합하지 않는다. 왜 그런가? 당신은 행위자를 인정하지 않기 때문이다. 당신은 행위자를 기억의 목적을 소유하는 것으로 인정하지 않는다. 그리고 이것이 당신의 논지라고 하면, 그 기억에는 지지자가 없는 것이며, 인과관계를 추론할 수도 없는 것이다. 왜냐하면 지지하는 것이 없는 결과는 결코 있지 않기 때문이다. 색깔 등과 같은 모든 결과는 지지자를 갖고 있다고 알려져 있고, 기억은 결과이므로 기억은 지지자를 소유한다.

〔반론:〕 결과와 원인은 세속적으로 속성과 속성-소유자로 일컬어지는데, 결과일 순간에는 속성으로 간주되고 원인일 순간에는 속성을 소유하는 것으로 간주된다. 그런데 행위자라는 또 다른 것이 존재한다고 가정하는 이유는 무엇인가?

〔대답:〕 시간상의 차이 때문에 그럴 수는 없다. 원인과 결과가 서로 다른 시간대에 일어나는 게 되기 때문에, 대추와 대추가 담겨 있는 그릇 사이의 관계처럼, 장소와 장소에 의지하는 것의 관계가 이 둘 사이에 성립될 수 없다.

〔반론:〕 그렇다면 아마 다음처럼 말할 수 있을 것이다. 즉, 발생은 속성이고 발생시키는 것은 속성-소유자이다. 기억도 발생되는 것이기 때문에, 기억의 발생은 속성이 될 것이고, 기억을 발생시키는 것은 마찬가지로 속성-소유자가 될 것이다.

〔대답:〕 그렇지 않다. 이는 또한 그럴 수 없다. 왜냐하면 당신

스스로 받아들이지 않는 것일 뿐만 아니라 모순적이기 때문이다. 만약 발생이 기억과 다르다면, 발생에는 장애가 있을 것이며, 발생의 본질적 형태를 말할 수 있어야 할 것이다. 왜냐하면 당신은 발생이 발생을 소유하는 것과 구별된다고 생각하지 않기 때문이다. 그리고 발생이 그 자체로 존재하는 어떤 것이라고 가정할 때, 당신에게는 발생의 본질적인 형태를 진술할 의무가 있게 된다. 그리고 발생의 본질적인 형태를 탐구하게 될 때, 당신의 이론은 방해가 된다. 왜 그러한가? 발생은 그 존재의 원인과 연결되어 있거나, 존재는 본성상 그 자신의 원인과 연결되어 있다. 그리고 두 경우 모두 당신의 이론과 모순된다. 전자는 기억을 가지는 발생이 일어나는 경우인가? 그렇다면 기억은 무엇을 하는가? 기억을 발생이라고 부르는 것은 공허하다. 발생은 속성이고 기억은 발생자인가? 만약 발생이 기억이라는 속성의 존재를 통해 존재한다고 말하고 싶다면, 그렇게 말하는 게 적절할 수 있다. 그러나 기억이 속성일 때, 발생은 속성-소유자가 된다. 왜 그런가? 속성은 속성-소유자에게 의존한다고 하기 때문이다. 따라서 당신의 논지에서 이는 전혀 가능하지 않으며, 기억이 없다면 종합도 없다. 그러나 종합 같은 것은 있으며, 종합을 하는 것은 다른 어떤 것, 즉 하나의 자아이다.

웃됴따까라의 논증이 니야야의 범주 도식을 어떻게 사용하는지에 주목해 보자. 기억은 성질, 운동, 보편자가 속성인 것과 같은 방식으로 속성이다. 따라서 속성-소유자가 필요한데, 이는 기억의 기체 역할을 하는 어떤 것이다. 불교도는 "속성"과 "속성-소유자"는 단지 편리한 지시어에 지나지 않는다고 말하지만, 웃됴따까라는 불교도에게 이 두 가지 용어가 지시하는 궁극적으로 실재하는 어떤 것을 밝히라고 요구한다. 그렇다면 불교도는 기억의 발생(즉, 기억의 일어남)은 속성이고, 기억 그 자체는 속성-소유자라고 제시한다. 다시 말해, 발생은 기억에 일어난 일이라는 것이다. 그러나 웃됴따까라는 (다음 장에서 살펴볼 이유들로 인해) 불교도가 발생과 발생시키는 것이 궁극적으로는 구별되지 않는다는 주장을 한다고 지적한다. 그래서 이러한 구별은 작동하지 않으리라는 것이다.

> 이 경귀는 긍정적 추론을 하는 것이라고도 설명될 수 있다. 즉, 뎃바닷따의 색, 맛, 촉감에 대한 인지들은, 기억과 함께 다양체 속의 단일체라고 규정할 수 있는데, "나의 것"임으로 종합되기 때문이다. 이는 마치 무희의 양 눈썹이 한데 모일 때 관례에 따라 일어나는 어른들 다수의 동시적 인지와 같다. 확립된 관례를 따라 다수 행위자의 다수의 별개의 이해가 눈썹을 단일한 타깃으로 삼기 때문에 모두 조정되듯이, 여기서도 마찬가지로 여러 대상들은—색, 맛, 촉감은—단일한 타깃이 존재하기 때문에 종합된다. 그리고 그 타깃은 자아다.

> "욕망과 혐오, 노력, 즐거움, 고통, 인지는 자아의 증표다"라는 대목을 이해하는 또 다른 방법이 있다. 욕망 등은 성질이다. 성질이 의존적이라는 점은 공리와 같다. 이것들이 성질이라는 점은 제거

과정을 통해 알 수 있다. 욕망 등은 보편자도, 개별자도, 내재도 아닌데, 왜냐하면 무상하기 때문이다. 그리고 실체나 운동도 아닌데, 왜냐하면 소리가 그렇듯이 수반되는 실체에 내재해 있기 때문이다. 일반적인 수반관계 중 하나로 이 추론이 입증된다. 욕망 등은 무상하고, 다른 것에 의존하기 때문에, 또 색깔 등과 같은 성질의 경우와 마찬가지로 결과이기 때문에 성질이다. 욕망 등은 연장을 결여하는 실체에 속하기 때문에, 욕망 등이 신체의 성질이라는 점은 배제된다. 신체의 성질이라는 사실이 부정된다면, 욕망 등은 오직 자아의 성질일 수밖에 없다. 따라서 제거 과정을 통해 자아가 존재함이 증명되었다. (NSV on NSB on NS I.1.10, Tārānātha 185–93)

무희의 예는 실감 나긴 하지만 설명이 필요해 보인다. 고전 인도 무용에서는 다양한 눈썹의 움직임을 통해 전달할 생각과 느낌을 결정하는 관례가 있다. 이 예는 서로 다른 정신적 사건들 사이에 연결(이 예에서는 대중 속 어른들의 마음들 안에서 동시적으로 일어난 의미의 이해)이 있는 지점에는 이러한 연결성을 설명하는 어떤 하나의 것이 존재해야 한다는 점을 보여준다.

마지막 단락의 논증은 "욕망과 혐오 …"(NS I.1.10)라는 경귀가 말하는 내용을 이해하는 세 번째 방법이다. 의지와 느낌 같은 정신적 사건들은 제거 과정을 통해 성질의 범주에 속하는 것으로 드러났다. 의지 등은 무상하기 때문에 보편자, 개별자, 내재라는 범주에 속할 수 없는 것이다. 왜냐하면 보편자 등은 영구적이기 때문이다. 그리고 정신적 사건들은 하나의 단일한 실체에 내새해 있는 반면, 실체나 운동이 어떤 것에 내재해 있을 때는 다수의 실체들에 내재해 있는데, 마치 소와 소의 꼬리 흔듦이 소를 구성하는 다수의 원자에 내재해 있는 것과 같다. 그래서 정신적 사건들은 성질이어야 한다. 그리고 성질은 내재해 있을 기체로서의 실체를 필요로 한다. 더욱이 이 실체는 분할할 수 없는 것이어야 하기에 신체일 수 없다. 그러므로 이런 식으로 제거해 가다 보면, 정신적 사건들은 하나의 단일한 비물리적 실체, 즉 영원한 자아에 내재해 있어야 한다.

이 논쟁을 어떻게 대해야 할까? 분명 불교도는 종합의 문제에 대해 적절하게 대응할 필요가 있어 보인다. 내가 기억하는 것은 타인의 경험이 아니라 나 자신의 경험뿐이다.[11] 그리고 내가 어떤 경험을 기억할 때, 이 기억을 갖고 있는 기억자는 이전의 경험자와 동일한 존재여야 하는 것처럼 느껴진다. 두 가지 정신적 사건에 대한 하나의 단일한 주체가 존재하는 듯 보인다. 웃됴따까라는 불교도가 인과적 연속 개념이나 어떤 것들은 단지 개념적 허구일 수 있다는 생각을 이용해 이러한 주체를 설명하려 들 거라는 걸 알고 있다. 하지만 웃됴따까라가 이 구절에서, 불교도의 설명 방식을 상정해 이용한

11 물론 어떤 의미에서 우리는 타인의 경험을 기억한다. 당신이 처음 망고를 먹는 걸 본 기억이 날 수도 있다. 그러나 내가 기억하는 것은 망고를 먹은 게 당신 "내면에서" 어땠었는지가 아니다. 나는 당신이 망고를 먹는 걸 보거나 당신이 이를 얘기한 걸 들은 나 자신의 경험만을 기억할 수 있을 뿐이다. 이러한 제한은 어떤 경험을 기억하는 사람에게 그 경험이 "내면에서" 어땠었는지에 대한 기억에만 적용될 수 있다.

것은 부적절해 보인다. 불교도는 더 나은 방식을 제시할 수 있을까? 다음 장에서는 아비달마 철학자들이 이 주체에 대해 무슨 말을 해야 할지 살펴볼 것이다. 그러나 지금 당장은 두 가지 진리 사이의 구별이 불교 쪽에서 효과적으로 사용되었는지 생각해 보는 게 좋을 것이다. 이러한 구별이 종합의 문제 대한 불교도의 입장을 지지하는 데 사용될 수 있을까?

4. 자아의 존재는 부정될 수 있을까?

이제 웃됴따까라의 주석에서 두 번째 구절을 살펴보자. 이 구절은 『니야야 수뜨라』 권3에 대한 소개인데, 그 주제는 자아와 같은 앎의 대상의 본성이다. 대론자는 이러한 탐구가 무의미하다며 반대한다. 왜냐하면 자아가 존재하지 않음을 보여줄 수 있기 때문이다. 웃됴따까라는 만약 자아가 실재하지 않는다면, 자아가 존재하지 않음이 참임을 입증하기는커녕 이에 대해 말할 수조차 없다고 대응한다.

> 이제 앎의 대상에 대한 탐구를 시작할 것이다. 즉시 탐구할 바는, 앎의 대상으로서 자아 구축은 끊임없이 윤회를 엮어 가는 것이지만, 그 본성이 알려지면 윤회를 끝내는 수단이 된다는 사실에 관한 것이다. 이런 것이 바로 자아이기 때문에, 분석되어야 할 것은 자아이다. 그러나 자아에 관해 무엇이 분석되어야 하는가? 자아는 신체, 감각 기능, 내적 감각, 지성과 별개인가, 아니면 이것들 중 하나와 동일한가?

〔반론:〕 탐구 중인 주제가 존재하는지 증명되지 않았기 때문에, 이러한 질문은 제기될 수 없다. 자아와 구별된다, 또 구별되지 않는다 하는 것은 속성이고, 속성은 속성의 담지자가 존재하면 존재한다. 그리고 이 경우 이 담지자가 증명되지 않았다. 이 담지자가 증명되지 않으면, 그 담지자에 갖추어져 있는 두 가지 속성에 대한 분석은 합당하지 않다. 먼저 담지자 바로 그것이 존재하는지 입증되어야 한다.

〔대답:〕 그렇지 않다. "욕망과 혐오는 …"(NS I.1.10)이라는 게송이 자아의 존재를 증명했기 때문에, 또 자아는 증명되었기 때문에, 바로 그 분석에 들어가는 것은 합당하다. 이견이 없기 때문이다. 어떤 이론가도 자아의 존재에 이의를 제기하진 않지만, 그 속성에 대해서는 이견이 있다. 즉, 자아는 단지 신체인가, 마음 등인가, 집합체인가, 자아는 분리되어 있는가 하는 식으로 말이다. 그래서 모두가 받아들이는 자아의 존재에 대해 논쟁하는 일은 적절하지 않지만, 그 고유한 속성에 대해 의견이 일치하지 않는 어떤 것의 속성을 분석하는 일은 적절하다. 더욱이, 비존재를 보여주는 앎의 수단은 있을 수 없다. 그래서 어떤 앎의 수단도 자아의 비존재를 증명하지 못하기 때문에, 자아가 실재함에 대해 이견이 없는 것이다.

〔반론:〕 이것은 옳지 않으니, 자아는 발생한 적이 없기 때문이다. 자아는 존재하지 않으니, 토끼 뿔처럼 발생한 적이 없기 때문이다.

〔대답:〕 "자아는 존재하지 않는다"는 진술의 말은 이 진술을 스스로 약화시킨다. "자아"라는 말이 "존재하지 않는다"는 말에 의해 한정될 때, 이는 자아가 존재하지 않음을 보여줄 수 없다. 왜 그럴 수 없는가? "자아"는 존재하는 것이라는 의미를 나타내지만, "존재하지 않는다"는 이를 부정한다. 그리고 어떤 것이 어딘가에서 부정될 때, 그것은 다른 어딘가에 있어야 한다. "물단지"라는 말이 "존재하지 않는다"는 말에 의해 한정될 때, "물단지"라는 말은 물단지의 완전한 부재를 보여줄 수 없고, 오히려 특정한 장소나 시간에서의 부정임을 보여줄 수 있는 것과 같다. "이 물단지가 없다"는 것은 이 물단지가 집과 같은 특정한 장소나, 지금 또는 이전과 같은 특정한 시간에 있음을 부정하는 것이다.

그래서 부정은 그 존재가 인정되지 않는 어떤 것에 관해서는 결코 적절하지 않다. 따라서 당신이 "자아는 존재하지 않는다"라고 말할 때, 이것은 어떤 특정한 장소나 특정한 시간과 관련해 부정되는 것인가? 만약 이 부정이 특정한 장소에 관한 것이라면, 이는 자아에 관해서는 옳지 않으니, 자아는 공간적 위치를 점유하지 않기 때문이다. 자아가 특정한 위치를 점유한다는 점을 부정한다고 해서, 자아가 부정되는 것은 아니다. 그런데 당신이 의미하는 바는 아마 자아는 신체가 아닐 것이라는 점이다. 그렇다면, 자아가 부정되는 것과 관련해 이것은 누구의 신체인가? 아니면 아마 그 부정은 다음과 같을 것이다. "자아는 이 신체에 있지 않다." 그렇다면, 우리는 또한 자아가 부정되는 것과 관련해 이 신체는 누구의 것인가, 그리고 이 자아는 어디에 있는가 하고 묻는다.

〔반론:〕 자아는 어디에도 없다.

〔대답:〕 없다는 건 무슨 말인가?

〔반론:〕 당신이 이 말을 이해하는 식으로 "이 신체에 있지 않다"는 게 아니라는 것이다. 왜냐하면 이는 특정한 부정, 다른 방식이 아닌 한 가지 방식의 부정이기 때문이다.

〔대답:〕 자아는 신체에도 없고, 다른 곳에도 없으며, 없는 것도 아니라니, 이건 무슨 말장난인가?[12]

〔반론:〕 소위 말장난이라는 것은 있는 그대로 말하는 것일 뿐이다.

〔대답:〕 자아와 관련해 우리는 또한 특정한 시간에 그 존재함을 부정하는 것은 옳지 않다고 말하니, 자아는 이 세 시간 중 어느 때에 현출하는 게 아니기 때문이다. 자아는 영원하기 때문에 시간적으로 현출함이 없다. 자아가 영원하다는 것은 "이전에 함양된 …"(NS I.3.18)이라는 경귀와 관련해 아래에서 설명될 것이다. 따라서 우리는 또한 특정한 시간과 관련해 자아를 부정하지 않는다. 그러나 자아를 부정할 때는 "자아"라는 말의 대상이 무엇인지

---

12 이 문헌의 타쿠르 판(1997)은 타라나타(Tārānātha) 판의 세 가지 부정에 na śarīram을 더해 다음처럼 쓰고 있다. "자아는 신체가 아니며, 신체에도 없으며, 다른 곳에도 없으며, 없는 것도 아니다."

말해야 한다. 우리에게 의미를 갖지 않는 말이란 없기 때문이다. 만약 "자아"라는 말이 신체 등을 그 대상으로 한다고 주장한다면, 그 모순은 해소되지 않을 것이다. 그렇다면 "자아는 존재하지 않는다"는 의미는 "신체 등에는 없다"는 게 될 것이기 때문이다.

웃디요타라카가 어떻게 니야야의 형이상학적 도식을 다시 한 번 사용하는지 주목해 보자. "자아는 존재하지 않는다"는 부정형 문장이 참이려면, 올바른 종류의 부재가 존재해야 한다. 그런데 부재는 실재하는 대립자를 가져야 한다(1절 참조) - 이는 자아가 존재해야 함을 의미한다. 더욱이 부재는 특정한 장소 또는 특정한 시간에 부재한다는 단서를 달아야 하는데, 자아의 경우에 적용하기는 둘 다 적절하지 않다. 웃됴따까라는 다음으로 불교의 새로운 전략, 즉 우리가 자아는 존재하지 않는다고 말할 때, "자아"란 당신이 존재한다고 상상하는 어떤 것을 의미할 뿐이라고 한 점을 검토한다. 따라서 불교에서 자아를 부정하는 건 산타클로스가 존재함을 부정하는 일과 같다.

아마도 당신이 하는 "자아는 존재하지 않는다"는 말은 "당신이 상상하는 자아는 없다"는 의미일 것이다. 그러나 자아는 우리가 상상하는 어떤 것이 아니다. 상상한다는 것은, 공통된 속성으로 인해 속성을 덧붙이는 일이기 때문에, 실제로는 있지 않은 어떤 방식을 생각하는 일이다. 그러나 이는 우리가 자아의 실재성을 긍정하는 방식이 아니다. 그리고 당신이 우리가 자아를 상상한다고 말할 때, 우리가 자아를 존재하는 것으로 상상할 때와 존재하지 않는 것으로 상상할 때, 당신은 이를 어떻게 받아들이는지 물을 수 있을 것이다. 만약 존재하는 것으로 상상한다면, 자아가 존재하지 않는다는 것과 자아가 상상의 대상이 됨으로써 존재한다는 것의 유사성은 무엇인가? 자아와 무아에 공통점이 있다고 할 때, 자아는 인정된다. 왜냐하면 존재하는 것과 존재하지 않은 것 양자의 공통점은 없기 때문이다. 아마도 그 생각은 우리가 신체 등과 같은 "나" 감각의 대상에 자아가 포함된다고 잘못 상상하는 것일 수 있다. 그러나 이는 "나" 감각의 대상의 존재를 신체 등과 구별되는 것으로 인정하는 일이기 때문에, 여전히 모순을 해소하지 못한다.

아마 당신은 예를 들어, "그것은 공하다"와 같이 하나의 단어가 반드시 그 지시물인 대상을 가질 필요는 없다고 생각할 수도 있다. 그러나 "공하다"라는 말의 의미가 개들이 취하는 주인 없는 물건과 관련이 있는 한, 그것은 여전히 모순을 해소하지 못한다.[13] "어둠"의 경우에, 이 말은 지각되지 않음을 특징으로 하는 실체, 성질, 행위를 그 대상으로 갖는다. 빛이 없는 곳은 어디든지 실체 등을 어둡다고 한다. "어둠"이라는 단어가 지시하는 대상이 없다는 것은 (아비달마에서) "어둠은 네 가지 물질적 요소의 파생물이다"

---

13 웃됴따까라는 여기서 산스크리트어식의 심한 말장난에 빠져 있다. "공하다"란 너무 무가치해 마을의 개들만이 거들떠볼 만한 것을 나타낸다는 것이다. "공하다"에 해당하는 산스크리트어 śūnya는 개에 해당하는 śvan, 암캐에 해당하는 śunī라는 단어와 (의미상 무관하지만) 형태가 유사하다.

는 당신의 입장과 모순된다. 따라서 어둠은 지시물이 없는 말이 아니다.

누군가 산타클로스가 존재한다고 상상한다고 가정해 보자. 니야야에 따르면, 우리는 크리스마스트리 아래 선물을 놓아두는 사람에게 썰매를 타고 허공을 날아다니는 속성들을 덧붙여서 이렇게 한다는 것이다. 그러나 이 트리 아래 선물을 놓아두는 누군가가 존재하고, 날아다님이 존재하며, 허공과 썰매가 존재한다. 이것들은 산타클로스 신화가 말하는 식으로 함께 존재하지 않을 뿐이다. 산타클로스는 실제로 존재하는 것들로 구성되어 있다. 산타클로스가 이 트리 아래 선물을 놓아두는 사람에게 투사되어 있듯이, 자아가 신체에 상상적으로 투사되어 있다고 하려면, 신체에 투사될 수 있는 자아는 존재해야 할 것이다. 왜냐하면 "자아"는 단칭 명사로서, 어떤 실재하는 사물의 명칭이어야만 의미를 가질 수 있는 것이기 때문이다. "어둠"이라는 말은 여기서 일반 원리에 대한 반례가 아니다. 이 말은 빛이 없는 곳에 존재하는 모든 물리적 대상의 성질을 지칭하기 때문이다. 웃됴따까라는 불교도들조차 물리적 세계의 궁극적으로 실재하는 구성요소 가운데 어둠을 나열한다고 지적한다.

더욱이, 당신이 자아는 존재하지 않는다고 말할 때, 당신은 당신 자신의 입장과 모순된다. 왜 그런가?

오 비구여, 색은 "내"가 아니다. 또한 느낌, 의지, 의식도 "내"가 아니다. 비구여, 따라서 그대들은 이 색도 아니고, 느낌, 의지, 의식도 아니다.

이러한 온들, 즉 색 등은 "나"의 대상이 아니라고 부정된다. 이는 전면적인 부정이 아니라, 어떤 특정한 속성의 귀속에 대한 부정이며, 자아를 긍정하지 않는 것에 관해서는 "나도 아니고, 너도 아니다"라고 완전히 부정해야 한다. 아마도 온들을 하나씩 부정함으로써 온들로 구성된 전체가 지시되기에, "나" 감각의 대상은 색 등의 온들과 구별되는 전체가 될 것이며, 전체를 온들과 구별되는 "나" 감각의 대상으로 인정함으로써 그 명칭은 전체로서의 자아임이 드러난다.

〔반론:〕 그러나 그것은 별개의 것이 아니니, "나"와 상응하는 단일한 개념은 없다.

〔대답:〕 그렇지만, 다수의 것들이 있는 곳에서 우리는 이것들에 적용할 수 있는 단 하나의 말을 찾을 수 없다. 또한 색과 그 밖의 온들도 단독적으로든 집합적으로든 자아가 아니다. "나" 감각 개념은 "이것은 그것 안에 있지 않다"로 귀결된다.

〔반론:〕 무엇 때문에 "나" 감각은 그저 잘못된 개념일 뿐이라고 말하지 못하는 것인가?

잘못된 개념도 올바른 인지의 경우를 모방하는데, 당신은 어떻게 이 말을 막지 않겠는가? 더욱이 자아를 인정하지 않음으로써 당신은 여래의 가르침을 입증할 수 없게 된다. 왜냐하면 이 "그것은 존재하지 않는다"는 *Sarvābhisamaya Sūtra*에서 설한 바가 아니기에, "자아는 존재하지 않는다"는 말은 당신의 입장을 무효화하기 때문이다. 붓다가 말씀하길, "오, 비구들이여, 내가 그대들에게 짐과 짐을 진 자를 가르칠 것이다. 짐은 오온이고, 짐을 진 자는 인격체이다." 또한 이처럼 말씀하셨다. "자아가 아니라는 것은 잘못된 견해이다."

웃됴따까라가 지적하듯이, 붓다가 제시한 무상에 근거한 논증의 공식 표현(2장 3-4절 참조)은, 부정되고 있는 것이 자아와 신체 등의 동일시일 뿐임을 암시하는 방식으로 언급된다. 이러한 "어떤 특정한 속성의 귀속에 대한 부정"은 자아가 그 밖의 어떤 속성을 소유하고 있는 건 아닌지 하는 여지를 남긴다. 만약 붓다가 자아의 존재를 부정하려 했었다면, "나도 존재하지 않고, 너도 존재하지 않는다"고 말했어야 했다. 그러나 붓다는 이렇게 말하지 않는다. 왜냐하면 이 말은 불합리할 것이기 때문이다. 즉, 그 누구도 자신의 존재를 부정할 수는 없는 일이다. 자아에 대한 잘못된 생각의 토대가 되는 어떤 실재하는 것이 존재해야 한다. 어쩌면 그건 온들로 이루어진 전체가 아닐까? 그렇다면 이 전체가 자아다. 물론 불교도는 전체가 실재함을 부정한다. 웃됴따까라는 그렇다면 "나"는 전체를 구성하는 다수의 부분들을 지시할 것이라고 대답한다. 그리고 "나"는 단칭 명사로서 다수의 것들이 아니라 단 하나의 것을 가리킬 때만 사용된다. 마지막으로 불교도는 우리의 "나"라는 느낌은 순전한 착각으로부터 비롯된다고 제시한다. 웃됴따까라는 진실한 인지가 항상 실재하는 존재자를 인지의 대상으로 가진다고 대답한다. 이런 점에서는 잘못된 인지도 진실한 인지의 경우와 같다. 그래서 잘못된 인지에는 이러한 인지의 대상이 되는 자아가 존재해야 한다.

당신이 자아는 존재하지 않는다고 하면서 제시하는 이유인 "왜냐하면 그것은 발생되지 않기 때문이다"에 대해 말하자면, 이는 "발생되지 않음"의 두 가지 다른 의미를 제대로 구별하지 못하고 있다. 발생됨이란 무엇이고, 발생되지 않음이란 무엇인가? 발생된 것은 원인을 가지는 데 근거하는 존재이다. 발생되지 않은 것은 그 자신이 원인을 가지는 데 근거하지 않은 존재이다. 당신의 이유는 왜 잘못된 것인가? "발생되지 않음"의 "않음"이 부정하는 바 때문이다. 지금 이 "않음"은 어떤 시작을 가지는 걸 부정하는 데 작용하는 것으로, "않음"은 사물의 발생이 일어나지 않음을 말하는 것이다. 그렇다면, 마치 우리가 물단지에 물이 없다고 할 때의 부정(물단지의 존재를 부정하는 게 아니다)처럼, 이 "발생되지 않음"은 자아를 부정하는 게 아니다. 반면에 이 "발생되지 않음"이 있음의 부정이라면, (자아는 존재하지 않는다는) 당신의 논지와 (자아는 발생되지 않는다는) 당신의 이유가 똑같은 게 된다! (당신의 논증은 선결문제 요구의 오류를 범한다.)

게다가, "발생되지 않음"은 속성이며, 속성은 다른 것에 내재해 있기 때문에 독립적이라고 할 수 없다. 그리고 이 속성이 의존하는 것은 자아이므로, 당신의 논증은 모순된다. 속성-소유자가 없는 속성이 있을 수 있을까? 담지자가 없는 속성은 찾을 수 없기 때문에, 이것으로는 이의 제기를 피할 수 없다. 더욱이 당신이 "생겨나지 않음"이라고 말했을 때, 이것은 무엇을 의미하는가? 그 의미가 태어남이 없는 것이라면, 당신의 논지는 입증되지 않는데, 왜냐하면 자아는 태어나기 때문이다. 무엇이 자아의 태어남인가? 별개의 신체, 감각, 마음, 느낌으로 구성되는 집합과의 새로운 연결(즉, 재생)이 그것이다. 아마도 당신이 말한 "발생되지 않음"은 원인에 의하지 않음을 의미할 것인데, 이 경우에는 논지와 이유가 상충하지 않을까? 그러나 그 이유는 모순될 것이다. 왜냐하면 원인에 의하지 않은 것은 영원하고, 영원한 것은 증명되어야 할 비존재와 상충되기에 그 이유는 모순된다. 더욱이, 당신의 논지는 당신의 이유와 모순된다. 당신의 논지의 대상은 자아가 존재하지 않는다는 것이지만, 이유의 대상은 연결되지 않는 영원한 존재이다. 이는 논지와 이유, 즉 존재라는 속성과 비존재라는 속성을 모순되게 만드는 것이다. "그것은 원인을 결여하기 때문이다", "그것의 발생은 물질적 원인을 결여하기 때문이다", "그것은 결과가 아니기 때문이다", "그것은 원인이 아니기 때문이다" 등의 다른 이유들도 유사한 결함을 가지고 있다.

불교도들은 자아가 생겨난 게 아니라는 사실에 근거해 자아가 존재하지 않음을 증명할 수 있다고 주장한다. 이들은 존재하는 모든 것은 원인과 조건의 산물이라고 보기 때문이다. 웃디요타라카는 "생겨나지 않음"은 원인에 의해 생겨난 일 없이 존재함을 의미할 뿐이라고 응수한다. 무언가가 생겨난 게 아니라고 말하는 것이 그것이 존재하지 않는다고 말하는 것이라면, 불교도의 "증명"은 단지 자아가 존재하지 않기 때문에 자아는 존재하지 않는다고 말하는 것일 뿐이다. 그리고 무언가가 생겨난 게 아니라고 말하는 것이 그것에는 원인이 없다고 말하는 것이라면, 자아가 생겨난 게 아니라고 말하는 것은 자아는 항상 존재해 왔다는 것을 의미할 것이다.

> 그리고 당신이 당신의 논증에서 "토끼 뿔과 같다"라고 말할 때, 이는 받아들일 수 있는 예가 아니다. "토끼 뿔"이라는 표현은 연결을 그 대상으로 하기 때문에, 이는 토끼의 부정이 아니라, 연결의 부정이다. 논증의 실례가 토끼와 뿔 사이의 접촉이라면 어떨까? 소용없을 것이다. 그러한 접촉은 있을 수 있기 때문이다.
>
> [반론:] 그건 상식에 어긋날 것이다.
>
> [대답:] 토끼에게 뿔이 있다고 한다면. 이는 상식에 어긋날 것이라 생각하는가? 세간적으로 보면, 토끼와 뿔 사이의 인과관계에 대한 부정에 의지하는 것이기 때문에 모순되지 않는다. 토끼 뿔은 존재하지 않는다고 말할 때 세간이 부정하는 것은 토끼와 뿔 중 하나가 다른 것의 원인이나 결과라는 것이다. 뿔과 소 사이에는

인과관계가 존재하지만, 뿔과 토끼 사이에는 인과관계가 존재하지 않는다. 그리고 인과관계의 부정은 관련된 것들이 존재하지 않음을 의미하는 게 아니다. (뎃바닷따의 원인이나 결과인 것이 아님에도 불구하고 존재할 수 있는) 뎃바닷따의 물단지처럼, 다른 것의 원인이나 결과가 아닌 그것이 존재하지 않는다는 것은 사실이 아니기 때문이다. 더욱이, 당신이 토끼 뿔은 존재하지 않는다고 말할 때, 우리는 그 부정이 일반적인 것인지 아니면 특정한 것인지 물어야 한다. 만약 당신이 일반적인 부정이라고 말한다면, 그건 불가능하기 때문에, 옳을 수 없다. 그럴 경우, 토끼와 관련해 "토끼 뿔은 존재하지 않는다"란 소 등의 뿔이 존재하지 않는다는 게 될 것이다. 그리고 그런 일은 가능하지 않다–소 등의 뿔은 존재한다. 반면에 그 부정이 특정한 것이라면, 토끼와 관련해 부정되는 것은 토끼의 결과도 아니고 토끼의 원인도 아닌 어떤 뿔이다. 그러나 이것은 단지 인과적 연결의 부정일 뿐이다. 여기서 부정되고 있는 것은 다른 곳에서도 볼 수 있다. 절대적 비존재를 증명하는 예는 없다. 하늘 꽃 등과 같은 예들도 이렇게 설명되어야 한다는 점을 알아야 할 것이다. (NSV Introduction to NS III, Tārānātha 697–704)

추론에는 편재 주장을 뒷받침하는 긍정적 실례가 필요하다는 점을 기억하자. 웃됴따까라의 마지막 요점은, "자아는 생겨나지 않기 때문에 존재하지 않는다"라고 하는 불교도의 추론에서 토끼 뿔을 긍정적 실례로 사용할 수 없다는 것이다. 앞서 보았듯이, 제대로 이해했다면,

토끼 뿔은 완전히 실재하지 않는 것의 실례가 될 수 없기 때문이다. 완전히 실재하지 않는 것에 대해서는 그 어떤 부분도 결코 말할 수 없다. 그래서 어떤 것이 완전히 실재하지 않음을 입증할 수 있는 추론은 있을 수 없다.

우리는 이 논쟁을 어떻게 받아들여야 할까? 만약 웃됴따까라가 옳다면, 우리에게는 "자아"라는 말이 있고 이 말은 의미를 가지는 것처럼 보인다는 사실에 근거해, 자아라는 것이 존재한다는 결론을 받아들여야 할 것이다. 이렇게 말하는 게 옳을까? 확인하는 방법은 다른 용어에 동일한 추론을 적용할 때, 어떤 일이 일어나는지 알아보는 것이다. 이러한 방식으로 반례를 만들 수 있을까? 단지 어떤 단어가 의미를 가진다는 사실에 근거해 무언가가 존재함을 알 수 있다고 말하는 건 확실히 좀 이상해 보인다. 그러나 반례를 내놓는 게 그리 쉬운 일은 아닐 수 있다. "산타클로스"는 반례가 아니며, "토끼 뿔"과 "하늘 꽃"(이 둘은 모두 산스크리트어로는 단일어다)도 아니라는 점에 유의하자. 지목되는 것들이 존재하지 않는다는 사실에도 불구하고, 이 말들은 분명 의미를 가진다는 점을 웃디요타라카가 어떻게 설명하는지 알 수 있었을 것이다. 그럼 "자아"라는 말은 이 말들과 어떻게 다를까? 다르기 때문에 자아라는 말로 지목되는 어떤 존재하는 것이 있어야 한다면 말이다. 서양의 언어철학에서는 어떤 단어의 의미는 지시체에 의해 규명된다고 주장하는 이들이 있다. 예를 들어, 버트런드 러셀(Bertrand Russel)은 "이것"은 러셀 자신이 "논리적 고유명사"라고 부르는 것, 즉 지시하는 데 실패할 수 없는 것이라고 주장했다. 보다 최근에 솔 크립키(Saul Kripke)와 힐러리 퍼트넘(Hilary Putnam)

같은 소위 신 지시 이론(New Theory of Reference)의 지지자들은 고유명사(예를 들어, 아리스토텔레스)와 자연종 용어(예를 들어, "물"과 "황금")는 직접적인 지시체를 갖는다고 주장했다. 직접적인 지시체를 갖는 용어들은 아마 어떤 실재하는 존재자를 지시함으로써 자신의 의미를 얻을 것이다. 그래서 직접적인 지시체를 갖는 용어들은 의미를 갖지 않을 수 있지만, 지시하는 데 실패할 수는 없는 용어들로도 간주될 수 있다. "자아"가 이러한 용어들과 어떤 공통점이 있는지 고려해 볼 가치가 있다. 예를 들어, 러셀은 논리적 고유명사의 의미는 기술을 통해서가 아니라 직접 대면을 통해서만 알 수 있다고 주장했다. 다시 말해, 어떤 용어의 의미를 모르는 사람에게 그 의미를 설명하는 유일한 방법은 그 대상을 경험하게 하는 것이다. 니야야 논사들은 이런 게 "자아"라는 말에도 해당한다고 생각할 수 있을까? 만약 그렇다면, 이들이 옳은 것일까?

우리는 다음 장들에서 이러한 문제에 대해 더 많은 얘기를 나누게 될 것이다. (9장에서 살펴볼) 유가행경량부가 등장하고 나서야 비로소 불교 철학자들은 공허한 용어가 어떻게 의미를 가질 수 있는지 설명하는 데 도움이 되는 의미 이론을 개발했다. 그러나 그 이론의 뿌리는 다음 장의 주제인 아비달마에 있다. 아비달마는 초기불교가 전체를 대하는 성향이 어떤 결과를 낳았는지 탐구한다(2장 5절 참조). 우리는 아비달마의 탐구를 통해, 초기불교의 온蘊 이론보다 더욱 정교하게 존재론에 접근할 수 있게 된다. 그런데 이는 또한 니야야에 대응할 수 있는 새로운 도구를 제공할 형이상학과 인식론의 혁신으로 이어진다.

더 읽을거리

『니야야 수뜨라』의 핵심 부분과 그 주요 주석들에 대한 이해하기 쉽고 유용한 번역은 Matthew Dasti and Stephen Phillips, trans., *The Nyāya-sūtra: Selections with Early Commentaries*(Indianapolis: Hackett, 2017)에서 찾아볼 수 있다.

니야야 체계에 대한 전반적인 소개는 Karl H. Potter, ed, *Encyclopedia of Indian Philosophies: Indian Metaphysics and Epistemology: The Tradition of Nyāya-Vaiśeṣika up to Gaṅgeśa*, vol.2(Princeton: Princeton University Press, 1977)의 1부 참조.

인도 인식론 내에서 벌어진 니야야와 그 비판자들 사이의 논쟁에 대해서는 Bimal Krishna Matilal, *Perception*(Oxford: Clarendon Press, 1986) 참조.

니야야의 범주 도식에 대해서는 William Halbfass, *On Being and What There Is: Classical Vaiśeika and the History of Indian Ontology*(Albany: SUNY Press, 1990)의 3장 참조.

자아 또는 내재, 부재, 자기인식 같은 여타의 주제에 대해 니야야가 자신의 입장에서 어떻게 지속적으로 방어해 왔는지는 Arindam Chakrabarti, *Realisms Interlinked: Objects, Subjects and Other Subjects*(London: Bloomsbury Academic, 2020) 참조.

서양철학에서 보편자의 문제에 대한 소개는 D. M. Armstrong, *Nominalism and Realism: Universals and Scientific Realism*, vol.1.(Cambridge: Cambridge University Press, 1978) 참조. 암스트롱 자신도 알고 있듯이, 자신의 견해는 중요한 측면들에서 니야야의 견해와 유사하다.

존재하지 않는 것들을 지시하는 문제에 대한 연구는 Arindam Chakrabarti, *Denying Existence: The Logic, Epistemology and Pragmatics of Negative Existentials and Fictional Discourse*(Dordrecht, NL: Kluwer, 1997) 참조.

저명한 니야야 논사의 해탈에 대한 설명은 Nilanjan Das, "Vātsyāyana's Guide to Liberation," *Journal of Indian Philosophy* 48(Nov. 2020): 791-825, https://doi.org/10.1007/s10781-020-09438-x 참조.

5장 아비달마: 공한 인격체의 형이상학

이 장의 주제는 붓다의 교설을 체계적으로 해석하려는 시도에서 비롯된 불교철학의 한 운동이다. 우리는 이 운동을 "아비달마(Abhidharma)"라고 부르는데, 이는 이러한 노력의 결과를 펼쳐놓은 문헌 모음을 부르는 명칭이기 때문이다. 아비달마는 불교 전적의 세 문헌군 중 세 번째에 해당한다. 첫 번째는 붓다의 모든 교설을 모아 놓은 경전이다. 두 번째는 승단의 규율을 담은 율전이다. 첫 번째와 두 번째 문헌군은 적어도 부분적으로는 붓다 시대 즈음에 성립되었다. 아비달마 문헌은 이후의 산물인데, 여기에는 불교 수행자들이 붓다의 가르침에서 논의된 모든 존재자를 분류하는 과정에서 직면한 난관들이 반영되어 있다. 시간이 지남에 따라, 제안된 해결책들 간에 미세한 차이가 생겨나기 시작했다. 이러한 해석의 차이로 인해, 여러 다른 학파들이 형성되었다. 그렇지만 모두 붓다의 가르침을 해석하는 공통된 접근법과 공통된 철학적 견해를 공유했다. 이 장에서는 그 공통된 견해를 검토할 것이다. 또한 아비달마 학파들 사이에서 철학적으로 더 중요하다고 여겨지는 의견 차이들 중 몇 가지를 살펴볼 것이다.

이 장의 부제에서 알 수 있듯이, 여기서는 주로 아비달마의 형이상학에 관심을 가질 것이다. 앞선 장에서는 불교 무아 교리의 형이상학적 근거에 대한 도전을 살펴봤다. 아비달마는 무엇이 궁극적으로 실재하는지에 대한 혁신적인 견해를 제시함으로써 이 도전에 대응한다. 우리는 법(dharma) 이론, 즉 이 이론의 토대와 어떤 법이 존재하는지에 대한 논쟁 일부를 살펴볼 것이다. 또한 지각의 본성에 대한 중요한 인식론적 논쟁도 살펴볼 것이다. 그런데 2장에서 다 끝내지 못한 중요한 부분에서 시작할 텐데, 이를테면 전체는 실재하지 않으며, 나눌 수 없는, 즉 부분이 없는 존재자만이 실재한다는 것을 증명하는 부분이다. 인격체에 대한 불교 환원주의자들의 견해는 이 같은 일반적인 부분전체론적 허무주의에 근거한다. 즉, 전체는 부분들로 환원될 수 있기 때문에, 엄밀히 말해 실재하지 않는다고 보는 것이다. 이 견해의 이면에는 인격체는 단지 개념적 허구에 지나지 않는다는 생각이 있다. 하지만 초기불교에서는 전체에 대해 이 같은 주장을 하지 않았다. 아비달마는 바로 이 주장을 출발점으로 삼는다. 아비달마의 법 이론은 부분들로 환원될 수 있는 전체는 실재하지 않는다는 논증의 귀결을 반영해 나오는 것이다.

1. 부분전체론적 허무주의에 대한 논증

아비달마의 형이상학은 더 이상 나눌 수 없는 존재자만이－부분을 갖지 않는 것만이—궁극적으로 실재한다는 주장에 근거한다. 그렇기에 이 주장을 입증하는 논증이 있는지는 이 일의 기획에 아주 중요하다. 이 기획의 전모를 알기 위해, 다양한 여러 자료에서 아이디어를 모을 것이다. 아비달마의 작자들에게 이 논증의 가장 중요한 점은, 실재하는 전체가 실재하는 부분들과 동일할 수도 없고 구별될 수도 없음을 보여주는 것이다. 그리고 논증에서 이 대목의 중요한 요소를 제시하는 문헌을 살펴볼 것이다. 그러나 먼저 한발 물러서서 논증이 사용하는 전반적인 틀을 살펴볼 필요가 있다.

우리가 마주하고 있는 기본 질문은 존재론적 질문이다. 즉, 근본적으로 실재하는 것이 무엇이냐는 것이다. 이 경우, 질문은 전체와 부분의 실재성을 묻는 질문으로 좁혀진다. 이는 가능한 답이 네 가지뿐임을 의미한다.

1. 전체와 부분은 모두 실재한다.
2. 전체는 실재하고, 부분은 실재하지 않는다.
3. 전체도 부분도 실재하지 않는다.
4. 전체는 실재하지 않고, 부분만 실재한다.

이 전략은 1~3 중 어느 것도 참이 될 수 없음을 보여줌으로써 4가 참임을 보여주는 데 있다. 이 논증은 제거에 의한 증명 중 하나이다. 이 전략이 효과를 발휘하려면, 이 넷이 유일하게 가능한 선택지여야 한다. 이 점은 입증하기 어렵지 않다. 전체와 부분이라는 두 가지 범주가 있다. 그리고 각각은 실재하거나, 실재하지 않아야 한다. 따라서 가능한 조합은 네 가지뿐이다. 즉, 둘 다 실재하는 경우(1), 둘 다 실재하지 않는 경우(3), 그리고 이 두 경우(2와 4)가 혼합된 견해가 그것이다. 이 네 가지가 유일하게 가능한 견해이기 때문에, 이 중 하나는 참일 수밖에 없다. 가설 1은 4의 가장 중요한 경쟁자가 된다. 하지만 이에 대해서는 잠시 접어두고 2부터 시작해 보자.

2는 유일하게 실재하는 것이 부분들로 구성되는 전체라고 말한다. 전체를 구성하는 부분들은 그 자체로는 사실상 실재하지 않는다. 전차는 실재하지만, 전차의 부분들은 그렇지 않다. 나무는 실재하지만, 뿌리, 가지, 잎은 그렇지 않다. 만약 이 말을 믿는 사람에게 어째서 잎과 가지가 여전히 실재하는 것처럼 보이는지 물어본다면, 정신적 추상화 과정에 의해 오도되었기 때문이고 말할지 모른다. 우리는 나무를 유용한 크기의 덩어리로 나누어버렸고, 그래서 나무의 일부가 되어야만 가지가 될 수 있다는 사실을 잊어버렸다는 것이다. 하지만 이 가설이 직면하는 한 가지 큰 어려움이 있다. 이 논리에 따르면, 정말 단 하나의 것, 즉 하나의 큰 것만이 존재한다. 즉, 이는 우리가 전체라고 생각하는 대부분의 것들이 실제로는 더 큰 전체의 부분이기 때문이다. 당신이 있는 방은 바닥, 벽, 천장, 가구 등등 부분으로 이루어진 전체다. 하지만 방은 건물의 한 부분이다. 건물은 도시나 동네의 한 부분이다. 도시나 동네는 도의 한 부분이다. 이는 계속 이어질 수 있다. 그 결과로 나온 견해를 절대적 일원론이라 하며, 궁극적으로 실재하는 것은 하나이고 나눌 수 없는 것이라고 주장한다. 인도에는 불이론不二論 베단따 학파의 창시자인 샹카라

(Śaṃkara), 서양에는 소크라테스 이전 철학 중 엘레아 학파의 창시자인 파르메니데스(Parmenides) 등 절대적 일원론을 주장한 철학자들이 있었다. 그러나 이들은 분명 다루기 힘든 난제에 직면했다. 왜 세상에는 다수의 것들이 존재하는 것처럼 보일까? 왜 궁극적으로 실재하는 것은 하나이고 나눌 수 없는 것이라는 가정에 따라 행동하는 것이 유용하다고 하는 것일까? 만약 만물이 정말 단 하나라면, 예를 들어 내가 맥주를 마시든 표백제를 마시든 아무런 차이가 없을 것이다. 이 둘 사이의 구별은 그 자체로 미분화된 하나의 큰 것에다 임의로 덧붙여진 것일 뿐이다. 아마 우리는 하나의 큰 것이—전체로서의 우주나 세계가—존재한다는 데는 동의할 것이다. 그러나 맥주와 표백제 같은 것들을 우리가 경험한다는 사실을 설명하려면, 우주가 실제로는 부분들로—이 중 일부는 다른 것들보다 더 유독할 것이다—나누어질 수 있다고 가정할 필요가 있다. 그래서 2는 거짓으로 보인다.

3은 사실상 아무것도 존재하지 않는다고 말하고 있다. 존재하는 모든 것은 부분들로 이루어진 것(전체)이거나, 부분들로 이루어져 있지 않은 것(궁극적 부분)이어야 한다. 3은 둘 다 존재하지 않는다고 말하는 것이라서 아무것도 존재하지 않는다고 말하는 셈이다. 이 견해는 형이상학적 허무주의로 불린다. 그리고 이것이 거짓일 수밖에 없다는 점은 자못 명백하다. 만약 이 견해가 참이라면, 바로 이 참일 수 있다는 생각 자체가 일어날 수 없다. 생각이라는 것은 그 자체로 (어떤 식으로든) 존재하는 것이거나, 존재하는 것 안에서 일어나는 것이라야 생겨날 수 있기 때문이다. 우리는 바로 지금 형이상학적 허무주의를 검토하고 있고, 그렇기에 이 주의가 참일 수도 있겠다는 생각이 생겨나는 것이다. 그러므로 형이상학적 허무주의는 거짓임에 틀림없다. 3은 안전하게 제쳐놔도 좋다.

1은 전체는 실재하며 전체를 이루는 부분도 실재한다고 말한다. 자전거는 실재하며 그래서 자전거를 이루는 시트, 핸들, 페달, 체인 등도 실재한다. 자전거 시트 자체도 부분들, 즉 스프링, 프레임, 패딩, 커버 등으로 이루어진 전체라는 점을 지적할 수도 있다. 이는 참이다. 그러나 지금은 무시하고, 일단 시트와 바퀴살 같은 것들이 자전거의 궁극적인 부분이라고 생각해 보자. 우리는 부분들과 부분들이 구성하는 자전거가 똑같이 실재한다는 가설을 살펴보고 있다. 그런데 여기서 또 다른 질문이 제기될 수 있다. 만약 전체와 부분들이 동등하게 실재한다면, 전체와 부분은 동일하거나 구별되어야 한다. 그렇다면 자전거는 부분들과 동일한가, 아니면 구별되는가? 이제 부분들이 특정한 방식으로 서로 관련되지 않는다면, 자전거가 없을 것이라고 지적할지 모른다. 시트는 프레임에 붙어 있고, 바퀴살은 림에 붙어 있는 방식으로가 아니라면 말이다. 그래서 해야 할 질문은 부분들이 서로 올바른 "자전거 조립" 방식으로 붙어있을 때, 자전거가 부분과 동일한지 아니면 별개인지 여부이다. 우리는 정확히 조립된 부분들을 "관련 부분"이라고 부를 것이다. 가설 1은 그렇다면 다음의 두 가지 대안으로 나눌 수 있다.

1a. 전체와 부분은 모두 실재하며 전체는 관련 부분과 동일하다.

1b. 전체와 부분은 모두 실재하며 전체는 관련 부분과 구별된다.

아래에서 차례로 살펴볼 것이다.

1a는 우리가 이를 아주 다른 가설로 착각하는 경우에만 매력적으로 보일 것이다. 예를 들어, 이 가설이 실제로 자전거가 존재함을 의미한다고 생각할 수도 있지만, 자전거는 실제로는 단지 관련 부분들일 뿐이다. 그렇지만 우리가 한 종류의 것은 "실제로는 단지" 다른 어떤 종류의 것일 뿐이라고 말할 때, 우리가 말하고 있는 것은 이 하나의 것이 다른 것으로 환원될 수 있다는 것이다—엄밀히 말하면, 후자보다 더 실재하는 것은 없다는 말이다. 이것이 바로 "단지 ~일 뿐"이라는 말이 하는 일이다. 자전거에 대해 이렇게 말한다면, 이는 1a가 아니라 4를 긍정하는 것이다. 자전거는 개념적 허구라는, 즉 실제로는 부분만이 실재할 뿐이라는 말이 될 것이다. 1a가 말하는 바는, 자전거는 단지 부분들만큼만 실재하지만, 부분과 동일하다는 것이다.

그래서 이는 참일 수 없다. 그 이유를 알기 위해, 동일자의 식별불가능성 원리를 살펴보자.

> 원리: 만약 x와 y가 수적으로 동일하다면, x와 y는 모두 동일한 속성들을 공유한다.[1]

---

1 이 원리는 모두 동일한 속성들을 가지는 어떤 두 사물은 수적으로 동일하다고 말하는 식별불가능자의 동일성 원리와 구별되어야 한다. 그래서 만약 두 사물을 구분할 수 있는 방법이 없다면, 이 둘은 실제로 단 하나의 사물이어야 할 것이다. 이 원리에는 논란의 여지가 있다. 동일자의 식별불가능성 원리는 그렇지 않다. 이 동일자의 식별불가능성 원리는 18세기 철학자 고트프리트 라이프니츠의 이름을 딴 라이프니츠의 법칙으로도 알려져 있다.

x와 y가 수적으로 동일하다는 것은 "x"와 "y"가 실제로는 하나의 동일한 것에 대한 두 개의 명칭일 뿐이라는 말이다. 그리고 만약 그렇다면, x에 대해 참인 모든 것은 y에 대해서도 참이어야 한다. 어떻게 하나의 사물이 동시에 특정한 방식으로 있을 수도 있고 그렇게 있지 않을 수도 있는가?[2] 이를 1a에 적용하면, 자전거에 대해 참인 모든 것이 관련 부품들에 대해서도 참이어야 한다는 결과를 얻게 된다. 그렇지만 자전거는 하나의 사물이라는 속성을 가지지만, 관련 부분들은 그렇지 않다. 부분들은 다수의 사물이라는 아주 다른 속성을 가진다. 어떻게 하나의 사물이 다수의 사물과 동일할 수 있겠는가?

이 때문에 1b가 더 합리적으로 보인다. 1b는 자전거가 별개로 존재하는 것이라고 말한다. 부분들이 함께 조립될 때, 새로운 것, 즉 자전거가 존재하게 된다. 부분들은 여전히 존재하지만, 자전거는 부분들 그 위에 존재한다. 앞선 장에서 보았듯이, 이는 니야야가 주장하는 견해다. 그리고 니야야의 입장은 일반적으로 볼 때, 상당히

---

2 만약 질적 변화를 겪는 존속하는 실체들이 존재한다고 믿는다면, 당신은 이 실체들이 동일자의 식별불가능성 원리에 대한 반례의 근거라고 생각할 수 있다. x는 6월의 잎이고, y는 10월의 동일한 잎이라고 가정해 보자. 그렇다면 x는 y에는 없는 속성, 즉 초록 속성을 가진다는 것은 참이 아닐까? 속성들이 시간 순으로 색인화되어 있다고, 즉 속성들은 한 번에 한 실체가 가지는 것이라고 이해하지 않는다면, 참이 아니다. 이렇게 이해한다면 x와 y는 모두 6월에 초록이라는 속성을 가지는 것이다. 이 두 잎은 마찬가지로 10월에 빨강이라는 속성을 가진다. 이렇게 속성들이 시간 순으로 색인화되어 있다는 이해는 편속 이론가의 견해와 구별되기 위해 실체 이론가라면 반드시 지지해야 하는 입장이다. 4장 1절, 특히 각주5 참조.

합리적이고 상식적이다. 그래서 1b는 꽤 솔깃하게 들린다. 그렇지만 자전거가 정확히 어디에 존재하는가 하는 질문과 관련된 극복해야 할 과제가 있다. 문제는, 가령 시트가 존재하는 곳에 전체로서의 자전거가 존재하는지, 아니면 시트가 존재하는 곳에 존재하는 것은 자전거의 부분일 뿐인지다. 지금 이 첫 번째 가능성은 좀 이상하게 보일 수 있다. 어떻게 시트 크기의 공간에 자전거만큼 큰 것이 존재할 수 있다는 것인가? 그러나 두 번째 가능성은 그 자체로 문제가 있다. 만약 시트에 존재하는 것이 단지 자전거의 부분일 뿐이라면, 자전거 그 자체에—이 별개로 존재하는 전체에—부분들이 포함되어 있다고 말해야 할 것이다. 이러한 자전거-전체라는 것은 단지 시트만이 존재할 뿐인 자전거-전체의 부분, 단지 왼쪽 페달만이 존재할 뿐인 자전거-전체의 또 다른 부분 등등으로 나뉠 수 있을 것이다. 그리고 자전거-전체의 이러한 부분들은 시트, 페달 등등과 분리되어 있는 것이어야 한다. 왜냐하면 우리는 별개로 존재하는 자전거 그 자체가 시트, 페달 등등과 어떤 관련이 있는지 묻고 있는 것이기 때문이다. 만약 이 별개로 존재하는 자전거 그 자체가 시트 등이 존재하는 곳에 존재하는 자전거-전체의 이 부분 등을 가진다고 말해야 한다면, 우리는 자전거와 시트·페달 등 사이의 관계를 설명하는 데 이 부분 등을 사용하고 있는 것이다. 만약 우리가 시트, 페달 등을 "부분들1"이라고 부른다면, 자전거-전체의 이러한 별개의 공간 영역들을 "부분들2"라고 불러야 할 것이다. 부분들1과 자전거-전체 사이의 관계를 설명해야 하는 것은 부분들2이기 때문에, 부분들2는 부분들1과 구별되어야 한다. 하지만 그렇다면 우리는 자전거-전체와 부분들2 사이의 관계에 대해 물을 필요가 있을 것이다. 부분들2 각각에는 자전거-전체의 부분만 존재하는가? 그리고 동일한 추론 방식을 통해 우리는 그 이상의 부분들, 즉 부분들3 등등을 상정할 수 있을 것이다. 1b 버전은 무한소급을 초래한다-이는 좋은 신호가 아니다.

따라서 1b의 지지자는 전체가 각각의 부분들에 전체로서 존재해야 한다고 말해야 하는 것처럼 보인다. 이것이 니야야의 입장이다. 니야야는 전체가 각각의 부분들과 관련되어 있는 것과 같은 방식으로, 보편자가 사례들 각각과 관련되어 있다고 말할 것이다. 거기에 있는 노란색 조각들을 모두 가져와 보라. 만약 그 조각들이 모두 노란색이라는 걸 설명하는 노란색성黃色性과 같은 것이 존재한다면, 이 노란색성은 조각들 각각에 동등하게 현존하는 단일한 것이어야 한다. 1b를 주장하는 사람은 자전거도 마찬가지로 시트, 왼쪽 페달, 오른쪽 페달 등등에 동등하게 현존한다고 말할 것이다.

이제 1b에 반대하는 논증을 제시할 수 있다. 이 논증은 (뒤에서 자세히 설명할) 전체가 그 부분들에 내재해 있다는 니야야의 견해를 세친이 비판하고 있는 『구사론』의 한 구절에서 찾아볼 수 있다. 비판의 맥락은 니야야의 인과론 논의에 맞춰져 있다. 니야야에 따르면, 원인과 결과는 별개의 것이다. 이렇게 주장하려면, 왜 주어진 결과가 특정한 원인에 의해서만 산출될 수 있는지 설명해야 한다. 만약 어떤 싹이 어떤 종자의 결과라면, 왜 이 종자는 다른 어떤 결과가 아니라 바로 이 같은 결과를 낳는 것인가? 그러나 니야야는 이 종자가 이 싹의 원인임을 부정한다. 이들의 주장으로, 싹의 원인은 싹을 구성하는 원자들이다. 이들은 싹을 구성하는 원자들이 싹을 산출하는 방식으로 재배열될 수 있기 때문에, 우리는 종자에서 싹을 얻을 수 있는 것일 뿐이라고 주장한다. 이 견해는 싹과 같은 복합 실체가 이 복합 실체의 부분들인 실체들에, 즉 이 복합 실체를 구성하는 원자들에 내재해 있는 별개의 존재라는 니야야의 견해에 의존하는 것이다. 이는 바로 세친이 공격할 지점이다.

그러나 그들은 〔니야야 논사들은〕 싹 등의 발생이 종자 등에서 비롯한다는 점을 인정하지 않는다. 그렇다면 무엇에서 비롯하는가? 단지 싹의 부분들로부터 비롯하는데, 이 부분들은 다시 자신의 부분들로부터 생겨나는 식으로 원자에까지 이르는 것이다. 그렇다면 싹 등을 낳을 수 있는 종자 등의 역량은 무엇이란 말인가? 싹은 종자 원자의 점진적인 움직임으로 인해 종자가 있는 곳 이외의 다른 곳에서는 발생하지 않는다. 이들이 원인으로 인정하는 것은 무엇인가? 이들은 본성상 다른 무언가로부터 발생할 가능성은 없다고 말한다. 왜 없는가? 다른 것으로부터의 발생은 비규정적일 것이기 때문이니, 이런 식으로는 역량의 규정성이 없을 것이다. 예를 들어, 검은 소금의 발생이 소리로부터 비롯하는 것과 같으니, 이는 불가능하다. 발생된 성질의 특징은 발생 원인과 다를 수 있지만, 실체는 그렇지 않다. 유사한 것으로부터 유사한 실체의 발생만을 볼 수 있으니, 예를 들면, 풀로 만든 돗자리나 실로 만든 천의 경우와 같다.

이는 옳지 않다. 이 비유는 적합하지 않은 것으로 여겨지는데, 그 자체로 입증되지 않은 것을 증명하는 것이기 때문이다. 무엇이

> 여기서 입증되지 않는 것인가? 돗자리가 풀과 구별되고, 천이 실과 구별된다는 점이다. 이는 조립된 이것들을 〔조립된 풀이나 실을〕 〔"돗자리"나 "천"이라는〕 개념으로 인정하는 것이다. 마치 개미 행렬과 같다.

싹의 발생에 대한 니야야의 설명은 천이 실과 구별된다는 가정에 의존한다. 세친은 이 가정이 입증되지 않았기 때문에, 설명에 이 가정을 사용할 수 없다고 말한다. 천과 실 사이의 관계에 대한 또 다른 가능한 견해가 있기 때문이다. 즉, 그저 실이 있는 것일 뿐이지, "천"은 짜여진 실에 대한 단지 편리한 지시어일 뿐이라는 것이다. 개미 행렬이란 게 실제로는 일렬로 늘어서 있는 개미들일 뿐이듯이, 천도 별개의 실체가 아니라 개념적 허구일 뿐이라는 것이다. 왜 니야야의 가정이 아니라, 이러한 세친의 견해를 받아들여야 할까? 세친은 다음과 같이 이어서 말한다.

> 이는 어떤 방식으로 인식되는가? 단 한 가닥의 실과 〔감각적으로〕 접촉하는 경우, 이는 천을 인지하는 게 아니다. 그렇다면 무엇이 천을 보지 못하게 하는가? 만약 그것이 불완전한 상태에 있는 것이라면, 그것은 천이 아니라 천의 부분일 뿐이다. 그렇다면 천이라는 것은 집합에 지나지 않을 것이다. 그리고 천의 어떤 부분이 실과 다른가? 단지 가장자리와 〔감각적으로〕 접촉하고, 또 〔가장자리와〕 다수의 〔부분들의〕 장소가 접촉하는 데 의지해 천에 대한 지각이 있을 수 있지만, 이는 결코 일어나지 않는다.

가운데 부분들과 끝 부분들과의 감각적 연결이 없기 때문이다. 또한 연속적으로 연결되는 부분들과의 시각적 접촉으로 인한 전체에 대한 인지도 없을 것이다. 〔이것이 전체가 인지되는 방식이라고 가정하면,〕 연속적인 연결을 통한 전체에 대한 지각에 근거해 그것〔천〕을 알아차리는 일은, 원을 그리며 도는 횃불의 불바퀴와 같이, 오직 부분들에서만 일어날 것이기 때문이다.

바닥에 천 조각이 있는데, 나는 그 가장자리의 실 한 가닥만 볼 수 있다고 가정해 보자. 그렇다면 나는 천을 본다고 말할 수 없을 것이다. 왜 그럴 수 없는가? 만약 그것이 내가 천의 단 한 부분을 보고 있기 때문이면, 전체로서의 천은 그 실에 있지 않을 것이다. 천을 보려면 단 하나의 실 이상을 봐야 한다. 그리고 그것이 큰 천 조각이라면, 나는 결코 일거에 모든 실을 볼 수도 없을 것이다. 내가 천을 보는 것은, 먼저 이 끝자락의 실들을 보고, 그런 뒤 중간의 실들을 본 다음, 다른 끝자락의 실들을 보는 방식을 통해서일 뿐이다. 그러나 내가 결코 전체로서의 천을 보는 것이 아니라면, 이것은 실재로서 존재하는 것이 아니라, 마음에 의해 하나로 합쳐진 어떤 것이다. 세친은 원을 그리며 도는 횃불의 불바퀴 예를 제시한다. 횃불을 빠르게 돌리면, 불의 원이 존재하는 양 보인다. 사실은 횃불의 끝에 있는 불이 있을 뿐이다. 단지 그 불이 너무 빠르게 움직이기 때문에 원형의 불 고리가 있는 듯 보이는 것일 뿐이다. 이 고리는 우리가 실제로 보는 것에, 즉 촘촘히 잇따르는 별개의 다수 지점에 나타나는 불에 대한 마음의 해석이다.[3] 같은 맥락에서, 천은 우리가 실제로 본 것을 놓고 이를 마음이 해석한 결과일 수 있다.

> 〔천은 실과 구별될 수 없다.〕 왜냐하면 실이 별개의 색깔·종류·기능을 갖는 곳에서는 천의 색 등이 생길 수 없기 때문이다. 색깔 등이 다양하다면 그 발생도 다양할 것이며, 안과 밖을 구별할 수 없다면 물단지를 볼 수 없거나, 볼 수 있는 색깔도 다양할 것이다. 기능도 다양하다면, 너무 많은 차이가 있을 것이다. 열과 조명이 다르다면, 불빛을 통해 전체의 색과 촉감을 지각할 수 없을 것이다. (AKBh III.100ab, Pradhan 189－90)

우리의 천이 파란색과 빨간색 실로 짜여 있다고 가정해 보자. 이 천이 실과 구별되는 실체라면, 이 천은 천 자신의 색을 가져야 한다. 이 천은 무슨 색인가? 이 질문에 대해 니야야는 천이 "다양한 색"이라는 그 자신의 고유한 색을 가진다고 대답한다. 이것은 어떤 것이 서로 다른 색깔의 부분들로 만들어졌을 때 생성된다고 가정된 색이다. 그러나 천이 자신의 모든 부분에 동등하게 현존한다면, 어떻게 이

---

3 세친은 이후에 이것이 원의 별개의 지점에 나타나는 다수의 별개의 불이라고 주장할 것이다. 그는 찰나보다 더 오래 지속되는 것은 없다고 주장할 것이다. 그래서 이것은 횃불이 시계의 12시 지점에 있을 때부터 1시 지점 등에 있을 때까지 움직이는 하나의 불이 아니다. 실제로는 인과적 연속에 있는 다수의 별개의 불이다. 우리는 이 주장에 대한 논증을 나중에 살펴볼 것이다. 그러나 현재로서는 원을 그리며 도는 횃불의 불바퀴 예는 횃불이 돌아가는 동안 단일한 불이 존속하는 것으로 해석될 수 있다. 이 예는 이러한 방식으로 해석되더라도 여기서 맡은 역할을 여전히 다 하고 있다.

다양한 색이 파란색 실에 현존할 수 있겠는가? 그 부분들의 기능이 서로 다른 전체에 대해서도 유사한 난점이 있다. 물단지의 안은 액체를 담고 있는 반면, 밖은 다른 것들이 들어오지 못하게 한다. 그러나 이러한 부분들로 이루어진 전체로서의 물단지는 두 기능 모두를 한다. 따라서 물단지가 자신의 모든 부분들에 동등하게 현존한다면, 물건을 담고 있는 기능은 물단지 밖에서도 발견되어야 한다. 마찬가지로, 불은 조명을 밝히면서 동시에 열을 발생시킨다. 그러나 이 두 가지 작용을 하는 것은 불의 다른 부분들이다. 뜨거운 불이 조명을 밝힐 수 없을 수 있기 때문이다. (열과 빛을 생성하는 것은 방사선 스펙트럼의 서로 다른 부분이라고 할 수 있다.) 만약 불을 두 기능을 갖는 단일한 실체라고 생각한다면, 어떨 때는 한 가지 기능만 작용하고, 또 어떨 때는 다른 한 가지 기능만 작용한다고 하더라도, 두 기능이 자신의 모든 부분에 동등하게 현존한다고 가정해야 한다. 반면에, 전체가 단지 개념적 허구에 지나지 않는다고, 즉 하나로 모으는 마음 활동의 산물이라고 가정한다면, 이 모든 어려움을 피할 수 있다. 결과적으로, 1b는 4 이외에 다른 선택지만큼이나 문제가 있는 것으로 드러났다. 따라서 우리는 전체는 단지 정신적 구성물일 뿐이라는, 즉 오직 나눌 수 없는 존재자들만이 궁극적으로 실재한다는 결론에 이끌리게 된다.

2. 부분전체론적 허무주의에 대한 또 다른 논증

나눌 수 없는 존재자라는 게 도대체 무엇인지, 여전히 궁금할지 모르겠다. 실제로 그러한 것들이 있다고 본다면, 마찬가지로 여기에도 심각한 난점이 있지 않을까 하고 생각할 수도 있다. 얼마 안 있어 법(dharma), 말하자면 궁극적으로 실재하는 존재자에 대한 아비달마의 공식적 설명을 보게 될 것이다. 그러나 지금은 나눌 수 있는 것들은 궁극적으로 실재할 수 없다는, 즉 전체는 개념적 허구일 뿐이라는 결론을 논증하기 위한 또 다른 방식을 살펴볼 필요가 있을 것이다. 다음 구절은 대승 문헌[4]에서 인용한 것이지만, 아비달마적 기획의 토대와 깊은 관련이 있는 질문을 제기한다.

> 또한, 다른 것에 대해 "나"라는 관념으로 잘못 생각할 수 있는 상황이 있다.
>
> 어떤 남자가 명령을 받고 먼 곳으로 가다가, 버려진 집에서 하룻밤을 보내게 되었다. 한밤중이 되자, 죽은 남자를 어깨에 메고 있는 귀신(yakṣa)이 다가와서는 그 옆에다 내려놓았다. 그런 뒤 두 번째 귀신이 첫 번째 귀신을 쫓아 와서는 화를 내면서 "저 죽은 남자는 내 것인데 어째서 여기로 옮겨 놓은 것인가?"라고 꾸짖듯 말했다. 첫 번째 귀신이 "이건 내 재산이니 내가 가져다 옮겨 놓은 것이다"라고 대답했다. 두 번째 귀신이 "내가 정말

---

4 *Mahā Prajñāpāramitā Śāstra* 때로는 *Mahāprajñāpāramitopadeśa*라고도 하는데, 한역에서는 『대지도론』이라고 한다. 이 문헌은 전통적으로 용수의 저작으로 전해지지만, 한역본만 남아 있다. 구마라집의 역경장에서 산스크리트어 원문을 한역했다고 생각하는 사람들도 있지만, 실제로는 구마라집 본인의 저술로 생각하는 사람들도 있다. 여기에 있는 구절은 한역을 저본으로 한 라모뜨의 프랑스어역을 기반으로 한다.

저 죽은 남자를 여기로 가져왔다"라고 말했다. 두 귀신은 서로 시체를 손으로 잡아채면서 싸웠다. 첫 번째 귀신이 "여기 우리가 물어볼 만한 사람 하나가 있다"고 말했다. 그러자 두 번째 귀신이 "누가 이 죽은 남자를 여기로 가져왔는가?"라고 물었다. 이 남자는 '두 귀신은 너무나 강하니, 진실을 말하든 거짓을 말하든 나는 죽을 게 뻔하다. 어떻게 해도 도망칠 수 없을 테니, 거짓말을 해서 무엇하겠는가?'라며 마음속으로 생각했다. 그런 뒤 시체를 가져온 건 첫 번째 귀신이었다고 말했다.

그러자 두 번째 귀신이 화가 잔뜩 나서 그의 손을 잡아 뜯어서는 땅에 던져버렸다. 하지만 첫 번째 귀신은 시체의 팔을 가져다 그에게 붙여 주었다. 이런 식으로 두 팔, 두 발, 머리, 옆구리가 시체의 부분들로 바뀌어 버렸다. 그런 다음, 두 귀신은 시체의 부분들로 대체했던 남자의 버려진 몸의 부분들을 게걸스레 먹어 치우고는 입을 닦은 뒤 떠났다.

남자는 이렇게 되뇌었다. "아버지와 어머니에게서 태어난 육신을 귀신들이 남김없이 먹어치우는 걸 봤다. 이제 지금 나의 몸은 완전히 다른 이의 살로 되어 있다. 내 육신은 있는 걸까, 더 이상 없는 걸까? 가지고 있다고 생각해도, 이는 완전히 다른 사람의 육신이다. 사실상 가지고 있지 않다고 생각해도, 여기 완벽히 눈에 보이는 육신이 있는 것을." 이렇게 생각하고 나니 마음이 몹시 괴로워져 마치 정신을 잃은 사람처럼 되어 버렸다.

다음 날 아침, 그는 원래 길로 돌아와 다시 출발했다. 얼떨떨한 상태로 한 왕국에 도착한 그는 불탑에 비구들이 모여 있는 것을 보자, 다른 말은 하지 않고 자신의 몸이 존재하는 것인지 존재하지 않는 것인지 물었다. 비구들이 "당신은 누구인가?"라고 묻자, "제가 사람인지, 사람이 아닌지도 정말 모르겠습니다"라고 대답했다. 그런 뒤 간밤에 무슨 일이 있었는지 소상히 말해줬다. 그러자 비구들은 "이 사람이야말로 '내'가 존재하지 않음을 스스로 인정하고 있다. 그는 쉽게 해탈 상태에 도달할 것이다."

그에게 말하되, "그대의 몸은 태어날 때부터 오늘까지 항상 자아가 없었으니, 지금에 와서야 이렇게 된 게 아니다. 그대가 '이것은 나의 몸이다'라고 생각한 것은 4대 요소가 한데 모여 있기 때문이다. 다른 때의 몸과 오늘의 몸 사이에는 아무런 차이가 없다." 비구들은 그를 도에 들도록 회심시켰다. 그는 정념을 끊고 아라한이 되었다.

따라서 이는 다른 것에 대해 "나"라는 관념으로 잘못 생각할 수 있는 상황 중 하나이다. 그러나 "이것"과 "저것"의 구별과 관련이 있음을 근거로 "내"가 존재한다고 말할 수는 없다. (MPS 738-40)

이 이야기의 요점은 신체와 같이 나눌 수 있는 것은 자아일 수 없다는 데 있다. 한 사람이 자신의 부분들을 일부씩 교체하는 과정을 통해 다른 사람의 신체를 획득할 수 있기 때문이다.[5] 내가 다른 사람의 신체로 계속 존재할 수 있다면, 나를 지금의 이 사람으로 만든 것은 원래의 내 신체일 수 없다. 그러나 여기에 이 이야기에 대해 제기할

---

5 이 이야기에 나오는 귀신 같은 건 없을지 모르지만, 이제 심장, 신장, 폐 등과 같은 장기를 외과적으로 이식할 수 있다.

수 있는 또 다른 질문이 있다. 이 과정에서 남자는 어느 시점에 자신의 신체를 잃고 대신 죽은 사람의 몸을 갖게 되었는가? 왼쪽 팔을 얻었을 때? 머리? 심장이 들어 있는 몸통의 옆구리? (머리를 교체할 때와 같이) 남자의 신체에서 죽은 사람의 신체로 넘어가는 구분 단계가 있다고 생각되면, 세부 과정들을 바꿀 수 있을 것이다. 우리는 귀신이 이 남자 신체의 훨씬 더 작은 부분과 시체를 교환하게 할 수 있다. 만약 교환할 부분을 엄청 작게 만들고 충분히 무작위로 선택한다면, 원래의 신체가 죽은 남자의 신체로 대체되었다고 말할 수 있을 분명한 지점이 없을 것이다.

이 문제는 인체에만 국한되지 않는다. 부분들로 이루어진 모든 전체에 적용된다. 서양철학에서 이 일반적인 문제는 모래 더미와 같은 더미와 관련해 처음 제기되었다. 이 문제는 고대 그리스 철학자들이 처음 제기했었고, 더미를 뜻하는 그리스어가 소리테스(sorites)이기 때문에, 더미 문제로 알려지게 되었다. 이것이 문제가 되는 이유는 바로 다음에서 볼 수 있다. 백만 개의 모래 알갱이가 서로 겹쳐 쌓여 있는, 분명 모래 더미인 것을 예로 들어보자. 하나의 모래 알갱이를 빼고 남는 것은 여전히 분명 더미다. 결국, 하나의 모래 알갱이를 뺀다고 해서 더미인 것과 더미가 아닌 것 사이의 차이를 만들 수는 없다. 그러나 하나씩 빼는 과정을 계속할 수 있다. 마지막에는 단 하나의 모래 알갱이를 더미라고 부를 수밖에 없게 된다. 그리고 하나의 모래 알갱이가 더미임은 분명 거짓이다. 더욱이 이 일은 반대로도 할 수 있다. 만약 알갱이가 하나도 없다면, 분명 더미도 없을 것이다. 만약 단 하나의 알갱이를 더하더라도, 더미로 만들기에는 충분하지 않다. 그래서 하나의 알갱이는 더미가 아니다. 두 개의 알갱이라도 마찬가지다. 하지만 이는 서로 겹쳐 쌓여 있는 백만 알갱이들도 더미가 아니라고 말할 수밖에 없게 만든다. 동일한 것이 더미이기도 하고 더미가 아니기도 한 것이다.

우리는 역설을 마주하고 있다. 다음의 네 개의 진술로부터 모순을 도출할 수 있는데, 각각은 받아들일 수 있는 진술처럼 보인다.

1. 함께 쌓여 있는 백만 개의 모래 알갱이는 더미다.

2. 더미에서 하나의 모래 알갱이를 빼는 것으로는 더미가 아닌 것으로 바꾸기에 충분하지 않다.

3. 단 하나의 모래 알갱이는 그 자체로는 더미가 아니다.

4. 하나의 모래 알갱이를 더미가 아닌 것에 더하는 것만으로는 더미인 것으로 바꾸기에 충분하지 않다.

우리는 1과 2로부터 999,999개의 모래 알갱이는 더미가 아니라는 결론을 도출할 수 있다. 그런 다음, 이 결과에 2를 적용하는 식으로 단 하나의 모래 알갱이가 더미라는 결과를 도출할 때까지 이를 할 수 있다. 이는 3과 모순된다. 더욱이 3과 4는 두 개의 모래 알갱이가 더미가 아니라는 결론을 도출할 수 있게 한다. 같은 과정은 결과에 반복함으로써, 우리는 결국 백만 개의 모래 알갱이가 더미가 아니라는 결론에 도달할 수 있는데, 이는 1과 모순된다.

우리가 어떤 역설에 직면한다면, 그건 무언가 심각하게 잘못되었다는 신호다. 네 가지 진술 중 어떤 것을 포기해야 할까? 더미인 것과 더미가 아닌 것 사이에 뚜렷한 구분선이란 존재하지 않는다는 가정을 포기해야 한다고 생각할 수도 있다. 2와 4가 이러한 가정에 근거하고 있다. 이 두 진술 모두 단 하나의 알갱이가 차이를 만들 순 없다고 말한다. 그러나 어쩌면 차이를 만드는 결정적인 어떤 하나의 알갱이가 있을 수 있다. 그렇지만 어떻게 그런 게 있을 수 있는지 규명할 방법이 있는지조차 의심스럽다. 모래 더미 대신 식탁에서 하나의 원자를 제거하는 과정을 생각해 보자. 정확히 어떤 지점에서 더 이상 식탁이 아니게 될까? 이 원자들의 덩어리는 하나의 접시를 지탱할 만큼의 지점을 훨씬 지났는데도 식탁의 모양은 유지할 수 있을 것 있다. 하지만 식탁으로서의 자격을 얻으려면, 그 모양을 띤 어떤 것이 얼마만큼의 무게를 지탱해야 할까? 25, 24, 24, … 몇 kg일까? 이는 정확한 답이 있을 수 없는 질문이다.

어쩌면 이게 왜 중요한지 궁금해할지도 모르겠다. 어쨌든 우리는 많은 개념들이 이런 식으로 부정확하다는 점을 알고 있지만, 이 사실 때문에 세상과 일상적으로 상호작용할 때 개념들을 유용하게 사용하지 못하게 되는 건 아니다. 가상으로 설정된 상황에서 어떤 것이 식탁인지 더미인지 말할 수 없다는 것에 왜 신경을 써야 할까? 그러나 이런 식의 질문은 사실 불교도의 주장을 에둘러 하는 방식이다. 불교도들은 대부분의 세속적 개념이 일상적으로 사용될 때 완벽하게 잘 기능한다는 데 동의한다. 사실대로 말하면, 이들은 우리가 개념을 더욱 정확하게 적용하면서 살아가기는 정말 힘들 것이라는 데 동의할 것이다. 만약 “탁자”란 적어도 25kg 정도는 지탱할 수 있는 물건을 의미한다고 정의한다면, 우리는 탁자 모양을 한 무언가를 탁자라고 부르기로 합의하기 전에 실험실에서 부하검사를 수행해야 할 것이다. 그렇게 되면 우리에게는 유용한 개념이 얼마 남지 않을 것이다. 그래서 우리는 개념 대다수를 부정확한 채로 쓴다. 그러나 이는 이러한 개념들이 궁극적으로 실재하는 것들을 잡아내는 게 아니라는 결론을 내려야 함을 의미한다. 만약 개념들이 그렇다고 생각한다면, 우리는 동일한 것이 더미이면서 동시에 더미가 아니고, 탁자이면서 동시에 탁자가 아니며, 신체이면서 신체가 아니라는 불가능한 결과를 얻을 것이다. 대신 우리는 더미, 탁자, 신체가 단지 개념적 허구에 불과하다는 결론을 내려야 한다. 우리는 단지 "더미", "식탁", "신체"라고 부르듯 유용하게 단어를 사용하기 때문에, 이러한 것들이 존재한다고 믿는다. 실제로 존재하는 것은 나눌 수 없는 존재자들이다. 이 존재자들이 올바른 방식으로 (어느 정도) 배열될 때, 유용함이라는 관례에 따라 이것들을 단일한 명칭으로 부를 수 있다. 그러나 나눌 수 없는 존재자에 관해서라면, 항상 어떤 입장을 취할지 알고 있다. 그것은 존재하거나, 아니면 존재하지 않는다. 나눌 수 없는 존재자에 대해서는 한 부분을, 그 다음에는 다른 부분을, 또 다른 부분을 빼는 식으로 할 수 없기 때문이다. 나눌 수 없는 존재자는 부분을 가지지 않는다. 그래서 그것이 거기에 있든 없든 간에 점유하는 영역이 있지 않다. 이는 그 존재가 모순을 야기하지 않음을 의미한다. 따라서 나눌 수 없는 존재자들이 궁극적으로 실재하는 것이다.

아비달마 불교도들이 전체와 부분에 대한 자신들의 견해를 이런 식으로 주장하는 건 아니다. 이들은 전체가 단지 개념적 허구에 지나지 않음을 보여주기 위해 더미 논증을 구성하지 않았다. 앞서 보았던, 세친이 주장한 방식으로만 주장했다. 하지만 불교도들은 그럴 수도 있었다. 그래서 당신이 보기에 세친의 논증에 허점이 있다고 생각한다면, 이 더미 논증에 대응할 수 있는 방법이 있는지 또한 생각해 보아도 좋을 것이다. 예를 들어, 우리는 알지 못하는, 어디까지를 탁자나 더미 등이라고 부를 수 있는지 정확한 경계라는 것이 실제로 존재할까? 아니면 모호한 경계를 가지는 실재하는 사물들이 실제로 존재할 수 있을까? 이는 따져볼 만한 질문이다. 불교 철학자들이나 여타의 인도 철학자들이 탐구하지 않았던 질문이기 때문에, 여기서는 더 이상 살펴보진 않을 것이다. 여기서 하고 싶은 말은, 전체는 궁극적으로는 실재하지 않는다는 불교적 결론을 피하는 것이 놀라우리만치 어렵다는 게 증명되었다는 점이다. 이 세상에 탁자, 나무, 소, 도시, 인체, 인격체 같은 것들이 실제로 존재한다는 상식적인 견해를 방어하는 건 결코 간단한 문제가 아니다.

3. 궁극적으로 실재하는 존재자로서의 법

그렇다면 무엇이 궁극적으로 실재하는가? 이 나눌 수 없는 존재자들은 실제로 무엇과 같은가? 아비달마는 그것은 법(法, dharma)이라고 대답한다. 그리고 법은 내재적 본성(自性, svabhāva)을 가지고 있는 것으로 정의된다. 세친은 다음 구절에서 궁극적으로 실재하는 것과 한낱 세속적으로 실재하는 것을 대조함으로써 이를 보여준다.

물단지와 같은 대상처럼, 나누어지거나 정신적으로 분석을 하면, 그것에 대한 인식이 발생하지 않는 것은 개념적 허구다. 궁극적 실재는 그렇지 않다.

그것은 부분들로 분할될 때 그 인식이 발생하지 않는 개념적 허구다. 물단지와 같다. 즉, 조각으로 깨지면 물단지에 대한 인식은 존재하지 않는다. 그리고 그것은 또한 마음에 의해 속성들이 제거될 때 그 인식이 발생하지 않는 개념적 허구다. 물과 같다. 즉, 마음에 의해 형태 등의 속성이 배제된 물에 대한 인식은 존재하지 않는다. 그리고 이것들과 관련하여, 관습의 힘을 통해 만들어진 편리한 지시어, 즉 물단지와 물이 존재한다고 말하는 것은 참이니, 거짓을 말하는 게 아니라면, 이는 세속적 진리다. 이 이외의 것은 궁극적 진리다. 마음에 의해 다른 속성이 배제되었을 뿐만 아니라, 분할한 뒤에도 인식이 있다면, 그것은 궁극적으로 실재한다. 색(물리적인 것들)과 같다. 즉, 이것이 원자들로 분할될 때조차, 그리고 마음에 의해 맛 등과 같은 속성이 제거될 때조차, 색의 내재적 본성(svabhāva)은 여전히 존재한다. 느낌 등도 같은 방식으로 봐야 한다. 이것은 최고의 의미로 존재하기 때문에, 궁극적으로 실재한다고 일컬어진다. 이것은 초월적 인지에 의해 또는 〔초월적 인지의 획득〕 이후에 관련된 통상적인 활용에 의해 파악되기 때문에, 이것은 궁극적인 진리다. (AKBh VI.4, Pradhan 334)

법을 찾는 열쇠는 세속적으로 실재하는 것이 왜 궁극적으로는 실재하지 않는지 아는 데 있다. 세친에 따르면, 이는 세속적으로 실재하는 것이 "분석 중 사라지기" 때문이다. 다시 말해, 물리적으로 그것의 부분들을 제거해 갈 때, 또는 그것의 고유한 속성들을 하나씩 구별해 낼 때, 남게 되는 것에는 그 사물에 대한 개념을 적용할 수 없다. 예를 들어, 물단지에서 목 부분을 분리하면, 더 이상 물단지는 존재하지 않는다. 이는 물에는 적용되지 않는다. 한 잔의 물에서 물방울을 일부 덜어내도 남아 있는 것은 여전히 물이다. 그러나 남은 물이 너무 적어서 더 이상 나눌 수 없을 만큼의 물이 있다고 가정해 보자. (이는 물을 어떤 원소로, 즉 수소와 산소 같은 다른 원소로 이루어진 게 아닌 것으로 생각한다는 걸 의미한다.) 원래, "물"은 색이 없는 것으로 그 용기의 형태를 띠고, 축축하며, 뜨겁거나 미지근하거나 차가울 수 있는 등의 어떤 것이다. 그래서 물리적으로 더 이상 나눌 수 없는 작은 물방울도 여전히 형태, 무색, 축축함 등의 일련의 개별 속성들로 분석될 수 있다. 어떤 것이 전차이려면 바퀴, 축, 몸체 등이 올바른 방식으로 한데 합쳐져 있어야 하듯이, 어떤 것이 물이려면 이 어떤 것도 형태, 색깔, 축축함 등의 속성이 모두 함께 존재해 있어야 한다. 우리는 물이 이러한 속성들을 가지는 "사물"로 생각한다. 하지만 이 속성들을 제거하면 물은 사라질 것이다.

아비달마 철학자들은 개념적 허구가 그 본성을 다른 것으로부터 차용한다고 말하면서 이 상황을 표현한다. 이들은 이런 식으로 전차나 물 같은 개념들이 집합적이라는 걸 주장한다. 즉, 개념은 마음이 분리된 것들을 한데 합친 뒤, 하나로 묶는 어떤 하나의 사물을 구성하는 일과 관련이 있다. 하나씩 분석을 해 나가면 그 "사물"이 사라진다는 사실이 이를 보여준다. 우리는 전차를 바퀴, 축 등의 부분을 가지고 있는 사물로 생각한다. 그런데 이것들이 제거되면, 전차는 사라진다. 우리는 물이 색깔, 형태, 축축함 등을 속성으로 가지고 있는 "사물"로 생각한다. 그러나 이것들이 배제되면 물은 사라진다. 이는 전차와 물이라는 것이 한낱 정신적 구성물일 뿐임을 보여준다. 하지만 분석을 통해서도 사라지지 않는 것이라면, 다른 사물로부터 그 본성을 차용하지 않을 것이다. 이것은 정신적 구성물이 아닐 것이기에, 궁극적으로 실재할 것이다. 이것은 우리의 이익이나 인지적 한계와 무관하게 존재할 것이다. 이것은 내재적 본성을 가질 것이다.

우리가 "내재적 본성"이라고 번역하는 자성(自性, svabhāva)은 말 그대로 "자신의 본성"을 의미한다. 법이 내재적 본성을 가진다고 하는 건, 그 본성은 빌린 것이 아니라 전적으로 그 자신의 것이라고 말하는 일이다. 이 의미는 어떤 것이 분석을 통해서도 사라지지 않는 법이라는 말이다. 만약 법이 물리적인 것이라면, 그 일부를 제거하더라도 원래 종류의 것으로 계속 존재할 것이다. 법은 또한 개념으로 분석할 때, 복수의 별개 속성이 있는 것일 수 없다. 우리는 다른 종류의 것들로 환원 불가능한 존재물에 도달했을 때 법에 도달했음을 안다. 이는 법이 기술이 아니라 직접 대면을 통해서만 알 수 있다는 말로도 표현될 수 있다. 즉, 우리는 어떤 종류의 법은 직접 경험함을 통해서만 그 명칭이 의미하는 바를 알게 될 수 있다. 단지 누군가 기술해 준 내용만 가지고는 이를 배울 수는 없다는 말이다. 전차를 본 적이 없는 이는 축에 바퀴 두 개가 연결되어 있다는 등의 기술 내용을 듣게 되면, 전차가 무엇인지 이해하게 될 수 있다. 그러나 이는 정확히 전차가 그 본성을 부분들에서 차용하기 때문에 가능하다. 기술은 그 부분들이 어떻게 배열되어 있는지 설명함으로써 작동한다. 법의 경우, 이 같은 길은 우리에게 열려 있지 않다. 그것이 어떤 종류의 것인지 알려면 스스로 경험하는 수밖에 없다.

4. 어떤 법이 존재하는가?

이 말이 무슨 의미인지 더 잘 알려면, 아비달마 학파가 인정한 몇 가지 법의 예를 살펴봐야 한다. 이 중에 원자極微가 있을 거라 예상했을 지도 모르겠다. 만약 그렇다면, 당신의 예상이 맞았다. 하지만 이는 예상한 대로의 원자는 아니다. 물론 오늘날의 과학이 "원자"라고 잘못 부르는 것과는 달리 진정 나눌 수 없는 것이다.[6] 그러나 이것은 실체에 해당하는 니야야의 원자와는 다르다. 니야야와 마찬가지로, 아비달마도 땅地, 불火, 물水, 공기風라는 네 종류의 원자를 인정한다. 그러나 니야야에게 땅 원자는 (여러 다른 성질들과 함께) 내재된 견고함이라는 성질을 가지는 실체이다. 아비달마 존재론에서는 실체 범주가 없다. 그래서 땅 원자라는 법은 작은 견고한 입자가 아니라, 단지 견고함이라는 특정한 발현일 뿐이다. 마찬가지로 불 원자는 뜨거운 어떤 것이 아니라, 열이라는 특정한 발현일 뿐이다. 이 점은 다음 구절에 나오는데, 이는 이전에 살펴본 『구사론』에서 인용한 부분에서 이어지는 내용이다. 세친은 원자의 존재에 대한 경험적 증거를 논의하

---

6 4장 1절의 각주3 참조.

고 있는데, 그는 물단지와 같은 전체가 실재하지 않는다는 데 동의하려면 이 증거가 필요하다는 점을 알고 있다.

그리고 원자는 지각할 수 없지만 집합체聚集에 대한 지각은 있으니, 시각 등과 관련해 효과의 일어남이 있으며, 눈병 환자 일부에게 머리카락 뭉치에 대한 지각이 있기 때문이다. 그리고 색깔 등이 있는 곳에서만 원자에 대한 지각의 발생이 있기 때문에 색깔 등의 파괴가 원자의 파괴임이 증명된다.

〔반론:〕 원자는 실체이고, 실체는 색깔 등과 구별되니, 그 성질의 파괴가 있다고 해서 실체의 파괴가 증명되는 것은 아니다.

〔대답:〕 이는 잘못된 것이니, "이것들은 〔실체들인〕 땅, 물, 불이고, 그것들은 이것들의 색깔 등이다"라는 형태로 그 구별이 그 누구에 의해서도 전혀 확인된 바 없다. 인지되는 것은 바로 시각과 촉각에 의해 파악되는 것이다. 양털, 면화, 홍화, 샤프란에 대한 인식은 잡다한 색깔 등이 있는 곳에서만 일어나니, 이것들이 불탔을 때는 이러한 인식이 없기 때문이다. 불에 구운 물단지를 〔불에 굽지 않은 물단지와 같다고〕 인식하는 것은 형태의 유사성 때문이다. 특징을 보지 못하면 인식할 수 없기 때문이다. 왜 이런 유치한 헛소리로 귀찮게 구는가? (AKBh III.100ab, Pradhan 190)

이 반론은 실체와 성질 사이의 범주적 구별을 유지하고자 하는 니야야 논사가 제기한 것이다. 세친은 우리가 물단지의 견고함을 느낄 때, 이는 실제로는 우리의 지각을 일으키고 있는, ("집합체"를) 구성하는 모든 원자의 견고함이라고 말했다. 그래서 그는 모든 감각 가능한 성질이 파괴되면 원자도 파괴된다고 결론짓는다. 대론자는 실체는 그 속성들의 변화에도 살아남을 수 있다고 주장하려고 한다. 예를 들어, 가마에서 구워진 뒤 점토의 흰색이 파괴되고 새로운 빨간색을 띠게 되더라도 점토는 여전히 존재한다는 것이다. 그렇다면, 대론자는 전체는 부분과 구별되어 존재한다는 점을 입증하기 위해 이 예를 사용할 수 있다. 이 때문에 니야야 논사들은 원자가 그 성질이 파괴되더라도 살아남을 수 있는 실체라고 말하고자 한다. 세친은 성질이 존재한다는 경험적 증거만 있을 뿐, 실체가 존재한다는 증거는 없다며 대응한다. 샤프란 실의 경우, 우리가 시각을 통해 알아차릴 수 있는 것은 빨간색이지, 이 색을 소유하고 있는 사물이 아니다. 우리가 후각을 통해 인지하는 것은 톡 쏘는 냄새지, 톡 쏘는 사물이 아니다. 우리가 샤프란이라고 부르는 "사물"은 실제로는 모두 함께 발현하고 있는 이러한 감각 가능한 성질들의 묶음일 뿐이다.[7] 담지자가 됨으로써 이 성질들 모두를 통합하는 기저 기체라는 것은 존재하지 않는다. 우리는 보통 물단지가 구워질 때 물단지가 성질의 변화를

7 트롭(trope), 이를테면 성질-특수자는 아무도 이것을 알아차리고 있지 않을 때도 존재한다고 하는 니야야의 주장에 아비달마가 동의한다는 점에 주목하자. 빨간색과 톡 쏘는 냄새는 우리가 샤프란이라고 부르는 것이 찬장에 있지 않을 때도 계속 존재한다. 유식학파는 지각되지 않은 채로 존재하는 색법의 존재를 부정할 테지만(7장 참조), 아비달마 학파는 이를 부정하지 않는다.

겪는다고, 즉 그 흰색은 파괴되고 빨간색을 얻는다고 말한다. 그러나 이는 그냥 말하는 방식일 뿐이다. 실제로 우리가 겪는 바는 하나의 속성 묶음 다음에 다른 묶음이 오는 것이다. 첫 번째 묶음에는 흰색과 물단지 형태가 포함되어 있지만, 두 번째 묶음에는 빨간색과 물단지 형태가 포함되어 있다. 우리는 (우리의 이익과 관련된 요소들을 비롯해) 형태의 유사성 때문에 두 묶음에 "물단지"라는 단 하나의 편리한 지시어를 부여할 수 있는 것이다. 이것이 바로, 먼저는 흰색이었다가 지금은 빨간색인 하나의 실체가 존재한다고 우리가 생각하는 이유이다. 물단지와 같은 실체는 단지 개념적 허구에 지나지 않는다. 궁극적으로 실재하는 것은 우리가 땅 원자와 접촉하게 될 때 경험하는 견고함이다.

실체가 아닌 성질[8]만 존재한다는 생각은 익숙해지려면 시간이 좀 걸린다. 우리의 상식적인 개념 도식은 실체가 속성의 담지자라는 생각을 중심으로 조직되어 있다. 이것이 니야야의 범주 체계가 아주

---

8 여기서 "성질"은 성질-특수자를 의미하며, 두 곳의 서로 다른 장소에 동시에 있을 수 있는 게 아니라는 걸 기억해 두자. 만약 우리가 그릇에 있는 두 개의 사과를 보고서 이 두 개가 정확히 동일한 색조의 빨간색이더라도, 거기에는 하나가 아닌 두 개의 빨간색이 있는 것이다. 우리는 여기서 니야야와 같은 방식으로 "성질"을 사용하고 있다. (이러한 의미에서) 성질들만 존재할 뿐 실체는 존재하지 않는다는 발상에는 현대 철학에서 옹호자들이 있다. 그러나 많은 이들이 "성질"을 빨간색성赤色性 같이 다른 장소에서도 존재할 수 있는 반복 가능한 것을 의미하는 데 사용하기 때문에, 철학자들은 성질-특수자를 나타내는 "트롭"이라는 용어를 만들어냈다. 트롭 이론에 대한 자세한 내용은 이 장 끝에 제시된 더 읽을 목록을 참조.

합리적으로 보인 이유다. 그렇지만 아비달마는 우리가 실체 없이 단지 성질만으로도 아무 문제없이 살아갈 수 있다고 주장한다. 실체는 기계의 쓸모없는 톱니바퀴 같은 것으로 아무것도 설명하지 않는다. 실재하는 것은 우리가 느끼는 견고함, 우리가 보는 빨간색과 둥근 형태다. 꼭 강조해야 할 점은 이것들이 니야야의 성질과 꼭 같다는 것이다. 즉, 특정한 장소와 시간에만 존재하는 특수자인 것이다. 니야야에 따르면, 내가 물단지를 볼 때 보는 이 빨간색은 하나의 성질이며, 내가 책을 볼 때 보는 그 빨간색은 또 다른 성질이다. 물단지가 부서지고 마모되면 이 빨간색은 사라지지만, 이 책에 속하는 그 빨간색은 여전히 존재한다. 아비달마는 (법이라고 하는) 성질-특수자에 대해 동의하지만, 이것이 우리가 지각하는 전부라고 덧붙인다. 그렇다면, 지각되지 않는 추가의 것, 즉 성질-특수자가 내재해 있는 물단지 또는 책 같은 실체 또한 존재한다고 가정하는 이유는 무엇일까?

아비달마는 빨간색과 둥근 형태를 보고 견고함을 느끼는 등일 때 우리가 지각하는 바를 표현하기 위해 "물단지" 같은 말을 가지는 것이 분명 유용하다는 점을 인정할 것이다. 그러나 이는 단지 이러한 법들이 함께 발현할 때, 우리는 다른 어떤 경험들을 확실하게 예측할 수 있기 때문이다. 보통 우유를 물단지에 붓는다고 말하는 경험을 예로 들어보자. "우유" 그 자체는 법들의 묶음으로, 여기에는 물 원자로 불리는 축축함 법이 포함되어 있다. 이 묶음이 "물단지" 묶음으로 들어가는 경험을 우리가 할 때, 우리는 "물단지" 묶음 주위의 탁자에서 축축함 법을 느끼지 못할 것이라고 확신할 수 있다. (우유는 물단지 안에 남아서 탁자 위로 퍼지지 않는다고 할 수 있다.) 우리는 자신의 경험이 이런 식으로 진행되기를 원하기 때문에, "물단지"라는 편리한 지시어 아래 빨간색, 둥근 형태 등을 모으는 게 유용하다. 이는 우리가 물단지가 존재한다고 생각하는 이유를 설명해준다. 그러나 이는 또한 물단지가 단지 유용한 허구일 뿐인 이유, 즉 세속적으로 실재하는 것일 뿐인 이유도 보여준다.

그렇다면 원자는 실체가 아니다. 범주란 단지 개념적 구성물이기 때문에, 어떤 것도 실체가 아니다. 땅 원자는 견고한 아주 작은 것이 아니다. 그럼 무엇인가? 아주 작은 공간 영역에서의 견고함의 발현이다. 불 원자도 마찬가지로 아주 작은 열의 발현이다. 불 원자의 색깔이 무엇인지 궁금할 수 있지만, 이는 착각일 것이다. 열은 촉각에 의해서만 지각할 수 있다. 색깔은 시각에 의해서만 지각할 수 있다. 불 원자는 촉각의 감각에 의해서만 지각할 수 있기에, 어떤 색일 수 있는 그러한 것이 아니다. 다른 세 유형의 원자도 마찬가지인데, 모두 촉지할 수 있는 속성의 발현일 뿐이다. 이 원자들은 또한 촉각에 의해서만 지각된다. 색깔 원자는 존재하지 않는다. 그러나 색깔 부분은 그럼에도 불구하고 법이다. 그 빨간색 부분은 우리가 "물단지"라고 부르는 묶음의 법들 중 하나이다. 색깔, 형태, 냄새, 맛 등과 같은 성질의 특정한 사례들은 모두 법이다. 이것들은 네 가지 종류의 원자 법이 충분히 많이 발현할 때마다 발현할 수 있다. 우리가 물단지라고 부르는 것을 만들 수 있는 원자가 충분히 있는 곳에는, 그 빨간색이나 어떤 다른 색이 발현할 것이다. 그렇지만 원자가 빨간색 법을 지탱한다고 생각하지 않는 게 중요하다. 그건 원자를 실체로 생각하는 것이다.

대신 우리는 같은 장소에서 네 가지 종류의 원자 법이 일정한 수만큼 발현하지 않는 한, 색깔 법이 발현하지 않는다는 게 바로 자연의 법칙이라고 생각해야 한다. "물단지"는 네 가지 원자 법 모두에다 빨간색 법, 둥근 형태 법 등등이 더해진 묶음이다.

어쨌든 이는 아비달마라는 보다 보수적인 분야의 공식적인 입장이다. 하지만 모두의 견해가 그런 건 아니다. 불교철학에서 이 운동의 절정기에는 18개의 다른 학파가 있었다고 전한다. 각 학파는 원전에 대한 어느 정도 고유한 해석을 중심으로 창립되었기 때문에, 아비달마에는 논쟁거리가 많이 있다. 그 논쟁의 대부분에는 중요하다고 할 만한 철학적 의미는 없다.[9] 그래서 우리의 목적을 위해 18개 학파 대부분은 무시해도 좋을 것 같다. 그렇지만 언급할 만한 가치가 있는 세 학파로 상좌부(Theravāda), 비바사사(Vaibhāṣika), 경량부가 있다. 상좌부는 오늘날 스리랑카와 동남아시아의 많은 지역에서 행해지는 불교의 한 형태이다. 셋 중 철학적으로 가장 보수적인 학파일 것이다. 즉, 붓다의 가르침에 의해 직접 뒷받침되지 않는 혁신을 포용할 가능성이 가장 적다. 비바사사毘婆沙師는 "설일체유부(Sarvāstivāda)", 즉 "모든 것이 존재한다는 교리說一切有"로 알려진 다른 명칭에서 알 수 있듯이, 다소 덜 보수적이다. 이 부파는 시간에 대한 혁신적인 이론 때문에 이 명칭을 얻었는데, 이 이론에 따르면 과거와 미래는 현재만큼

---

9 예를 들어, 초창기의 한 논쟁은 아라한이 "한밤중에 사정"(즉, 몽정)을 할 수 있는지에 관한 것이었다. 여기서 쟁점은 자신의 꿈의 내용에 대해 책임이 있느냐 하는 것이었다. 그렇다면, 에로틱한 꿈의 발생은 꿈을 꾸는 자가 여전히 애착과 집착에 매여 있으며, 따라서 진정으로 깨달은 게 아니라는 증거가 될 것이다.

이나 존재한다.[10] 훨씬 더 혁신적인 부파는 경량부인데, 이들은 때로 여러 종류의 법을 줄이기 위해 가벼움의 원리를 아주 과격하게 사용한다.[11] 세친은 분명 비바사사에 대해 아주 정통했다. 그런데 비바사사의 입장을 논평할 때는 경량부적 경향을 강하게 드러내곤 한다.

방금 제시된 견해는 상좌부의 공식적 견해이며, 대부분의 비바사사와 일부 경량부도 이를 지지했다. 하지만 반대하는 이들도 있었다. 일부 비바사사는, 엄밀히 말해 물리적인 것들 중 오직 네 가지 원자만이 궁극적으로 실재한다고 주장했다. 그리고 원자의 존재를 부정하면서 가시적 색깔, 접촉 가능한 열, 견고함 등과 같은 속성-특수자만을 색법이라고 주장하는, 아마도 경량부로 추정되는 이들도 있었다.[12]

---

10 따라서 이 부파는 때때로 "블록 우주(block universe)"라고 불리는 시간관을 가르친다. 붓다가 과거와 미래의 어떤 사실을 직접 인지할 수 있었다고 하는 사실을 설명하기 위해 이러한 견해를 채택했다. 만약 존재하는 것만이 직접 인지될 수 있다고 한다면, 이는 과거와 미래의 것이 반드시 존재해야 함을 의미한다. 과거든, 현재든, 미래든 사물은 존재하지만, 현재의 사물만이 작용하고 있다. 과거의 사물은 작용했지만, 미래의 사물은 작용할 것이다. 이러한 견해가 가진 난제는 "작용하고 있다", "작용했다", "작용할 것이다"가 의미하는 바를 설명해야 한다는 데 있다. 이 표현들은 이 세 시간 사이의 실재하는 차이를 전제하는 것 같다. 비바사사는 이 문제를 풀려고 아주 큰 노력을 기울였다.

11 이 부파는 스스로 붙인 이 명칭을 통해 정통이라는 망토 속에 혁신적 경향을 감추려고 했다. 경량부經量部란 말 그대로 "경에서 유래한 것"을 의미한다. 이 명칭은 이 학파가 아비달마 문헌보다 경전, 즉 붓다의 교설에 더 큰 비중을 두었음을 시사하기 위한 것이다. 그러나 이는 별 소용이 없었다. 경쟁자들은 "비유사(Dārṣṭāntika)" 즉 "비유譬喩 학파"라고 불렀다. 이는 논쟁의 여지가 있는 주장이 경전의 인용에 의해서뿐만 아니라, 예시에 의해서도 뒷받침되어야 한다고 주장하는 경량부의 경향에서 비롯한 것이다.

두 가지 견해 모두, 만약 원자와 속성-특수자 둘 다 궁극적으로 실재한다면, 한편의 네 가지 원소의 원자들과, 다른 한편의 색깔과 냄새 같은 감각적 속성들 사이의 관계를 설명하기가 어렵다는 사실에 자극을 받았던 것 같다. 왜냐하면 색깔 같은 감각적 속성은 원자에 의존한다고 하는 사실이 있는데, 이는 전자를 후자보다 덜 실재하는 것처럼 보이게 하기 때문이다. 그리고 색깔과 같은 감각적 성질은 직접 지각되는 반면, 원자는 결코 그 자체로 지각되지 않고 오직 추론될 뿐이라는 사실이 또한 있다. 경험론적 성향의 사람은 이에 근거해, 원자는 개념적으로 구성되며 감각적 속성-특수자만이 궁극적으로 실재한다고 결론을 내리고 싶을 수 있다.

아비달마 학파는 또한 실체론자의 상식적 견해, 즉 속성을 소유하는 실체가 존재하는 것의 기본 모델이라고 보는 견해를 완전히 포기하는데 약간 어려움을 겪었다. 예를 들어, 원자가 크기를 가지는지, 아니면 단지 기하학적인 점인지를 놓고 방대한 논쟁을 벌였다. 두 견해 모두 난점이 있다. 그러나 더 심각한 문제는, 땅 원자가 일정한 크기를 가지는지 묻게 되면, 우리는 이 원자가 견고함과 크기 같은 속성을 가지는 것으로 생각한다는 데 있다. 어떤 원자를 이런 식으로 생각한다면 이를 실체로, 즉 속성들이 내재해 있는 것으로 생각하게 된다. 아비달마는 분명히 어떤 실체가 존재한다는 견해를 거부하려 한다. 그래서 법은 니야야식 성질 범주의 노선을 따라가면서 더 이해되어야

12 경량부는 형태形色가 법이라는 점을 부정한다. 그 이유는 인정할 경우 무한 분할가능성과 관련된 문제를 초래하기 때문이었던 것으로 보인다. 이 문제에 대해서는 7장 4절에서 더 다룰 것이다.

한다. 하지만 아비달마가 매번 실체를 거부하는 데 성공했는지는 미지수다.

법의 무상함과 관련해서도 동일한 어려움이 나타난다. 붓다는 의존적으로 생겨난 모든 것은 발생生, 지속住, 소멸滅을 피할 수 없다고 가르쳤다. (일부 해석에는 네 번째 상태 노쇠老가 포함되어 있다.) 이는 조건지어진 법(조건에 의존하여 발생하는 법有爲法)에 적용되어야 하기 때문에, 이러한 법은 결과적으로 세 가지 (또는 네 가지) 위상을 거치게 된다. 이는 상좌부의 견해였다. 그렇지만 법을 이런 식으로 생각하는 건, 법을 다른 시간대에 세 가지 (또는 네 가지) 각기 다른 속성을 갖는 실체로 보는 생각이다. 즉, 한 시간대에는 발생하는 속성이고, 다른 시간대에는 지속하는 속성 등으로 말이다. 그래서 비바사사는 발생 등은 개별 법으로 간주되어야 한다고 결론지었다. "물단지" 묶음의 부분인 빨간색이라는 속성-특수자 법을 예로 들어보자. 이 법이 "물단지"가 불에 구워질 때 발생한다고 가정해 보자. 비바사사에 따르면, 빨간색을 물단지라는 실재하는 실체의 속성으로 생각해서 안 되는 것과 마찬가지로, 이 발생을 빨간색이라는 법의 속성으로 생각해서는 안 된다. 빨간색을 "물단지"라고 불리는 이 묶음의 한 일원이라고 생각하는 것과 마찬가지로, 이 발생을 빨간색이라는 법과 함께하는 또 다른 법으로 생각해야 하는 것이다. 발생은 다른 법들과의 상호작용을 위해 빨간색이라는 법과 상호작용한다. 법으로서의 지속과 소멸(그리고 노쇠)도 이와 마찬가지다. 이 견해는 분명 우리가 법을 실체라고 생각하지 못하게 하기 위한 것이다. 그렇지만 난점이 있다. 만약 발생이 조건지어진 법이라면, 발생 그 자체도 발생되어야 하는 것이다. 모든 조건지어진 법은 발생되는 것이기 때문이다. 그래서 "물단지"가 불에 구워질 때에 있어 빨간색의 발생을 설명하려면, 두 번째 발생生生이 필요하다. 그렇다면 세 번째도 필요하지 않을까? 이는 무한소급을 초래할 것이며, 빨간색이라는 법은 결코 발생하지 못할 것이다. 비바사사는 두 번째 발생에서 이 무한소급을 중단시키려 했지만, 이들이 쓴 전략에는 문제가 있다. 경량부는 법의 세 가지 (또는 네 가지) 위상을 구별하는 것이 단지 유용한 말하기 방법일 뿐이라고 결론지었다. 실상 법은 한 순간 동안 존재할 뿐이다.

아비달마는 실체를 거부할 뿐만 아니라, 니야야의 보편자, 개별자, 내재, 부재라는 범주도 거부한다. 보편자는 영구적이어야 하기 때문에 거부된다. 사실상, 경량부는 영구적인 어떤 것도 존재할 수 없다는 점을 보여주기 위한 논증을 전개한다. 이 논증은 어떤 것이 존재하기 위해서는 어떤 결과의 원인이어야 하며, 영구적인 어떤 것도 결과를 낳을 수 없다는 것이다. 왜냐하면, 만약 영구적인 것이 어떤 결과를 낳는다면, 이것은 영원 동안 그 결과를 반복해서 산출할 것이기 때문으로, 이는 불합리하다는 것이다. 그래서 보편자처럼 영원한 것은 존재할 수 없다. 그러므로 오직 특정한 것만이 존재할 수 있다. 이는 결국 개별자가 필요하지 않음을 의미한다. 그리고 내재 또한 필요하지 않은데, 왜냐하면 실체가 존재하지 않고, 또 법에 내재할 보편자가 존재하지 않기 때문이다. 마지막으로, 부재는 분명 우리의 기대에 의존적인 것이라는 이유로 거부된다. 탁자에 물단지가 있을 것으로 기대할 때라야 나는 탁자에 물단지가 부재함을 알아차리게 된다. 탁자가 비어 있네 하고 보는 일은, 단지 내가 물단지를 볼 것으로 기대를 하면서 탁사를 보는 것이다. 부재가 실재한다며 옹호하는 이들은, 적어도 기대가 충족되지 않았다는 사실은 내가 알아차려야 한다며 이의를 제기할 수도 있다. 그러려면 부재, 즉 내 기대에 대한 만족의 부재를 알아차려야 한다. 그래서 여전히 부재가 필요할 것으로 보일지도 모른다. 하지만 이에 대해 불교도들은 내가 알아차리고 있는 바는 내 기대에 대한 좌절일 뿐이라고 대응한다. 그리고 좌절의 느낌은 부재가 아니라 양성적인 것이다.

마지막으로 비물리적인 법에 대한 언급이 있어야 할 것 같다. 이 법에는 즐거움 및 고통의 느낌, 배고픔 및 주의력 같은 의지, 빨간색 조각에 대한 알아차림 등의 발현이 포함된다. 이것들이 법이라는 점은 쉽게 보여줄 수 있는데, 왜냐하면 각각은 고유한 본성을 갖고 있기 때문이다. 예를 들어, 고통 감각 법은 단지 고유한 아픔이라는 느낌을 동반한 정신적 상태의 발현일 뿐이다. 이에 관한 가장 중요한 점은, 이 비물리적인 법이 마음 등이라고 불리는 무언가의 상태가 아니라는 것이다. 마음과 같은 것은 존재하지 않는다. 우리가 편리한 지시어 "마음"을 붙이는 정신적 상태 법들의 인과적 연속이 존재할 뿐이다. 아비달마 학파들 사이에는 이에 대한 논쟁이 상대적으로 거의 없다. 한 가지 흥미로운 경량부의 혁신은 존속하는 마음이 없는 상태에서 우리의 성향들이 어떻게 연속되는지 설명하는 문제와 관련이 있다. 예를 들어, 나는 몇 년 동안 쓰지 않은 언어를 말할 수 있는 능력을 유지할 수 있다. 꼭 맞는 환경에 처하면, 나는 이 언어를 이해하고 다시 말할 수 있게 된다. 그 능력이 간직되어 있는 존속하는 실체, 즉 마음이 존재하지 않는다면 어떻게 이를 설명할 수 있을까?

경량부의 답은 우리의 행위가 "종자種子"라고 불리는 정신적 법을 낳는다는 것이다. 종자는 특정 조건이 종자 자신을 무르익도록 만들 때까지 정신적 흐름心相續에서 스스로를 복제한다. 종자가 무르익으면 내가 방금 들은 말을 이해하는 등의 적절한 정신적 사건이 일어나게 된다. 나중에 (7장에서) 이 이론이 아주 다른 용도로 사용되는 것을 보게 될 것이다.

5. 찰나성

우리는 자신의 상식적인 개념 도식과 니야야의 범주 체계를 대체하기 위해, 아비달마의 존재론이 어떻게 발전해 왔는지 논의했다. 이러한 발전의 핵심 움직임은 트롭(trope)으로서의 법이라는 생각을 지지하면서 실체라는 생각을 거부하는 데 있다. 하지만 실체에 대한 거부에는 지금까지 논의한 내용보다 더 많은 내용이 있다. 왜냐하면 실제로 실체 개념에는 구별되는 두 가지 갈래가 있기 때문이다. 하나는 실체가 속성-소유자라는 발상이다. 이는 우리가 주어-술어 형태를 사용할 때 표현되는 것이다. 예를 들어, 물단지를 기술할 때, 우리는 "물단지는 둥글다"라고 말하는데, 이는 먼저 주어인 물단지를 도입한 다음, 둥글다는 물단지의 속성을 서술하는 방식이다. 이러한 발상은 성질, 보편자, 개별자가 모두 실체에 내재해 있다고 하는 니야야의 주장에도 표현되어 있다. 하지만 두 번째 갈래는 실체가 존속하는 것이라는 발상이다. 이는 지속되는 어떤 것을 의미하기 위해, 보통 "실체적"이라는 말을 사용하는 데서 표현된다. 우리는 또한 이런 용법이 단일 실체는 영원해야 한다는 니야야의 주장에서도 작동하는 것을 볼 수 있다. 이 두 갈래는 실체가 성질의 변화에도 지속한다는 주장에서 함께 작동한다. 물단지라는 어떤 하나의 사물을 먼저는 흰색이고 나중에는 빨간색이라고 생각할 때, 우리는 물단지를 속성-소유자이면서, 동시에 존속하는 것이라고 생각하고 있다. 이 두 가지 가닥을 결합해야만, 이런 식으로 변화의 문제를 해결할 수 있다. 우리는 물단지를 다양한 속성을 소유하는 것이라고 생각해야 하고, 또 물단지를 한 때에서 다른 때까지 지속하는 것으로도 생각해야 한다. 물단지를 한 때에는 흰색인 속성을 가지고, 그런 뒤 이 속성을 잃고는 다른 때에는 빨간색인 다른 속성을 획득하는 것으로 생각하려면 말이다. 지금까지 한 논의의 내용은 속성-소유자로서의 실체를 거부하는 데 초점이 맞춰졌다. 그러나 실체라는 개념을 사용할 때는 적어도 어느 정도는 존재하는 것들이 존속한다는 견해에 동조하는 일이기도 하다. 아비달마는 오직 궁극적으로 존재하는 것들은 법이라고 주장한다. 우리는 법이 속성-소유자가 아님을 보았다. 하지만 법은 존속할 수도 있는 것일까?

법이 존속할 수 있는지 묻는 건 어떤 법이 영원할 수 있는지 묻는 게 아니다. 경량부는 이를 강력하게 부인한다. (상좌부와 비바사사는 몇 가지 사소한 예외를 허용한다.) 경량부는 모든 것이 무상하다는 붓다의 주장이 옳았다고 믿는다. 그러나 앞(2장)에서 보았듯이, 어떤 것은 무상하면서도 여전히 얼마 동안 지속된다고 여겨질 수도 있다. 질문은 법이 순간 이상 존재할 수 있느냐, 즉 한 순간에서 다음 순간까지 지속할 수 있느냐 하는 것이다. 우리는 물단지를 분명 무상하지만 잠시 동안 지속될 수 있는 것이라고 생각한다. 아비달마는 실제로는 물단지는 존재하지 않고, "물단지"라는 편리한 지시어를 덧붙인 법들의 묶음만 있을 뿐이라고 말한다. 이 법들 가운데는 이른바 물단지라는 것을 불에 구울 때 존재하게 되는 빨간색이 있다. 우리는 보통 이 빨간색이 물단지가 지속하는 한 지속할 것이라고 생각한다. 우리가 맞을까? 놀랍게도 그 답은 우리가 틀렸다는 것이다. 아비달마에 따르면, 이 빨간색이라는 법은 존재하게 된 즉시 존재하지 않게 된다. 다른 모든 법과 마찬가지로, 이 빨간색은 찰나적이다. 오직 한 순간만 지속된다. 우리는 어째서 이것이 지속된다고 생각할까? 다음 찰나에 우리는 실제로는 새로운 빨간색인 것을 보고는 한 찰나 전에 존재한 그 빨간색이라고 착각하기 때문이다. 하나의 법은 존재하지 않게 되었지만, 이 하나의 법과 꼭 같은 다른 법이 존재하게 되어 그 자리를 차지하게 된 것이다. 이 과정은 마치 영화 속 프레임의 연속처럼 우리가 알아차리기에는 너무나 빠르다. 영화를 볼 때, 우리는 연속하는 이미지를 보고 있다고 생각하지만, 그렇지 않다. 실제로는 별개의 이미지가 연속하는 것으로, 각각의 이미지는 단지 한 순간만 반짝였다가 즉시 유사한 다른 이미지가 이어지는 것이다. 아비달마에 따르면, 법들도 같은 방식으로 작동한다. 연속적으로 존재하는 것들이라는 환상을 만들어내는 것이다.

이것이 바로 찰나론이다. 이 이론에 따르면, 존재하는 모든 것은 오직 한 찰나만 지속된다. 존재하는 것들(즉, 법들)은 존재하게 되고는 그 즉시 존재하지 않게 된다. 왜 우리는 이 이론을 받아들여야 할까? 이 논증은 존재하는 모든 것들이 조건지어져 있다는 주장, 즉 원인에 의존하여 존재하게 된다는 주장을 하면서 시작한다. 그러면 조건지어진 것들有爲法은 다른 것들에 의존하는 것들이기 때문에 무상하다. 즉, 항시 존재하는 것이 아닐 뿐만 아니라, 조만간 존재하지 않게 될 것이다. 이 논증의 목적은 법이 얼마 있지 않아 존재하지 않게 됨을 보여주는 것이다. 세친이 어떻게 이 논증을 전개하는지 살펴보도록 하자. 그 맥락은 어떤 것도 실제로 움직이지 않는다는 주장에 대한 논의다. 이는 모든 것이 찰나적이라는 주장의 귀결이다. (만약 모든 것이 찰나적이라면, 어떤 것도 한 곳에서 다른 곳으로 움직일 만큼 충분히 오래 지속되지 못할 것이다. 외견상 운동처럼 보이는 것은 실제로는 다른 장소에 새로운 사물이 존재하게 되는 것이다. 영화 속에서 외견상 운동처럼 보이는 것과 마찬가지로 말이다.) 따라서 세친은 운동이 존재하지 않음을 보여주기 위해 어떤 것도 순간보다 더 오래 지속되는 것은 없음을 보여주려 할 것이다.

2c. 가고 있는 것은 존재하지 않으니, 조건지어진 것은 찰나적이기 때문이다.

이 "찰나"란 무엇인가? 존재를 획득하는 즉시의 소멸이다. 이런 방식으로 존재하는 것은 찰나적이다. 실로 조건지어진 어떤 것도 그 존재의 획득보다 더 이후에 존재하지 않는다. 그것은 생겨난 곳에서 바로 소멸한다. 그것이 다른 장소로 이동하는 건 불가능할 것이다. 가고 있는 어떤 신체적 행위도 존재하지 않는다.

〔반론:〕 만약 보편적인 찰나성이 증명된다면, 그렇게 될 것이다.

〔대답:〕 조건지어진 것들이 찰나적이라는 것은 증명된다. 어떻게 그렇게 되는가? 조건지어진 것과 관련하여, 필연적으로,

2d. 왜냐하면 그것이 소멸하기 때문이다.

조건지어진 것들의 소멸은 자연발생적이기 때문이다. 왜 그러한가? 원인은 결과에 대한 것이다. 그리고 소멸은 부재하는 것이다. 부재와 관련하여 무엇이 행해질 수 있겠는가? 그러므로 파괴는 원인에 의존하지 않는다.

핵심 논증은 언뜻 보기엔 간단하다. 만약 존재하는 모든 것이 무상하다는 데 동의한다면, 존재하는 모든 것이 사라진다는 데도 동의해야 할 것이다. 존재하는 것의 소멸 또는 종식을 설명하는 것은 무엇인가? 두 가지 가능성이 있다. 즉,

1. 존재하는 것은 원인, 즉 물단지를 부수는 망치질로 인해 존재하지 않게 된다.

2. 존재하는 것들의 소멸함 또는 존재하지 않게 됨은 자연발생적이다. 자기파괴는 존재하는 것들의 본성 중 일부다.

그러나 1이 참이라고 하면, 망치질이라는 원인은 존재하는 것의

부재를 그 결과로 갖게 될 것이다. 그리고 부재는 실재하지 않는다.[13] 원인이라면, 반드시 실재하는 결과를 가져야 한다. 그래서 존재하는 것이라면, 존재하지 않게 되는 원인일 수 없다. 망치질은 물단지 파편들이 존재하게 된 원인일 수도 있다. 왜냐하면 파편들은 실재하는 것이기 때문이다. 그러나 망치질은 물단지 소멸의 원인일 수 없다. 그러므로 2는 소멸에 대한 올바른 설명임에 틀림없다. 존재하는 것들은 본질적으로 자기파괴적이다.

만약 방금 발생한 것과 관련하여 그렇지 않다면, 마찬가지로 이후에도 파괴가 없을 것이다. 왜냐하면 그것은 여전히 동일한 존재일 것이기 때문이다.

〔반론:〕 그러나 존재하는 것은 변하기 때문에, 그 변한 상태에 따라 나중에 존재하지 않게 될 수 있다.

〔대답:〕 바로 그것이 다른 존재가 될 수 있다는 식으로 말하는 것은 잘못이다. 이것 자체가 그것과 다르다는 것이 어떻게 가능

---

13 반론: 나는 배가 고파서 과자 상자를 들여다보지만, 과자가 없고, 그래서 더욱 배가 고프다. 여기서 과자 상자에 과자가 부재하는 것이 내 현재 배고픔의 원인이라고 말하는 것은 이치에 맞다. 이 부재가 실재하는 결과의 원인이 되기 때문에, 부재는 실재한다. 대답: 현재의 내 배고픔은 이전의 내 배고픔에다가 과자에 대한 생각이 내 위장 상태에 미친 영향을 더한 것이다. 우리에게는 이를 설명하기 위해 과자의 부재가 필요하지 않다. 부재는 실재하지 않는다는 원리는 여전히 유효하다.

한가?

만약 소멸이 자연발생적이라면, 소멸은 존재자가 존재하게 되자마자 즉시 일어나야 한다. 그렇지 않다면, 왜 소멸이 더 일찍이 아니라 더 늦게 일어났는지 설명할 어떤 이유가 있어야 할 것이다. 사물 그 자체가 시간이 지남에 따라 변한다는 걸 그 이유로 들 수는 없다. 사물 그 자체가 변할 수 있다고 말하는 것은, 계속 존재하는 동안 하나의 속성을 잃고 다른 속성을 얻는다고 말하는 것이다. 이는 실체의 경우에만 일어날 수 있다. 그리고 실체는 단지 개념적 허구에 지나지 않는다는 점이 밝혀졌다. 그래서 소멸이 존재하는 것들의 본성 중 일부라고 한다면, 그 소멸은 그 즉시 일어나야 한다. (어쩌면 소멸이 일어나는 데는 시간이 걸린다고 말할지도 모르겠다. 그러나 그건 걸리는 시간이 소멸의 원인이라는 말일 것이다. 그리고 그 어떤 것도 소멸의 원인일 수 없음이 이미 밝혀졌다.)

〔반론:〕 그러나 확실히 불 등과의 접촉으로 인한 나무 등의 파괴가 존재함을 볼 수 있다. 그리고 지각보다 더 중요한 앎의 수단은 없다. 모든 소멸이 자연발생적이지는 않다—당신은 "나는 불 등과의 접촉으로 인한 나무 등의 소멸을 본다"는 걸 어떻게 생각하는가?

〔대답:〕 〔불 등과의 접촉으로 파괴되는〕 것을 보지 못하기 때문이다. 이는 다음 사항에 반영되어야 한다. 나무 등이 불 등과 접촉하였기 때문에 파괴되어 보이지 않는 것인가? 아니면 스스로 소멸되고

는 다른 것들이 그 자리에 발생하지 않았기 때문에 나무 등이 보이지 않는다는 것인가? 이는 바람과의 접촉을 통해 꺼진 등불이나, 손과의 접촉을 통해 멈춘 종소리의 경우와 같다.

불이 나무를 태우는 것을 본다고 말하지만, 실제로 우리가 보는 바는 처음에는 나무 주위의 불이고 나중에는 더 작은 양의 나무이다. 우리는 이에 근거해 나무를 파괴한 원인이 불이라고 추론한다. 이 추론을 더 작은 나무를 보게 될 때 우리가 보는 바에 대한 설명 1이라고 부르자. 하지만 다른 방식의 설명이 있다. 즉, 존재하는 것들은 찰나적이라는 설명 2이다. 그러나 통상의 조건하에서 나무 조각이 존재하지 않게 될 때는, 그와 꼭 같은 다른 나무 조각이 다음 찰나에 존재하게 된다. 불과의 접촉이 있을 때는, 다른 조건들이 존재하게 되는 것이다. 이럴 때 다음 찰나에 존재하게 되는 것은 열, 연기, 먼지다. 이 나무 조각은 어느 경우든 존재하지 않게 된다. 변했다고 하는 것은 다른 나무 조각으로 대체된 것이다. 그렇다면 1과 2 중 어느 설명이 옳은가? 이는 추론에 의해서만 해결될 수 있다.

그러므로 이 문제는 추론을 통해서 결정되어야 한다.

〔반론:〕 그러나 여기서 무엇이 그 추론인가?

〔대답:〕 이미 말한 바와 같이, 부재는 결과가 아니기 때문이다. 더욱이,

3a. 원인 없이는 어떤 것도 소멸하지 않을 것이다.

소멸이 보편적으로 원인으로 인한 것이라면, 발생의 경우처럼, 원인 없이는 어떤 것도 중단되지 않을 것이다. 생각, 소리, 불꽃처럼 찰나적인 것들의 소멸은 원인에 의존하지 않고 자연발생적임을 볼 수 있다. 생각의 소멸이 다른 생각으로 인한 것이고, 소리의 소멸이 다른 소리로 인한 것이란 발상에 대해 말하자면, 이는 잘못된 것이다. 이 두 생각은 함께 일어나지 않기 때문이다. 의심 및 확신의 상태, 즐거움과 고통의 상태, 욕망과 혐오 상태 사이에는 상호 접촉이 없기 때문이다. 그리고 강한 생각이나 소리 뒤에 약한 생각이나 소리가 뒤따를 때, 어떻게 약한 법이 동일한 종류의 더 강한 법을 파괴할 수 있겠는가? 마지막 두 경우와 관련하여 소멸이 불꽃을 지속하게 하는 원인의 부재로 인한 것이라거나, 미덕과 악덕〔즉, 업의 공덕과 악덕〕으로 인한 것이라고 생각한다면, 이는 옳지 않다. 부재는 원인이 될 수 없기 때문이다. 그리고 공덕의 발생이나 소멸이 하나의 찰나에 〔어떤 것이 불리할 때는〕 그것의 발생을 막을 수 있고, 또 다른 찰나에 〔어떤 것이 유리할 때는〕 그것의 발생을 일으킬 수 있다는 것은 가능하지 않다. 그리고 악덕에 대해서도 마찬가지다. 이 추론을 모든 구성된 것들에 적용하는 것이 가능하기 때문에, 이 논의로 충분하다.

더욱이, 나무의 소멸 등이 불 등과의 접촉 때문이라고 한다면, 가열에 의해 생성된 〔연속적으로 더욱 강렬한〕 성질들의 생기와 관련하여,

3b. 생기의 원인은 또한 파괴자이기도 할 것이다.

왜 그러한가? 풀 등에서 불 등과의 접촉을 통해서 연속적으로 생기하는 그러한 〔별개의〕 가열에 의해 생산된 성질들은 모두 단지 동일한 〔열〕로 인한 것이거나, 그렇지 않으면 그것들의 파괴는 점점 더 가열된 열의 생기에 있는 것이다. 정확히는 원인은 그것들의 파괴자가 될 것이니, 원인들에 차이가 없게 될 것이다. 그리고 그것들의 존재의 근거가 비존재의 근거이기도 하다는 것은 옳지 않다. 그건 불꽃 안에 별개의 원인들이 있다고 상상하는 것이다.

〔반론:〕 그렇다면 잿물, 눈, 산, 태양, 물과의 접촉을 통해, 열 생기의 차이가 발생하는 경우에 영향을 받는 것은 무엇인가? 점점 줄어드는 끓는 물의 경우, 거기서 열과 접촉하는 것은 무엇인가?

〔대답:〕 불과의 접촉으로 인해, 불의 힘을 통해, 열 요소火界—물에 존재하는—가 증대된다. 그리고 증대로 인해 물의 덩어리水聚가 점점 더 적은 양으로 다시 생겨나게 되어, 완전히 줄어들게 되면 비로소 이 연속은 그 자체로 다시 생기하지 않는다. 이것이 불과의 접촉이 물에 미치는 영향이다. 그러므로 사물들의 파괴에 대한 원인은 존재하지 않는다. 그것〔파괴〕은 내재적일 뿐이다. 그것들의 일시성壞性 때문에 소멸하고, 생기하자마자 그것들은

> 존재하지 않게 된다. 한 순간의 파괴는 따라서 증명되고, 한 찰나의 파괴에 근거해 운동의 부재가 증명된다. 그러나 들불의 경우와 같이, 다른 위치에서 중단 없이 생기한다는 움직임에 대한 개념은 존재한다. (AKBh IV.2c—3b)

세친은 소멸에 원인이 있을 수 없는 두 번째 이유를 제시한다. 원인은 자신의 결과로서 부재를 가질 수 없기 때문에, 이는 불가능하기도 하지만, 주변을 둘러보면 어떤 것들은 외부 원인 없이 자연발생적으로 소멸하기도 한다. 그가 든 예는 생각, 소리, 불꽃이다. 그는 이것들의 소멸이 원인에 기인한다는 것을 보여주기 위해 다양한 대안적 방법을 탐색하며, 그러다가 이 모두 이를 입증하기에는 부족하다고 주장한다. 하지만 또 다른 논증도 있는데, 즉 그렇다면 발생이 또한 끊임없이 계속될 것이라는 논증이다. 종자는 싹을 생산한 뒤, 그 생산 활동이 소멸한다. 왜 그럴까? 만약 소멸에 원인이 필요하다면, 종자의 생산의 소멸을 설명해 줄 원인이 있어야 할 것이다. 그러나 이 원인은 이 종자의 생산의 소멸을 발생시킴으로써 작용할 것이다. 이 소멸을 발생시키는 활동이 소멸하는 이유는 무엇인가? 또 다른 원인이 필요해 보이고, 우리는 무한소급으로 향해 가고 있다. 이는 나쁜 신호이다.

세친은 또한 하나의 동일한 것이 발생의 원인이기도 하고 파괴의 원인이기도 하다는 주장에 반대한다. 물단지가 불에 구워질 때, 그 흰색은 존재하지 않게 되고 빨간색이 존재하게 된다. 한 주어진 원인은 하나의 결과를 가질 뿐이다. 그래서 불은 흰색의 파괴의 원인이 되고 빨간색은 자연발생적으로 나타난다고 말하거나, 그렇지 않으면 흰색은 늘 그런 식의 흰색으로 대체되는 게 아니라, 이전의 모든 순간에서 그렇듯 이 순간에 자기파괴를 하고 붉은 빨간색이 존재하게 됨의 원인이 된다고 말하거나, 이 둘 중 하나인 것이다. 가열된 물의 증발도 이 같은 방식으로 설명될 수 있다.

마지막으로, 환상에 의지하는 운동의 본성을 실례를 들어 보여주는 들불의 예에 주목해 보자. 우리는 보통 불이 불타는 들판을 가로질러 움직인다고 말한다. 그러나 엄밀히 말하면, 이는 옳지 않다. 이 불은 개별적인 불꽃들의 덩어리이며, 각각의 불꽃은 단지 한 줄기의 풀에 붙어 있기 때문이다. 불이 운동하는 것처럼 보이는 이유는 한 줄기의 불꽃이 인접한 줄기에 또 다른 불꽃을 일으키기 때문이다. 우리가 움직이는 불이라고 간주하는 것은 실제로는 정주하는 것들의 인과적 연속이다. 만약 모든 것이 찰나적이라면, 떨어지는 돌이라고 간주하는 것도 마찬가지로 단지 인과적 연속일 뿐이다. 첫 번째 집합이 존재하지 않게 되었을 때, 인접한 위치에서 그와 다른 유사한 법들의 집합이 발생하는 원인이 되는 것은 다른 위치에 있는 다른 법들의 집합이다.

6. 기억에는 기억하는 자아가 필요한가?

우리는 이제 니야야의 무아 비판에 아비달마 논사들이 어떻게 대응하는지 따라갈 수 있을 만큼 니야야의 형이상학을 충분히 다루었다. 우리가 첫 번째로 선택한 세친의 대론자로서 한 니야야 논사는, 웃디요

타라카가 『니야야 수뜨라』 I.1.10을 주석하면서 표했던 바와 똑같은 우려를 분명 나타내고 있다.[14]

〔반론:〕 그래서 자아가 전혀 존재하지 않는다면, 어떻게 찰나적인 인지에서 오래전에 경험한 대상에 대한 기억이나 재인식이 발생할 수 있겠는가?

〔대답:〕 기억의 대상에 대한 개념과 연결되어 있는 개별 인지〔즉, 종자〕 때문이다.

〔반론:〕 기억은 어떤 종류의 개별 인지로부터 즉각 일어나는가?

〔대답:〕 그것에 대한 향유와 연결되어 있으면서 그것과 유사한 개념을 가지며, 또 그 힘이 지지자, 슬픔, 산란 등이라는 고유한

14 이 구절은 『구사론본송』의 9장에서 가져온 것으로, 독립적으로 쓰여진 다음 일종의 부록으로서 『구사론본송』에 대한 세친의 주석에 첨부되었을 수 있다. 하지만 니야야에 대한 이 대응은 이 장의 절반 이상을 차지한다. 첫 번째 부분은 소위 뿌드갈라론자(Pudgalavādin), 다시 말해 인격체주의자(독자부〔Vātsiputrīya〕로도 불린다)의 견해에 대한 세친의 대응으로 이루어져 있다. 이 학파는 인격체個我는 궁극적으로 실재하지는 않지만, 한낱 개념적 허구도 아니라고 주장했다. 대신 인격체는 어떻게든 이 둘 사이에 있는 다소 신비한 제3의 존재론적 지위를 누린다고 한다. 인격체에 한낱 개념적 허구 이상의 지위를 부여하지 않는다면, 보상이나 처벌을 받을 만한 중요한 도덕적 속성이 사라질 것을 우려한 것으로 보인다. 여타의 모든 아비달마 학파와 대승은 이들의 견해를 거부하는 데 동의한다.

특징에 의해 파괴되지 않는 것으로부터다. 그것과 유사하더라도 그것과 연결되어 있지 않은 개별 인지는 그 기억을 낳을 수 없고, 그것과 연결되어 있지만 그 밖의 것과 유사한 개별 인지는 그 기억을 낳을 수 없다. 두 조건이 모두 충족될 때 그 역량이 있고 따라서 기억이 있으니, 왜냐하면 그 역량은 다른 곳에서는 볼 수 없기 때문이다.

이는 기억을 설명하는 데 사용되는 경량부의 종자 이론의 한 예이다. 어떤 경험이 주의를 끌고 그 직후에 산란하지 않으면, 적절한 상황에서 기억 이미지를 생성하거나 재인지 경험을 낳을 수 있는 종자가 형성된다. 모든 법이 그렇듯, 이 종자도 한 순간에 존재하지 않게 된다. 그러나 이 종자는 기억이 촉발될 때까지, 인과적 연속 상에서 또 다른 종자 등을 야기하는 후속 종자의 원인이 된다. 기억 이미지의 발생이나 재인식의 느낌 그 자체만으로 기억이 되기에는 충분하지 않다. 그 기억의 원인은 원본 경험까지 뒤로 뻗쳐 있는 인과적 연속의 일부여야 한다. 그렇지 않으면, 그것은 유사 기억일 뿐이다.

지금 내가 망고를 처음 먹었던 경험을 기억하고 있다고 가정해 보자. 이 설명에 따르면, 지금 나를 구성하는 어떤 법도 그 경험 당시에는 존재하지 않았다. 이 현재 법들은 그때 존재했던 법들을 원인으로 하지만, 그때의 법들과는 수적으로 구별되는 법들이다. 이는 반론을 불러온다. 우리 모두는 한 사람이 다른 사람의 경험을 기억하지 못한다는 것을 알고 있다. 그러나 기억에 대한 아비달마의 설명은 망고를 먹는 경험을 가지는 것은 하나의 것이고, 이를 기억하는 것은 다른 것이라고 말하고 있다. 그렇다면 여기엔 문제가 없을까? 세친이 인격체는 법들의 인과적 연속으로 구성되는 개념적 허구라는 발상을 암묵적으로 사용해 어떻게 대답할지 주목해 보자.

〔반론:〕 어떻게 한 정신적 사건이 본 것을 다른 정신적 사건이 기억할 수 있는가? 그렇게 된다면, 뎃바닷따의 한 정신적 사건이 본 것을 야즈냐닷따의 정신적 사건 중 하나가 기억할 수 있을 것이기 때문이다.

〔대답:〕 그렇지 않다. 연결이 없기 때문이다. 이 두 〔정신적 사건들〕과 관련해 연결이 존재하기 않기 때문이다. 즉 두 정신적 사건들을 하나의 정신적 흐름 내에서 유지할 수 있는 원인과 결과 관계가 없기 때문이다. 또한 "한 정신적 사건이 본 것을 다른 정신적 사건이 기억한다"고 말한 게 아니다. 오히려 보는 인지로부터 별개의 기억 인지가 일어난다. 이미 말했듯이, 인과적 연속의 변화轉變가 있다. 이 경우에 어떤 잘못이 있겠는가? 그리고 재인식은 오직 기억 때문에 발생한다.

우리가 인격체라고 생각하는 것은 사실 일련의 물리적 및 정신적 법들의 집합들인데, 이는 매 찰나 새로운 것들이지만, 한 찰나에 존재하는 것이 다음 찰나에 존재하는 것의 원인이 되는 것들이다. 한 찰나와 다음 찰나 사이에서, 두 번째 찰나에 존재하는 대부분의 구성요소는 첫 번째 찰나에 존재했던 구성요소와 유사할 것이다.

하지만 변화도 있을 것이다. 예를 들면, 한 찰나에 욕망이 발생하면, 이는 다음 찰나에 의지가 발생하는 데 원인이 될 것이다. 세친은 이러한 변화를 "인과적 연속의 변화轉變"라고 부른다. 어떤 것이 변화했다고 하면, 우리는 대개 그것이 변화를 겪더라도 존속하지만, 하나의 속성을 잃고 다른 속성을 얻는 것으로 생각한다. 그 때문에 우리는 기억을 설명할 수 있는 존속하는 자기가 존재해야 한다고 생각하는 것이다. 그러나 찰나적 법들의 연속은 존속하는 것이 아니다. 개념적 구성물이고, 하나로 가장하는 다수이다.

〔반론:〕 자아가 존재하지 않는다면, 누가 기억하는가?

〔대답:〕 "기억하다"의 의미는 무엇인가?

〔반론:〕 기억에 의지해 대상을 파악하는 것이다.

〔대답:〕 그 파악함은 기억과 구별되는 것인가?

〔반론:〕 그렇다면, 기억함은 무엇을 하는가?

〔대답:〕 그렇게 하는 것은 기억의 원인인 개별 인지라고 얘기한 것이다. "짜이뜨라가 기억한다"고 할 때 표현되는 바는, 이른바 "짜이뜨라"라고 하는 인과적 연속으로 인해 이 개별 인지가 발생하는 것을 지각한 것이니, 따라서 이를 "짜이뜨라가 기억한다"고

하는 것이다.

〔반론:〕 자아가 존재하지 않는다면, 기억함은 누구의 것인가?

〔대답:〕 "누구의"라는 소유격의 의미는 무엇인가?

〔반론:〕 그것은 소유자를 의미한다. 즉 예를 들면, ("짜이뜨라의 소"라고 표현할 때) 소와 관련하여 짜이뜨라의 경우처럼, 누군가는 어떤 것의 소유자이다.

〔대답:〕 어떻게 그는 그것의 소유자가 되는가?

〔반론:〕 그는 수레를 끄는 동물로 쓰거나 우유를 얻기 위하는 등으로 그것의 용도를 통제하기 때문이다.

〔대답:〕 그렇지만 우리가 (소유자가 되기 위해 기억을 사용해야 하는) 그 소유자를 찾고 있다면, 기억은 무엇을 위해 사용되어야 하는가?

〔반론:〕 기억되어야 할 대상을 위해서다.

〔대답:〕 그것은 어떤 목적을 위해 사용되는 것인가?

〔반론:〕 기억함의 목적을 위해서다.

〔대답:〕 좋은 집에 태어나 쓸데없는 말만 하는구나! 그래서 그것은 그 목적을 위해 사용될 것이다. 그럼, 어떻게 사용되겠는가? (소가 우유를 위해 사용되듯이) 생산을 위해서인가, 아니면 (소가 수레를 끄는 동물로 사용될 때처럼) 무언가를 움직이게 하기 위해서인가?

〔반론:〕 기억은 움직임이 없기 때문에, 생산을 위해서다.

〔대답:〕 그렇다면 원인을 소유자라 해야 하고, 획득되는 결과를 소유되는 것이라 해야 한다. 왜냐하면 결과를 뛰어넘는 원인의 힘이 있으며, 결과에 의해 원인은 그 소유자이기 때문이다. 따라서 기억의 원인인 것은 그〔소유자〕이다. 그래서 "짜이뜨라"로 불리는 요소들의 모임들로 구성되는 인과적 연속을 단일한 것으로 간주하기에, 이른바 소라는 것의 소유자로 불리는 것이다. 그를 〔소의〕 움직임과 변화를 생산하는 원인이라고 생각하지만, 그럼에도 "짜이뜨라"로 불리는 자도 없고 소도 없다. 그러므로, 그러한 경우에도 인과관계 외에 별도의 소유자 관계는 존재하지 않는다.

〔반론:〕 그 경우에는 누가 인지하는가? 의식은 누구의 것인가? 이것과 더 많은 것들이 진술되어야 한다!

〔대답:〕 그것의 원인, 각각의 감각 능력, 대상과 주의, 이것이 바로 그 다른 것이다.

〔반론:〕 그러나 다음처럼 말할 수 있다. "속성은 존재하는 것에 의존하기 때문에, 모든 속성은 존재하는 것들에 의존한다. '뎃바닷따가 간다'라는 것과 마찬가지로, 가는 속성은 가는 자, 뎃바닷따에 의존한다. 그리고 의식은 속성이다. 그러므로 이것은 인지하는 바로 그것에 의해 존재해야 한다." 이것〔인지자〕이 무엇인지 말해야 한다.

〔대답:〕 이 "뎃바닷따"라는 것은 무엇인가? 만약 자아라면, 실로 이것은 증명되어야 할 것이다. 아니면 세속적으로 지시되는 인격체인가? 이것 역시 전혀 단일한 것이 아니니, 그렇게 불리는 것은 연속 상의 그러한 요소들이기 때문이다. 그렇다면, 뎃바닷따가 간다는 경우와 마찬가지로, 그가 인지한다는 경우도 그러하다.

〔반론:〕 그래서 뎃바닷따가 어떻게 간다는 것인가?

〔대답:〕 범속한 사람들이 전체로서의 단일한 존재로 파악하기에 "뎃바닷따"로 간주되는 단절 없는 연속 상의 찰나적 요소들이, 즉 이러한 연속 자체가 다른 장소에 존재하는 원인이 됨으로써 "뎃바닷따가 간다"고 표현되는 것이다. 그리고 다른 장소에 생기하는 그것이 "가는 것"이라고 한다. "그것이 간다"가 일련의 불꽃이나

소리의 움직임을 지시하는 경우와 같다. 이와 마찬가지로 인지의 원인이 되는 존재하는 것들이 "뎃바닷따가 인지한다"로 표현된다. 그래서 또한 이것들은 세속적인 의사소통의 목적을 위해 고귀한 자들에 의해 언급된다.

웃디요타라카는 『니야야 수뜨라』 I.1.10을 주석하면서 불교도가 기억하는 경험을 위한 주체를 제시할 것을 요구했다는 점을 떠올려 보자.(4장 3절 참조) 세친은 그 요구에 만족스럽게 대응했는가? 웃됴따까라는 또한 망고의 맛과 같은 인지는 성질이며, 따라서 자아 형태의 실체를 필요로 한다고 주장했다. 여기서 그는 니야야의 범주 체계를 사용하고 있었다. 세친의 대응은 그러한 범주의 집합을 분명 거부하는 것이다. 하지만 세친의 대안은 무엇인가? 그리고 이 대안은 우리 경험의 본성을 설명하는 니야야의 개념만큼 효과적인가?

〔반론:〕 경에서 "의식이 인지한다"라고 하였는데, 그 경우 의식은 무엇을 하는 것인가?

〔대답:〕 어떤 것도 하지 않는다. 본성상 유사하지만 어떤 것도 하지 않은 까닭에, 결과가 원인과 일치하는 것과 같이, 본성상 유사하지만 어떤 것도 하지 않은 까닭에 "의식이 인지한다"고 한다.

〔반론:〕 그러나 그 유사성이란 무엇인가?

〔대답:〕 의식이 그것〔그 대상〕의 형상을 가지는 것이다. 알아차림의 지향적 대상(viṣaya)이 감각 능력에서 일어나기 때문에 감각 능력이 아니라 대상이 인지된다고 말하는 것은 바로 이러한 이유에서다. 여기서도 의식이 인지한다고 말하는 데는 아무런 잘못이 없다는 것은 사실이지 않은가? 인지의 인과적 연속이 있을 때 인과관계가 있으며, 행위자라는 용어를 원인에 적용하는 데 잘못이 없기 때문이다. "종이 울린다"라고 하는 것처럼. 더욱이 빛이 움직인다고 하듯이, 의식이 인지한다고 하는 것이다.

〔반론:〕 그래서 어떻게 빛이 움직인다는 것인가?

〔대답:〕 "빛"은 불꽃의 연속체를 가리킨다. 다른 장소들에서 발생하는 것을 비유적으로 표현해 "빛이 그 장소로 움직인다"고 하는 것이다. "의식"도 마찬가지로 인지의 연속체를 지시한다. 다른 지향적 대상들에서 발생하는 것을 비유적으로 표현해 "의식이 그 대상을 인지한다"고 하는 것이다. 또, 색이 발생하고 지속한다고 할 때, 〔발생하고 지속하는 행위자의 역할을 하는〕 상태의 생성 이외에 어떤 대상도 존재하지 않듯이, 의식의 경우에도 마찬가지일 수 있다.

"의식이 인지한다"고 말하는 데 따르는 난점은 이 말이 의식이 마치 하나의 행위자, 즉 연속하면서 서로 다른 인지 작용을 수행하는 하나의 실체인 양 들리게 한다는 것이다. 이러한 착각은 의식을 자아처

림 위험한 것으로 만들어 버린다. 그래서 세친은 이 말이 관련된 궁극적 실재를 반영하는 게 아닌, 단지 말하는 방식일 뿐임을 보여줘야 한다. 그가 어떻게 두 가지 진리 이론을 자신의 계획에 사용하는지 주목해 보자. 실재(개별 인지의 연속)는 편리한 지시어인 "의식"을 통해 비유적으로 표현된다.

〔반론:〕 의식이 자아가 아니라 의식으로부터 발생한다면, 왜 매번 유사하게 발생하지도 않으며, 항상 싹, 줄기, 잎 등과 같이 고정된 순서에 따라 발생하지도 않는가?

〔대답:〕 조건지어진 것의 특징은 지속하는 것이 다른 것이 되는 데 있기 때문이다. 이는 조건지어진 것의 본성 때문이다. 다시 말해, 지속하는 연속에서는 반드시 차이가 생기기 때문이다. 그렇지 않다면, 깊은 명상에 몰두한 이들은 스스로 명상에서 다시 나오지 못할 것이다. 왜냐하면 〔명상 상태에서〕 유사한 신체 상태들 및 인지들이 발생한다면 첫 번째 찰나와 이후의 찰나들 간에 차이가 없을 것이기 때문이다. 또한 인지의 연속은 또한 실제로 결정되어 있기 때문이다. 어떤 것의 발생은 그것이 발생되어야 하는 것으로부터만 발생한다. 형태의 유사성은 별개의 부류로 인한 어떤 종류의 발생을 위한 역량이다. 그래서 한 여성에 대한 생각에 뒤이어, 그 몸이 부패하고 있다는 생각이나, 그녀의 남편, 아들 등에 대한 생각이 생겨나야 한다면, 이후 이 연속체의 전변으로 인해 다시 한 여성에 대한 생각이 떠오를 때, 이 연속체는

육체가 부패하고 있다는 생각이나, 남편, 아들 등에 대한 생각을 불러일으킬 수 있다. 왜냐하면 이 연속체는 그 부류에 속하기 때문이다. 그렇지 않다면 이는 가능하지 않을 것이다. 더욱이 한 여성에 대한 생각으로부터 많은 종류의 생각이 연속적으로 생겨났을 때, 가장 빈번한 생각, 또는 가장 밀접한 생각이 생겨난다. 가장 강력하게 수습된 것들이기 때문이다. 신체 외부에 동시에 특별한 조건이 있을 때는 그렇지 않다.

〔반론:〕 왜 가장 강력하게 수습된 것이 영원히 결과를 맺지 못하는가?

〔대답:〕 왜냐하면 조건지어진 것의 특징은 지속되는 것이 다른 것이 된다는 데 있기 때문이다. 그리고 그것과 다른 것이 된 존재는 다르게 수습된 바의 결과를 따른다. 그러나 이는 단지 모든 인지 형태에 관해 간략하게 말한 것일 뿐이다, 그렇지만 〔완전히 깨달은 존재〕 붓다에게는 다음에서 말하듯 즉각적 원인에 대한 인지가 풍부하다.

> 공작새 깃털 한쪽 눈의 원인은, 모든 면에서
> 모든 것을 아는 자一切智가 아니라면 알 수 없다.
> 그것을 아는 것이 모든 것을 아는 자의 힘이기 때문이다.
> (AKBh IX, Pradhan 402−4)

한 여성에 대한 생각 이후에 뒤따르는 것에 대한 예는 명상가들 사이에서 공통된 관심사와 관련이 있다. 즉, 성적 욕망의 발생은 집중상태禪定를 유지하려는 노력을 방해할 수 있는 것이다. 이는 세친이 뒤이어 일어날 수도 있다고 말하는 두 가지 생각을 설명하는 데 도움이 된다. 두 가지 모두 생각을 쫓아버리기 위한 전략이다. 이 여성의 신체가 부패하고 있다는 생각이 꼭 여성혐오의 표현인 것은 아니다. 이는 성적 욕망이 열반의 길을 가는 이들에게 도움이 되는 않는다는 발상을 반영하는 것일 뿐이다. 그녀의 남편이나 아들에 대한 생각은 이 여성의 정절을 보호하는 역할을 하는 이 남성들을 생각함으로써 그 생각을 떨쳐버리려는 대안 전략의 일부이다. (고전 인도 사회는 서구 사회와 차이는 있었지만 역시나 가부장적이었다.) 그러나 이 예의 요점은 정신적인 인과적 연속(즉, "마음")에서 작동하는 인과적 연결이 지극히 복잡하다는 사실을 예를 들어 보여주는 것이다. 마음과 돌덩이는 모두 인과적 연속에 근거하여 구성되는 개념적 허구이다. 그러나 "돌덩이" 연속은 훨씬 단순하다. 우리가 돌덩이라고 부르는 인과적 연속의 한 찰나에 발생하는 법들은 대개 그 전 찰나에 발생한 법들과 꼭 같다. 이는 정신적인 인과적 연속에는 해당되지 않는다. 여전히 패턴들이 존재하며, 이 패턴들은 정신적 흐름을 지배하는 인과법칙이 무엇인지에 대한 어떤 통찰력을 우리에게 준다.

7. 가변적 연합 전략

지금까지 살펴본 구절에서 보면, 세친은 기억하는 자가 누구냐는 대론자의 질문에 답하려고 했다. 그는 기본적으로 기억의 원인이 되는 인과적 연속의 부분들이라고 답하는데, 이것을 경험의 주체라고 여기게 된다는 것이다. 세친은 이렇게 함으로써 어떤 경험자라고 하는 상식의 관념에 딱 들어맞는 무언가를 내놓으라는 대론자의 요구가 나름 타당하다고 여기는 것처럼 보인다. 그리고 우리는 세친이 자신의 방식처럼 답하는 게 옳은지 의문을 제기할 수 있다. 물론 세친은 경험을 하고는 이후에 이를 기억하는 어떤 하나의 궁극적으로 실재하는 것이 존재한다고 실제로는 생각하지 않는다. 궁극적으로 실재하는 것은 단지 인과적 연속 상의 법들뿐이다. 이 법들에 "나"라는 말과 "뎃바닷따"라는 식의 이름이 붙게 되기 때문에, 경험과 기억에서 인지작용을 수행하는 어떤 하나의 것이 존재한다는 환상을 품게 되는 것이다. 그런데도 그는 결코 분명히 밝히지 않고 대론자의 질문이 정말 형편없다고 말한다. 이건 아비달마 논사가 밀고 나가기에 괜찮은 전략일까?

또 다른 아비달마 철학자가 경험자라는 발상에 관해 말하는 바를 살펴봄으로써 이 전략이 어떻게 작동하는지 알 수 있다. 이 철학자는 붓다고사(Buddhaghosa)로서 그의 『청정도론(Visuddhimagga)』은 상좌부 전통에서 아비달마의 가장 중요한 설명서 중 하나이다. 지금 살펴볼 구절의 맥락은 재생에 대한 상좌부의 설명을 논의하는 대목이다. 붓다고사는 재생은 이전移轉이 아니라는 점을 일반적으로 주장한다. 즉, 한 생에서 다음 생으로 여행하는 것은 존재하지 않는다는 말이다. 대신 재생은 업의 인과적 연결 메커니즘을 통한 인과적 연속의 이어짐일 뿐이다. 이에 대해 대론자는 두 가지 반론을 제기한다.

첫 번째는 일반적으로 잘 알려진 반론으로, 그렇다면 업의 결과를 수확하는 사람이 이를 받을 자격이 없다는 것이다. 이전에 우리는 이 반론뿐만 아니라 붓다고사가 내놓은 대응도 이미 살펴보았다. (2장 8절 참조) 그러나 두 번째 반론은 새롭다. 경험자가 없는데, 어떻게 업이 성립하느냐는 것이다. 이 반론의 취지는 어떤 즐거움이나 고통의 느낌이 업의 결과라고 말하려면, 즐거움이나 고통이 누군가에 의해 경험된다고 말할 수 있어야 한다는 데 있다. 여기서 문제는 이 사람이 전생에 그 행위를 한 사람과 동일한 사람인지 (그래서 그 결과를 받을 자격이 있는지) 여부가 아니다. 이 질문은 첫 번째 반론의 초점이었다. 여기서 문제는 오히려 즐거움이나 고통을 경험하는 누군가 없이 즐거움이나 고통이 존재한다고 말하는 게 이치에 맞는가 하는 점이다. 대론자는 가당치 않다고 말한다. 다음은 붓다고사의 대답이다.

> 이제 "만약 경험자가 존재하지 않는다면, 그 결과는 누구의 것인가?"라고 말한 데 대해 다음을 고려해 보자.
>
> "열매가 나무에 생겨날 때,
> '나무가 열매를 낳았다'고 말하는 관례가 있듯이
> 업의 결과가 생겨날 때,
> 온들을 경험자로 부르는 관례가 있는 것과 같다."

"나무가 열매를 낳는다" 또는 "나무가 결실을 맺는다"고 하는 건

> 단지 "나무"로 지시되는 법들의 한 부분인 나무 열매가 생겨나기 때문인 것과 같이, "신 또는 인간이 즐거움 또는 고통을 경험하거나 느낀다"고 하는 것은 단지 "신" 또는 "인간"으로 지시되는 온들의 한 부분인 "경험"으로 지시되는, 즐거움과 고통으로 이루어진 결과가 생겨나기 때문이다. 그러므로 여기에는 어떤 잉여의 경험자도 필요하지 않다. (VM XVII.171-72)

여기에 새로운 점이 있는지 분명하지 않을 수도 있다. 붓다고사가 세친의 말을 반복하고 있는 듯도 보인다. 즉, "경험자"는 법들의 인과적 연속에 대한 편리한 지시어일 뿐이라는 것이다. 그러나 열매를 낳는 나무의 예에 대해 생각해 보자. 1년에 걸쳐 자라나면서 나무를 이루는 많은 부분들이 있다. 뿌리, 줄기, 껍질, 가지, 잎, 열매 등이 그렇다.[15] 이 모든 부분들을 하나의 집합으로 모았다고 가정해 보자. 이 집합이 "나무"라는 것에 대한 편리한 지시어가 될 수 있을까? 아니, 없다. 이 집합에는 열매가 포함되어 있다. 그리고 "나무가 열매를 낳는다"고 말할 때는 "나무"는 열매를 지칭하는 것일 수 없다. 열매는 우리가 바로 그 열매를 생산한다고 말하는 것들 중에 있을 수 없다. 왜냐하면, 그렇다면 비재귀성 원리를 위반하기 때문이다. 낳음의 관계는 비재귀

---

15 우리는 지금 나무에 대해 널리 쓰이고 있는 용어를 가지고 나무와 그 부분들에 대해 생각해 보고 있다. 물론, 잎은 그 자체로도 더 많은 부분들로 구성된 전체이다. 궁극적으로, 이 부분들 역시 법들로 모두 환원될 수 있다. 우리가 말할 요점은 그 법들에 대해 말하는 것으로도 제시될 수 있지만, 상식 수준의 용어를 사용해 요점을 제시하는 것이 더 간단하다.

적인 것이다. 즉, 낳는 자와 낳아진 것은 별개여야 한다. 그래서 "나무가 열매를 낳는다"는 이 문장에서 "나무"는 열매를 제외한 뒤 남아 있는 부분들만을 지칭하는 것일 수 있다.

이제 "나무가 잎을 떨어뜨렸다"라는 문장을 살펴보자. 이 경우 "나무"는 무엇을 지칭하는 것일 수 있을까? "나무"는 "나무가 열매를 낳는다"에서 지칭하는 집합과 동일한 부분들의 집합이 아니다. 이 집합에는 잎이 포함되어 있다. 그리고 이 집합이 잎을 떨어뜨렸다는 것은 이치에 맞지 않을 것이다. 어떻게 잎이 바로 그 잎을 떨어뜨리는 것들 중에 있을 수 있겠는가? 그래서 여기서 "나무"는 잎을 제외한 뒤 남아 있는 부분들의 집합을 지칭하는 것이어야 한다. 만약 해당 나무가 감나무라면, 이 집합은 열매를 포함하고 있을 것이다. 감나무는 잎이 떨어진 뒤에도 열매를 보유하기 때문이다. 그래서 "나무가 잎을 떨어뜨렸다"는 문장에서의 "나무"는 "나무가 열매를 낳는다"에서와는 다른 부분들의 집합을 지칭할 것이다. 잎이 하나의 집합에서 발생하는 경우에, 열매는 다른 집합에서 발생한다. 여기서 감나무의 상황은 다음과 같다.

1. "나무가 열매를 낳는다": "나무"는 {뿌리, 줄기, 껍질, 가지, 잎}을 지칭한다.

2. "나무가 잎을 떨어뜨렸다": "나무"는 {뿌리, 줄기, 껍질, 가지, 열매}를 지칭한다.

그리고 여서기 멈추지 않아도 된다. 나무에 새로운 가지 몇 개가 자라났다고 말할 때처럼, 또 다른 집합들을 지정하기 위해 "나무"가 필요한 나무의 다른 부분들이 있다. 이러한 상황이 분명히 보여주는 바는 "나무"라는 편리한 지시어가 매번 지칭하는 것들의 단일한 집합은 존재하지 않는다는 것이다. 그러나 이렇게 말한다고 해서 "나무"라는 말이 절망적일 정도로 불분명하다는 건 아니다. 이 말은 일상의 목적에 완벽할 정도로 딱 맞게 작동한다. 왜냐하면 하나의 방식으로 나무라는 말을 써서 지칭하는 부분들과 또 다른 방식으로 써서 지칭하는 부분들이 서로 상당히 겹치기 때문이다. 예를 들어, 1과 2에서 두 집합 모두 뿌리, 줄기, 껍질, 가지를 포함하고 있다. 우리는 또한 이처럼 그 의미를 바꿀 수 있는 말을 갖는 게 왜 유용한지 이해할 수 있다. 요점은 이 나무라는 말이 지칭하는 사물들의 단일한 집합이 항상 존재할 거라 기대해서는 안 된다는 것이다.

이제 이 교훈을 개념적 허구 일반과 이 허구를 구성하는 궁극적으로 실재하는 것 사이의 관계에 적용해 보자. 문제의 개념적 허구가 시간을 뛰어넘어 존속할 수 있는 실체라고 하면, 우리는 그 실체를 지칭하는 편리한 지시어가 다양한 경우마다 해당 법들의 다양한 집합을 딱 집어낼 것이라고 기대할 수 있다. 개념적 허구를 지칭하는 명칭이 항상 딱 집어낼 수 있을 법들의 모음은 존재하지 않는다. 그래서 우리는 그 개념이 어떤 궁극적으로 실재하는 것들에 해당하는지 정확히 말할 수 없다. 그렇지만 우리는 여전히 우리가 왜 개념을 가지는지, 또 개념이 우리에게 어떻게 유용할 수 있는지 설명할 수 있다. 경험의 주체라는 개념에 항상 맞춰질 수 있는 법들은 존재하지 않는다. 만약 어떤 "인격체"라는 연속에서 발생하는 모든 법의 집합을 취한다면, 상황에 따라 "경험자"는 어떤 때엔 이 집합의 한 부분 집합을 가리킬 것이고, 또 어떤 때엔 다른 부분 집합을 가리킬 것이다. 이제는 이런 얘기가 이상하게 들리지 않을 것이다. 그런데 이는 또한 대론자가 경험의 주체라는 상식적 개념을 대체하는 궁극적으로 실재하는 것을 우리보고 내놓으라고 요구하는 게 정당하지 않다는 걸 의미한다. 상식에 왜 이런 개념이 포함되는지 그 이유를 우리는 이해할 수 있다. 이런 식으로 "인격체"라는 법들을 부분들로 나눌 수 있다면 유용할 것이다. 하지만 특정한 인과적 연속에 적용할 때마다 "경험자"라는 것이 딱 지칭하는 궁극적으로 실재하는 것들은 존재하지 않는다. 대신 일원들이 겹치는 집합이 많이 존재할 따름이다.

8. 표상주의와 시간 지연 논증

찰나성 교리를 처음으로 표명하고 옹호한 이들은 경량부였던 것으로 보인다. 우리는 이 교리가 어떻게 아비달마가 무아 이론을 확고한 철학적 토대 위에 놓는 데 도움을 주었는지 보았다. 그러나 경량부는 찰나성을 다른 용도로도 사용했다. 이들은 감각 지각의 본성에 대한 견해, 즉 표상주의로 알려진 이론을 확립하는 데 이를 활용했다. 이는 외적 감각을 이용해 무언가를 인지할 때, 우리가 알아차리고 있는 바로 그것에 대한 이론이다. 그런데 이 이론을 설명하기 전에 "우리가 알아차리고 있는 바로 그것"이라고 하는 이 표현에 대응하는 술어를 소개할 필요가 있다. 시각이나 촉각 같은 감각 능력을 통해 감각적 경험을 할 때, 우리는 자신이 알아차리고 있는 그 무엇에 대해 통상 "대상(object)"이라는 말을 사용한다. 우리는 어떤 대상을 보고 만진다고 말할 것이다. 이 말이 가진 어려움은 대상이라는 말이 물리적인 것을 의미하는 데도 사용된다는 데 있다. 그리고 표상주의가 주장하는 바는, 감각 지각에서 우리는 물리적 대상을—적어도 직접적으로는—알아차리고 있는 게 아니라는 점이다. 그래서 감각적 경험을 할 때 직접 알아차리고 있는 것이 무엇이든 간에 이를 의미하기 위해 "지향적 대상(intentional object)"이라는 표현을 사용하도록 하자. 그리고 또한 물리적 대상을 의미하기 위해 "외부 대상"이라는 말을 사용하기로 하는 데 동의하도록 하자.[16] 그렇다면, 우리는 표상주의를 다음처럼 진술할 수 있다.

> 표상주의: 감각 지각에서, 지향적 대상은 외부 대상이 아니라 표상이라는 이론.

물론 이제는 표상이 무엇인지 알아야 한다. 정의는 다음과 같다.

> 표상: 감각 능력과 외부 대상 간의 접촉으로 인해 발생하며, 외부 대상과 유사한 정신적 이미지.

표상주의는 상식을 따르는 견해가 아니다. 상식에 따르면, 내가

---

16 지향적 대상은 산스크리트어로 viṣaya(境) 또는 ālambana(所緣)라고 하고, 외부 대상은 artha(事)라고 한다.

내 외적 감각을 통해 경험을 할 때, 내가 직접 알아차리는 것은 내 감각 능력이 접촉하게 되는 외부 대상이다.[17] 상식적 견해는 지향적 대상이란 그저 외부 대상일 뿐이라는 것이다. 우리는 이 견해를 "직접 실재론"이라 부를 것이다. 직접 실재론에 따르면, 외부 감각적 경험에서 우리의 감각은 외부의 물리적 세계에 대한 정보를 마음에 제공한다. 빵집을 지나갈 때, 내가 맡는 냄새는 갓 구운 바게트의 냄새다. 하나를 사서 그 따뜻한 빵 껍질을 조금씩 뜯어 먹다 보면, 촉각을 통해 내가 알아차리고 있는 것은 바로 빵의 따뜻함이고, 미각을 통해 알아차리고 있는 것은 바로 빵의 맛이다. 냄새, 따뜻함, 맛이 모두 빵 안에 있다. 아비달마 형태의 직접 실재론에서는 상황이 좀 더 복잡하다. 아비달마에 따르면, 빵은 개념적 허구이기 때문에, 결코 대상이 될 수 없다. 실제로 존재하는 것은 아주 많은 원자와 향, 맛 등과 같은 법들이다. 하지만 아비달마는 이 모든 법이 마음 바깥에 존재하는 것들이라고 생각한다. 그래서 직접 실재론자인 아비달마 논사는 나의 촉각 경험의 지향적 대상이 바게트라는 개념적 허구를 구성하는 많은 외부의 법들 중의 따뜻함이라고 말할 것이다. 자, 표상주의자는 감각적 경험을 통해 우리가 마음 바깥에 존재하는 것들을 알아차리게 된다는 점을 부정하지 않는다. 이들이 부정하는 바는 우리가 이것들을 직접 알아차

17 인도 심리학에는 다섯 가지가 아니라 여섯 가지 감각이 있다는 걸 기억해 두자. 그러나 내적 감각의 지향적 대상은 외부 대상이 아니라는 데에는 모두가 동의한다. 예를 들어, 즐거움과 고통 같은 내적 상태는 외부 대상이 아니다. 표상주의자와 직접 실재론자가 의견을 달리 하는 부분은 다섯 가지 외적 감각에 수반되는 감각적 경험의 지향적 대상과 관련된 문제다.

린다는 점이다. 표상주의자들은 무언가를 직접 알아차리는 일과 무언가를 간접적으로만 알아차리는 일을 구별한다. 직접 실재론자도 이 같은 구별을 할 수 있다. 자신의 경험을 신중하게 묘사하려고 할 때, 우리는 실제로 지각하고 있는 무엇과, 감각 지각에 근거해 추론해 가고 있는 무엇을 구별한다. 우리는 계단에서 발자국 소리를 듣고는 누군가 올라오고 있다고 추론했을 뿐이라고 말한다. 우리는 모래 위의 발자국을 보고는 개 한 마리가 썰물이 지나간 뒤 걸어갔다고 추론했을 뿐인 것이다. 지향적 대상은 우리가 직접 알아차리는 것이기 때문에, 그렇다면 이 경우 직접 실재론자는 지향적 대상이 발자국 소리와 발자국 모양이라고 말할 것이다. 그러나 직접 실재론자는 여전히 이것들이 외부 대상이라고 생각한다. 소리는 외부 세계 어딘가에 존재하는 것이다. 누군가 이 소리를 듣든 말든 상관없이 발생하는 것이다.

표상주의자도 계단에서 발이 내는 소리가 외부 대상으로, 아무도 이를 알아차리지 못하더라도 존재할 것이라는 데 동의한다. 하지만 표상주의자는 이 소리가 마음 바깥에 존재하기 때문에, 청각적 경험의 지향적 대상이 될 수 없다고 주장한다. 외부 소리는 우리가 간접적으로만 알아차리게 될 수 있다는 것이다. 먼저 우리는 표상, 즉 마음속에서만 존재할 수 있는 어떤 것을 알아차려야 한다. 그런 뒤 그것에 대한 알아차림에 기반해, 우리는 그 소리의 존재를 추론할 수 있다. 표상이란 정확히 무엇인가? 우리의 정의로는 이를 정신적 이미지라고 부르지만, 이는 무엇을 의미하는가? 그럼, 현기증 때문에(아니면 취해서) 고개를 들어보니 하늘에 쌍달이 보이는 경우를 생각해 보자. 우리는 달이 하나뿐이라는 걸 알고 있는데, 두 번째 달을 볼 때 당신이 본 것은 무엇인가? 그건 또 다른 달일 수 없고, 그중 하나는 존재하지 않는다. 그것은 달의 흰색일 수 없고, 그중 하나만 달의 흰색일 뿐이다. 이것은 외부의 존재일 수 없지만, 당신은 무언가를 알아차리고 있다. 그래서 그 "무언가"는 마음속에 있는 것—정신적 이미지—이어야 한다. 전기톱을 다 쓰고 난 뒤 고음의 윙윙거리는 소리가 들릴 때도 마찬가지다. 당신이 듣는 소리는 기계에서 나는 것이 아니다. 당신은 이 소리를 듣지만, 전기톱이 돌아가는 동안 근처에 있지 않았던 이들은 듣지 못한다. 당신이 알아차리고 있는 것은 무엇인가? 바로 정신적 이미지이다. 이 경우에는 청각적인 정신적 이미지이다.

이 경우들은 착각의 사례, 즉 감각이 제대로 작용하지 않을 때 일어나는 진실하지 않은 유사 지각의 사례다. 하지만 우리는 여기에 속아 넘어갈 수 있다. 물속에 꽂힌 나뭇가지는 정말 구부러져 보인다. 표상주의자는 이를 가지고 진실한 지각의 지향적 대상이 진실하지 않은 지각의 지향적 대상과 유사한 것임에 틀림없다는 점을 보여준다. 가지가 구부러져 있지 않다는 사실을 가지가 보이는 방식만을 가지고 말할 수 없다면, 가지를 올바르게 보는 경험도 동일한 종류의 일을 수반해야 한다. 그러나 우리는 가지가 구부러져 보일 때, 우리가 알아차리고 있는 것이 정신적 이미지라는 데 동의한다. 그래서 그것은 정상적인 지각의 경우에도 우리가 알아차리고 있는 것임에 틀림없다. 표상주의에 따르면, 착시와 진실한 지각의 차이는, 착시는 마음속에 있는 것이지만, 착시가 아닌 지각은 밖에 있는 것을 파악한다는 게 아니다. 지향적 대상은 두 경우 모두 마음속에 있는 것이다. 차이는 오히려 진실한 지각에서는 (감각 기관의 적절한 작동에 의해 발생되었기 때문에) 정신적 이미지가 밖에 있는 것과 유사하지만, 착시 지각에서는 그렇지 않다는 데 있다.

표상주의자에 따르면, 지각에서 우리는 간접적으로만 외부 대상을 알아차린다. 우리는 정신적 이미지를 직접 알아차리고 있으며, 이 이미지에 대한 알아차림에 근거해, 이와 유사한 어떤 것이 밖에 존재한다고 추론한다. 대체로 맞는 말이다. 왜냐하면 우리가 감각적 경험을 하는 것은, 감각이 제대로 작동하고 있는 동안 감각이 외부 대상과의 접촉을 통해 이와 유사한 정신적 이미지를 갖게 하기 때문이다. 여기에 표상주의자의 말을 이해하는 데 도움이 될 비유가 있다. 요즘 대형 카지노에서는 더 이상 사기꾼을 찾기 위해 전문요원을 쓰지 않는다. 대신 감시카메라를 쓴다. 카지노 전역의 전략적 위치에 카메라가 설치되어 있으며, 각각의 카메라는 플로어에서는 보이지 않는 중앙에 위치한 모니터에 연결되어 있다. 우리는 모니터를 지켜보는 사람들이 누군가가 속임수를 쓰는 모습을 보았다고 할 수도 있지만, 이 말이 완전히 정확한 건 아니다. 모니터에 뜬 영상을 보고는 이 영상에 근거해 누군가가 속임수를 쓰고 있다고 추론한다고 말하는 게 더 정확할 것이다. 물론 추론은 정당화될 수 있겠지만, 여기서 중요한 점은 그게 아니다. 요점은 지각 과정에서 실제로 무슨 일이 일어나고 있는지 정확히 설명하는 것이다. 표상주의자에 따르면, 지각에서 지향적 대상은—우리가 직접 지각하고 있는 것은—모니터에 뜬 이미지와 같은 것인데, 이 이미지는 오직 마음 안에 있을 뿐이다. 우리의 감각들은 감시카메라와 같다. 감각들은 외부 대상과 유사한 복사본 이미지를 마음속에 낳을 수 있는 역량을 가지고 있다. 여느 하드웨어처럼, 우리의 감각들도 때론 길을 잃고 외부 세계의 상황을 잘못 나타내는 정신적 이미지를 낳을 수 있다. 그러면 우리는 쌍달을 보거나 고음의 윙윙거리는 소리를 듣는 것과 같은 착각을 경험한다. 그러지만 대개는 올바르게 경험한다. 감각들이 제대로 작동할 때 우리는 지향적 대상의 본질에 근거해 외부 대상이 어떤 것인지 알 수 있다. 그러면 우리는 계단에서 발소리가 들린다고 말할 수 있다. 그렇지만 우리가 정말 알아차리고 있는 것은 그 소리가 아니라 그 소리가 우리의 마음속에 일으키는 표상이다.

이제 표상주의의 기본 발상을 이해했으니, 불교적 표상주의란 무엇인지 알려면 한 번 더 비틀어 볼 필요가 있다. 카지노의 감시카메라의 예시에서 보면, 배후의 사무실에는 두 가지 다른 요소, 즉 모니터에 뜬 이미지와 그 이미지를 보는 감시요원이 있다. 불교적 표상주의자들은 이미지와 이미지를 보는 자 사이의 구별을 거부할 것이다. 이들은 대상의 형태를 그 본질로 가지면서 발생하는 의식이 있을 뿐이라고 주장할 것이다. 즉, 파란색에 대한 시각적 의식은 "파란색이라고 의식함"으로서 발생한다고 할 수 있다. 진실한 지각에서 의식 그 자체는 감각 기관이 접촉하게 된 대상과 유사하다. 정신적 이미지는 이 이미지를 알아차리고 있는 것이라고들 여기는 의식과 구별되지 않는다. (의식의 이러한 정체성과 그 대상에 대해서는 8장 7절에서 더 자세히 설명할 것이다)

지금쯤이면 우리의 상식적 견해에 반하는 철학자들의 말에 익숙해졌을 것이다. 따라서 일부 아비달마 철학자들이 표상주의를 받아들였다는 사실을 안다고 해도 큰 충격은 없을 것이다. 그러나 우리는 어째서 이들을 믿어야 할까? 실제로 어째서 불교도는 감각 지각에 대한 이러한 이론을 믿어야 할까? 초기불교는 이 이론을 받아들이지 않았고, 많은 수의 아비달마 학파도 역시 그랬다. 무엇이 경량부로 하여금 지각에 대한 직접 실재론적 설명이 잘못되었으며, 표상주의로 대체되어야 한다고 확신시켰을까? 두 가지 논증, 즉 시간 지연 논증과 지향적 대상의 본질에 근거한 논증이 있다. 찰나성 교리를 사용하는 것은 시간 지연 논증이다. 이 논증의 이면에 있는 기본 발상은, 감각이 외부 대상과 접촉하게 될 때와 무언가에 대한 알아차림이 있을 때 사이에는 항상 작은 간격이 있기 때문에, 우리가 알아차리고 있는 것은 감각이 접촉한 외부 대상일 수 없다는 것이다. 왜냐하면 감각이 접촉한 이 외부 대상은 더 이상 존재하지 않기 때문이다. 논증은 대략 다음과 같다.

1. 지각적 인지의 지향적 대상은 (a)이를 인지하는 인지에 직접 현전할 수 있어야 하며, (b)인지 자신이 가지고 있는 내용의 원인이어야 한다.

2. 지각 과정에서, 감각 능력과 외부 대상이 접촉하는 찰나와, 지각되는 것에 대한 인지가 존재하는 찰나 사이에는 시간 지연이 있다.

3. 그러므로 지각적 인지의 시점에 감각 능력이 접촉하게 된 외부 대상은 더 이상 존재하지 않는다(왜냐하면 모든 것은 찰나적이

기 때문이다).

4. 감각 능력이 접촉하게 된 외부 대상은 지향적 대상이 아니다. 왜냐하면 토끼 뿔처럼 지금 존재하는 게 아니기 때문이다.

5. 현재 존재하는 외부 대상은 지향적 대상이 아니다. 왜냐하면 세상의 반대편에서 발생하는 사건이 그렇듯, 인지 자신이 가지고 있는 내용의 원인이 아니기 때문이다.

6. 그러므로 감각 능력이 접촉하게 되는 외부 대상은 지향적 대상이 아니다.

7. 그러나 지각적 인지에서 우리는 무언가를 직접 알아차릴 수 있기 때문에, 지각적 인지의 지향적 대상은 존재해야 한다.

결론: 지각적 인지의 지향적 대상은 표상이어야 한다.

첫 번째 전제는 두 가지 요구조건을 지각의 지향적 대상(즉, 우리가 지각할 때 알아차리고 있는 바로 그것)에 부과한다. 요구조건 (a)는 이 지향적 대상이 중개자를 통해서가 아니라, 직접 파악할 수 있는 종류의 것이어야 한다고 말한다. 이는 지각이야말로 직접 대상을 인지하는 것이기 때문에 가장 중요한 앎의 수단이라는 생각을 보여준다. 추론과 증언 같은 다른 앎의 수단은 어느 정도의 거리를 둔 채 대상을 간접적으로 부여한다. 이 둘은 우리가 대상 자체에 도달할 수 없을 때에만 역할을 하며, 그 밖의 다른 것에 대한 인지를 거쳐야만 한다. 그러나 지각이 그 대상을 직접 인지하는 방식인 것이라고 한다면, 대상은 대상 자신을 인지하는 인지에 현전할 수 있는 것이어야 한다. 즉,

대상은 자신을 들여다보는 인지의 바로 앞에 서 있을 수 있는 종류의 것이어야 한다. 요구조건 (b)는 그렇다면 대상이 또한 인지의 내용을 설명하는 것이어야 한다는 점을 덧붙인다. 내 앞의 벽에 붉은 둥근 점이 있고, 내 눈이 제대로 기능하고 있으며, 조명이 충분하다고 가정해 보자. 이 때문에 "빨간색 둥근 점이 있다"고 보고되는 지각적 인지를 내가 가진다고 가정해 보자. 요구조건 (b)는 이 인지의 지향적 대상이 내가 보는 것이 빨갛고 둥근 것이라고 말하는 이유를 설명하는 것이어야 한다고 말한다.

두 번째 전제는 감각-대상의 접촉과 지각적 인지 사이에 시간 지연이 있다고 말한다. 그 이유는 지각 과정에는 항상 어느 정도 시간이 걸린다는 데 있다. 왜냐하면 한 점을 보는 것처럼, 완벽히 단순하게 보이는 일에서도 어느 정도의 인지적 처리가 이루어져야 하기 때문이다. 상좌부 전통에 따르면, 이 과정에는 적어도 17찰나가 필요하다.[18] 그러나 우리는 이 전제를 받아들이기 위해 아비달마적 심리학 이론을 받아들일 필요는 없다. 감각 지각에는 감각 기관에서 뇌로 감각 자극을 전달하는 과정이 수반되는데, 여기에는 약간의 뇌 처리과정이 뒤따른다는 점을 우리는 알고 있기 때문이다. 이는 감각적 인지가 감각 기관의 자극보다 항상 조금 늦게 발생한다는 걸 의미한다. 이 시간 지연은 아주 짧겠지만, 항상 존재할 것이다.

세 번째 전제는 찰나성 교리를 이 상황에 적용하는 것이다. 이는

---

18 즉, 17개의 원자 찰나이다. 원자 찰나는 모든 것이 찰나적임을 감안할 때 가장 짧은 지속이다. 이는 어떤 것이 존재하게 되고 그 즉시 존재하지 않게 되는 데 걸리는 시간의 길이다.

빨간색 둥근 점을 본다고 보고하는 인지를 내가 가질 때, 내 눈이 접촉하게 된, 벽에 있는 빨간색 둥근 법은 존재하지 않게 되었다는 걸 의미한다. 여전히 벽에는 빨간색 둥근 법이 있을 수 있지만, 내 시각을 자극한 법은 아닐 것이다. 지금 존재하는 법은 내 눈이 접촉하게 된 법에 후속하는 법이다. 내 눈이 이 후속하는 법을 향해 있다면, 이는 지금부터 아주 짧은 시간 후에 빨간색 둥근 점에 대한 또 다른 지각적 인지를 초래할 것이다. 하지만 이 후속하는 법은 빨간색 둥근 점에 대한 현재의 지각적 인지에 아무런 역할을 할 수 없다.

네 번째와 다섯 번째 전제는 이러한 외부 대상 중 어느 것도 내 지각적 인지의 지향적 대상이 될 수 없음을 보여준다. 전제 4는 내 시각을 자극한 빨간색 둥근 법이 요구조건(a)를 충족시키지 못한다고 지적한다. 왜냐하면 이 법은 더 이상 존재하지 않기 때문이다. 토끼 뿔처럼 존재하지 않는 것이 인지에 현전하는 일은 불가능하다. 반면에 전제 5는 지금 존재하는 어떤 (또 그래서 요구조건 (a)를 충족시킬 수 있는) 빨간색 둥근 법도 요구조건 (b)를 충족시킬 수 없다고 지적한다. 이 법은 내 인지의 내용에 아무런 기여도 할 수 없다. 이전의 빨간색 둥근 법은 보라색 삼각형 법으로 대체되었을 수도 있지만, 나의 현재 지각적 인지는 여전히 똑같을 것이다. 물론 지금 존재하는 것이 보라색 삼각형 법이라고 한다면, 내가 지금부터 아주 짧은 시간에 가지게 될 지각적 인지는 보라색 삼각형에 대한 인지일 것이다. 그러나 내가 지금 인지하고 있는 것은 빨간색 둥근 점이다. 시간 지연 때문에, 현재 존재하는 어떤 외부 대상도 왜 내가 인지하고 있는 게 바로 그것인지 설명할 수 없다. 현재 존재하는 외부 대상은 지구 반대편에서 일어나고 있는 사건들만큼이나 내가 지금 보고 있는 것과 어떤 관련도 있을 수 없다.

논증의 나머지 부분들로는 이에 대한 결론을 이끌어낸다. 내 지각적 인지의 지향적 대상이 될 수 있는 유일한 외부 대상은 벽에 있는 빨간색 둥근 법이다. 아주 조금 전에 내 시각 감각이 접촉하게 된 빨간색 둥근 법은 지향적 대상이 될 수 없다. 현재 존재하는 빨간색 둥근 법도 그럴 수 없다. 그래서 외부 대상은 지향적 대상이 될 수 없다. 그러나 내가 지각적 인지에서 직접 알아차리고 있는 것이 있음에는 틀림없다. 그렇지 않다면, 나는 결코 간접적으로는 아무것도 알아차릴 수 없기 때문이다. 간접적 알아차림은 다른 것을 파악하기 위해 직접 알아차리고 있는 것을 사용해야 한다(마치 발자국을 본 것에 근거해 개를 파악하는 일과 같다). 따라서 지각적 인지의 지향적 대상이 외부 대상이 아니라면, 내부적이거나 정신적인 것이어야 한다. 간단히 말해, 그것은 표상이어야 한다. 이것은 정신적인 것이기 때문에, 인지에 직접 현전할 수 있는 것이다. 그리고 왜냐하면 내 지각적 인지가 그 내용으로 가지는 것이 빨간색 둥근 조각의 이미지이기 때문이다. 표상은 요구조건 (a)와 (b) 모두를 충족시킬 수 있다.

이 논증은 얼마나 강력할까? 허점이 하나 있다. 전제 3을 생각해 보자. 지각적 인지가 발생하는 시점에 외부 대상이 여전히 존재함을 보여줄 수 있는 방법이 있다면, 이 외부 대상은 지향적 대상에 대한 두 가지 요구조건을 충족시킬 수 있다. 상좌부는 색법이 찰나성 교리의 예외에 해당한다고 주장한다. 색법이 단지 1찰나가 아니라 17찰나 동안 지속된다고 주장하는 것이다. 만약 이 주장이 사실이라면, 내 시각 감각이 접촉하게 된 빨간 둥근 법은 지향적 대상이 될 수 있다. 불행히도, 상좌부는 색법이 다른 법들보다 더 오래 지속된다고 주장하는 이유를 제시하지 않는다. 정확히 말하면, 자신들의 직접 실재론을 일관성 있게 만들어 준다는 이유로 이런 주장을 하는 것이지만, 이는 전혀 타당한 이유로 보이지 않는다. 비바사사는 이 분야에서 더 나은 주장을 한다. 이 학파는 조건지어진 모든 것이 찰나적이라는 점을 부정하지 않는다. 그러나 지각에 대한 직접 실재론적 견해를 견지한다. 즉, 빨간색 둥근 법 같은 외부 대상이 우리의 지각적 인지의 지향적 대상이라는 것이다. 이는 (3)을 부정하기 때문에 가능하다. 비바사사의 시간관을 감안할 때, 빨간색 둥근 법은 지각적 인지가 발생할 때도 여전히 존재한다. 이들은 (미래의 대상뿐만 아니라) 과거의 모든 대상도 존재한다고 주장하기 때문에 이렇게 말할 수 있는 것이다. (4절 각주10 참조) 과거의 대상은 더 이상 작용하지 않는다. 이 점이 과거의 대상을 현재가 아닌 과거로 만드는 것이다. 그러나 존재는 한 개체가 시간을 초월해 가지고 있는 어떤 것이다. 이러한 견해에 따르면, 빨간색 둥근 법은 여전히 지각적 인지에 직접 현전할 수 있다. 더 이상 어떤 효과를 낳을 수는 없지만, 여전히 존재한다. 그리고 인지 자신이 그 내용을 가지는 이유를 설명할 수도 있기 때문에, 지향적 대상이 될 수 있다. 따라서 비바사사의 시간관을 기꺼이 받아들인다면, 시간 지연이 존재함에도 불구하고, 지각에 대한 직접 실재론적 견해를 일관되게 견지할 수 있다.

9. 원자론에 근거한 표상주의 논증

표상주의에 대한 두 번째 논증은 디그나가가 자신의 『관소연연론(Ālambanaparīkṣā)』에서, 이를테면 "지향적 대상 연구"에서 고안했다.[19] 시간 지연 논증처럼, 이 논증도 지향적 대상이 되려면 필요한 두 가지 요구조건으로 시작한다. 하지만 이 요구조건들이 약간 다르다. 이 둘은 (1)지향적 대상이 인지의 원인이어야 한다는 점과 (2)지향적 대상이 인지와 유사한 것이어야 한다는 점이다. 디그나가의 전략은 외부의 어떤 것도 두 조건 모두를 충족시킬 수 없지만, 표상은 그럴 수 있다고 주장하는 데 있다. 그는 어떤 외부 대상이 지향적 대상이 될 수 있는지에 대한 두 가지 가능한 견해를 숙고하고는 거부한다. 하나는 지향적 대상이 원자들이라는 견해와 다른 하나는 지향적 대상이 원자들로 구성된 전체라는 견해다.

> 시각眼識 등의 지향적 대상(ālambana)이 외부 대상이라고 가정하는 이들은, 원자들이 인지의 원인이기 때문에 지향적 대상이 원자들일 것이라고 상상하거나, 그렇지 않으면 인지가 집합체和合와

---

19 9장에서 디그나가를 다시 만날 것이다. 그는 불교인식론 학파인 유가행경량부의 창시자이다. 여기서 검토하고 있는 문헌은 대개 물리적 대상이 존재하지 않는다는 유가행파의 논지를 뒷받침하기 위한 목적을 가진 것으로 여겨진다. 하지만 경량부의 표상주의를 뒷받침하기 위한 시도로도 이해될 수 있는데, 이는 우리가 접근하려는 방식이다. 9장에서 보게 되겠지만, 디그나가는 형이상학적 문제를 둘러싼 논쟁에서 자신의 인식론적 견해를 양측 모두가 받아들이게 만들려고 애쓰는 경우가 많다.

유사하게 생겨나기 때문에 지향적 대상이 집합체일 것이라고 상상한다. 이와 관련해,

1. 파악된 입자가 감각-인상의 원인일 수도 있지만, 눈眼根 등의 경우처럼 이것은 지향적 대상(viṣaya)이 아니다. 이것은 그 인지와 유사하지 않기 때문이다.

"지향적 대상(viṣaya)": 인지는 오직 그 자신의 형상ākara을 취할 뿐이다. 왜냐하면 인지는 그 지향적 대상의 형상을 띠면서 생기하기 때문이다. 그리고 원자는 눈의 경우처럼 그것과 유사하지 않다. 그래서 원자는 지향적 대상(ālambana)이 아니다. 그러나 집합체가 그것과 유사하다고 하더라도 〔지향적 대상이 아니다. 왜냐하면〕

2a. 집합체가 지향적 대상의 형태를 띠더라도, 지향적 대상이 비롯한 바는 아니기 때문이다.

그 존재자는 자신의 이미지를 띠면서 인상을 부여하는 지향적 대상(ālambana)으로 간주되는 게 마땅하다. 그러므로 그것은 생겨남의 조건이라고 할 수 있다. 그러나 집합체는 그렇지 않다.

2b. 쌍달처럼, 실재성을 결여하기 때문이다.

감각의 결함으로 인해 쌍달을 보는 경우에 그것〔쌍달〕과 유사한

인지가 존재하지만, 그것은 인지의 지향적 대상이 아니다. 쌍달처럼, 집합체는 실제로 존재하지 않아 인과적 효과성을 결여하기 때문에 지향적 대상이 아니다.

2cd. 따라서 두 가지 외부 사물〔원자와 전체〕 중 어느 것도 〔감각지각에〕 속하는 것으로 전혀 간주되지 않는다.

원자와 전체. 즉 외부 대상은 지향적 대상이 아니다. 각각 결함이 있기 때문이다. 그렇다면,

3ab. 어떤 이들은 집합체의 형상이 〔감각적 인지를〕 이루는 것이라고 주장한다.

각각의 외부 대상은 여러 다양한 형상을 가지고 있기에, 그 중 어떤 형상에 의해 지각이 일어난다고 가정할 수 있다. 원자들 중에서도 집합체와 유사한 인지를 일으키게 하는 원인이 되는 본성이 있다〔고 여겨진다〕.

3cd. 그러나 원자의 형상은 인상의 지향적 대상이 아니니, 견고함 등이 그런 것과 같다.

견고함 등은 비록 실재하지만, 시각적 인지의 지향적 대상이 아니듯이(견고함은 볼 수 없기 때문이다), 원자의 형상도 지향적 대상

이 아니니, 원자의 형상은 보이지 않는 것이기 때문이다.

4ab. 옷감과 항아리 등에 대해서 동일한 관념이 일어날 것이다.

옷감과 항아리 등을 구성하는 많은 원자들과 관련하여, 원자 각각은 형태가 동일하기 때문에, 그 형상에 있어 차이가 없다.

4c. 만약 그 차이가 형상의 차이로 인한 것이라면,

만약 당신이, 그 구별이 항아리 목 부분 등의 형상에 의해 이루어지므로, (물단지 모양을 띠는 것에 대한 지각으로나 옷감 모양을 띠는 것에 대한 지각으로) 서로 다르게 지각되는 것으로 식별될 수 있다고 한다면, 우리는 옷감 등이 특정한 형상을 띠는 것으로 식별된다는 데 동의할 수 있다.

4d-5a. 그러나 형상의 차이는 실제로 존재하는 원자에 있는 게 아니다. 왜냐하면 원자들은 서로 구별되지 않기 때문이다.

원자들은 별개의 실체이지만, 원형이라는 점에서 차이가 없다.

5b. 그러므로 특정한 형상을 띠는 것으로 식별됨은 궁극적으로 실재하는 것에 있지 않다.

형상의 차이는 오직 세속적으로 실재하는 것에 있지, 원자에 있지 않다. 옷감 등은 세속적으로 실재하는 것일 뿐이다.

5cd. 원자들을 제거해 가다 보면, 그것과 유사한 인지가 사라지기 때문이다.

실체적으로 실재하는 것은, 색깔 등과 같이 관련된 것을 제거하더라도 그 자체의 인지가 없어지지 않는다. 그렇기 때문에 감각적 인지의 지향적 대상이 외부적인 게 아님이 증명된다.

6ab. 하지만 그것은 내부에서 찾아질 수 있는 형상을 띠고 있지만, 마치 외부적인 것처럼 나타나는 지향적 대상이다.

지향적 대상은 외부에서 발견되지 않으니, 인지의 대상-조건은 내부에 존재하며 마치 외부적인 것처럼 나타나는 것에 불과하다.

6cd. 왜냐하면 그것은 인지의 형상을 가지는 것이면서 또한 그 원인이기 때문이다.

내적 인지는 지향적 대상이 되는 두 가지 조건, 즉 외부 대상처럼 나타난다는 점과 그것으로부터 인지가 생겨난다는 점을 충족하기에, 내부에 존재하는 것이 바로 대상-조건이다. (AP 1-6)

이 논증이 어떻게 구성되어 있는지 분명히 밝힐 필요가 있다. 대론자는 궁극적으로 실재하는 외부 사물은 원자뿐이라고 믿는 자다. 질문은 이 사물이 지향적 대상일 수 있느냐는 것이다. 지향적 대상은 반드시 인지의 원인이어야 하고, 또 원자는 이 요구조건을 충족시킬 수 있다. 하지만 지향적 대상이려면, 또한 지각적 인지의 내용과 유사해야 한다. 그리고 여기서 원자는 이 조건에서 탈락한다. 내 지각이 빨간색 둥근 점이라는 내용을 가진다고 가정해 보자. 어떤 원자도 빨간색이라는 속성을 가지고 있지 않다. 원자는 너무 작아서 볼 수 없기에 색깔을 가진다는 것은 말이 안 된다. 그런데 원자들이 올바른 방식으로 결합된다면, 원자들로 구성된 전체는 빨간색일 수도 있다. 그래서 집합체는 내 지각의 내용과 유사할 수 있다. 그러나 원자들의 집합체는 내 인지의 원인이 될 수 없다. 왜냐하면 이 집합체는 전체이고, 따라서 궁극적으로 실재하는 게 아니기 때문이다. 궁극적으로 실재하는 것들만이 원인이 될 수 있다. 지향적 대상이 원자들의 집합체의 형태 또는 형상일 수 있을까? 우리는 이것이 어떻게 작동하는지 상상할 수 있다. 특정한 방식으로 배열된 원자들의 집합은 고유한 형태를 만들어내며, 우리가 알아차리고 있는 것은 바로 그 형태라는 식이다. 그렇지만 이런 식의 제안에는 두 가지 난점이 있다. 첫째, 우리가 견고함을 보지 못하는 것과 마찬가지로 개별 원자의 형태를 볼 수 없다. 원자는 너무 작아서 볼 수 없는 것이다. 둘째, 원자의 형태를 지각할 수 있다고 하더라도, 각각은 나머지와 동일한 형태를 가지고 있다. 그러니 물단지에 대한 지각과 천 조각에 대한 지각의 차이를 설명하는 것은 원자의 형태일 수 없다. 그 차이가 원자들의 집합체의 형태에 있을 수 있을까? 사실, 물단지 집합체의 형태는 천 조각 집합체의 형태와 다르다. 문제는 그 형태가 궁극적으로 실재하지 않는 것의 속성이라는 데 있다. 그래서 집합체 역시 인지의 원인으로 작용할 수 없다. (디그나가가 이를 입증하기 위해 내재적 본성〔svabhāva〕 기준을 어떻게 사용하는지에 주목할 필요가 있다.)

그렇다면 지향적 대상이란 무엇인가? 마치 외부에 있는 양 보이는 내부적인 것, 즉 정신적 이미지다. 디그나가는 지향적 대상이 두 가지 조건을 만족시킨다고 주장한다. 왜냐하면 지향적 대상의 발생이 인지의 즉각적인 원인이자, 지향적 대상이 인지의 대상과 유사하기 때문이다. 그렇지만 이러한 주장들에 대해 의문이 들 수도 있다. 우리는 표상을 정신적 이미지라 부르고 있는데, 이 때문에 정신적 이미지와 이를 알아차리는 인지가 별개의 것인 양 들리는 것이다. 하지만 디그나가가 게송 6cd를 주석하면서 분명히 밝히고 있듯이, 그가 염두에 두고 있는 건 바로 인지 그 자체일 뿐이라는 점이다. 인지를 우리가 외부 대상이라고 간주하는 것과 유사하게 만드는 건 인지가 특정한 형상을 띠기 때문이다. 그렇기 때문에 인지가 유사성 조건을 만족시키는 것이다. 그런데 인지가 이렇다면, 인과적 조건을 만족시킬 수 있는 것일까? 인지가 인지 그 자신의 원인이 되는 것이기에, 비재귀성 원리를 위반하는 것일까? 이는 따져볼 만한 질문이다. 이 질문을 좇다 보면, 인과적 조건을 만족시킬 수 없지 않을까 하는 답에 이른다. 하지만 그렇다고 표상주의보다 직접 실재론이 더 타당하다는 게 입증되는 것인지는 좀 더 따져 봐야 할 문제다.[20]

표상주의는 서양 전통에 잘 알려져 있다. 사실, 지향적 대상에 대한 질문은 현대 철학을 정의하기 위한 핵심 쟁점들을 추려보는 데 도움이 된다. 그렇지만 경량부로 하여금 표상주의를 받아들이도록 이끈 고민이 로크와 같은 영국의 경험주의자들을 같은 결론으로 이끈 고민과는 사뭇 다르다는 점에 주목하는 건 흥미로운 일이다. 후자의 경우 두 가지 논증, 즉 착시 논증과 1차 속성과 2차 속성 사이의 구별에 기반한 논증이 특히 잘 알려져 있다. 우리는 이미 착시 논증의 이면에 있는 기본 발상과 마주했다. 즉, 쌍달 중 어느 것이 "실재하는" 달인지 알 수 없기 때문에, 둘 모두 정신적 이미지임에 틀림없다는 것이다.[21] 두 번째 논증은 물리적 대상 자체에는 우리가 보는 색깔 또는 우리가 맛보는 맛과 유사한 것이 존재하지 않는다는 발상에 기반하는 것이다.[22] 이에 근거해 색깔과 맛 같은 속성에 대한 경험은

20 답의 일부는 인지가 인지 자신을 인지한다는 디그나가의 교리에서 찾을 수 있다. 그는 인지하는 작용에서 주체(인지하는 것)와 지향적 대상을 구별한다면, 우리는 실제로는 구별할 수 없는 단일한 존재자인 것에 주체-대상의 이분법을 덧붙이고 있는 것이라고 주장한다. 9장 7절 참조.

21 이 결론에 반대하는 한 가지 방법은 이것은 착시이기 때문에, 아무것도 *보이지* 않는다고 말하는 것이다. 쌍달에 대한 경험은 단지 유사-지각인 것이다. 착시에 근거한 논증에 대항하기 위한 이 같은 일반적인 전략은 선언주의disjunctivism로 알려져 있다. 인도 인식론에서 선언주의에 대한 논의는 Anand Jayprakash Vaidya, "The Nyāya Misplacement Theory of Illusion and the Metaphysical Problem of Perception," in Purushottama Bilimoria and Michael Hemmingsen, eds., *Comparative Philosophy*와 J.L. Shaw, Sophia Studies in *Cross-cultural Philosophy of Traditions and Cultures*, vol 13(Delhi: Springer, 2016) 참조.

22 예를 들어, Michael Ayers, *Locke: Epistemology and Ontology*, vol.1(London: Routledge, 1991), pp.61-66 참조.

단지 정신적 이미지 또는 표상에 대한 인지일 뿐이라고 결론을 내리고, 그런 뒤 모든 속성에 적용되도록 이 결론을 일반화하는 것이다. 두 논증 모두에 인식론적 쟁점들이 포함되어 있다. 그리고 이 쟁점들은 우리가 검토한 경량부의 논증들에서는 거의 부각되지 않는다. 거기서 가장 중요해 보이는 부분은 전체와 부분 사이의 관계에 대한 형이상학적 질문이다.

우리는 표상주의에 대한 두 가지 논증을 살펴봤지만, 표상주의가 더 큰 체계에서는 어디에 들어맞는지에 대한 질문은 아직 다루지 않았다. 현대 서양철학의 경우에 답은 꽤 명확하다. 감각 지각에 대한 표상주의적 설명은 세계에 대한 상식적인 묘사와 과학에서 유래한 견해 간의 차이를 조화시키려는 시도에서 나왔다. 예를 들어, 표상주의는 색깔이 과학적으로 볼 때 받아들일 수 있는 속성이 아닌데도 물리적 대상이 왜 색깔을 띠는 것으로 보이는지 설명하는 방법을 제공한다. 그렇지만, 경량부의 경우에는 상황이 그리 명확하지 않다. 지금에 이르도록 우리는 어떤 구제론적 목적에 기여하는 불교의 철학 이론에 익숙해졌다. 예를 들어, 우리는 전체는 궁극적으로 실재하지 않는다는 교리를 통해 이를 보았고, 마찬가지로 모든 것은 찰나적이라는 주장을 통해서도 보았다. 두 견해는 모두 불교의 깨달음 프로젝트의 핵심을 이루는 무아 교리를 뒷받침하는 데 도움이 된다. 표상주의에 대해서도 같은 말을 할 수 있을까? 한 가지 가능성이 생각난다. 표상주의가 참이라고 입증된다면, 상식이 때로는 틀렸다는 점을 보여줄 수 있을 것이다. 즉, 대부분의 사람들은 우리가 외부 세계를 직접 알아차린다고 생각하지만, 결코 그렇지 않다는 것이다. 그리고—

우리가 자아를 가지고 있다는 견해처럼—널리 퍼진 이 이 상식적 견해가 거짓이라면, 그만큼 상식적인 여타의 견해들도 역시 틀렸을 수 있을 것이다. 따라서 표상주의에 대한 논증이 구제론적 목적에 기여할 수도 있는 것이다. 그렇다 해도, 아마 경량부는 단지 표상주의가 참이라고 생각했기 때문에 이를 받아들였을 것이다. 철학자들이란 아무튼 그런 일을 하는 사람들로 알려져 있다.

더 읽을거리

물리적 대상에—사람은 제외—관한 부분전체론적 허무주의를 변호한 최근의 연구 두 가지는 Peter van Inwagen, *Material Beings*(Ithaca, NY: Cornell University Press 1990)와 Trenton Merricks, *Objects and Persons*(Oxford: Oxford University Press, 2001)이다.

더미 문제에 접근하는 여러 방식들에 대한 일반적인 소개는 Rosanna Keefe and Peter Smith, "Introduction: Theories of Vagueness," in Rosanna Keefe and Peter Smith, eds., Vagueness: A Reader(Cambridge, MA: MIT Press, 1997), pp.1-57 참조. 또한 *Stanford Encyclopedia of Philosophy*에 실린 Roy Sorensen의 "Vagueness" 항목, Edward N. Zalta, ed., Summer 2018 Edition(Stanford: Metaphysics Research Lab, Stanford University, 2018), https://plato.stanford.edu/entries/vagueness/ 참조.

실체가 트롭들의 묶음이라는 견해를 변호한 연구는 David Robb, "Qualitative Unity and the Bundle Theory," *The Monist* 88, no.4(October 2005): 466-92 참고. 법을 트롭으로 해석한 두 가지 논의는 다음과 같다. Jonardon Ganeri, *Philosophy in Classical India*(New York: Routledge, 2001) pp.101-2; Charles Goodman, "The Treasury of Metaphysics and the Physical World," *Philosophical Quarterly* 54, no.216(July 2004): 389-401.

또 다른 불교적 찰나성 논증을 체계적으로 해설한 연구는 Joel Feldman, "The Role of Causality in Ratnakīrti's Argument for Momentariness," in Joerg Tuske, ed., *Indian Epistemology and Metaphysics*(London: Bloomsbury, 2017) pp.271-90 참조.

니야야와 인격체주의적 견해에 대한 세친의 상세한 검토와 반박은 James Duerlinger, *Indian Buddhist Theories of the Person*(London: Routledge, 2003)의 『구사론』 9장 번역 참조. 이 시기에 니야야와 미망사 측에서 이 고전적 논쟁을 어떻게 이어갔는지에 대한 논의는 Alex Watson, "Four Mīmāmṃsā Views Concerning the Self's Perception of Itself," *Journal of Indian Philosophy* 48, no.5(Nov. 2020): 889-914 참조.

색깔이 외부 세계에서 발견되지 않는 이유(따라서 표상주의가 참일 수도 있는 이유)에 대한 논의는 C. L. Hardin, "Color Qualities and the Physical World," in E. Wright, ed., *The Case for Qualia*(Cambridge, MA: MIT Press, 2008), pp.143-54 참조. 20세기에 들어 표상주의를 공식화한 대표적 연구는 C. I. Lewis, *Mind and the World Order*(New York: Dover, 1929)이다.

시간 지연 논증은 현대 철학자들이 표상주의를 변호하는 데도 사용되었다. 예를 들어, Bertrand Russell, *The Problems of Philosophy*(New York: Oxford University Press, 1997) 참조. 초판은 1929년에 출간되었다.

부재가 실재하는지 여부에 대한 최근 연구는 Sara Bernstein and Tyron Goldschmidt, eds., Non-Being: *New Essays on the Metaphysics of Nonexistence* (Oxford: Oxford University Press, 2020)의 에세이 참조.

6장 대승의 흥기

이제 우리는 불교철학의 역사상 세 가지 주요 단계 중 세 번째인 대승불교로 넘어간다. 이 장에서는 대승이 아비달마 운동과 구별되기 위해 추구했던 주요한 철학적 개념들을 검토할 것이다. 다음 장에서는 이러한 개념들이 대승 철학의 주요 학파에서 어떻게 표현되는지 살펴보겠다. 그렇지만 대승 운동은 철학 그 이상을 포괄하고 있으며, 또한 불교 수행에 대한 이해의 변혁을 보여준다. 그리고 이러한 변혁은 불교의 제도적 여건에 변화를 가져왔다. 지금까지 이 책에서는 불교의 제도와 그 역사에 대해 거의 언급하지 않았다. 하지만 이번에는 불교적 사유의 고유한 표현으로서 대승의 기원을 간략히 논의하면서 시작하는 게 유용할 것이다. 이는 대승과 다른 형태의 불교 수행 사이의 관계와 관련된 몇 가지 널리 퍼진 혼동을 피하는 데 도움이 될 것이다.

1. 역사적 뿌리

대승의 흥기에 대해 가장 먼저 해야 할 말은, 이 주제에 대해 아주 확실하게 말할 수 있는 부분이 거의 없다는 것이다. 우리는 유럽 역사에서 개신교 종교개혁의 시작을 수십 년의 범위 내로 추정할 수 있다. 이와 달리, 학자들은 인도 역사에서 대승이 발생한 세기를 알아내는 데조차 어려움을 겪고 있다. 이는 대체로 고전 인도에 대한 충분한 역사적 기록이 부족하기 때문이다. 하지만 그러한 기록이 부족하다는 점은 애초에 대승이 스스로를 혁신적이라고 묘사하지 않았다는 사실을 반영한다.[1] 그래서 더 나은 역사적 자료가 있었다고 해도, 루터나 칼뱅이 한 일에서 드러나는 전통과의 명확한 단절 같은 모습을 찾아볼 수는 없었을 것이다. 초기 대승불교도들은 기존의 불교 제도와 단호히 단절하는 모습으로 비치는 걸 원하지 않았다.

이러한 징후를 한 문헌에서 볼 수 있는데, 여기서는 대승의 경향을 최초로 명확히 드러내고 있다. 기원전 1세기 어느 시점부터 새로운 종류의 불교 경전이 등장하기 시작했다. 불교적 맥락에서 볼 때, 경전은 붓다나 그 직계 제자 중 어느 한 명의 설법을 담고 있는 산문 문헌이다.[2] 아비달마 전통에 따르면, 경전은 붓다의 입멸 직후 일어난

---

1 기독교의 기원에 대해서도 비슷한 말이 나올 수 있다. 예수의 초기 추종자들은 자신들이 변형된 형태의 유대교에 속한다고 생각했다. 돌이켜보면, 우리가 이들을 기독교인이라고 부를 뿐인 것이다.

2 경전은 정통 인도 전통에서 볼 때 교파들의 근본 문헌이다. 예를 들어, 『니야야 수뜨라』는 니야야 체계의 기본 교의를 제시한다. (불교 전통의 경전과는 달리) 이 경전은 운문 형식으로 되어 있으며 극히 간결하다. 이 때문에 그 근본 경전만으

승려들의 대규모 회합에서 결집되어 암송되었다.[3] 그래서 경전의 결집(원래는 구전 형태)은 기원전 5세기 말이나 4세기 초에 완료되었을 것이다. 하지만 약 4세기 뒤, 이전에는 알려지지 않은 경전들이 등장하기 시작한다. 이 경전들은 대개 붓다가 설법한 형태를 취한다. 그러나 때로는 화자로 표현되는 이는 "우리의" 붓다인 고따마가 아닌 다른 붓다다. 마찬가지로 배경도 때로는 고따마가 살고 가르친 인도가 아니라 완전히 다른 세계다. 그리고 가르침의 성격은 아비달마 학파에서 인정하는 삼장三藏의 그것과는 대개 상당히 다르다. 예를 들어, 모든 것은 "공하다" 또는 본질을 결여하고 있다는 주장에 많은 역점을 둔다. 초기 경전의 무아 교리는 때때로 인격체에는 본질이 없다는 주장으로 표현되었다. 그러나 이 새로운 경전에서는 인격체뿐만 아니라 모든 것에 본질이 없다고 한다. 마찬가지로 열반과 윤회는 실제로는 하나이며 동일한 것이라는 주장처럼, 역설적인 진술들이 흔히 사용되

로 철학 체계를 이해하기란 상당히 어렵다. 주석서도 반드시 읽어야 하는 것이다. 예를 들어, 『니야야 수뜨라』의 경우 4장에서 보았듯이, 웃됴따까라의 방대한 주석이 있다. 아마 경전은 원래 구전 형식으로 보존되었다가 나중에 기록되었을 것이다. 이를 통해, 왜 긴 산문보다 암기하기 쉬운 형식을 띠고 있는지 설명할 수 있다. 그런데 경전을 암기하고 있던 제자는 또한 스승으로부터 구두로 설명을 들었을 것이다. 한 학파의 문헌이 마침내 기록되었을 때, 구두로 설명하던 방식은 주석을 작성하는 데 기초가 되었다.

3 상좌부 전통에서 경전은 총칭해 니까야(Nikāya)라고 한다. 한역으로만 존재하는 또 다른 경전 모음이 있는데, 총칭해 아가마(阿含, Āgama)라고 한다. 이 경전 모음四阿含은 아마 서로 다른 여러 아비달마 학파들이 권위 있는 것으로 간주한 경전들에서 가져왔을 것이다. 두 모음집은 많은 분량이지만 완전히 겹치지는 않는다.

는 점을 볼 수 있다. 또한 새로운 윤리적 이상도 등장한다. 예를 들어, 팔정도를 따르는 처방 대신, 보살의 여섯 가지(또는 열 가지) 완성六波羅蜜을 개발하라는 권고를 보게 되는 것이다.[4] 우리는 아라한이 아니라 붓다가 될 운명인 보살이 되기 위해 노력해야 한다고 한다. 간단히 말해, 이 새로운 경전들은 (2장 3~4절에서 검토한 "법의 수레바퀴의 최초 전개初轉法輪"(S III.66-68)에 대한 경처럼) 이전에 붓다의 가르침의 권위 있는 표현으로 인정받던 것과 형태와 내용 면에서 근본적으로 다르다. 이 경전들은 붓다의 가르침에 대한 실제 기록이 아니라 새로운 창작물로 보인다. 그럼에도 불구하고 그 저자들에 의해 진정한 경전으로 제시된다. 여기서 과연 무슨 일이 벌어지고 있는 것일까?

여기서 마주치는 한 가지 대답은, 이 대승 경전들이 때때로 붓다의 시의적절한 교육 방법(upāya, 方便)의 사례를 보여준다는 것이다. 붓다는 항상 대중의 필요와 능력에 맞게 자신의 가르침을 적용했다는 데에서, 특히 재능 있는 교사로 일컬어졌다는 점을 떠올릴 수 있을 것이다(2장 7절 각주11). 이러한 방편을 발휘한다고 해서 그의 말이 결코 거짓이 되는 것은 아니지만, 대중이 아직 받아들일 준비가 되어 있지 않음을 알게 되면, 때로는 완전한 진리까지는 전하지 않았다.

---

4 첫 번째 대승 경전으로 구별되는 경전 군은 전체적으로 반야경류 문헌문헌을 가리킨다. 반야바라밀이란 용어는 "지혜의 완성"을 의미한다. 이것은 보살이 되기 위해 함양해야 할 여섯 가지(또는 열 가지) 완성 중 하나이다. 여기서 언급된 지혜에는 모든 것이 "공하다", 다시 말해 본질을 결여하고 있음을 아는 앎이 포함되어 있다.

그래서 예를 들면, 열반을 향해 나아가는 가장 초기 단계에 있는 이들을 위해서는 재생이 자아의 이전 없이 일어난다는 점을 덧붙이지 않고서 업과 재생의 교리를 가르쳤을 것이다. 마찬가지 이유로, 대승 경전의 새로운 가르침들이 붓다의 방편적 방법의 또 다른 사례라고 주장하는 경우도 있다. 즉, 이 새로운 가르침들은 아비달마가 결정적이라고 취했던 그 가르침의 기초가 되고 그 가르침을 완성시키는 더 심오한 진리라는 것이다. 그래서 예를 들면, 붓다는 여러 차례 대중들에게 팔정도를 수행하고, 깨달음을 실현하며, 결국에는 남는 것이 없는 종식無餘涅槃을 획득하는 아라한의 길을 따르라고 권했다. 하지만 대승 경전의 가르침을 믿는다면, 이와는 아주 다른 보살의 길을 희구해야 한다. 이러한 불일치는 처음부터 고된 보살의 길에 끌리는 이가 거의 없을 것이라는 점을 붓다가 인정했기 때문에 생겨났다고 한다. 아라한의 경지에 오르고 나서야 비로소 보살 수행의 필요성을 파악하게 될 것이다. 그래서 붓다는 선택받은 소수에게만 보살도를 가르쳤는데, 이들은 이 가르침으로부터 도움을 받을 수 있을 만큼 충분히 진전된 단계에 도달한 자들이다. 따라서 "새로운" 대승 경전들은 전혀 새로운 것이 아니다. 이는 "내밀한" 가르침에 대한 기록이다. 아마도 처음에는 소수의 선택된 이들만 접할 수 있었지만, 나중에는 충분한 사람들이 이 가르침으로부터 이익을 얻을 수 있다는 생각이 들었을 때 공개되었으리라고 가정해야 할 것이다.

이러한 주장에 의심이 들 수도 있다. 경전의 결집과 이러한 대승 문헌의 등장 사이에 4세기 또는 그 이상의 간격을 설명해 내기 위해 다른 전략도 사용되었다. 때때로 새로운 경전의 저자는 붓다가 꿈이나 선정 상태에 있는 자신에게 이를 받아쓰게 했다고 주장한다. 때때로 이 경전은 "우리의" 역사적 고따마가 아닌 다른 붓다가 가르친 것이라고 한다. 하지만 첫 번째 전략이 통하려면, 붓다가 완전한 열반般涅槃 이후에도 수 세기 동안 여전히 존재했다고 받아들여야 한다(1장 4절 각주12 참조). 그리고 두 번째 전략이 통하려면, 그들 자신의 붓다들이 있는 다른 세계가 있어서 그 세계는 꿈이나 요가의 힘을 발휘해서 접근할 수 있다고 믿어야 한다. 자, 후자의 믿음은 고전 인도의 불교 수행자들에게는 그렇게 어려운 일이 아니었을 것이다. 붓다가 반열반 이후에도 계속 존재했다는 믿음은 불교의 통설에서 크게 벗어난 듯 보인다. 이를 이해하려면 보살의 이상에 대해 더 많은 설명이 필요하다.

아라한과 보살 사이의 핵심적 차이는 바로 이것이다. 즉, 둘 다 원래 경전에서 붓다가 설명한 모종의 깨달음을 얻었지만, 전자는 자신이 깨닫게 된 그 삶의 끝에서 남는 것이 없는 종식을 획득했지만, 후자는 그렇지 않다. 보살은 대신 다시 태어나기를 선택한다. 재생을 피할 수 있는 이가 왜 재생에 남아 있기를 선택할까? 이 특정한 인과적 연속에서 괴로움을 극복했지만, 여전히 괴로움을 겪는 다른 많은 중생이 있기 때문이다. 그리고 아라한의 단계에 도달하는 데 필요한 통찰을 가진 이는 다른 사람들이 괴로움을 극복하도록 돕는 데 필요한 그 이상의 기술을 완성할 수 있다. 여기에는 모든 것이 공하다는 통찰, 대자비, 시의적절한 교육 방법의 통달이 포함된다. 이를 위해 필요한 완성을 개발하려면 많은 생애가 걸릴 수 있다. 일단 통달하면, 열반에 도달함으로써 깨닫지 못한 이들이 괴로움을 극복하도록 도울 수 있는 수많은 기회가 있을 것이다. 그래서 보살의 길은 아주 멀 수 있다. 이제 대승 경전은 보살의 길이 아라한의 길보다 우월하다고 주장한다. 그러나 이렇게 말하면서 반열반般涅槃에서 붓다가 남는 것이 없는 종식無餘涅槃을 얻었다고 말하는 것은 모순이 될 것이다. 보살이 자비로 다시 재생을 겪어야 한다면, 붓다도 마찬가지여야 하지 않을까? 이는 초기 대승으로 하여금 붓다가 어떤 의미에서는 여전히 존재해 있으며, 그래서 새로운 경전을 받아쓰게 했을 수도 있다는 견해를 갖게 한 추론으로 보인다.

현대 학자들은 이 새로운 보살 이상의 기원에 대해 몇 가지 상이한 이론을 가지고 있다. 하나는 이것이 불교계 내에서 재가신도의 세력이 커지고 있음을 반영한다는 것이다. 아비달마 내에서 재가신도의 역할은 일련의 기본 계율을 따르면서, 열반을 구하는 비구와 비구니를 지원하기 위해 보시를 베푸는 일로 제한된다. (이러한 행위로 인해, 재가신도는 더 쉽게 열반을 구할 수 있는 상태로 재생한다고 여겨진다.) 이제 보살은 대승 경전에서 아라한의 상태를 구하는 비구와 비구니보다 정신적으로 더 우월한 존재로 제시된다. 그러나 보살은 결코 세속적 존재 상태를 버리고서 비구나 비구니가 되지 않고 전 생애를 재가인으로 지낼 수도 있다. 보살이 적어도 한 생애의 일부를 승원에서 은거하며 지내야 할 수도 있지만, 보살이 보살 수행의 완성을 개발하며 획득한 통찰과 힘은 미래의 생에도 유지될 것이다. 이는 재가신도가, 아비달마적 도식에서 볼 때 재가신도들이 추종하는 비구나 비구니보다 정신적으로 우월한 보살일 수도 있음을 의미한다. 이 때문에 일부 학자들은 대승의 보살 이상이 일부 불교의 제도 내에서 재가신도의 영향력이 커짐에 따라 생겨났다고 추측한다.

이 이론은 더 이상 널리 받아들여지지 않는다. 왜냐하면 대승은 초기 단계에서 주로 재가신도가 아닌, 비구와 비구니의 운동이었다는 증거가 있기 때문이다. 흥미롭게도, 대승 수도자는 아비달마를 신봉하는 이들과 나란히 살았던 것 같다. 그리고 이 운동의 이름에도 불구하고—대승은 "거대한 수레"를 의미한다—대승 수도자들은 당시 불교 수행자들 중 소수에 불과했다.[5] 일부 학자들은 이제 대승이 물질적 지원을 놓고 승원 불교도들이 벌인 일종의 경쟁에서 생겨난 것이라고 믿고 있다. 불교가 더욱 대중화됨에 따라 비구와 비구니를 지원하는 새로운 방법을 찾아야 한다는 건 누가 봐도 분명하다. 비구나 비구니가 재가인의 생산적 삶을 버리고 열반을 얻는 일에 모든 시간과 에너지를 바친다는 점을 상기할 필요가 있다. 개개의 수행자가 음식을 제공할 보시자를 찾기 위해 매일 탁발을 하던 원래의 방식은 재가신도에 대한 승려의 비율이 아주 낮을 때만 지탱될 수 있었다. 승단의

---

5 대승 문헌들에는 대승이 아닌 불교(여기서 아비달마라고 부르는 불교)를 부르는 몇 가지 명칭이 등장한다. 가장 일반적인 두 가지로는 "열등한 수레"라는 의미의 소승(小乘, Hīnayāna)과 "교법을 직접 들은 이의 수레"라는 의미의 성문승(聲聞乘, Śrāvakayāna)을 꼽을 수 있다. 첫 번째 것은 경멸적인 말로, 써서는 안 된다. 상좌부교도를 소승주의자로 부르는 것은 로마 가톨릭교도를 교황 절대주의자 또는 "고등어와 도미나 먹는 자"로 부르는 일과 마찬가지다. 두 번째 용어는 역사적으로 충분히 정확하며, 감정적인 뉘앙스에서도 더 중립이 가깝다. 성문승이라는 용어는 고따마가 가르친 교법을 들은 자들의 수행법에서 파생된 불교의 한 형태로 아비달마를 분류하는 것이다. 그러나 우리는 이 같은 위상을 가진 불교철학을 가리키는 말로 "아비달마"라는 명칭을 계속 사용할 것이다.

규모가 커지고 출가자의 삶이 정주의 형태가 되어가면서, 더욱 안정적인 보시의 원천을 개발할 필요가 있었을 것이다. 따라서 특정 형태의 신앙이 재가신도에게 열반을 가능하게 해줄 좋은 재생을 가져온다는 발상으로 발전했다. 이러한 발상에서 처음에는 스투파(붓다의 사리가 있을 것으로 여겨지는 고분) 신앙이, 그리고 얼마 후에는 불상에 대한 신앙이 생겨났다. 그 후 승단 사이에서 군비 경쟁처럼—누구의 실천법이 보시자에게 가장 공덕을 가져오는지 경쟁적으로 주장하는—일이 잇따라 일어났다. 이러한 분위기 속에서 나중에 대승적 헌신주의가 될 맹아가 자라날 수 있었다는 말은 일견 타당해 보인다. 예를 들어, 보살은 때로 엄청난 양의 공덕을 쌓았을 뿐만 아니라, 그 공덕의 일부를 남에게 전할 수 있는 힘을 가졌다고 묘사되기도 한다. 따라서 보살을 신앙하는 일은 (숭배와 관련된 장소를 순례하고 그곳에 위치한 기관에 대한 물질적 지원을 통해) 재가신도가 괴로움의 해탈을 향해 나아가는 방법으로 제시될 수 있었다.

하지만 새로운 대승 경전의 등장이 이러한 신앙 방식들의 성장 때문이라고 설명할 수는 없다. 우선, 스투파 및 불상에 대한 신앙의 출현은 특정한 학파나 종파와는 관련이 없었던 것 같다. 따라서 일부 학자들은 대승이 스투파와 불상, 서적에 대한 숭배가 변형되면서 생겨났다고 제안한다. 많은 대승 경전에서 경을 베껴 쓰는 사경, 외우는 염송, 소리 내어 읽는 독송이 큰 공덕을 가져다 줄 것이라고 주장함을 볼 수 있다. 이 이론은 이러한 공식이 재가신도와 이들의 물질적 지원을 끌어들이는 걸 목표로 하는 새로운 형태의 신앙을 반영한다는 것이다. 불행히도 이를 입증하는 독자적인 증거는 없는 것 같다. 대승 문헌에 이러한 공식이 제시되어 있다는 점은 상대적으로 소수의 지지자만 가지고도 이 경전들이 살아남아 이어져 온 이유를 설명하는 데 도움이 될 것이다. 좀 더 그럴 법한 이론은 초기 대승 경전들이 숲에 은거하는 명상 전문가들의 사상을 반영한다는 것이다. 이 경전들은 도심 근처 승단의 수가 증가하고 이와 관련 실천법이 늘어나는 데 반대하는 역할을 했을 것이다. 예를 들어, 이 이론은 왜 이러한 문헌들이 아비달마 철학의 일부 핵심 교의를 거부하는지를 설명하는 데 도움이 될 것이다. 숲의 은둔처에서 상대적으로 금욕적인 명상가의 삶을 살았던 이들에게는 아비달마의 학술적 이론이 더 나은 지원을 받으면서 도심 승원에 만연해 있는, 좀 더 느슨한 조건을 반영하고 있는 것처럼 보였을 것이다.

2. 보살 이상과 공성

대승은 보살 이상과 공성 교리라는 두 가지 핵심 발상으로 자신을 정의한다. 이미 우리는 이들 각각에 대해 언급했다. 그리고 이 둘은 앞으로 살펴볼 문헌에서 잘 나타나는 특징이다. 그러나 이를 대표하는 문헌을 읽기 전에 이들 각각에 대해 좀 더 언급해야 할 점이 있다. 대승의 열렬한 지지자들은 때로 보살 이상은 대승이 아비달마보다 도덕적으로 우월함을 보여주는 것이라고 주장한다. 그러나 이 주장이 정당한지는 분명치 않다. 주장의 내용은 자신만을 위해 열반을 추구하는 아라한의 자명한 이기심과는 달리, 보살의 자비는 진정한 무욕을 반영한다는 것이다. 이에 대해 가장 먼저 말해야 할 점은, 두 이념 사이에 차이가 있다면, 수많은 삶의 과정을 통해서만 드러날 수 있는 차이라는 것이다. 보살의 서원을 일으킨 자는 보살 수행에 필요한 완성波羅蜜의 개발을 시작하기 전, 적어도 한 생애의 상당 부분을 자신의 깨달음에 바쳐야 할 것이다. 실로 보살의 서원을 일으킨 자는 먼저 아비달마가 아라한의 깨달음을 결정한다고 여기는 무아에 대한 통찰을 꼭 함양해야 한다. 앞서 (3장 4절에서) 논의한 자비에 대한 논증을 생각해 보면, 왜 그래야 하는지 알 수 있다. 이 논증은 대승 경전에서 가져온 것인데, 그 제목은 "보리 수행 입문入菩提行論" 쯤으로 번역할 수 있겠다. 그러나 논증은 통상적인 아비달마의 발상을 사용한다. 분명 보살의 길에 들어설 수 있는 때는 아라한과阿羅漢果에 해당하는 아비달마적 깨달음을 얻은 이후이다. 그리고 대승은 그 보살의 길을 걸으려면 많은 생이 걸린다고 주장한다. 그래서 업과 재생을 믿지 않는다면, 두 이념 간의 차이가 그리 크게 보이진 않을 수 있다.

게다가 아비달마 학파 역시 자비와 평정을 함양하는 것의 중요성을 역설한다. 이들은 이러한 덕목들을 무아의 완전한 실현을 가져오는 분투에 있어 중요한 도구로 보는 것 같다.[6] 이제 이 견해는 3장에서 논의한 논증에서 본 자비에 대한 견해와는 한 가지 핵심 측면에서 다르다. 그 논증은 자비의 완전한 실현을 가져옴을 돕는 도구로서 무아를 다뤘지만, 그 반대는 아니다. 그리고 무아의 실현은 아라한에

6 예를 들어, 이 점은 중요한 상좌부 문헌인 『청정도론』의 9장에서 볼 수 있는데, 이 장에서는 자애慈, 자비悲, 공감적 기쁨喜, 평정捨의 함양에 대해 다루고 있다. Buddhaghosa, *The Path of Purification, trans.* Bhikkhu Ñyāṇamoli(Berkeley: Shambala, 1976), pp.321-53 참조.

게 괴로움의 종식을 가져오는 것으로 여겨진다. 그래서 대승의 열렬한 지지자는 아비달마가 여전히 타인의 괴로움을 끝내는 것보다 자신의 괴로움을 끝내는 걸 중시한다고 주장할지 모른다. 그러나 이에 대해서는 깨달음을 향한 길에서 지혜와 자비의 관계에 대한 중요한 지점, 즉 이 둘이 상호적 관계라는 점을 놓치고 있다고 대답할 수 있다. 다시 말해, 둘 중 하나는 오직 그 도구적 역할 때문에 중시되는 것이니, 나머지 하나가 더 중요하게 간주되어야 한다고 말할 수 없다는 것이다. 서로가 서로를 떠받치고 발전시키는 역할을 하며, 둘 다 똑같이 가치 있을 수 있다. 따라서 무아의 온전한 실현에 필요한 덕목으로서 자비를 찬탄한다는 사실에 근거해, 아비달마가 타인의 괴로움을 끝내는 것보다 자신의 괴로움을 끝내는 데 더 큰 중점을 둔다는 귀결로 갈 수는 없다. 아라한은 당연히 타인이 괴로움을 극복하는 데 도움이 되도록 노력할 것이며, 스스로 공한 인격체임을 이해했기 때문에라도 더욱 능숙하게 그렇게 할 것이다.

따라서 이 두 운동의 윤리적 이상에 있어서 난다고들 하는 차이가 사실상 실제로도 그 정도인지는 명확하지 않다. 형이상학적인 측면에서 볼 때는 상황이 좀 다르긴 하다. 대승의 공성 교리는 아비달마와 실질적인 단절을 나타낸다. 인격체가 본질, 즉 자아를 결여한다고 보는 것이 아비달마의 핵심이다. 그런데 법의 개념을 핵심에 놓고 사용하면서, 어떻게 인격체에 자아가 없을 수 있는지 설명하는 것이다. 그리고 법은 고유한 내재적 본성을 담지하고 있는 것들이라고 한다. 다시 말해, 법은 본질을 가지고 있다는 것이다. 이 점이 법을 단지 개념적 허구가 아닌 궁극적으로 실재하게 만드는 것으로 여겨지게 한다. 대승은 인격체뿐만 아니라 법에도 본질이 없다고 주장하면서 자신들이 아비달마보다 뛰어나다고 단언한다. 만약 대승의 주장이 옳다면, 아비달마의 가르침은 궁극적 진리를 나타낼 수 없다. 어떤 진술이 단지 개념적 허구일 뿐인 것이 존재한다고 주장하거나 전제한다면, 이 진술은 궁극적으로 참(또는 궁극적으로 거짓)일 수 없다는 점을 떠올려 보자. 그리고 법이 본질을 결여한다면, 법은 개념적 허구일 뿐이다. 따라서 법과 법들 사이의 인과적 연결에 대한 아비달마의 모든 논의는 기껏해야 세속적으로 참일 수 있다. 그렇다면, 궁극적 진리는 무엇인가? 초기 대승 경전에 따르면, 모든 것은 공하다는 사실이다. 아비달마와의 대조점은 이보다 더 명확할 수 없다.

그러나 이는 큰 어려움을 야기한다. 이런 식으로 사물을 이해할 때, 어떤 것에 대해 공하다고 말하는 건 그것이 단지 개념적으로 구성되어 있다고 말하는 것이다. 이는 단지 여러 별개의 것들을 하나의 유용한 개념 아래 함께 뭉치는 방식을 배웠기 때문에 실재한다고 여긴다는 것이다. 마음이 그 창조에 중심적 역할을 했기 때문에, 이는 궁극적으로 실재하는 것일 수 없다. 이것이 바로 인격체와 여타의 전체에 대한 아비달마의 견해였다. 그렇지만 대승 경전의 주장처럼, 이 견해가 모든 것에도 적용될 수 있을까? 모든 것이 개념적으로 구성된 것일 수 있을까? 만약 그렇다면, 사물은 무엇으로 구성되어 있을까? 우리가 실재한다고 생각하는 것들 중 일부가 개념적 구성물이기 위해서는, 단순한 개념적 허구가 아닌 궁극적으로 실재하는 다른 것들이 존재해야 할 것 같다. 궁극적 실재는 어떤 기본적인 구성요소를 포함하고 있어야 할 것이다. 공성 교리는 형이상학적 허무주의, 즉 실제로 존재하는 건 아무것도 없다는 견해로 곧장 이어지는 것처럼 보인다. 그리고 우리는 이미 (5장 1절에서) 형이상학적 허무주의가 불합리하다는 데 동의했다. 이게 과연 대승 경전이 주장하려는 바일까?

이 질문을 두고 대승의 철학 학파들은 의견이 나뉜다. 중관학파는 공성 교리를 곧이곧대로 받아들인다. 그런 뒤 형이상학적 허무주의라는 불합리한 결론이 뒤따르지 않는 이유를 보여주고자 한다. (우리는 8장에서 이들의 공성 이해를 검토할 것이다.) 유가행파는 공성 교리를 있는 그대로 받아들인다면 형이상학적 허무주의가 뒤따른다고 주장한다. 그런 다음, 이러한 불합리한 결론을 맞지 않도록 이 교리를 재해석하려 노력한다. 이들의 재해석에 따르면, 모든 것이 공하다는 말의 의미는 우리가 개념을 사용하면서 사물에 부여하게 되는 본성이 존재하지 않는다는 데 있다. 이러저러한 개념에 해당한다고 식별하면서 우리가 어떤 것을 인지한다면, 우리는 어떤 의미에서 이를 위조하고 있는 것이라고 이들은 주장한다. 유가행파는 모든 개념화가 궁극적 실재에 대한 위조를 수반할 수밖에 없는 이유 두 가지를 밝힌다. 첫 번째는 개념화할 때에 우리가 실재에 대해 주체-대상의 이분법을 부과한다는 것이다. 즉, 우리는 대상이 "저 밖에" 있고 인지하는 주체가 "이 안에" 있다고 생각한다. 유가행파의 주장에 따르면, 외부 세계는 존재하지 않기 때문에 이러한 이분법적 구조는 실재를 위조한다. 두 번째 이유는, 유가행파에 따르면 궁극적으로 실재하는 것은 본성상 유일무이해서 언어를 통해 표현할 수 없다는 것이다. 어떤 것에 어떤 개념을 적용하는 일은 그 어떤 것이 그 개념에 해당되는 다른 것들과 함께 속해 있다고 말하는 일이다. 어떤 것이 빨갛다는 말은 그 어떤 것이 빨갛다는 점에서 다른 어떤 것들과 유사하다고 말하는 일이다. 그러나 모든 것이 유일무이하다면, 이는 결코 참일 수 없다. 유가행파 철학자들은 개념화와 관련된 두 가지 주장에 대한 논증을 발전시켰다. (다음 장에서 살펴볼 것이다.) 그러나 두 번째 이유는, 궁극적으로 실재하는 것들이 유일무이해서 언어를 통해 표현할 수 없다는 발상에 근거하는 것으로서, 오직 유가행경량부에 의해서만 온전히 발전되었다. (그 형이상학과 인식론은 9장에서 살펴볼 것이다.)

3. 유마힐이라는 이상적 대승인

이제 초기 대승 경전의 예를 살펴볼 때가 되었다. 그래서 우리는 『유마힐경(Vimalakīrtinirdeśa)』, 즉 "유마힐의 가르침"에서 인용한 내용으로 들어갈 것이다. 첫 번째로 선택한 구절은 유마힐 보살에 대한 소개다. 여기서는 우리가 논의해 온 대승적 개념을 많이 접할 것이다. 그렇지만 이 경전은 철학적 문헌이 아님을 잊지 말자. 그렇기에 이러한 개념들을 뒤에서 뒷받침하는 철학적 논변은 없을 것이다.

> 바이샬리라는 큰 도시에 유마힐이라는 장자가 있었는데, 그는 헤아릴 수 없이 많은 붓다께 공양을 올렸고 온갖 선근을 깊이 심어 합성된 것이 아닌〔즉, 안정적인〕 인내無生忍의 지속을 성취했다. 그는 막힘없는 연설의 힘으로 다른 사람들을 가르치는 데 초자연적인 힘을 사용하면서 어디든 다닐 수 있었다. 그는 선과

악의 영향력을 절대적으로 통제함으로써 두려움 없음을 실현했다. 그리하여 그는 모든 정념과 마군을 극복해 깨달음에 이르는 모든 심오한 법문에 들어갔고, 지혜의 완성(prajñāpāramitā)에 뛰어났으며, 모든 방편적〔교육적〕 방법에 정통함으로써 모든 위대한 보살의 서원을 완수했다. 그는 살아 있는 존재들의 정신적 성향을 아주 잘 알고 있었고, 이들의 다양한 (영적) 근본을 구별할 수 있었다. 오랫동안 붓다의 길을 걸어왔으며, 그의 마음은 티끌 하나 없이 깨끗했다. 그는 대승을 이해했기에, 모든 행동은 올바른 생각에 바탕을 두고 있었다. 경외심을 불러일으키는 붓다의 위엄 속에 머무는 동안, 그의 마음은 거대한 바다처럼 광대했다. 그는 모든 부처님들로부터 칭송을 받았다 〔신들인〕 인드라와 브라흐마로부터 존경을 받았다. 그는 사람들을 구제하기로 마음을 먹었기 때문에, 이 목적을 위해 방편상 바이샬리에 머물렀다.

그는 가난한 사람들을 돕기 위해 자신의 한량없는 재산을 썼다. 그는 계율을 어기는 자들을 바로잡기 위해 도덕과 규율이라는 모든 규칙을 지켰고, 분노와 증오를 일으키는 자들을 가르치기 위해 큰 인내심을 사용했고, 태만한 자들을 위해 열성과 헌신을 가르쳤고, 동요하는 생각을 억제하기 위해 적정을 활용했고, 무지를 물리치기 위해 확정적인 지혜를 이용했다. 〔속인의〕 백의를 입었지만, 승가의 모든 규칙을 지켰다. 비록 재가자였지만 〔욕계, 색계, 무색계라는〕 세 가지 세계에 대한 애착으로부터 자유로웠다. 비록 결혼을 했고, 자녀를 뒀지만, 부지런히 정결한 삶을 실천했다. 비록 재가인이었지만, 가문과 관련된 일들을 멀리하기를 좋아했다. 비록 보석과 장신구를 착용했지만, 위엄 있는 영적 특징들로 몸을 장엄했다. 비록 남들처럼 먹고 마셨지만, 명상의 맛을 맛보기를 좋아했다. 도박장에 들어갈 때면 그곳에서 사람들을 가르치고 벗어나게 하려 노력했다. 그는 외도인들도 반겼지만, 결코 올바른 믿음에서 벗어나지 않았다. 세속의 고전들을 알면서도 그는 항상 불법을 기뻐하며 받아들였다. 그는 자신을 만나는 모든 사람들로부터 존경을 받았다. 그는 올바른 교법을 따르면서 노인과 젊은이에게 이를 가르쳤다.

때로는 세간의 활동에서 약간의 이익을 얻었지만, 그는 이렇게 얻은 것을 기쁘게 받아들이지 않았다. 거리는 걷는 동안 다른 이들을 (교법으로) 회심하게 하는 데 한 번도 실패하지 않았다. 그가 관청에 들어가면, 항상 다른 사람들을 〔불의로부터〕 보호했다. 연회에 참가할 때면 사람들을 대승으로 인도했다. 학교를 방문했을 때는 학생들을 깨우쳤다. 유곽에 들어갈 때면 성관계가 어떻게 괴로움을 영속시키는지 밝혔다. 술집에 갈 때면 〔금주의〕 결심을 굳게 지켰다. 승려들 사이에 있을 때면 고귀한 교법을 가르쳐주어 가장 공경을 받았다. 재가신도들 사이에 있을 때면 욕망과 애착을 없애는 방법을 가르쳐주어 가장 존경을 받았다. 지배계급 사람들 사이에 있을 때면 관용을 가르쳐주어 가장 존경을 받았다. 브라만들 사이에 있을 때면 교만과 편견을 극복하는 방법을 가르쳐주어 가장 존경을 받았다. 정부 관리들 사이에 있을 때면 올바른 법을 가르쳐주어 가장 존경을 받았다. 왕자들 사이에 있을 때면 충성과 효도를 가르쳐주어 가장 존경을 받았다. 궁궐

안에 있을 때면 그곳의 모든 신하들을 회심하게 해 가장 존경을 받았다. 평민들과 있을 때면 온갖 공덕을 함양할 것을 권하여 가장 존경을 받았다. 범천들 사이에 있을 때면 붓다의 지혜를 깨달을 것을 권하여 가장 존경을 받았다. 사캬와 인드라 무리 사이에 있을 때면 (모든 존재의) 무상함을 드러내어 가장 존중을 받았다. 사천왕(세계의 수호자들) 사이에 있을 때면 살아 있는 모든 존재들을 보호해주어 가장 존경을 받았다.

따라서 유마힐은 살아 있는 존재의 이익을 위해 헤아릴 수 없이 많은 방편적 방법을 사용했다. 이제는 방편적 방법을 써서 병이 났음을 가장했고, 그의 병 때문에 왕, 재상, 비구, 재가신도, 바라문뿐만 아니라 수천을 헤아리는 왕자와 관료가 문병을 왔다.

이에 유마힐은 병든 몸으로 나타나 이들을 만나서는 교법을 자세히 설해주었다. "덕 높은 이들이시여, 인간의 몸은 무상합니다. 강하지도 오래 가지도 않을 것이니 곧 쇠약해질 것이고, 그러므로 의지할 만한 것이 되지 못합니다. 이 몸은 불안과 괴로움을 초래할 것이며, 온갖 질병에 걸리게 되는 것입니다. 덕 높은 이들이여, 지혜로운 이들은 거품 덩어리와 같은 이러한 몸에 의지하지 않으니, 이것은 실체가 없기 때문입니다. 이 몸은 물거품 같아서 오래 지속되지도 않습니다. 불티와 같고, 사랑이라는 갈증의 산물입니다. 마치 바나나 나무와 같아서 그 중심은 텅 비어 있습니다. 마치 잘못된 견해로 만든 꿈과 같습니다. 그림자와 같고 업에 의해 생겨난 것입니다. 이 몸은 원인과 조건에서 비롯되기 때문에 메아리와 같습니다. 언제라도 흩어지는 떠다니는 구름과 같습니다. 한 찰나의 시간 동안도 머물지 않기 때문에 번개와 같습니다. 대지와 같아서 주인이 있지 않습니다. 〔자신을 소멸시키는〕 불과 같아서 자아가 없습니다. 바람처럼 일시적입니다. 물과 같아서 사람이 아닙니다. 실재하지 않으며, 존재하기 위해서는 네 가지 요소에 의존하는 것입니다. 자아도 자아의 대상도 아니기에 공한 것입니다. 풀, 나무, 물단지 조각처럼 인식이 없는 것입니다. 원동자(prime mover)가 아니라 〔정념의〕 바람에 의해 움직이는 것입니다. 불순하고 오물로 가득 차 있는 것입니다. 그릇된 것이라 씻고 목욕하고 입히고 먹여도 결국에는 쇠약해 죽는 것입니다. 온갖 질병과 괴로움을 당할 수밖에 없는 재앙인 것입니다. 죽음에 쫓기고 있기 때문에 마른 우물과 같습니다. 불안정하고 사라질 것입니다. 마치 독사와 같고, 치명적인 적과 같으며, 〔기저를 이루는 실재가 없는〕 일시적인 조합과 같은 것으로, 이것은 오온·십이처·십팔계(여섯 종류의 감각 능력, 그 대상, 그 인지)로 이루어져 있습니다."

"덕 높은 이들이여, 몸이란 것은 아주 역겨워 그대들은 붓다의 몸佛身을 구해야 합니다. 왜 그렇겠습니까? 붓다의 몸은 무량한 공덕과 지혜의 산물로 법신(法身, Dharmakāya)이라 불리는 것입니다, 계율, 명상, 지혜, 해탈, 해탈에 대한 완벽한 지혜解脫知見의 결과이고, 자애, 자비, 기쁨, 평정의 결과이고, 〔여섯 가지 완성, 즉 바라밀〕 보시, 지계, 인욕, 정진, 선정, 지혜의 결과이자 방편적 방법에 뒤따르는 것이고, 여섯 가지 초자연적 힘六神通이고, 세 가지 통찰三明이고, 깨달음에 도움이 되는 서른일곱 가지 단계三十

七助道品이고, 적정과 통찰止觀이고, 열 가지 초월적인 힘十力이고, 네 가지 두려움 없음四無所畏이고, 열여덟 가지 비길 데 없는 특징十八不共法이고, 온갖 악을 제거하고 온갖 선한 행위를 하는 것이고, 진실한 상태이자 나태와 방종이 없는 상태입니다."

"그래서 헤아릴 수 없이 많은 순수함과 깨끗함이 여래의 몸을 낳습니다. 덕 높은 이들이여, 만약 그대들이 살아 있는 존재의 병을 없애주기 위해 붓다의 몸을 깨닫고자 한다면, 최상의 깨달음을 향해 마음을 일으켜야 합니다."

따라서 유마힐 장자는 문병을 온 헤아릴 수 없이 많은 방문자들에게 최상의 깨달음을 구하도록 원하면서 교법을 자세히 설해주었다.

유마힐은 비구가 아니라 재가인 또는 재가신도이지만, 많은 세월 동안 부지런히 명상을 수행한 이들에게만 주어지는 많은 자질과 능력을 가지고 있음에 주목하자. 그는 건강한데도 병을 성공리에 가장할 수 있다. 하지만 그는 이 힘을 즐겁지 않은 의무를 피하기 위해 쓰지 않는다. 그는 무상과 무아의 진리를 가르칠 기회를 만들기 위해 이를 활용한다. 그는 한량없는 부를 누릴 수 있다. 하지만 물질적 소유물을 얻거나 감각적 욕망을 만족시키기 위해 이를 사용하지 않는다. 그는 도움이 필요한 타인들이 괴로움을 더 잘 극복할 수 있도록 그 힘을 사용한다. 그는 분명 보살이며, 우리는 그가 자비를 실천하는 데 사용할 기술과 힘을 개발하는 데 수많은 전생을 보냈다는 것을 충분히 상상할 수 있다.

유마힐과 그가 병을 가장했다는 설명에 이어, 붓다가 그의 상태에 대해 알게 되었다는 내용이 이어진다. 그런 뒤 붓다는 여러 상수 제자들에게 유마힐에게 가서 빠른 회복을 바라는 자신의 바람을 전하라고 한다. 그러나 이 제자들은 모두 유마힐이 능숙한 스승으로 명성이 있어 자신들의 근기를 드러낼까 우려해 외면한다. (붓다의 상수 제자들은 모두 "성문", 즉 성문승 또는 아비달마 가르침을 대표한다. 때문에 이 문헌은 여기서 이러한 가르침이 대승보다 열등함을 암시하고 있다.) 그래서 붓다는 대신 문수사리 보살이 말을 전하도록 설득한다. 이 위대한 보살조차 그에 대한 경외심에 주저했지만, 결국 붓다의 말씀에 따른다.

그런 뒤 붓다께서 문수사리에게 말씀하셨다. "그대가 유마힐에게 가서 문병을 하라." 문수사리가 말했다. "세존이시여, 그는 뛰어난 지혜를 가진 이로서 (말재주를 가지고) 그와 상대하는 건 어려운 일입니다. 그는 실재에 도달했고 교법의 본질을 능숙하게 설하는 자이기 때문입니다. 그의 연설 능력은 막힘이 없고 지혜는 무궁합니다. 그는 모든 붓다의 비밀스러운 보배창고에 들어갔기 때문에, 보살이 되는 데 관한 모든 문제에 정통합니다. 그는 모든 마군을 극복했고 모든 초월적인 힘을 획득했으며 방편적 방법으로 지혜를 깨달았습니다. 그럼에도 저는 고귀한 뜻을 받들어 문병을 가겠습니다."

그 자리에 있던 보살들, 붓다의 상수 제자들, 사천왕들은 마음속으로 이처럼 생각했다. "이는 고명한 두 존재의 만남이니, 틀림없이 심오한 교법을 논하겠구나." 그래서 8천의 보살, 5백의 "직접 들은 자들"(성문), 수백 수천의 천인들은 문수사리를 따라가고자 했다.

그래서 문수사리는 보살들, 붓다의 상수 제자들, 천신들에 둘러 싸여서는 바이샬리로 향했다. 문수사리와 그를 따르는 이들이 올 것을 미리 알고 있던 유마힐은 자신의 초월적인 힘으로 병상만을 남겨둔 채 시종과 가구를 집에서 없애버렸다.

문수사리가 집안에 들어가자 병상에 누워 있는 유마힐만이 보일 뿐이었는데, 이 재가신도는 다음처럼 말하며 그를 맞이했다. "문수사리여, 잘 오셨습니다. 온다는 관념 없이 오셨고, 본다는 관념 없이 보셨습니다."

문수사리가 답했다. "그렇습니다. 거사여. 온다는 것은 더 이상 온다는 〔관념과〕 연결되어서는 안 되고, 간다는 것은 더 이상 간다는 〔개념과〕 연결되어서는 안 됩니다. 왜 그렇겠습니까? 어디로부터 온다는 것도, 어디로 간다는 것도 존재하지 않으며, 보이는 것은 더 이상 볼 수 있는 〔대상이〕 아니기 때문입니다. 자, 이제 이런 얘기는 그만두겠습니다. 거사여, 병은 견딜 만하신지요? 치료가 잘못되어 병세가 악화되진 않으신지요? 세존께서는 문병을 위해 저를 보내셨고, 좋은 소식이 있기를 간절히 원하십니다. 거사여, 왜 병이 나셨는지요? 앓으신 지는 얼마나 되었으며, 어떻게 하면 나을 수 있겠습니까?"

유마힐이 답했다. "제 병은 망상과 욕망 때문에 생겼습니다. 살아 있는 모든 존재는 병들 수밖에 없기 때문에 저 또한 아픈

> 것입니다. 살아 있는 모든 존재가 더 이상 아프지 않을 때, 저의 병은 끝날 것입니다. 왜 그렇겠습니까? 보살은 살아 있는 존재를 〔구제하겠다는 서원〕 때문에 병이 들 수밖에 없는 생사의 영역에 들어가는 것입니다. 이들이 모두 낫는다면, 보살도 더 이상 아프지 않을 것입니다. 가령, 장자의 외아들이 병든다면 부모 역시 병들 것이고, 아들이 낫는다면 부모 또한 나을 것입니다. 마찬가지로 보살도 살아 있는 모든 존재를 자신의 아들처럼 사랑합니다. 그래서 이들이 병들면 보살도 병들고, 이들이 나으면 보살도 더 이상 아프지 않을 것입니다."

유마힐이 문사사리와 역설적인 형태로 대화를 시작한다는 점에 주목하자. 즉, 그는 문수사리가 왔지만, 온다는 개념 같은 건 존재하지 않는다고 말하는 것이다. 보살대중 중 한 명인 문수사리는 이를 공의 교리로부터 나온 것으로 이해한다. 즉, 궁극적으로는 그 무엇도 어떤 것이 오는 곳, 또는 어떤 것이 가는 곳이라고 할 수 없다는 것이다. (이에 대한 논증은 8장 1절에서 살펴볼 것이다.) 문수사리는 이런 얘기는 그만두고 여기 온 목적을 이루려고 한다. 그렇지만 유마힐은 대승의 교리를 가르쳐줄 기회로 칭병을 활용하는 일을 그만두지 않을 것 같다.

> 문수사리가 물었다. "보살이 병든 원인은 무엇입니까?"
> 유마힐이 답했다. "보살의 병은 (그의) 대자비에서 옵니다."
> 문수사리가 물었다. "거사님, 어째서 집이 텅 비어 있고 시종들

도 없습니까?"

유마힐이 답했다. "모든 불국토 또한 공합니다."

문수사리가 물었다. "불국토는 무엇에 대해 공하다는 것입니까?"

유마힐이 답했다. "공성이 공한 것입니다."

문수사리가 물었다. "어째서 공성은 공해야 하는 것입니까?"

유마힐이 답했다. "공성은 분별이 없어 공한 것입니다."

문수사리가 물었다. "공성은 분별의 대상이 될 수 있습니까?"

유마힐이 답했다. "모든 분별 또한 공한 것입니다."

문수사리가 물었다. "공성은 어디서 찾을 수 있습니까?"

유마힐이 답했다. "〔'나'에 대한〕 예순두 가지 그릇된 견해六十二見에서 찾아야 할 것입니다."

문수사리가 물었다. "예순두 가지 그릇된 견해는 어디서 찾아야 합니까?"

유마힐이 답했다. "모든 붓다의 해탈에서 찾아야 할 것입니다."

문수사리가 물었다. "모든 붓다의 해탈은 어디서 찾아야 합니까?"

유마힐이 답했다. "살아 있는 모든 존재의 마음에서 찾아야 할 것입니다." 그는 이어서 말했다. "덕 높은 이께서는 어째서 시종이 없냐고도 물으셨습니다. 글쎄요. 온갖 마군과 외도가 제 시종입니다. 어째서 그렇겠습니까? 보살은 마군이 좋아하는 생사〔의 상태〕를 차마 거부하지 않으며, 보살은 외도가 좋아하는 그릇된 견해 그 한가운데서도 동요하지 않기 때문입니다."

문수사리가 물었다. "거사님의 병은 어떤 형세를 보이고 있습니까?"

유마힐이 답했다. "제 병은 형세도 없고 볼 수도 없습니다."

문수사리가 물었다. "이는 몸의 병입니까, 아니면 마음의 병입니까?"

유마힐이 답했다. "몸의 병이 아니니, 몸을 넘어선 것이기 때문입니다. 또한 마음의 병도 아니니, 마음은 환영 같은 것이기 때문입니다."

문수사리가 물었다. "흙, 물, 불, 공기의 네 가지 요소四大 중 어디가 아픈 것입니까?"

유마힐이 답했다. "이는 흙의 요소에 든 병이 아니지만, 그렇다고 이를 넘어선 것도 아닙니다. 물, 불, 공기의 요소에 대해서도 마찬가지입니다. 살아 있는 모든 존재의 병은 괴로움을 초래하는 네 가지 요소에서 비롯되기 때문에, 저 역시 아픈 것입니다."

그러자 문수사리가 물었다. "병든 보살을 위로할 때 다른 보살은 무슨 말을 전해야 합니까?"

유마힐이 답했다. "그런 보살은 몸의 무상함에 대해 말해야 하지만, 몸을 혐오하고 버리는 것에 대해 결코 말해서는 안 됩니다. 몸의 괴로움에 대해 말해야 하지만, 열반의 즐거움에 대해 결코 말해서는 안 됩니다. 몸은 무아라고 말해야 하지만, 〔살아 있는 모든 존재들은 궁극적으로는 존재하지 않는다는 사실에도 불구하고〕 이들을 가르치고 인도하면서〕 몸의 무아성에 대해 말해야 합니다. 몸의 공성에 대해 말해야 하지만, 궁극적 열반에 집착해서는 안 됩니다. 과거의 죄에 대한 참회를 말해야 하지만, 과거사에서 빠져 있어서는 안 됩니다. 자신의 병을 헤아려 아픈 모든 이들을 가엾이 여겨야 합니다. 무수한 과거의 영겁 동안 자신이 괴로움을 겪었음을 알기에 살아 있는 모든 존재의 안녕을 생각해야 합니다. 올바른 생계수단에 〔대한 자신의 결심을〕 유지하기 위해 과거에 행한 공덕을 생각해야 합니다. 번뇌를 걱정하는 대신, 〔교법을 실천하는 데 있어〕 정진과 헌신의 마음을 일으켜야 합니다. 다른 이의 병을 치료하기 위해 왕의 의사처럼 행동해야 합니다. 따라서 보살은 아픈 다른 보살이 기쁜 마음이 들도록 위로하여야 합니다."

문수사리가 물었다. "아픈 보살은 어떻게 자신의 마음을 다스려야 합니까?"

유마힐이 답했다. "아픈 보살은 이렇게 생각해야 합니다. '나의 병은 내 전생의 그릇된 생각과 번뇌에서 온 것이지만, 이 병에 그 자체로 실재하는 본성이 있는 건 아니다. 〔그러므로〕 누가 이 때문에 괴로운 것인가? 어째서 괴로운 것인가? 네 가지 요소가 모여 몸을 이룰 때, 전자에는 소유자가 없고, 후자에는 자아가 없기 〔때문이다.〕 더욱이 나의 병은 내가 자아에 집착하는 데서 온 것이다. 그러니 이러한 집착을 없애야 한다.'

이제 아픈 보살은 병의 원인을 알았을 것이니, 자아나 인격체라는 개념을 버려야 합니다. 법에 대해 이렇게 생각해야 합니다. '몸은 각종 법들이 합쳐져 이루어진 것으로 서로 알지 못하고 서로의 생하고 멸함도 알리지 못한 채 생하고 멸할 뿐이다.' 아픈 보살은 법에 대한 개념을 없애기 위해 이처럼 생각해야 합니다.

'법에 대한 이러한 관념은 그릇된 것으로 내게 큰 재앙이 된다. 그러니 이런 관념을 멀리해야 한다.' 무엇을 멀리해야 하겠습니까? 바로 주관과 객관이라는 관념입니다. 주관과 객관이라는 관념을 멀리한다는 것은 어떤 뜻이겠습니까? 이는 이원성을 멀리한다는 의미입니다. 이원성을 멀리한다는 것은 어떤 뜻이겠습니까? 이는 평정을 통해 내적인 법이다, 외적인 법이다 하는 생각을 하지 않음을 의미합니다. 평정이란 어떤 뜻이겠습니까? 〔모든 대립하는 것들, 예를 들어〕 자아와 열반의 평등을 의미합니다. 왜 그러하겠습니까? 자아와 열반은 모두 공하기 때문입니다. 이 둘은 어째서 공하겠습니까? 이것들은 고유의 독립적인 본성이 없는 이름들로만 존재하기 때문입니다."

"그대가 이러한 평등을 성취하고 나면 모든 병에서는 벗어나게 되지만, 공성이라는 개념은 여전히 남게 됩니다. 그러나 이도 망상이자 없애야 할 것입니다."

유마힐이 공성에 관해 말하는 몇 가지 방식에 주목해보자. 그는 어떤 것이 공한 이유는 그 자신의 본성을 결여하기 때문이라고 말한다. 또한 그는 몸과 마음 같은 통상적인 것뿐만 아니라, 모든 법 또한 공하다고 말한다. 그는 열반과 자아가 똑같다는, 즉 둘 다 공하다는 점에서 그렇다는, 역설적으로 들리는 주장을 한다. 그는 또한 주관-객관이라는 이분법을 사용하는 모든 생각이 잘못되었다는 사실 때문에 법이 공하다고 설명한다. 그리고 마지막으로 공성은 그 자체로 공하다고 말한다. 그는 이 말이 공성 그 자체가 실재의 본성에 대한 올바른 설명을 제공하는 것으로 생각해서는 안 된다는 걸 의미한다고 설명한다. 그래서 그가 여기서 공성에 대해 한 말은 공성 교리에 대한 중관학파나 유가행파의 해석 모두에 열려 있다.

“아픈 보살은 〔즐거움, 고통, 즐거움도 고통도 아닌 중립〕 중 어느 하나를 경험할 때 느낌의 개념에서 벗어나야 합니다. 불법을 다 이루기 전에 자신만을 위한 열반을 획득할 목적으로 자신이 받는 느낌을 없애서는 안 됩니다. 몸은 고통을 당한다는 것을 알면서 하열한 존재 영역惡趣에 처한 살아 있는 존재들을 생각하고 〔이들을 위해〕 자비를 일으켜야 합니다. 그는 자신의 그릇된 견해를 통제하는 데 성공했기 때문에, 살아 있는 모든 존재들도 통제할 수 있도록 인도해야 합니다. 그는 존재하지 않는 법을 없애려 하지 않고 이들의 〔내재적인〕 병을 뿌리 뽑아야 합니다. 왜냐하면 그는 병의 기원을 끊는 방법을 가르쳐야 하기 때문입니다. 무엇이 병의 기원이겠습니까? 병을 일으키는 것은 집착입니다. 무엇이 집착의 대상이겠습니까? 〔욕계, 색계, 무색계라는〕 세 가지 영역입니다. 이들은 어떤 수단으로 집착을 끊어야 하겠습니까? 어떤 것도 존재하지 않으며, 어떤 것도 존재하지 않으면 집착할 대상도 없을 것이라는 교리를 통해서입니다. ‘어떤 것도 존재하지 않는다’는 말은 무슨 뜻이겠습니까? 이원론적인 견해를 제외하고는 〔존재할 수 있는 것이 없음을〕 의미합니다. 이원론적 견해란 무엇이겠습니까? 내적이다, 외적이다 하는 견해로서 그 너머에는 아무것도 없습니다.

“문수사리여, 아픈 보살은 이처럼 자신의 마음을 다스려야 합니다. 늙음, 병듦, 죽음의 괴로움을 없애는 것이 보살의 깨달음입니다. 만약 이렇게 하지 못한다면, 그 수행에는 지혜가 없게 되고 무익한 게 됩니다. 예를 들어, 보살이 증오를 극복한다면 용감한 것입니다. 또한 늙음, 병듦, 죽음을 없앤다면 그는 진정한 보살입니다.”

“아픈 보살은 다시 이처럼 반성해야 합니다. ‘나의 병은 실재하는 것도 존재하는 것도 아니기에, 살아 있는 모든 존재의 병도 실재하지 않고 존재하지 않는다.’ 그러나 그렇게 생각하면서도, 살아 있는 존재에 대한 애착과 그릇된 견해에 대한 애착에서 비롯된 위대한 자비를 일으킨다면, 그는 이러한 느낌을 멀리해야 합니다. 왜 그렇겠습니까? 보살은 위대한 자비를 일으키면서도 번뇌의 모든 외적 원인을 없애야 하기 때문입니다. 왜냐하면 〔이러한〕 애착과 〔이러한〕 잘못된 견해는 생과 사를 증오한 결과이기 때문입니다. 이러한 애착과 이러한 잘못된 견해를 멀리할 수 있다면, 그는 증오로부터 자유로울 것이며, 다시 태어나는 곳마다 집착과 그릇된 견해가 장애할 수 없을 것입니다. 그의 다음 생은 장애로부터 자유로울 것이며, 살아 있는 모든 존재에게 교법을 자세히 설하여 이들을 속박으로부터 자유롭게 해줄 수 있을 것입니다. 붓다께서 말씀하셨듯이, 자신이 속박되어 있으면서 남을 풀어줄 수는 없는 법이니, 속박으로부터 자유로울 때라야 남을 해방시켜 줄 수 있기 때문입니다.”

여기서 주목할 대목은 두 가지다. 첫째, 유마힐은 집착을 끊는 방법으로 공성 교리를 설한다. 즉 "어떤 것도 존재하지 않는다"는 게 사실이라면, 집착할 대상은 존재하지 않는다. 그러나 계속해서 공성을 내적인 것과 외적인 것이라는 이원성의 부재로 설명한다. 그래서 그의 설명은 다시 한 번 중관학파와 유가행파 모두에 열려 있다. 둘째, 그는 보살이 괴로움에 대한 증오와 살아 있는 존재에 대한 염려로 자비를 베푸는 것을 경계하라고 한다. 증오는 번뇌, 즉 자아에 대한 믿음에 기름을 붓는 것이다. 그리고 살아 있는 존재에 대한 염려는 인격체가 궁극적으로 실재한다는 그릇된 견해를 수반한다. 보살은 타인이 괴로움을 극복하도록 능숙하게 도우려면, 먼저 스스로 완전히 속박되지 않은 상태여야 한다. 이는 보살이 평정의 상태에서 자비를 실천해야 함을 의미한다. 고통 받는 이들에게 동정심을 느끼는 함정을 피해야 하는 것이다. 대신 괴로움을 막아야 한다는 이유만으로 자비를 실천해야 한다. (3장에서 논의한 이타주의에 대한 논증 참조.) 이는 흥미로운 철학적 질문을 제기한다. 즉, 평정의 상태에서 자비를 실천하는 게 가능할까, 아니면 진정한 자비이려면 마음이 쓰이는 특정한 사람에 특별하게 항상 관심을 쏟아야 하는 것일까?

유마힐과 문수사리의 대화는 한동안 계속된다. 대화가 끝나면, 한 여신이 그곳의 모든 사람들에게 꽃을 흩뿌린다. 그런 뒤 이 여신과 붓다의 제자 중 지적 재능이 가장 뛰어난 사리불 사이에 언쟁이 이어진다. 이를 통해 저자는 아비달마 사상을 두고 좀 더 빈정거릴 기회를 마련한다. 사리불은 사물의 "본래 그러함(眞如, tathātā)", 즉 사물의 고유한 존재 상태(곧 사물의 공성)를 알지 못하는 것으로 그려진다. 그리고 그는 여전히 남성과 여성 사이에 부당한 가부장제적 구별을 하는 경향이 있는 것으로도 그려진다.

한 천녀는 유마힐의 방에서 교법을 듣는 천신들을 지켜보다가 존중의 염으로 보살들과 붓다의 상수 자제들에게 꽃을 흩뿌리기 위해 몸을 드러내었다. 보살들 위에 흩뿌려진 꽃은 땅에도 떨어졌지만, 상수 제자들 위에 떨어진 꽃은 몸에 붙어 떨쳐내려 애를 써도 떨어지지 않았다.

그러자 천녀는 왜 꽃을 떨쳐내려 애쓰느냐고 사리불에게 물었다. 사리불이 답했다. "이 꽃들은 본래 그러한 상태에 있지 않기 때문에 떼어내려 하는 것입니다." 천녀가 말했다. "이 꽃들이 본래 그러한 상태에 있지 않다는 식으로 말씀하지 마십시오. 왜 그렇겠습니까? 이 꽃들은 분별을 하지 않는데, 분별을 일으키는 것은 그대일 〔뿐〕입니다. 만약 그대가 교법을 구하기 위해 집을 떠났는데도 여전히 분별한다면, 이는 본래 그러한 상태가 아닙니다. 하지만 더 이상 분별을 일으키지 않는다면 이는 본래 그러한 상태가 될 것입니다. 몸에 꽃이 달라붙어 있지 않은 저 보살들 좀 보세요. 이는 그들이 분별을 끊어버렸기 때문입니다. 마치 한 사람이 악한 〔사람〕에 대한 두려움 때문에 문제를 자초하는 것과 같습니다. 그래서 제자가 생과 사를 두려워한다면, 색깔-형태·소리·냄새·맛·촉감이 그를 괴롭힐 수 있지만, 두려움이 없다면 다섯 가지 모든 감각 자료로부터 자유로울 수 있습니다. 〔그대의 경우] 이 꽃들이 그대의 몸에 달라붙는 것은 습관의 힘習氣이 아직 남아 있기 때문인데, 그 힘을 잘라버리면 다시는 들러붙지 않을 것입니다."

사리불이 물었다. "이 방에 들어온 지 얼마나 되었습니까?" 천녀가 답했다. "제가 이 방에 머문 지는 장로께서 해탈하시는 데 걸린 시간만큼입니다." 사리불이 물었다. "그렇다면 여기에 오래도록 머물렀다는 말씀입니까?" 천녀가 반박하며 물었다. "그대의 해탈에는 시간이 필요하단 말씀인가요?" 사리불은 침묵할 뿐 답하지 않았다. 그러자 천녀가 물었다. "어째서 지혜로운 분께서 이 점에 대해 침묵하십니까?" 사리불이 답했다. "해탈을 얻은 자는 이를 말로 표현하지 않습니다. 그러니 저는 무슨 말을 해야 할지 모르겠습니다." 천녀가 말했다. "말과 문자로 해탈을 드러낼 수 있습니다. 왜 그렇겠습니까? 해탈은 안에도 밖에도 그 사이에도 있지 않으며, 말 역시 안에도 밖에도 그 사이에 있는 것도 아니기 때문입니다. 그러므로 사리불이며, 해탈은 문자를 쓰지 않고는 설해질 수 없습니다. 왜 그렇겠습니까? 모든 것이 해탈을 가리키고 있기 때문입니다."

사리불이 물었다. "그렇다면 해탈을 얻기 위해 욕망, 증오, 망상을 멀리할 필요가 없다는 뜻입니까?"

천녀가 답했다. "[자신의 우월한 지식을] 자랑스럽게 여기는 이들 앞에서 붓다는 해탈을 추구할 때 욕망, 증오, 망상을 멀리하는 게 중요하다고 말씀하셨지만, 이들이 없을 때는 욕망, 증오, 망상의 내재적 본성은 해탈과 동일하다고 말씀하셨습니다."

사리불이 탄식하며 말했다. "훌륭합니다. 천녀시여, 참으로 훌륭합니다. 그대는 무엇을 얻고 경험했기에 이같이 설할 수 있는 것입니까?"

천녀가 답했다. "저는 어떤 것을 얻지도 경험하지도 않았기에 이처럼 설할 수 있는 것입니다. 왜 그렇겠습니까? 〔무엇을〕 얻었다, 경험했다고 〔주장하는〕 자는 붓다의 가르침에서 본다면 거만한 자이기 때문입니다.

사리불이 물었다. "그대의 뜻은 세 가지 수레 중 어디에 있습니까?"

천녀가 답했다. "사람들을 회심케 하기 위해 성문법〔즉, 아비달마〕을 설할 때 저는 성문으로 나타나며, 존재의 사슬로 연결되어 있음을 설할 때 저는 연각불로 나타나며, 사람들을 회심케 하기 위해 위대한 자비를 가르칠 때 저는 대승의 〔스승〕으로 나타납니다. 사리불이여, 참파(campa) 숲에 들어가면 다른 냄새는 맡을 수 없고 오직 참파 향기만 맡을 수 있듯이, 이 방에 들어온 이는 성문이나 연각불이 성취한 그 향은 더 이상 맡을 수 없고, 오직 붓다 공덕의 향기만 맡을 수 있는 것과 같습니다."

"사리불이여, 인드라, 브라흐마, 사천왕〔세계의 수호자들〕, 천룡, 귀신, 영혼 등이 이 방에 들어와 이 재가신도〔유마힐〕가 올바른 교법을 설하는 것을 들었을 때, 이들은 모두 붓다 공덕의 향기를 기뻐하며 맡고는 자신들의 세계로 돌아가기 전에 대승의 마음을 일으켰습니다."

"사리불이여, 저는 12년 동안을 이곳에 머물렀지만, 성문이나 연각불의 교법이라고는 들어본 적이 없고, 오직 보살과 불가사의한 불법의 위대한 자애(maitrī)와 위대한 자비(karuñā)의 교리만을 들었을 뿐입니다. ……"

사리불이 물었다. "그대는 어째서 여성으로서의 몸을 바꾸지 않는 것입니까?"

천녀가 답했다. "지난 12년 동안 여성이라는 몸의 모습을 찾았지만 허사였습니다. 그런데 저의 무엇을 바꾸라는 것입니까? 이는 마치 환술사가 환상 속의 여인을 만들어내는 일과 같습니다. 그에게 실재하지 않는 이 여인을 바꾸라고 하는 게 옳겠습니까?"

사리불이 말했다. "옳지 않습니다. 실재하는 몸이 아닌데 무엇으로 바꿀 수 있겠습니까?"

천녀가 말했다. "모든 현상은 또한 실재하는 게 아닙니다. 그런데 저의 실재하지 않는 여인의 몸을 바꾸라고 하시다니요?"

그때, 그녀는 초자연적인 힘으로 사리불을 천상의 천녀처럼 바꾸고 자신은 사리불의 모습을 한 남자로 바꾼 뒤 사리불에게 물었다. "왜 여인의 몸을 바꾸지 않으십니까?"

사리불이 답했다. "어떻게 해서 제가 천녀가 되었는지 도통 모르겠습니다."

천녀가 말했다. "사리불이여, 만약 그대가 지금 여성의 몸을 바꿀 수 있다면, 모든 여인들도 남자로 변할 수 있어야 합니다. 여성이 아니지만 여성의 신체적 모습을 하고 있는 그대 사리불처럼, 모든 여인들도 마찬가지로 비록 여성의 모습을 하고 있지만 근본적으로 여인인 것은 아닙니다. 그러므로 부처님께서는 '모든 것은 남성도 아니고 여성도 아니다.'라고 말씀하셨습니다."

그때 천녀는 다시 초자연적인 힘을 써서 사리불은 본래 남성의 몸으로 되돌렸다. 그러고는 말했다. "지금 그 여성의 몸은 어디에 있습니까?"

사리불이 답했다. "여인의 모습은 존재하는 것도 아니고 존재하지 않는 것도 아닙니다."

그러자 천녀가 단언했다. "마찬가지로 모든 것은 근본적으로 존재하는 것도 존재하지 않는 것도 아니며, 그 존재하는 것도 존재하지 않는 것도 아니라는 사실은 붓다께서 선언하신 바입니다."

사리불이 물었다. "그대는 언제 여기를 떠나 〔죽을 것이며〕 어디서 다시 태어날 것입니까?"

천녀가 답했다. "저는 붓다처럼 몸을 바꿔 다시 태어날 것입니다."

사리불이 끼어들며 말했다. "붓다의 화신에는 탄생도 죽음도 없습니다."

천녀가 말했다. "마찬가지로 살아 있는 모든 존재 역시 죽는 일도 태어나는 일도 없습니다."

사리불이 물었다. "그대는 언제 최상의 깨달음을 실현하실 것입니까?"

천녀가 답했다. "사리불께서 세속적인 삶의 방식凡夫으로 되돌아가실 때 최상의 깨달음을 실현할 것입니다."

사리불이 반박했다. "〔성문 단계에서 성자인〕 제가 다시 세속적 삶의 방식으로 되돌아가는 일은 없을 것입니다."

천녀가 말했다. "제가 깨달음을 실현하는 일 또한 없을 것입니다. 왜냐하면 깨달음은 실현될 수 있는 목표가 아니기 때문입니다."

사리불이 반박했다. "갠지스 강의 모래알 수만큼 헤아릴 수 없이 많은 붓다들께서 깨달으셨고 최상의 깨달음을 얻으셨는데, 이 분들에 대해서는 뭐라고 말하실 겁니까?"

천녀가 말했다. "〔과거, 미래, 현재로〕 시간이 세 기간으로 나뉜다는 것은 〔보통의 사람들에게〕 세속적인 생각과 부합하는 듯이 들리지만, 그렇다고 깨달음이 과거, 미래, 현재에 속한다는 걸 의미하진 않습니다." 그런 뒤 그녀는 사리불에게 물었다. "사리불이여, 그대는 아라한과를 실현하셨는지요?"

사리불이 답했다. "그 어떤 것도 얻었다는 관념이 없으니, 저는 아라한과를 실현했습니다."

천녀가 말했다. "마찬가지로, 모든 붓다와 위대한 보살들도 최상의 깨달음을 얻었다는 관념이 없었기에 목표를 성취하셨습니다."

그때 유마힐이 사리불에게 말했다. "이 천녀는 92억의 붓다께 공양을 올렸습니다. 그녀는 보살의 초월적인 힘을 마음껏 쓸 수 있게 되었고, 자신의 모든 서원을 성취했고, 생겨남이 없는 인내無生法忍를 실현했고, 결코 물러섬이 없는 보살의 단계不退轉位에 도달했습니다. 서원을 성취하였기에 〔어디에든〕 나타나 가르쳐 줄 수 있고, 살아 있는 존재를 회심케 할 수 있습니다."[7]

---

7 Sara Boin and Étienne Lamotte, trans., *The Teaching of Vimalakīrti* (*Vimalakīr-*

더 읽을거리

현재 대승의 초기 역사에 대한 더 많은 연구에 관해서는 Mahāyāna Buddhism: *The Doctrinal Foundations*(London: Routledge, 1989), pp.1-33 참조.

보살의 이상에 대한 좀 더 자세한 내용은 R. Ray, *Buddhist Saints in India*(Oxford: Oxford University Press, 1994) 참조.

주요한 반야계 경전에 대한 번역은 Edward Conze, *The Perfection of Wisdom in Eight Thousand Lines and Its Verse Summary*(Bolinas, CA: Four Seasons Foundation, 1973) 참조.

*Vimalakīrtinirdeśa*의 완역본은 한역본(대정장12, N.353)에서 영역한 Diane Y. Paul 과 John R. McRae의 *The Sutra of Queen Śrīmālā of the Lion's Roar*/한역본(대정장14, N.475)에서 영역한 *The Vimalakīrti Sutra*, BDK English Tripiṭaka (Berkeley, CA: Numata Center for Buddhist Translation and Research, 2004) 참조.

자비가 평정과 양립할 수 있느냐는 질문에 대한 회의적인 반응은 Paul Williams, *Altruism and Reality: Studies in the Philosophy of the Bodhicāryāvatāra* (Richmond, UK: Curzon Press, 1998)의 5장 "How Śāntideva Destroyed the Bodhisattva Path" 참조.

---

tinirdeśa) (London: Pali Text Society, 1976).

7장 유가행파: 오직 인상일 뿐(唯識)과 물리적 대상의 부정

앞선 장에서는 새로운 대승의 발상 중 철학적으로 가장 중요한 부분이 공성 교리라는 걸 보았다. 유가행파는 이 공성 교리를 이해하기 위한 한 가지 방식을 대표해 보여준다. 이 학파는 외부 대상의 존재를 부정하는 이론을 개발해서 이 교리를 이해하려 한다. 이 장에서는 이 이론과 유가행파 철학자들이 이를 뒷받침하려고 제시한 논증을 검토할 것이다. 그런 다음, 도출된 견해가 모든 것은 공하다는 주장과 어떻게 연결될 수 있는지, 또 이 모든 것이 열반을 성취하는 일과 어떤 관련이 있는지 살펴보겠다.

1. 우리가 감각적 경험에서 알아차리는 것은 무엇인가?

유가행파는 대승 불교철학의 두 가지 주요 학파 중 하나다. 하지만

눌 중 시기상 더 앞서 있는 건 아니다. 또 다른 주요 철학 학파인 중관학파의 기초가 된 아이디어들은 기원전 1세기 말쯤 경전에 나타나기 시작했다. 그리고 이 아이디어들은 대략 2세기 중반에 중관학파의 창시자인 용수의 저작에서 처음 철학적으로 공식화되었다. 이와 달리, 유가행파의 아이디어를 최초로 뚜렷하게 표현한 경전은 2세기 이전에는 등장하지 않은 것으로 보인다. 그리고 이 학파의 창시자인 무착(無著, Asaṅga)과 세친(世親, Vasubandhu)은 4세기 중반쯤에 살았으리라 대개는 추정된다. 그런데 어째서 (8장에서 다뤄질) 중관학파보다 앞서 유가행파를 논의하고 있을까? 이는 대체로 유가행파의 철학이 5장에서 살펴본 아비달마적 기획의 확장판이기 때문이다. 유가행파의 일부 요소는 초기 중관학파의 아이디어에 대한 반응으로 발전한 것이 사실이다. 그래서 유가행파적 기획의 특정 측면을 이해하려면, 중관학파에 관한 언급이 선행되어야 한다. 그런데 대부분의 경우 아비달마의 본질을 이해하고 나면, 유가행파의 철학자들이 무엇을 하려고 했는지 그 의중을 이해하는 데에는 거의 문제가 없을 것이다.

전통의 주장대로, 이 학파의 공동 창시자인 세친이 『구사론본송(Abhidharmakośa)』과 경량부에서 영감을 받은 그 산문 주석(論, bhāṣya)의 저자로서 우리가 5장에서 만났던 인물과 동일인이라고 해도 놀랄 일은 아니다. 전통에 따르면, 세친은 자신의 형 무착에 의해 대승이 아닌 아비달마적 견해에서 유가행파로 전향했다. 일부 현대 학자들은 실제로는 두 명의 다른 세친이 있어 하나는 『구사론본송』의 저자이고 다른 하나는 유가행파인이라고 믿고 있다.[1] 분명한 건 여기서 살펴볼 저술의 저자인 세친이 아비달마적 문제에 친숙하고 아주 정통해 있다는 점이다. 세친이 할 일은 아비달마 내에서 이미 제기된 일련의 질문들을 사용해, 전반적인 아비달마 구도에서 한 가지 단순한(그렇지만 근본적인) 변화를 주창하는 데 있다. 즉, 오온 대신, 실제로는 네 가지 온이 존재하지 색, 다시 말해 물질성은 존재하지 않는다는 것이다.

이 학파의 명칭인 유가행(Yogācāra)이란 말 그대로 "요가 수행", 즉 명상 수행을 의미한다. 그러나 이 학파는 식론(識論, Vijñānavāda), 유심(唯心, Cittamātra), 유식(唯識, Vijñaptimātra)과 같은 여러 다른 이름으로도 불린다. 이 중 첫 번째는 (오온 중 다섯 번째인) "의식에 대한 교리"를, 두 번째는 "오직 의식일 뿐"(심/心/citta과 식/識/vijñāna은 동의어다)을, 세 번째는 "오직 인상일 뿐"을 의미한다. (비즈냡띠〔vijña-pti〕, 말하자면 "인상〔impression〕"이 무엇인지는 곧 알게 될 것이다.) 이제 마지막 두 이름의 "단지 ~일 뿐(唯, only)"은 분명 이 학파가 정신적인 것 외에는 어떤 것도 존재하지 않는다고 말하고 있음을 암시한다. 달리 말해, 이는 유가행파가 관념론의 한 형태임을 시사한다.[2] 그리고 이 점이 실제로 유가행파의 핵심 주장이다. 그런데 이게

---

1 많은 학자들은 또한 전통적으로 유가행파의 창시자 중 나머지 한 명인 미륵(彌勒, Maitreya)이 역사상 실존했는지에 대해 의문을 나타낸다.

2 철학에서 관념론은 마음과 무관한 것은 존재하지 않는다는 형이상학적 주장이다. 이 견해의 지지자로 가장 잘 알려진 서구 인물은 18세기 영국 철학자 조지 버클리다. 그러나 때로는 19세기 독일 철학자 헤겔의 다른 입장을 "관념론"으로 부르기도 한다. 이를 구분하기 위해, 버클리식의 견해를 주관적 관념론이라고 부르고, 헤겔식의 변주를 절대적 관념론이라 칭한다. 그러나 여기서는 헤겔식 관념론에 전혀 관심을 두지 않을 것이기에, 정신적인 것 이외의 그 어떤 것도

"요가 수행"과 어떤 관련이 있단 말인가? 가능해 보이는 답은 요가나 명상의 내용에 관한 사색에서 유가행파의 형이상학이 비롯되었다는 것이다. 여기서 명상의 고등 단계에는 순수하게 정신적인 대상에 대한 집중된 알아차림이 수반된다는 점을 주목할 필요가 있다. 명상은 깨달음을 얻는 데 핵심 역할을 하는 수행으로 인정되기 때문에, 아마도 일부 명상 스승들에게 열반에 들어가기 위해 극복해야 할 무지가, 물리적인 존재는 의식과 무관하다는 우리의 믿음에 관여하는 것처럼 보였을 것이다. 아마도 이들은 우리가 세상이 오직 인상일 뿐인 것이라고 볼 수 있게 된다면, 명상을 통한 선정 상태에서 획득되는 괴로움의 일시적인 유예가 일상의 삶으로 확장될 수 있다고 생각했을 것이다.

그렇지만 우리가 할 일은 오직 인상일 뿐唯識이라는 교리의 역사적 기원을 추측해 보는 게 아니다. 우리가 알고 싶은 것은 이 교리를 믿어야 할 이유가 무엇이냐는 것이다. (그 구제론적 함의에 대해서는 나중에 더 얘기할 것이다.) 물리적 대상을 부정할 만큼의 기이한 견해를 받아들일 수 있을까? 바위와 나무, 집과 자동차, 지구, 태양이 존재한다는 건 너무나도 명백하지 않은가? 또 우리 자신은 어떤가? 어떻게 몸이나 뇌가 없이 존재할 수 있을까? 좋다. 나무와 자동차, 몸과 뇌 같은 것들이 궁극적으로는 존재하지 않는다는 것을 지금쯤이면 받아들이게 되었을 수 있다. 이러한 것들은 결국 부분들로 이루어진

부정함을 의미하는 용법으로만 "관념론"을 쓸 것이다. 버클리의 관념론이 주관적 관념론으로 불리는 이유는 관념과 관념을 가지는 주관(subject, 마음)만이 존재한다고 주장하기 때문이다. 불교도들은 경험의 주체(subject)가 존재한다는 점을 부정하기 때문에, 유가행파는 주체가 없는 종류의 관념론이다.

전체인 것이다. 그러나 자전거와 같은 개념적 허구를 이루고 있는 궁극적인 부분들, 즉 색법은 어떤가? 마음이 이러한 부분들을 한데 모아 집합체를 형성하는 구성 활동을 수행하고 있으려면, 부분들은 분명 존재해야 하지 않을까?(2장 5절 참조) 감각적 경험을 할 때, 우리가 알아차리고 있는 무언가가 바깥에 존재하고 있다는 점은 확실히 명백하지 않은가?

이러한 (완벽히 온당한) 질문에 대한 응답으로 가장 먼저 할 말은, 세친과 같은 유가행자들이, 경량부가 중단했던 부분부터 다시 시작할 것이라는 점이다. (5장 8절에서) 경량부가 표상주의라고 불리는 감각지각론을 전개했다는 점을 떠올릴 필요가 있다. 이는 우리가 깨어 있는 상태의 감각적 경험에서 직접 알아차리고 있는 것은 외부의 물리적 대상이 아니라, 이 대상과 유사하며 또 감각과 대상의 접촉에 의해 일어나는 정신적 이미지라는 견해다. 정신적 이미지에 대한 깨어 있는 상태의 알아차림은 대체로 이러한 접촉의 결과이기 때문에, 보통은 이 이미지가 본뜬 외부 대상이 존재한다고 추론하는 게 정당한 방식이다. 그런 뒤 우리는 외부 대상, 즉 마음과 독립적으로 존재하는 물리적인 사물을 간접적으로 알아차린다고 말할 수 있다. 그래서 진실한 감각적 경험에서—결함이 있는 감각이나 환각 같은 왜곡 요인의 결과가 아닌 경험에서—우리는 물리적인 사물을 정말 지각하는 것이다. 그러나 이는 간접적인 방식일 뿐이라는 점에 유의하자. 우리는 자신이 지각한다고 생각하는 외부 대상을 결코 직접 알아차리지 못한다. 외부 대상은 항상 그 존재를 추론할 수밖에 없는 것이다. 세친과 같은 유식 이론가가 알고자 하는 것은 바로 우리가 이 추론을 믿어야 하는 이유다. 세친 같은 이들은, 만약 꼼꼼히 따져본다면 이러한 추론은 전혀 신뢰할 만하지 않은 것으로 드러난다고 주장할 것이다.

"오직 인상일 뿐唯識"에서 "인상識"은 표상주의자들이 표상이라고 부르는 것과 같다. 즉, 감각적 알아차림의 즉각적 내용인 정신적 이미지다.[3] 유식 이론가들은 관념론자인 반면, 표상주의자는 (외부 대상의 존재를 긍정하는) 실재론자다.[4] 이 둘은 존재론적 견해를

---

3 비즈냡띠(vijñapti)라는 말은 통상은 알려진 것 또는 표상을 의미한다. 따라서 오직 비즈냡띠만 있을 뿐이라는 말은 실제로는 표상이 아닌, 현전한 것만이 존재할 뿐이라고 말하는 것이다. 나는 비즈냡띠를 "인상(impression)"으로 번역하기로 했는데, 데이비드 흄은 세친이 비즈냡띠로 의미하고자 하는 것과 아주 유사한 것을 의미하기 위해 "인상"이라는 말을 사용했기 때문이다. 즉, 세친은 우리가 감각적 경험에서 직접 알아차리고 있는 것을 의미하는 데 비즈냡띠를 썼다. 흄은 인상과 관념을 구별했는데, 관념은 인상의 사본에 해당한다. 유가행파도 마찬가지로 경험의 즉각적 내용과, 비즈냡띠를 받은 이후에 마음에 의해 구성되는 이미지를 구별한다. 그런데 유가행파에 관한 학술 문헌에서 이 용어는 때로 "마음(mind)", "알아차림(awareness)", "의식(consciousness)"으로 다르게 번역된다.

4 "실재론"이라는 용어는 상당히 다른 많은 철학 이론들을 가리키는 이름으로 사용된다. 이 장에서는 마음 밖에 존재하는 사물들, 즉 그 누구도 알아차린 적이 없다고 하더라도 존재할 수 있는 사물들이 있다는 견해를 의미하는 데 이를 사용할 것이다. 그래서 여기서 "실재론"은 *외부 세계* 실재론에 대한 형이상학적 견해를 의미한다. 실재론자가 되는 한 가지 방법은 물리주의자, 즉 물리적 사물이 존재하는 유일한 종류의 사물이라고 주장하는 사람이 되는 것이다. 그런데 또 다른 실재론자들은 이원론자들이다. 예를 들어, 데카르트는 두 가지 구별되는 종류의 실체, 즉 물리적 실체와 정신적 실체가 존재한다고 주장했다. 불교적 실재론자는 물리적인 것 이외에 정신적인 것 또한 존재한다는 데 동의할 것이다 (그러나 물리적인 것과 정신적인 것이 실체로 여겨져야 한다는 점은 부정할

놓고 의견을 달리하지만, 우리가 감각적 경험에서 직접 알아차리고 있는 게 무엇인지에 대해서는 의견이 일치한다. 처음부터 이 점에 대해 분명히 해두는 게 중요하다. 상식에서는—서구뿐만 아니라 아마 모든 문화는—외부 세계에 대해 실재론적 견해를 취한다. 여기서 상식은 관념론자가 아닌 표상주의자의 편을 든다. 하지만 상식은 실재론과 표상주의 모두 존재한다고 믿는 외부 대상을 우리가 어떻게 인지하는지를 두고 표상주의에 전혀 동의하지 않는다. 상식적 견해는 —깨어 있는 상태의 감각적 경험에서 우리는 외부 대상을 직접 알아차린다는 견해인—직접 실재론을 취한다. 이는 대부분의 사람들이 이러한 견해를 가지고 있기 때문이다. 이들은 물리적 대상이 존재함을 보여주는 일이 쉽다고 생각한다. 즉, 필요한 건 눈을 뜨고 보는 일뿐이라는 것이다. 18세기 영국의 사전편찬자 새뮤얼 존슨(Samuel Johnson)은 버클리의 관념론에 대해 듣고는 돌을 차며 "나는 이렇게 반박한다"고 말했다고 한다. 그러나 표상주의를 뒷받침하는 논증을 이해했다면, 반박하기가 그렇게 쉽지는 않은 이유를 이해할 것이다. 의심의 여지 없이 존슨 박사는 감각적 경험이란 이런 것이라고 여기면서—외부 대상인—돌을 차는 감각적 경험을 했다. 하지만 그러한 감각적 경험은 돌에 대한 직접 알아차림의 문제였을까? 만약 표상주의가 옳다면 그렇지 않았다. 존슨 박사가 직접 알아차리고 있던 것은 정신적 이미지뿐이었다. 표상주의자들은 이러한 이미지가 존슨 박사의 발과 돌 사이라는 감각-대상의 접촉에 의해 발생했다고 주장한다. 그러나

것이다). 불교적 실재론자는 법들이 단지 색이라는 하나의 온이 아니라, 다섯 가지 온 아래 분류되어야 한다고 주장한다.

돌이 존재한다는 것을 알기 위해서는 이 경험이 이러저러하게 발생했다는 점을 보여주어야 한다. 경험을 하는 것만으로는 결코 충분하지 않은 것이다.

여기가 바로 세친이 오직 인상일 뿐에 대한 자신의 논증을 시작하는 지점이다. 우리가 검토하려고 하는 문헌은 ("20게송으로 이루어졌다는 의미의 Viṃśikā", 즉) 『유식이십론』으로, 유식의 성립(Vijñaptimātratāsiddhi), 즉 "인상만이 존재함의 증명"이라는 전체 제목을 가진 2부작 중 첫 번째 부분이다. 『유식이십론』은 다음과 같이 시작한다.

> 1. 이 세계는 단지 오직 인상일 뿐이니, 실재하지 않는 대상으로 나타나기 때문으로,
> 마치 눈병에 걸린 자가 실재하지 않는 머리카락 그물 등을 보는 경우와 같다.

눈병에 걸린 사람들이 하늘을 볼 때는, 머리카락 그물을 보는 경험을 한다. 이들의 감각적 경험은 마치 정상 시각을 가진 사람이 미세한 망사로 된 그물을 볼 때 보는 것과 같다. 그래서 자신의 감각적 경험의 내용에 따라, 눈병에 걸린 사람들은 자신이 머리카락 그물을 본다고 말할 것이다. 그러나 하늘에 머리카락 그물 같은 건 없으니, 이들이 보고 있는 것이 사실일 수는 없다. 그렇지만 이들은 무언가를 보고 있다. 이들이 시각적으로 알아차리고 있는 무언가는 정말 있는 것이다. 아무도 둥근 사각형이나 불임 여성의 자식을 본 경험은 없다. 만약 이들이 알아차리고 있는 것이 외부 대상(머리카락 그물)이 아니라

면, 그것은 무엇일까? 이 시점에서 우리가 말해야 할 바는 이들이 알아차리고 있는 것은 정신적 이미지라는 사실이다. 세친은 동의하지만, 그는 이것을 인상이라 부르며, 마음 밖에는 실제로 그런 것이 존재하지 않는데 외부 대상으로 나타난다고 덧붙인다. 이게 바로 그가 눈병에 걸린 사람들이 "실재하지 않는 대상으로 나타나는" 인상을 알아차리고 있다고 말할 때 의미하는 바이다. 즉, 이것은 물리적 대상도 아니고, 물리적 대상의 표상도 아니다. 하지만 인상은 마치 외부 대상인 양 눈병에 걸린 사람들 앞에 현전한다. 그래서 잘 모른다면, 존슨 박사처럼 될 것이다. 그러면서 "물론 하늘에는 머리카락이 있고 나는 그걸 볼 수 있다!"라고 말할 것이다.

머리카락 그물에 대한 세친의 예에 대해서는 이 정도쯤 해두기로 하자. 그는 이 외에도 이 같은 예들이 많이 있다고 말하는데, 우리는 그가 염두에 두고 있을 법한 예를 상상해 볼 수 있다. 즉, 황달에 걸린 사람이 흰 조개껍질을 볼 때 보는 노란색, 황혼 무렵 마당에서 정원용 호스를 볼 때 보는 뱀 등 같은 예들 말이다. 그러나 그가 또 무슨 말을 하고 있는지 주목해 보도록 하자. 즉, 그는 우리의 감각적 경험의 전체 세계가 이와 같다고 말한다. 다시 말해, 그는 다음처럼 주장하고 있는 것이다.

> 감각적 경험의 내용은 그러한 대상이 존재하지 않는데도 외부 대상으로 현전한다.
> 그러한 대상이 존재하지 않는데도 그러한 대상으로 현전하는 것은 오직 인상일 뿐인 것이니, 마치 눈병에 걸린 사람이 달에서

머리카락을 보는 것과 같다.

∴ 감각적 경험의 내용은 오직 인상일 뿐이다.

따라서 그가 말하고 있는 바는 우리가 감각적 경험을 할 때, 우리가 알아차리고 있는 것은 단지 정신적 이미지일 뿐이라는 것이며(이 점에 대해서는 표상주의자도 동의할 것이다), 이 정신적 이미지는 외부 대상에 대한 표상이 아니다. 왜 아닌가? 눈병 환자에게 보이는 머리카락은 표상이 아니다. 왜냐하면 외부 세계에는 그런 머리카락이 없기 때문이다. 그리고 우리의 모든 감각적 경험은 이와 같은 것이다. 즉, 우리의 감각적 경험은 그런 것이 없는데도 실제로 외부 세계에 어떤 것이 존재하는 양 현전시키고 있는 것 같다.

2. 실재론에 대한 어떤 증거가 있는가?

그러나 세친은 외부의 물리적 대상이 존재하지 않는다는 걸 어떻게 알까? 이건 그가 먼저 증명했어야 하는 내용이 아닌가? 세친이 선결문제 요구의 오류를 범한 게 아닌가 하는 의심이 이 지점에서 들었다면 이는 합당하다 할 수 있겠다.[5] 그런데 그가 실제로 한 일은 표상주의적 실재론을 주장하는 대론자에게 과제를 던진 것이다. 즉, 우리가 감각적 경험에서 알아차리고 있는 이미지가 외부 대상과의 접촉에 의해 일어난다는 어떤 증거가 있냐는 것이다. 세친은 자신이 게송 1에서

5 이 오류에 대한 정의는 3장 2절 각주5 참조.

제시한 논증으로 실재론자를 설득하지 못하리라는 걸 알고 있다. 그는 대론자가 유식 이론에 대해 이의를 제기하도록 자극하기 위해 이 논증을 제시했다. 여기서 그는 인도 철학 저술의 표준 형식을 고스란히 따르고 있다. 즉, 자신의 입장을 진술하고는 유리한 증거를 간략히 표시한 다음, 대론자가 반론을 제기하도록 하고 이 반론에 대응하여 자신의 이론을 성공적으로 방어할 수 있는지 확인하는 식이다. 인도 전통에서는 이러한 논증-반론-응답의 형식을 따르지 않는다면, 전혀 철학을 한 게 아니다.

대론자가 제기하려는 반론들은 모두 왜 우리의 감각적 경험이—우리가 지각에서 알아차리고 있는 정신적 이미지가—물리적 대상에 의해 일어난다고 믿어야 하는지 그 이유에 해당한다. 대론자가 제시한 반론을 살펴보기 전에, 잠시 멈춰서 물리적 대상이 존재한다는 주장을 뒷받침하기 위해 우리가 어떤 이유를 생각해낼 수 있는지 확인해 보는 것도 유용할 것이다. ("왜냐하면 내가 그걸 볼 수 있기 때문이지!"는 포함되지 않음을 기억해 두자.)

〔대론자는〕 이렇게 말한다.

> 2. 만약 어떤 인상에 외부 대상이 없다고 한다면, 인상에는
> 공간적, 시간적 한정이 없어야 하며,
> 인상에는 지각자의 정신적 흐름에 한정이 없어야 하며, 인상은
> 효과성을 가져서는 안 된다.

이것은 무슨 뜻인가? 만약 색깔-형태色 등에 대한 인상이 색깔-형태 등의 외부 대상이 없는 상태에서 발생한다면, 이 인상은 색깔-형태 등의 외부 대상에서 일어나는 것이 아니다. 그렇다면 어째서 이 인상은 모든 곳이 아닌 특정한 장소에서 발생하는 것인가? 그리고 그 장소에서 발생한다면, 왜 이 인상은 항상 발생하는 게 아니라 특정한 시간에 발생하는 것인가? 그리고 눈병에 걸린 자들의 정신적 흐름에 머리카락 등의 나타남이 다른 사람의 정신적 흐름에는 발생하지 않는 것과 마찬가지로, 이 인상은 단 한 사람의 것에서만이 아니라 왜 그 시간과 장소에 있는 모든 사람의 정신적 흐름에서 발생하는 것인가? 눈병에 걸린 자들에 의해 보여진 머리카락, 벌레 등은 효과를 생산하지 못한다. 이 이외의 것들이 생산적이라는 점은 사실이다. 수면 중에 보이는 음식, 음료, 의복, 독 등은 음식 등의 효과를 생산하지 못한다. 그러나 이것들이 일상에서 효과를 낳는다는 점은 사실이다. 건달바(Gandhārvas)의 도시가 아무런 효과도 낳지 못하는 것은 그 비실재성 때문이다. 다른 도시가 효과를 생산한다는 것은 사실이다. 따라서 외부 대상이 없는 상태에서의 공간적 및 시간적 한정, 정신적 흐름의 한정, 효과성이 설명되지 않는다.

여기에는 네 가지 이유가 제시되어 있지만, 첫 번째(공간적 한정)와 두 번째(시간적 한정)는 하나로 합쳐질 수 있다. 즉, 시공간적 한정성으로 말이다. 이 반론의 아이디어는 깨어 있는 상태의 감각적 경험은 마치 패턴처럼 특정한 규칙을 따른다는 것이다. 우리는 특정한 한정된 장소와 시간에서만 특정한 경험을 한다. 부엌에 있지 않다면 빵 굽는 냄새를 알아차리지 못하는 식이다. 그리고 거기에 있더라도 빵이 오븐에 들어갔을 때(또는 방금 꺼냈을 때)에만 이 경험을 한다. 이게 물리적 대상의 존재 증거로 취해지는 이유는 무엇일까? 본 사고방식은, 실재론자는 우리의 경험에 대한 이러한 사실을 설명할 수 있지만, 관념론자는 할 수 없다는 것이다. 실재론자는 우리의 감각적 경험이 공간의 다양한 곳에 위치한 외부 대상들과의 접촉에 의존하기 때문에 시공간적 한정성을 나타내는 거라고 말할 것이다. 그리고 우리의 신체가 한 대상이 위치한 공간의 지역에서 다른 대상이 위치한 공간의 지역까지 이동하려면 시간이 걸리기 때문에, 내가 수영장에 가기로 결정할 때와 염소 처리된 물의 냄새를 맡는 경험을 할 때 사이에 보통 시간 간격이 있는 이유도 설명할 수 있는 것이다. 그렇지만 실재론자는 유식 이론가들이 우리 경험의 이러한 특징을 어떻게 설명할 수 있는지 알지 못한다.

여기서는 제기된 반론을 어떤 식으로 공식화할지 말해둘 필요가 있겠다. 대론자는 감각적 경험이 오직 "특정한 장소에서" 발생한다고 주장하면서 이 공간적 한정성에 근거해 반론을 제기했다. 이는 선결문제 요구의 오류이기 때문에 자신들의 반론을 진술하는 좋은 방식이 아니다. 유식 이론가인 세친은 공간적 위치의 존재를 부정한다. 모든 불교도는, 어디에나 존재하면서 물리적인 모든 것을 담고 있는 단일한 용기로서 이해되는 공간이 그 자체로 궁극적으로 실재한다는 점을 부정한다. 그래서 불교적 실재론자들은 공간이 물리적 대상들 사이의 공간적 관계에 기초해 개념적으로 구성되는 것이라고 말한다. 즉,

우리는 하나의 사물이 다른 사물 위에 있고, 어떤 것이 다른 두 개 사이에 있다는 점 등을 알고 있으며, 이에 그 모든 관계의 기저를 이루는 단일한 용기 개념을 구성하는 것이다. 그렇지만 이는 외부 대상이 존재하지 않으면, 공간도 존재할 수 없으며, 따라서 공간적 위치도 존재할 수 없음을 의미한다. 대론자가 우리의 경험이 공간적 한정성을 가진다고 말할 때는 자신들이 증명하려 하는 점, 즉 외부 대상이 존재한다는 점을 바로 가정하고 있는 것이다. 이는 바로 이들의 반론이 선결문제의 오류인 이유다.

그렇지만 이 반론에는 짚어야 할 부분이 있다. 선결문제 요구의 오류를 범하지 않는 방식으로 재공식화할 필요가 있는 것이다. 이를 위해, 실재론자와 관념론자가 동의하는 부분을 떠올려볼 필요가 있다. 양측 모두는 감각적 경험이 정신적 이미지에 대한 즉각적 알아차림에 존재한다는 견해를 수용한다. (이 실재론적 대론자는 표상주의자임을 기억해 두자.) 그래서 그러한 이미지의 특징에 근거해 우리의 공간 개념이 구성될 수밖에 없는 것이다. 예를 들어, 부엌에 있을 때 경험하게 되는 시각적 경험을 생각해 보자. 우리는 이러한 경험을 (스토브 옆에 있는 싱크대를 보고 있다는 식으로) 물리적 대상을 거론해 가며 기술하는 데 익숙하지만, 그렇게 하지 않고 (노란색과 타원형, 흰색과 직사각형 등의 식으로) 특정한 색깔-형태의 이미지에 대한 알아차림으로 기술할 수 있다. 그런 뒤 이 색깔-형태의 이미지가 시각장에서 (~의 위, ~의 왼쪽 등의 식으로) 서로 간에 다양한 관계를 맺는 방식으로 기술할 수 있다. 물론 시각장 자체는 시간이 지남에 따라 변하기에, 이러한 변화를 따라가기 위한 모종의 방법이 필요할 것이다. 그러나 특정한 특징이 규칙적으로 되풀이된다는 걸 알게 되면 그렇게 할 수 있다. 예를 들어, 노란색의 타원형 조각이 시각장의 왼쪽 끝에서 사라진 뒤 유사한 조각이 오른쪽에서 나타날 수 있다. (이는 시계방향으로 완전히 회전했다고 할 때 실제로 하게 되는 경험이다.) 간단히 말해서, 우리가 할 수 있는 건 순수하게 현상적인 언어를 구성하는 일이다. 다시 말해, 통상 공간적 용어로 기술되는 특징들을 포착하는 언어가 아니라, 단지 순수한 현상이 띠는 특징의 면에서, 즉 감각적 경험에서 우리가 즉각 알아차리고 있는 인상/표상의 면에서 기술된 특징들을 포착하는 언어를 구성할 수 있다는 것이다. 그렇다면, 시공간적 한정성에 근거한 반론도 그 언어로 표현될 수 있을 것이다. 그러한 언어는 틀림없이 사용하기에 번거롭고 어색할 것이다. 그러나 만약 우리가 번거롭다는 등의 이유를 들어 세친의 논증에 반론을 제기하려 한다면, 우리도 단지 외부 세계가 존재함을 가정하고 있는 게 아니라는 점을 확실히 해둘 필요가 있다. 우리는 중립적 용어로, 즉 우리와 대론자 모두 편향됨 없이 증거를 기술했다고 받아들일 수 있는 용어로 반론을 제기해야 한다. 시공간적 한정성에 근거한 반론을 순수하게 현상적 언어로 진술하는 것이 그렇게 하는 하나의 방법이다.[6] 그래서 여전히 반론은 존재할 것이다. 그러니 세친은 감각적 경험이 외부 세계에서 유래하지 않는다면, 왜 이런 규칙적인 패턴이 드러나는지 설명해야 할 것이다.

이 실재론자는 다음으로 상호주관적 일치, 즉 유사한 환경 아래에

---

6 순수하게 현상적 언어에 대한 짧은 소개는 A. J. Ayer, *Language, Truth, and Logic*, 2nd ed.(London: Gollancz, 1946) 참조. 초판은 1936년에 출간되었다.

있다면, 서로 다른 지각자(서로 다른 정신적 흐름)는 유사한 감각적 경험을 한다는 사실을 들어 반론을 제기한다. 이는 우리 모두가 단지 오직 인상일 뿐이라는 데 동의하는—머리카락 그물을 보거나 조개껍질이 노랗게 보이는 등의—경험에 대해서는 해당하지 않는다. 그래서 실재론자는 머리카락 그물 등을 보는 경우와, 정상적인 감각적 경험 사이에는 어떤 차이가 있을 거라 말할 것인데, 왜냐하면 정상적인 감각적 경험에만 상호주관적 일치가 있기 때문이다. 그리고 실재론자가 인정할 수 있는 이에 대한 유일한 설명은, 정상적인 감각적 경험은 공적으로 관찰할 수 있는 사물들에 의해 일어나며, 따라서 정신적 흐름과는 무관하게 존재할 수 있다는 것이다. 그래서 우리의 경험에 이러한 특징이 있다고 설명하려면, 물리적 대상이 존재한다고 가정해야 한다.

마지막 반론은 이른바 효과성이라는 것과 관련해 제기된다. 여기에는 또한 오직 인상일 뿐이라고 인정되는 경험과 정상적인 감각적 경험을 비교하는 일이 포함된다. 여기서 이 둘의 차이는 후자가 전자는 갖지 않는 효과를 갖는다는 데 있다. 해질녘 정원에서 뱀을 본 것 같더라도 이후에 뱀에 물리는 느낌을 경험하지 않지만, 더 나은 조명 조건에서 유사한 시각적 경험을 했다면 그럴 수 있다. 깨어 있는 상태에서 과식을 한 경험에는 포만감이 뒤따르지만, 유사한 꿈의 경험에서는 그렇지 않다. (이러한 반론 또한 선결문제 요구의 오류를 피하려면, 순수하게 현상적 언어로 신중히 공식화되어야 한다. 실재론자는 "실재하는 음식"을 먹고 나서야 포만감을 느낀다고 간단히 말할 수 없다.)

세친의 논증에 대해 제기할 수 있는 다른 반론이 있을까? 모든 형태의 관념론에 대한 한 가지 공통된 대응은 이것이 참이라면 감각적 경험은 마치 상상과 같으리라는 것이다. 이러한 대응은 감각적 경험이 우리의 마음이나 정신적 흐름과 독립적으로 존재하는 사물에 의해 일어난다는 점을 관념론자가 부정하기 때문에 나오는 것이다. 그래서 우리가 감각적 경험에서 알아차리고 있는 이미지는 어쨌든 마음이 만들어낸 것이어야 한다. 그리고 이는 감각적 경험을 마치 상상과 같은 것으로 여기게 만든다. 복권에 당첨되거나 매력적인 사람과 데이트하는 몽상을 할 때, 어떤 이미지가 나타날지 결정하는 것은 우리의 정신적 흐름 속의 욕망이다. 감각적 경험은 이와 같지 않다. 우리는 자신의 지각을 어느 정도 통제할 수 있지만—언제든지 눈을 감거나 코를 막거나 귀를 가릴 수 있다—그렇다고 결코 상상의 내용을 통제하는 일만큼 완벽히 통제할 수는 없다. 이제 효과성에 근거한 반론도 이와 비슷한 지적을 하는 것으로 해석될 수 있다. 그러나 우리는 감각적 경험이 마치 상상과 같으리라는 데 근거해 제기한 반론을 마지막 반론과는 구별되는, 유식 이론가에 대한 별도의 도전으로 간주하고 싶을 수도 있다. 즉, "이 모든 게 다 우리가 지어낸 것이라고 (터무니없이) 말하는 거나 마찬가지 아니야?" 하고 또 다른 식의 반론으로 간주하는 일 말이다.

3. 가벼움에 근거한 세친의 논증

이제 높은 수준의 실재론자가 제기할 수 있는 종류의 반론들을 분명히 설명했으니, 유식 이론가가 이에 대한 대응을 제시할 차례다. 다음

절에서 세친의 응답을 이해하려면, 알아야 점이 두 가지 있다. 첫 번째는 아귀와 관련이 있는데(2장 9절 참조), 이들은 먹이가 대변, 소변, 고름, 피로 이루어진 비참한 존재다. 아마 왜 아귀가 소변, 고름, 피 외에는 아무것도 마실 수 없는지 궁금했을 것이다. 불교적 실재론자들은 우리에게 물로 가득 차 보이는 강이 아귀에게는 역겨운 액체로 보인다고 대답한다. 그리고 이는 아귀가, 강이란 강은 다 오염된 어떤 다른 세계에 살고 있기 때문이 아니다. 우리는 물을 보고 맛볼 때, 아귀의 업이 소변, 고름, 피를 보고 맛보게 하는 원인이 되기 때문이다. 두 번째 점은 지옥 중생들과 관련이 있다. 자신의 악한 행위에 대한 과보로, 이 존재들은 여러 다양한 나찰들에게 고문을 당한다. 그런데 나찰들은 어떻게 그곳에 갔을까? 유정이라면 업과 재생을 피할 수 없으니, 만약 지옥 중생들을 고문하는 나찰이 유정이라면, 이들 나찰의 지위도 업의 결과일 수밖에 없다는 점을 기억해 두자. 하지만 이는 불교도들이 이상하게 여겼던 점이다. 아마 평생 지옥에 갇힌 자라면, 전생에 심각한 악행을 저질렀을 것이다. 그렇지만 나찰들은 고통을 받지 않는다. 그래서 나찰들은 결국 중생이 아니라는 게 정설이 되었다. 대신 나찰들은 지옥 중생들의 업에 의해 구성된다 –뭐랄까, 일종의 집단 환각 같은 거라고 해두자. 이처럼 생각한다면, 이따금 지옥불이 비처럼 내린다는 사실처럼, 지옥에서 벌어지는 여타의 이상한 일을 이해하는 데 도움이 될 것이다. 물리법칙이 지옥이라고 해서 다른 것 같지는 않다. 대신 업 때문에 상황이 아주 다르게 작동하는 것처럼 보이는 것이다. 세친은 실재론자의 반론에 답할 때 업이 작동하는 방식에 대한 불교적 실재론자의 개념에서 이 두 가지 점을 사용할 것이다.

〔대답:〕 이것들은 설명할 수 없는 게 전혀 아니다.

> 3. 공간적 한정 등은 꿈에서 그렇듯 입증된다. 또한 아귀들의 경우에서와 같이.
> 정신적 흐름의 한정은 설명되니, 아귀들은 모두 고름의 강 등을 보기 때문이다.

어떻게 잠에서 유추해 이 같은 한정성이 증명되는가? 잠자는 동안 외부 대상이 없는 상태에서 벌레, 숲, 여자, 남자 등이 보이지만, 모든 곳에서가 아니라 한정된 장소에서만 보인다. 그리고 그 장소에만 있는 것이기에 매번이 아니라 특정 시간에만 보인다. 따라서 외부 대상 없이도 공간적 및 시간적 한정이 증명된다. 그리고 정신적 흐름의 한정이 어떻게 아귀에서 유추해 증명되는가? 고름의 강은 고름으로 가득 찬 강으로, "버터 단지"처럼 합성된 단어다. 서로 유사한 업의 결과로 그러한 몸을 받게 된 아귀라면 모두 고름으로 가득 찬 강을 본다. 〔고름의 강을 보는 것은〕 단 하나의 아귀만이 아니다. 고름으로 가득 차 있는 것과 마찬가지로, 강은 소변과 대변 등으로 가득 차 있으며, 아귀는 몽둥이와 칼을 든 자들의 감시를 받고 있다–이것이 "등"이란 말이 나타내는 것이다. 따라서 인상의 대상이 실재하지 않더라도 정신적 흐름의 한정은 설명된다.

4. 몽정의 경우와 같이 효과의 산출이 있다. 또한 지옥에서의 경우와 같이.
모두 지옥의 옥졸들 등을 보며 이들로부터 고통을 당한다.

효과의 산출은 몽정에서 유추한 바로 증명된다는 점을 이해해야 할 것이다. 잠의 경우와 마찬가지로, 성교 없이도 정액이 유출되는 몽정이 있다. 이런 식으로, 이 예들을 통해 공간적 및 시간적 한정 등의 네 가지 반론에 답할 것이다. 또한, "또한 지옥에서의 경우와 같이. 모두 …"란 증명된 것으로 이해해야 할 것이다. 어떻게 입증되는가? "지옥의 옥졸들을 보는 것과, 이들로부터 고통을 당하는 것이다." 지옥 중생들이 한정된 시간과 장소에서 지옥의 옥졸들을 보는 일이 당연하듯이 말이다. "등"이란 개, 까마귀, 철산 등이 오고 가는 것을 또한 본다는 의미다. 그리고 이는 한 명이 아니라 그들 모두가 본 것이다. 그리고 지옥의 옥졸 등이 실재하지 않는다고 하더라도, 전생에 그에 해당하는 행위의 결과가 효과를 발휘하기 때문에 그러한 고통이 초래된다는 점이 입증되었다. 따라서 네 가지 〔반론이〕 다른 방식으로도 답변될 수 있음을 알아야 할 것이다.

〔반론:〕 그런데 어째서 지옥의 옥졸, 개, 까마귀는 실재한다고 인정되지 않는가?

〔대답:〕 왜냐하면 그들은 거주 자격을 얻을 수 없기 때문이다.

그들은 아귀가 겪는 것과 같은 고통을 경험하지 않기 때문에, 지옥에서 거주할 자격을 얻을 수 없다. 만약 옥졸들이 실재하고 그래서 고통을 겪는다면, 고통 받는 자들은 서로 다음처럼 말할 수 없을 것이다. "이 자들은 지옥 중생들이고, 저 자들은 그 옥졸들이다." 그리고 고통 받는 자들의 모습, 힘, 몸무게가 서로 유사하다면, 옥졸 등을 두려워하지 않을 것이다. 그리고 그 〔옥졸들이〕 불타는 무쇠로 된 땅에 함께 있으면서 불타는 고통을 견딜 수 없다면, 어떻게 그곳에 있으면서 다른 이들을 괴롭힐 수 있겠는가? 그리고 업에 의해 지옥 중생으로 결정되지 않은 자들이 어떻게 지옥에 있을 수 있단 말인가?

〔반론:〕 하지만 그렇게 본다면, 어떻게 동물이 천상에 태어날 수 있는가? 같은 이유로, 동물이 천상에 존재할 수 있다면, 다양한 동물이나 아귀도 옥졸 등으로 지옥에 존재할 수 있어야 한다.

〔대답:〕

> 5. 동물은 천상에 태어날 수 있지만, 지옥에는 태어날 수 없다. 왜냐하면 고통을 경험하지 않기 때문에, 아귀가 겪는 것 같은 일은 초래되지 않는다.

천상에 다시 태어나는 동물은 자신의 전생에서 그 영역에 속하는 즐거움을 초래할 수 있는 행위를 했기 때문에, 거기에서 그 초래된 즐거움을 경험하는 존재들이다. 그러나 지옥의 옥졸 등은 그와 같은 방식으로 지옥의 고통을 경험하지 않는다. 따라서 동물은 그렇게 지옥에 태어나는 일이 없지만, 아귀는 자신의 영역에 그렇게 태어난다.

〔반론:〕 지옥 중생들은 옥졸 등에 대한 지각을 가진다. 지옥에서 구별되는 색깔-형태, 몸무게, 힘을 가진 다양한 물질적 요소들이 생겨나는 것은 지옥 중생들의 업 때문이다. 그렇기에 이러한 다양한 요소가 변현되어서 손을 저어 쫓아내는 등의 행위를 하는 것이 보일 때 아귀에게 두려움이 생겨나는 것이다. 마찬가지로 이러한 요소들이 둘로 나뉘었다가 하나로 합쳐지는 숫양 형상의 산들羝羊山로 변현되고, 철가시가 내려올 때는 위로, 올라갈 때는 아래로 향하는 철가시나무 숲으로 변현된다. 하지만 이는 이러한 것들이 실재하지 않음을 의미하는 게 아니다.

〔대답:〕

> 6. 지옥 중생들의 업이 이러한 요소들을 초래할 수 있다고 인정하면서도,
> 어째서 의식이 변현한 것들이라는 점은 인정하지 않는가?

어째서 그대들은 그들의 업에 의해 변현됐다고 하는 것이 그들의 의식일 뿐임은 인정하지 않는가? 어째서 그렇게 하지 않고 업에

의해 초래된 물질적 요소들이라고 지어내는가? 더욱이,

> 7. 그대는 업의 자취熏習가 있는 곳이 아닌 다른 곳에 효과가 있다고 가정한다.
> 그 자취가 있는 곳이 바로 거기라고 말하지 않는 이유는 무엇인가?

지옥 중생들의 업으로 인해 그러한 방식으로 지옥에서 요소들이 만들어진다고 여겨진다. 그리고 이 요소들은 변현된 것이다. 그 중생들의 업의 자취는 정신적 흐름에 담겨 있지 다른 곳에 담겨 있지 않다. 그리고 그 효과는 바로 그 자취가 있는 곳에 있다-어째서 그것이 의식의 변현이라고 인정하지 않는 것인가? 어떤 이유로 그 효과가 흔적이 없는 곳에 있다고 가정하는가? (Viṃś vv. 1–7)

세친이 게송 3을 제시하면서 말하듯이, 그의 전략은 시공간적 한정성 등의 현상이 물리적 대상을 가정하지 않고도 설명될 수 있음을 보여주는 것이다. 이를 달성하기 위한 한 가지 방법은, 대론자의 생각으로는 외부 사물의 존재를 증명하는 특징인데, 실은 단지 인상일 뿐인 사례가 있다는 걸 보여주는 일이다. 예를 들어, 꿈은 효과성뿐만 아니라 시공간적 한정성도 보일 수 있다. 우리가 꿈에서 무언가를 볼 때, 그것은 항상 모든 곳에 있는 게 아니라 그 꿈의 특정한 장소와 시간에 있다.[7] 어떤 꿈은 또한 깨어 있는 상태의 감각적 경험과 동일한

---

7 꿈은 "모든 것이 마음속에 있기" 때문에, 즉 우리가 꿈속에서 "보고 있는" 것들에는

효과를 낸다. 예를 들어, 생생한 에로틱한 꿈과 깨어 있는 동안 겪은, 이와 동등한 강도의 에로틱한 경험 모두 젖은 침대를 느끼는 경험이 뒤따를 수 있다. 그러나 우리 모두는 꿈에서 자신이 알아차리고 있는 것이 단지 오직 인상일 뿐이라는 데 동의한다. 즉, 인상은 외부적인 것인 양 현전하지만, 그 본성과 원인 모두에 있어 전적으로 정신적인 것이다. 따라서 깨어 있는 상태의 감각적 경험이 시공간적 한정성과 효과성이라는 속성을 갖는다는 사실은 이러한 속성이 물리적 대상에 의해 야기되어야 한다는 점을 보여주지는 못한다.

이것이 정말 반론에 대한 답변이 될까? (꿈의 예를 가지고는 맞설 수 없는) 상호주관적 일치에 근거한 반론을 일단 제쳐둔다면야, 성공적인 대응이지 않을까 하는 느낌이 든다. 실재론을 주장하는 그 대론자는 시공간적 한정성과 효과성이야말로 깨어 있는 상태의 감각적 경험이 외부로부터 기원했음을 증명하는 특징이라고 주장했다. 그래서 세친이 해야 할 일은 그러한 특징을 가지지만 대론자도 단지 인상일 뿐임을 인정할 수 있는 경우를 찾는 것이다. 그러나 꿈의 시공간적 한정성은 깨어 있는 상태의 감각적 경험의 시공간적 한정성과는 차이가 있어 보이기 때문에 만족스럽진 못할 것이다. 이러한 차이에 대한 어떤 해명이 있으면 좋을 것 같다. 꿈의 예로는 깨어 있는 상태의

공간적 위치가 없기 때문에, 꿈속의 어떤 것도 공간적 한정성을 가질 수 없다고 생각할 수 있다. 그러나 꿈이 순수하게 현상적 언어로 기술될 수 있다는 사실을 생각해 보자. 그리고 공간적 한정성에 근거한 반론에 대해 현상적 언어로 위에서 말했던 내용을 떠올려 보자. 꿈의 내용이 현상적 언어로 기술될 수 있다는 사실은 꿈도 공간적 한정성을 보일 수 있음을 보여준다.

감각적 경험이 띠는 모든 특징을 설명해내기에 부족하다.

세친은 아귀와 지옥 중생을 예로 들면서, 부족한 설명을 메우려 한다. 상호주관적 일치와 효과성은, 공적으로 관찰할 수 있는 동일한 대상을 우리가 모두 보고 느낀다고 가정함으로써가 아니라, 우리 업의 유사성에 의해 설명될 수 있다는 것이다. 업의 유사성은 어떻게 작동하는가? 우리가 인간이 아니라 개로 태어났다고 가정해 보자. 그렇다면 우리는 지금 아주 다른 감각적 경험을 하고 있을 것이다. 예를 들어, 청각과 후각은 훨씬 더 예민하겠지만, 색채 감각은 덜 정교할 것이다. 만약 태어난 여건을 결정하는 게 업이라고 믿는다면, 우리가 지금의 색채 경험을 하는 것은 (좋은) 업 때문이고 말해야 할 것이다. 그리고 "우리"라는 말에 주목하자. 당신과 나 그리고 대부분의 다른 인간은 (아마도) 유사한 좋은 업을 가지고 있기 때문에 공통된 시각적 경험의 특징을 공유한다. 그래서 여기가 바로 그 부족한 설명을 해결할 수 있는 출발점이다.

하지만 업의 유사성에 기댄 설명이 통할까? 우리가 한 방에 함께 있다고 가정해 보자. 우리는 인간이기 때문에, 우리는 유사한 시각적 경험을 할 것이다. 만약 우리가 개로 태났다면, 그 대신 특정한 후각적 경험을 하고 있을 것이다. 그러나 이건 단지 우리가 인간으로서 특정한 감각 기관을 가지고 태어났기 때문이라고 생각할 수도 있다. 그리고 개로 태어났다면, 다른 감각 기관을 가졌을 것이다. 그리고 차이를 이런 식으로 설명한다면, 그러한 감각 기관이 작동하고 있는 단일한 물리적 환경이 존재한다고 가정하도록 여전히 우리에게 요구하는 게 된다. 우리 모두가 연두색을 보고 있는 것은 카펫이 연두색이기 때문이다(그러나 개는 색맹이기 때문에 그렇지 않다). 세친에게 필요한 것은 무엇이 경험을 일으키는지 설명하는 비실재론적인 방식이다. 그래서 지옥 중생들을 예로 들어 경험의 발생을 비실재론적으로 설명하려는 것이다. 이 존재들은 모두 유사한(유독 나쁜) 업을 공유하고 있다. 하지만 옥졸들 자체는 지옥 중생들의 업의 산물일 뿐이다. 이제 옥졸에 대한 이 이론을 처음 생각해 낸 실재론적 불교도들은 의심할 여지 없이 옥졸들을 고통받는 자들의 업에 의해 만들어진 물리적 대상("요소들四大"의 집합)이라고 생각했다. 그러나 세친은 왜 옥졸들이 그 중생들의 정신적 흐름 바깥에 존재한다고 가정하는지 묻는다. 업은 결국 정신적인 것이다. 업의 결과가 결국 초래되도록 하는 것은 행위의 이면에 있는 의지다. 만약 업종자가 정신적 흐름 안에 있다면, 그 결과도 거기에 있다고 가정하는 일이 "더 가벼운" 게 아닐까? 지옥 중생들이 다 같이 옥졸을 볼 때, 이들은 일종의 집단적 환각을 경험하고 있는 것이다.

그렇다면 세친이 말하는 것은 바로 이 점이다. 우리의 과거 행위에 동기를 부여한 욕망이 업종자를 낳았다. 이 종자는 모든 존재자들처럼 찰나적이다. 그러나 종자는 일반적으로 존재하지 않게 되면서 그 정신적 흐름에 유사한 종자를 존재하게 만드는 원인이 된다. 업의 인과법칙은 어떤 조건에서 종자가 무르익어 결과를 맺을지 명시하고 있다. 업종자의 결과는 인상이다—마치 외부 대상인 양 현전하는 정신적 이미지다. 동일한 업의 인과법칙이 모든 정신적 흐름을 지배하기 때문에, 유사한 업은 유사한 감각적 경험으로 이어질 것이다. 업의 인과법칙은 일관되기 때문에, 마찬가지로 시공간적 한정성을 설명할 수 있는 것이다. 즉, 장미 이미지를 보는 데 원인이 되는 종자는 "정원으로 들어가는" 경험이라고 해석되는 등의 특정한 다른 경험 이후에나 무르익을 것이다. 우리는 효과성을 설명하는 데도 업의 인과법칙을 사용할 수 있다. 먹는 꿈을 꾸게 하는 의지는 포만감이라는 업의 결과를 만들어낼 만큼 충분히 강하지 않다. 깨어 있는 상태의 먹는 경험으로 이끄는 의지도 그렇긴 마찬가지다. 심지어는 깨어 있는 상태의 감각적 경험은 상상과 같은 방식으로는 통제되지 않는다는 사실도 설명할 수 있다. 현재 경험을 하는 원인이 과거의 의지라고 하면, 우리는 과거를 바꿀 수 없기 때문에, 현재 지각의 본성을 거의 직접 통제할 수 없다는 점은 놀랄 일이 아니다. 따라서 우리의 감각적 경험의 모든 특징은, 이 특징이 인과법칙을 따르는 업종자에 의해 야기된 인상이라는 가설에 의해 설명될 수 있다는 것이다.

그래서 어떻다는 것인가? 아마 우리는 세친 스스로는 감각적 경험에 대한 자신의 설명에 크게 흡족하리라고 생각하겠지만, 우리 자신은 그렇지 않을 것이다. 만약 우리가 업을 받아들인다고 해도(그리고 곧 그 문제를 살펴볼 것이다), 우리는 여전히 경험을 상충되는 두 가지 방식으로 설명할 수 있다. 업종자와 업의 인과법칙에 의거한 오직 인상일 뿐이라는 설명, 그리고 외부 세계의 물리적 대상과의 감각적 상호작용에 의거하는 친숙한 해명이 그 두 가지다. 도대체 이상한 대안을 선택하면서 다른 모든 사람들이 받아들이는 친숙한 모델을 거부해야 할 이유가 무엇이란 말인가? 하지만 세친에게는 한 장의 카드가 더 남아 있다. 그가 게송 6에서 한 질문을 떠올려 보자. 즉,

왜 물리적 요소라고 지어내느냐는 것이다. 이상한 질문이라는 생각이 들 수도 있지만, 정당한 질문이다. 표상주의적 실재론자와 유식 이론가 사이에 현재 진행 중인 논쟁에서 본다면, 물리적 대상은 자신들의 이론이 작동하도록 만들기 위해 실재론자에 의해 상정된 사실상 관찰할 수 없는 존재자다. 이 물리적 대상은 관찰할 수 없다. 왜냐하면 우리가 매번 직접 알아차리고 있는 것은 정신적 이미지(실재론자는 표상이라고 부르는 것)이기 때문이다. 물리적 대상은 결코 직접 관찰되지 않고, 우리가 직접 관찰하는 종류의 것에 근거해, 즉 감각적 경험을 구성하는 정신적 이미지에 근거해 추론될 수 있을 뿐이다. 그리고 물리적 대상에 대한 우리의 믿음으로 이어지는 추론은 실재론적 설명이 근거하는 추론일 뿐이다. 즉, 우리의 경험은 이러저러한 특징을 가지기 때문에 외부 대상을 원인으로 해야 한다는 설명 말이다. 만약 외부 세계가 존재한다는 우리의 믿음이 형성되는 방식에 대해 표상주의자가 옳다면, 물리적 대상은 실제로 특정한 이론에 기초해 상정된, 관찰할 수 없는 존재자다. 그리고 이제 세친은 우리의 오랜 친구인 가벼움의 원리를 이용할 수 있다. 이 원리가 어떤 식으로 작동하는지 다시 한 번 떠올려 보자.

> 가벼움의 원리(PL): 관련 현상을 설명하고 예측하는 데 똑같이 훌륭한 두 개의 경쟁 이론이 주어지면, 더 가벼운 이론, 즉 관찰 불가능한 존재자의 수를 가장 적게 상정하는 이론을 선택하라.

이것이 바로 세친의 질문, 즉 어째서 물질적 요소들이라고 지어내느냐는 질문의 이면에 있는 함의다. 유식 이론과 표상주의적 실재론자의 이론은 모두 동일한 일련의 현상, 즉 우리의 감각적 경험을 설명하는 일을 한다. 각각은 관찰할 수 있는 것이 무엇인지를 놓고 동의한다. 즉, 여기에는 정신적 이미지를 포함하는 정신적 존재자들뿐 아니라 의지와 느낌 같은 것도 포함된다. 이 둘은 또한 업이 우리의 경험을 설명하는 역할을 한다는 데도 동의한다. 그렇지만 실재론자의 이론에는 추가적으로 상정하는 존재가 있다. 바로 물리적 대상, 즉 원리상 관찰할 수 없는 존재자를 상정하고 있다. 만약 두 이론이 우리의 감각적 경험의 미래 과정을 예측하는 데 똑같이 훌륭한 도움을 준다면, 가벼움의 원리에 의하는 한, 유식 이론이 더 바람직하다.

참고로 유식 이론이 외부 세계에 대한 회의론에 바탕을 둔 논증이 아니라는 데 유의하자. 당신은 (특히 현대 서양철학을 공부했다면) 세친이 다음과 같이 주장했으리라고 예상했을 수 있다. "당신은 물리적 대상이 존재한다는 것을 증명할 수 없다. 물리적 대상을 결코 직접 알아차릴 수 없다면, 어떻게 그 존재함을 결정적으로 증명할 수 있겠는가? 우리가 알고 있는 일체가, 마치 매트릭스 영화에서처럼, 완전히 닫힌 가상현실 시스템에 존재하는 것일 수도 있기 때문이다. 그러니 당신은 물리적 대상이 존재한다고 말할 이유가 없다. 사실, 당신은 물리적 대상이 존재한다고 말하면서도, 자신이 말하고 있는 것이 무엇인지조차 모를 수도 있다. 그러므로 당신은 물리적 대상이 존재하지 않는다고 결론을 내려야 한다." 그러나 세친의 "가벼움에 근거한 논증"은 실제로 이러한 회의론 풍의 논증과는 상당히 다르다. 그가 생각하기에 외부 세계에 대한 회의론은 오직 인상일 뿐임을 지지하는 근거가 되지 못한다. 오직 인상일 뿐임을 뒷받침하는 건 바로 가벼움의 원리다. 이 원리 이면에 있는 아이디어는, 우리가 잉여의 존재자를 상정한다면, 이는 마음이 세계에 마음 자신의 필요와 관심사를 덧붙인 것일 가능성이 높다는 것이다. 세친의 논증은 인식론적 문제들을 숙고한 데가 아니라(회의론은 인식론적 입장이다), 엄밀하게 형이상학적 문제들을 숙고한 데 기반해 나온 것이다. 이 논증이 통할까? 여기가 바로 업과 재생의 이론을 받아들이느냐 마느냐가 중요한 차이를 만들어내는 지점이다. 감각적 경험을 세친의 방식으로 설명하려면, 업종자와 업의 인과법칙이 존재한다고 생각할 필요가 있다. 그래서 이러한 생각을 받아들일 이유가 거의 없다거나 전혀 없다면, 가벼움에 근거한 그의 논증은 별 효과가 없을 것 같다. 현대의 유식 이론가라면, 이 대신 사용할 수 있는 다른 대안이 있을까? 18세기 영국의 관념론자 조지 버클리는 신을 가지고 우리의 감각적 경험의 규칙성을 설명했다. 버클리에 따르면, 감각적 이미지(버클리는 "관념 ideas"으로 부른다)는 더 강력한 마음, 즉 신의 마음에 의해 우리의 마음에 발생하게 된다. 그리고 이러한 관념이 우리에게 질서정연한 패턴을 띠며 발생하는 것은 신이 우리의 행복에 관심이 있다는 증거다. 하지만 이러한 설명은 불교도들에게는 호소력이 없을 것이다. 버클리의 마음(우리의 마음과 신의 마음)은—바로 불교의 무아 이론이 부정하는 종류인—사유하는 실체이기 때문이다.

현대의 불교도가 세친의 기본 아이디어를, 업에 대해 심히 회의적인 문화권에 적용할 수 있을까? 아마 그럴 것이다. 우리는 단지 인상일 뿐인 것이 과거의 의지에 의해 야기된다는 아이디어를 이해할 수 있을지도 모른다. 셰익스피어의 『맥베스』 5막에 나오는 유명한 손 씻기 장면을 생각해 보자. 왜 맥베스 부인은 남편이나 관객인 우리는 보지 못하는데 자신의 손에 묻은 피를 볼까? 분명 자신이 남편에게 살인을 저지르게 한 부분에 대해 죄책감을 느끼기 때문이다. 적어도 이 경우로만 보면, 우리는 의지가 어떻게 이후 인상의 원인이 될 수 있는지 이해할 수 있다. 그래서 조건을 촉발하는 방식으로, 과거의 의지와 현재의 인상을 연결하는 어떤 인과법칙이 어쨌든 있을 수도 있다. 그리고 아마 이러한 인과법칙은—환각이라고 불리는 경험뿐만 아니라 보다 평범한 경험도 일으키면서—생각보다는 우리의 경험에서 더 큰 역할을 하는지도 모르겠다. 그렇다면 별개의 정신적 흐름들 각각이 지녔던 욕구들이 서로 유사했다는 점을 가지고도 상호주관적 일치를 설명할 수도 있는 것이다. 이러한 설명 방식들은 현대의 유식 이론가가 가벼움에 근거한 세친의 논증이 작동하도록 애를 쓰는 와중에 말할 수도 있는 내용들이다. 그렇다면 성공할 수 있을까? 이 문제는 나중에 다시 짚고 넘어가야 할 질문이다. 두 가지 상충되는 설명이 "똑같이 훌륭한지" 여부를 우리가 어떻게 판단할 수 있는지와 관련해, 이 논증에 적어도 한 번 이상의 예상 밖의 난관이 있기 때문이다. 이 예상치 못한 난관은 우리가 『유식이십론』의 게송 18과 "정신적 흐름들의 상호적 한정"(5절 참조)이라는 개념에 도달해서야 등장할 것이다.

4. 원자 문제

이제 게송 8~10은 건너뛰고(나중에 살펴볼 것이다) 게송 11~15에 제시된 오직 인상일 뿐임에 대한 두 번째 주요 논증을 검토할 것이다. 여기서 세친은 실재론적 가설이 정합적이지 않다는 점을 보여주기 위해 공격을 이어간다. 그는 새로운 반론을 다루면서 시작한다. 즉, 오직 인상일 뿐이라는 주장은 상식에 맞지 않을 뿐만 아니라, 붓다도 물리적 대상이 존재한다고 주장한다는 것이다. 붓다는 색깔-형태의 처色處 등에 대해 자주 설했다. 이러한 설법은 붓다가 색깔-형태色를 보고, 냄새를 맡는 등의 경험을 야기하는 물리적 대상이 존재한다고 믿었다는 점을 암시한다. 세친은 왜 붓다가 그런 말을 했는지에 대한 자신의 이론을 가지고 있다. (뒤에서 다루겠다.) 하지만 대론자는 왜 우리가 가장 명백한 설명을 받아들이지 말아야 하는지 알고 싶어 한다. 즉, 붓다가 실재론자였기 때문에 이런 말을 했다는 설명 말이다. 붓다의 증언이 실재의 궁극적 본성을 묻는 질문에 권위를 가진다는 점을 이미 인정하고 있지 않다면야, 이 설명은 오직 인상일 뿐임에 대한 심대한 반론이 이제는 아니다. 그래서 이 설명은 철학적으로 흥미로운 반론이 아니다. 그런데 세친이 이에 대한 답으로 해야 할 말은 철학적으로 흥미롭다. 그는 두 가지 다른 이론을 검토할 것이다. 즉, 원자론과 속성-특수자 이론이다. (이 두 이론에 대해서는 5장 4절 참조.) 그는 게송 11~14에서 원자론이 우리의 감각적 경험을 해명할 수 없다는 점을 보여주려고 노력할 것이고, 게송 15에서는 속성-특수자 이론도 그럴 수 없다고 주장할 것이다. 그래서 우리가 오직 법만이 궁극적으로 실재할 수 있다고 생각하고 있는 게 맞다면, 제시할 수 있는 실재론적 이론들은 어느 것도 옳을 수 없다는 점이 밝혀질 것이다.

〔대답: 붓다께서 물리적 대상에 대해 언급했었다고 여겨서는 안 된다〕 왜냐하면,

> 11. 처는 단일한 것도 아니고, 지향적 대상은 원자들로 구성된 복수인 것도 아니며,
> 원자들은 집합체를 이루는 것도 아니니, 왜냐하면 원자는 증명된 게 아니기 때문이다.

이것의 의미는 무엇인가? 만약 색깔-형태의 처 등이 각각 색깔-형태 등에 대한 인상의 지향적 대상이라면, 그것들은 바이쉐시까가 상정한 "전체"와 같이 개별적인 것이나, 원자들로 구성된 복수의 것이나, 원자들의 집합체일 것이다. 그러나 지향적 대상은 하나인 것이 아니니, 그 부분과 구별되는 전체라는 것은 결코 파악할 수 없기 때문이다. 복수인 것도 아니니, 원자는 개별적으로는 파악되지 않기 때문이다. 마지막으로 원자들의 집합체가 지각의 지향적 대상이 되는 것도 아니니, 원자가 개별적 실재라는 점은 입증된 게 아니기 때문이다.

왜 입증되지 않는 것이겠는가? 왜냐하면,

12ab. 원자는 6개의 다른 부분과 동시에 결합하기 때문에, 6개의 부분을 가져야 한다.

원자가 6면에서 6개의 원자와 동시에 결합한다면, 원자는 6개의 부분을 가지게 되어 버릴 것이니, 왜냐하면 하나가 있는 곳에 다른 것이 있을 수 없기 때문이다.

12cd. 그렇지 않다면, 6개 모두가 같은 장소에 있을 것이기 때문에, 하나의 원자 크기를 가지는 덩어리가 되어 버릴 것이다.

그렇지 않다면, 하나의 원자에 의해 점유되는 공간은 6개 모두에 의해 점유되는 공간일 것이다. 그렇다면 6개 모두는 동일한 장소에 있는 것이기 때문에, 이것들은 모두 하나의 원자 크기의 덩어리가 될 것이다. 그렇다면 서로 분리되지 않기 때문에, 어떤 덩어리도 결코 볼 수 없을 것이다.

〔대론자:〕 원자들은 결코 결합하지 않으니, 부분을 갖지 않기 때문이다. 그러므로 과실은 우리의 입장의 귀결로는 일어나지 않는다. 하지만 집합체는 결합한다. 따라서 카슈미르의 비바사사들이 이처럼 말한 것이다.

그들은 다음의 말에 답해야 할 것이다: 원자들의 집합체는 저것들

〔원자들〕과 구별되는 대상이 아니다.

> 13. 원자들이 결합하는 것이 아니라면, 그 집합체와 관련하여 무엇에 대해 이것〔결합〕이 있다는 것인가?
> 원자는 부분이 없기 때문에 원자들의 결합이 일어나지 않는다는 점을 보여줄 수 없다.

집합된 것들이 서로 결합해 있는 게 아니라고 가정해 보자. 그렇다면 원자의 나눌 수 없음을 근거로 결합을 부정하는 일은 옳지 않다는 점이 지적되어야 한다. 왜냐하면 집합체가 부분을 가진다고 하더라도 집합체의 결합을 인정할 수 없기 때문이다. 따라서 원자가 별개의 실체라는 결론은 도출되지 않는다. 더욱이 원자들이 결합하는 것을 허용하는지 여부에 관계없이,

> 14. 별개의 공간적 부분들로 나눠질 수 있는 것의 개별성은 존재하지 않는다.
> 반대로 가정해 본다면, 왜 그늘과 장애가 있는 것인가? 만약 덩어리가 별개의 것이 아니라고 한다면, 그늘과 장애는 덩어리의 특징을 나타내는 게 아니다.

달리 말해, 원자의 동쪽 부분, 위쪽 부분 등 별개의 공간적 부분이 존재한다면, 어떻게 그러한 본성을 가진 원자의 개별성이 존재할 수 있겠는가?

만약 각각의 원자에 별개의 공간적 부분들이 없다면, 해가 떴을 때 어떻게 한 곳에는 그늘이 있고, 다른 곳에는 햇빛이 있다는 것은 어떻게 되는가? 햇빛이 있는 곳과 다른 곳은 없을 것이다. 그리고 별개의 공간적 부분들이 상정되지 않는다면, 한 원자가 다른 원자를 장애할 수 있다는 것은 어떻게 되는가? 그곳에 왔을 때 다른 원자에 의해 방해를 받을 수 있는 여타의 부분들이 원자에는 있지 않다. 그렇다면, 앞에서 말했듯이 저항이 없다고 할 때 전체 집합체는 원자 하나의 크기가 될 것이니, 왜냐하면 모든 원자가 동일한 장소를 차지할 것이기 때문이다.

〔반론:〕 왜 그늘과 장애는 원자가 아니라 덩어리와 관련이 있다고 말하지 않는가?

〔대답:〕 어떤 덩어리가 원자와는 구별되지만 그늘과 장애를 그 특징으로 나타내는 것으로 상정될 수 있을까? 없다. 따라서 "덩어리가 별개의 것이 아니라고 한다면, 그늘과 장애는 덩어리의 특징을 나타내는 게 아니다"고 말할 수 있다. 다시 말해, 덩어리가 원자들과 구별되는 것으로 상정되지 않는다면, 그늘과 장애는 덩어리의 특징을 나타내는 게 아니다.

〔반론:〕 원자, 집합체 등은 허위의 구성물이지만 색깔-형태의 특징은 부정될 수 없는데, 이것들을 놓고 이렇다 저렇다 하는 게 무슨 의미가 있겠는가?

〔대답:〕 그렇다면 색깔-형태 등의 특징은 무엇인가?

〔대론자:〕 시각 등의 지향적 대상이 되는 속성과 파란색성 등이다.

〔대답:〕 그것이 바로 숙고되고 있는 바이니, 즉 시각 등의 지향적 대상으로 간주되는 것이 단일한 실체인지 아니면 복수인 것인지의 여부다.

〔대론자:〕 그대는 뭐라고 할 건가?

〔대답:〕 복수인 것이라고 할 때 따르는 오류는 이미 지적했다.

> 15. 만약 지향적 대상이 단일 개체라면, (1)점진적으로 나아가는 일은 일어나지 않을 것이고, (2)파악하면서 동시에 파악하지 못하는 일은 일어나지 않을 것이고, (3)구별되는 사물들이 함께 나타나는 일은 일어나지 않을 것이고, (4)미세한 사물들을 보는 일은 일어나지 않을 것이다.

(1)따라서 시각의 지향적 대상은 복수인 것이 아니라, 나눌 수 없는 단일한 실체라고 가정해 본다면, 땅을 점진적으로 가로질러 가는 것, 즉 걷는 것 같은 일은 없을 것이다. 단 한 걸음으로도 일거에 모든 곳에 오갈 것이기 때문이다. (2)또 어떤 것의 가까운 부분들은 파악하면서, 동시에 먼 부분을 파악하지 못하는 일은

불가능하다. 한 번에 하나의 동일한 사물을 파악하면서 동시에 파악하지 못하는 일은 있을 수 없다. (3)또한 별개의 사물들이 별개의 장소에서 복수로 출현하는 일은 있을 수 없다. 왜냐하면, 하나가 바로 다른 하나가 있는 곳에 있는데, 어떻게 둘이 구별된다고 생각할 수 있겠는가? 빈 공간이 두 사물 사이에서 파악되므로, 어떻게 두 사물에 의해 점유된 공간과 점유되지 않은 공간 모두가 하나로 간주될 수 있겠는가? (4)실체의 구별이 (수량, 위치, 시간 등과 같은) 방식이 아니라 오직 특징의 차이에 의해서만 결정된다고 가정한다면, 조대한 것과 동일한 색깔을 가진 미세한 수중동물이 보이지 않는 일은 없을 것이다.

따라서 〔실체들을〕 구별하려면 반드시 원자를 상정할 필요가 있다. 그리고 그것〔원자〕은 개별적 존재물임이 증명될 수 없다. 그것이 증명되지 않았기 때문에, 〔가정된〕 시각의 지향적 대상 등, 즉 색깔-형태 등의 객관성은 증명되지 않는다. 따라서 인상만이 존재할 뿐임을 보여준다. (Viṃś vv.11−15)

세친은 게송 11에서 원자가 우리의 감각적 경험에 원인이 되는 방식에 대해 원자론자가 말할 수 있는 세 가지를 언급한다. 첫 번째와 두 번째는 디그나가가 『관소연연론(Ālambanaparīkṣā)』에서 고려한 두 가지 옵션이다. 즉, 지각의 지향적 대상은 그 원자적 부분들 그 위에 존재하는 전체라는 것, 그리고 개별 원자들 그 자체라는 것이다. 그리고 세친은 디그나가와 본질적으로 똑같은 이유로 두 옵션을 일축한다. (이에 대한 디그나가의 검토는 5장 9절 참조.) 하지만 세 번째는 새로운 옵션이다. 즉, 원자들이 집합체를 형성해, 집합체에서 개별 원자들이 개별적으로는 할 수 없는 일을 집합적으로는 할 수 있다는 것이다. 그 발상은 대강 이렇다. 즉, 눈송이 하나가 당신에게 떨어지면 아마 알아채지 못하겠지만, 눈덩이를 만들 만큼 충분한 눈송이들이 함께 들러붙어 있다면, 눈송이들이 닿았을 때 아마도 이를 느꼈을 것이다. 여기서 핵심은 집합체가 그 부분들 위에 존재하는 전체여서는 안 된다는 것이다. 그래서 원자론적 실재론자들은 이를 "집합체"라고 부르는 것이다. 즉, 실제로는 (원자론자가 인정하는 유일한 궁극적으로 실재하는 물리적 사물인) 개별 원자들에 대해 말하고 있음을 분명히 해두는 방식인 것이다. "원자들의 집합체"라는 옵션은 "하나의 전체"라는 옵션(보고 느낄만큼 충분히 큰 것)과 "복수의 원자들"이라는 옵션(원인으로서 작용하는 실재하는 원자들) 양자의 이점을 결합한 것이면서도 양자의 결함도 물려받은 것으로 보인다.

이제 이 견해가, 지각의 대상이 전체라고 말하는 견해와 정말 다른지 의문이 들 수도 있다. 하지만 세친은 이 질문을 일단 제쳐두었는데, 왜냐하면 더 시급한 난제가 있다고 보았기 때문이다. 원자들은 정확히 어떤 방식으로 함께 모여서 그 모인 원자들 중 어느 것보다도 큰 집합체를 만드는가? 아비달마 논사들은 이 문제에 대한 여러 가지 가능한 접근법을 논의했다. 세친은 전부 다 효과가 없을 것이라고 주장한다. 논증은 게송 12로 시작하는데, 여기서 그는 원자론자의 기본적인 옵션으로 보이는 점을 따져본다. 그가 말하고 있는 바를 이해하려면, 원자 집합체의 표준 모델이 원자 7개로 구성되어 있다는 점을 이해할 필요가 있다. 즉, 가운데 한 개, 네 개의 기본 방향(북쪽, 남쪽 등) 각각 한 개, 위와 아래 각각 한 개로 구성되어 있다. 집합체를 구성하는 원자들이 다른 방식으로 배치되어 있는 모습도 상상할 수 있지만, 그 개수는 중요하지 않다. 중요한 부분은 원자들이 함께 모일 때, 어떻게 더 큰 어떤 것을 얻을 수 있는가 하는 질문이다. 그리고 세친이 게송 12에서 말하고 있는 바는, 함께 모이는 일은 원자의 크기가 0이 아닌 경우에만 일어날 수 있다는 사실이다. 만약 원자에 크기가 없다면—길이, 너비, 높이가 없는 단순한 기하학적 점이라면—집합체를 만들려고 중심 원자에 다른 원자를 함께 결합시킨다고 해서 원래 원자보다 더 큰 무언가가 생기지는 않을 것이다. 이것이 바로 12cd에서 제시한 세친의 요점이다. 즉, 중심 원자 C에 크기가 없다면, 동쪽 원자 E가 C를 접촉하는 곳은 서쪽 원자 W가 C를 접촉하는 곳과 같은 곳이어야 한다는 것이다. 그래서 세 개의 원자는 우리가 처음 시작한 원자보다 크지 않을 것이다. 결합체가 우리의 감각으로 감지할 수 있을 만큼 충분히 크려면, 원자는 어느 정도 크기를 가져야 한다. 그러나 그는 게송 12ab에서 그리고 게송 14ab에서 다시 한 번 말하고 있는데, 원자가 크기를 가진다면, 원자는 부분들로 구성되는 전체여야 한다는 것이다. 따라서 원자는 실재하는 존재자가 아닐 것이다.

왜 크기를 가진 원자에는 부분이 있을 수밖에 없을까? 세 개의 원자를 상상해 보자. 중앙에 있는 첫 번째 원자 C, 그 왼쪽 *CW*에서 접촉하는 원자 W, 그 오른쪽 *CE*에서 접촉하는 원자 E가 있다. 이제 만약 세 원자를 합친 것이 C보다 더 커지려면, *CW*와 *CE*는 C의 다른 쪽에 있어야 한다. 그래서 이 두 쪽을 분리하려면, C 내부에 어느 정도 거리가 있어야 한다. C의 내부는 별개의 공간 영역, 즉 *CW*에 접해 있는 영역과 *CE*에 접해 있는 영역을 포함해야 하는 것이다. 그리고 세친은 원자 내부의 이러한 별개의 공간 영역들이 부분으로 간주된다고 말하고 있다.

이 마지막 주장에 대해 미심쩍은 생각이 들 수도 있다. 우리는 원자에는 크기가 전혀 없다는, 즉 단순히 기하학적 점일 뿐이라고는 상상하기 어렵다는 세친에 동의할 수 있다. 그러나 원자는 너무 작아서 더 작은 것으로 나눠질 수 없는 어떤 것이 아닌가? (여기서 "원자"는 오늘날 우리가 〔잘못〕 그 이름으로 부르는 것이 아니라, 진정 분할할 수 없는 진정한 원자를 의미한다는 점을 기억하자.) 우리는 원자가 그 자체 내에 별개의 공간적 영역을 포함해야 함을 인정해줄 수 있다. 즉, 한 영역은 왼쪽의 가장자리를 이루고, 다른 영역은 오른쪽의 가장자리를 이루는 식으로 말이다. 그러나 이 같은 공간적 영역들은 물리적으로 서로 분리될 수 없으므로, 이 영역들을 부분이라고 불러야 할 이유가 있을까? 어떤 것이 궁극적 실재인지의 증명은 그것이 물단지 식으로는 부서질 수 없음이라고 말한 것은 바로 (경량부의 입장에서 말하는) 세친 자신이 아니었나? (5장 3절 참조.) 원자가 진정 분할할 수 없는 것이라면, 어떻게 우리는 원자를 여러 영역들로 정신적으로 나누어 원자가 부분을 가지고 있고 그래서 궁극적으로 실재하는 것이 아님을 보여줄 수 있을까?

세친은 어떤 것이 궁극적으로 실재하는지 진정 증명하는 방법은 다른 것들로부터 그 본성을 빌리지 않는 것이라고 답할 것이다. 이것이 바로 『구사론』에서 물단지 식으로 부서질 수 없을 뿐만 아니라, 개념적으로도 분석될 수 없는 것에 도달하면 법에 도달한다고 말했을 때 그가 의미했던 바이다. 복잡한 정신적 상태와 같이 질적 복잡성을 보이는 어떤 것은 단순히 물리적 대상이 아니므로, 공간적 크기가 없기 때문에 물리적으로 분할할 수 없는 것이다. 그럼에도 불구하고 이 어떤 것은 별개의 구성요소로 분석될 수 있다. 그리고 분석 가능하다는 것은 이 어떤 것이 구성요소로부터 속성을 빌린다는 점을 보여준다. 다시 말해, 부분들로 구성된 전체이기 때문에 궁극적으로 실재하는 게 아닌 것이다. 세친은 지금 이것이 원자에도 적용된다고 말하고 있다. 원자가 부분들로 분할되지 않더라도, 별개의 공간적 영역을 포함하고 있는 한, 원자는 공간적 영역이라는 구성요소로부터 본성을 빌리는 것이다. 원자란 단순한 점에 불과하다고 하며 배제할 때, 우리는 특정 (아주 작은) 크기를 갖는 것이 원자의 내재적 본성이라고 말하는 셈이 된다. 그러나 그 본성은 원자를 구성하는 (더 작은) 크기의 공간적 영역에서 빌린 것으로 밝혀졌다. 따라서 원자는 법이 될 수 없다.

실재하는 색법은 원자를 구성하는 더 작은 공간적 영역이라고 제안하는 건 별 도움이 안 될 것이다. 왜냐하면 방금 세친이 원자의 실재성에 반대하는 데 사용했던 것과 정확히 똑같은 추론이 색법에 적용될 것이기 때문이다. 각각의 색법은 0이 아닌 크기를 가져야 하고 그래서 더 작은 공간적 영역으로 구성되어야 하는 것이다. 이 과정은 결코 끝나지 않을 것이다. 공간은 무한히 분할할 수 있기 때문이다. 즉, 아무리 가까운 두 점 사이에도 무한히 많은 별개의 점이 있는 것이다. 그러니 이제 원자에는 크기가 전혀 없다는 옵션을 다시 살펴볼 때가 된 것 같다. 우리는 점-원자들이 서로 접촉하면 모두 동일한 공간에 있게 되어 버리기 때문에, 아무리 많은 원자가 집합체를 구성하더라도 결코 더 커지지 않으리라는 사실을 보았다. 하지만 원자들이 접촉하지 않는다면? 집합체가 각각이 나머지로부터 어느 정도 거리에 있는 7개의 점-원자라면 어떨까? 그렇다면 집합체는 어느 정도 0이 아닌 크기를 가질 것이고, 더 큰 물리적 대상을 구성하는 조각 역할을 할 수 있을 것이다.

세친은 게송 13에서 이 제안의 문제점을 지적한다. 만약 한 집합체의 원자들이 접촉하지 않음을 인정하더라도, 한 집합체는 다른 집합체와 접촉한다고 할 수밖에 없다. 그렇지 않고서야 어떻게 별개의 두 집합체가 서로 다른 공간적 위치를 점유한다는 사실을 설명할 수 있겠는가? 즉, 접해 있는 집합체들이 더 큰 것을 구성하려면 집합체 간의 접촉을 인정할 수밖에 없다는 것이다. 두 개의 집합체가 접하게 될 때, 하나의 집합체가 다른 집합체와 같은 공간을 차지하지 않도록 하려면 어떻게 해야 하는가? 한 집합체가 다른 집합체를 장애할 수 있어야 한다. 여기에 아무런 문제가 없다고 생각할 수도 있다. 왜냐하면 집합체는 크기를 가지기 때문이다. 우리는 첫 번째 집합체가 두 번째 집합체와 접촉하는 한쪽 면과, 두 번째 집합체가 장애되는 다른 쪽 면을 구별할 수 있다. 이런 구별이 가능한 이유는 집합체가 한쪽 면과 다른 쪽 면 사이에 있는 별개의 공간적 영역들로 구성되어 있다는 데 동의하기 때문이다. 크기를 가지지 않는다고 가정하고 있는 대상은 집합체가 아니라 원자다. 문제는 바로 집합체 그 자체가 단지 개념적 허구에 지나지 않는다는 데 있다. 이 그림에서 유일하게 실재하는 것은 원자가 되어야 하고, 유일하게 실재하는 것만이 어떤 실재하는 효과를 낼 수 있다. 그래서 하나의 집합체가 다른 집합체를 장애하려면, 개별 원자들이 다른 개별 원자들을 장애해야 하는 것이다. 그리고 세친은 원자가 한낱 점일 뿐이라면 어떻게 이것이 가능한지 알고 싶어 한다.

이것이 바로 세친이 게송 14cd에서 제기하고 있는 질문이다. 그는 원자론자의 두 가지 문제, 즉 그늘과 장애를 언급하지만, 이 문제들은 실제로는 다르지 않은 초보적 난제이다. 한 사물 A가 다른 사물 B를 장애하려면, A는 B가 A의 가까운 쪽을 넘어 A의 먼 쪽으로 이동하는 것을 막아야 한다. 댐이 물을 막으려면, 상류 쪽에서 물을 가로막아야 한다. 만약 물이 댐의 하류 쪽에 도달한다면, 댐은 물을 장애하는 데 성공하지 못했고 물은 댐을 지나쳐 흐를 것이다. 그러나 이제 원자 단 하나 두께인 댐을 상상하고는 원자들은 점에 불과하다고 가정해 보자. 그렇다면 물 원자가 댐을 구성하는 땅 원자들 중 하나의 상류 쪽에 접촉할 때, 물 원자는 이미 그 원자의 상류 쪽에 도달했을 것이다. 그래서 그 땅 원자는 물을 장애하는 데 성공하지 못했다. 댐에 땅 원자들의 두 번째 층을 덧붙이는 것도 도움이 되지 않을 것이다. 왜냐하면 물이 하류 쪽에 도달하는 것을 마찬가지로 막을 수 없을 것이기 때문이다. 원자가 점이라는 가설을 따른다면, 원자의 양이 얼마나 되든지, 그 무엇도 장애할 수 없다. 마찬가지로, 아무리 많은 그러한 원자로 나무를 구성하더라도, 해가 남쪽을 비추면 나무의 북쪽에는 그늘이 아니라 햇볕이 있을 것이다.

이 지점에서 새로운 대론자가 등장하지만, 그 견해를 살펴보기 전에 세친이 원자론자의 가능한 시나리오 모두를 살펴봤는지 물어볼 수 있을 것이다. 그는 원자가 크기를 가진다는 가설을 제시하며 일리 있는 주장을 했을지 모르지만, 원자가 단지 점일 뿐이라는 견해를 정말로 반박한 것일까? 원자론자는 원자들이 서로 장애하기 위해 꼭 접촉할 필요는 없다고 말하지 않을까? 어쩌면 원자는 다른 원자들에 반발력을 행사하며, 이 힘이 원자들을 분리되게 할지도 모른다. 이 반발력은 댐의 땅 원자가 어떻게 물 원자가 하류로 흘러가지 못하도록 막는지 설명할 수 있다. 즉, 물 원자는 결코 댐의 상류 쪽 땅 원자와 어쨌든 접촉하지 않는 것이다. 이 반발력은 또한 나무를 구성하는 원자들이 어떻게 햇볕이 나무의 북쪽 지면에 도달하지 못하도록 막는지도 설명할 수 있다. 세친은 이 가설에 대해 아무 말도 하지 않는다. 그리고 입자에 작용하는 힘이라는 아이디어는 그럴듯한 견해처럼 보인다. 이는 결국 현대 물리학이 우리에게 말해주는 내용과 흡사하다. 따라서 세친은 아직 원자론을 반박하는 데 성공하지 못한 것 같다.

그렇지만 세친이 이 같은 견해를 진지하게 살펴보지 않은 데는 이유가 있다. 이 견해는 소위 먼 거리 작용이라는 것과 관련이 있다. 이는 두 물체가 직접 접촉하지 않으면서 한 물체에서 다른 물체로 작용을 전달하는 제3의 대상이 없을 때, 한 물체가 다른 물체에 하는 작용을 말한다. 현대 물리학은 다양한 종류의 먼 거리 작용을 제시한다. 예를 들어, 뉴턴이 설명한 태양계 행성들의 운동은 중력의 당기는 힘이 우주의 진공을 가로질러 작용한다는 아이디어와 관련이 있는데, 이는 먼 거리 작용으로 해석될 수 있다.[8] 그러나 이는 대부분의 사람들이 이해하는 데 큰 어려움을 겪는 아이디어다. 그 때문에 우리는 중력을 손을 뻗어 물체를 아래로 끌어당기는 보이지 않는 손으로 생각하는 경향이 있다. 비행기에서 막 떨어진 스카이다이버의 경우가 그렇듯이, 우리는 지구가 접촉하지 않는 어떤 것에 어떻게 작용을 가할 수 있는지 이해하기 어렵다고 여기기 때문에, 중력에 대해 이런 식으로 생각하는 것이다. 따라서 우리는 중력을 어떤 힘으로 생각하며, 이 힘을 손을 뻗어 밀거나 당기는 보이지 않는 것으로 생각한다. 고전 인도 철학자들은 먼 거리 작용을 암시하는 현상인 자기력의 사례를 논의했다. 아비달마에서는 지각이 일어나려면 시각이 그 대상과 반드시 접촉해야 하는지에 대한 논쟁도 있다. 그러나 장애와 같은 현상에 관해서는 접촉이 필요하다고 가정한 것으로 보인다.

이는 원자가 먼 거리에서 작용하는 반발력을 통해 장애한다는 견해를 세친이 살펴보지 않은 이유를 설명할 수 있지만, 우리는 여전히 그 견해가 사실인지 여부를 알고 싶다. 세친이 이 가설을 제시받았다면, 그는 이를 반박하기 위해 무슨 말을 할 수 있었을까? 그가 지적할 수 있는 난점이 적어도 한 가지는 있다. 즉, 가설에 역제곱 법칙을 적용하면 불합리한 결과가 도출된다는 것이다. 역제곱 법칙은 A가 B에 가하는 힘이 A와 B 사이의 거리의 제곱에 반비례한다는 것이다. 그래서 우리가 이 둘 사이의 거리를 두 배로 늘리면, A가 B에 행사하는

---

8 뉴턴 자신은 먼 거리 작용이라는 아이디어를 거부했으며, 현재의 뉴턴 역학 공식은 이 이론이 이런 식으로 해석될 것을 요구하지 않는다. 그렇지만 일부는 특정 양자역학적 현상(즉, 벨의 부등식 정리와 관련된 비국소성 현상)은 먼 거리 작용의 관점에서만 이해될 수 있다고 주장한다.

힘은 이전의 1/4이 된다. 반대로 거리를 절반으로 줄이면, 힘은 4배로 증가한다. 여기서 공간은 무한히 나눌 수 있는 것이라는 점을 떠올려 보자. 이는 원자가 단순한 점일 뿐이라고 한다면, A와 B 사이의 공간은 무한히 반으로 줄어들 수 있다는 것을 의미한다. 따라서 B가 A에 접근함에 따라 A가 B에 행사하는 힘은 빠르게 무한대에 접근할 것이다. 그리고 이는 그냥 불합리해 보인다. 크기가 전혀 없는 것이 어떻게 우주에 있어야 할 것보다 더 큰 힘을 그 자체 안에 포함하고 있을 수 있겠는가?[9]

게송 14에 등장하는 새로운 대론자는 원자론이 작동하지 않을 것이라는 세친에 동의한다. 원자와 원자들의 집합체는 사물들을 조립하고 분해하는 우리의 경험을 이해하기 위한 노력의 일환으로 지어낸 존재자로서, 이 대론자의 말로는 "단지 허위의 구성물일 뿐"인 것이다. 결국 원자는 원리상 관찰할 수 없는 것이다. 그래서 훌륭한 경험주의자가 되려면 원자를 상정하는 데 신중해야 하는데, 단 현상을 설명할 다른 더 가벼운 설명 방식이 없는 경우에만 그렇게 해야 하는 것이다. 이 대론자는 색법에 대한 트롭 이론이 바로 그런 방법이라고 생각한다. (5장 4절 각주7 참조.) 이 이론에 따르면, 통상의 물리적 대상은

---

9 이는 먼 거리 작용이 존재한다는 견해를 반박하는 게 아님에 유의하자. 그러한 견해와, 작용하는 원자가 크기가 없는 단순한 점일 뿐이라는 주장이 결합되는 데 대해 반박하는 것이다. 먼 거리 작용은 물질 입자가 0이 아닌 크기를 가진다는 견해와 결합하는 경우에 유효할 것이다. 그렇다면 접촉하기 전에 입자들의 중심 사이의 거리를 반으로 줄일 수 있는 경우는 유한한 횟수뿐일 것이기 때문이다. 세친이 여기서 보게 될 난제는 크기를 가지는 원자는 반드시 부분을 가져야 한다는 것이다.

원자들의 집합체가 아니라, 트롭, 다시 말해, 속성-특수자 색법들의 묶음이다. 테이블을 이루고 있는 부분이 없는 것들은 땅 원자들(단단한 물질 덩이)처럼 나눌 수 없는 작은 "것들"이 아니라 단단함, 흰색성, 부드러움 등 같은 속성의 발현이다. 우리가 지각하든 지각하지 못하든, 이 트롭들은 존재하는 것으로 여겨진다는 점을 기억하자. 내 시각이 흰색성 트롭과 접촉하게 될 때, 이 접촉은 "저기"에 존재하는 흰색성과 유사한 정신적 이미지를 일으킨다. 그리고 이 모든 속성을 지탱하거나 소유한다고 생각하고 있는 어떤 "사물"로서의 테이블이라는 개념적 허구를 우리가 구성하는 것은, 이 흰색성이 특정한 모양, 특정한 부드러움 등과 같은 어떤 다른 종류의 트롭과 함께 발생하는 경향이 있기 때문이다. 진실은 우리의 생각과 정반대다. 즉, 테이블이라는 허구를 지탱하는 것은 실제로 존재하는 트롭들이다. 이 색법 이론은 우리가 관찰할 수 있는 것들, 즉 색깔, 형태, 질감, 냄새 등만을 언급한다는 장점이 있다. 그리고 이런 것들은 원자가 희생양이 되었던 것과 같은, 분할가능성 문제의 대상이 되지 않을 수 있는 것처럼 보인다. 흰색성과 부드러움 같은 것들은 질적으로 단일하다—직접 대면의 경험을 통해서만 알 수 있는 종류의 것들이다. 그리고 어떤 부드러움이 더 작은 것들로 구성되어 있다고 하는 것은 말이 되지 않는다. 더 부드러운 부드러움이란 게 대체 뭘까? 그래서 이 견해는 어쩌면—처음에는 상당히 이상하게 들리지만—고려해 볼 가치가 있다.

세친은 게송 15에서 이 견해에 대해 네 가지 난점을 제시한다. 주석은 이 난점을 우리의 일상적 "사물" 언어의 관점에서 논의하지만,

현상적 언어의 관점에서 표현되면 더 잘 드러난다. (트롭 이론가라면 현상적 언어의 용어들은 모두 색법에 대한 명칭들이기 때문에, 이 언어는 외부 세계에 대한 궁극적 진리를 진술할 수 있다고 말할 것이다.) 첫 번째 반론의 경우, 균일한 녹색 장 앞에 서 있는 것으로 해석될 수 있는 시각적 경험을 당신이 하고 있다고 상상해 보자. 즉, 당신은 특정한 형태를 가진 특정한 녹색의 발현을 보고 있다. 세친은, 한 걸음 나아가는 것으로 해석되는 경험을 당신이 할 때, 당신이 계속 동일한 색을 보게 되는 이유가 무엇인지 묻는다. 단도직입적으로 말해, 녹색 종이 조각을 보고 있는 것으로 해석될 수 있는 경험을 당신이 하고 있다고 상상해 보자. 즉, 당신은 저 특정한 형태와 유사한 형태를 가진 녹색을 보고 있다. 이 경우 당신은 한 걸음 나아가는 것으로 불리는 경험을 한 뒤에는 더 이상 녹색을 볼 수 없을 것이다. 이 차이를 설명하는 것은 무엇인가? 두 녹색 트롭은 동일한 색깔이고 동일한 형태이기에, 두 트롭 사이에는 차이가 있어서는 안 되지만, 분명히 차이가 있다. 물론 우리는 여기에 차이가 있다고 말하고 싶다. 즉, 첫 번째 녹색성綠色性 법은 두 번째 것보다 크다. 그러나 하나가 다른 하나보다 크다고 하는 것은 크기에 대해 말하는 것이며, 이것은 트롭 이론이 피하고자 했던 바로 그 문제를 야기할 것이다. 만약 어떤 것이 크기를 가진다면, 그것은 부분들로 구성되어 있기 때문에 법일 수 없다.

첫 번째 반론은 시각 감각과 관련이 있는 반면, 두 번째 반론은 촉각과 관련이 있다. 손에 바나나를 쥐고 있다고 불리는 경험을 당신이 하고 있다고 가정해 보자. 이는 당신이 특정한 노란색을 보고 있고,

특정한 냄새를 맡고 있으며, 특정한 부드러움과 특정한 형태를 느끼고 있음을 수반할 것이다. 당신이 촉각을 통해 알아차리고 있는 형태만을 고려해 보자. 그 형태에는 두 개의 끝이 있지만, 한 번에 오직 한 끝만을 알아차릴 수 있고 다른 끝은 그럴 수 없다. 어째서 그럴까? 유일하게 할 법한 대답은 당신이 한 번에는 바나나 형태의 단 한 부분만을 감촉해서 알아차릴 수 있다는 것으로 보인다. 그러나 물론 이렇게 말하는 건 이 형태가 부분을 가지며, 따라서 법이 아니라고 말하는 셈이다. 그래서 또 한 번 표면상은 트롭인 것이 결국 궁극적으로 실재하는 존재자가 아니라고 밝혀지는 것이다.

지금쯤이면 세 번째와 네 번째 반론이 어떻게 진행될지 스스로 알아낼 수 있을 것이다. 게송 15의 전체적인 요점은 분명하다. 색법에 대한 트롭 이론이 어떤 경우에는 효과가 있는 듯 보이지만, 이를 통해 우리의 모든 감각적 경험을 설명할 수는 없다. 크기를 가진 사물이 존재해야 하는 것처럼 보이는 감각적 경험이 일부 있다. 그리고 일단 자세히 들어가 보면, 원자론자를 괴롭히는 무한 분할가능성이라는 난관에 다시 빠지게 된다. 이 문제를 해결할 방법이 있을까? 우리가 기억하기로, 경량부는 형태形色가 법이라는 점을 부정한다. 현재 부딪힌 난관을 보면, 경량부가 왜 이런 주장을 하는지 이해하는 데 도움이 될 것이다. 색법에 대한 트롭 이론에 제기하는 세친의 모든 반론은 어떤 식으로든 형태를 도입하는 것이기에, 그 형태가 궁극적 실재임을 부정한다면, 실재론자가 세친식의 반론에 답하는 데 도움이 될 수도 있다. 예를 들어, 우리가 보고 있는 두 가지 녹색이 동일한 형태를 가지고 있다고 말할 수 없다면, 첫 번째 경험이 두 번째 경험과 꼭 같으리라고 기대할 이유가 없다. 그래서 "한 걸음 내딛은" 뒤에도 첫 번째 경우에는 여전히 녹색을 보지만, 두 번째 경우에는 녹색을 보지 못한다는 사실은 문제가 되지 않을 것이다. 질문은 형태를 언급하지 않고 그래서 무심코 형태를 도입하지 않는 현상적 언어로 우리의 모든 감각적 경험을 기술할 수 있을까 하는 것이다. 만약 그렇다면, 아마 실재론자는 지각의 대상은 외부의 속성-특수자일 거라고 말할 수 있을 것이다. 이는 탐구할 가치가 있는 가능성일 수 있다. 그러나 적어도 처음에는 그다지 유망해 보이지 않는다. 어떻게 우리의 현상적 언어에서 형태에 대한 모든 이야기를 제거한 채, 여전히 경험의 모든 중요한 특징을 기술하는 데 성공할 수 있는지 알기란 어려운 일이다. 예를 들어, 우리는 나뭇잎을 주로 형태에 따라 분류한다. 즉, 이것을 다른 것들과 같은 부류에 속하는 단풍잎이라고, 즉 공통적이고 뚜렷한 형태 덕분에 이것을 다른 것들과 같은 부류에 속하는 떡갈나무 잎이라고 부르는 것이다. 지각의 대상이 속성-특수자라는 형식의 외부 대상이라는 견해를 구해내려면, 실재론자는 더 많은 노력을 기울여야 할 것이다.[10]

---

10 탐구할 가치가 있는 또 다른 가능성은 형태가 실제로는 법이며, 추가로 크기라는 법이 존재한다는 것이다. 따라서 녹색과 같은 색깔 법顯色이 발현할 때마다 둥긂 같은 어떤 형태 법形色이 수반된다는 것이다. 그러나 둥긂 법이 수반되는 어떤 한 녹색 법에는 "큼" 법이 수반될 수도 있는 반면, 또 다른 경우에는 "작음" 법이 수반되는 것이다. 이게 효과가 있을지는 의문이다. 이 가능성은 심히 "곤란한" 방향으로 끝나지 않을까 하는 우려가 든다. 이 접근법도 두 번째 반론의 핵심에 있는 난제를 해결하지 못하는 것이다.

5. 유식에 대한 몇 가지 추가적인 반론

이것으로 세친의 두 번째 주요 논증에 대한 해설을 마치겠다. 『유식이십론』의 나머지 부분에서 그는 추가적으로 몇 가지 반론을 더 검토한다. 그 마지막 부분 중 일부만 살펴볼 것이다.

〔반론:〕 외부 대상이 존재하는지, 존재하지 않는지 여부는 앎의 수단을 활용해 확정될 수 있다. 그리고 모든 앎의 수단 중에서 가장 중요한 것은 지각이다. 그렇다면 외부 대상이 존재하지 않는데, 어떻게 "나는 지각하고 있다"는 인지가 있을 수 있는가?

〔대답:〕

16. 지각적 인지는 마치 꿈 등의 경우에서와 같다. 더욱이 그것〔인지〕이 발생할 때,
외부 대상은 보이지 않는다. 이것이 어떻게 지각의 경우로 여겨질 수 있는가?

위(게송 3)에서 설명한 바와 같이, 외부 대상이 없는 경우에도, 감각적 인지는 발생할 수 있다.

더욱이, 그것〔지각적 인지〕이 발생할 때, 외부 대상은 보이지 않는다. 이것이 어떻게 지각의 경우로 여겨질 수 있는가? "나는 지각하고 있다"고 말하는 것은 바로 지각적 인지가 발생하는 때이

다. 그때, 외부 대상은 보이지 않는데, 왜냐하면 판단은 오직 의식意識에 의해서만 수행되기 때문이고, 시각적 의식眼識은 그때 이미 소멸되었기 때문이다. 이것이 어떻게 지각의 경우라고 할 수 있는가? 특히 외부 대상은 찰나적이니, 그 색깔이나 맛이 그때 이미 소멸되었어야 한다는 점은 더 말할 필요도 없다.

〔반론:〕 우리는 경험하지 않은 것은 기억하지 않으며, 이것에는 외부 대상에 대한 경험이 필요하다. 이것은 다름 아닌 봄이다. 따라서 지각은 지향적 대상인 색깔-형태色 등과 관련이 있다.

〔대답:〕 경험된 대상을 기억한다는 것으로는 아무것도 증명하지 못한다. 왜냐하면

> 17. 이미 말했듯이, 인상은 대상의 형상을 띠고 있고, 기억은 이로부터 생겨난다.
> 잠에서 깨어나지 않은 자는 시각적 대상의 부재를 확인하지 못한다.

앞에서 말한 바와 같이, 외부 대상의 형상을 띠고 있는 시각적 의식에 대한 인상은 외부 대상이 존재하지 않더라도 생겨난다. 바로 그러한 인상으로부터, 기억에 의존하는 정신적 인상, 즉 색깔-형태 등의 형식으로 구성되는 그것에 대한 표상이 생겨난다. 따라서 기억이 발생한다고 해서 외부 대상이 존재한다는 결론은

뒤따르지 않는다.

〔반론:〕 잠든 상태와 마찬가지로, 만약 깨어 있는 상태에서도 실재하는 외부 사물이 존재하지 않는데도 인상이 지향적 대상을 가진다고 한다면, 세상은 저절로 그것〔아마 외부 대상〕이 존재하지 않음을 알게 될 것이다. 그러나 실제로는 그렇지 않다. 따라서 외부 대상에 대한 파악에는 모두 잠든 경우와 같이, 외부 대상이 없다는 것은 사실이 아니다.

〔대답:〕 인정할 수 없다. 왜냐하면 잠에서 깬 자들은 그릇되게 구성된 반복적 영향의 잠으로 인해 둔해져 있어, 외부 대상을 지각할 때 꼭 잠들어 있을 때처럼 그것이 실재하지 않는 것임을 파악하지 못한다. 그러나 그와 반대되는 초월적인 비개념적 인지를 성취함으로써 진정으로 깨어날 때, 그 초월적 인지의 결과로 획득되는 청정해진 세속적 인지가 현출해 외부 대상이 존재하지 않음을 올바르게 파악하게 된다. 이는 잠든 상태에서든 일상의 깨어 있는 상태에서든 동일하다.

〔반론:〕 만약 존재들의 인상이 외부 대상에 대한 표상을 띠면서 생겨나는 것은 오로지 존재 자신의 정신적 흐름의 고유한 변현 때문에 생겨나는 것이지, 별개의 외부 대상 때문이 아니라고 한다면, 어떻게 존재들의 인상에 좋은 친구를 만난다거나 나쁜 친구를 만난다거나, 또는 진실한 교리를 듣는다거나 그릇된 교리를 듣는

다는 식의 한정이 있겠는가? 〔당신의 말에 따른다면〕 좋은 친구나 나쁜 친구, 혹은 진실한 교리나 그릇된 교리 같은 건 존재하지 않기 때문이다.

> 18. 서로 영향력을 발휘하기에 인상의 상호적 한정이 있다. 잠자는 동안 마음은 둔마된 상태에 압도당한다. 그래서 동일한 효과를 낳지 못한다.

인상의 상호적 한정은 인상들 서로 간의 영향력을 통해 적절하게 연결된 모든 존재들 사이에서 발생한다. "상호적"이란 서로 간을 의미한다. 따라서 별개의 인상은 별개의 외부 대상에서 비롯되는 게 아니라, 하나의 정신적 흐름 내의 어떤 별개의 인상에서 비롯되는 하나의 정신적 흐름에서 생겨난다.

〔반론:〕 만약 잠든 상태와 마찬가지로 깨어 있는 상태에서도 인상에 외부 대상이 없다면, 깨어 있는 상태에서는 그렇지 않은데 어째서 잠든 상태에서는 선악의 행위가 미래의 고락의 결과를 낳지 않는 것인가?

〔대답:〕 왜냐하면 "잠자는 동안 마음은 둔마된 상태에 압도당한다. 그래서 선악의 행위는 동일한 결과를 낳지 못하기" 때문이다. 이는 실재하는 외부 대상이 존재하기 때문이 아니라, 이러한 이유 때문이다.

〔반론:〕 만약 이 모든 것이 오직 인상일 뿐, 몸이나 목소리 같은 게 존재하지 않는다면, 가령 어떻게 양치기가 양을 몰거나 죽일 수 있단 말인가? 또한 그 죽음이 양치기 때문이 아니라면, 어떻게 그는 살인자의 운명을 받는 것인가?

〔대답:〕

> 19. 죽음은 타자의 별개의 인상에 의해 야기되는 변화이다. 마치 마군의 정신적 힘에 의해 기억상실 등이 타인에게 발생하는 일과 같다.

마군 등의 정신적 힘으로 인해 기억상실, 꿈, 악귀에 사로잡히는 등의 변화가 타인에게 발생하는 것과 같다. 주술사(ṛddhivat)의 정신적 힘 때문이기도 하다. 또한 대가전연(Kātyāyana)의 힘이 사라나왕(Saraṇa)에게 꿈을 꾸게 한 경우와 같다. 또한 바수미트라(Vasumitra)가 숲속 선인의 정신적 분노로 인해 〔전투에서〕 패배했을 때와 같다. 마찬가지로 한 사람의 별개의 인상의 힘으로 인해 다른 사람의 생명력命根을 해치는 어떤 행위가 발생해서, 그 때문에 죽음, 즉 유사한 〔법들衆同分의〕 흐름이 단절되는 일이 발생한다는 점을 알아야 할 것이다. (Viṃś vv.16−19)

세친은 게송 16에서 시간 지연 논증을 압축적 형태로 제시한다는 점에 주목하자. 우리가 이 논증을 처음 접했을 때는(5장 8절) 표상주의를 뒷받침하는 데 사용되었다. 여기서 세친은 다른 목적으로 사용한다. 대론자는 지각이 앎의 수단 중 가장 중요하다며 반대했으며, 또 대론자는 지각이 외부 대상에 대한 인지를 수반한다고 생각하기 때문에 유식 이론가가 지각이 앎의 수단이라는 데 어떻게 동의할 수 있는지 이해하지 못하는 것이다. 어떻게 관념론자가 경험론자가 될 수 있겠는가? 그러나 이러한 반론은 분명 지각에 대한 직접 실재론적 설명을 전제하고 있다. 대론자는 우리가 지각할 때에는 외부 대상을 직접 알아차린다고 얘기하기 때문에, 오직 인상일 뿐이라고 하는 주장이 경험론과 양립할 수 없다고만 생각한다. 세친은 시간 지연 논증을 사용해 직접 실재론이 거짓임을 보여준다. 감각적 경험에서 직접 알아차리고 있는 모든 것은 정신적 이미지다. 우리가 시간 지연 논증을 처음 접했을 때, 이 논증에는 물리적 대상이 존재한다는 가정이 있었다. 이 가정을 생각해 보면, 시간 지연 논증은 표상주의를 뒷받침하는 데 사용될 수 있는 것이다. 하지만 일단 이 가정에 의문이 제기되면, 이 논증은 감각적 경험의 지향적 대상이 외부의 것이 아니라, 바로 내적 또는 정신적인 것이라는 점을 보여주기 위해서 작동할 수 있다. 물리적 대상의 존재를 증명하는 데 사용될 수 없는 것이다. 세친은 또한 깨어 있는 상태의 감각적 경험과 꿈 경험 사이의 차이점에 대해서도 설명한다. 잠에 들었을 때는 정신적 작용이 덜 강력하기 때문에, 꿈에서 한 그 행위는 깨어 있는 상태의 행위가 낳을 수 있는 종류의 업의 결과를 낳지 않는다. 그는 같은 방식으로 식사를 하는 꿈의 경험에 포만감의 경험이 뒤따르지 않는 이유를 설명할 수 있을 것이다.

이제 게송 18 앞에 있는 반론에 주목해 보자. 대론자의 "존재 자신의 정신적 흐름의 고유한 변현"이라는 말은 인상을 낳아야 할 종자의 성숙을 의미한다. 그래서 대론자는 한 사람이 다른 사람의 경험에 어떻게 영향을 미칠 수 있는지 세친이 설명할 수 없다고 말하고 있는 것이다. 여기서 "좋은 친구"란 다른 사람들에게 교법을 가르쳐주는 사람이고, "나쁜 친구"란 예를 들어, 감각적 즐거움을 추구하는 데 전념하는 삶을 살게 함으로써 다른 사람들을 잘못된 길로 인도하는 사람이다. 그런데 요점은 아주 일반적이며 훨씬 간단한 예로 설명할 수 있다. 만약 내가 당신에게 인사를 하면서 악수를 하는 경우에, 내 인사를 듣고 내 악수를 느끼는 당신의 감각적 경험이 당신의 업을 원인으로 하는 게 아니라, 내 의지를 원인으로 했다고 말하고 싶은 것이다. 지금까지 세친은 감각적 경험의 한 가지 원천, 즉 업종자의 성숙만을 언급했을 뿐이다. 그리고 업종자의 결과는 종자를 만든 의지와 동일한 흐름에서 발생해야 한다(그렇지 않으면 업은 부당할 것이기 때문이다). 그래서 그의 이론은 상호주관적 상호작용을 통해서 오는 우리의 감각적 경험이 있다는 사실을 설명할 수 없는 것처럼 보인다.

세친은 실제로 인상에는 두 가지 원천이 있다고 말함으로써 대응한다. 업종자의 성숙 이외에도, 적절하게 연결되어 있는 또 다른 정신적 흐름에서 별개의 인상이 발생함을 원인으로 해서 한 정신적 흐름에서 인상이 발생할 수도 있다. 나의 인사를 듣고 나의 악수를 느끼는 당신의 경험은, 당신으로 하여금 환대를 느끼게 하려는 나의 욕구를 원인으로 한 것이다. 이러한 의지가 당신에게 환대를 느끼는 효과를 낳으려면, 의지는 특정한 정도의 강도를 가져야 한다. 하지만 강도의 차이에 따라 의지는 단순한 바람이 될 수도 있고, 유효한 결정이 될 수도 있다. 또한 우리의 두 흐름은 "적절하게 연결되어" 있어야 한다. 이 모든 것은 각 흐름의 이전 역사가 현재 경험에 특정한 유사성을 일으킨 것임에 틀림없다는 것을 의미한다. 우리의 몸이 서로 가까이 있지 않다면, 당신은 내 인사를 듣고 내 악수를 느낄 수 없다고 할 수 있다. 세친은 우리가 몸을 가지고 있다는 것을 부정하지만, 우리의 흐름들에 현재 동일한 장소에 함께 서 있는 것으로 해석되는 유사한 인상이 함유되어 있다면, 당신으로 하여금 환대를 느끼게 하려는 효과를 낳는 의지는 당신에게 청각 및 촉각의 인상을 만들어낼 것이라는 데는 동의한다. 흉기도 몸도 없는데 어떻게 한 사람이 다른 사람을 살해할 수 있는지 (또는 양치기가 양을 살해할 수 있는지) 설명하는 데도 마찬가지 방식이 활용될 수 있다. 적절한 상황에서 효과를 낳는 의지는 별개의 정신적 흐름을 완전히 와해시킬 수 있다. (재생이 있다면, 이 정신적 흐름은 근본적으로 바뀐 상황에서 계속될 것이다. 만약 재생이 없다면, "와해"는 그 정신적 흐름의 중단이 될 것이다.) 다시 한 번 말하면, 단순한 바람만으로는 그럴 수 없다. 하지만 우리는 "그들이 죽었으면 좋겠다"는 덧없이 스치는 생각과 적극적인 계획과 실행으로 이어지는 결연한 의욕의 차이를 잘 알고 있다. 인상의 생성을 규율하는 법칙에 따르면, 후자만이 인상의 연속을 심각하게 와해시킬 수 있다.

이러한 내용이 우리 귀에는 이상하게 들릴 것이다. 우리는 한 사람이 다른 사람에게 경험을 하게 할 수 있는 유일한 방법은 물리적 매개체를 통하는 것이라고 생각한다. 즉, 내 입술이 움직이고 당신의 고막이 진동해 내 목소리를 듣는 것이다. 세친의 이 대안적 설명은 한 마음이 다른 마음에 직접 작용할 수 있다고 말한다. 이는 그가 정신적 흐름에 특별한 초능력을 부여하는 것처럼 들릴 것이다. 그리고 당신이 마군과 여타의 마법적 존재를 믿지 않는 한, 이는 아주 신비스럽고 매우 믿기 어려워 보일 것이다.[11] 이제 한 관념론자는 공세를 취하면서 만약 여기에 신비스러운 점이 있다면, 그건 정신적인 것이 물리적인 사건을 일으킬 수 있다는 실재론자의 주장이라고 말할 것이다. 내 손을 당신에게 뻗는 원인이 되는 것은 당신에게 인사하려는 내 의지라고들 생각한다. 하지만 어떻게 정신적인 것인 이러한 의지가 물리적인 활동을 일으킬 수 있는가? 우리는 이미 하나의 정신적 사건이 적어도 단일한 정신적 흐름 안에서는 다른 정신적 사건의 원인이 될 수 있다는 점을 인정하고 있다. 어떤 문제를 해결하고자 하는 나의 욕구는 나로 하여금 그 문제에 주의를 집중하게 하는 원인이 된다. 아이스크림에 대한 나의 생각은 먹고 싶은 내 욕구의 원인이 되는 것이다. 결과적으로 우리는 어떻게 한 정신적 흐름 내의 욕구가 다른 정신적 흐름 내의 인상을 유발하는 게 가능한지 이해할 수 있다. 여기서 우리는 적어도 하나의 정신적 사건이 또 다른 정신적 사건을 일으키는 것에 대해 이야기하고 있기 때문이다. 그러나 관념론자는, 정신적 사건이 물리

---

11 세친과 그의 지지자들은 아마 믿었을 것이다. 그 때문에 자신의 문헌에서 마군과 주술사를 언급하는 것이다. 즉, 이들은 어떤 존재들이 그러한 힘을 가지고 있다고 믿었기 때문에, 모든 존재가 그럴 수도 있다는 점이 그렇게 이상하게 보이지는 않았을 것이다. 그래도 우리는 그렇지 않기 때문에, 이 견해를 그 밖에 어떤 방법으로 방어할 수 있는지는 물어볼 만한 가치가 있는 것이다.

적 사건의 원인이 될 수 있다는 실재론자의 주장은 전혀 이해할 수 없는 것이라고 (그리고 그 반대도 마찬가지다) 말할지 모른다.

관념론자라면 이처럼 말할 수도 있다. 영국의 관념론자 버클리는 그랬다. 그러나 세친은 그렇지 않다. 내가 아는 한 다른 유가행파도 마찬가지다. 그 이유는 아마 대부분의 불교도들이 정신적 사건이 물리적 사건의 원인이 될 수 있다는 점을 이상하게 생각하는 일은 일어나지 않을 것이기 때문이다. 물론 그 반대의 경우도 마찬가지일 것이다. 그리고 이는 불교도들이 일반적으로 인과관계를 불변하는 수반관계나 다름없는 것으로 이해하기 때문이다.[12] 붓다의 의존적 발생의 공식은 "이것이 발생할 때면 저것이 발생하고, 이것이 없을 때는 저것이 없다"이다. 여기에는 결과를 낳는 어떤 오컬트적인 힘이나 세력에 대한 언급이 없다. 단지 두 가지 사건, 즉 원인과 결과만 있을 뿐이다. 그래서 한 종류의 사건이 아주 다른 종류의 또 다른 사건을 낳을 수 있다는 게 이상하게 보이지 않을 것이다—두 종류의 사건들 사이의 흄식의 인과론으로서 상시적 연접이 관찰되지 않는 한 말이다. 원인과 결과를 연결하는 힘 같은 것이 인과관계에 필요하다고 생각할 때만이 정신적인 것과 물리적인 것의 상호작용이 특별나 보이게 될 수도 있는 것이다.[13] 세친의 말로는, 우리가 소박한 실재론의

---

12 8장 4절에서 보게 되듯이, 중관학파는 이 이상의 것은 인정할 수 없을 뿐만 아니라, 심지어 인과관계에 대한 이러한 견해는 궁극적 진리로서 지지받을 수 없다고 주장할 것이다.

13 몸과 마음의 상호작용을 회의적으로 볼 수 있는 좀 다른 이유가 여기에 있다. 모든 물리적 사건이 어떤 물리법칙의 관점에서 설명될 수 있다고 믿는다고

용어들로 생각하는 데 익숙하기 때문에 별개의 정신적 흐름들 사이의 직접적인 정신적 인과관계가 우리 눈에 이상하게 보인다는 것이다. 일단 우리가 인상 경험에 덧붙여 놓은假託 실재론적 해석을 꿰뚫어 보는 법을 배운다면, 상호주관적인 정신적 인과관계에 전혀 이상한 점이 없다는 걸 알게 될 것이다. 왜냐하면 (우리가 정말로 마군과 주술사가 존재한다고 믿지 않더라도) 우리가 보통 한 사람의 몸이 다른 사람의 몸에 작용하는 것으로 설명되는 상황에서는, 한 사람의 마음이 다른 사람의 마음에 경험을 일으킬 수 있다는 점은 여전히 사실일 것이기 때문이다. 몸은 존재하지 않지만, 상식적으로는 한 사람의 몸이 다른 사람의 몸에 작용하는 것으로 해석되는 그런 상황들이 존재한다. 그리고 이것들이 바로 세친이 "인상들 서로 간의 영향력을 통해 적절하게 연결된" 정신적 흐름들이라고 설명하는 상황들이다.

가정해 보자. 그리고 물리법칙은 물리적 사건만을 언급하는 것이라고 믿는다고도 가정해 보자. 그렇다면 우리는 모든 물리적 사건이 어떤 다른 물리적 사건을 자신의 원인으로 가진다고 믿을 것이다. (이는 "물리 영역의 인과적 폐쇄성"으로 알려진 가정이다.) 그리고 욕구는 정신적인 것이지, (뇌 사건처럼) 물리적인 것은 아니라고 믿는다고도 가정해 보자. 그렇다면 내가 손을 내밀어 당신과 악수를 하는 물리적인 사건은 당신에게 인사를 하려는 나의 욕구와 같은 정신적인 사건을 원인으로 했다고 하면서 설명하는 일은 불필요한 요소를 끌어들인 설명이다. (뇌 사건이라는 식으로) 어떤 물리적 사건의 관점에서 본 이 사건에 대한 완벽한 설명이 이미 있을 것이기 때문이다. 그러나 이 논증은 적절한 과학적 인과법칙만이 물리적 원인과 물리적 결과를 관련지을 수 있다는 가정에 근거한다. 불교의 이원론자는 이를 믿어야 할 특별한 이유가 없다고 말할 것이다. 우리가 물리적 결과를 낳기 위해 물리적 힘이 필요하다고 이미 믿고 있다면 모를까.

이는 일반적인 문제를 제기한다. 세친이 옳고 인상만이 존재할 뿐이라면, 모든 게 달라질 것이라고 생각하고 싶을지 모른다. 방금 본 내용은 어떤 의미에서는 아무것도 달라질 게 없다는 것이다. 다시 말해, 우리의 경험은 항상 그랬듯이 똑같이 진행되리라는 것이다. 그 경험에 대한 우리의 해석만이 바뀔 것이다. 특정한 상황에서만 내가 당신에게 하고 싶은 말을 당신으로 하여금 듣게 할 수 있다는 점은 여전히 사실일 것이다. 우리는 이제 이 사실을 몸과 다른 몸, 마음과의 인과적 상호작용의 관점에서 해석한다. 만약 오직 인상만 존재할 뿐이라면, 우리는 적절하게 연결된 정신적 흐름들 사이의 직접적인 정신적 인과관계의 관점에서 이를 해석해야 할 것이다. 그런데 우리는 완전히 다른 두 가지 방식으로 해석하고 있지만, 그 해석의 대상은 정확히 동일한 경험이다. 이에 따른 놀라운 한 가지 결과는, 유식 이론가가 여전히 과학을 할 수 있다는 점이다. 과학을 할 때 우리는 경험의 과정을 설명하고 예측하는 데 도움이 되는 규칙성을 발견하고자 노력하고 있다. 우리는 이 규칙성이 물리적 대상의 행동에 관한 법칙의 관점에서 표현될 수 있어야 한다고 생각하는 데 익숙하다. 인상일 뿐 이론가는 이 규칙성이 대신 정신적 흐름의 변현을 규율하는 법칙의 관점에서 다루어져야 한다고 말할 것이다. 그러나 설명되어야 할 자료는 두 경우 모두 동일하다. 이 둘은 바로 순전한 현상적 언어로 표현될 수 있는 것이다. 각 법칙은 다른 형식으로 나타날 것이고, 다른 명명법을 사용할 것이다. 하지만 여전히 우리의 감각적 경험이 어떻게 진행되는지에 관한 법칙이 될 것이다.

그렇지만 상호주관적인 정신적 인과관계가 직접적이라는 점에 관한 세친의 주장에서 비롯되는 새로운, 예상 밖의 난관이 하나 있다. 이는 유식 이론이 우리의 감각적 경험을 설명하고 예측하는 하기 위해 사용하는 인과법칙이 애초에 생각했던 것보다 훨씬 더 복잡해야 함을 의미한다. 산과 강처럼 생명이 없는 자연의 대상에 대한 우리의 경험도 역시 과거의 욕구와 업종자를 연결하는 인과법칙을 수반할 것이며, 이는 다시 현재의 인상을 만들어내는 적절한 조건 하에서 성숙될 것이다. 그러나 타인에 대한 우리의 감각적 경험 중 적어도 일부는 하나의 정신적 흐름 내의 욕구를 적절하게 연결된 별개의 정신적 흐름과 연결짓는 인과법칙으로 설명될 것이다. 그리고 이제는 인공물, 즉 사람이 의도를 갖고 만든 생명이 없는 대상에 대한 우리의 경험에 대해 살펴보자. 물단지 같은 인공물은 도공에게 속하는 의지의 결과이기 때문에, 유식 이론가는 업종자가 아닌, (도공의) 별개의 정신적 흐름 내의 의지로 물단지에 대한 우리의 경험을 설명하고자 할 것이다. 그러나 물단지에 대한 감각적 경험은 도공의 그 정신적 흐름과 우리가 "적절하게 연결되어 있는" 그 시기에만 국한되는 게 아니다. 우리는 예를 들어, 그 도공이 죽었을 때와 같이 그가 더 이상 주위에 없을 때에도 물단지 경험을 계속해서 할 수 있다.[14] 자, 업종자 가설은, 모든 것이 찰나적이라고 할 때 어떻게 먼 과거의 어떤 것이 현재 결과의 원인이 될 수 있는지를 설명하기 위한 것이었다.

---

14 만약 재생을 믿는다면야 그 도공의 정신적 흐름이 그대로 계속된다고 할 수 있다. 따라서 그 연속 내의 욕망은 여전히 우리의 물단지 경험의 원인이 될 수 있다. 하지만 지금 보고 있는 것이 깨달은 도공의 물단지라고 가정해 보자. 깨달은 사람의 정신적 흐름은 죽음과 동시에 중단되기에, 여전히 문제는 있다.

이 아이디어는 조건이 종자를 성숙시켜 인상을 만들어낼 때까지, 원인이 종자를 낳았고 그 종자는 또 다른 종자를 낳는 식으로 단절 없는 일련의 과정을 거친다는 것이었다. 그리고 이는 먼 원인과 종자의 상속 및 인상이 모두 동일한 정신적 흐름에 속할 때 타당하다. 그러나 종자 가설이 인공물에 대한 경험의 경우에 어떻게 작동할 수 있는지는 분명하지 않다. 이 종자들은 도공의 정신적 흐름 내에 있을 수 없다. 왜냐하면 그 흐름이 중단된 뒤에서도 우리는 물단지 경험을 할 수 있기 때문이다. 그렇다면 도공의 물단지 제작 의지가 지금 이 물단지를 보고 있는 이들의 정신적 흐름 내에 종자가 존재하게 된 원인이었을까? 내가 지금 보고 있는 이 물단지가 10년 전에 만들어졌다고 가정해 보자. 그렇다면 도공의 욕구는 10년 전 "나의" 정신적 흐름에 한 종자가 있게 된 원인이었을 수 있으며, 내가 마침내 성숙 조건(도자기 갤러리로 걸어 들어간다고 불리는 경험 등)으로 간주되는 경험을 하게 된 지금에 이르기까지 그 종자는 단절 없는 일련의 과정을 거치며 복제되었을 수 있다. 그러나 도공의 의지는 어떻게 내 정신적 흐름에 종자를 심는지 "알았을까"? 그 의지는 내가 10년 뒤에 도자기에 관심을 가질 것임을 이미 "알았을까"? 아니면 도공의 욕구가 모든 정신적 흐름 내의 종자의 원인이 되지만, 꼭 맞는 경험을 가지는 정신적 흐름만이 그 종자의 연속을 성숙시켜 물단지-인상을 만들어내는 것일까? 그렇다면 각각의 정신적 흐름에는 어마어마하게 많은 종자가 있을 것이다. 누군가 이 물단지를 부수기로 결정하면, 상황은 훨씬 더 복잡해진다. 이 말은, 그렇지 않았다면 성숙해 물단지-인상을 만들어냈을 어떤 정신적 연속들 내의 종자들이 이제는 그렇지 않을 것임을 의미한다. 이걸 어떻게 설명할 수 있을까?

여기서 요점은 유식 이론가가 우리의 인공물 경험에 대한 이 모든 사실들을 설명할 수 없었다는 게 아니다. 우리의 경험에 진정한 규칙성이 존재하는 경우에는 정신적 사건들만을 연결함으로써 이 규칙성을 설명하는 인과법칙이 항상 공식화될 수 있다. 요점은, 그렇게 되려면 그 이론의 인과법칙이 극도로 복잡하게 만들어질 수밖에 없다는 것이다. 어느 시점에서 실재론의 대론자는 우리의 감각적 경험을 설명하고 예측하는 데 유식 이론이 실재론적 이론만큼 뛰어난지 더 이상 분명하지 않다고 말할지도 모른다. 우리가 이론들에 요구하는 한 가지는 비교적 단순하고 간단한 법칙을 사용하라는 것이다. 그리고 유식 이론이 그렇게 하는지는 더 이상 분명하지 않을 수도 있다. 이는 실재론자가 세친의 가벼움에 근거한 논증에 대응할 수 있는 방식일 수 있을까? 이건 따져볼 만한 사안이다. 하지만 이러한 대응이 효과가 있다고 가정해 보자. 이것은 상식이 정당하다는 것을 입증하는 것일까? 그렇다고 한다면, 이 이론이 오직 경험의 패턴을 이해하는 가장 간단한 방법을 제공하기 때문에, 우리는 물리적 대상이 존재한다고 믿어야 한다고 사실상 말하고 있는 것임에 주의하자. 이는 실재론을 옹호하는 한 방식일 수는 있지만, 상식의 직접 실재론과는 거리가 먼 방식일 것이다.

다른 사람과의 상호작용 문제와 관련된 또 하나의 난제가 있다. 우리는 보통 타인의 정신적 상태에 대한 앎을 간접적인 것으로 간주한다. 즉, 나는 당신이 얼굴을 찡그리면서 팔을 잡는 것을 보기 때문에, 당신이 고통을 느끼고 있음을 안다. 또 나는 당신이 내게 졸업파티에 대해 말하고 있기 때문에, 그 파티를 기억하고 있음을 안다. 우리는 어떻게 내가 그러한 상태를 추론하는 데 사용하는 증거를 얻을 수 있는지를 논의하고 있는 것이다. 비록 당신에게 찡그린 얼굴이나 말하는 입 같은 게 존재하지 않는다고 해도 말이다. 꼭 맞는 상황 하에서 당신의 정신적 상태는 당신의 찡그린 얼굴을 보거나 당신의 말을 듣는 것처럼 보이는 경험을 내가 하게 하는 원인이 될 수 있다. 그러나 당신의 고통 상태나 당신의 기억에 대한 나의 앎은 여전히 간접적이다. 나는 "당신의 고통을 느끼는 게" 아니다. 즉, 내가 고통을 느꼈다 해도 내 정신적 흐름 내에서 발생하는 방식으로 경험한다. (당신이 찡그리는 모습을 볼 때 동감을 통해 내가 고통을 느낄 수도 있겠지만, 그건 내가 당신의 고통을 느끼는 건 아닐 것이다.)

〔반론:〕 만약 이 모든 것이 단지 오직 인상일 뿐이라면, 타자의 정신적 상태를 안다고 하는 이들은 〔정말로〕 타자의 정신적 상태를 아는 것인가, 아니면 모르는 것인가? 왜 이런 질문이 제기되겠는가? 만약 모른다면, 왜 그들은 타자의 정신적 상태를 안다고 말한 것인가? 만약 이와 달리 그들이 〔타자의 정신적 상태를〕 안다면,

21a-c. 타자의 정신적 상태를 아는 자들의 인지는 자신의 정신적 상태를 인지하는 경우와는 달리 왜 그 대상과 합치하지 않는 것인가?

〔대답:〕 그 대상과 합치하지 않는 이유에 관해서는, 자신의 마음에 대한 인지도 또한

21cd. 붓다가 하는 방식대로 인지되는 게 아니다.

어떤 인지도 그 대상과 합치하지 않으니, 그 누구도 붓다가 그 본질을 표현할 수 없는 의식으로 인지하듯이 인지하지는 못하기 때문이다. 왜냐하면 일상적 인지는 그릇된 표상을 사용하기에, 주체와 대상으로 잘못 부과된 개념화를 초월하지 못하기 때문이다. (Viṃś v.21)

대론자가 염두에 두고 있는 난점은 바로 이것이다. 실재론의 대론자와 유식 이론가는 타자의 정신적 상태는 통상 추론에 의해 간접적으로만 알려진다고 주장한다. 타자의 정신적 상태가 간접적으로 알려진다고 하는 것은 이 상태가 자신의 외부에 속해 있는 것이라는 말이다. 그렇지만, 외부에 있다는 말은 무슨 뜻인가? 이 맥락에서 어떤 것이 외부적이라고 말하는 것은 그것이 내 마음과 독립적으로 존재한다는 것, 즉 내가 내 자신의 것으로 생각하는 정신적 상태의 흐름과 별개로 존재한다고 말하는 것이다. 실재론자는 이 질문에 답할 수 있다. 타자의 정신적 상태는 나에게 외부적인데, 왜냐하면 다른 몸에 위치해 있기 때문이다. 그러나 몸이나 여타의 물리적 대상이 존재하지 않는다고 한다면, 정신적 상태들이 존재하지만 내가 인지하지 못한다는 건 무슨 뜻인가? 내게 친숙한 유일한 정신적 상태는 내가 직접 알아차

리고 있는 정신적 상태다. 정신적 상태들이 존재하지만, 이 상태들이 직접 알아차리는 방식으로는 나에게 접근할 수 없다고 말하는 건 무슨 뜻인가? 이는 유식 이론가가 이 질문에 답할 수 없으며, 그래서 결국 유아론의 편에, 즉 실제로는 단 하나의, 이를테면 자기 자신의 마음이나 정신적 흐름만이 존재한다는 이론의 편에 서게 될 것임을 시사한다. 유아론唯我論을 받아들인 철학자들이 있었지만, 이는 불교도라면 지지할 수 없는 견해이다. 붓다는 깨달음을 얻은 뒤 다른 이들이 깨달음을 얻도록 도왔다. 그래서 붓다와 같은 존재가 존재하려면 세상에는 하나 이상의 의식이 존재해야 하지만, 유아론은 단 하나만 존재함을 의미하는 것이다.[15]

세친은 직접 인지하는 자신의 정신적 상태와 간접적으로만 인지하는 타자의 정신적 상태의 구별이 사실 착오에 근거하는 거라고 말함으로써 이 반론에 대응한다. 대승의 가르침에 따르면, 붓다는 타자의 정신적 상태를 직접 알아차린다고 한다. 이 점이 바로 붓다를 최상의 능력을 지닌 스승으로 만든다고 여겨진다. 즉, 붓다는 대화 상대가 생각하고 있는 것이 무엇인지 묻지 않고도 아는 것이다. 그러나 붓다가 타자의 정신적 상태를 직접 인지한다고 하는 것은 그 타자의 정신적 상태가 붓다 자신의 마음과 꼭 같은 방식으로 붓다에게 인지된다고 말하는 것이다. 붓다는 인지하는 주체와 인지된 대상 사이의 왜곡된 개념적 구별을 덧붙이지 않으며, 그렇기에 정신적 상태를 한 주관에게

15 그렇지만 유아론은 3절에서 논의된 상호주관적 일치의 문제를 해소(해결)하는 데 도움이 될 것이다. 나 자신의 것 이외에 다른 정신적 흐름들이 존재하지 않는다면, 타자의 감각적 경험과 내 감각적 경험의 일치를 설명할 필요가 없다.

나타나는 대상으로 생각하지 않는 것이다. 그러한 구별이 없다면, “나의 것”과 “타자”를 구별하는 일은 있을 수 없다. 단지 그 상태의 일어남이 있을 뿐이다. 이게 어떤 모습일지 상상하기란 당연히 어려울 것이다. 그러나 세친에 따르면, 이는 붓다의 의식이 언설 불가능하다는 사실, 즉 단어나 개념으로 옮겨질 수 없는 것이기 때문이라고 한다. (다음 절에서 이에 대해 설명한다.) 이를 통해 유아론 문제가 만족스럽게 해결되는지는 논쟁의 여지가 있다. 9장 7절에서 이 질문을 다시 다룬다.

6. 유식의 구제론적 요점

여기에서 세친의 유식 논증에 대한 검토를 마칠 것이다. 이 모든 것의 구제론적 요점이 무엇인지에 대한 질문이 여전히 남아 있다. 어째서 정신적 흐름 내에는 오직 인상만 존재할 뿐 물리적 대상은 존재하지 않는다고 믿게 되는 게 괴로움을 극복하고 열반을 얻는 데 도움이 될 수 있을까? 때론 그 요점은 애착과 집착을 없애는 것이어야 한다고 생각되기도 한다. 여기서의 생각은 더 이상 물리적인 사물이 존재하지 않는다고 믿는다면, 괴로움이 멈추게 되리라는 것이다. 하지만 이런 생각은 옳지 않다. 내가 반짝이는 새 스포츠카를 탐냈다고 가정해 보자. 인상만이 존재할 뿐임을 배운다고 해서 내 갈망이 반드시 제거되는 건 아니다. 이 차가 내 정신적 흐름과 독립된 것으로 존재하는 게 아니더라도, 가령 이 차를 운전하는 것으로 (잘못) 해석되는 인상은 여전히 존재하기 때문이다. 나는 여전히 운전하는 등의 인상을 가지려고 욕망할 수 있는 것이다. 그리고 인과법칙이 작동하는 것처럼 보이는 방식을 고려할 때, 나는 판매자에게 많은 돈을 건네는 것으로 해석되는 인상을 먼저 가졌을 때만 그러한 인상을 가질 수 있다. 달리 말하자면, 유식의 진리는 우리 경험의 본성이 아니라, 경험을 해석하는 방식만 바꿀 것이다. 따라서 이 이론의 요점이 물질적 사물에 대한 욕망이라는 의미에서 우리를 덜 "물질주의적"으로 만드는 것이라면, 이는 효과가 없을 것이다.

건너뛰고 살펴보지 않은 『유식이십론』의 대목에서 세친은 사실상 그 요점이 무엇인지 알려준다. 기억나겠지만, 대론자는 세친에게 물리적 대상이 존재하지 않는다고 하는데, 어째서 붓다는 색깔-형태라는 시각적 영역 등 여섯 가지 감각-대상의 처處에 대해 말했는지 물었다. 세친은 붓다가 시의적절한 교육 방법(방편)을 사용해, 대중에 따라 두 가지 다른 수준을 대상으로 하는 가르침을 폈다고 대답한다. 평범한 대중에게 처에 대해 언급했던 일은 의식의 온識蘊에 자아가 존재하지 않는다는 점을 지적한 방법이다.[16] 그러나 진일보한 이들에게 이 가르침은 모든 법은 잘못 귀속된 본질을 결여한다는 점을 지적하는 것으로 해석될 수 있다. 첫 번째 수준에서 이해하면, 붓다는 인격체에는 자아나 본질이 없다는 점을 가르치고 있으며, 두 번째 수준에서 이해하면, 법에는 내재적 본성(법은 공하다)이 없다는 점을 가르치고 있다. 그래서 첫 번째는 교법에 대한 아미달마의 이해를, 두 번째는

---

16 즉, 의식은 반드시 무상하다는 점을 보여줌으로써 말이다. 십이처 교리는 의식이 근본적으로 무상할 수밖에 없다는 붓다 논증의 핵심을 보여준다. 2장 3절의 각주5 참조.

대승의 이해를 나타낸다. 여기서 세친은 이를 두고 다음처럼 말한다.

> 10. 따라서 인격체에는 자아가 없다는 밀의가 있다. 또한 또 다른 방식으로,
> 이 가르침은, 잘못 구성된 본질을 통해 법에는 본질이 없음을 암시하는 것이다.

이 가르침은 인격체에는 자아가 없음을 암시하는 것이다. "대상境과 감각根이라는 처의 두 유형으로부터 의식識의 여섯 가지 유형이 생성되지만, 보는 자, 듣는 자, 냄새 맡는 자, 맛보는 자, 느끼는 자, 생각하는 자라는 단일한 존재는 없다"—이를 알면, 인격체의 무자아성의 가르침을 받은 자들은 인격체의 무자아성에 들어간다. "또 다른 방식으로"—즉, 오직 인상일 뿐이라는 가르침을 통해서. 어떻게 이것이 법의 무본질성을 암시하는 것인가? 색깔-형태色 등에 대한 이러한 표상이 오직 인상으로서만 발생한다는 것을 안다면, 즉 어떤 법도 색깔-형태 등이라는 한정 특징相을 담지하고 있지 않다는 것을 안다면, 어떤 〔본질이〕 존재하겠는가?

〔반론:〕 만약 실로 법이 어디에도 존재하지 않는다면, 이 "오직 인상일 뿐"인 것도 존재하지 않을 것이다. 어떻게 그게 입증되겠는가?

〔대답:〕 법은 어디에도 존재하지 않는다는 말에 법의 무본질성이

암시되어 있다는 것은 사실이 아니다. 하지만—법의 내재적 본성이나, 파악하는 자와 파악되는 것 등처럼—무지한 자가 인상의 그 상상적 본질을 통해 잘못 구성한 것은 법의 무본질성을 암시한다. 그렇지만 이는 붓다의 인지 대상인 그 표현할 수 없는 본질을 통해서는 암시되지 않는다. 오직 인상일 뿐인 것의 무본질성은 또 다른 인상의 구성된 본질을 통해 암시되기 때문에, 모든 법의 무본질성은 그 존재를 부정함에 의해서가 아니라, 오직 인상일 뿐을 입증함에 의해 암시된다. (Viṃś v.10)

유가행파의 이해에 따르면, 모든 법은 공하다는 대승의 확정적 가르침은, 법에는 우리가 잘못 덧붙인 내재적 본성이 모두 결여되어 있다는 주장으로 이해되어야 한다. 색법의 경우, 세친은 이 잘못 귀속된 본성에 외부 존재가 포함된다고 주장한다. 왜 이 그릇된 덧붙임假託을 극복하는 게 중요할까? 외부 대상이 존재한다고 잘못 상상할 때, 우리는 "파악되는 것과 파악하는 자", 즉 "저 밖에 있는 것"과 "이 안에 있는 것"이라는—간단히 말해, 외부 세계와 자아라는—이중성의 관점에서 생각하게 된다. 외부 세계가 존재하지 않음을 알게 되는 일은 "나"라는 존재를 믿는 아주 미세한 방식을 극복함을 통해서라고 세친은 생각한다.

임마누엘 칸트는 『순수이성비판』의 「관념론 반박」이라는 절에서 버클리의 주관적 관념론이 거짓임에 틀림없다고, 즉 우리의 의식과 독립적으로 존재하는 물리적 대상이 존재한다고 가정해야 함을 보여주고자 했다. 그의 논증은 본질적으로 어떤 영구적이고 독립적인 것(즉, 물리적 대상의 객관 세계)에 대한 개념이 없다면, 우리가 다양한 경험적 내용의 주체인 "나"라는 개념에 결코 도달할 수 없다는 것이었다. 요컨대 "저 밖"으로서의 객관성이라는 인식 없이는 주관성 또는 "이 안"이라는 인식이 존재할 수 없다는 것이다. 세친은 동의하겠지만, 칸트와는 정반대의 결론을 도출한다. 칸트는 우리가 의식이라는 존속하는 주체가 존재함을 믿어야 하기 때문에, 물리적 대상이 존재한다고도 믿어야 한다고 생각한다. 세친은 대신 우리가 왜 물리적 대상이 존재할 수 없는지 알게 되면, 내면에 진정한 "내"가 존재한다고 생각하고픈 유혹을 모두 잃게 되리라고 생각한다. 실제로는 단지 인상만이 존재할 뿐이지만, 우리는 이 인상에 대상과 주체라는 그릇된 구성물을 덧붙인다. 이를 안다면 우리는 "나"라는 그릇된 개념에서 해방될 것이다.[17]

이 점은 세친의 유식의 성립(Vijñaptimātratāsiddhi)의 다른 부분인, (30게송으로 이루어졌다는 의미의) 『유식삼십송(Triṃśikā)』에 대한 주석에서 언급된다. 『유식이십론』보다는 더 구제론적이고 덜 철학적인 지향을 보이는 이 문헌의 경우, 이 게송들에 대한 세친의 주석이 더 이상 남아오지 않는다. 그러나 후기 주석가인 안혜는 세친이 게송

---

17 이것이 유가행파의 견해에 대한 논증이 아니라는 점에 유의할 필요가 있다. 유식 이론이 괴로움을 제거하는 데 도움이 된다고 주장하는 것은 이를 믿어야 할 이유를 대는 게 아니다. 내 예금 계좌에 큰 잔고가 있다는 믿음이 내 재정 상황에 대한 괴로움을 덜어줄 수 있겠지만, 그렇다고 그게 사실이라고 믿을 만한 이유는 없다. 이 시점에서 우리가 하고 있는 일은 오직 인상일 뿐이라는 게 사실이라고 한다면, 그 구제론적 의미가 무엇인지 묻는 것이지, 그게 사실인지 따지고 있는 게 아니다.

28에서 지적한 점을 다음처럼 설명한다.

> 〔게송에서 세친은 다음처럼 말한다:〕 "파악되는 것이 부재할 때는 파악함도 존재하지 않기" 때문이다. 파악되는 것이 존재한다면 파악하는 자가 존재하지만, 파악되는 것이 부재할 때는 그렇지 않다. 파악되는 어떤 것도 존재하지 않는 경우에는 파악되는 것이 부재할 뿐만 아니라, 파악하는 자의 부재 또한 뒤따른다. 따라서 대상도 인지자도 없는 초세간적인 비개념적 인지가 발생한다.

그런데 그 결과로 생긴 인지가 왜 "비개념적"인 것일까? 그리고 세친이 깨달은 자에 의해 인지되는 (방금 살펴본 『유식이십론』 게송 10에 대한 주석에서) "표현할 수 없는 본질"이라고 할 때 의미하는 게 무엇이었을까? 우리는 여기서 신비주의와 마주하고 있는 것일까? 비합리적인 직관을 통해 요가수행자들만이 알 수 있는 것을 받아들이라고 하는 것일까?

아마 아닐 것이다. 『유식삼십송』의 이 지점에서 세친은 바로 유가행파의 삼성설三性說, 즉 각각 고유한 공성을 가진 세 가지 내재적 본성이 있다는 교리를 설했다. 이는 공성 교리에 대한 유가행파의 해석을 나타낸다. 이—모든 법은 내재적 본성이 공하다는—교리는 대승을 확정하는 것으로 여겨진다는 점과, 유가행파는 대승 학파라는 점을 기억할 필요가 있다. 하지만 우리가 공성의 가르침을 글자 그대로 받아들인다면, 법이라고 상정되는 것(즉, 내재적 본성을 가진 것)을 고려할 때, 이 가르침은 바로 그 법의 존재를 배제하는 것으로 보인다.

그리고 이는 유가행파에게는 당혹스러운 일이다. 왜냐하면 인상의 형태로 궁극적으로 실재하는 것이 존재한다고 주장하기 때문이다. 세 가지 본성과 세 가지 공성을 말하는 삼성설은 유식 교리와 공성의 가르침을 조화시키려는 유가행파의 방식이다. 삼성, 다시 말해 세 가지 내재적 본성은 상상된(parikalpita) 내재적 본성遍計所執性, 의존적인(paratantra) 내재적 본성依他起性, 완전한 것의(parinişpanna) 내재적 본성圓成實性이다. 세친의 게송(과 안혜의 주석)에서 이 세 가지가 어떻게 설명되는지 살펴볼 것이다. 먼저 그는 삼성 각각이 무엇인지 말한 다음, 그 각각이 어떤 의미에서 공하다고 할 수 있는지 설명할 것이다.

> 20. 어떤 개념에 의해 식별되는 것이 무엇이든, 그것은 상상된 내재적 본성이며, 실재하는 것이 아니다.

그는 내적인 것과 외부 사물로 식별되는 것 양자로 구별함으로써 사용할 수 있는 개념이 무한하다는 점을 보여주기 위해 "어떤 개념에 의해"라고 말하는 것이다. … 개념화된 대상이라서 존재하지 않기 때문에, 실재하지 않는 것이 무엇이든, 바로 그것은 상상된 내재적 본성을 가지는 것이다. 원인과 조건에 의한 것이기 때문에, 그것은 내재적 본성을 가지지 않는 것이다. 〔만약 그것이 내재적 본성을 가지고 있고, 그래서 실재하는 것이라면〕 하나의 사물과 그 부재에 적용할 수 있는 〔"크기가 있다"와 "크기가 없다"처럼〕 상호 모순되는 다수의 개념이 있을 것이기 때문이다. 〔그러나 개념은 실재하는 사물의 내재적 본성과 상응할 때만 그 실재하는 사물에 적용할 수 있다.] 그리고 단일한 사물이나 그 부재와 관련하여 상호 모순되는 다수의 내재적 본성이 존재할 수는 없다.

21ab. 의존적인 내재적 본성은 조건에 의존해 발생하는 개념이다.

이 의미는 별개의 원인과 조건에 의해 지배되는 것은 무엇이든 다른 어떤 것에 의존해 발생한다는 것이다.

21cd. 완전한 것은 이전의 상상된 것이 영원히 부재하는 의존적인 모든 것이다.

어떤 개념이 존재한다면, 상상된 내재적 본성은 파악되는 것과 파악하는 자[라는 이중성]의 본성을 갖는다. 어떤 개념이 존재한다면, 실재하지 않는 파악되는 것-파악하는 자(주관-객관)라는 본성이 구성되기 때문에, 상상된 내재적 본성은 "상상된"이라고 불린다. 완전한 것의 내적 본성은 의존적인 모든 것에 영원히 그리고 항상 파악되는 것-파악하는 자라는 이분법이 없다.

22ab. 그러므로 완전한 것은 의존적인 것과 단순히 동일할 뿐만 아니라, 구별되는 것도 구별되지 않는 것도 아니다.

완전한 것은 의존적인 것에 상상된 것의 내재적 본성이 영원히 없는 것이다. 그리고 그 없음의 본성은 〔의존적인 본성과〕 구별된다거나 구별되지 않는다고 정확히 말할 수 없다.

> 22cd. 완전한 것은 바로 무상 등과 같다고 해야 하며, 완전한 것이 보이지 않을 때는 의존적인 것도 보이지 않는다.

〔완전한 것은 무상과 같다.〕 마치 무상, 괴로움, 무아가 행 등〔의 온〕과 구별되지도 않고, 구별되지 않는 것도 아닌 것과 같다. 만약 무상이 행과 구별된다면, 행은 항상할 것이다. 그러나 만약 구별되지 않는다면, 행은 무상처럼 소멸될 그런 본성을 가지고 있을 것이다. … 그것이—완전한 것의 내재적 본성이—보이지 않을 때, 그것도—의존적인 내재적 본성도—보이지 않는다. 만약 초월적인 비개념적 인지를 통해 포착될 수 있는 완전한 것의 내재적 본성이 보이고 이해되며 증득되지 않는다면, 의존적인 것도 그 인지를 통해 파악되지 않는다. 왜냐하면 이 청정해진 세속적 인지는 그것의 결과로 획득되기 때문이다.

> 23. 세 가지 내재적 본성에 대해 세 가지 내재적 본성의 결여가 존재하며,
> 내재적 본성의 결여는 전체적으로 모든 법에 대해 설해진 것이다.
> 24. 첫 번째는 바로 그 한정 특징相의 없음이 있는 것이다.

다음은 그 자체로는 본성을 갖지 않음이 있는 것이며, 마지막은 내재적 본성의 궁극적인 결여가 있는 것이다.

25ab. 그것은 법의 궁극적 진실인데, 그것은 또한 진여이기 때문이다.

첫 번째는 상상된 내재적 본성이며, 그 한정 특징相에 의해 내재적 본성이 없다. 왜냐하면 이것은 색의 한정 특징이 색으로, 경험의 한정 특징이 느낌 등으로 귀속되는 것과 같이 그 한정 특징이 귀속되는 것이기 때문이다. 따라서 허공꽃처럼 그 자체의 형상을 결여하기 때문에, 그 자신의 형상이 없다. 다음은 의존적인 내재적 본성이다. 이에 대해 그 본성은 마법의 환영과 같이 그 자체에 의한 것이 아니니, 다른 조건에 의존해서 발생하기 때문이다. 그 발생은 현출되는 모습과 일치하지 않기 때문에, 이에 대해 발생에 따른 내재적 본성의 결여가 있다고 한다. "그것은 법의 궁극적 진실인데, 그것은 또한 진여이기 때문이다." 그것이란 궁극적인 초월적 인지를 의미하는데, 이를 넘어서는 것은 없기 때문이다. 또는 완전한 것의 내재적 본성은 궁극적 진실이라고 하는데, 허공처럼 어디에서도 균질하고 청정하기 때문이다. 완전한 것의 내재적 본성은 본성상 의존적인 모든 법의 궁극적 본성이므로, 완전한 것의 내재적 본성은 궁극적 공성이다. 왜냐하면 그 내재적 본성처럼 완전한 것의 부재를 가지고 있기 때문이다. (Triṃś. 20－25)

우리는 세 가지 본성(三性, trisvabhāva)을 실재가 경험될 수 있는 세 가지 다른 방식으로 생각할 수 있다. 그렇다면 각 유형의 공성은 경험을 취하는 방식에서 제거되어야 하는 오해석의 한 형태를 나타내는 것이다. 상상된 것은 세계를 이해하는 상식적인 방식을 나타낸다. 즉, 세계는 각각 자신의 고유한 본성을 가진 대상들을 수반하고 있는데, 이 대상들이 의식적 주관에 의해 파악된다고 생각하는 것이다. 경험을 이런 식으로 해석하도록 조직하는 주관-객관의 이분법은 개념의 사용을 필요로 한다. 나의 경험을 뜨거운 커피잔을 느끼고 있음으로 생각하려면, 물리적 대상이라는 개념을 경험의 한 국면에, 또 (주관적 상태, 즉 "나"의 상태로서의) 느낌이라는 개념을 또 다른 국면에 적용할 필요가 있다. 그러나 만약 오직 인상일 뿐이라는 게 옳다면, 이는 잘못된 귀인이다. 경험을 이런 식으로 생각한다면, 고유한 본성을 경험에 잘못 부과하는 것이다. 이를 깨달으려면 경험을 의존적 방식이라는 측면에서 봐야 한다. 마치 이전의 원인과 조건에 의존하는 인상의 흐름 같은 것이라고 말이다. 의존적인 것은 개념 및 주관-객관의 이분법을 사용함으로써 잘못 부과되는 것인 상상된 것을 제거할 때 남는 것이다. 그러나 어쨌든 이 남는 것에 대해 생각이 미치고 있는 한—비록 그 생각이 오직 인상일 뿐인 것의 비이원적 흐름일지라도—우리는 여전히 이것을 개념화하고 있는 것이다. 그래서 대승 경전에서 말하는 것처럼, 만약 개념적 증식(戱論, prapañca)이 무지를 가장 잘 보여주는 표현이라면, 의존적인 것에서 제거되어야 할 것이 여전히 남아 있는 것이다. 따라서 우리는 자신의 경험을 취하는 완전한 것의 양상에 도달하는데, 이는 어떤 개념화 또는 해석이 없는 순수한 봄이다.

자, 이것 또한 공한 것인데, 다만 해석 그 자체가 공할 뿐이라는 것이다. 다시 말해, 이 인지 양상에는 어떤 개념도 없으며, 그렇기에 완전한 것의 본성의 존재가 공한 것이다. 그것에 대해서는 아무 말도, 아무 생각도 할 수 없다. 단지 순수한 직접성일 뿐이다. 그렇지만 이것이 어떤 다른 영역에 대한 경험으로 이해되어서는 안 된다는 점에 유의할 필요가 있다. 완전한 것과 의존적인 것은 존재론적으로 구별되지 않는다. 전자는 단지 실제로는 공한 것이 제거된 후자일 뿐이다. 이 점이 중요한데, 왜냐하면 깨달은 사람은 완전한 것의 인지 양상에 전적으로 몰입된 채로 장기간 지속하면서 삶을 영위할 수는 없기 때문이다. 세상을 살아가려면 개념을 사용해야 한다. 유가행파의 관점에서 보면, 의존적인 것은 깨달은 사람이 개념이라는 것의 진정한 모습—즉, 무지의 산물이라는 점—을 인정하면서도 그 일상의 개념을 사용할 수 있는 일종의 "청정해진 세속적 인지"를 나타낸다.

이는 세친이 『유식이십론』 게송 10에서 오직 인상일 뿐이라는 가르침은 모든 법이 공함을 암시하는 것이라고 했을 때, 어떤 법도 존재하지 않는다고 말하는 허무주의에 빠지는 일 없이, 자신이 어떤 의도에서 이런 말을 했는지 어느 정도는 밝혀준다. 그는 유가행파의 공성 해석과 중관학파의 해석을 대조하고 있었다. 그는 유가행파의 삼성 해석이 우선시되어야 한다고 생각하는데, 왜냐하면 이 방식은 어떤 기저를 이루는 본성을—어떤 법성(法性, dharmatā) 또는 진여(眞如, tathātā)를—무지가 그릇된 구성물을 덧붙여온 근거로 남겨두기 때문이다. 그러나 정확히 왜 "표현할 수 없는" 채로 남겨지는 것인가?

즉, 왜 모든 개념화가 초월되어야 하는가? 안혜는『유식삼십송』게송 20을 주석하면서, 실재하는 사물이 개념에 의해 표현되는 본성을 가져야만, 그 실재하는 사물에 개념을 적용할 수 있다고 말하는 것처럼 보인다. 그래서 색깔이 있는 본성을 가진 실재하는 사물이 존재해야만, 그 실재하는 법에 "색깔"이라는 개념을 적용할 수 있다는 것이다. 그러나 각각의 실재하는 사물은 많은 원인과 조건의 산물이기 때문에, 그 사물이 존재하기 위해 있는 원인과 조건의 수만큼, 주어진 실재하는 사물에 적용할 수 있는 여러 다양한 (그리고 종종 서로 양립할 수 없는) 개념들이 있어야 한다고 안혜는 말한다. 그리고 그 경우, 주어진 사물은 다수의 별개의 내재적 본성을 가질 것이다. 이런 일은 분명 있을 수 없다. 개념적 허구만이 복잡한 본성을 가질 수 있는데, 우리가 찾는 것은 궁극적으로 실재하는 것이다. 그래서 만약 이 추론이 타당하다면, 우리는 왜 궁극적으로 실재하는 사물이 개념화를 넘어서 있으며, 따라서 본성상 언어로 표현할 수 없는 것이어야 하는지 알 수 있다. 그러나 어떤 식으로든 개념화할 수 있는 것이 왜 복잡한 본성을 갖는 것이어야 하는지 완전히 명확하지는 않다.

7. 허무주의를 피하는 방법으로서의 표현 불가능성

다행히도 무착(세친의 형이자 유가행파의 공동 창시자)은 궁극적으로 실재하는 사물이려면 표현 불가능한 본성을 가져야 한다는 주장에 대해 보다 철저하게 짜여진 논증을 제시한다. 그는 곧 살펴볼 구절에서 세친만큼 유가행파의 공성 이해와 중관학파의 이해를 대조하는 데 관심을 둔다. 그러나 그는 삼성 교리를 사용하지 않을 것이며, 유식 교리에 호소하지도 않을 것이다. 대신 궁극적으로 실재하는 것은 모든 개념화를 넘어서 있으며 언어로 표현할 수 없는 것이어야 한다고 주장할 것이다. 그런 다음, 대승 경전에서 모든 것은 공하다고 설할 때, 이 주장이 바로 그 진정한 의미임에 틀림없다는 사실을 보여주려 할 것이다. 다음은 『보살지(Bodhisattvabhūmi)』의 「진실의품(Tattvārtha)」에서 가져온 내용이다.

> 모든 법이 언어로 표현할 수 없는 내재적 본성을 가지고 있다는 것은 어떤 논증을 통해 알 수 있는가? 가령 "색", "느낌", "열반"에 이르기까지 법의 내재적 특징에 대한 개념은 개념적 허구에 지나지 않는 것이라고 알아야 한다. 그것은 내재적 본성도 아니며, 내재적 본성과 분리되고 구별되는 언어의 영역과 대상도 존재하지 않는다. 그래서 내재적 본성은 표현된 대로 존재하는 게 아니다. 그러나 모든 것이 절대적으로 존재하지 않는다는 것도 사실이 아니다. 그렇다면 그것은 실재하지 않을 것이지만, 모든 것이 완전히 실재하지 않는다는 것은 사실이 아니다. 어떻게 존재하는 것인가? 존재하지 않는 것에 대한 귀속을 통한 개념파악과는 별개로, 또 존재하는 것에 대한 부정을 통한 개념파악과는 별개로 존재한다. 그것은 또한 비개념적인 인지 영역인 모든 법의 궁극적인 내재적 본성이라고 알려져 있다.
>
> 각각의 부분을 가진 사물과 이를 구성하는 모든 법과 관련해, 그것이 이를 지시하는 말처럼 존재한다면, 그래서 그 사물과 그러

한 법이 그러한 본성들을 가진다면, 단일한 사물과 단일한 법에 대해 많은 방식으로 많은 내재적 본성들이 존재할 것이기 때문이다. 왜 그런가? 단일한 법과 단일한 사물과 상응하는 많은 개념적 귀속이 많은 편리한 지시어에 의해 많은 방식으로 만들어지기 때문이다. 그리고 다수의 의미를 가지는 한, 개념과 관련해 어떤 규칙도 파악할 수 없는 것이다. 그 법과 그 사물과 관련해, 어떤 하나의 편리한 지시어에 의해 파악되는 것이 그 본질이고, 그 본질과 상응하는 것이며, 그 내재적 본성이라면, 이는 여타의 편리한 지시어들에 의해서는 파악될 수 없을 것이다. 따라서 모든 법과 각각의 사물과 관련해, 전체를 지칭하든 부분을 지칭하든, 편리한 지시어에 의해서는 그것의 본질은 존재하지 않고, 그것과 상응하는 것은 존재하지 않으며, 그것의 내재적 본성은 존재하지 않는다.

더욱이, 앞서 언급한 색 등의 법이 편리한 지시어가 지칭한 대로 내재적 본성을 가지고서 존재한다고 가정해 보자. 이 경우, 먼저 사물이 있고, 그런 다음 뒤에 편리한 지시어를 원하는 용도로 사용할 것이다. 편리한 지시어의 귀속이 있기 전에, 편리한 지시어의 귀속이 아직 이루어지지 않았을 때에는, 그 법과 그 사물에는 내재적 본성이 없을 것이다. 내재적 본성이 없다면, 실재하지 않는 것에 대한 편리한 지시는 가능하지 않다. 그리고 편리한 지시의 귀속이 없다면, 실재하는 법에 대한 편리한 지시를 통해 내재적 본성이 존재할 수 있다고 가정하는 것은 잘못이다. 다른 한편, 만약 편리한 지시의 귀속이 있기 전에, 즉 귀속이 아직 이루어지지 않았을 때, 그 법과 그 사물이 그러한 본질을 가진다면, "색"이라는 편리한 지시어의 사용 없이도, 즉 색이라고 지칭되는 법과 색이라고 지칭되는 사물이 있지 않더라도, 즉 색에 대한 인지가 발생할 것이다. 그러나 발생하지 않는다. 이러한 이유로 인해, 이러한 논증에 의해, 모든 법의 내재적 본성은 표현 불가능하다고 인정해야 할 것이다. 색과 느낌부터 열반에 이르는 모든 법이 이와 같음을 알아야 할 것이다.

다음의 두 경우는 우리의 교법 계통에는 보이지 않는다고 알아야 할 것이다. 즉, 실제로는 실재하지 않는 덧붙임, 내재적 특징, 편리한 지시어의 내재적 특징 등을 색 등의 법과 사물에 부착시키는 것이고, 그리고 그 본질이 표현 불가능하다는 것에 기대어 궁극적으로 실재하는 것을 부정하면서, 즉 절대적으로 그 어떤 것도 존재하지 않는다고 하면서 편리한 지시어가 한정하는 토대, 즉 편리한 지시가 한정하는 영역을 파괴하는 것이다. 실재하지 않는 것을 귀속시키는 데 대한 오류는 이미 확인되었고, 널리 인정되었으며, 명료하고 분명하다. 그러한 오류에 의해 실재하지 않는 것을 색과 같은 것에 귀속시키기 때문에, 이는 우리의 교법 계통에서 배제된다는 것을 알아야 할 것이다. 마찬가지로 우리의 교법 계통에서 배제되는 것은 색 등과 같은 법 중 순전한 사물을 부정하는 보편적 허무주의다. 이에 대해 좀 더 말할 것이다. 색 등의 법에 대해 이 순전한 사물을 부정한다면, 실재도 개념적 허구도 가능하지 않다. 예를 들어, 색 등의 온이 존재하는 경우에는 인격체에 대한 개념적 허구가 존재한다. 그리고 존재하지 않는 경우에는 인격체에 대한 개념적 허구가 실재하지 않는다. 마찬가지로 색 등의 법과 관련해 순전한 사물이 존재한다면, 색 등과 같은 법에 대한 편리한 지시어의 사용은 적절하다. 만약 그렇지 않다면 편리한 지시어의 사용은 허위다. 개념에 의해 지시되는 사물이 존재하는 않는 경우에, 근거를 결여한 개념적 허구는 마찬가지로 존재하지 않는다. 그러므로 대승과 관련되고, 심오한 공성〔교리와〕 관련되며, 〔해명이 필요한〕 의도된 의미를 가지는 이해하고 인식하기 어려운 경전을 듣고서, 진정한 취지로 설해진 바의 의미를 온전히 알지 못한 채로, 오직 추론을 통해서만 도달한, 상상적으로 구성된 견해를 가지고 있는 사람들은 다음처럼 말한다. "진리는 모든 것이 개념적 허구일 뿐이라는 것이다. 이를 보는 자는 완벽하게 본다." 이들의 견해에 따르면, 개념의 토대 역할을 하는 사물 그 자체가 부재하게 되기 때문에, 개념적 허구도 마찬가지로 절대적으로 존재해서는 안 된다. 그렇다면 모든 것은 단지 개념적 허구일 뿐이라는 것이 어떻게 참일 수 있겠는가? 이들 자신의 생각을 통해 실재, 개념적 허구, 이 둘 모두 부정된다. 개념적 허구와 실재를 모두 부정하기 때문에, 이들은 극단적 허무주의자로 여겨져야 한다. 지혜로운 이와 품행이 훌륭한 자라면 그래서 허무주의자와는 이야기를 나누거나 교제해서는 안 된다. 그는 스스로의 노력이 실패로 돌아갈 뿐 아니라, 그 견해에 동의하는 사람들도 파멸로 인도한다. 붓다께서 "공성을 잘못 이해하는 것보다, 인격체가 존재한다는 견해를 갖는 게 더 낫다"고 말씀하신 것은 바로 이런 맥락에서다. 왜 그런가? 인격체가 존재한다는 견해를 가진 이들은 단 하나의 인지 가능한 것에 대해 혼란스러운 것일 뿐이지만, 모든 인지 가능한 것을 부정하지는 않을 것이다. 이 때문에 나쁜 환경惡趣에 다시 태어날 원인이 생겨나지는 않을 것이다. 또한 교법과 괴로움으로부터의 해탈에 전념하고 있는 다른 사람을 비난하거나 오도하지도 않을 것이다. 다른 이를 진리와 교법 안에 안착하게 해야 한다. 계율을 따르는 데 있어서도 게을러서는 안 된다. 다시 한 번 말하지만, 잘못 이해된 공성에 빠진다면, 인지 가능한 사물에 대해 혼란스러울 것이다. 모든 인지 가능한 것이 또한 부정될 것이다. 그리고 그것이 원인이 되어 재앙에 빠질 것이다. 교법과 괴로움으로부터의 해탈을 구하는 다른 이들에게 재생이라는 재앙을 가져다줄 것이다. 계율을 따르는 데 있어 게으르게 될 것이다. 이러한 이유로 실재하는 사물의 부정은 우리의 교법 계통에서 배제된다.

그런데 공성은 어떻게 잘못 개념화되는가? 일부 사문과 바라문은 어떤 것에 그것[즉, 내재적 본성]이 없음空을 인정하지 않는다. 또한 없는空 그것[즉, 사물과 법]도 인정하지 않는다. 공성이 잘못 파악되었다고 하는 것은 바로 이런 식이다. 어떤 이유에서 그런가? 이것에 없는空 그것은 존재하지 않지만, 없는空 그것은 존재하기 때문이다—이 때문에 공성이 가능하다. 모든 것이 실재하지 않는다면, 어디에서 무엇이 무엇에 대해 없을 것인가? [그렇다면] 이 사물에 있어 그것의 부재는 가능하지 않다. 따라서 이 경우 공성이 잘못 개념화되는 것이다.

그렇다면 공성은 어떻게 올바르게 개념화되는가? 어떤 것이 어떤 곳에 존재하지 않을 때, 그 장소에는 그것이 없다空고 여겨진다. 그리고 거기에 남아 있는 것으로 존재하는 것, 그것은 실재하는 것으로서 올바르게 파악된다. 이를 바로 있는 그대로의 오류 없는 공성 개념이라고 한다. 따라서 어떤 존재자가 색 등으로 개념화되어서 그에 따라 "색"으로 지시될 때, 그 편리한 지시어의 본성을 가지는 법은 존재하지 않는다. 그러므로 "색" 등이라고 개념화된 이 존재자에는 편리한 지시어의 본성이 없다空. 그리고 색 등으로 개념화된 존재자의 경우에 거기에는 무엇이 남아 있는가? 바로 "색" 등이라는 편리한 지시어의 토대인 그 모든 것이다. 그렇다면, 이 둘은 있는 그대로, 즉 실재하는 순전한 사물이라고, 또 순전한 사물에 덧붙여진 개념적 허구일 뿐인 것이라고 알려진다. 그렇다면 실재하지 않는 것에 덧붙이는 일도 없고, 실재하는 것을 부정하는 일도 없으며, 늘이거나 줄이지도, 버리거나 모으지도 않는다. 실재와 진여는 그렇다면 있는 그대로 표현 불가능한 본질을 가지는 것으로 알려진다. 이를 완전한 통찰력과 좋은 의도에 따른 "올바르게 파악된 공성善取空"이라고 한다. 이와 같이 모든 법은 표현 불가능한 본질을 가진다는 것은 잘 정돈된 논증적 추론을 통해 알아야 할 것이다. (BSB 30-32)

무착에 따르면, 공성에 대한 유가행파의 해석이 실재하지 않는 것(아비달마가 법에 귀속시키는 내재적 본성)을 덧붙이는 일과 실재하는 것(내재적 본성이 덧붙여지는 사물 그 자체)을 부정하는 일 사이의 "중간 길中道"이라는 점이 이제는 아마 분명할 것이다. 사물 그 자체는 실재하지만, 언어로 표현할 수 없으며 모든 개념화를 넘어서 있다고 주장함으로써, 유가행파는 이를 통해 중관학파의 허무주의처럼 보이는 태도에 빠지지 않으면서도 모든 법은 공하다는 대승의 교리를 존중할 수 있다고 주장한다. 그렇지만, 우리가 할 일은 무착의 언표불가능성 주장에 대한 논증을 이해하는 것이다. 여기에는 실제로 두 가지 논증이 있다. 첫째는 안혜가 제시한 논증의 확장판으로, 주어진 사물은 여러 방식으로 지시될 수 있다는 사실에 기반한 것이다. 두 번째는 지시될 수 있다는 것과는 별개로 존재자 그 자체가 무엇과 같은지 묻는 것이다. 각각을 차례로 살펴보자.

첫 번째 논증은 다음처럼 진행된다.

전제1 어떤 용어가 어떤 존재자의 내재적 본성을 표현함으로써 그 존재자를 지시하는 데 성공했다고 가정해 보자.

전제2 주어진 존재자가 성공적으로 지시될 수 있는 여러 다양한 방식이 있다.

전제3 이는 주어진 존재자가 다양한 내재적 본성을 가지고 있음을 의미하는데, 이는 불합리하다.

전제4 따라서 어떤 용어도 그 내재적 본성을 표현함으로써 존재자를 지시하는 데 성공할 수 없다.

결론 그러므로 사물이 내재적 본성을 가진다는 믿음은 개념적 증식戱論의 산물임에 틀림없으며, 본성상 표현 불가능한 실재하는 사물의 본성을 반영하는 게 아니다.

기본 전략은 분명 말이 지시되는 사물의 본성을 표현하는 방식으로 작동한다는 발상을 뒤집는 것이다. 우리는 유가행파가 두 번째 전제를 뒷받침하는 방식을 살펴봄으로써 추론이 어떻게 진행될지 알 수 있다. 전제2의 요점은 다양한 언어가 단일 개념을 표현하기 위해 다양한 말을 사용하는 게 아니라는 점을 알아두는 것이 중요하다. 사실, 우리가 "여성"이라는 단어로 표현하는 것을 프랑스어에서는 femme, 일본어에서는 onna 등으로 표현한다. 그러나 이는 우리가 여성이라고 부르는 어떤 것이 다양한 본성을 가지고 있음을 보여주는 건 아니다. 하나의 본성을 표현하는 다양한 서로 다른 방식이 있음을 보여줄 뿐이다. 유가행파는 모두 같은 언어를 사용하는 네 명의 사람이 한 명의 여성을 지칭하지만, 각기 아주 다른 개념을 사용하는 아주 상이한 예를 들어 전제2를 예증할 것이다. 즉, 애정을 표현하는 용어를 사용하는 부모, 관능적인 욕망을 표현하는 용어를 사용하는 연인, 질투를 표현하는 용어를 사용하는 경쟁자, 초연함을 표현하는 용어를 사용하는 비구가 그 예가 될 수 있다. 이 여성을 지칭하는 어떤 방식이 "꼭 맞는" 방식일까? 각 화자는 자신들이 동일한 여성을 지칭하고 있는 것으로 이해하기 때문에, 네 사람 모두 그 언어를 올바르게 사용하고 있는 것처럼 보일 것이다. 하지만 하나의 사물이 네 가지 본성을 모두 가질 수는 없다. 사실, 여성이라는 것은 개념적 허구이며, (단일한 법과는 달리) 개념적 허구는 복잡한 본성을 가질 수 있다. 그런데 여기에 귀속되는 본성 중 일부는 다른 본성과 양립할 수 없다. 그래서 지칭되는 사물이 그 자체로 어떤 본성을 가지고 있다고 가정하는 데에는 어려움이 있는 것 같다. 우리는 보통 "여성" 같은 말이 모든 여성이 공유하는 하나의 본성을 표현함으로써 세상의 모든 개별 여성을 집어내는 데 성공한다고 가정한다. 이 논증은 그러한 가정에 문제를 제기하는 것이다. 그 대신 제안하기로, 사실상 그 어떤 것도 다른 것과 공유하는 본성은 없지만, 단지 언어와 개념을 사용하는 상습적인 경향(우리의 개념적 증식)이 공유하는 본성의 관점에서 사물을 지시할 수 있다고 생각하게 만든다는 것이다. 궁극적으로 실재하는 것은 언어 너머에 있으며, 유일무이하고 그렇기에 언어로 표현할 수 없다.

두 번째 논증은 지시 대상(지시된 사물)과 지시 행위 사이의 관계에 관한 두 가지 가능성을 살펴보는 일과 관련이 있다. 어떤 것을 "색깔"로 지시하는 행위는 사물에 색깔이 있는 본성을 귀속시키는 일과 관련이 있다. 두 가지 가능성은 사물이 지시 행위 이전에는 그 본성을 결여한다는 것이고, 또 사물이 지시 행위가 실행되기 이전에 이미 그 본성을 가지고 있다는 것이다. 이 논증은 두 가능성 모두 통하지 않으리라는 것이다. 첫째로, 지시 대상은 그 자체의 본성이 없는 것으로, 단지 순수한 공백일 뿐이다. 그 경우 "색깔"이라는 용어로 이것을 지시할 이유가 없는 것이다. 모든 용어는 나름의 충분한 이유가 있어서 특정 사물에 적용될 수 있다. 그래서 하나의 단어를 사용해 한 종류에 속하는 모든 특수자를 지시하는 일은 사회적으로 통용될 수 없다. 이는 다른 가능성이 참이어야 함을, 즉 우리가 "색깔"로 지시하는 모든 사물은 그렇게 지시되기 이전에 이미 색깔이 있는 본성을 가지고 있다는 점을 시사한다. 이 경우에, 무착은 우리가 색깔 개념을 반성해서 상기할 필요 없이, 즉각 어떤 사물을 색깔이 있는 사물로 지각할 것이라고 말한다. 파란색을 보는 것과 파란색을 보고 있음을 알아차리고 있는 것 사이에는 아무런 차이가 없을 것이다. 그러나 차이가 있다. 즉, 첫 번째는 지각하는 경우지만, 두 번째는 지각의 내용에 개념을 적용하는 경우다. 그래서 두 번째 가능성도 거부되어야 한다. 특수자의 본성은 표현 불가능한 것이어야 한다. 그렇지만 바로 개념적 증식으로 인해, 즉 우리가 편리한 지시어를 사용하기 때문에 특수자가 공유된 내재적 본성을 가진 종류(색깔이 있는 등)로 분류되는 것인 양 보이게 되는 것이다.

무착이 두 번째 가능성을 거부하는 게 옳을까? 파란색 조각을 볼 때, 우리는 이것을 단지 특정한 "그것"으로뿐만 아니라, 특정 종류의 어떤 것으로, 즉 색깔이 파란색인 본성을 가지는 어떤 것으로도 즉각 알아차린다고 생각하는 게 자연스러워 보일 수 있다.[18] 이 때문에 니야야는 감각 지각에서 우리는 특수자뿐만 아니라, 그 특수자에 내재하는 보편자 역시 알아차린다고 말하는 것이다(4장 1절 참조). 이 특수자는 그 안에 파란색성靑色性을 가지고 있으며, 시각이 나로 하여금 이 특수자를 알아차리게 만들 때, 이 파란색성 또한 알아차리게 만든다. 니야야는 내가 이 특수자를 파란색 사물로 알아차리기 전에—내가 "이것은 파란색이다"라고 표현되는 인지를 가지기 전에—최초의

---

18 우리가 지각 안에서 즉각 알아차리고 있는 것은 정신적 이미지라고 가정하고 있다는 점을 떠올릴 필요가 있다. 단지 인상만 존재할 뿐이라는 점에 대해 세친이 틀렸다고 하더라도, 지각에 대한 표상주의적 설명은 여전히 직접 실재론적 설명보다 나을 것이다. 그리고 표상주의에 따르면, 내가 감각 지각에서 직접 알아차리고 있는 것은 외부적 대상이 원인이 되는 정신적 이미지다.

감각 접촉 이후 한 찰나가 걸린다는 점을 인정한다. 이는 마음이 반드시 먼저 이 두 개의 분리된 지각적 내용을 한데 모으고 나서야, 하나가 다른 하나를 한정한다고 인지할 수 있기 때문이다. 그러므로 니야야는 비개념적 지각과 개념이 부과되어 있는, 말하자면 한정적 지각을 구별한다. 즉, 전자는 단지 특수자 또는 보편자 같은 개별적 사물을 알아차리는 지각인 반면, 후자는 하나의 개별자를 다른 하나를 한정하는 것으로, 즉 파란색성이 이 특수자를 한정하는 것으로 알아차리는 지각이다. 만약 이 같은 설명이 올바른 방향으로 가고 있다면, 이 특수자는 "파란색"으로 지시되기 이전에 내재적 본성을 가지는 것이라고 말하는 게 이치에 맞을 것이다.

무착은 우리가 왜 니야야의 설명을 거부해야 한다고 생각하는지 말해주지 않는다. 그러나 추측하기는 쉽다. 보편자는 영원해야 할 것이다. 그러므로 만약 파란색성 같은 보편자가 실제로 존재한다고 가정하는 일은, 실재의 한 특징으로서 무상에 기울인 노력을 감안할 때, 불교도라면 받아들일 수 없을 것이다. 무착이 할 수 있는 말은, 니야야의 보편자는 실제로는 개념적 구성물로, 단지 편리한 지시어를 사용하기 때문에 존재한다고 가정하는 사물이라는 것이다. 그러나 그렇다면 무착은 파란색이라고 얘기되는 많은 특수자들에 도대체 우리가 어떻게 동일한 단어를 적용하는 법을 배울 수 있는지 설명할 필요가 있다. 나중에 유가행파가 설명을 시도하지만, 그는 하지 않는다. 유가행경량부 학파(9장의 주제)의 창시자인 디그나가가 제안한 해결책은 지각적 인지에 대한 대안적 설명의 기초가 된다. 이 설명에 따르면, 모든 지각은 비개념적인 것으로, 그 지각에서 우리는 단지 유일무이한 특수자를 알아차릴 뿐이다. 우리가 보통 "이것은 파란색이다"와 같은 지각적 판단分別이라고 생각하는 것은 지각적 인지에 의해 촉발될 수 있지만, 사실은 단지 개념적 구성물에 대한 알아차림일 뿐이며, 그래서 실제로는 전혀 지각적이지 않다. 무착의 두 번째 논증이 실제로 통하는지 판단하기 위해서는 이 이론을 더욱 면밀히 살펴볼 필요가 있다. 그래서 그때까지 이 논증에 대한 평가를 연기할 필요가 있을 것이다.

첫 번째 논증과 관련해, 주어진 특수자가 상호 모순되는 여러 방식으로 각기 올바르게 지시될 수 있다는 주장에 대해 제기될 수 있는 몇 가지 의문이 있다. 아마 이는 여성 사례의 경우에 해당할 것이다. 그렇지만 아마도 우리는 여성에게는 내재적 본성이 결여되어 있다는 것을 이미 알고 있을 것이다. 한 여성은 인격체이며, 인격체는 전체로서 본성을 부분들로부터 빌리는 것이기 때문이다. 그러나 법, 즉 전체를 궁극적 구성요소로 분석할 때 도달된다고 가정되는 것의 경우는 어떨까? 모순되는 본성의 문제가 이 경우에도 제기될까? 여성처럼 복합적 사물의 경우가 그렇듯, 두 명의 다른 화자가 주어진 법에 대해 다른 태도를 가질 수도 있고, 이런 태도의 차이는 그 법을 지시하는 방식으로 드러날 수도 있다. 그러나 법은 본성상 단일하기 때문에, 태도의 차이를 법 그 자체의 본성상 차이로 감추기는 어려울 것이다. 만약 당신은 이 색깔 조각을 "저 역겨운 파란색"으로 언급하고, 나는 "그 고요한 파란색"이라고 부른다면, 이 명칭의 차이는 태도의 차이에서 비롯된 것이지, 이 조각이 두 가지 별개의 것으로서 양립할 수 없는 본성들을 가지는 데서 비롯되는 게 아니라는 점은 분명할 것이다.

그래서 아마도 만약에 법과 그 본성만을 지칭하는 언어로 실재를 전적으로 기술하는 방식을 배울 수 있다면, 모두가 동의할 수 있는 완벽히 객관적인 기술을 할 수 있을 것이다. 이렇게 될 수 없었던 어떤 이유가 아마 있을 것이다. (중관학파는 왜 그럴 수 없다고 생각하는지 다음 장에서 알게 될 것이다.) 그러나 무착은 그게 가능하지 않다고 생각할 어떤 이유도 우리에게 제시하지 않았다. 그래서 이 논증은 유가행파 저자들의 생각만큼 설득력이 있진 않을 것이다.

언표불가능성 주장을 옹호할 수 있는 또 다른 방법이 있다. 만약 오직 인상일 뿐이라는 주장이 참이라면, 실재란 대상이다 또는 주체다는 식으로 기술될 수 없다는 점을 떠올려 보자. 우리에게 "이 안에" 현전해 있는 "저 밖의" 세계가 존재하는 것인 양 우리에게 보이지만, 외부 세계는 존재하지 않고 그래서 결과적으로 내적 또는 주관적 세계도 존재하지 않는다. 아마도 유가행파는 주관-객관의 이분법이 없다면, 언어가 작동할 수 없다고 말하고 싶을 것이다. 존재하는 것을 기술하기 위해 우리가 할 수 있는 그 어떤 말도 이 이중성을 전제할 수밖에 없기 때문에, 우리가 할 수 있는 그 어떤 말도 틀릴 수밖에는 없다. 우리가 다루고 있는 저자 중 누구도 실제로는 이런 말을 하진 않는다. 따라서 이런 주장을 입증하는 논증이 무엇인지 알아낼 필요가 있다. 하지만 이는 좀 더 살펴볼 가치가 있는 가능성일 수 있다.

더 읽을거리

유가행파와 중관학파 간 논쟁에 대한 더 자세한 내용은 Jay Garfield and Jan Westerhoff, eds., *Madhyamaka and Yogācāra: Allies or Rivals?*(New York: Oxford University Press, 2015)에 수록된 에세이들 참조.

후기 유가행파의 유식 이론 및 중관학파의 공성 해석에 반대하는 일련의 논증들에 대해서는 Tom Tillemans, *Materials for the Study of Āryadeva, Dharmapāla and Candrakīrti*, Wiener Studien zur Tibetologie und Buddhismuskunde 24, vol.1 (Vienna: Arbeitskreis für Tibetische und Buddhistische Studien, Universität Wien, 1990), pp.85-173에 수록된 호법Dharmapāla의 *Catuḥśataka*四百論에 대한 주석 영역본 참조.

유식에 대해 니야야가 어떻게 대응하는지 그 설명은 B. K. Matilal, *Perception: An Essay on Classical Indian Theories of Knowledge*(Oxford: Oxford University Press, 1986) 7장 참조.

세친의 첫 번째 유식 논증에 대한 다소 다른 해석과 이 논증에 대한 니야야의 비판은 Joel Feldman, "Vasubandhu's Illusion Argument and the Parasitism of Illusion upon Veridical Experience," *Philosophy East and West* 55, no.4(Oct. 2005): 529-41에 제시되어 있다. 보다 최근에 제시된 색다른 해석은 Birgit Kellner and John Taber, "Studies in Yogācāra-Vijñānavāda Idealism I: The Interpretation of Vasubandhu's *Viṃśikā*," *Asia* 68(2014): 709-56에 실려 있다.

서구의 관념론에 대한 고전적 개념화에 대해서는 George Berkeley, *A Treatise Concerning the Principles of Human Knowledge* 참조. Jonathan Bennett, *Locke, Berkeley, Hume*(Oxford: Oxford University Press, 1971)의 관련 부분에서 버클리의 전반적인 체계에 대해 잘 다루고 있다.

업종자 교리의 기원 및 발달과 관련된 "창고 의식藏識"(ālaya-vijñāna) 이론에 대해서는 Lambert Schmithausen, *Ālayavijñāna: On the Origin and the Early Development of a Central Concept of Yogācāra Philosophy*(Tokyo: International Institute for Buddhist Studies, 1987) 참조.

외부 대상에 반대하는 디그나가의 논증에 대해서는 Douglas Duckworth, Malcolm Eckel, Jay Garfield, John Powers, Yeshes Thabkhas, and Sonam Thakchöe, eds. and trans., *Dignāga's Investigation of the Percept: A Philosophical Legacy in India and Tibet*(New York: Oxford University Press, 2016) 참조.

세친이 원자론에 대항해 사용하는 무한 분할가능성 논증은 고전 그리스 철학자 제논의 복수plurality에 반대하는 논증과 구조가 유사하다. 이에 대한 논의로는 Roy Sorensen, *A Brief History of the Paradox*(New York: Oxford University Press, 2003)의 4장 참조.

아비달마의 원자론 방어에 대해서는 Margherita Serena Saccone, "The Conception of Atoms as Substantially Existing in Śubhagupta," *Journal of the International Association of Buddhist Studies* 38(2015): 107–37 참조.

8장 중관학파: 공성 교리

모든 것은 공하다 또는 모든 것에는 본질이 없다는 견해는 대승의 철학을 명확하게 보여주는 교리다. 앞선 장에서는 유가행파가 관념론적 해석을 제시하면서 어떻게 이 교리를 옹호하려 했는지 검토했다. 이제는 공성 교리가 있는 그대로 받아들여진다면, 과연 철학적으로 방어될 수 있는지 살펴볼 시간이다. 중관학파가 주장하는 바는 바로 이 점이다. 이 장에서는 모든 것은 공하다는 주장에 대한 중관학파의 핵심 논증 중 일부를 검토할 것이다. 또한 중관학파의 견해에 대한 핵심 반론 중 일부도 살펴볼 것이다. 그리고 항상 그렇듯이, 검토 중인 견해의 구제론적 귀결 또한 탐구할 대상이다. 그런데 이에 앞서, 공성 교리를 액면 그대로 받아들인다면, 누구나 직면할 수밖에 없는 난점에 대해 분명히 짚어둘 필요가 있다. 이를 통해 중관학파가 해석될 수 있는 다양한 방식과 왜 어떤 해석은 다른 해석보다 더 합당해 보이는지 정리해볼 수 있을 것이다.

1. 중관학파의 공성 주장을 해석하는 방식들

중관학파는 남인도 출신이며, 일반적으로 150년경에 활동했을 것으로 추정되는 용수(龍樹, Nāgārjuna)로 그 기원이 거슬러 올라간다. 용수는 중관학파의 근본 문헌인 『중론송(Mūlamadhyamakārikā)』(MMK) 및 기타 여러 저작의 저자다. 용수의 제자 제바(提婆, Āryadeva, 200년경)는 용수가 『중론송』에서 제시한 분석을 새로운 영역으로 확장했다. 하지만 그 다음에는 시간의 격차가 존재한다. 6세기가 되어서야 중관학파가 지속적으로 철학적 활동에 참여하는 모습을 다시 보게 되는 것이다. 이때 『중론송』에 대한 세 가지 주요 주석, 즉 불호(佛護, Buddhapālita, 500년경 활동), 청변(淸辯, Bhāviveka, 500-570년경), 월칭(月稱, Candrakīrti, 7세기경)의 주석을 얻게 된다. 이 격차는 왜 생긴 것일까? 한 가지 가능성은 대승의 철학자들이 용수의 논증이 가진 힘의 진가를 이해하는 데 이만큼 오랜 시간이 걸렸다는 것이다. 그 사이 3세기 동안, 공성에 대한 유가행파의 대안적 이해를 발전시키는 데 많은 에너지가 투입되었다. 아마도 이 대안적 이해가 철저히 탐색되고 나서야 겨우 일부에서는 용수가 어쨌든 반야적 공성 교리를 액면 그대로 받아들인 게 옳았다고 생각하기 시작했던 것 같다.

왜 이 시나리오가 개연적일 수 있는지 알려면, 공성 교리가 무엇을 말하는지, 또 해석상의 선택지가 무엇인지 상기할 필요가 있다. 용수가 이해하는 바와 같이, 무언가에 대해 그것이 공하다고 하는 말은 그것에 내재적 본성이 없다(그것은 무자성/無自性/niḥsvabhāva이다)고 말하는 것이다. 유가행파 논사들은 동의할 것이다. (7장 6절 참조.) 초기 대승 경전에서 볼 수 있는 이 주장은 사실 모든 것에는 본질이 없다(무아/無我/nairātmya)는 것이었다. 그런데 "본질이 없다"에서 "내재적 본성이 없다"로의 이동은 설명하기 쉽다. 부분전체론적 허무주의에 대한 아비달마식 환원주의적 버전에 따르면, 궁극적으로 실재하는 것은 단지 하나의 본성을 가질 뿐이다. 아비달마는 또한 궁극적으로 실재하는 것이 그 본성을 내재적으로 가진다고 주장한다. 전차가 그 크기, 형태, 무게를 그 부분들에서 빌리는 식으로는, 궁극적으로 실재하는 것은 다른 것들로부터 그 본성을 빌리지 않는다는 것이다. 그래서 궁극적으로 실재하는 것의 본질은 바로 이 실재에 내재하는 단일한 속성이어야 할 것이다. 따라서 궁극적으로 실재하는 것에 본질이 없다면, 이 실재는 내재적 본성을 결여할 수밖에 없다.

아비달마식 부분전체론적 허무주의 논증에 설득당했다고 가정해 보자. 우리는 전체가 단지 개념적 허구일 뿐이며, 내재적 본성을 가지는 것들만이 궁극적으로 실재한다는 데 동의할 것이다. 중관학파가 어떤 것도 실제로는 내재적 본성을 가질 수 없다는 취지의 설득력 있는 논증을 제시했다고 가정해 보자. 중관학파를 따를 때, 우리가 동의할 선택지는 무엇일까? 확연히 대별되는 두 가지 선택지가 놓여 있다. 첫 번째는 형이상학적 허무주의를 수용하는 일이다. 우리는 궁극적으로는 어떤 것도 존재하지 않는다고 말할 수도 있다. 이는 받아들이기 쉽지 않다. 그리고 곧 보게 되겠지만, 용수는 이를 명시적으로 거부한다. 그래도 여전히 선택지 중 하나다. 두 번째 선택지는 "실재는 언어로 표현할 수 없다"는 전략이라고 할 수 있다. 이 선택지로 이어지는 생각은 다음과 같다. 즉, 만약 궁극적으로 실재하는 것이 부분을 가지는 것이라거나 부분을 가지지 않는 것이라는 식으로 기술될 수 없다면, 아마 그 잘못은 우리가 궁극적 실재를 기술하기 위해 사용하는 개념에 있으리라는 것이다. 어쩌면, 실재의 본성은 우리 자신처럼 유한한 존재의 개념적 능력을 초월해 있을지도 모른다. 만약 그렇다면, 허무주의적 결론을 피할 수 있을 것이다. 우리는 궁극적으로 실재하는 무언가가 존재한다고 말할 수 있을 것이다. 단지 기술될 수 없을 뿐인 것이다—적어도 우리에 의해서는 말이다. (유가행파는 이 선택지의 변형된 형태를 채택했다.)

이 두 가지가 우리의 유일한 선택지로 보일지도 모른다. 그러나 아닐 수도 있다. 전에도 한 번 비슷한 상황을 겪은 적이 있었기 때문이다. 3장에서는 열반의 본성이 기술될 수 있는지의 문제를 살펴보았다. 우리는 깨달은 사람이 사후에 존재할 수 있는지의 여부를 붓다가 질문 받았을 때, 네 가지 가능한 답 모두를 거부하는 것을 보았다. 어떤 이들은 이러한 거부가 남는 것이 없는 종식無餘涅槃의 상태("최후의 열반")가 기술될 수 없다는 의미로 받아들였다. 그러나 붓다가 네 가지 가능성을 모두 거부했을 때는 이 점을 지목한 게 아니었다. 대신 그는 네 가지 모두 공통적으로 잘못된 전제를 공유하고 있음을 지적하고 있던 것이다. 이제 우리는 똑같은 모습을 한 교착 상태에 봉착해 있다. 즉, 궁극적으로 실재하는 것은 내재적 본성을 가지는 것이다, 내재적 본성이 없는 것이다, 전체인 것이다, 부분이 없는 부분인 것이다, 완전히 존재하지 않는 것이다는 식으로는 기술될 수 없다는 것이다. 그렇다면 궁극적으로 실재하는 것은 언어로 표현할 수 없는 것이라고 결론 내려야 할까? 여기에는—형이상학적 허무주의와 "실재는 언어로 표현할 수 없다"는 선택지를 포함해—네 가지 가능성 모두가 공유하는 전제가 있다. 바로 궁극적 진리 같은 것이 존재한다는 전제가 그것이다. 이들 가능성 중 어느 것이라도 맞으려면, 사물이 절대 객관적으로 존재하는 방식 같은 게 있어야 할 것이다. 만약 우리가 "실재는 언어로 표현할 수 없다"는 선택지를 받아들인다면, 이 전제를 수용하고 있는 것이다. 우리는 사물이 우리의 필요와 관심을 반영하는 개념과 독립적으로 어떻게 존재하는지 묻는 게 이치에 맞다고 가정할 것이다. 그리고 이 전제는 틀렸을 수도 있다. 궁극적 진리라는 생각 바로 그 자체가 앞뒤가 맞지 않는 것일 수도 있다. 그래서 이 같은 전제가 틀렸다는 게 세 번째 선택지가 된다. 만약 중관학파의 공성 논증이 타당한 것으로 밝혀진다면, 궁극적 진리 같은 것은 존재할 수 없다는 점을 보여주는 것으로 이 논증이 받아들여질 것이다. 자, 중관학파는 궁극적 진리란 모든 것이 공하다는 것이라고 주장한다. 그래서 우리는 이 세 번째 선택지를 다음처럼 말할 수 있다. "궁극적 진리란 궁극적 진리가 존재하지 않는다는 것이다." 물론 이는 역설적으로 들린다. 나중에 다시 설명하겠다.

넓게 말하면, 그래서 공성 교리에 대한 해석에는 형이상학적 해석과 의미론적 해석이라는 두 가지 유형이 있는 것이다. 형이상학적 해석은 이 교리를 실재의 궁극적 본성에 대한 설명으로 여긴다. 우리의 첫 번째와 두 번째 선택지는 모두 이런 종류에 속한다. 세 번째 선택지는 그렇지 않다. 바로 의미론적 해석으로, 말하자면 이 교리를 진리에 대해 무언가를 말하고 있는 진술로 여기는 것이다. 특히, 공성 교리를 어떤 진술의 진리성은 실재의 궁극적 본성에 의존해야 한다는 생각에 대한 거부라고 여기는 것이다. 이는 아비달마적 궁극적 진리 개념이 의존하는 발상이다. 그래서 의미론적 해석에서 보면, 공성 교리는 궁극적 진리라는 발상에 대한 거부다. 아비달마가 궁극적인 것眞諦과 세속적인 것俗諦이라는 두 가지 진리가 존재한다고 주장했던 점을 기억할 것이다. 따라서 아비달마는 이원론적 진리二諦 개념을 가진다고 할 수 있다. 그렇다면 공성에 대한 의미론적 해석에서 볼 때 중관학파는 의미론적 비이원론으로 기술될 수 있다. 오직 한 종류의 진리만이 존재한다고 말하기 때문이다.

이 지점에서 어떻게 진리라는 것이 전혀 형이상학적이지 않고, 엄밀히 의미론적일 수 있는지 의문이 들지도 모른다. 진리 개념에는 사물이 실제로, 객관적으로 어떻게 존재하는지에 대한 생각이 포함되어 있지 않나? 실재의 궁극적 본성 같은 것이 존재한다는 생각이 포함되어 있지 않나? "음료수 자판기가 로비에 존재한다"는 진술을 예로 들어보자. 이게 참이라면, 아래층에 자판기가 존재해야 하지 않을까? 물론, 실제로 자판기라는 것은 존재하지 않는다. "음료수 자판기"는 특정한 방식으로 한데 모인 부품들을 가리키는 편리한 지시어일 뿐이다. 하지만 그러한 부분들은 (또는 그러한 부분들의 부분들은) 그 방식으로 배열되어 거기에 존재해야 할 것이다. 그렇지 않을까? 아마도 우리가 일상적으로 참으로 받아들이는 모든 진술이 실제로 실재와 일치하는 건 아닐 것이다. 음료수 자판기에 대한 진술이 그런 경우인데, 왜냐하면 실제로는 존재하지 않는데도 음료수 자판기가 존재한다는 가정에 근거하기 때문이다. 그리고 이 진술은 우리의 이익과 우리의 한계라는 틀로 만들어진 개념을 사용하기 때문이다. 그러나 이 진술은 유용하니, 우리의 목표를 달성하는 데 도움을 주기 때문이다. 그리고 이 사실을 설명하려면, 객관적으로 무언가가 존재한다고 가정해야 하지 않을까? 만약 중관학파가 궁극적 진리는 존재하지 않는다고 말하고 있다면, 이들은 어떻게 세속적인 진리를 설명할 수 있을까? 아래층에 음료수 자판기가 존재한다는 말을 듣는 게 왜 유용할까? 그게 실행의 성공을 가져다주는 이유는 무엇일까?

좋은 질문이다. 하지만 의미론적 비이원론자는 이 질문들이 모두 문제의 바로 그 지점을 전제로 한다고 답할 것이다. 이 질문들은, 어떤 진술이 참이 되려면, 세계 자체가 우리의 이익과 한계에 의해 형성된 개념과는 무관하게 존재하는 방식 같은 게 존재해야 한다고 가정하고 있다. 의미론적 비이원론자는 공성 논증이 이 가정은 거짓임을 보여주는 것이라고 생각한다. 또한 진리는 형이상학을 도입하지 않고도 순수하게 의미론적인 용어로 설명될 수 있다고도 주장한다. 그러나 여기는 어떻게 그게 작동하는지 논할 곳은 아니다. 이 시점에서는 단지 공성 논증이 타당하다면 우리의 선택지가 무엇일지 탐색하고 있을 뿐이다. 그리고 이제는 형이상학적 선택지가—허무주의와 "실재는 언어로 표현할 수 없다"는 전략이—유일한 선택지가 아님을 알고 있다. 이제는 논증 자체를 살펴볼 차례다. 일단 살펴보고 나면, 공성에 대한 형이상학적 해석과 의미론적 해석 사이의 논쟁을 해결할 수 있는 더 나은 위치를 점할 수 있을 것이다.

2. 운동에 반대하는 논증

중관학파에는 단 하나의 공성 논증만이 있는 게 아니다. 용수와 그의 추종자들은 여러 다양한 주제에 대해 여러 다양한 논증을 제시하고 있다. 예를 들어, 『중론송』에는 인과관계, 운동, 감각 능력, 불과 연료 사이의 관계, 사물과 그 본성 사이의 관계를 비롯한 여타의 많은 주제에 관한 논쟁이 있다. 그러나 이 논증들은 모두 하나의 공통된 형식을 공유한다. 궁극적으로 실재하는 것, 말하자면 내재적 본성을 가지는 것이 존재한다는 가설로부터 시작하며, 그런 뒤 이러한 가정이 받아들일 수 없는 귀결로 이어진다는 점을 보여주는 일이다. 달리 말해, 모두 귀류법 논증, 즉 문제의 가설을 불합리한 것으로 환원시키는 논증이다. 예를 들어, 인과관계에 관한 논증은, 만약 궁극적으로 실재하는 것이 내재적 본성을 갖는다면 인과관계는 있을 수 없으므로, 사물은 결코 존재하게 될 수 없음을 보여준다. 이 하나의 논증이 모든 것은 공하다는 것을 증명하는 건 아니다. 사물이 내재적 본성을 가지면서 존재한다고 생각하는 사람이라면, 사물은 만들어지는 게 아니라고 주장할 수도 있다. 하지만 그렇다면 중관학파는 이러한 견해에는 불합리한 일들이 뒤따른다는 점을 보여주기 위해 다른 논증을 펼 것이다. 이를 통해 알 수 있는 생각은, 궁극적으로 실재하는 것에 대한 자신들의 견해를 구제할 수 있는 가능한 모든 조치가 차단되는 걸 끝내 대론자가 보게 되리라는 것이다. 그래서 대론자는 공하지 않은 사물이 존재한다는 자신들의 견해를 포기할 것이고, 모든 것이 공하다는 데 동의할 것이다.

용수는 『중론송』의 두 번째 장에서 운동이 존재한다는 것은 궁극적으로 참일 수 없다는 점을 보여주려고 한다. 우리는 『중론송』 2장의 첫 번째 부분만 살펴볼 것이다. 『중론송』은 인도 철학의 다른 학파의 근본 경전에서 사용된 것과 같은 간결한 게송 스타일로 작성되었다. 이 때문에 주석 없이는 이해하기가 어렵다. 하지만 현존 주석은 대개 아주 복잡해서 따라가기 어렵다. 그래서 여기서는 원문만 제시하는 규칙을 좀 완화할 것이다. 『중론송』의 게송에 대한 현대적 주석을 제공할 것이다. 이 주석은 산스크리트어 원본 주석들에 기반한다. 그래서 중관학파에 대한 이 같은 독해도 여전히 중관학파 철학자 자신들의 사유와 아주 가까울 것이다.

> 2.1. 먼저, 이미 지나간 〔길은〕 〔지금〕 지나가고 있지 않다. 또한 아직 지나가지 않은 〔길도〕 지나가고 있지 않다. 이미 지나갔거나 아직 지나가지 않은 〔길의 부분과〕 구별되는 현재 지나가고 있는 〔길은〕 지나가고 있지 않다.

만약 운동이 가능하다면, 가는 활동이 어디서 일어나고 있는지 말할 수 있어야 한다. 이미 지나친 길의 그 부분에서는 가는 활동이 일어나고 있지 않으니, 가는 활동이 이미 거기에서 발생했기 때문이다. 또한 아직 지나치지 않은 길의 부분에서도 가는 활동이 일어나고 있지 않으니, 그러한 활동이 아직 도래하지 않았기 때문이다. 그리고 현재 지나가고 있는 세 번째 장소, 즉 가는 활동이 일어날 수 있는 장소도 존재하지 않는다. (사건이 과거·미래·현재에 발생할 수 없다는 취지의 이 세 시간대에 대한 논증은 다른 여러 논증의 모델이 된다.) 여기서 이 논증은 제논의 화살의 역설 논증과 같다. 이 역설과 마찬가지로, 이 논증 역시 공간과 시간은 모두 무한히 나눌 수 있다는 가정에 의지한다.

> 2.2. 〔대론자:〕 움직임이 존재하는 곳에 가는 작용이 존재한다. 그리고 움직임이 현재 지나가고 있는 길에서 발생하고 있기 때문에,
> 지나간 곳도 아니고 아직 지나가지 않은 곳도 아닌, 현재 지나가고 있는 〔길에〕 가는 작용이 발생한다.
> 2.3. 〔대답:〕 가는 작용 없이 현재 지나가고 있다고 말하는 게 전혀 옳지 않으니
> 가는 작용이 지나가고 있는 〔길에〕 있다고 말하는 게 어떻게 옳을 수 있겠는가?

무언가가 현재 가고 있는 장소가 되려면, 그곳에 가는 작용이 있어야 한다. 그리고 x와 y가 별개의 것이 아닌 한, x는 y의 장소일 수 없다. 이어지는 게송 4~6에서 용수는 이 점을 이용해 감을 현재에 위치시키는 게 옳을 수 없다는 점을 보여줄 것이다.

> 2.4. 만약 그대가 가는 작용은 현재 지나가고 있는 〔길에〕 있다고 말한다면,
> 지나가고 있는 〔길에는〕 가는 작용이 없는 게 되니, 〔그대에게

는〕 현재 지나가고 있는 〔길은〕 지나가고 있기 때문이다.

왜냐하면 현재 가고 있는 장소와 감은 별개이기 때문에(게송 3), 장소 그 자체에는 어떤 가는 활동도 없어야 한다.

2.5. 만약 가는 작용이 현재 지나가고 있는 〔길에〕 있다고 한다면, 두 가지 가는 작용이 병행할 것이다. 즉, 현재 지나가고 있는 〔길의〕 그것이 〔그렇다고 할 것이며〕, 또 가는 작용에 〔존재하는〕 그것이다.

이 장소가 행위의 장소가 되려면, 이 장소 그 자체가 현재 지나가고 있는 것을 그 본성으로 가지는 것이어야 한다. 그러나 여기에는 가는 작용이 필요하다. 왜냐하면 무언가가, 가는 작용이 존재함 없이는 지나가고 있는 것일 수는 없기 때문이다. 그래서 우리는 이제 두 가지 가는 작용을 가지게 된다. 즉 하나는 우리가 그 소재를 찾고 있는 것이고, 다른 하나는 앞의 것을 딱 그 장소로 만드는 것이다.

2.6. 만약 두 가지 가는 작용이 주어진다면,
두 명의 가는 자가 존재하게 될 것이니,
왜냐하면 가는 자 없이는 가는 작용이 존재할 수 없기 때문이다.

이는 불합리한 귀결이기 때문에, 이를 초래한 대론자의 가설,

즉 게송 2는 거부되어야 한다. 가는 자가 두 명에서 그칠 아무런 이유가 없다는 점에 주목해 보라. 그러니 이 논증의 논리는 가는 자에 대한 무한소급을 초래한다. (MMK 2.1－6)

여기에는 두 가지 다른 논증이 있는데, 세 시간대에 대한 논증(게송 1)과 감이 일어나는 장소를 식별하려면, 두 번째 감이 필요하다는 취지의 논증이다(게송 3~6). 첫 번째 논증은 상당히 명료하다. 만약 현재가 크기를 가지지 않는 순간이라면, 현재에서 어떤 것이 움직이고 있을 수 있을까? 용수는 나중에 (게송 12에서) 무언가가 움직이기 시작할 수 있다는 생각이 가진 난점을 제기하는 데 동일한 추론을 사용할 것이다. 시작은 변화이고, 변화가 일어나려면 시간이 필요하다. 즉, 변화는 무언가가 한 때에는 이런 식이었다가 이후의 때에는 저런 식으로 되어 가는 것이다. 그래서 무언가는 현재에서 움직이기 시작할 수 없는데, 왜냐하면 현재는 단지 크기가 없는 순간일 뿐이기 때문이다. 게송 1의 세 시간대에 대한 논증의 경우도 마찬가지다. 즉, 운동은 한 때에는 한 장소에 있다가 이후에는 다른 장소에 있는 이동을 수반하기에, 운동은 현재 순간에 발생할 수 있는 것이 아니다. 오직 과거 찰나와 현재 찰나처럼 두 가지 별개의 순간에 걸쳐 일어날 수 있는 것이다. 설사 운동이 과거와 현재 사이에서 발생한다고 할 수밖에 없다고는 해도, 운동이 발생한다는 것이 왜 여전히 참일 수 없는지 의아할 것이다. 그 답은 운동이 발생한다는 것은 세속적으로 참일 수는 있지만, 궁극적으로는 참이 아니라는 데 있다. 우선, 다른 두 장소에 존재하는 하나의 사물이 존재해야 할 것이다. 먼저 앞선 때에는 한 장소에, 그런 뒤 이후의 때에는 다른 장소에 말이다. 그리고 만약 모든 것이 찰나적이라면, 한 순간부터 다음 순간에 이르기까지 존재하는 것은 없다. (이는 5장 4절에서 살펴본 것으로, 어떤 것이 이동한다는 사실을 경량부가 부정할 때 그 배후에 있던 추론이었다.) 그러나 더 깊이 들어다 보면, 이 분석은 운동이 정신적 구성작용과 관련이 있음을 보여준다. 운동은 사물이 두 가지 별개의 찰나에 존재하는 방식과 관련이 있다. 그리고 오직 마음만이 그러한 두 찰나를 하나로 묶을 수 있다. 운동은 내재적 본성일 수 없고, 궁극적으로 실재하는 것일 수 없다.

두 번째 논증은 좀 더 헷갈린다. 이 논증은 가는 장소와 가는 작용 사이에는 허용될 수 없는 상호의존 관계가 있다고 주장하는 것으로 표현될 수 있다. 즉, 어느 쪽도 다른 쪽이 없이는 존재할 수 없기 때문에, 어느 쪽도 궁극적으로 실재할 수 없다는 것이다. A·B·C 세 부분으로 나누어지는 길이 있다고 가정해 보자. 가는 자가 이미 A를 지나쳤고, C는 아직 지나치지 못했으며, 현재 B를 지나치고 있다고 가정해 보자. B는 가는 자의 감이 일어나고 있는 곳이라고 말할 수 있을까? 그렇다고 한다면 질문은 B가 어떻게 이 가는 장소라는 본성을 갖게 되느냐는 것이다. 용수는 여기에는 우리가 그 소재를 찾고 있는 감과는 별개로, 두 번째 가는 작용, 즉 B에게 감의 장소라는 본성을 부여하는 것이 존재해야 한다고 말한다. 그러나 우리가 B의 본성은 그냥 어떤 장소일 뿐인 곳, 즉 가는 장소일 수도 있고 아닐 수도 있는 그런 곳일 뿐이라고 말한다고 가정해 보자. 그렇다면 가는 자가 나타나서 거기에 갈 때, 이것이 그곳을 가는 장소로 만드는 것이다. 그러나 그곳은 어떤 감이 없어도 완벽하게 잘 존재할 수 있다. 그럴 경우, 그곳을 가는 장소로 식별해 줄 두 번째 가는 작용이 필요하지 않을 것이다. 하나의 가는 작용만으로도 완벽히 충분할 수 있다. 왜 이렇게 말할 수 없을까?

용수가 보는 이 제안의 문제점은 B에게 두 가지 본성을—어떤 장소가 되는 본성과 가는 장소가 되는 본성을—부여한다는 것인데, 첫 번째는 그 (진정한) 본질인 것이고, 두 번째는 단지 우연히 얻게 된 우발적 본성인 것이다. 그렇다면 우리는 B를 본질적 속성과 우발적 속성 모두를 담지하는 하나의 실체로 간주하고 있는 것이다. 그리고 우리는 이미 궁극적으로 실재하는 어떤 것도 이와 같을 수 없다는 점을 알고 있다. 이런 종류의 복합적인 본성을 가지는 어떤 것은 "분석을 통해서는 찾아낼 수 있는" 것이 아니다. B가 가는 장소라는 것이 궁극적으로 참이라면, 가는 장소는 B의 내재적 본성이어야 한다. 난점은 B가 이러한 본성을 가는 작용에 의존해서만 얻을 수 있다는 데 있다. 거기에서 어떤 감이 발생하고 있지 않다면, 어떻게 무언가가 가는 장소가 될 수 있겠는가? 그리고 이 필요를 충족시키기 위해 두 번째 가는 작용을 제공하는 것은 분명 불합리한 일이다. 유일한 대안은 B를 가는 장소로 만드는 것은 원래의 가는 작용이라고 말하는 것이다. 하지만 우리는 이미 어떤 감이 일어나는 장소가 존재하지 않는 한, 그 감이 존재할 수 없다는 점을 보았다. 감이 장소에 의존한다면, 장소가 감에 의존하도록 만들 수 없다—이 둘이 적어도 궁극적으로 실재하는 것이려면 말이다. 그래서 이 전략은 효과가 없어 보인다.

용수는 『중론송』 2장에서 몇 가지 논증을 더 제시한다. 방금 살펴본 두 가지 논증과 마찬가지로, 거기에서도 사물이 이동한다는 것은 궁극적으로 참일 수 없다는 점을 보여주려고 노력한다. 하지만 여기서 검토를 마칠 것이다. 이 결과가 그렇게 인상적이지 않을 수도 있다. 경량부는 이미 궁극적으로는 운동이 존재하지 않는다고 주장했다. 그래도 이 장의 처음 두 가지 논증을 어느 정도 자세히 살펴본 것은 의미 있는 일이었다. 왜냐하면 용수가 사용하는 이 전략이—세 시간대 전략과 상호의존성을 보여주는 전략이—다른 곳에서 반복됨을 볼 것이기 때문이다.

3. 처와 계에 반대하는 논증

용수는 『중론송』 3장에서 십이처 교리를 검토한다. 우리는 2장에서 십이처가 여섯 가지 감각 능력과 그 능력 각각의 대상이라는 사실을 보았다. 붓다가 이러한 분류법을 사용했기 때문에, 아비달마에서는 십이처가 궁극적으로 실재하는 것들이라고 생각했다. 용수는 시각眼處과 보이는 것色處에 초점을 맞춰 검토하지만, 게송 8에서는 같은 선상의 논증이 다른 열 가지 처에도 똑같이 적용된다고 지적할 것이다.

> 3.1. 시각, 청각, 미각, 후각, 촉각, 내적 감각(意, manas)은 여섯 가지 능력이다. 보이는 것 등은 그 영역이다.
> 3.2. 시각은 시각 그 자신을 전혀 보지 못한다.
> 만약 시각이 시각 그 자신을 보지 못한다면, 어떻게 다른

것을 볼 것인가?

비재귀성 원리에 의해, 시각은 그 자신을 보지 못한다. 그렇다면 결과적으로 시각은 그 자신 이외의 다른 사물도 보지 못한다고 할 수 있다(즉, 시각은 어떤 것도 전혀 보지 못한다). 어떻게 시각이 그 자신을 보지 못한다는 사실에 근거해 시각이 그 어떤 것도 보지 못한다는 결론이 나올 수 있는 것인가? 만약 봄이 시각의 내재적 본성이라면, 시각은 다른 사물과 무관하게 내재적 본성을 현출할 수 있어야 한다. 이는 눈에 보이는 그 어떤 대상이 없더라도 시각이 볼 수 있어야 함을 의미한다. 그렇지 않다면, 시각의 봄은 눈에 보이는 대상의 존재에 의존할 것이기 때문이다. 그러나 봄에는 보이는 어떤 것이 있어야 하고, 또 눈에 보이는 그 어떤 대상이 없으면 오직 시각 그 자신만이 시각이 보는 것일 수 있다. 그렇지만 시각은 그 자신을 보지 못한다. 그러므로 봄이 시각의 내재적 본성일 수 없기 때문에, 시각이 눈에 보이는 대상을 본다는 것은 궁극적으로 참일 수 없다.

반론: 비재귀성의 원리가 적용될 수도 있지만, 여기서 제시된 논증에 대한 반례가 있다. 즉, 불은 태우는 내재적 본성을 가지는 것으로 그 연료를 태우지만 그 자신을 태우지는 못한다. 그러므로 시각이 그 자신은 보지 못하긴 하지만, 눈에 보이는 사물을 보지 못한다는 것은 입증되지 않았다.

3.3. 〔대답:〕 불의 예는 시각을 설명하는 데 적합하지 않다.

사실, 그것은 시각과 함께 〔『중론송』 2장의〕 “지금 지나가고 있음, 지나가 버림, 아직 지나가지 않음”에 〔대한 분석에〕 의해 논박된다.

주석 『무외론(Akutobhayā)』은 다음처럼 설명한다. “가는 작용이 지나가 버림, 아직 지나가지 않음, 지금 지나가고 있음에서 발견되지 않는 것처럼, 불타는 작용도 불타 버림, 아직 불타지 않음, 지금 불타고 있음에서 발견되지 않는다.” 따라서 대답은 어떻게 궁극적으로 실재하는 불이 무언가를 불태울 수 있는지 보여주는 가능한 설명이 없기 때문에, 불은 불태운다고 할 수 없다는 것이다. 결과적으로 불은 시각에 반대하는 논증의 반례로 사용될 수 없다.

3.4. 봄이 없는 상태에는 시각이 전혀 존재하지 않으니, 어떻게 “시각이 본다”고 말하는 게 옳을 수 있겠는가?

만약 시각이 궁극적으로 실재한다면, 그 내재적 본성은 봄일 것이다. 그래서 시각이 그 어떤 봄도 없는 상태에서도 존재할 수 있다고 가정하는 것은 이치에 맞지 않다. 보는 능력을 실제로 보고 있지 않은 시각에 귀속시키는 것은 시각의 보는 본성을 다른 것에 의존하게 만드는 것임에 주의해야 할 것이다. 그럴 경우, 봄은 시각의 내재적 본성이 아닐 것이다.

3.5. 시각도 보지 못하고, 시각이 아닌 것도 보지 못한다.

보는 자도 시각의 경우와 같은 방식으로 이해해야 할 것이다.
3.6. 시각의 여부와 상관없이 보는 자는 존재하지 않는다.
만약 보는 자가 존재하지 않는다면, 어떻게 보이는 것과 시각이 존재할 수 있겠는가?

어떤 것은 시각을 소유함으로써 보는 자가 된다. 그러나 시각은 시각이 볼 때만 어떤 것을 보는 자로 만들 수 있다. 왜냐하면 (게송 1~4의 결과로) 시각은 보지 못하며, 시각이 아닌 것도 분명 보지 못하기 때문에, 어떤 것이 어떻게 보는 자가 될 수 있는지에 대한 납득할 만한 분석이 없는 것 같다. 그렇다면 만약 눈에 보이는 것이란 보는 자에 의해 보일 수 있는 것이라고 정의한다면, 눈에 보이는 것이 어떻게 궁극적으로 실재하는 것일 수 있는지 불분명하다. 동일한 추론이 시각에도 적용된다.

3.7. 시각과 보이는 것은 존재하지 않기 때문에, 의식 등의 네 가지는
존재하지 않는다. 그런데 어떻게 전유 등이 존재하게 되겠는가?

"네 가지"란 의식識, 접촉觸, 느낌受, 욕망愛이다. 열두 가지 연결된 의존적 발생의 사슬十二緣起에서 이 네 가지는 전유(取, upādāna)로 이어지는 계기적 단계들이라고 인정되는데, 이 전유는 인과적 연속의 요소들을 자신의 소유로 취하는 정동적 태도다. 그래서 이 논증은 시각이 없으면 시각적 경험과 관련하여 괴로움의 발생과

관련된 소유권 감각이 존재할 수 없다는 것이다. 시각이 궁극적으로 실재한다는 가정은 붓다의 네 가지 고귀한 자의 진리四聖諦와 양립할 수 없다.

> 3.8. 청각, 후각, 미각, 촉각, 내적 감각도 시각에 의해 설명된다는 것을 알아야 할 것이다.
> 실로 듣는 자와 들리는 것 등에 대해서도 마찬가지다.

동일한 추론이 그 밖의 다섯 가지 감각 능력과 그 각각의 대상에도 적용된다. 따라서 게송 7의 결론은 가능한 모든 경험으로 확대된다. (『중론송』 3장)

이 논증이 감각 능력과 그 대상 사이에 상호의존 관계가 있다는 주장에 맞춰져 있다는 점에 주목해 보자. 따라서 이것은 상호의존 전략의 또 다른 사례이다. 다른 『중론송』 5장의 육계六界에 반대하는 논증에서는 또 다른 전략이 사용된다. 육계란 땅地, 공기風, 물水, 불火, 공간虛空, 의식識으로서, 오온처럼 아비달마적 분류법이다. 이 여섯 가지는 따라서 궁극적으로 실재하는 존재자로 여겨진다. 용수는 공간이라는 계를 검토의 주제로 삼지만, 논증은 다시 한 번 그 밖의 다섯 가지 계로 일반화될 것이다.

> 5.1. 공간은 공간의 한정 특징 이전에는 전혀 존재하지 않는다.
> 만약 공간이 한정 특징 이전에 존재한다면, 어떤 것이 한정

특징 없이 존재하는 불합리한 결과를 초래할 것이다.

공간도 계와 마찬가지로 아비달마가 궁극적으로 실재한다고 주장하는 것이다. 이는 공간이 여기서 한정 특징(相, lakṣaṇa)이라고 하는 그 자신의 내재적 본성을 가져야 함을 의미한다. 공간의 한정 특징은 장애의 없음無障礙이라고 한다. 즉, 책상과 벽 사이에 공간이 존재한다면, 공간의 저항 없이 그곳에 무언가를 놓을 수 있다. 용수의 검토 주제는 공간과 그 한정 특징 사이의 관계가 될 것이다. 왜냐하면 이 두 가지가 (규정 관계를 통해) 관련된다고 하기 때문에, 이 두 가지 것이 어떻게 그렇게 관련되게 되는지 의문이 생기는 것이다. 한정 특징의 담지자로서 공간은 그 자체로 한정 특징을 결여하는 벌거벗은 무언가인가? 이러한 관점에서 보면 이 담지자는 그 자체로는 벌거벗은 기체, 즉 무장애라는 한정 특징에 의해 규정됨으로써 (장애가 없는) 공간이 되는 어떤 것일 것이다. 용수는 그러려면 한정 특징을 결여하는 무언가가 존재해야 할 것이라는 이유로 이러한 견해를 거부한다.

5.2. 한정 특징이 없이 존재자가 되는 경우는 어디에도 없다. 한정 특징을 결여하는 존재자가 실재하지 않는다면, 한정 특징이 어디서 작용하겠는가?

아비달마에서는 실재하는 사물은 자신의 고유한 본성을 가져야 한다고 주장한다. 우리는 한정 특징이 부여될 때 자신의 본성을 띠는 벌거벗은 물건이라는 발상을 이해할 수 있는 것처럼 보일지도 모른다. 그렇지만 이것을 생각할 때, 우리는 암묵적으로 어떤 한정 특징을 이 담지자에게 귀속시키고 있다. 즉 "벌거벗은 물건성"이라는 한정 특징을 말이다. 만약 "벌거벗은 물건"이 "벌거벗은 물건성"처럼 아주 최소한의 특징 없이는 존재할 수 없다고 한다면, 이는 실로 아무 특징 없는 담지자라는 발상이 정합적이지 않다는 점을 시사할 것이다.

> 5.3. 담지자에 한정 특징이 없든 한정 특징이 있든, 한정 특징의 작용은 존재하지 않는다.
> 그리고 한정 특징이 있거나 없는 곳 이외의 다른 어떤 곳에서도, 한정 특징은 작용하지 않는다.

한정 특징의 작용은 그 담지자를 규정하는 것이다. 공간의 경우, 한정 특징은 담지자를 무장애의 본성을 가진 어떤 것으로 만드는 것이다. 이제 이 작용에는 어떤 담지자의 존재가 필요하며, 이 담지자는 그 자체로 (한정 특징이 작용하기 이전에) 한정 특징이 없는 것이거나 한정 특징을 가진 어떤 것이어야 한다. 한정 특징을 결여하는 (즉, 벌거벗은 물건성이라는 특징조차 없는) 공간 같은 것은 존재하지 않기 때문에, 첫 번째 가능성은 배제된다. 주석자 월칭은 두 번째 가능성에 두 가지 문제점이 있다고 본다.
(1)한정 특징이란 그렇다면 잉여의 것이다. 왜냐하면 공간은 이미 어떤 본성을 갖고 있는데, 어째서 공간을 이미 존재하는 것과

같은 것이 되도록 만들기 위해 다른 무언가가 필요하겠는가? (2)무한소급이 초래된다. 무장애1이 공간을 규정하는 방식을 설명하기 위해, 우리는 공간이 이미 한정 특징, 즉 무장애2를 가지고 있다고 전제한다. 그러나 이제 우리는 무장애1에 대해 질문했던 것과 동일한 질문을 무장애2에 대해 할 수 있다. 즉, 무장애2는 한정 특징이 없는 담지자를 규정하는 것인가, 아니면 이미 자신의 고유한 한정 특징이 있는 담지자를 규정하는 것인가? 전자는 배제되었다. 후자는 우리가 이미 무장애3을 제공해야 한다는 것을 의미한다. 그리고 이 소급은 여기서 멈출 기미를 보이지 않는다.

> 5.4. 그리고 한정 특징의 작용이 존재하지 않는다면, 한정 특징의 담지자에 대해 말하는 것은 아무 의미가 없을 것이다. 그리고 만약 한정 특징의 담지자가 주장될 수 없다면, 한정 특징도 마찬가지로 불가능하다.
>
> 5.5. 그러므로 한정 특징의 담지자도 한정 특징도 존재하지 않는다.
>
> 그리고 분명 한정 특징의 담지자와 한정 특징 양자를 결여한 채로는 어떤 존재자도 발생할 수 없다.

공간은 궁극적으로 실재하는 존재자일 수 없다. 왜냐하면 우리는 공간이 담지자라고, 또한 무장애가 한정 특징이라고 이해할 수 없기 때문이다.

5.6. 존재자가 실재하지 않을 때, 무엇에 대해 비존재가 존재하게 되겠는가?
그리고 존재자든 비존재자든 그 본성이 결여되어 있는데,
존재하는 것과 존재하지 않는 것을 인지하는 자가 누가 있겠는가?

공간이 존재자임을 부정하는 것은 그것이 존재하지 않음을 긍정하는 게 아니다. 후자를 긍정하려면, 공간이 무엇인지 말할 수 있어야 하는데, 지금까지의 논증은 그럴 수 없다는 것이었다. 더욱이 공간은 존재한다고 말하는 것과 공간은 존재하지 않는다고 말하는 것 이외에 제3의 가능성은 없다. 그래서 명백히 공간에 대한 어떤 진술도 궁극적으로 참일 수 없다.

5.7. 그러므로 공간은 존재자도, 비존재자도, 한정 특징의 담지자도, 사실상 한정 특징도 아니다.
그 밖의 다섯 가지 계도 공간의 경우와 마찬가지다.

이 논증은 그 밖의 다섯 가지 계에도 일반화된다.

5.8. 사물과 관련해 존재와 비존재가 있다고 여기는 지력이 약한 자들인
그들은 보이는 것의 상서로운 소멸을 보지 못한다. (MMK 5)

마지막 두 게송이 공성을 허무주의적으로 해석하지 못하도록 만들어낸 난관에 주목해 보자. 이 논증은 존재자와 한정 특징(또는 내재적 본성) 사이의 관계에 대한 이해할 수 있는 설명이 없기 때문에, 궁극적으로 실재하는 존재자 같은 것은 존재할 수 없음을 아마도 보여주는 것 같다. 이는 마치 형이상학적 허무주의처럼 들릴지도 모른다. 그러나 형이상학적 허무주의는 궁극적으로 존재자가 존재하지 않는다는 주장이다. 그리고 용수가 게송 7에서 지적하듯이, 이 주장은 존재자에 대해 의미 있는 말을 할 수 있을 때에만 합당할 것이다. 공간과 그 밖의 계에 반대하는 이 논증이 성공했다면, 이 논증이 보여주는 바는 어떤 것도 존재하지 않는다는 게 아니다. 보여주려는 바는 오히려 (형이상학적 허무주의를 포함하여) 실재의 본성에 대한 궁극적으로 참인 설명은 있을 수 없다는 것이다.

그렇지만 이 논증이 성공적일까? 이 논증은 담지자와 한정 특징(즉, 공간과 무장애)이 관계가 맺어질 수 있는 별개의 것들이라는 가정에 기반한다. 이러한 가정을 부정한다면 어떨까? 이러한 가정은 단지 개념적 구별일 뿐이라고, 즉 담지자와 그 한정 특징이 실제로는 동일한 것이라고 말한다면 어떨까? 이는 결국 경량부가 법에 대해 말하는 내용이다. 경량부는 공간의 발생이 단지 무장애의 발생일 뿐이라고 말할 수 있다. 그러나 이러한 견해에는 문제점이 있을 수 있다. 세 가지 땅 원자 A, B, C가 서로 사이에 공간을 두고 일렬로 놓여 있다고 가정해 보자. A와 B 공간 사이를 1로, B와 C 사이의 공간을 2로 부르기로 하자. 공간 1과 2를 다르게 만드는 것은 무엇인가? 이는 이 둘을 어떻게 구별하는지를 묻는 질문 아니라는 데 주목할 필요가 있다. 오히려 이는 무엇이 이 둘을 두 개의 별개의 것들로 만드는지에 대한 질문이다. 만약 공간이 단지 그 한정 특징일 뿐이라면, 이 둘 각각은 단지 무저항의 발생일 뿐이다. 그리고 무저항은 일반적인 본성, 즉 수많은 다른 장소들에서 발생할 수 있는 것이다. 무장애1과 무장애2를 구별하는 것은 무엇인가? 그 답은 뻔하다고 생각할지도 모르겠다. 즉, 첫 번째는 A와 B 사이에 있는 것이지만, 두 번째는 B와 C 사이에 있는 것이라고 말이다. 그러나 이 답은 A, B, C가 별개의 땅 원자라는 것을 전제로 한다. 그리고 만약 담지자와 한정 특징 사이에 아무런 차이가 없다면, A, B, C는 모두 견고함(땅의 한정 특징)일 뿐이다. 그렇다면 이 견고함들을 구별하게 만드는 것은 무엇인가? 견고함은 무장애와 마찬가지로 결국 일반적인 본성이다. 이 견고함도 여러 다른 장소에서 반복될 수 있는 단일한 것이다. 만약 공간1과 2의 개별화를 위해서는 A, B, C가 별개의 것들이어야 한다면, A, B, C를 개별화하는 것이 무엇이냐는 질문에 대해 답하는 게 더 나았을 것이다. 뻔한 답은 B가 그 자신과 A 사이에 공간1과, 그 자신과 C 사이에 공간2를 가지는 견고함이라는 것이다. 그렇지만 이 뻔한 답의 문제점은 공간1과 공간2를 개별화하는 것을 묻는 질문에 대한 어떤 답을 전제한다는 것이다. 그리고 그것은 바로 우리가 출발한 질문이다. 우리는 그저 원을 그리며 한 바퀴 돌았을 뿐이다. 이 원이 시사하는 바는, 이런 까닭에 공간이나 땅은 내재적으로 그 자신의 본성을 가지지 않으리란 것이다. 각각은 서로로부터 그 자신의 본성을 빌릴 것이다.

따라서 이 장의 논증은 방어될 수 있을 것이다. 그리고 허무주의적 해석을 효과적으로 배제하는 것으로도 보인다. 만약 궁극적인 실재가 존재한다는 것이 무엇인지 말할 수 없다면, 궁극적으로 어떤 것도 존재하지 않는다고 의미 있게 말할 수 없다. 그렇지만 이게 공성을 "실재는 언표 불가능하다"는 식으로 해석하는 방식을 배제하는 것은 아니다. 사실 게송 8과 같은 구절들로 인해 (고전과 현대의) 일부 해석자들은 이런 방식으로 공성 교리를 이해했다. 다른 한편으로, 이 게송은 또한 의미론적인 비이원론적 방식으로도 이해될 수 있다. 모든 것이 공하다는 것을 이해할 때, 이를 실재의 궁극적 본성이라는 발상 자체에 대한 포기를 의미하는 것으로 받아들 수 있다는 것이다—그럼으로써 실재의 궁극적 본성은 말을 넘어서 있다는 견해를 포기하게 되는 것이다. 그러나 이 게송이나 주석의 어떤 부분도 이 두 가지 해석 중 하나를 선택하는 데 도움이 되지는 않는다.

『중론송』 13장의 구절이 좀 더 도움이 된다. 여기서 용수는 어떤 것이 공하기 위해서는 궁극적으로 실재하는 것이 존재해야 한다는 반론에 대응하고 있다. 대론자는, 공성은 속성이며, 어떤 실재하는 속성-소유자가 존재하지 않는 한, 속성은 존재할 수 없다고 주장하기 때문이다. (이는 모든 것이 공할 수는 없다는 것을 보여주기 위한 것이다.) 용수는 답하면서 모든 것이 공하다는 것이 궁극적으로 참이려면, 궁극적으로 실재하는 공성의 담지자가 존재해야 할 것이라는데 동의한다. 그러나 그는 모든 것이 공하다는 주장을 철회하지 않는다. 대신 그는 이 주장을 궁극적으로 참이라고 받아들이는 것은 실수라고 말한다.

13.7. 만약 공하지 않은 것이 존재한다면, 공한 것이라고 불릴 수 있는 어떤 것이 어떻게든 존재하게 될 것이다.
공하지 않은 어떤 것도 존재하지 않는다. 그렇다면 어떻게 공한 것이 존재하게 될 것인가?
13.8. 공성은 모든 〔형이상학적〕 견해를 없애기 위한 방편으로 승리자들에 의해 가르쳐진 것이다.
그러나 공성이 〔형이상학적〕 견해라고 여기는 자들, 그들은 불치병자라 불린다.

여기서 "방편"으로 번역된 말은 문자 그대로 배출한다거나 제거한다는 것을 의미한다. 그래서 공성은 일종의 설사약 또는 약제로 불린다. 월칭은 이 게송을 주석하면서 『보적경(Ratnakūṭa Sūtra)』의 붓다와 가섭 사이의 대화를 인용한다. "'가섭이여, 이는 마치 병자가 있어, 의사가 약제를 처방했고, 그 사람의 나쁜 체액을 모두 제거했지만, 장에 들어간 그 약제 자체는 배출되지 않는 것과 같다. 가섭이여, 그대는 어떻게 생각하는가? 그 사람은 그렇다면 질병에서 벗어난 것인가?' '세존이시여, 그렇지 않습니다. 만약 약제가 나쁜 체액을 모두 없애고도 배출되지 않는다면 그 사람의 병은 더욱 심해질 것입니다.'" (MMK 13.7-8)

용수의 말에 따르면, 공성을 형이상학적 이론, 즉 실재란 궁극적으로 특정한 방식이라고 주장하는 것으로 받아들이는 건 실수일 것이다. 하지만 이런 실수는 바로 공성을 "실재는 언표 불가능하다"는 식으로 해석할 때 벌어지게 되는 일이다. 즉, 공성이 실재는 우리의 개념적 파악을 영원히 넘어서 있음을 드러낸다고 말하는 것이다. 그래서 우리의 사고방식과는 무관하게 별도로 세계가 존재하는 방식 같은 게 있다고 가정하는 셈인 것이다. 그리고 이는 용수가 공성은 제거를 위한 것이라고 말했다고 가정하는 일이다. "실재는 언표 불가능하다"는 식의 해석에서 보면, 공성은 공성 자체를 올바른 견해로 임명함으로써 경합하는 형이상학적 견해들을 우리에게서 없애주는 것이다. 하지만 그렇다면 우리는 형이상학적 견해로부터 완전히 벗어난 것은 아닐 것이며, 따라서 진정으로 치유된 것은 아닐 것이다. 대신, 용수는 궁극적 진리라는 바로 그 발상을 버려야 한다고 말한다.

4. 법은 발생할 수 있는가?

지금까지는 운동, 감각 능력, 담지자와 한정 특징 사이의 관계에 반대하는 논증들을 살펴봤다. 이 논증들 중 어느 것도 모든 것이 공하다는 주장을 증명하는 건 아니다. 이 논증들을 통해 드러나는 점이 있다면, 그건 바로 세계에 대한 어떤 특정한 견해들이 궁극적으로 참일 수 없다는 사실일 것이다. 좀 더 야심찬 논증은 원인과 조건에 의해 만들어진 어떤 것도 내재적 본성을 가지고 있지 않음을 보여주려 하는 것이다. 만약 원인과 조건에 의존해 모든 것이 생겨난다는 데 동의한다면, 이 논증이 모든 것은 공하다는 점을 보여줄 수도 있다. 이 논증의 핵심은 다음 두 게송에 제시되어 있다.

15.1. 내재적 본성의 발생은 원인과 조건에 의한 것일 수 없다. 원인과 조건에 의해 만들어진 내재적 본성은 산물일 것이다.

월칭은 이 논증을 다음처럼 설명한다. 새로 생겨난 것의 내재적 본성은 이미 이것을 만들어낸 원인과 조건에 있었을 수 없다. 예를 들어, 불의 열은 연료에 있을 수 없다. 만약 그렇다면, 열의 생산은 무의미할 것이다. 즉, 이미 연료에 열이 있다고 한다면, 어째서 굳이 열을 얻기 위해 불을 피우려고 하는가? 따라서 내재적 본성은 원인과 조건의 산물이어야 할 것이다. 그러나 이는 난제를 초래한다.

15.2. 그리고 어떻게 산물인 내재적 본성이 존재할 수 있는가? 실로 내재적 본성은 우발적인 것도, 다른 것에 의존하는 것도 아니다.

난제는 "산물"과 "내재적 본성"이라는 두 용어가 서로 모순된다는 것이다. 월칭은 우리가 뜨거운 물의 열과 통상 흰 꽃의 빨간색은 각각의 내재적 본성이 아니라고 말한다고 설명한다. 왜냐하면 이 속성들은 별개의 원인과 조건의 산물들이기 때문이다. 뜨거운 물은 불에 가깝기 때문에 뜨겁다. 그 꽃은 자란 토양의 과도한 철분 때문에 빨갛다. 그 물과 꽃은 우발적인 또는 그 물과 꽃의 존재에 외생적인 원인과 조건에 의존해 이러한 속성들을 얻는다. 그러나 게송 1에서는 내재적 본성은 또한 원인과 조건의 산물이어야 할 것이라고 주장했다. 불은 연료, 공기, 마찰에 의존해 그 열을 얻어야 할 것이다. 따라서 산물로서의 열은 불의 내재적 본성일 수 없다. (MMK 15.1−2)

이에 대해 빨간색의 원인은 꽃의 존재 외부에서 온 것이지만, 열의 원인은 불의 존재 외부에서 온 것이 아니라는 반론이 제기될 수 있다. 용수가 염두에 두고 있는 바는, 불은 열이라는 속성과 별개로 존재하는 것으로 생각되어야 한다는 점이다. 그렇지 않으면, 열은 불이 "소유하는" 것으로, 즉 불이 원인과 조건으로부터 받아들여서 불 자신의 것으로 취하는 것으로 생각될 수 없기 때문이다. 그리고 일부 아비달마 논사들은 이런 식으로 법이란 자신의 내재적 본성을 속성으로 가지는 실체라고 생각했다. 그러나 모두가 그랬던 것은 아니다. 경량부 논사들은 그러지 않았다. 그래서 이들은 불의 원인과 조건이 바로 열의 원인과 조건이라고 말할 수 있었다. 여기서 제시된 논증은 경량부의 입장에 문제가 있음을 보여줄 수 없을 것이다. 이 논증은 불이 그 원인과 조건으로부터 자신의 본성을 "빌렸다"는 점을 보여줄 수 없을 것이다. 경량부의 견해를 반박하려면 또 다른 논증이 필요할 것이다.

실제로 여기에서 중관학파가 다의어의 오류를 범하고 있다는 반론이 있을 수 있다. 즉, 두 가지 다른 의미를 가진 단어를 마치 단 하나의 의미를 가진 것처럼 사용하는 오류 말이다. 문제의 단어는 "합성된 것(有爲法, saṃskṛta)"이다. 이 단어는 두 가지 다른 방식으로 사용되는데, 다음처럼 구분할 수 있다.

합성된 것 1: 몇 가지 별개의 것들로 구성된 것.

합성된 것 2: 원인과 조건에 의해 만들어진 것.

이 단어의 두 가지 다른 용도는 연결되어 있다. 전차와 같이 합성된 것 1도 별개의 것들이 모여짐에 의해 만들어진다는 점에서 합성된 것 2이라고 할 수 있다. 사실, 니야야는 전차를 구성하는 원자들이 전차의 원인이라고 말할 것이다. 그런데 불교의 부분전체론적 허무주의는 모든 합성된 것 1이 단지 개념적 허구일 뿐임을 의미한다. 이러한 것은 자신의 본성을 자신의 원인으로부터 빌린 것이어야 하며, 그러므로 내재적 본성을 결여해야 한다. 그러나 이 "합성된 것"이라는 단어의 모호함을 감안할 때, 우리는 단순히 무언가가 합성되었기 때문에 내재적 본성을 결여해야 한다고 주장할 수 없다. 다음의 두 가지 논증을 살펴보자.

A 1. 전차는 합성된 것이다.
2. 합성된 모든 것은 내재적 본성을 결여한다.
그러므로 전차는 내재적 본성을 결여한다.

B 1. 불은 합성된 것이다.
2. 합성된 모든 것은 내재적 본성을 결여한다.
그러므로 불은 내재적 본성을 결여한다.

논증 A는 타당하지만, 논증 B는 다의어의 오류를 범하고 있다. 전제 A2와 전제 B2 모두에서 “합성된 것”은 합성된 것 1의 의미로 사용되고 있다. 전제 A1에서 이 단어는 또한 이러한 의미로 사용되므로, 논증 A는 유효하게 작동한다. 그러나 전제 B1에서 “합성된 것”은 오직 “합성된 것 2”만 의미할 수 있다. 왜냐하면 불이 원인과 조건(연료, 공기, 불꽃 등)의 산물이라는 것은 참이지만, 모든 불의 발생이 다른 것들로 구성되어 있다는 점을 우리는 알지 못하기 때문이다. 어쩌면 정말 부분을 가지지 않는 불 원자 법들이 존재할 수도 있다. 그래서 논증 B는 논증 A만큼 타당해 보일 수도 있지만, 실제로는 오류가 있다. 용수가 이 오류를 범했을까? 아니면 그는 모든 합성된 것 2가 내재적 본성을 결여함에 틀림없다는 것을 증명하는 논증을 하는 것일까?

어쩌면 이러한 논증은 『중론송』 1장의 인과관계에 대한 용수의 말로부터 발전될 수 있을 것이다.

> 1.1. 그 자신으로부터도 아니고, 다른 것으로부터도 아니고,
> 이 둘로부터도 아니고, 원인이 없는 것도 아니다.
> 즉, 어떤 식으로든, 발생한 존재하는 사물은 결코 존재하지 않는다.

이것은 나가르주나가 이 장에서 주장할 전반적인 결론이다. 즉, 궁극적으로 실재하는 존재자는 발생하거나 존재하게 되는 것이 아니라는 말이다. 발생이 일어난다고 생각될 수 있는 네 가지

가능한 방식이 있는데 그는 이 모두를 거부한다. 첫 번째에 따르면, 어떤 결과가 생겨나는 것처럼 보일 때, 이 결과는 어떤 의미에서 이미 그 원인 안에 존재했기 때문에 발생하는 것이다. 결과의 나타남은 실제로는 단지 이미 존재했던 것의 현출일 뿐이다. 두 번째 견해는, 대신 원인과 결과는 별개의 개체라고 주장하는 것이다. 세 번째는 원인과 결과가 동일하면서 별개이기도 하다고 말할 수 있다는 것이다. 네 번째는 사물이 어떤 원인도 없이 발생한다고 주장하는 것이다. 따라서 원인이 존재하지 않기 때문에, 발생하는 사물은 그 자신이나 별개의 어떤 것으로부터 발생한다고 말할 수 없다—어떤 것으로부터도 발생한 게 아니다.

네 가지 견해 모두에 반대하는 논증은 다음 게송에 제시되어 있다. 그러나 청변은 이 게송을 주석하면서 네 가지 견해에 반대하는 논증을 제시함으로써 선수를 치고 있다. 예를 들어, 그는 네 번째 견해는 우리가 알고 있는 그 모든 것이 언제든 어떤 것으로부터든 만들어질 수 있다는 것을 의미할 것이라고, 즉 이는 거짓이라고 말한다.

> 1.2. 존재자의 내재적 본성은 그 조건 등에 존재하는 게 아니다. 내재적 본성은 발생하는 것이 아니며, 외재적 본성이 발견되는 것도 아니다.

주석『무외론』에 따르면, 2ab에서는 게송 1에 언급된 첫 번째 가능성, 즉 존재자는 그 자신으로부터 생겨난다는 주장(인중유과론

因中有果論으로 알려진 견해)에 반대하는 논증을 제시한다. 이 논증은 이 존재자가 생겨나온 그것이 실제로 바로 이 존재자 그 자신이라면, 그것은 이 존재자의 내재적 본성(自性, svabhāva)을 가져야 한다는 것이다. 그러나 이는 전혀 사실이 아니다. 실제로 다른 모든 주석가들이 지적하듯이, 이게 사실이라면 생겨남은 무의미할 것이다. 예를 들어, 우리는 불의 내재적 본성인 열을 가지고 무언가를 만들어내고자 하기 때문에 불의 원인을 알고 싶어 한다. 만약 그 본성이 이미 그 원인에 존재한다면, 불을 만들어내는 것을 무의미할 것이다. 그렇다면 열을 느끼기 위해 점화되지 않은 연료를 만지기만 하면 될 것이다.

또 『무외론』에 따르면, 2cd에서는 게송 1에서 언급된 두 번째 가능성, 즉 존재자는 그 자신과는 다른 것으로부터 생겨난다는 주장(인중무과론因中無果論으로 알려진 견해)에 반대하는 논증을 제시한다. 이 주장은 존재자가 자신의 원인으로부터 자신의 본성을 빌려와야 한다는 것을 의미하는데, 따라서 자신의 본성을 외재적인 것(他性, parabhāva)으로 만들게 된다는 것이다. 이 논증은 해당 존재자의 내재적 본성이 부재할 때, 자신의 외재적 본성도 마찬가지로 발견될 수 없다는 것이다. 이는 어떤 것이 존재하려면, 그 내재적 본성이 반드시 발생해야 하기 때문이다. 즉, 예를 들어 열의 발생 없이는 불도 존재하지 않는 것이다. 그리고 어떤 것은 그 자신이 존재하지 않는 한, 다른 어떤 것으로부터 본성을 빌릴 수 있는 지위에 있을 수 없다. 따라서 존재자는 별개의 것으로부터 생겨날 수 없다.

세 번째 가능성은 첫 번째와 두 번째의 결함을 모두 이어받고 있다는 이유로 기각된다. 그리고 네 번째는 어떤 것이든 그 어떤 것으로부터 만들어질 수 있다는 것을 의미하기 때문에 거짓이다.

> 1.3. 〔대론자:〕 네 가지 조건이 존재한다. 즉, 일차적 원인因緣, 객관적 지지물所緣緣, 근접 조건等無間緣,
> 그리고 지배적 조건增上緣이 그것이다. 다섯 번째 조건은 존재하지 않는다.

주석가들은 이 견해를 불교 내의 대론자, 즉 게송 1에서 언급된 원인과 결과 사이의 관계에 대한 네 가지 가능한 견해 중 두 번째를 주장하는 자들의 견해로 제시한다. 월칭은 이 대론자가 첫 번째, 세 번째, 네 번째 견해를 거부하는 이유를 다시 언급하는 것으로 시작한다. 첫 번째 견해에 대해서 말하자면, 원하는 결과가 이미 존재하기 때문에 발생은 무의미할 것이다. 우리는 현재 존재하지 않는 것을 만들어내기를 원하기 때문에 원인을 알고자 하는 것이다. 세 번째 견해는 첫 번째와 두 번째가 결합된 견해이며, 또 우리는 이미 첫 번째 견해가 거짓임을 알고 있기 때문에 거부된다. 네 번째는 원인이 없다는 견해로서 붓다께서 거짓이라고 말씀했던 불합리한 극단 중 하나이다. 그러나 대론자는 두 번째 견해는 붓다께서 가르치신 것이고 그렇기에 거부되어서는 안 된다고 주장한다.

조건을 네 가지로 분류한 것은 발생에 대한 붓다의 가르침을 아비달마가 정교화한 것이다. (1) 일차적 원인因緣이란 이로부터 결과가 만들어졌다고 생각되는 것이다－예를 들어, 싹의 경우 종자에 해당한다. (2) 오직 인지만이 객관적 지지물所緣緣을 가지는데, 이는 지향적 대상을 말하는 것으로서 인지에 의해 의식되는 것이다. 시각적 인지는 색깔-형태 법을, 청각적 인지는 소리를 객관적 지지물로 가지는 식이다. (3) 근접 조건等無間緣이란 결과 직전에 선행하다가 결과에 그 자리를 양도하는 존재자나 사건인 것이다. (4) 지배적 조건增上緣이란 이것 없이는 효과가 생겨날 수 없는 것이다. 용수는 인과관계의 기본 개념을 비판한 뒤, 이 네 유형을 차례로 논박할 것이다.

월칭은 2cd에서 제기된 질문에 대론자가 다음처럼 답하게 함으로써 게송 4를 위한 사전 준비를 한다. "그렇다면, 발생이 조건들에 의한 것이라는 견해에 대한 그러한 반박을 고려할 때, 발생은 작용(kriyā)에 의한 것이라는 견해를 생각해 볼 수 있겠다. 시각과 색깔-형태 같은 조건은 〔결과로서의〕 의식의 직접적인 원인이 되지 않는다. 그러나 조건들은 의식을 생산하는 작용을 야기하기 때문에 그렇게 불리는 것이다. 그리고 이러한 작용은 의식을 생산한다. 따라서 의식은 조건에 의해서가 아니라, 마치 죽이 요리 작용에 의해 〔생산되듯이〕 조건을 소유하는, 즉 의식을 생산하는 작용에 의해 만들어진다."

1.4. 작용은 조건들을 소유하고 있지 않다. 작용에 조건들이 없는 것도 아니다.

조건들에는 작용이 없지 않다. 조건들에 작용이 제공되는 것도 아니다.

이 "작용"은 원인과 조건이 꼭 맞는 종류의 결과를 만들어내도록 하는 인과적 활동으로 여겨진다. 이는 따뜻하고 축축한 토양에 종자를 심어야만 싹이 나는 이유(또 왜 싹이 돌에서는 생겨나지 않는 이유)를 설명하기 위함이다. 그러나 이러한 작용은 조건들이 동시 발생한 산물이고, 따라서 작용이 조건들을 소유하고 있다고 할 수 있다면, 아마도 작용은 이러한 조건들이 조합될 때 발생할 것이다. 그런데 작용의 발생은 결과가 생겨나기 이전인가, 아니면 이후인가? 만약 이전이라면, 이 작용은 어떤 사건을 어떤 작용으로 만드는 생산 활동을 수행하지 않을 것이다. 만약 이후라면, 결과는 이미 만들어진 것이기 때문에, 생산 활동은 더 이상 발견되지 않을 것이다. 그리고 월칭은 결과가 생산을 진행하고 있는 세 번째 시기는 없다고 덧붙여 말한다. 왜냐하면, 그러려면 결과가 동시발생적으로 존재자이면서 비존재여야 하지만, 이는 모순된 상태이기 때문이다.

다른 한편으로, 만약 이 작용이 조건들과 무관하게 발생한다고 할 수 있다면, 왜 생산 활동이 다른 때가 아닌 특정한 때에 일어나는지 우리는 설명할 수 없을 것이다. 조건에 의존하지 않는 작용은 쉴 새 없이 발생할 것이며, 불을 피우려는 등의 모든 일은 무의미할 것이다.

이러한 작용이 발생하는 때를 특정할 수 없다는 점을 고려하면,

작용은 결국 궁극적으로 존재하지 않는 게 될 것이다. 그리고 이로부터 조건들이 작용을 소유한다거나, 작용을 소유하지 않는다는 것은 궁극적으로 참일 수 없다는 결론이 도출된다.

> 1.5. 어떤 것이 이것들에 의존해 생겨날 때는 이것들을 조건들이라고 할 수 있다.
> 어떤 것이 생겨나지 않을 때는, 이것들은 어째서 비非조건이 아니겠는가?

> 1.6. 〔그 결과로 여겨지는〕 대상이 아직 존재하지 않든, 이미 존재하든 관계없이 어떤 것을 조건이라고 말할 수 없다.
> 만약 존재하지 않는다면, 어떤 것은 무엇에 대한 조건인 것인가? 또 만약 존재한다면, 조건의 소용은 무엇인가?

이 두 게송은 게송 4의 논증을 더 자세히 설명하고 있다. 시각적 인지의 발생에 필요하다고 가정된 조건은—기능하는 눈, 대상의 현전, 빛 등은—시각적 인지가 아직 존재하지 않을 때에는 조건이라고 할 수 없는데, 왜냐하면 조건은 "조건"이라고 부를 만큼의 생산 활동을 아직 수행하지 않았기 때문이다. 그러나 시각적 인지가 존재할 때는 생산 활동이 발견되지 않는다. 이 둘 사이에 세 번째 때, 즉 시각적 인지가 생산을 진행하고 있는 시간이 존재해야 한다고 생각할지도 모른다. 그러나 전차에 대해서는 이렇게 말할 수 있지만, 인지처럼 궁극적으로 실재하는 것에 대해서는 적용될 수 없다. 전차는 그 부분들이 조합될 때 점진적으로 존재하게 되는 것으로 생각될 수 있다. 그러나 정확히 말하면, 그 과정 동안 전차가 존재하기도 하고 존재하지 않기도 하다고 해야 할 것이기 때문에, 전차는 궁극적으로 실재하는 게 아니라는 점을 인정해야 한다. 전차에 대해 이렇게 말할 수 있다는 것은 전차가 단지 유용한 허구일 뿐임을 보여준다.

이러한 논변 패턴, 즉 "세 시간대에 대한 논증"은 『중론송』 2장에서 대단히 중요하다. 현재 발생하고 있다는 경우에 적용되는 이 논증의 요점은 원인과 결과가 구별된다고 주장하는 사람들(인중무과론으로 알려진 견해의 지지자들)에게 생산관계는 개념적 구성물일 수밖에 없다는 것이다. 인중무과론에 따르면, 원인과 조건은 결과가 생기하기 전에 발생한다. 결과가 원인과 조건에 의존해 발생한다고 주장하려면, 두 항목 사이에 실재하는 관계가 존재한다고 간주해야 한다. 그러나 그 관계는 두 가지 가능한 시간대 중 어느 때에도 발견되지 않는다. 세 번째 시간대에 대해 말하면, 그 관계는 전차와 같이 개념적으로 구성된 존재자에 대해서만 적용된다. 따라서 생산관계나 인과관계는 개념적으로 구성되는 것일 수밖에 없는 것이다. 이러한 관계는 우리가 규칙적으로 일어나는 일련의 사건들을 관찰할 때 부과하는 것이지만, 사실상은 존재하지 않는다.

> 1.7. 법은 존재하는 것이나, 존재하지 않는 것이나, 존재하면서도 존재하지 않는 것이나 모두 작용하는 것이 아니니, 그럴

경우 어떻게 어떤 것이 작용 원인이라고 불릴 수 있겠는가?

월칭은 "작용 원인(operative cause, hetu-pratyaya)"이 게송 3에서 확인된 네 가지 조건 중 첫 번째인 일차적 원인因緣을 의미한다고 설명한다. 법이란 궁극적으로 실재하는 존재자, 즉 내재적 본성을 가지는 것이다. 이 논증은 어떤 존재자가 효과를 생산하는 작용을 수행하려면, 그 존재자가 아직 결과를 낳지 않은 상태에서 결과를 낳은 상태로 이행하는 변화를 겪어야 한다는 것이다. 그러나 궁극적으로 실재하는 존재자인 법은 존재할 때는 변화를 겪을 수 없는데, 왜냐하면 그 존재함은 그 내재적 본성의 현출에 존재하기 때문이다. 또한 존재하지 않을 때는 변화를 겪을 수 없는데, 왜냐하면 그때에는 변화의 주체가 될 "그것이" 존재하지 않기 때문이다. 법이 존재하기도 하고 존재하지 않기도 하다는 세 번째 선택지에 대해 말하자면, 주석가들은 이 논제가 첫 번째와 두 번째 논제의 결함을 계승하고 있다고, 또 더욱이 존재함이라는 속성과 존재하지 않음이라는 속성이 서로 양립할 수 없다고 설명한다. (MMK 1.1−7)

용수는 결과가 이미 원인에 존재한다는 견해를 기각했는데(게송 2), 아마 그가 옳을 것이다. 궁극적 실재에 관한 한, 결과는 그 원인 및 조건과 다르다는 게 좀 더 그럴 듯해 보인다. 그러나 이 두 번째 가능성에 반대하려면, 어떤 논증을 제시해야 할까? 두 가지가 있다. 즉, 원인과 결과를 연결하기 위해 인과적 힘에 호소하는 일은 무한소급을 초래한다는 논증과 세 가지 시간대에 근거한 논증이 그것들이다. 첫 번째는 19세기 영국 관념론자 F.H. 브래들리가 관계에 반대하며 제시한 주장과 대체로 유사하다. 즉, 관계 R이 a와 b를 연결하기 위해서는 a와 R을 연결하는 별개의 관계 끈 R1, R과 b를 연결하는 다른 관계 끈 R2, a와 R1을 연결하는 또 다른 관계 끈 R3 등이 존재해야 할 거라는 것이다. 따라서 브래들리는 관계가 실재한다는 믿음이 무한소급을 초래한다고 주장한다. 이 논증을 두고 사물들을 관련시키는 일이 관계의 본성이므로, R은 a와 b를 연결하는 추가 관계가 필요하지 않다는 대응이 있을 수 있다. 하지만 아마도 이런 식의 대응을 가지고는 문제가 해결되지는 않을 것이다. 아무튼 추가적인 관계 끈이 필요한 이유를 설명하는 일은 브래들리의 무한소급에 깊은 인상을 받은 사람의 몫일 것이다.

용수의 첫 번째 논증에서는 원인 c 및 결과 e를 인과적 힘 F와 연결하려면, 추가적인 인과적 힘이 필요할 것이라고 말하고 있다. 만약 우리가 c와 e를 연결하는 것은 단지 F의 본성일 뿐이라고 대응한다면, 용수는 왜 추가적인 인과적 힘인 F1, F2 등이 필요할지 설명할 수 있을까? 여기서 왜 인과적 힘이 애초에 상정되었는지 기억하는 게 중요하다. 이는 원인에 이미 결과가 존재한다고 생각하는 사람들의 이의 제기에 대한 대응이었다. 이들은 자신들의 견해에서 보면, 주어진 결과가 특정한 원인으로부터 만들어질 뿐 다른 원인으로부터는 만들어질 수 없는 이유를 설명할 수 있다고 지적했다. 우유를 가열해 응고제를 넣고 저으면 응유(curd)가 만들어진다. 왜 찰흙이나 밀랍이 아니라, 우유를 가지고 이렇게 해야 할까? 그리고 왜 결과는 물단지나

양초가 아닌 응유일까? 응유가 이미 우유 속에 현출되지 않은 형태로 있다고 말한다면, 적어도 이 질문에 대한 답을 제시하고 있는 셈이다. 만약 원인에 결과가 존재한다는 것을 부인한다면, 우리는 이 질문에 어떻게 답할 수 있을까?

만약 데이비드 흄의 인과관계에 대한 설명을 잘 알고 있다면, 마지막 질문이 가진 힘을 잘 이해할 것이다. 흄 역시 원인과 결과가 별개의 것이라고 가정했다. 즉, 먼저 우유, 열, 응고제, 섞는 운동의 집합이 존재하고, 그런 뒤 새로운 것, 즉 응유가 존재한다. 하나가 사라지고 다른 하나가 그 자리에 존재하게 된다. 이러한 연속을 반복해서 보기 때문에, 하나가 다른 하나의 원인이라고 말하는 것이다. 하지만 이렇게 말한다면, 우리는 이 일이 항상 이렇게 되어 왔다거나, 심지어 미래에도 이런 식으로 계속되리라는 것 그 이상을 의미하는 셈이다. 반드시 이런 식으로 진행되어야 함을—원인과 조건이 적절하게 조합되면, 결과가 반드시 존재하게 되어야 함을—의미하는 것이다. 그리고 흄은 원인과 결과 사이의 필연적인 연결이 존재한다는 이러한 발상의 원천이 무엇인지 물었다. 우리가 그러한 연결 자체를 관찰하는 건 확실히 아니다. 관찰하는 전부라곤, 별개의 것들로서 연속하는 원인과 결과일 뿐이다. 그렇다면, 왜 우리는 원인과 조건이 주어졌을 때, 이러한 결과를 딱 발생시키는 인과적 힘이나 동력이 존재한다고 가정할까? 흄은 우리 자신이 기대감을 세상에 투사하고 있기 때문에 이렇게 한다고 결론지었다. 과거에 우유, 열, 응고제가 있었고, 그 다음에 응유가 뒤따르는 걸 봤다. 우리는 이러한 연속을 충분히 자주 봤기 때문에, 파블로프의 개처럼 하나 뒤에 다른 하나가 뒤따를 것이라고 기대하게 된다. 이제 뜨거운 우유에 응고제가 섞이는 것을 관찰하면, 우리는 응유의 출현을 예상한다. 원인과 결과 사이에 필연적인 연결이 존재한다고 생각하는 건, 단지 세상에 이러한 기대감을 투사한 결과일 뿐이다.

용수의 첫 번째 논증은 흄이 어떻게 이 결론에 도달했는지를 이해하는 데 도움이 된다. 용수는 원인과 결과가 동일한지, 아니면 다른지를 묻는 것으로 시작한다. 만약 동일하다면, 왜 뜨거운 우유를 굳히는 것이 응유의 원인이 되는지 이해할 수 있다. 우리가 이해할 수 없는 것은, 만약 우유에 응유가 이미 존재한다면, 왜 응유를 얻기 위해 무언가를 할 필요가 있었냐 하는 것이다. 하지만 만약 다르다면, 왜 무언가를 해야 했는지 이해할 수 있다. 그러나 이제는 왜 응유를 석고나 금이 아닌 우유에서만 얻을 수 있는지, 또 왜 우유에서 인형이나 금반지를 얻을 수 없는지 이해할 수 없다. 인과적 힘을 상정하는 건 바로 이 질문을 해결하기 위한 일이었다. 그러나 상황의 논리는 우리가 무한소급으로 향하고 있음을 의미한다. 이제 왜 인과적 힘이 응유를 존재하게 하는 바로 그런 것이어야 하는지 물을 수 있기 때문이다. 이는 우리가 앞서 제기한, 왜 우유가 응유를 만들어내는지에 대한 질문만큼이나 꼭 미스터리다. 결과를 만들어내는 것이 결과와 다르다고 생각하는 한, 이 같은 질문은 제기될 것이다.

반론: "그러나 우리는 우유가 응유를 만들어내는 이유를 알고 있다—아니면 적어도 과학은 우리에게 그 이유를 말해줄 수 있다. 아마도 과학자들은 응고제의 산성이 우유의 입자를 뭉치거나, 아무튼 그런 식으로 응유를 형성하게 한다고 설명할 것이다. 용수와 흄은 오늘날

우리가 가지고 있는 과학적 지식이 없었다. 아마도 그래서 인과관계를 이해하는 데 어려움을 겪었을 것이다." 이러한 반론이 가진 문제점은 과학적 설명에 호소하면서 피할 수 없는 질문을 너무 오랫동안 미루게 된다는 데 있다. 어느 지점에서 과학에 기댄 설명은 답이 없는 질문에 마찬가지로 부딪힐 것이다. 즉, 왜 이런 종류의 원인이 그런 종류의 결과를 만들어내는가? 두 개의 입자가 아주 빠른 속도로 충돌하면, 일정량의 물질이 사라지고 일정량의 에너지가 존재하게 된다는 것이 물리학의 기본 법칙이라고 할 수 있다. 여기서 원인과 결과는 별개의 것들이다. 즉, 물질에는 결정된 질량과 공간적 위치가 있지만, 에너지에는 둘 다 없다. 그렇다면 하나가 다른 하나를 만들어내는 이유는 무엇일까? 이 둘은 별개이기 때문에, 우리는 에너지가 이미 물질에 존재했다고 말할 수 없다. 그렇다면 물질이 존재하지 않게 될 때, 에너지가 존재하게 되는 이유는 무엇일까? 이것이 물리학의 기본 법칙이라고 말하는 것은 우리의 질문에 답이 없다는 말일 뿐이다. 원인과 결과는 인과적 힘에 의해 연결되어 있다고 말하는 데로 다시 돌아가게 되는 것이다. 과학은 원인과 결과가 다르다고 말할 때 초래되는 소급을 피하는 데 도움이 될 수 없다.

일각에서는 세 시간대에 대한 논증을 의심하기도 한다. 원인이 결과를 만들어내는 시간은 존재하지 않는다고 말하는 것이다. 물론 결과가 이미 존재할 때나 결과가 아직 존재하지 않을 때는 원인이 결과를 만들어낸다고 말할 수 없다. 그러나 결과가 존재하게 되고 있는 시간 동안에는 원인이 결과를 만들어낸다고 말할 수 있지 않을까? 사실, 원인과 결과가 다르다면, 둘은 동시에 존재하는 게 아니다.

그러나 먼저 원인이 존재해서 만들어내는 과정을 개시하는데, 이 과정이 완료되면 원인이 더 이상 존재하지 않게 되면서 그 결과가 새로운 존재자로 등장하는 게 아닐까? 이러한 제안이 가진 난점은, 결과가 존재하는 것도 존재하지 않는 것도 아니지만, 원인과 결과 사이에—존재하게 되는 과정에—얼마간 시간이 걸린다는 것이다. 자, 이 발상은 전차 같은 것에 적용될 때 타당하다. 전차의 모든 부분을 조립하는 데는 시간이 얼마간 걸린다. 그래서 우리는 먼저 두 부분이 합쳐지는 시간과 마지막 부분이 부착되는 시간 사이에 전차가 만들어지고 있다고 말할 수 있다. 그렇다면 우리는 그 시간 동안 전차가 더 이상 단지 존재하지 않는 것이 아닐 뿐만 아니라, 진정으로 존재하고 있는 것도 아니라고 말할 수 있다. 그리고 이는 전차의 원인이 만들어내는 일을 하고 있을 때라고 말할 수도 있다. 그런데 이렇게 말할 수 있는 것은, 바로 전차가 부분으로 이루어진 전체, 즉 개념적 허구이기 때문이라고 할 수 있다. 궁극적으로 실재하는 어떤 것에 대해서는 이렇게 말할 수 없다. 내재적 본성을 가지는 것에는 세 번째 시간대가 존재하지 않는다.

여기서 밑바탕에 있는 요점은 믿을 수 없을 정도로 단순하지만, 심오한 의미가 내포되어 있다. 만약 원인과 결과가 다르고 둘 다 궁극적으로 실재한다면, 이 둘은 다른 시간대에 존재해야 한다. 둘이 동시에 존재하는 시간대는 없다. 그렇다면, 어떻게 이 둘 사이에 실재하는 인과관계 같은 게 있을 수 있을까? 오직 마음만이 이 둘을 하나로 묶을 수 있다. 이 점에서 이 논증은 운동에 반대하는 세 시간대에 대한 논증과 꼭 같다. 운동과 마찬가지로, 인과관계는 시간에 걸쳐 발생한다. 무언가가 움직인다고 하려면, 우리는 몇 개의 순간들로 이루어지는 시간의 연장선을 그을 수 있어야 한다. 마찬가지로 무언가가 다른 것의 원인이 된다고 말하려면, 우리는 두 가지 별개의 순간, 즉 원인 및 조건이 존재하는 순간과 결과가 존재하는 순간을 이을 수 있어야 한다. 중관학파에게 이는 인과관계가 개념적 구성물일 수밖에 없음을 보여주는 것이다. 한데 모으는 마음의 활동을 통해서만 세상에 실재하는 인과관계가 존재하는 양 나타날 수 있는 것이다.

이 말이 옳다고 가정해 보자. 결론은 어떻게 될까? 분명 실재하는 인과관계는 없어 보인다. 이는 세상이 완전히 무작위적인 곳임을, 즉 절대적으로 그 모든 일이 그 모든 때에 일어날 수 있음을 의미하는 것인가? 용수는 이러한 귀결이 초래되리라 생각하지 않는다. 게송 1에서 그가 사물의 발생에 관한 네 가지 별개의 방식을 부정한다는 점을 기억해 보자. 이 중 네 번째는 "원인은 없다"는 것이다. 그래서 용수는 사물이 자기 자신이나 별개의 원인으로부터 발생하는 게 아니라는 사실에 근거해, 사물이 전혀 아무 이유 없이 완전 무작위로 존재하게 되는 게 당연하다고 생각하는 건 아니다. 하지만 그가 틀렸을 수도 있는 것이다. 어째서 이런 식으로 결론이 나면 안 되는 것인가? 안 되는 데에는 몇 가지 이유가 있다. 첫째, 이 모든 것이 궁극적 진리에, 즉 우리가 세상을 살아가기 위해 사용하는 개념과 세상이 어떻게 다른지에 관한 것임을 기억하는 게 중요하다. 그래서 논증의 어떤 부분도 우유의 응고가 응유의 원인이라는 점이 세속적으로 참일 가능성을 배제하지 않는다. 그리고 사실 이는 세속적으로 참이다. 다시 말해, 이 말대로 한다면 변함없이 실행의 성공으로 이어질 것이다. 즉, 만약 응유를 만들고 싶다면, 바로 이렇게 해야 할 것이다. 둘째, 만약 궁극적으로 실재하는 것들이 존재한다면, 그것들이 완전히 무작위로 불쑥불쑥 존재하게 되리라고 생각할 아무런 이유가 없다. 우리 경험의 그 어떤 부분도 이런 식으로 작용하지 않으며, 궁극적으로 실재하는 것은 일상의 경험이 진행되는 방식의 기저를 이루면서 이 방식을 설명하는 것으로 여겨진다. 셋째, 이것이 우리에게 남은 유일한 선택지라고 생각하는 함정을 피할 필요가 있다. 용수는, 존재하는 것들은 그 자신들로부터도, 또한 그 자신 이외의 다른 것들로부터도 만들어질 수 없다고 주장했다. 이 두 가지 선택지 모두 유효하지 않기 때문에, 존재하는 것이 자신과 동일하면서도 자신과 다른 원인으로부터 만들어진다고 말하는 것도 유효하지 않을 것이다. 그렇다면 마치 사물은 전혀 아무 이유 없이 존재하게 된다는 단 하나의 가능성만 남아 있는 양 보일 수 있다. 그러나 이것이 네 번째 선택지라는 사실은 붓다가 사구부정四句否定을 사용했음을 떠올리게 한다. 붓다가 네 가지 논리적 가능성 모두를 거부했다는 점을 상기해 보자(예를 들어, 깨달은 사람의 사후에 어떤 일이 일어나는지에 대한 질문과 관련해서는 3장 1절 참조). 거기에는 네 가지 가능성만이 있을 수 있는 듯 보이기도 했다. 붓다는 그렇지만 이 모두를 거부했는데, 이는 다 잘못된 공통 전제를 공유하기 때문이다. 그래서 여기서도 우리에게는 존재하는 것들이 어떻게 발생하는지에 대한 모든 가설을 거부할 수 있는 선택권이 있다. 아마도 네 가지 선택지는 또한—발생할 수 있는 궁극적 실재가 존재한다는—잘못된 전제를 공유할 것이다.

『중론송』 1장의 논증들에 대해 마지막으로 언급해야 할 점이 하나 있다. 이 논증들이 보여주고자 하는 바는 인과관계가 궁극적 실재의 특징이 아니라는 점이다. 이는 어떤 것이 실제로 다른 어떤 것의 원인인지 여부를 결코 알 수 없다는 전혀 다른 주장과 혼동되어서는 안 된다. 단지 우유를 굳혀서 응유를 만드는 것을 수없이 봤다고 해서, 다음에도 똑같이 그렇게 되리라 실제로는 알 수 없다는 말을 들을 때가 있을 것이다. 어떤 것이 다른 어떤 것의 원인이라고 말하는 건, 하나의 것에 항상 다른 것이 뒤따를 것이라고 말하는 일이다. 그리고 때로는 두 가지 것이 함께 발생한 건, 단지 우연의 일치일 뿐이다. ("상관관계로는 인과관계를 증명하지 못한다.") 그래서 지금껏 우유와 응유는 함께 발생했다는 경험적 사실을 통해 항상 앞으로도 그렇게 되리라는 걸 보장받을 수는 없다. 그러므로 일각에서는 하나가 다른 하나의 원인인지 실제로 알 수 없다는 결론을 내린다. 이제 이는 타당한 논증일 수도 있고 아닐 수도 있다. 그렇지만 요점은, 이것이 용수가 말하고 있는 바가 아니라는 것이다. 그는 우리가 언제 인과적 연결이 존재하는지를 알 수 있는지의 여부에 대해 얘기하고 있는 게 아니다. 그는 인과적 연결 같은 것이 존재하는지의 여부에 대해 이야기하고 있다. 이건 전혀 다른 문제이다.

우리는 용수가 원인과 조건의 산물은 반드시 공하다고 주장할 때, 그가 다의어의 오류를 범했는지 묻는 것으로 시작했다. 우리는 이제 그가 이 결론을 뒷받침하기 위해 오류가 있는 논증을 제시할 필요가 없다는 점을 알 수 있다. 『중론송』 1장의 논증들이 이 일을 할 수 있는 것이다. 만약 이 논증들이 타당하다면, 인과적 연결이 개념적 구성물이란 걸 보여줄 것이다. 그래서 원인과 조건의 산물이라고 하는 것은 모두 또한 개념적 구성물일 수밖에 없다. 그러한 산물은 궁극적으로 실재하지 않기 때문에, 내재적 본성을 결여한다. 그래서 공하다.

5. 발생을 일으키는 건 결합이 아닐까?

다음 구절은 원인과 조건의 결합和合이라는 개념을 검토하는『중론송』20장의 게송들이다. 니야야와 아비달마에서 흔히 볼 수 있는 이 결합이라는 개념은 원인과 모든 조건이 함께 결합되었을 때 결과가 만들어진다는 의미를 담고 있다. 예를 들어, 싹의 경우, 결합에는 종자, 토양, 습기, 온기가 포함될 수 있다. 여기서 용수의 논증들은 그가『중론송』1장 및 다른 곳에서 제시한 논증들과 유사하므로, 여러분 스스로 그 내용을 알아내는 게 가능할 것이다. 여기서는 해설을 매번 이어서 하지 않겠지만, 몇몇 까다로운 지점에 대해서는 주석가들의 언급을 제시할 것이다. 용수의 진술을 온전히 갖춰진 논증으로 확장시킬 수 있는지 가늠해 보면서 그를 얼마나 이해하고 있는지 시험해 보는 것도 좋겠다.

> 20.1. 만약 원인과 조건의 결합으로부터 결과가 만들어진다면, 그리고 결과가 결합에 존재한다면, 어떻게 결합으로부터 결과가 만들어질 수 있겠는가?

> 20.2. 만약 결과가 원인과 조건의 결합으로부터 만들어진다면,

그리고 결과가 결합에 존재하지 않는다면, 어떻게 결합으로부터 결과가 만들어질 수 있겠는가?

20.3. 만약 결과가 원인과 조건의 결합에 존재했다면,
결과는 분명 결합에서 지각될 것이지만, 결과는 결합에서 지각되지 않는다.

20.4. 결과가 원인과 조건의 결합에 존재하지 않았다면,
원인과 조건은 비非원인과 비非조건과 같을 것이다.

20.5. 만약 원인이 자신의 인과적 특성을 결과에 부여한 다음 소멸하는 것이라면,
원인에 이중의 본성, 즉 부여함과 소멸함이 존재하는 게 될 것이다.

20.6. 그리고 만약 원인이 자신의 인과적 특성을 부여함 없이 소멸한다면,
그 결과는 소멸된 원인으로부터 만들어진 것이니, 원인이 없는 게 될 것이다.

20.7. 만약 결과가 결합과 동시발생적으로 현출하게 되는 것이라면,
결과와 결과를 만들어내는 생산자가 동시발생한다는 게 될

것이다.

불호의 주석(Buddhapālitavtti): 그렇다면, "이것들 중 이것이 원인이고, 저것이 그 결과다"라고 어떻게 확정할 수 있겠는가?

20.8. 그리고 만약 결과가 결합 전에 출현하게 되는 것이라면, 결과는 원인과 조건이 없는 것이니, 원인이 없는 게 될 것이다.

20.9. 원인이 소멸하면서, 변형되어 결과가 된다고 주장한다면, 이미 만든 적이 있는 원인의 재생이 뒤따를 것이다.

20.10. 소멸해 없어진 것이 어떻게 생겨난 결과를 만들어낼 수 있겠는가?
다른 한편으로, 그 결과와 함께 존속하고 있는 원인이 어떻게 이미 연결되어 있는 결과를 낳을 수 있겠는가?

20.11ab. 그리고 만약 결과와 연결되어 있지 않다면, 원인이 도대체 어떤 결과를 만들어낼 수 있겠는가?

『무외론』: 그리고 만약 원인이 정말 결과와 연결되어 있지 않다면, 원인이 도대체 어떤 결과를 만들어낼 수 있겠는가? 만약 그 이유를 묻는다면, 결과는 만들어지지 않고 또 실재하지 않으니, 결과는 원인과 무관한 선행적 존재를 갖지 않기 때문이라는 것이다.

20.11cd. 〔결과가〕 보이는 것인 경우든, 보이지 않는 것인 경우든, 원인은 결과를 만들어내는 게 아닐 것이다.

『무외론』: 시각적 감각 능력은 시각적 의식의 원인으로서, 보이는 경우든 보이지 않는 경우든, 시각적 의식을 만들어낸다고 말할 수 있다. 그러나 이 두 경우 모두 성립할 수 없다. 왜 그러한가? 이 능력은 보이는 것에 대해서는 무의미한 것이고, 보이지 않는 것에 대해서는 헛된 것이니, 보이지 않는 것은 이 능력이 의존할 조건이 없기 때문이다. (MMK 20.1－11)

6. 모든 것은 다른 모든 것과 연결되어 있는가?

인과적 연결에 대한 비판은 중관학파에게 분명 중요하지만, 여기에는 오해를 살 수 있는 여지가 있다. 원인을 가지는 사물은 다른 사물에 의존하는 본성이 있다고 중관학파가 말하고 있다는 듯 받아들이고 싶은 마음이 드는 것이다. 만약 (대부분의 아비달마 논사들이 주장하듯이) 모든 것에 원인이 있다고 한다면, 중관학파는 모든 것이 그 본성에 따라 다른 모든 것에 의존한다고 말하고 있는 게 아닐까? 그리고 그건 모든 것이 다른 모든 것과 연결되어 있음을, 즉 어떤 한 가지 것의 본성이 나머지 세계의 상태와 관련이 있음을 의미하는 게 아닐까? 이게 합당한 해석인 양 보일 수 있지만, 여기에는 한 가지 큰 장애물이 놓여 있다. 앞서 우리는 『중론송』 15장의 처음 두 게송, 즉 내재적 본성에 대한 고찰을 살펴봤는데, 여기에서 조건지어진 것은 내재적 본성을 결여한다는 논증을 볼 수 있었다. 아래는 다음 게송과 주석 두 가지의 언급이다.

> 15.3. 내재적 본성이 존재하지 않는데, 어떻게 외재적 본성이 존재할 수 있겠는가?
> 외재적 본성은 다른 존재자의 내재적 본성이라고 할 수 있기 때문이다.

『쁘라산나빠다』: 여기서는 무엇보다도, 내재적 본성이 어떤 다른 내재적 본성에 의존하여 "타자"로 지시된다는 점을 나타내고 있다. 만약 열이 실제로 불의 내재적 본성이라면, 외재적 본성은 물에 의존하여 실체적인 내재적 본성으로 지시될 것이다. 그러나 해탈을 추구하는 이들이 분석하는 것에는 모두 내재적 본성이 존재하지 않는데, 어떻게 타자성이 존재할 수 있겠는가? 그리고 외재적 본성이 존재하지 않기 때문에, 내재적 본성이 존재하지 않음이 증명되는 것이다.

『반야등론』: 이는 타자의 있음에 의존함으로 인해 외재적 본성이라고 불리기 때문이다—이것이 바로 그 논증이다. 내재적 본성은 바로 그 자기 자신의 본성이다. 그래서 타자에 의존함으로 인해 외재적 본성에 대한 지시가 있는 것이다. 그러므로 내재적 본성이 존재하지 않기 때문에 당연히 외재적 본성은 〔존재하지 않는다〕. 타자에 대한 지시가 존재하는 것은 그 자체로 인한 것이다. 〔외재적 본성이 존재한다고 말하는〕 이유를 입증하는 것은 존재하지 않는다. 왜냐하면 〔"내재적"과 "외재적" 사이의 구별처럼〕 언어적 구별에는 실재하는 이유가 있어야 하기 때문이다. 그리고 만약 그 실재가 부정된다면, 이유를 입증하는 실례는 존재하지 않을 것이다. 왜냐하면 "긺"과 "짧음" 〔같은 실례들은〕 입증되지 않을 것이기 때문이다.

두 번째 구절에서 청변의 요점은 충분히 드러나 있다. 우리가 정확히 "길다"라고 부를 수 있는 것이 없으면, 어떤 것을 "짧다"라고 하는 게 옳지 않은 것처럼, 어떤 본성은 내재적인 본성이 존재하지 않는 한, "외재적"일 수 없거나 다른 것으로부터 빌려온 것일 수 없다. 그렇지만 『쁘라산나빠다』에 나타난 월칭의 주석은 어느 정도 설명이 필요할 수도 있다. 그는 외재적 본성의 통상적인 예로 뜨거운 물의 열을 생각하고 있다. 아비달마 논사들은 우리가 보통 물이라고 부르는 것이 개념적 허구라는 데 동의했다. 우리는 물이 반드시 축축해야 하는 것이라고 생각하지만, 물은 뜨겁거나 차가울 수도 있는 것이기 때문이다. 물을 이런 식으로 생각하는 건, 물은 열이라는 속성을 갖는 것과는 독립적으로 존재하는 어떤 것이라고 생각하는 일이다. 그래서 이 어떤 것은 자신을 물로 만들어 준 열 이외의 어떤 본성을 가져야 하며, 그리고 뜨거움 또는 차가움 같은 다른 속성을 가져야 한다. 물이 뜨거울 때, 이 열은 외재적 본성이다. 즉, 이것은 다른 어떤 것, 즉 열을 자신의 내재적 본성으로 갖는 어떤 것(즉, 불)으로부터 빌려온 것이다. 이는 물이 개념적으로 구성된 것이라는 점을 보여준다. 왜냐하면 우리가 물이라는 개념을 떠올리면서 여러 가지 상이한 법들을 한데 묶는다는 점을 보여주기 때문이다. 궁극적으로 실재하는 물은 축축함 같은 단 하나의 법으로만 구성될 수 있다. 이제 월칭은 외재적 본성에 반대하는 용수의 논증이, 뜨거운 물의 열이 외재적이려면 물에 내재하는 어떤 본성(즉, 축축함)이 존재해야 한다는 것이라고 이해한다. 그리고 지금까지 이 장에서 살펴본 논증은 내재적인 본성은 존재하지 않는다는 것이었다. 달리 말해, 이 논증은, 빌림을 행할 수 있는 x가 이미 거기에 존재하지 않는 한, x는 다른 어떤 것 y로부터 본성을 빌릴 수 없다는 것이다. 그리고 그 자신이 소유하는, 즉 그 자신을 바로 그 자신이게끔 만들어 주는 어떤 본성이 존재하지 않는 한, x는 존재할 수 없다. 따라서 내재적 본성이 존재하지 않는다면 외재적 본성은 존재할 수 없다. 그리고 이는 그 본성상 다른 어떤 것에 의존하는 것이라면 궁극적으로 참일 수 없다는 것을 의미한다.

우리는 앞서 용수가 공성을 모든 형이상학적 견해를 제거하기 위한 방편이라고 부르는 것을 본 적이 있다. 모든 사물이 서로 관계맺고 있다, 즉 모든 것이 자신의 본성을 다른 것들로부터 빌린다는 견해는 형이상학적 견해이다. 이 견해는 궁극적으로 실재하는 것의 본성에 대한 이론이다. 이를 두고 공성의 진정한 의미라고 생각하고 싶을 수도 있다. 그렇지만 우리가 방금 본 내용은 중관학파의 논증이 공성을 형이상학적으로 해석하는 게 잘못되었음을 보여주는 또 다른 경우이다. 이는 공성을 형이상학적으로 해석하는 게 통하지 않으리라는 더욱 확실한 증거가 된다. 아마도 공성은 의미론적으로 이해되어야 할 것이다. 의미론적 해석은 공임을 입증하는 핵심이 궁극적 진리라는 바로 그 발상 자체가 비정합적임을 보여주는 것—궁극적 진리는 궁극적 진리가 존재하지 않음을 보여주는 것—이라고 말한다.

그러나 이는 몇 가지 골치 아픈 문제를 일으킨다. 첫째, 어떻게 어떤 것도 궁극적으로 참이 아니라는 말이 궁극적으로 참일 수 있을까? 결국, 만약 어떤 것도 궁극적으로 참이 아니라면, "궁극적 진리는 존재하지 않는다"는 진술은 궁극적으로 참일 수 없다. 어떤 진술도 궁극적으로 참일 수 없는 것이다. 그래서 궁극적 진리는 존재하지 않는다는 것이 궁극적으로 참이라고 말하는 건 말이 되지 않는다. 그러나 이러한 역설은 만약 "궁극적"이라는 말이 두 가지 다른 방식으로 사용되고 있다면 해결될 수 있다. 중관학파 논사들은 완전히 깨닫게 되려면 모든 것이 공함을 배워야 한다고 주장한다. 따라서 이들은 깨닫기 위해 파악해야 하는 최종적 진리라는 의미에서 공성을 궁극적 진리라고 부를 수도 있다. 그러나 이는 "궁극적 진리"라는 용어의 아비달마적 의미와는 다르다. 우리는 다음과 같이 이 차이를 분명히 드러냄으로써 이 역설을 해소할 수 있다.

> 궁극적 진리 1: 완전한 깨달음을 얻기 위해 파악되어야 하는 사실.

> 궁극적 진리 2: 마음과 독립적인 실재의 궁극적 본성과 상응하는 진술.

그렇다면 의미론적 해석은 공성 교리를 다음과 같은 의미로 받아들인다.

궁극적 진리 1은 궁극적 진리 2가 존재하지 않는다는 것이다.

따라서 이런 식으로 해석되는 한, 중관학파의 입장은 자기모순이 아니다. 그러나 의미론적 해석에 대한 더욱 골치 아픈 또 다른 문제가 있다. 이 해석에 따르면, 모든 것이 공하다고 말하는 건 궁극적 진리가 존재하지 않는다고 말하는 것이다. 아마도 중관학파에서는 모든 것이 공하다는 게 참이라고 생각하는 것 같다. 그렇지만 만약 궁극적 진리 같은 게 존재하지 않는다면, 도대체 어떻게 진리라는 게 존재할 수 있겠는가? 아마도 이들은 모든 것이 공하다는 게 세속적으로 참이라고 말할 것이다. 궁극적 진리가 존재하지 않는다면, 세속적 진리가 존재할 수 있을까? 우리의 이익과 인지적 한계를 고려할 때, 세속적 진리는 우리에게 유효한 것으로 여겨진다는 점을 떠올려 보자. 따라서 1층에 있는 음료수 자판기에 대한 우리의 이전 진술은 세속적으로 참이다. 왜냐하면 그런 자판기는 실제로는 존재하지 않지만, 부분들이 특정한 방식으로 배열되어 있을 때 존재한다고 말하는 게 편리하기 때문이다. 그러려면 단순한 개념적 허구가 아닌 것들, 즉 우리의 관심과 한계를 반영하는 유용한 개념들과는 독립적으로 존재하는 것들이 존재할 필요가 있지 않을까? 만약 음료수 자판기 그 자체가 진정 실재하는 게 아니라고 인정한다면, 그것이 존재한다고 믿는 게 왜 유용한지 설명하기 위해서는, "음료수 자판기"라는 편리한 지시어 아래 함께 묶이는 진정 실재하는 것들이 존재한다고 말해야 할 듯 보인다. 그리고 진정 실재하는 것들이 존재하는 방식이 궁극적 진리일 것이다. 달리 말해, 반론은 실재의 궁극적 본성에 대한 형이상학적 이론 없이는 진리를 가질 수 없다는 것이다. 따라서 공성에 대한 의미론적 해석은 이치에 맞지 않다는 것이다.

이러한 반론에 대해 중관학파는 다음과 같은 비유로 대응할 수 있다. 즉, 궁극적 진리를 포기하는 것은 마치 금본위제에서 벗어나는 일과 같다. 한때 달러와 파운드와 같은 종이 화폐는 금과 은 같은 귀금속에 의해 지탱되었다. 1달러 지폐는 종이 한 장에 불과하지만, 사람들은 이것이 일정량의 금과 교환될 수 있다는 점을 알았기 때문에 가치 있게 받아들였다. 그러나 20세기 동안 세계의 모든 주요 통화는 금본위제에서 벗어났다. 당연히 많은 사람들은 자신들의 종이돈이 더 이상 귀금속으로 교환될 수 없을 경우 무가치해질까 두려워했다. 하지만 이런 일은 일어나지 않았다. 종이 한 장에 가치를 부여하는 일은 이것이 일정량의 귀금속에 의해 뒷받침되어서가 아니기 때문이다. 화폐는 단지 금의 편리한 표지자인 게 아니다. 화폐의 가치는 사람들이 이것을 교환 매체로 사용한다는 사실에서 비롯된다. 교환 매체가 존재한다는 것은 분명히 유용하다. 대안은 물물교환인데, 물물교환을 통해 우리의 필요를 충족시키는 것은 어렵고 많은 시간이 걸리는 일이다. 모두가 화폐를 사용해 상품을 사고파는 데 동의한다면, 우리는 훨씬 더 잘살 게 될 것이다. 그렇다면 필요보다 더 많은 달걀을 가졌지만 빵이 필요할 때, 달걀을 원하는 여분의 빵을 가진 사람을 찾을 필요가 없을 것이다. 대신 나는 원하는 사람에게 달걀을 팔 수 있고, 달걀을 교환하여 받은 화폐를 사용해 빵을 살 수 있다. 화폐의 가치는 화폐를 교환 매체로 취급하는 관례에서 파생된다. 이 가치는 일련의 인간 관행에서 그 역할이 파생되는 것이다.

지폐의 가치가 내재적인 가치를 가진 무언가에 의해 뒷받침될 필요가 없는 것과 마찬가지로, 중관학파에서는 음료수 자판기에 대한 진술의 진리성이 내재적 본성을 가진 존재들에 기반을 둘 필요가 없다고 말할 수 있다. 궁극적 진리가 세계에 대한 우리의 이익과 한계가 반영된 사고방식과는 무관하게 존재하는 세계의 진정한 모습으로 여겨졌었던 일을 기억해 보자. 아마도 음료수 자판기에 대한 진술이 왜 유효한지를, 즉 왜 이것이 우리가 원하는 것을 얻는 데 도움이 되는지를 설명하기 위해 그런 진정한 모습 같은 게 필요하다고 여겼던 일은 실수였을 것이다. 어쩌면 우리에게 필요한 유일한 설명은 음료수를 제공하는 것을 음료수 자판기라고 부르기로 모두 동의했고, 1층에 음료수를 제공하는 것이 있다는 점이다. 이 점 때문에 진술의 진위가 완전히 자의에 달렸다는 건 아니라는 데 유의하자. 지폐의 비유는 왜 자의에 따른 게 아니라는 걸 이해하는 데 도움이 될 수 있다. 종이 한 장에 일정한 금전적 가치를 부여하는 관례는 우리 모두가 받아들여야 하는 것이다. 달러 지폐가 당신의 새 차나 타히티행 비행기 표만큼의 가치가 있다고 내가 말한다고 해서 그렇게 되는 건 아니라는 말이다. 화폐는 우리 모두가 동일한 관례를 준수해야만 가치가 있다. 이는 우리의 언어 관행을 확립하는 관례에도 적용될 수 있다. 관례는 우리 모두가 동의할 수 있는, 세계에 대한 사고방식을 반영해야만 유효할 수 있다.

의미론적 해석에 따르면, 공성 교리는 진리가 비이원적이라고 말하고 있다. 즉, 오직 한 종류의 진리만이 존재한다는 것이다. 이러한 해석에서 보면, 공함을 입증하는 이유는 의미론적 비이원론을, 즉 오직 세속적 진리만이 존재한다는 견해를 확립하기 위한 것이다. 이 점 때문에 공성 교리는 현대의 의미론적 반실재론과 유사하게 된다. 진리에 대한 의미론적 반실재론적인 견해는 복잡하고 논쟁의 소지도 아주 많다. 이 견해를 적절하게 평가해, 의미론적 비이원론이 올바른지 여부를 결정하기에 앞서 논의해야 할 많은 부분이 있다. 여기서는 이 일을 하진 않을 것이다. 하지만 또 다른 질문을 다음처럼 할 수 있다. 의미론적 해석은 정말 중관학파를 이해하는 올바른 방법일까? 아니면 의미론적 해석은 대신 현재 유행하고 있는 어떤 철학 이론을 설 자리가 없는 고전 인도 맥락으로 재해석하는 경우일 수도 있을까? 지금까지 의미론적 해석의 사례는 부정하는 것이었다. 즉, 기본적으로는 공성에 대한 경쟁 해석들이 옳지 않다고 말하는 것이었다. 실제로 이러한 해석을 뒷받침하는 중관학파의 언급이 있을까?

있다. 중관학파의 중요한 교의는 공성 그 자체가 공하다는 것이다. 여기에 용수가 이를 확증하는 게송 두 개가 있다.

> "이것은 공하다"라고 말할 수 없고, 또한 공하지 않다고도
> 말할 수 없으며,
> 둘 다이거나, 둘 다 아니라고도 말할 수 없다. "공하다"는
> 말은 "개념적 허구"라는 의미에서만 할 수 있다. (MMK 22.11)

> 의존적 발생 그것을 우리는 공성이라고 말한다.
> 그것〔공성〕은 의존적 개념으로, 바로 중도다. (MMK 24.18)

공성을 두고 의존적 개념이라고 하는 건 내재적 본성을 결여한다고 말하는 것이다. 그리고 물론 (전차처럼) 내재적 본성을 결여하는 무언가에 대한 어떤 진술도 궁극적으로 참일 수 없다. 그래서 공성에 대해 우리가 할 수 있는 어떤 말도 궁극적으로 참일 수 없다. 그러나 마찬가지로, 공하지 않는 것들, 즉 내재적 본성을 가지는 것들에 대한 어떤 진술도 궁극적으로 참이 아니다. 그리고 사구부정의 나머지에 대해서도 마찬가지다. 앞서 봤듯이, 네 구의 모든 구가 부정될 때, 네 구가 공유하는 공통의 거짓 전제를 찾을 필요가 있다. 여기서는 궁극적 진리 같은 것이 존재한다는 가정이 유일하게 가능할 것 같다. 모든 것이 공하다고 말하는 건, 궁극적으로 참인 진술이 될 수 있는 종류의 것이 존재하지 않는다고 말하는 일이다. 공성도 공하다고 말하는 건 공성에 대한 어떤 진술도 궁극적으로 참일 수 없음을 말하는 것이다. 요지는 궁극적 진리라는 그 발상 자체가 공하다는 것이다.

7. 공성의 구제론적 요점

이 모두는 공성에 대한 다음의 마지막 질문으로 이어진다. 즉, 그 구제론적 요점이 무엇이냐 하는 것이다. 이 질문은 (여기서 논의된 바와 같이) 공성이 의미론과 관련해 가장 잘 해석된다고 할 때, 특히나 중대한 문제다. 모든 존재가 어떻게든 다른 존재들과 연결되어 있다는 식으로, 공성이 어떤 형이상학적 함의를 갖는다면, 거기엔 딱 하나밖에 없다. 모든 것이 공함을 자각한다면, 우리 자신과 다른 사람들 사이에 그어진 경계가 흐려질 수 있다고 생각하게 될 것이다. 아마도 이는 결과적으로 우리를 덜 이기적으로 만들 것이다. 우리는 왜 이런 종류의 해석이 불가능해 보이는지 살펴봤다. 그러나 이러한 자각이 오직 진리의 본성과 관계가 있을 뿐이라고 한다면, 공성을 자각하는 게 어떻게 우리의 삶을 변화시킬 수 있는지 알기란 더 어려운 일이다. 궁극적 진리라는 발상을 포기하는 것이 과연 괴로움을 극복하는 데 어떻게 도움이 될 수 있을까? 진리에 대한 개념의 변화가 인생을 바꾸는 결과를 낳기에는 진리라는 개념은 너무 추상적으로 보이는 것이다.

이에 대한 반응으로 몇 가지 말할 수 있는 점이 있다. 의미론적 비이원론을 옹호하는 이들은 공성의 자각을 통해 깨달음과 관련된 모든 일을 죄다 하려는 건 결코 아니라고 말할 것이다. 이 일의 상당 부분은 여전히 불교의 무아 교리에 의해 수행되어야 한다. 공성 교리는 단지 우리가 무아임을 자각하려는 노력 와중에 나타날 수 있는 특정한 경향을 교정하는 역할을 한다. 불교 프로젝트는 삶의 의미를 소유할 수 있는 "나"라는 느낌을 극복함으로써 괴로움을 제거하는 것임을 기억해 두자. 절대적으로 객관적인 궁극적 진리라는 발상은 우리를 이 일을 하도록 돕는 데 유용하다. 우리 모두는 자신의 바람을 세상에 투사하는 일이 어떻게 자신을 곤경에 빠뜨리는지 알고 있다. 내 계좌에 돈이 많으면 행복할 것이라고 믿는 건 재앙으로 가는 지름길이다. 어떤 궁극적 진리라는 발상은 단지 이 점을 관념화한 것일 뿐이다. 단지 우리의 이익과 한계를 제거한 뒤에도 여전히 무언가가 남는다는 발상인 것이다. 그리고 이런 식으로 세상을 보는 일은 삶의 의미를 소유할 수 있는 인격체는 실로 존재하지 않는다는 점을, 즉 "나"라는 것은 단지 유용한 허구일 뿐임을 믿게 하는 가장 효과적인 방식일 수 있다. 이런 식으로 무아를 자각하는 데 따르는 난관은 이로 인해 미세한 형태의 집착으로 초래될 수 있다는 것이다. 이것은 궁극적 진리가 존재한다고 믿는 사람들이 말을 할 때 그 제스처로 드러난다. 어떤 현상에 대해 다른 관점이 있을 수 있다는 증거에 직면하면, 이러한 사람들은 종종 탁자를 치곤 한다. 여기에는 논쟁의 여지가 없는 사실(예를 들어, 테이블의 견고함)에 주의를 환기시키는 방법 이상의 것이 담겨 있다. 탁자를 치는 행위도 자기주장의 한 형태이다. 이 경우에는 자기주장의 미세한 형태인 것이다. 만약 내가 사물이 존재하는 절대적으로 객관적인 방식이 존재한다고 고집한다면, 나는 세상이 존재하는 방식이 당신의—그리고 또한 나의—이익이나 한계와 무관하다고 주장하고 있는 것이다. 그래서 나의 탁자 치는 행위는 몰아적인 것으로 보일 수 있다. 그러나 그럼에도 불구하고 나는 진리가 내 편이라고 주장하고 있는 것이다. 이러한 행동은 무아를 진정으로 자각하는 데 장애가 될 수 있다. 이것이 바로 아마도 중관학파가 인격체의 무본질성을 자각하는 것 외에 법의 무본질성도 자각해야 한다고 생각하는 이유일 것이다. 후자의 자각은 궁극적 진리라는 개념의 토대를 우리에게서 빼앗아간다. 따라서 중관학파에서는 이것이 무아 실현의 정점을 나타낸다고 생각할 수 있다.

그러나 이런 반응은 새로운 우려로 이어질 수 있다. 애초의 불만이—의미론적 비이원론은 너무 추상적이어서 구제론적 의미를 가질 수 없다는 불만이—적절하게 처리되었다고 가정해 보자. 문제는 구제론적 의미를 달성하는 데 있어 중관학파가 너무 멀리 가버리지 않았느냐는 것이다. 우리는 공성의 요점이 우리가 독단적이 되는 걸 불가능하게 만드는 것이라고 들었다. 독단적이지 않다는 건 좋은 태도처럼 들린다. 그러나 이 경우, 이는 진리에 대한 상대론자가 되는 대가를 치르게 될 수 있다. 궁극적 진리라는 개념이 없다면, 무엇이 참인지는 개인이나 사회의 이익과 한계에 상대적이라는 결론에 우리는 어떻게 저항할 수 있을까? 진리에 대한 상대론자가 되는 건 분명 독단적이지 않게 되는 방식이다. 만약 어떤 주어진 진술이 나 자신이나 나의 집단이 말할 때는 참일 수 있지만, 당신이나 당신의 집단이 말할 때는 거짓일 수 있다고 내가 주장한다면, 내가 긍정하는 바를 당신이 부정할 때 나는 분명 테이블을 치지 않을 것이다. 그러나 만약 그 진술이 "자아는 존재하지 않는다"이거나, "모든 것은 공하다"는 것이라면 어떻게 될까? 중관학파는 자아와 내재적인 본성을 가지는 사물들이 존재한다고 고집하는 개인이나 전체 사회에 무엇을 말할 수 있을까? 세상을 기술하는 유일무이한 최선의 방식이 존재하지 않는다면, 어떻게 한 가지 기술이 다른 기술보다 더 나을 수 있을까?

여기가 바로 고된 철학적 작업이 시작되는 곳이다. 중관학파는 세상에 대한 어떤 사고방식이 다른 사고방식보다 낫다고 주장한다. 자아가 존재하지 않는다는 믿음은 결국 자아가 존재한다는 믿음보다 실행의 성공으로 이어질 가능성이 더 높다는 것이다. 사실, 용수는 (MMK 18.6에서) 두 믿음 모두 궁극적으로는 참이 아니라고 말한다. 그래서 붓다는 일부 대중들에게는 무아를 가르쳤겠지만, 다른 대중들에게는 자아가 존재한다고 믿게 하는 방식으로 가르칠 수 있었을 것이다. 두 경우 모두, 붓다는 그저 시의적절한 교육 방법을 사용하고 있는 것이다. 그는 대중들의 믿음과 능력을 감안할 때 자신의 판단이 괴로움을 가장 잘 종식시키는 데로 이끌 것이라고 주장하고 있다. 그러나 이 게송에 대한 주석들이 분명히 밝히고 있듯이, 여기에는 관련된 어떤 이행해 가는 과정 같은 게 있을 것으로 생각된다. 자아가 존재한다고 믿도록 이끌린 대중은 아직 업과 재생을 알지 못한 채, 오로지 현재의 감각적 만족을 위해 살아가는 사람들이다. 이들은 아직 무아의 가르침을 받을 준비가 되어 있지 않다. 붓다는 이들이 업과 재생을 받아들이도록, 또 그에 따라서 도덕적 덕목을 실천하기 시작하도록 함으로써 이 가르침을 위한 준비를 시키고 있는 것이다. (이 일이 어떻게 작동하는지에 대해서는 3장 4절 참조.) 이 대중들 가운데 있는 누군가는 무아의 가르침을 받을 준비가 되어 있는 사람만큼 멀리 열반으로 가는 길을 따르고 있지는 않다. 그래서 중관학파 논사들은 자아가 존재하지 않는다는 게 궁극적으로 참이 아니지만, 세속적 진리에 관한 한 자아가 존재한다고 믿는 것보다는 무아를 믿는 편이 더 낫다고 말할 것이다.

문제는 이것이 어떻게 가능한가 하는 데 있다. 최선이 없는데 어떻게 더 나은 게 있을 수 있겠는가? 아마도 중관학파의 논사들이 염두에 두고 있는 바는 궁극적 진리라는 발상, 다시 말해 절대적 객관성이라는 이상은 유용한 허구라는 것이다. 이는 오직 세속적 진리만이, 다시 말해 오직 어떤 주어진 상황에서 "유효하게 작동하는" 것만이 존재할 뿐이지만, 여전히 세상에 대한 더 나은 그림이 있을 수 있다고 생각하는 것이다. 우리는 타인이 사물을 보는 방식을 참조함으로써 언제나 더 잘 해 나갈 수 있다. 하지만 우리가 진리에 대한 상대론자라면 이렇게 하지 않을 것이다. 만약 하나의 동일한 진술이 한 사람이 말할 때는 참이고, 또 다른 사람이 말할 때는 거짓일 수 있다고 생각한다면, 여타의 사람들이 사물을 다르게 볼 때의 불일치를 해결하려고 할 것 같지 않다. 그래서 만약 "진리는 저 밖에 있다"고 생각한다면, 사물이 우리에게 나타나는 방식을 초월하는 진정으로 객관적인 방식이 존재한다고 생각하는 편이 더 낫다. 이는 왜 우리가 진리에 관한 한, 더 나은 것과 더 못한 것이 있기 위해서는 최선이라는 것이 있어야 한다고 생각하는지를 설명해 줄 것이다. 중관학파의 공성 논증이 타당하다면, 최선도, 궁극적 진리도 존재하지 않는다. 그래도 존재하는 척 가장하는 편이 더 낫다고 주장할 수도 있다.

우리가 방금 가볍게 살펴본 이 입장이 정합적인지 여부는 까다로운 질문이다. 여기는 관련된 모든 문제를 살펴보거나, 해결하려고 시도하는 곳이 분명 아니다. 주목해야 할 점은 중관학파의 공성 교리가 제기한 문제가 정말 심오하다는 것이다. 이 교리가 처음에 얼마나 기이하게 들렸는지 돌아본다면, 그 깊이를 안다는 건 꽤 괄목할 만한 일이다. 용수의 논증들이 애초에 당했던 긴 묵살은, 다른 인도 철학자들이 이 논증들을 쉽게 일축해 버릴 수 있으리라 생각했음을 암시한다. 논쟁의 현 상황을 보면, 쉬 일축할 수 없다는 걸 알 수 있다.

더 읽을거리

『중론송』의 완전한 번역은 Shōryū Katsura and Mark Siderits, trans., *Nāgārjuna's Middle Way: The Mūlamadhyamakakārikā*(Somerville, MA: Wisdom, 2013) 참조. 이 번역본이 본 장에서 사용한 게송과 주석의 출처다.

용수의 또 다른 중요한 문헌인 『회쟁론(廻諍論, Vigrahavyāvartanī)』은 Jan Westerhoff, *The Dispeller of Disputes: Nāgārjuna's Vigrahavyāvartanī*(Oxford: Oxford University Press, 2015)에 번역되어 있다.

청변의 독립적인 저작 『중관심론(中觀心論, Madhyamakahṛdayakārikā)』은 Malcolm David Eckel, *Bhāviveka and His Buddhist Opponents*(Cambridge, MA: Harvard University Press, 2008)에 소개되고 번역되어 있다.

월칭의 『중론송』 주석 『쁘라산나빠다(明句論, Prasannapadā)』 1장은 Anne MacDonald에 의해 *In Clear Words: The Prasannapadā, Chapter One*(Vienna: Austrian Academy of Sciences Press, 2015)에 편집 및 번역되었다.

중관학파의 방법에 대한 중요한 논쟁을 다룬 논의는 Georges Dreyfus and Sara McClintock, eds., *The Svātantrika-Prāsaṅgika Distinction*(Boston: Wisdom, 2003)에 수록된 에세이들을 참조.

"실재는 언표 불가능하다"는 식으로 공성을 해석한 고전적인 진술은 T.R.V. Murti의 *The Central Philosophy of Buddhism*(London: Allen & Unwin, 1955)이다. 이에 대한 보다 최근의 언급은 David Seyfort Ruegg, "The Uses of the Four Positions of the Catuṣkoṭi and the Problem of the Description of Reality in Mahāyāna Buddhism," *Journal of Indian Philosophy* 5, no. 1/2 (Sept./Dec. 1977): 1-71이 있다.

중관학파에 대한 우호적인 허무주의적 독해는 Thomas E. Wood의 *Nāgārjunian Disputations: A Philosophical Journey through an Indian Looking-Glass* (Honolulu: University of Hawaii Press, 1994)에서 찾아볼 수 있다. 적대적인 허무주의적 해석은 David Burton, *Emptiness Appraised*(Richmond, UK: Curzon, 1999)에 보인다.

용수의 중관학파 이후 및 유식학파와의 관계에 대한 연구는 Tom Tillemans,

Materials for the Study of Āryadeva, Dharmapāla and Candrakīrti: The Catuḥśataka of Āryadeva, Chapters XII and XIII, with the Commentaries of Dharmapāla and Candrakīrti(Vienna: Arbeitskreis für Tibetische und Buddhistische Studien Universität Wien, 1999)이다. 또한 *Madhyamaka and Yogācāra: Allies or Rivals?*(온전한 서지사항은 7장 끝에 제시되어 있다.) 참조.

Cowherds 모임의 중관학파에 대한 최근 연구 일부는 The Cowherds, ed., *Moonshadows: Conventional Truth in Buddhist Philosophy*(New York: Oxford University Press, 2010) 및 Koji Tanaka, Yasuo Deguchi, Jay Garfield, and Graham Priest, eds., *The Moon Points Back*(New York: Oxford University Press, 2015)에 실려 있다.

반실재론에 대한 찾아볼 만한 설명과 옹호에 대해서는 Hilary Putnam, *Reason, Truth and History*(Cambridge: Cambridge University Press, 1981) 참조.

현대철학의 도구와 기법을 사용하여 중관학파의 성과를 입증하려는 흥미로운 시도는 Jan Westerhoff, *The Non-Existence of the Real World*(New York: Oxford University Press, 2020) 참조.

9장 디그나가 학파: 불교 인식론

지금까지 살펴본 불교 학파와 운동은 초기불교, 아비달마, 대승, 상좌부, 비바사사, 경량부, 유가행파, 중관학파 등과 같이 자신만의 고유한 명칭을 가지고 있었다. 이 장의 주제로 다뤄질 이 학파는 그렇지 않다. 인식론자 디그나가(Dignāga, 480~540)에 의해 설립되었기 때문에, 현대 학자들은 대개 디그나가 학파라고 부른다. 그렇지만 "유가행경량부"나, 때로는 "불교 논리학"으로도 불린다. 고전 인도 불교도들이 이 전통의 사상가들에게 사용했던 단일한 명칭이 없었기 때문에, 현대 학자들도 하나의 이름으로 부르지 못하는 것이다. 이는 아마도 우리가 지금까지 살펴본 학파와는 다른 의미의 학파였기 때문일 것이다. 이 학파의 목표는 열반에 이르는 고유한 길을 명료하게 설명하는 게 아니었다. 대신 여러 다른 길 중 하나를 따르는 사람들이 유용하게 활용하기를 바라면서 철학적 도구의 개발에 착수한 것이다.

지금까지 살펴본 학파들은 자신들만의 고유한 형이상적 견해도 가지고 있었다. 예를 들어, 경량부는 모든 것이 찰나적이라고 가르치지만, 유가행파는 오직 인상만이 존재한다고 주장한다. 그렇지만 전통적이지 않은 "유가행경량부"라는 명칭이 시사하듯이, 디그나가 학파는 외부의 물리적 대상이 존재하는지 여부와 같은 적어도 하나의 중요한 형이상학적 문제에 대해 입장을 취하지 않는다. 결국, 유가행파는 존재함을 부정하지만, 경량부는 긍정한다. 그래서 누군가는 이 논쟁에 끼어드는 것을 자제함으로써만 "유가행경량부"가 될 수 있었다. 디그나가로부터 시작하는 이 전통의 가르침은 이 두 입장 모두와 양립할 수 있도록 되어 있다. 이는 이 가르침이 실재가 어떤 것인지에 대한 중요한 질문에 실제로 대답하지 않음을 의미한다. 그리고 해탈을 향한 불교의 길은 실재의 본성에 대한 설명에 근거해야 한다. 그러나 이 점이 디그나가와 그 추종자들이 열반에 관심이 없었음을 의미하지 않으며, 철학은 열반의 획득과 무관하다고 생각했음을 의미하지도 않는다. 대신, 이들은 외부 세계의 존재와 같은 특정 형이상학적 문제에 대한 논쟁이 결코 모두가 만족하는 식으로는 해결되지 않으리라 생각했던 것 같다.[1] 그렇지만 철학을 통해 적어도 앎의 수단을 구성하는 것이 무엇인지 알 수 있다면, 철학은 여전히

---

1 이렇게 말한다고 해서 이 전통의 구성원들이 이 문제에 대한 자신만의 견해를 갖고 있지 않았다는 건 아니다. 예를 들어, 다르마끼르띠는 아마도 관념론자(idealist)였던 것 같다. 그와 다른 이들은 다양한 형이상학적 입장과 양립할 수 있는 방식으로 자신들의 인식론을 개념화하는 데 신중하다. 그러나 이렇다고 해서 이들이 외부 세계가 존재하는지 여부와 같은 질문에는 정답이 없다고 주장했다는 의미는 아니다.

해탈에 기여할 수 있을 것이다. 디그나가와 그의 추종자들이 한 일은 니야야적 인식론에 대한 불교적 대답을 개발하는 것이었다. 이들은 만약 이 인식론을 경량부적 실재론자와 유가행파적 관념론자 모두 받아들일 수 있다면, 형이상학적 문제에 대한 입장과 상관없이 사람들이 해탈을 향해 나아가는 데 도움이 될 거라고 생각했다. 그래서 이 학파가 모든 걸 다 담고 있지는 않다. 세계에 대한 완전한 그림과 우리가 어떻게 행동해야 하는지에 대한 조언을 주려고 하지 않는다. 그런 일의 많은 부분을 다른 사람들의 몫으로 남겨두는 철학 전문가 집단쯤으로 생각할 수 있다. 단지 스스로 가능한 최고의 인식론적 도구를 갖추는 것이 자신들의 일이라고 생각한 것이다.

이렇게 말한다고 해서 디그나가 학파에 형이상학적 교리가 전혀 없다는 건 아니다. 앞으로 곧 보게 되겠지만, 이 학파는 공한 인격체의 형이상학을 발전시키는 아비달마 프로젝트의 정점이라고 생각할 수 있다. 이를 통해 오히려 세 가지를 말할 수 있다. 즉, 유가행경량부는 열반으로 향하는 자신들만의 길을 가르치지 않고, 자신들의 모든 형이상학적 가르침은 자신들의 인식론적 견해에 토대를 두고 있으며, 자신들의 인식론은 특정한 형이상학적 문제에 대한 견해와 상관없이 모든 불교도들이 받아들일 수 있도록 고안되어 있다는 것이다. 그리고 이를 유념하면서 이들이 실제로 무엇을 말하는지 살펴보도록 하자. 출발점은 분명 앎의 수단에 대한 이들의 설명이다.

1. 두 가지 앎의 수단으로서 지각과 추론

니야야는 네 가지 앎의 수단이 있다고 주장하지만, 유가행경량부는 지각과 추론 두 가지만 있을 뿐이라고 한다. 다른 두 가지는 추론에 속하는 특별한 경우일 뿐이라고 유가행경량부는 주장한다. 예를 들어, 증언의 경우 우리는 자격을 갖춘 전문가의 발언에 근거해 추론함으로써 사실임을 인지한다. 그러나 이는 앎의 수단에 대한 니야야와 디그나가 학파 간의 가장 중요한 차이점은 아니다. 훨씬 더 중요한 점은 각각의 앎의 수단이 그 수단 자체의 고유한 대상을 인지한다는 디그나가의 주장이다. 이는 니야야가 주장하는 바와 다르다. 니야야는 하나의 동일한 사실이 다른 앎의 수단들을 통해 인지될 수 있다고 말한다. 예를 들어, 연기, 불, 언덕 같은 것들이 존재한다고 가정해 보자.[2] 계곡 아래에서 언덕 위의 연기를 보고는 언덕 위에 불이 있다고 추론한다고 가정해 보자. 내가 아래에 있는 동안, 당신은 언덕 위에 있으면서 불을 보고 느낀다고 가정해 보자. 니야야는 당신과 내가

---

2 물론 대부분의 불교도들이 이를 부정할 것이다. 이들은 언덕 등은 부분들로 이루어진 전체이기에 개념적 허구일 수밖에 없다고 지적할 것이다. 이들은 여전히 언덕에 대한 우리의 이야기가 궁극적으로 실재하는 법들의 발생이라는 관점에서 설명될 수 있다고 믿는다. 니야야 논사처럼 불교 이외의 철학자들은 언덕 같은 것이 실제로 존재한다고 생각한다. 그래서 불교 인식론자들은 앎의 수단을 논의할 때면 언덕 등을 예로 든다. 그래야 대론자가 불교 측에서 무슨 이야기를 하고 있는지 이해할 수 있기 때문이다. 언덕은 항상 법들의 집합으로 환원해 분석될 수 있기 때문에, 언덕 등의 사례는 불교도가 궁극적으로 실재한다고 생각하는 것들의 사례로 언제든 대체될 수 있다. 그래서 언덕 등의 예를 써도 무방하다.

동일한 사물을 인지하고 있다고 말할 것이다. 당신이 지각한 불은 내가 그 발생을 추론한 불인 것이다. 유가행경량부는 이에 동의하지 않는다. 이들은 당신의 인지와 나의 인지는 실제로 별개의 대상을 가진다고 주장한다. 당신이 지각하는 것은 실재하는 특수자이다. 그렇지만 내가 추론하는 것은 바로 그 불 자체가 아니다. 나는 좀 더 추상적인 것, 좀 더 "불 일반" 같은 것을 인지한다.

디그나가는 지각의 대상을 "특정한 본성(自相, svalakṣaṇa)"으로, 또 추론의 대상을 "일반적 본성(共相, sāmānya-lakṣaṇa)"으로 부른다. 그런데 그는 궁극적으로 실재하는 것과 관련해서는 경량부와 유사한 견해를 견지한다. 즉, 본성과 본성을 소유하는 것 사이에는 실질적인 차이가 없다는 것이다. 그리고 지각의 대상은 궁극적으로 실재하는 것으로 여겨진다. 그렇기에 "특정한 본성"을 어떤 것의 본성으로 생각하는 건 잘못일 것이다. 경량부의 법과 마찬가지로, 특정한 본성은 단지 한 특수자로서 어떤 본성일 뿐인 것이다. 이 점을 분명히 하기 위해, 이것을 특수자로 부를 것이다. 반면에 추론의 대상의 경우, 본성이 어떤 것이 소유하는 본성이어야 한다는 우리의 생각을 그 대상에 덧붙이는 일假託에 대해 걱정할 필요는 없다. 추론의 대상은 궁극적으로 실재하는 것이 아니라, 개념적 구성물인 것이다. 그리고 마음이 추론의 대상을 구성할 때, 마음이 거기다 넣는 것 중 일부는 본성이 항상 어떤 것에 속한다는 생각이다. 그래서 추론의 대상이라면 일반적 본성을 갖는다고 여기는 건 잘못이 아니다. 그렇다면 이를 대상 일반共相이라고 부르는 데 동의하도록 하자.

우리가 지각하는 것은 특수자이다. 우리가 추론을 통해 아는 것은 대상 일반이다. 특수자는 궁극적으로 실재한다. 대상 일반은 개념적 허구이다. 이것이 바로 디그나가의 주장이다. 언덕 위에서 당신이 보고 있는 것은 궁극적으로 실재하는 특수자이다. 아래에서 내가 추론하고 있는 것은 개념적으로 구성된 대상 일반이다. 우리는 서로 다른 사물을 인지하고 있는 것이다. 히말라야의 웅장함을 듣는 일과 실제로 보는 일의 차이를 생각한다면, 디그나가가 무엇을 말하고자 하는지 이해할 수 있을 것이다. (유가행경량부는 증언을 통한 학습을 추론의 일종으로 분류한다는 점을 기억하자.) 우리는 다른 사람의 설명을 통해 그것이 무엇과 같을지 일반적 개념을 형성할 수 있다. 그러나 우리의 개념이 아무리 정확하더라도, 여기에는 시각적 경험이 주는 생생한 직접성이 여전히 결여되어 있다. 지식이 풍부한 시각 장애인도 (보기 드물긴 하지만) 맑은 날 카트만두에서 밖을 내다볼 때 보이는 색깔과 모양에 대해 얼마든지 진실된 사실을 말할 수 있을 것이다. 그러나 그는 자신의 말이 정확하게 묘사하는 그 감각적 경험을 결코 갖지 못할 것이다.

그런데 왜 이게 당신과 내가 모두 불을 인지할 때, 우리가 서로 다른 사물들을 인지하고 있다는 걸 의미하는가? 대신, 우리가 하나의 대상을 두 가지 다른 방식으로 인지한다고 말하는 건 어떨까? 이는 상식과 니야야가 말하는 방식이다. 즉, (당신의 시각적 감각이 불과 접촉하기 때문에) 당신은 불을 직접 인지하지만, (불이 존재함을 표시하는 연기를 통해) 나는 불을 간접적으로 인지할 뿐이다.[3] 우리

3 경량부와 유가행파는 우리가 외부 대상을 직접 인지한다고 생각하지 않는다. 이들은 우리가 직접 인지하는 것은 정신적 이미지(경량부에 따르면 표상이고,

모두가 알아차리게 된 것은 실재하는 동일한 특수자이다. 우리의 알아차림은 다르게 느껴질 수 있다. 불은 나보다 당신에게 훨씬 더 생생하게 현전할 수 있다. 그러나 그렇다고 우리가 별개의 사물들을 알아차리고 있음을 의미하는 건 아니다. 어째서 유가행경량부는 이러한 상식적인 조언을 거부하는 것일까?

더욱이, 당신이 인지하는 불은 궁극적으로 실재하는 것인 반면, 내가 인지하는 불은 정신적 구성물일 뿐이라는 것이다. 그러나 디그나가는 지각과 추론 모두 앎의 수단이라고 말한다. 그리고 언제나 실행의 성공으로 이어지도록 해야만 어떤 것이 앎의 수단이 된다고 할 수 있다. 만약 당신이 언덕 위에서 추운 채로 서 있을 때, 불에 대한 당신의 인지는 당신을 따뜻하게 하려는 노력의 성공으로 이어지게 할 수 있다. 하지만 계곡 아래에 있는 나도 마찬가지다. 불에 닿아 따뜻해지기까지 시간은 더 걸리겠지만, 결과는 여전히 같을 것이다. 두 경우 모두 실행은 성공으로 이어진다. 그렇다면 어떻게 당신이 인지하는 것은 궁극적으로 실재하는 반면, 내가 인지하는 것은 그렇지 않을 수 있을까?

첫 번째 질문에 대한 답은 우리가 추론을 통해 사물을 인지하는 방식을 살펴봄으로써 알 수 있다. 니야야가 이것을 어떻게 설명하는지

유가행파에 따르면 인상)라고 말한다. 그래서 이들 중 누구도 불을 직접 인지한다고 말하진 않을 것이다. 그러나 직접 인지하는 것이 있다는 데는 동의하는데, 이는 바로 대상에 의해 (또는 업종자의 성숙에 의해) 만들어지는 정신적 이미지이다. 그래서 이들은 당신과 나 둘 다 우리가 산속에 있는 불이라고 부르는 것을 간접적으로 인지하고 있다고 말할 수 있다.

떠올려 보자. 나는 언덕 위에 연기가 나는 것을 본다. 그리고 나는 이전에 (주방 등의 장소에서) 연기와 불이 함께 있는 것을 본 적이 있고, 불이 나지 않는 장소(호수 등)에는 연기도 없다는 것을 확인해 보았기 때문에(아침에 거기서 내가 본 것은 안개일 뿐이다), 나는 불이 연기에 편재해 있다는 점을—연기가 있는 곳이라면 어디든 불이 있다는 점을—알고 있다. 그래서 나는 언덕에 불이 있다는 것을 안다. 이제 유가행경량부는 그럼으로써 언덕에 있다고 내가 추론하는 불은 연기가 있는 곳이라면 어디든지 존재하는 것이자, 연기가 발생하는 곳에서는 절대 그 부재가 발견되지 않는 것이라고 지적한다. 그러나 그 서로 다른 모든 위치들에 존재하면서, 그 부재는 항상 연기의 부재와 함께 발견되는 것은 도대체 어떤 종류의 불인가? 다양한 많은 장소들에 존재할 수 있으면서도 다양한 많은 장소들에 부재할 수 있는 불이라는 것은 당신이 언덕 위에서 볼 수 있는 특정한 불이 아니다. 내가 추론을 통해 인지하는 이 불은 특정한 불이 아니라 불 일반이다.

그렇다면 왜 니야야는 두 경우 모두에서 다 동일한 불을 인지한다고 생각했을까? 그 답은 한마디로 니야야가 보편자를 인정한다는 데 있다. 불은 니야야의 범주 도식 내에서 실체다. 실체는 특정한 것, 즉 어떤 특정한 장소와 시간에서 발생하는 것이다. 그렇지만, 니야야의 설명에 따르면, 당신이 보는 것은 단지 실체만이, 즉 언덕 위에 있는 불만이 아니다. 당신은 그 특정한 것만 보는 게 아니다. 당신은 그 특정한 것을 무언가*로서* 본다. 즉, 불의 예화로서 보는 것이다. 당신은 실체를 보면서 그 실체에 내재하는 보편자를 본다. 당신은 불성火性이 내재되어 있는 것으로서의 불을 보는 것이다. 이 점이 바로 당신이 그것을 볼 때 그것을 불로 식별할 수 있는 이유다. 보편자는 또한 내가 불을 추론을 통해 인지할 때도 역할을 한다. 내가 보는 것은 언덕 위의 연기이다. 그러나 이 연기를 보면서 나는 또한 그것에 내재되어 있는 연기성煙氣性도 본다. 그리고 연기와 불에 대한 내 과거 경험으로 인해, 나는 불성이 연기성에 편재해 있음을 안다. 그래서 내가 이 연기에서 연기성을 볼 때, 나는 또한 이것에 편재하는 불성과 접촉하고 있는 것이다. 결과적으로 불성은 이 언덕 위의 불을 비롯해 모든 불에 내재한다. 그래서 연기를 인지할 뿐만 아니라, 불성이 연기성에 편재함도 인지함으로써, 나의 인지는 언덕 위의 불과 접촉한다. 나의 인지적 접촉은 당신의 것보다는 덜 직접적이다. 나의 인지는 연기-내재-연기성-편재-불성-내재-불의 식으로 진행된다. 당신의 인지적 접촉은 나의 사슬 맨 끝에 있는 불과 직접적으로 연결되어 있다. 이를 통해 당신의 인지가 나의 것보다 더욱 생생한 이유를 설명할 수 있다. 그러나 이것은 우리 둘 다 인지하는 (불성이 내재해 있는 것으로서) 하나의 동일한 불이다.

니야야의 논의에서 실재하는 보편자가 하는 역할에 주목해 보자. 내가 추론을 통해 당신이 지각하는 동일한 특정한 실체와 인지적 접촉을 하게 된다고 니야야가 주장할 수 있는 것은 불성과 연기성 같은 것들이 바깥 세상에 존재한다고 믿기 때문이다. 만약 우리가 보편자는 실재하는 것이 아니라 정신적 구성물일 뿐이라고 믿는다면, 이 논의는 아주 달라질 것이다. 당신은 언덕 위에 있으면서 여전히 특정한 불과 접촉하고 있을 것이다. 그런데 언덕 위의 연기와 나의 접촉은 바깥 세상에 있는 연결물을 통해 그 불에 닿을 수 있었던 게 아니다. 단지 연기와 내 마음에서 만들어진 불 사이의 연결을 통해서만 불에 닿을 수 있었던 것이다. 그리고 마음은 온갖 놀라운 일을 할 수 있긴 하지만, 마법을 부릴 수는 없다. 마음만 가지고는 손을 뻗어 언덕 위에 있는 불을 만질 수 없다. 그렇다면 어떻게 해야 나는 언덕 위에 불이 있다는 것을 알게 되는 것일까? 유가행경량부에 따르면, 내가 언덕 위에 불이 존재한다고 추론할 때 인지되는 불은 관념이나 정신적 이미지다. 특히 "불"이라는 말과 연합된 정신적 이미지다. 이것은 연기가 존재할 때마다 존재할 수 있는 것이자, 연기가 부재할 때면 항상 찾을 수 없는 것이다. 이것은 여러 장소에 존재할 수 있으면서, 다른 여러 장소에 부재할 수 있는 것이다. 만약 보편자가 존재하지 않는다면, 즉 실재하는 모든 것이 특수자라면, 실제로는 어떤 것도 이와 같을 수는 없을 것이다. 그러나 정신적 구성물은 그럴 수 있다. 우리는 한 정신적 이미지를 어떤 그리고 모든 개별적 불들에 대한 대리자로 취급할 수 있다. 우리가 이렇게 할 때, 이 정신적 이미지는 불 일반의 역할을 한다. 이것이 바로 내가 계곡 아래에 서 있으면서 인지하는 것이다.

2. 유가행경량부식 유명론

디그나가는 바로 이러한 사고방식을 통해, 지각의 대상과 추론의 대상이 완전히 다른 유형의 것이라는 결론을 내렸다. 우리는 아직 앞서 던졌던 두 번째 질문, 추론의 대상이 궁극적으로 실재하지 않는데 어째서 추론이 "유효하게 작동"할 수 있는지에 대해서는 답하지 않았다. 아마도 이제는 유가행경량부가 이 질문에 어떻게 답할 수 있는지 알 수 있을 것이다. 하지만 다른 몇 가지 문제들을 처리할 때까지는 이 질문에 대한 전체적인 논의를 미뤄야 할 것이다. 당장은 주목해야 할 다른 질문이 있다. 즉, 왜 우리는 보편자가 존재한다고 믿어서는 안 되는가? 우리는 방금 지각과 추론이 별개의 대상을 갖는다는 유가행경량부의 주장이 보편자에 대한 거부로 이어진다는 점을 보았다. 이들은 유명론으로 알려진 견해를 견지하고 있다. 즉, 보편자는 "단지 명칭"일 뿐이지, 마음-독립적인 실재를 가지는 것이 아니라는 견해이다. 그런데 니야야가 옹호하는 보편자에 대한 실재론이 아니라 유명론을 고수하는 데는 어떤 이유가 있을까?

이 질문이 이상해 보일지도 모르겠다. 실재론자와 유명론자 간의 논쟁을 처음 접할 때, 많은 사람들은 직관적으로 유명론을 지지한다.[4] 이 사람들에게는 단지 특정한 것들만이 실재하고, 또 하나의 것이 동시에 서로 다른 여러 장소에 존재할 수 없다는 게 명백해 보이는 것이다. 그러나 니야야식 앎의 이론에서 보편자의 역할에 대해 생각해 본다면, 보편자가 존재하지 않는다는 점은 더 이상 그렇게 명백해 보이지 않을 것이다. 어떤 소를 볼 때, 우리는 이것이 소라고 말할 수 있다. 빨간색 조각을 볼 때, 우리는 이것이 빨간색이라고 말할

---

4 철학에서 "직관(intuition)"이라는 말은 진리를 보는 데 필요한 다소 신비한 비이성적인 능력이라고 하는 일상적 의미로는 쓰이지 않는다. 철학자들의 방식에 따르면, 직관은 단지 전반성적 판단에 해당하는데, 이는 대개 생각하지 않은 채 곧바로 말하는 식의 그러한 것이다. 따라서 직관은 상식의 원재료다. 그러므로 직관은 좋은 철학적 이론이라면 반드시 설명해야 할 자료라고 할 수 있다.

수 있다. 이러한 것들이라고 말하는 것은 우리가 지금 보고 있는 것에 같은 이름으로 불리는 다른 것들도 함께 묶인다고 말하는 것이다. 이것들이 모두 공통적으로 공유하는 무언가가 존재하지 않는다면, 어떻게 그게 가능할까? 각각에 소성牛性 같은 것이 존재하지 않는다면, 플로시가 보시 및 데이지와 함께 묶이도록 하는 것은 무엇인가? 토마토, 잘 익은 사과, 산타클로스 복장의 색깔이 모두 공유하는 어떤 한 가지 것인 빨간색성赤色性이 존재하지 않는다면, 이것들의 색깔이 모두 동일한 명칭으로 통한다는 걸 우리는 어떻게 알 수 있을까? 소성과 빨간색성이 단지 "추상"이며, 단지 "관념"일 뿐이라고 말하는 건 쉬워 보일지 모르겠지만, "소"와 "빨간색"이라는 말을 적용할 수 있는 어떤 실질적 근거가 존재하지 않는다면, 어떻게 우리가 그러한 "추상적 관념"을 형성할 수 있는지 말하는 건 정말 어려운 일로 이미 입증되었다. 이것이 바로 여럿 위의 하나(One over the Many) 문제로 알려진 것이다. 많은 사람들에게 실재하는 보편자라는 게 아주 특이해 보이기 때문에, 이 문제는 대개 간과되어 왔다. 그러나 어떤 문제를 무시하는 건 문제를 해결하는 방식이 아니다.

이러한 사례를 아비달마에서 볼 수 있다. 아비달마 학파들은 공식적으로 모두 유명론자였다. 이들은 실재하는 보편자라면 영원해야 할 것이라는 이유를 들어 보편자의 존재를 부정했다. 그래서 보편자의 존재는 모든 것이 무상하다는 붓다의 주장과 상충될 것이다. 보편자의 존재를 부정하는 일은 아비달마 논사들이 니야야의 일곱 가지 범주를 단 하나로, 즉 법의 범주로 대체하려는 노력에 도움이 되었다. 이는 보편자의 범주를 삭제할 뿐만 아니라, 내재와 개별자를 또한 잉여의 것으로 만든다. 난점은 아비달마 학파들이 보편자의 존재들을 부정함과 동시에, 법이 자연적으로 종류나 부류를 형성한다고 말했다는 데 있다. 어떤 법들은 색의 온에 속한다. 이 중에는 눈에 보이는 대상 법들色法이 있다. 그리고 다시 여기에서 일부는 빨간색이고 일부는 노란색 등이다. 그렇지만 만약 보편자가 존재하지 않는다면, 무엇이 눈에 보이는 다수의 대상 법들을 모두 자연적으로 하나의 종류, 즉 빨간색에 속하도록 만드는 것인가? 이들은 말하지 않았다. 자, 여기에는 아무런 문제가 없다고 생각할 수도 있다. 아마도 이 법들이 모두 서로 유사하다는 사실을 이용해 자연종을 형성하는 방법을 설명할 수도 있을지 모른다. 그래서 아비달마 논사들은 자신들이 여럿 위의 하나 문제를 무시할 수 있다고 생각한 것일까? 그렇지 않다. 왜 그렇지 않은지 보기 위해 다음을 검토해 보자. 토마토 법을 T, 사과 법을 A, 산타 법을 S라고 하자. 우리는 T와 A가 유사하고, A와 S가 유사하며, S와 T가 유사하다고 판단한다. 이 세 가지 유사함은 복수인가, 아니면 단수인가? 만약 모두 하나의 동일한 유사성이라고 한다면, 우리는 여럿 위의 하나를 다시 호출하고 있는 것이다. 우리는 이를 인정하지 않으면서도 우리의 구도에 보편자를 몰래 들여온 것이다. 만약 유사함이 세 가지라면, 어째서 이런 유사함들로 인해 T, S, A가 모두 빨간색이 되는 것인가? 어쨌든, 망고의 맛과 파파야의 맛은 유사하지만, 우리는 그 맛을 빨간색이라고 부르지 않는다. 그래서 상이한 유사함들이 존재해야 한다. T, S, A 사이의 유사함들은 무엇 때문에 빨간색이라는 종류가 되는 것인가? 우리가 제시할 수 있는 유일한 대답은 이것들이 모두 빨간색이라는 점과 관련된 유사함들이라는 것이다. 그렇지만 우리는 무언가가 빨간색이라는 것이 무엇을 의미하는지 설명하지 않았다. 유사함은 보편자를 회피하는 데 도움이 되지 않는다.

그렇다면 이 점에 있어서 아비달마는 일관성이 없었던 것이다. 즉, 아비달마는 보편자의 존재를 부정했지만, 보편자 없이 우리가 어떻게 이러한 곤란을 극복할 수 있는지 설명하지 않았다. 디그나가 학파는 일관된 방식으로 이 아비달마의 기본적인 기획을 해결하려는 시도를 했다고 볼 수 있다. 아비달마가 궁극적 실재, 즉 법을 자연종에 속한다고 보는 데 비해, 유가행경량부는 궁극적 실재, 즉 특수자는 각각 완벽하게 유일무이하고 따라서 기술할 수 없다고 말한다. 만약 실재의 궁극적 본성은 세상이 모든 구성물과 독립해 있는 방식이고, 빨간색성 같은 공유된 본성은 정신적 구성물이라고 한다면, 어떤 실재하는 존재자도 다른 존재자와 궁극적으로 같을 수 없을 것이다. 실재하는 것은 단지 유일무이한 특수자일 뿐이다. 우리는 7장 7절에서 무착이 이와 비슷한 주장을 하는 것을 보았다. 그래서 여기 유가행경량부는 유가행파가 남긴 유산을 존중하는 것처럼 보인다. 무착과 마찬가지로 디그나가는 실재의 진정한 본성은 표현할 수 없다고 말한다. 이는 우리 인간이 단지 사물을 충분히 주의 깊게 또는 아주 세밀하게 기술할 수 없기 때문이 아니다. 무언가를 기술한다는 건 다른 것들도 가질 수 있는 속성을 무언가에게 귀속시키는 일이다. 만약 실재하는 특수자가 진정으로 유일무이하다면, 결코 기술될 수 없을 것이다. 우리는 지각으로 그 특수자를 알아차린다. 그러나 특수자는 공유된 본성을 가지지 않기 때문에, 우리는 결코 그 알아차림의 내용을 말로 표현할 수 없다.

그러나 이는 모두 보편자가 실재한다는 걸 거부하는 데 따른 것이다. 그리고 우리는 시작할 때 한 질문에 아직 대답하지 못했다. 이제 우리는 실재하는 보편자가 얼마나 유용한지 알게 되었는데, 왜 보편자가 존재함을 부정해야 하는가? 기본적인 대답은 이미 여러 번 암시되었다. 즉, 왜냐하면 보편자는 영원할 것이기 때문이다. 그런데 붓다가 어떤 영원한 것도 존재하지 않는다고 말한 사실 외에 영원한 존재에는 무슨 문제가 있다는 것인가? 유가행경량부는 문제가 있다는 걸 보여줄 수 있다고 생각한다. 논증은 다음과 같다.

1. 인과적으로 효력이 있는 것만이 실재한다.
2. 인과적으로 효력이 있는 것은 특정한 시간에 결과를 만들어내는 것이다.
3. 영원한 것은 변하지 않을 것이다.
4. 변하지 않는 것이 어떤 때는 결과를 만들어내고, 다른 때는 결과를 만들어내지 않을 이유가 없을 것이다.
5. 그러므로 영원한 어떤 것도 인과적으로 효력이 있을 수 없다. 그러므로 존재하는 어떤 것도 영원하지 않다.

전제 1은 어떤 것이 존재한다는 건 이것이 사물들이 세상에 존재하는 방식에 영향을 미치는 것이라고 말한다. 이는 명백해 보인다. 2의 이면에 있는 발상은, 결과는 사건의 발생을 수반한다는 것이다.

따라서 결과는 어떤 특정한 시간에 발생해야 한다. 결과가 항시 일어난다면, 이는 하나의 사건으로 간주되지 않을 것이다. 그래서 결과의 원인이 되려면, 어떤 특정한 시간에 결과를 만들어내는 것이어야 한다. 전제 3은 단일하거나 분할할 수 없는 것이 아닌 한, 그 어떤 것도 영원할 수 없다는 발상에 근거한다. 합성된 것은 무엇이든 항상 파괴를 초래하는 방식으로 부분들을 재배열할 수 있다. 그리고 단일한 것이라면, 질적 변화를 겪는 동안 계속 존재하는 것일 수 없다. 질적 변화를 겪으려면, 이미 변화된 한 부분과 아직 변화되지 않은 다른 부분으로 구성되어야 하기 때문이다. 그런 뒤 4는 우리의 영원한 존재자가 불변한다면, 어떤 특정한 시간에 결과를 낳는 것일 수 없다고 지적한다. 영원한 존재자가 결과를 만들어낸다고 말한다면, 있는 그대로가 결과의 발생을 설명하는 것이라고 말하는 셈이다. 왜냐하면 영원한 존재자는 항상 그 모습 그대로일 것이기 때문에, 만약 영원한 존재자가 무언가를 만들어낸다면, 항상 무언가를 만들어내고 있는 상태일 것이다. 그리고 이 발상은 앞뒤가 맞지 않다. 무언가를 만들어 낸다는 것은 어떤 특정한 시간에 어떤 일이 일어나게 하는 것이다. 따라서 영원한 존재자는 어떤 결과의 원인일 수 없으니, 이에 근거해 그러한 것은 존재할 수 없다고 결론을 내릴 수 있다.

이것은 흥미로운 논증이지만, 과연 효과가 있을까? 당신은 전제 4에 대해 의문이 들 수 있다. 어째서 불변하는 것이 보조적 조건들의 도움으로 특정한 시간에 무언가의 원인이 되는 일이 있을 수는 없을까? 만약 그러한 조건들 자체가 변할 수 있다고 한다면, 변하는 조건들을 통해 우리의 영원한 것이 단지 어떤 특정한 시간에 자신의 결과를 만들어내는 이유를 설명할 수 있다. 유가행경량부는 그렇다면, 우리는 실제로 결과를 낳는 것이 이른바 보조적 조건들이라고 말할 수 있다고 지적하는 것으로 이러한 반론에 응답한다. 우리는 공간이 영원하다고 생각하고 있고, 또 공간이 새싹이라고 하는 결과의 원인이라고 주장한다고 가정해 보자. 그렇다면 새싹이 다른 때가 아닌 어느 한 때에 출현하는 이유를 설명하기 위해서, 우리는 공간에 종자, 토양, 습기, 따뜻함 같은 보조적인 조건들의 도움이 필요하며, 이러한 조건들은 특정한 시간에만 발생한다고 말했을 것이다. 이 제안에 대한 응답은 볼 것도 없이 새싹의 원인은 종자 등이리라는 것이다. 그리고 공간은 새싹의 생성과 아무런 관련이 없다. 어쩌면 공간이 존재하지 않는다면, 어떤 새싹도 있을 수 없기 때문에, 사실상 공간이 새싹의 원인이라고 반론을 제기할지도 모르겠다. 그러나 이렇게 말한다면 공간이 존재하지 않을 수도 있다는 말인데, 이는 공간이 영원하다는 가정과 모순된다.

이 논증에 대해 제기될 수 있는 다른 질문들이 있다. 어쩌면 전제 1과 3은 세밀히 따져본다면, 허물어질지도 모르겠다. 그러나 이제는 넘어가야 할 시간이다. 우리는 어떤 영원한 존재자도 있을 수 없다고 생각하는 이유가 있다는 점을 보았다. 보편자는 영원해야 할 것이기 때문에, 이는 보편자가 존재하지 않는다고 믿을 만한 어떤 이유가 된다. 그렇다면 디그나가가 지각의 대상과 추론의 대상은 서로 다른 종류의 것이라고 주장한 게 옳을 것이다. 즉, 지각의 대상은 궁극적으로 실재하는 유일무이한 특수자이고, 추론의 대상은 정신적으로 구성된 대상 일반이라는 것이다. 그러나 우리는 또한 유명론자가 자신의 존재론적 경제성을 위해 엄청난 대가를 치러야 한다는 점도 보았다. 보편자가 존재하지 않는데도, 어째서 우리는 지각적 경험을 언어로 표현할 수 있는 것처럼 보일까? 그리고 어째서 추론은 우리의 목표를 달성하는 데 도움이 되는 앎의 수단일까? 이 두 가지 질문에 대한 답은 결국은 서로 연결되어 있다. 이제 첫 번째 질문에 대한 유가행경량부의 답변으로 넘어갈 것이다. 두 번째 질문에 대한 이들의 대답은 결국 지각적 판단에 대한 이들의 설명에서 나올 것이다.

3. 지각과 지각적 판단

디그나가는 지각을 개념적 구성물이 없는 인지로 정의한다. 이 정의에 그의 주석가 다르마끼르띠[5]는 두 번째 요건을 추가한다. 즉, 지각은 개념적 구성물이 없는데다 오류 없는 인지라는 것이다. 그는 이처럼 추가적으로 한정함으로써, 달이 하나만 있는데도 두 개의 달을 보는 사람의 경우처럼, 결함이 있는 감각기관에 의해 만들어지는 인지도 배제한다는 점을 보여준다. 그러나 이 추가사항은 불필요할 수도 있다. 어쩌면 디그나가는 인지를 정의하려 한 게 아니라, 단지 다른 앎의 수단인 추론과 구별하려고 한 것일지도 모른다. 우리가 앎의

---

5 다르마끼르띠(法稱, Dharmakīrti, 6세기 말 혹은 7세기 초)는 평범한 주석가가 아니다. 그는 디그나가의 사상을 설명한다고 주장하면서는 사실상 실질적인 혁신을 도입했다. 실제로 그는 유가행경량부 학파의 두 번째 창시자로 불릴 수 있다. 그러나 다르마끼르띠의 저작은 중국의 불교 철학자들에게는 거의 알려지지 않았는데, 이들은 대신 디그나가의 저술들에 주목했다. 우리가 디그나가에 대해 알고 있는 내용의 대부분은 그의 저작과 그 주석에 대한 한역에서 비롯된 것이다.

수단이란 결코 거짓되지 않는 인지의 원인이라고 정의했다고 가정해 보자. 그리고 우리가 단지 지각과 추론이라는 두 가지 앎의 수단만이 존재함을 주장한다고 가정해 보자. 그렇다면 이를 받아서 우리가 지각이란 무엇인지 말할 때는 지각은—결함이 있는 감각을 포함하지 않는 거라고—무오류적인 거라고 말할 필요가 없는 것이다. 오류가 있는 인지는 지각이 결코 거짓되지 않는 앎의 수단이라고 말할 때 이미 배제되었을 것이다. 그렇다면 우리가 해야 할 일은 지각이 다른 종류의 진실한 인지, 곧 추론과 어떻게 다른지 말하는 것이다.

우리는 앞서(4장 2절에서) 니야야에 따르면, 지각적 인지에는 두 단계가 있다는 점을 보았다. 즉, 우리가 대상을 특정한 방식으로 알아차리는 지각적 단계가 있고, 또 항상 이 단계에 선행하는 것으로, 지각적 판단의 구성요소들을 하나의 관계적 복합체로 형성하지 않으면서 이 구성요소들을 개별적으로 알아차리는 비개념적 단계가 있다. 우리가 플로시라는 소를 보고 있다고 가정해 보자. 개념적 단계란, '플로시는 소다'라는 개념적 판단으로 표현된다. 이것은 개념적 인지의 내용을 표현한다. 왜냐하면 이 지각의 대상은 소성이 내재되어 있는 것으로서의 플로시이기 때문이다. 그러나 니야야는 우리가 바로 플로시, 소성, 내재를 개별적으로 먼저 인지했기 때문에 이러한 인지를 가질 수 있다고 주장한다. 우리는 이것들을 개별적으로 인지한 뒤에야, 이것들을 이 관계적 복합체로 구성할 수 있다. 비개념적 인지의 단계는 말로 표현될 수 없다. 무언가를 말로 표현하는 것은 판단하는 일, 즉 어떤 특성을 무언가에 귀속시키는 일이다. 니야야의 설명에서 보면, 이러한 판단의 모든 요소는 바깥 세상에 존재하는 것으로, 이 중 어떤 것도 마음에 의해 구성되지 않는다. 그러나 마음은 그 요소들이 구성하는 관계적 복합체를 알아차릴 수 있기 전에, 반드시 먼저 그 요소들을 개별적으로 알아차려야 한다.

그런데 유가행경량부는 이러한 지각 구도의 많은 세부사항에 동의하지 않는다. 하지만 이들은 지각적 인지가 두 단계, 즉 비개념적 단계와 개념적 단계를 수반한다는 니야야의 의견에 동의한다. 또한 지각적 판단이 어떤 일반적 본성을 대상에 귀속시키는 일을 수반한다는 데에도 동의한다. 그렇지만 보편자를 인정하지 않기 때문에, 지각적 판단이 마음 밖에 존재하는 것을 반영한다는 점은 부정해야 한다. 오직 비개념적 인지만이 그 일을 할 수 있다. 이것이 바로 디그나가가 개념적 구성물이 없는 지각적 인지라고 부를 때 의미하는 바이다. 내가 플로시를 소라고 인지하는 일에는 저 밖에 있는 실재하는 특수자에 소성을 귀속시키는 일이 수반된다.[6] 그러나 세상에는 실재하는 특수자는 포함되어 있지만, 소성 같은 보편자는 포함되어 있지 않다. 그래서 만약 지각이 우리를 세상과 접촉하게 한다면, 지각적 인지의 개념적 단계는 지각이 아니다. 우리는 이를 지각적 판단이라고 부를 수 있다. 왜냐하면 정확히 지각이라고 부를 수 있는 것이 항상 지각적 판단에 선행하기 때문이다. 그러나 지각적 판단은 개념을 수반하는 판단이다. 그리고 이 때문에 지각적 판단은 일종의 추론이 된다.

플로시를 소로 보는 일에 추론 같은 것이 수반된다고 말하는 게 이상하게 보일 수 있다. 그냥 보는데도 무언가를 하고 있다는 듯

---

6 물론, 그건 플로시인 게 아니다. 하지만 위의 각주2에서 말한 요점을 기억하자.

여겨지는 것이다. 멈춰 서서 플로시가 소라는 결론에 도달하는 경로를 추리해야 한다는 느낌은 확실히 들지 않는다. 이것은 그냥 우리가 플로시를 볼 때 하는 일이 아닌가? 이것이 바로 우리가 소성 같은 보편자를 본다고 말할 때 니야야가 의미하고 있는 바이다. 그러나 보편자가 존재하지 않는다면, 플로시를 소로 보는 데 수반되는 어떤 정신적 구성의 과정이—보통은 의식되지 않는 어떤 과정이—있어야 할 것이다. 디그나가는 이 정신적 과정에 우리가 실제로 보는 것을—유일무이한 특수자 플로시를—말과, 즉 이 경우는 "소"라는 말과 연합시키는 일이 수반된다는 발상에서 출발했다. 그의 진정한 통찰력은 무언가를 어떤 말로 불러야 할지 아는 일에는 추론적 과정이 수반된다는 점을 지적할 때 나온다. 내가 보는 것이 소라고 불린다는 걸 알기 위해서는 이런 것들이 소라고 불린다는 점을 알아야 한다. 그리고 이는 언덕에 불이 있음을 추론하기 위해 알아야 할 것과 꼭 같다. 즉, 연기를 갖는 이 언덕과 같은 곳에는 불이 있지만, 불이 없는 곳은 연기를 갖지 않는다는 것이다. 그래서 만약 플로시를 소라고 보는 일이, 내가 보는 것과 "소"라는 단어를 연합시키는 문제라면, 플로시를 소라고 보는 일에는 일종의 추론이 수반되어야 하는 것이다. 우리는 자동적으로 이 일을 하기 때문에 이러한 추론을 수행한다는 점을 알아차리지 못한다. 이는 우리가 말하는 법을 배웠을 때 배운 것이고, 그 이후로 우리는 끊임없이 이 일을 해왔다. 따라서 우리가 일어서서 걸을 때 지금 걷고 있음을 더 이상 알아차리고 있지 않은 것처럼, 우리가 어떤 일을 하고 있음을 알아차리고 있지 못하다는 건 놀라운 일이 아니다.

유가행경량부에 따르면, 당신이 언덕에 있으면서 불을 볼 때면 두 가지 일이 빠르게 연속해서 일어난다. 첫째, 당신은 언덕 위에 위치한 유일무이의 특수자를 시각적으로 알아차리는 비개념적 인지를 가진다. 이것이 바로 정확히 지각이라고 하는 것이다. 그런 뒤, 당신은 자신이 보고 있는 것이 불이라고 불리는 종류의 것이라고 판단하는 일종의 무의식적 추론을 아주 빠르게 수행한다. 이는 "이것은 불이다"라고 표현될 수 있는 지각적 인지를 낳는다. 우리는 이 인지를 지각적 판단이라고 부를 수 있다. 그러나 디그나가와 그의 학파가 볼 때, 이건 지각 그 자체가 아니라는 점을 기억하는 게 중요하다. 왜냐하면 이 지각적 판단에는 정말 바로 저기에 있는 것이 아닌 불 일반이 수반되기 때문이다. 이 때문에 당신의 인지에 오류가 있게 되지는 않는다. 정반대다. 이제 당신은 이 불을 어떤 불이라고 알아차리고 있으니, 불 일반에 대한 당신의 앎을 이용할 수 있다. 당신이 불에 대해 알고 있는 것 중 하나는 추울 때 불이 따뜻하게 해 줄 수 있다는 점이다. 추워서 몸을 따뜻하게 하고 싶기 때문에, 이 불에 대한 당신의 지각적 인지는 당신이 목표를 달성하는 데 도움을 준다. 우리는 앞서 앎의 수단이 실행의 성공으로 이어질 수 있어야 한다고 했다. 비록 당신의 판단은 세상에 존재하는 것이 아니라 정신적으로 구성된 것에 관한 것이지만, 여전히 실행의 성공으로 이어진다. 그래서 당신의 판단은 앎의 수단으로 간주된다. 여기에 추론 같은 것이 수반된다는 게 밝혀졌다. 이 점에서 보면, 지각적 판단은 내가 계곡 아래에서 수행했던 추론을 통한 불 일반에 대한 나의 인지와 같다.

지각 또한 앎의 수단이다. 그러나 이것은 비개념적이기 때문에,

유가행경량부는 지각이 직접 실행의 성공을 낳는 건 아니라고 주장한다. 당신은 지금 보고 있는 이 특수자를 불이라고 개념화한 뒤라야 이것이 손을 따뜻하게 해 주리라는 사실을 알 수 있다. 그리고 거기에는 추론이 수반된다. 그렇다면 지각이 앎의 수단인 이유는 무엇인가? 지각은 왜곡되지 않은 방식으로 특수자를 현전하기 때문이다. 이 때문에 지각은 불이 있다는 판단을 촉발하며, 그렇게 구성된 판단은 실행의 성공으로 이어진다. 지각과 추론 모두 앎의 수단이다. 왜냐하면 진정 진실한 인지를 일으키기 때문이다. 진실한 인지란 후속하는 경험에 의해 거짓임이 입증되지 않는 것이다. 그리고 인지는 성공적이지 못한 실행을 가져올 때 거짓임이 입증된다. 언덕 위의 연기를 화산 폭발이 임박했다는 신호로 잘못 받아들였다고 가정해 보자. 나는 도망쳐서 목숨을 구하려고 할지도 모른다. 그러나 이는 성공을 거두지 못할 것이다. 화산 폭발로 인해 내 생명을 위협받는 일이 없기 때문에, 도망치는 일은 무의미할 것이다. 이것이 바로 잘못된 추론의 경우다. 이러한 추론의 결점은 성공적이지 못한 실행으로 이어진다는 데 있다. 하지만 지각은 행위를 일으키지 않는다. 지각은 지각적 판단으로 이어질 뿐이다. 그래서 지각은 행위를 통해 거짓임이 직접 입증될 수 없다. 지각은 성공적이지 못한 실행으로 이어져서 지각 자체가 거짓이라는 판단으로 이어져야 거짓임으로 입증될 수 있다.

4. 추론

추론은 두 번째 앎의 수단으로, 간접적인 진실한 인지의 원인이다. 말하자면, 직접 지각으로 파악할 수 없는 사실에 대해 참된 믿음을 갖게 하는, 불변하는 원인이 되는 것이다. 다르마끼르띠는 추론을 "세 가지 특징을 가지는 이유因三相에 의지해서 추론 가능한 대상을 인지하는 것"라고 정의한다. 이유因란 다른 것을 간접적으로 인지하는 데 있어 수단 역할을 하는 어떤 속성을 의미한다. 언덕 위에 불이 있다고 추론할 때, 연기를 가진다는 속성이 그 이유다. 언덕 위에 불이 있다는 나의 참된 믿음은 연기에 대한 나의 지각적 판단에 의해, 즉 "세 가지 특징을 가지는" 어떤 것에 의해 생겨난다. 세 가지 특징은 다음과 같다.

1. 추론의 주제에 있을 것遍是宗法性
2. 사디야(所證, sādhya, 증명되어야 하는 속성)가 있을 때에만 있을 것同品定有性
3. 사디야가 없을 때는 결코 있지 않을 것異品遍無性

그래서 불 추론의 경우, 연기는 (추론의 주제인) 산에 존재해야 하고, 연기는 항상 불(sādhya)과 함께 발생해야 하며, 연기는 불이 존재하지 않는 곳에서는 결코 발생해서는 안 된다. 이러한 세 가지 특성을 동반하는 이유因에 대한 인지는 주제가 사디야를 가지고 있다는 인지의 불변하는 원인이다. (1) 산에 연기가 존재하고, (2) 연기는 불이 존재하는 곳에만 있으며, (3) 연기는 불이 존재하지 않는 곳에서는 결코 있지 않기 때문에, 불이 언덕 위에 존재한다는 나의 믿음은 옳다.

이처럼 추론에 대한 정의를 처음 공식화한 사람은 디그나가였다. 그 이후의 불교 인식론자들은 모두 그의 기본적인 접근법을 따랐다. 다르마끼르띠는 여기에다 세 가지 유형의 이유, 즉 결과(effect, kārya), 동일성(identity, svabhāva), 비인지(non-cognition, anupalabdhi)라는 분류를 추가했다. 결과라는 이유는 그 결과에 대한 인지에 근거해 원인의 발생을 추론하는 것과 관련이 있다. 불 추론은 이에 대한 예이다. 불은 연기의 원인이기 때문에 연기는 그 이유의 역할을 한다. 일반적인 발상은, 만약 x가 y의 원인이라면, y가 발생했음을 알면 x가 발생했음에 틀림없다고 추론할 수 있다는 것이다. 이는 반대로는 작동하지 않는다는 데 주의하자. 나는 원인에 근거해서는 그 결과를 아무 문제 없이 추론할 수 없다. 불이 연기의 원인이라고 말하는 것은 모든 연기가 어떤 불의 결과라고 말하는 것이다. 그러나 이는 모든 불이 연기의 원인임을 의미하는 것은 아니다. 연기 없는 불은 존재할 수 있다. 그래서 만약 내가 불을 본다고 해도 연기가 존재할 것임에 틀림없다고 추론할 수 없다. 마찬가지로 만약 내가 흙에서 싹이 돋아나는 것을 본다면, 거기에 종자가 심어졌음에 틀림없다고 추론할 수 있다. 그러나 심어진 종자를 본다고 해서 나중에 싹이 나올 것이라는 결론을 내릴 수 있는 건 아니다. 예를 들면, 흙 속의 독소가 싹이 형성되지 못하게 할 수도 있는 것이다.

동일성이라는 이유는 주제에서의 발생이 사실상 사디야의 발생과 동일하다는 이유다. 예를 들어, 내가 지금 보는 것이 단풍나무라고 판단한다고 가정해 보자. 그렇다면 나는 이것이 나무라는 것을 추론할 수도 있다. 내가 이 추론에서 사용하는 이유는 단풍나무라는 속성이다. 다르마끼르띠는 이를 동일성이라는 이유라고 부르는데, 왜냐하면 그는 '이 나무가 단풍나무다'는 것은 실제로 '이것은 한 나무다'는 말과 동일하다고 주장하기 때문이다. 그가 어떤 까닭에서 이러한 주장을 할 수 있었는지 이해하려면, 유가행경량부의 주장을 따를 경우, 유일무이한 특수자만이 실재한다는 것이 사실이라는 점을 고려할 필요가 있다. 이 사실 때문에 이 특정한 나무가 단풍나무임을 참으로 만드는 것은 바로 이 특정한 나무 자체일 수밖에 없는 게 된다. 그리고 이것을 나무로 만드는 것의 경우도 마찬가지다. 이것을 단풍나무이면서 나무로 만드는 것은 하나의 동일한 특수자의 존재이기 때문에, 이것이 단풍나무라는 것과 이것이 나무라는 것은 본질적으로 동일하다.[7]

이유의 세 번째 유형인 비인지라는 이유는 우리가 무언가의 부재를 알게 되는 방식이다. 다른 불교도들과 마찬가지로, 유가행경량부는

---

7 이 때문에 또한 "이것은 나무다"라는 데 근거해 "이것은 단풍나무다"라는 타당하지 않은 추론을 허용하게 되는 건 아닐까? 그렇지 않다. 단풍나무라는 동일성과 나무라는 동일성은 (단풍나무이면서 나무인) 이 특수자와만 관련이 있다. 나무라는 속성이 단풍나무라는 속성이 아니라, 버드나무라는 속성과 동일한 다른 특수자들이 존재한다. 그래서 어떤 것이 나무라는 사실에 근거해 이것은 단풍나무라고 추론하는 건 정당하지 않다. 속성의 동일성이 어떻게 이처럼 다양할 수 있는지는 5절에서 논의될 아포하 이론의 주제이다.

부재가 실재한다는 니야야의 견해를 거부한다. 하지만 예를 들어, 냉장고에 맥주가 없다는 사실을 나는 어떻게 아는가? 이는 냉장고에 맥주가 부재함을 인지하는 사례처럼 보인다. 만약 부재가 실재하지 않는다면, 어떻게 나는 그렇다는 걸 알 수 있을까? 다르마끼르띠는 여기에는 일종의 추론이 수반된다고 설명한다. 냉장고 안을 들여다보면, 냉장고 내벽이 보인다. 내 눈이 제대로 작용하고 빛이 충분하기 때문에, 만약 거기에 맥주가 있었다면 보였을 것이다. 내가 내벽 전부를 보는 것과 내가 맥주를 보는 것은 양립할 수 없다. 그래서 나는 냉장고 안에 맥주가 없다고 추론할 수 있다. 어떤 것이 거기에 있을 경우 동시에 있을 수 없는 다른 어떤 것이 있음을 내가 인지했다면, 나는 마땅히 거기에 그 어떤 것이 부재한다고 추론할 수 있다.[8]

세 종류의 추론에는 모두 편재가 수반된다. 불이 연기에 편재하지 않는 한, 나는 언덕에 불이 있다고 추론할 수 없다. 나무의 있음이 단풍나무의 있음에 편재하지 않는 한, 내가 보는 것이 나무라고 추론할 수 없다. 맥주의 현존과의 양립 불가능성이 내벽의 가시성에 편재하지 않는 한, 나는 냉장고 안에 맥주가 없다고 추론할 수 없다. 자, 편재는 보편자들 사이의 관계처럼 보인다. 예를 들어, 나무 추론은 단풍나무가 나무의 한 종이라는 사실을 수반하는 것 같다. 그리고 이는 모든 단풍나무에 공통적인 것인 단풍나무성楓木性과 모든 나무에 공통적인 것인 나무성木性 사이의 관계처럼 보인다. 하지만 유가행경량부는

---

8 대부분의 니야야 논사들 또한 부재가 추론을 통해 알려진다고 주장한다. 이들과 유가행경량부 간의 논쟁은 부재가 존재하는지, 존재하지 않는다면 어떻게 우리가 부재를 인지하는지와 관련이 있다.

그 어떤 보편자가 존재한다는 것을 부정한다. 또한 단풍나무라고 불리는 모든 특수자에 공통되는 어떤 실재하는 것이 존재함을 부정하며, 나무라고 불리는 모든 특수자들의 경우에 있어서도 마찬가지다. 그렇다면 추론은 어떻게 작동할 수 있을까? 이 특수자가 올바르게 단풍나무라고 불린다는 사실이 어떻게 이것을 나무라고도 부르는 이유가 될 수 있는가? 아마 내가 과거에 마주쳤던 단풍나무들도 모두 나무였을 것이다. 그러나 모든 단풍나무가 공통적으로 공유하는 것이 아무것도 없다면, 어째서 과거의 단풍나무들에 대해서 참이었던 사실이 지금 내 앞에 있는 바로 이 단풍나무와 관련이 있는 것일까?

이런 점에서 보면, 내가 지금 보고 있는 것을 단풍나무라고 부르는 걸 옳게 만드는 것은 무엇인가? 내가 "단풍나무"의 의미를 알게 된 것은 다른 어떤 특수자를 보여주고는 그 이름으로 부르라고 했기 때문이었다. 이것은 내가 지금 보고 있는 다른 특수자이다. 만약 그 특수자와 이 특수자에 공통되는 보편자가 존재하지 않는다면, 어째서 이 특수자도 단풍나무라고 부르는 게 옳은가? 그리고 내가 이것을 꼭 맞는 이름으로 부를 수 있다는 건 나의 지각이 진실하다는 검증이다. 감각적 인지가 앎의 수단으로 간주되기 위해서는 실행의 성공으로 이어질 수 있어야 한다는 점을 떠올리자. 그리고 우리가 봤듯이, 실행의 성공은 인지의 내용을 말과 연합시키는 지각적 판단을 통해 이루어진다. 나의 지각이 진실하다는 검증은 내가 보는 것이 단풍나무라고 판단함으로써 이루어진다. 그렇다면 나는, 단풍나무는 땔감이다는 식으로 내가 이것에 대해 알고 있는 사실을 활용할 수 있기 때문이다. 만약 나의 지각이 옳다면, 불 앞에서 손을 데우는 등 실행의 성공으로 이어질 수 있을 것이다. 아마 '단풍나무'라는 말을 배우면서, 나는 단풍나무가 나무라는 점과 땔감으로서 연료가 된다는 점을 배웠을 것이다. 그리고 아마 그 모든 것은 내가 그때 본 특수자에 대해서 참이었을 것이다. 그러나 저 특수자와 이 특수자에게 공유된 본성이 없다면, 어째서 이 특수자에 대해서도 참이어야 하는가? 만약 이 둘이 유일무이한 특수자라면, 우리가 지각하고 있는 실재하는 사물과 관련하여 어떻게 실행의 성공이 있을 수 있을까? 유가행경량부는 이러한 점들에 대해 설명을 해내야 한다.

5. 말의 의미에 대한 아포하 이론

유가행경량부의 설명은 아포하(apoha) 이론, 즉 "배제"의 형태로 제시된다. 아포하 이론에 따르면, 말의 의미는 "타자의 배제"다. 이는 어떤 의미인가? "불"이나 "노란색" 같은 종 단어(어떤 사물을 지칭하는 말)를 예로 들어보자. 어떤 말의 의미를 아는 건 그 말의 사용법을 아는 것이다. 그래서 우리는 "불"의 의미를 아는 게 이 말이 어떤 것에 적용되는지 아는 것이라고 생각할 것이다. 그러나 이러한 접근법은 그 모든 것들이 공통적으로 가지고 있는 어떤 것이 존재해야만 ―보편자가 존재해야만― 동일한 말을 적용하는 일이 옳다는 발상으로 곧장 이어진다. 디그나가를 디그나가 자신의 대안인 아포하 이론으로 이끈 통찰은, 불이라고 불리는 것과 그렇지 않은 것을 구별할 수 있다면 "불"이라는 말의 사용법을 알고 있다는 것이다. 어떤 말의 사용법을 배운다는 건 특정한 구별을 하는 법을 배우는 일이다. 이는 특정한 방식으로, 즉 이러한 모든 것은 이쪽으로, 그러한 다른 모든 것은 저쪽으로, 세상을 분할하는 법을 배우는 일이다. 자, 보편자로 이어지는 접근법은 "이 모든 것"에 공통되는 어떤 것이 존재할 때만 그러한 구별을 짓는 법을 배울 수 있다고 가정하는 방식이다. 디그나가의 발상은 "그러한 다른 것"에 초점을 맞춤으로써 반대로 구별을 짓는 법을 배울 수도 있다는 것이었다.

예를 들어, "불"을 사용하는 법을 배우려면, 불이라고 올바르게 불리는 것과 그렇지 않은 것의 차이를 구별하는 법을 배워야 한다. 이제 불이 아닌 그러한 모든 것들의 부류는 엄청나게 많고, 엄청나게 잡다하다. 여기에는 땅과 얼음에서부터 소, 고양이, 색깔에 이르기까지 그 모든 게 포함된다. 아무도 이 부류의 구성원 모두에 존재하는 단일한 실재하는 보편자, 즉 비불성非火性이 존재하리라 기대하지는 않을 것이다. 하지만 불은 일단 그 모든 것들을 배제하고 남은 것일 뿐이다. 그래서 불이라고 불리는 그 모든 것들에 공통점이 아무것도 없다고 하더라도, 이것들은 여전히 불이 아닌 것들과 구별됨으로써 별개의 부류를 형성하고 있다. 개개의 모든 불이 공유된 본성을 가지지 않는 유일무이한 특수자들이라고 할지라도, 여전히 불이 아닌 것이 아닌 것들의 부류로 구별될 수 있다. 그리고 이는 불들이 공유된 본성을 가지는 데 근거하지 않는다. 차이를 무시한 경우일 뿐인 것이다. 각각의 불은 우주의 그 어떤 것과도 완전히 다른 유일무이한 특수자이다. 우리는 각각의 특수성을 무시함으로써 이것들을 다 함께 모으는 것인데, 이는 불이 아닌 것들과 다르다는 점에서 하나로 묶인다고 보는 방식이다. 이것이 바로 우리가 불 일반을 구성하는 방식이다.

이는 바로 어떤 종 명사의 의미가 타자의 배제라는 디그나가의 주장 이면에 있는 기본적인 직관이었다. 만약 모든 것이 유일무이하다면, 한 특수자의 본성은 바로 다른 그 모든 것과 다를 것이다. 그 본성은 다른 특수자 모두를 배제하는 것이다. 우리가 특정한 특수자들 상호간 차이를 무시한 채, 대신 이 특정한 특수자들이 "다른" 어떤 집단에 의해 함께 배제된다는 데 초점을 맞출 수 있다면, 여전히 이 특정한 특수자들은 종 명사로 함께 묶일 수 있다. 그러나 이 전략에는 명백한 반론이 있다. 우리가 무언가를 불이라고 불러야 할 때는 어떻게 말해야 하는가? 아포하 이론은 모든 불에 공통되는 것(그러한 것은 존재하지 않는다)을 찾을 필요가 없고, 단지 서로가 어떻게 다른지는 무시한 채, 불이 아닌 것들이 공유하는 차이점에 초점을 맞출 뿐이라고 말한다. 그러나 어떤 것이 불이 아닌지 이미 알고 있지 않다면, 우리는 이렇게 할 수 없다. 그리고 불이 아닌 것들 간에는 아무런 공통점이 존재하지 않는다—불과 다르다는 점만 제외하고는! 그래서 무언가가 불인지 아닌지를 이미 알고 있지 않는 한, 어떤 것이 불이 아닌 것이라고는 알 수 없을 것 같다. 그리고 이것이야말로 아포하 이론이 설명해야 했던 부분이다. 우리는 방금 제자리를 빙글빙글 맴돌았을 뿐이다.

유가행경량부는 이러한 반론에 다음처럼 대답한다. 첫 번째와 두 번째 구절은 다르마끼르띠의 중요한 저작 『쁘라마나바르띠까(量評釋, Pramāṇavārttika)』의 "자신을 위한 추론爲自比量"과 자신이 단 주석自註에서 따온 것이고, 세 번째 구절은 샨따락시따(寂護, Śāntarakṣita)와 이를 주석한 까말라쉴라(蓮華戒, Kamalaśīla)에게서 가져왔다.

> 73. 비록 그것들 사이에는 차이가 있지만, 단일한 인지적 판단의 결과를 낳거나 단일한 목표의 성취가 있을 때, 어떤 별개의 것들은 감각들 등의 경우와 같이 내재적으로 관련이 있다고 확정된다.

우리들에 따르면, 감각 능력·대상·빛·주의력, 혹은 당신들 니야야 논사들에 따르면, 자아·감각 능력·마음·그 대상과의 접촉—이러한 것들에는 비록 공유된 본성이 없지만, 함께 색깔에 대한 인지라는 단일한 결과를 낳는다. 삼사파(śiṃśapa) 등과 같은 서로 다른 나무들은 비록 서로 관련이 없지만, 단지 그 본성에 의해 단일한 형태의 재인식을 낳는 것과 마찬가지고, 또한 서로 다른 나무 조각들이 불을 지피거나 집을 짓는 등에 유용하다는 생각에 따라, 마찬가지로 단일한 형태로 분류되는 것과 같다. 그러나 물 등과 같은 다른 경우들에는 해당되지 않는다. 이것들도 역시 색깔 등에 대한 인지를 낳지 않는 청각, 소리 등의 경우와 마찬가지로 서로 구별된다고 하더라도 말이다.

> 74. 또는 여러 가지 종류가 있지만 약초는 함께 혹은 별도로 열병 등을 치료한다. 그리고 이는 다른 것에 대해서는 그렇지 않다.

구두치(guḍūcī), 무스타(musta) 등의 약초는 열병 등을 치료하는 특성을 지닌 단일한 효과를 낳지만, 이때 이 약초들은 하나의 보편자에 의존하지 않으니, 자신들만의 고유한 본성을 가지고 있기 때문이다. 또한 이것은 응유와 같이 구별되는 표시가 없는 것에서도 발견되지 않는다. (PV I.73-74, Pandeya pp.209-10)

82. 많은 특수자의 경우에서, 지시어와 인지에 관한 한, 다수의 것이 단일한 인과적 역량을 가지는 것으로 간주된다. 한 종류의 것으로 세간에서 간주하는 것은 그 목적을 위한 역량이 결여된 모든 것과 구별되는 모든 것에 그 기반을 둔다. (PV I.82, Pandeya p.214)

1034. 그러나 복수의 것이 단일한 결과의 원인으로 간주될 때마다, 단일한 속성을 부과함으로써 단일한 말이 그것들에 적용된다.

보편자는 존재하지 않지만, 단일한 기능의 다수에 의한 수행이 존재할 경우, 보편적인 용어와 관련된 규칙에 따라, 이는 여전히 결정적이다. 다수이긴 하지만 어떤 것들은 그 본성상 모두 하나의 기능을 수행한다. 행위자들의 일을 더 쉽게 만들기 위해 단일한 형태를 부과함으로써, 단일한 기능을 수행하는 이것들의 역량을 표현하기 위해, 단일한 말이 적용된다. 꿀, 물 등을 담는 한정적인 기능을 수행할 수 있는 역량을 가지고 있는 한, "물단지"라는 말이 복수의 색깔 등을 가지는 것에 적용되는 것과 같다. (TS, TSP 1034)

약초의 예를 생각해 보면, 이 대답이 어떤 방식으로 작동하는지 알 수 있다. 열을 내리는 데 모두 사용할 수 있는 여러 가지 다른 약초들이 있다. 이 약초들은 다른 식물들에서 왔기 때문에 다르게 작용한다. 그러나 이 모두는 우리가 관심을 갖는, 즉 열을 내리는 효과를 낸다. 그래서 우리는 이것들 모두를 지시하는 단일한 말을 생각해냈다. 바로 "해열제"다. 이 단일한 말을 사용하면, 이것들 모두가 공통점을 공유해야 한다는 생각이 들게 된다. 그러나 이 생각은 마치 전차가 단일한 사물이리라는 확신과도 같은 것이다. 이는 우리의 이익을 세상에 투사한 결과다. 교통수단에 대한 이익 때문에, 전차 부분들을 단일한 하나의 전체를 구성하는 것으로 보게 하듯이, 해열에 대한 이익 때문에, 다양한 약초를 공통된 본성을 갖고 있다고 보게 한다. 그리고 실제로는 특정한 방식으로 조립된 전차 부분들만이 존재하듯이, 실제로는 각각 고유한 방식으로 작용하는 다양한 약초들만이 존재한다.

유가행경량부는 가령 "단풍나무" 같은 종 명사에 대한 관습을 배울 때, 이와 비슷한 일이 일어난다고 주장한다. 우리는 모든 단풍나무들이 서로 닮았다는 것, 즉 공통된 본성을 가진다는 것, 또 그래서 단풍나무라고 부르는 건 명백하다고 생각할지 모른다. 그러나 불교 인식론자는 실제로는 그 반대라고 말한다. 우리가 이것들을 모두 하나의 이름으로 부르는 법을 배웠기 때문에 서로 닮아 보인다는 것이다. 그리고 우리는 이것을 지칭하는 하나의 말을 가지고 있다. 왜냐하면 각각은 그 자신의 고유한 방식으로 땔감이나 집을 짓기 위한 목재에 대한 욕구 같은 특정한 욕구를 충족시킬 수 있기 때문이다.

우리는 이것들의 개별적 차이들을 간과한 채, 모두 똑같다고 보는 법을 배운다. 왜냐하면 단풍나무들이 욕구를 충족시키지 못하는 모든 것의 반대편에 서 있는 하나의 집단이라고 보게 되었기 때문이다. 이는 내가 보고 있는 것이 단풍나무라는 사실에 근거해, 내가 보고 있는 것이 나무라고 추론하는 게 앎의 순서상 맞다고 다르마끼르띠가 생각하는 이유를 설명해 줄지도 모른다. 바닥재에 대한 어떤 욕구를 충족시키지 못하는 것들의 부류에 속하지 않는 모든 것을 단풍나무라고 부르는 법을 배웠다고 가정해 보자. 그리고 땔감에 대한 나의 욕구를 충족시키지 못하는 것들의 부류에 속하지 않는 모든 것을 나무라고 부르는 법을 배웠다고 가정해 보자. 공교롭게도, 지금 내 앞에 있는 것은 이 두 가지 욕구를 모두 충족시켜 줄 것이다. 그러나 내가 이것을 단풍나무로 식별할 때는 그 사실을 꼭 알 필요는 없다. 왜냐하면 어떤 것이 단풍나무인지 여부를 말하는 방식에는 땔감에 대한 나의 욕구가 수반될 필요가 없기 때문이다. 이것이 나무인지 알려면, 바닥재와 땔감에 관한 과거의 경험에 대한 사실들을 떠올려야 할 것이다. 그 사실들은 내가 지금 보고 있는 것이 아닌 다른 특수자들에 관한 것이었다. 그래서 비록 이 하나의 것이 과거의 그것들과 동일한 패턴에 들어맞는다고 해도, 나는 여전히 이 하나의 것에 대한 새로운 점을 배우고 있다.

지금까지 아포하 이론에 대해 논의하면서 이 이론에서 말하는, 종 명사를 사용하는 법을 배운다고 할 때, 그 배운다는 의미가 무엇인지에 대해 얘기했다. 배움의 과정이 실제로 어떻게 진행되는지 안다면 도움이 될 것이다. 우리가 아이에게 "불"이라는 말을 사용하도록 가르친다고 가정해 보자. 우리는 아이가 무언가가 불인지 여부에 대해 우리와 동일한 판단을 내릴 때까진 성공한 게 아닐 것이다. 이 이론에 따르면, "불"의 의미는 "불이 아닌 것"이라는 공식에 의해 부여된다. 아이는 이 공식을 적용하는 법을 어떻게 배울까? 이는 분명 불을 보여주면서 이 단어를 발음하는 것으로 시작한다. 불에 대한 지각은 한 정신적 이미지가 발생하는 데 원인이 되며, 그 정신적 이미지는 복사되고 반복될 수 있는 것이다. (이는 우리가 어떤 경험을 하고 난 뒤 그 경험을 자신의 마음에서 재생할 때 일어나는 일이다.) 우리가 원하는 바는 이 아이가 미래에 이 단어가 적용되는지 여부를 결정하는 데 사용할 수 있는 정신적 이미지를 형성하는 것이다. 그 아이는 그 정신적 이미지를 불러내고는 자신이 경험하고 있는 것과 비교함으로써 이렇게 할 것이다. 하지만 이 방식의 비교는 유사성을 찾는 문제일 수 없다. 유사성은 존재하지 않는 것이다. 이 비교는 오직 현재의 지각과 상기된 정신적 이미지의 양립 불가능성 여부를 살펴보는 문제일 뿐이다. 만약 그렇다면—현재의 지각이 상기된 정신적 이미지에 의해 배제된다면—이 아이가 보는 것은 불이 아닌 것이다. 만약 배제되지 않는다면, 이 아이가 보는 것은 불이 아닌 것이 아니다. 그래서 불이라고 부르는 게 옳을 것이다.

그렇지만 아이는 어떻게 이 이미지를 형성하는가? 우리가 가르칠 때 사용하는 불에 의해 형성된 지각적 이미지는 이 이미지의 원인이 되는 불만큼이나 특수한 것이다. 이 불은 유일무이한 특수자이기 때문에, 다른 모든 것과 다르다. 그래서 이 불을 원인으로 하는 이 이미지는—다른 불에 의해 야기되는 이미지들을 비롯해—다른 모든 지각을 배제할 것이다. 만약 그것이 아이가 "불"과 연합하는 법을 배운 이미지라면, 아이는 다른 어떤 것도 그 이름으로 부르지 않을 것이다. 우리가 해야 할 일은 다른 불 특수자들을 지각함으로써 야기되는 이미지들을 배제하지 않으면서도 불이 아닌 모든 것과 양립 불가능한 어떤 이미지를 아이가 형성하도록 돕는 것이다. 여기가 바로 욕구의 만족이 나오는 지점이다. 우리가 사용하고 있는 불이 차가운 산비탈에 있다고 가정해 보자. 불의 존재는 그렇다면 따뜻해지고 싶은 욕구를 충족시켜 줄 것이다. 그러면 우리는 아이를 산비탈의 다른 부분으로 데리고 가서는 그 욕구를 충족시켜 주지 못하는, 불이 아닌 모든 것을 가리킬 수 있다. 이렇게 하면 우리는 따뜻해지고 싶은 욕구를 충족시키지 못한다는 이유로 배제하는 어떤 이미지를 아이가 형성하고 유지하도록 할 수 있다. 그러면 아이가 장차 다른 불 특수자들을 지각할 때, 이 특수자들이 야기하는 지각적 이미지들은 "불"과 연합시키는 법을 배웠던 그 이미지와 양립 불가능하지 않을 것이다. 이 아이는 이 특수자들이 그 이름으로 또한 불릴 수 있다는 점을 알 것이다.

여기에 관련된 논리가 흥미롭다. 우리는 유일무이한, 즉 다른 모든 것과 구별되는 본성에 대한 이미지로 시작했다. 이 이미지를 a라고 부르기로 하자. 그런 뒤, 이 이미지에서 배제되는 부류의 것들을 골라내는 근거로 이 이미지를 사용했다. 그러면서 다수의 불들 중 어느 것도 그 배제 부류에 넣지 않는 방식으로 그렇게 했다. 그렇다면 모든 불을 규정하는 우리의 방식은 "a가 아닌 것들 가운데 있지 않은 모든 것"으로 기술될 수 있다. 이러한 규정방식에 부정이 두 가지 있다는 데 주목할 필요가 있다. 이제 부정의 논리에 따르면, 두 가지 부정은 긍정과 등가다. 예를 들어, "내가 가고 있지 않다는 건 사실이 아니다"는 말은 "나는 가고 있다"는 말과 등가다. 그래서 논리적으로 우리의 규정방식은 "a인 모든 것"과 등가일 거라고 예상할 수 있다. 그러나 a는 유일무이하고 다른 모든 것을 배제하기 때문에, 이것은 그 자신에 대해서만 참일 것이다. 하지만 우리의 규정방식은 다른 많은 것들에 대해서도 참이다. 논리 법칙에 다소 위반이 있었을까? 그렇지 않다. 불교 인식론자들은 두 가지 다른 종류의 부정을 (1) 동사와 결합되는 부정, 즉 문장에서 동사와 어울리는 부정소, (2) 명사와 결합되는 부정, 즉 명사 또는 형용사와 어울리는 부정소로 구별한다. 그리고 이들은 두 종류의 부정이 다르게 작용한다고 지적한다. 동사와 결합되는 부정은 주로 전면적인 부정이다. 즉, 어떤 대안적 주장에 대한 표명 없이 주장을 부정하는 것이다. 반면에, 명사와 결합되는 부정은 전면적인 긍정이다. 즉, 어떤 긍정적 주장에 대한 표명을 수반하는 것이다. 다음과 같은 진술을 살펴보자.

1. 그것은 친절하다.

동사와 결합되는 부정은 다음과 같다.

2. 그것은 친절하지 않다.

명사와 결합되는 부정은 다음과 같다.

3. 그것은 불친절하다.

2는 "그것"이 실제로 무엇인지에 대해 아무 말도 하지 않지만, 3은 한다. 즉 어떤 것을 불친절하다고 부르는 것은 그것이 무례하다고 말하는 것이다. 이제 두 가지 부정의 형태가 결합되면 어떤 일이 일어나는지 살펴보자.

4. 그것은 불친절하지 않다.

4는 1에 대한 두 개의 부정을 사용하여 만들어졌다. 하지만 4는 1과 등가일까? 이 두 문장은 동일한 의미일까? 말할 수 있는 방법은 하나는 참이지만, 다른 하나는 그렇지 않은 상황을 생각해 보는 것이다. 4는 참이지만, 1은 그렇지 않은 경우를 생각할 수 있어야 한다. 이 경우가 보여주는 바는 한 문장을 예로 들어 동사와 결합되는 부정과 명사와 결합되는 부정 모두에 적용할 때, 결과가 원래 문장보다 더 많은 경우에 적용된다는 것이다. 왜 그런지 생각해 보면, "a가 아닌 것이 아님"이 어떻게 단지 a 그 이상을 규정하는 방식일 수 있는지 알 수 있을 것이다.

아포하 이론은 보편자의 문제에 대한 유가행경량부의 해법이다. 이 이론은 일종의 유명론적 의미론을 나타낸다. 즉, 실재하는 보편자가 없을 때 말이 어떻게 유의미할 수 있는지에 대한 이론이다. 보편자의 문제는 적어도 플라톤과 아리스토텔레스 시대부터 서양 철학에서 논의되어 왔다. 그러나 서양 전통에는 아포하 이론 같은 게 없다.

이 이론은 잘 작동할까? 이 이론은 보편자로 알려진 독특한 존재자 없이 우리가 어떻게 살아갈 수 있는지 보여줄 수 있을까? 여기서 제안하는 해결책이 거의 너무 단순해 보이기 때문에 의심하는 게 맞을 것이다. 마치 논리적 속임수처럼 보이기까지 한다. 그래도 의심을 하는 일과 결함을 찾는 일은 별개의 문제이다. 이 이론을 시험하려면, 진짜 결함을 찾아야 한다. 결함을 찾으려면, 아포하 이론이 아무도 몰래 보편자를 숨겨 들여왔을 만한 어떤 지점을 찾아야 한다. 이 이론에서 이런 일이 벌어질 곳이 있을까? 조사해볼 만한 점은 이 이론이 인과관계를 사용한다는 데 있다. 예를 들어, 인과관계를 사용한다는 것은 각기 다른 허브가 열을 내리는 데 원인이 될 수 있다는 발상에 의존한다. 만약 보편자가 존재하지 않는다면, 인과관계가 존재할 수 있을까? 우리는 또한 말을 배우는 자가 어떤 이미지를 형성하고, 그런 뒤 그 이미지를 재현할 수 있다는 주장에 대해 좀 더 곰곰이 생각해볼 수도 있다. 만약 보편자가 존재하지 않는다면, 무엇이 내가 지금 가지고 있는 이미지를 내가 이전에 가지고 있던 이미지의 사본으로 만드는 것인가? 불교 인식론자들은 이 두 가지 질문에 대해 상당히 많은 사유를 했다. 그래서 이들은 타당하고 일관된 대답을 할 수 있었다. 그래도 철학 이론을 시험해 보는 것은 언제나 유익한 일이다.

6. 실재하지 않는 것에 대해 말할 수 있을까?

디그나가 학파에 따르면, 내가 언덕에 불이 있다고 추론할 때, 내가 알아차리고 있는 것은 개념적 구성물, 즉 불 일반이다. 당신이 불을 보고는 "저것은 불이다"라는 지각적 판단을 내릴 때, 당신이 알아차리고 있는 것도 마찬가지로 불 일반이다. 이 인지의 대상은 궁극적으로 실재하는 것이 아닌 것, 즉 일종의 허구다. 아포하 이론은 이러한 사실에도 불구하고, 나의 추론과 당신의 지각적 판단이 어떻게 여전히 실행의 성공으로 이어질 수 있는지를 설명하기 위한 것이다. 불 일반은 궁극적으로 실재하는 것이 아니기 때문에, 불 앞에 서 있을 때 내가 느끼는 따뜻함을 비롯하여 그 어떤 것의 원인도 될 수 없다. 오직 궁극적으로 실재하는 유일무이한 특수자만이 어떤 것의 원인이 될 수 있지만, 특수자는 언어로 표현할 수 없다. 하지만 불 일반에 대한 인지는 우리를 따뜻함으로 이끌 수 있다. 아포하 이론은 불 일반에 대한 개념적 구성물이 어떻게 내 목표를 충족시키는 방식으로 특수자와 상호작용하게 되는지 설명하기 위한 것이다.

아포하 이론이 자신의 할 일을 한다고 가정해 보자. 그렇다면 우리는 실재하는 보편자가 필요하지 않은 세상과는 어떻게 관계를 맺어야 하는지를 설명할 수 있게 된다. 이러한 설명에 대해 지불할 대가는 우리가 말하고 생각하는 그 모든 것이 일종의 허구, 즉 정신적 구성물로 판명된다는 데 있다. 이는 불교 인식론자의 견해를 니야야의 견해와 정반대로 만든다. 니야야는 (4장 4절에서) 우리가 오직 실재하는 것에 대해서만 이야기할 수 있다고 주장한다는 점을 떠올려 보자. 여기서도 다른 곳과 마찬가지로 니야야의 견해가 상식에 훨씬 더 가깝게 들린다. 상식적 견해는, 말의 의미는 그 말이 지시하는 사물이라는 것이다. 이러한 견해를 고려하면, 어떤 말이 지시하는 실재하는 사물이 존재하지 않는다면, 그 말은 의미를 가질 수 없다고 가정하는 게 당연할 것이다. 그리고 이는 바로 니야야가 말하는 바이다. 이들은 우리가 존재하지 않는 것에 대해 유의미하게 이야기할 수 없다고 주장한다. 그래서 "토끼 뿔은 존재하지 않는다"는 문장은 실제로 무의미하다. 반면 이 문장이 유의미하게 들릴 수도 있다. 그러나 니야야 논사들은 그건 우리가 아마 이 문장을 "토끼의 머리에는 뿔이 없다"라는 전혀 다른 문장으로 착각하기 때문일 거라고 말할 것이다. 첫 번째 문장은 실재하지 않는 존재자에 대해 말하려고 하는 것이다. 두 번째 문장은 뿔, 토끼의 머리, 부재 등 실재하는 것을 지시하는 말만을 사용하는 것이다.

그렇지만 여기서 니야야는 상식과 결별했다. 니야야의 견해가 상식적 의미론에 뿌리를 두고 있을 수 있지만, 상식은 "토끼 뿔은 존재하지 않는다"는 문장이 무의미하다고 판단하지 않을 것이다. 상식은 이 문장이 유의미하고, 또 참이라고 말할 것이다. 만약 이 문장이 무엇에 관한 것인지 묻는다면, 대부분의 사람들은 토끼 뿔에 관한 것이라고 말할 것이다. 우리는 토끼 뿔은 존재하지 않는다고 지적할 수 있다. 그래서 어떤 문장이 어떻게 존재하지 않는 것에 관한 것일 수 있는지 의아할 수 있다. 어떤 표현이 지시할 실재하는 사물이 존재하지 않는다면, 어떻게 그 표현이 유의미할 수 있을까? 아마도 사람들은 이 질문을 당혹스럽게 여길 것이다. (스포일러 주의!) 산타클로스나 유니콘처럼 존재하지 않는다는 걸 알고 있는 것들에 대해 유의미하게 이야기할 수 있는 것 같다고 지적할 수 있을 테니 말이다. 실제로 산타클로스나 유니콘에 대해 말할 수 있는 사실이 많이 있다. 그래서 존재하지 않는 것들에 대해 말하는 데에는 아무 문제가 없을 것 같다. 하지만 이 사실은 말이 실재하는 사물을 지시함으로써 의미를 획득한다는 일반적인 견해와 약간은 긴장 관계에 있는 것 같다. 그래서 유의미하다는 것이 무엇인지에 대한 우리의 직관에는 애초부터 모순이 존재하는 것 같다.

철학적 이론화는 대개 바로 이 같은 상황에서 비롯된다. 우리가 일상적으로 말하거나 생각하는 방식은 일상적인 환경에서는 완벽히 우리에게 적절한 역할을 한다. 그러나 이러한 방식을 체계적으로 검토해 보면, 어떤 긴장이나 불일치를 발견할 수 있다. 그럴 때 철학은 자신이 거부하는 직관은 폄하하면서 다른 직관보다 특정 직관을 존중하는 방식으로 이 불일치를 해결하려고 한다. 현재의 경우 충돌하는 직관은 다음의 두 가지다. 말은 실재하는 사물을 지시하는 데 사용됨으로써 그 의미를 얻는다는 것과, 존재하지 않는 것에 대해서 유의미한 말을 할 수 있다는 것이다. 니야야는 두 번째보다 첫 번째 직관을 존중하는 쪽을 택했다. 그리고 니야야는 부재가 실재한다는 교리를 활용해, 어째서 우리가 토끼 뿔은 존재하지 않는다고 말할 수 있다고 (이들의 관점에서는 잘못) 믿을 수 있는지 설명하려고 노력했다. 그렇지만 이 방식이 유일한 선택지는 아니다. 우리는 두 직관을 조화시키려 할 수도 있다. 아니면 첫 번째보다 두 번째를 존중하려 할 수도 있다. 이러한 선택지들을 탐색해야 하는 이유가 적어도 하나 있다. 즉, 니야야의 입장은 역설로 이어지기 때문이다. 만약 존재하지 않는 것에 대해 어떤 유의미한 말도 할 수 없다는 이들의 말이 옳다면, 바로 이 진술 자체가 무의미할 것이다. 그러나 이 진술이 무의미하다

면, 이들은 이 진술을 말할 수 없을 것이다.[9]

만약 이것이 니야야의 견해를 거부하는 이유라면, 우리에게는 두 가지 선택지가 있다. 첫 번째는 상충되는 듯 보이는 두 직관을 모두 존중하려고 노력하는 것이다. 이는 불가능해 보일 수 있다. 만약 의미에 실재하는 사물에 대한 지시가 수반되고, 또 우리가 존재하지 않는 사물에 대해 유의미하게 이야기할 수 있다면, 우리는 존재하지 않는 사물이 실재한다고 말해야 할 것이다. 하지만 우리 모두는 토끼 뿔, 산타클로스, 유니콘이 실재하지 않는다는 데 동의하지 않는가? 하지만 동의하지 않는 사람들이 있다. 서양철학에서 마이농주의[10]로 알려진 견해가 있는데, 이에 따르면 존재하지 않는 사물도 있음을 가진다. 마이농주의자들은 있음(being)과 존재(existence)를 구별한다. 우리가 말하거나 생각할 수 있는 모든 것은 이들이 있음이라고 부르는 것을 가진다고 한다. 그러나 우리가 말하거나 생각할 수 있는 것들 중 일부만이 존재를 가진다. 유니콘은 있음을 가지지만 존재를 가지지 않는 반면, 소는 있음과 존재 모두를 가진다. 물론, 우리는 보통 유니콘이 실재하지 않는다고 말할 것이다. 그래서 우리는 유니콘이 있음을 가진다는 마이농주의자의 주장에 주저할지도 모른다. 그러나 이들은 "실재한다"는 건 모호한 말이라고 대답할 것이다. 즉, 있음을 가진다는 걸 의미할 수도 있고, 아니면 존재를 가진다는 걸 의미할

9 유가행경량부의 라뜨나끼르띠(Ratnakīrti)는 니야야의 견해에 반대하며 이 같은 반론을 역설했다. 니야야에서는 자신들의 진술이 소리를 내서 소리를 내지 못하게 하는 이른바 "소리를 내지 말라"는 발언과 같다고 대응했다. 이게 통할까?

10 오스트리아의 철학자 알렉시우스 마이농(Alexius Meinong, 1853-1920) 이후.

수도 있다는 것이다. 만약 유니콘이 두 번째 의미에서 실재하는 게 아니라는 걸 의미한다면, 마이농주의자는 동의할 것이다. 그러나 첫 번째 의미에서 그렇다고 한다면, 마이농주의자는 우리가 유니콘에 대해 유의미한 것을 말할 수 있다는 점을 상기시켜 줄 것이다. 우리에게 의미는 실재하는 사물에 대한 지시를 필요로 한다는 직관 또한 있기 때문에, 어쩌면 유니콘 같이 존재하지 않는 사물도 마이농주의자가 "있음"이라고 부르는 일종의 실재성을 여전히 가질 수 있다는 데 동의할 수 있을지도 모르겠다.

이 견해의 가장 큰 단점은 엄청나게 부풀려진 존재론으로 이어진다는 데 있다. 여기에는 존재하는 것들뿐만 아니라, 존재하지 않지만 있음을 가지는 것들도 포함될 것이다. 그래서 우리는 이제 이 세상에는 모든 소와 염소 외에도, 엄청나게 많은 유니콘이 있다고 말해야 할 것이다. 유니콘이 세상에 있지 않을 수 있지만, 여전히 어떻게든 *있다*. 이는 가벼움의 원리에 대한 우리의 규약에 위배된다. 우리는 간결하면서도 훌륭한 존재론을 원한다. 우리는 더 적은 것으로도 잘 해낼 수 있을까? 유가행경량부는 그럴 수 있다고 말한다. 유가행경량부는 마이농주의적으로 있음과 존재를 구별하지 않는다. 이들의 존재론에는 이들이 존재한다고 말하는 것들, 즉 유일무이한 특수자들만이 포함된다. 이는 이들이 상충되는 두 직관 모두를 존중할 수 없다는 걸 의미한다. 니야야처럼, 이들도 단 하나만을 존중하기로 선택한다. 그런데 니야야와는 달리, 이들은 두 번째 직관을 존중한다. 이들이 생각하기로, 우리는 존재하지 않는 것들에 대해 유의미한 말을 할 수 있다. 이들의 주장으로, 이는 첫 번째 직관이 착오에 의지하기 때문에 가능한 것이다. “불”과 같은 말은 궁극적으로 실재하는 것들, 즉 불들을 지칭하는 데 사용됨으로써 그 의미를 얻는 게 아니다. “불”이라는 말이 지시하는 것은 허구다. 즉, 불 일반이라는 개념적 구성물인 것이다. 유의미한 말은 개념적 구성물을 지시함으로써 그 의미를 얻는다. 그래서 우리가 산타클로스, 유니콘, 토끼 뿔에 대해 유의미한 말을 할 수 있다는 건 놀라운 일이 아니다. 이런 것들이 단지 허구일 뿐이라는 점은 누구나 알고 있다. 하지만 우리가 이야기하는 다른 모든 것들도 마찬가지로 허구일 뿐인 것이다.

우리는 이제 다른 관점에서 아포하 이론을 볼 수 있다. 이는 바로 디그나가 학파가 ‘의미는 실재하는 존재자에 대한 지시를 필요로 한다’는 니야야적 첫 번째 직관을 폄하하려 할 때 쓰는 방식이다. 유가행경량부에 따르면, 언어를 통해 우리는 소, 전차, 나무, 자전거, 사람 등이 포함된 세속적인 세계를 구성한다. 이러한 것들 중 그 어느 것도 궁극적으로 실재하지 않는다. 공유되는 속성들 또한 존재하지 않는다. 오직 유일무이한 찰나적인 특수자들만 존재한다. 특수자들은 찰나적이고 유일무이하기 때문에, 이것들에 대해 유의미한 말을 할 수 있는 건 아무것도 없다. 아포하 이론은 세속적인 세계와 궁극적인 세계 사이에 어떻게 협응이 있을 수 있는지 설명한다. 궁극적으로 실재하는 것, 즉 인과적으로 효력이 있는 특수자들은 특정한 세속적 판단을 보상하지 다른 것에 대해서는 보상을 하지 않기 때문이다. 그리고 이는 결과적으로 의미는 실재하는 것들에 대한 지시를 필요로 한다는 직관을 우리가 갖게 되는 이유를 설명한다. 우리는 원한다면 어떤 허구도 지시할 수 있지만, 우리가 이야기하는 대부분의 허구는 궁극적으로 실재하는 특수자와 밀접하게 협응하는 허구다. "불"이 의미하는 것은 불 일반인 허구지만, 내가 거기에 불이 있다고 올바르게 판단할 때 얻는 따뜻함에 대한 내 욕구의 만족 뒤에는 궁극적으로 실재하는 특수자가 존재한다. 그래서 우리는 불 일반이 실재한다고, 즉 불 일반이 우리가 지각하는 것과 동일한, 궁극적으로 존재하는 것이라고 결국 생각하게 된다. 이는 의미를 갖는 대부분의 단어에 적용될 것이기 때문에, 결론은 우리가 '의미는 실재하는 것에 대한 지시를 필요로 한다'고 생각한다는 것이다.

그런데 이게 왜 중요할까? 철학자들은 상식이 우리에게 상충하는 직관을 제시하면 이를 정리하는 걸 좋아한다. 그러나 지금의 문제는 단순히 개념을 관리하는 문제 그 이상이다. 불교의 무아 이론에 대항해 니야야의 논사 웃됴따까라가 제기한 반론 중 하나는, 만약 자아가 실재하지 않는다면, 우리는 자아에 대해 아무런 말도 할 수 없어야 한다는 주장이었다는 걸 기억할 것이다. (4장 4절 참조.) 이제 우리는 니야야가 어떻게 이 반론이 기반하고 있는 의미론에 도달했는지 알 수 있게 되었다. 그리고 어떻게 불교 인식론자들이 웃됴따까라의 반론에 대답할지도 알 수 있다. 불교 인식론자들은, 유의미한 모든 말과 마찬가지로 "자아"라는 말도 일종의 허구, 즉 개념적 구성물을 지시하기 때문에, 이 말도 유의미하다고 말할 것이다. 따라서 우리는 자아에 대한 여러 말을 할 수 있다. 그리고 자아에 대해 말할 수 있는 참인 사실 중 하나는 토끼 뿔과 마찬가지로 존재하지 않는다는 것이다.

말할 필요도 없이, 니야야는 유가행경량부의 견해에 반론을 제기한다. 불임 여성의 아들인 뎃바닷따와 같이 존재하지 않는 것에 대해 유의미한 말을 할 수 있다고 가정해 보자. 그렇다면 뎃바닷따에 대해 말할 수 있는 다양한 참인 사실이 있어야 할 것이다. 예를 들어, 뎃바닷따는 존재하지 않는다는 건 참일 것이다. 그리고 뎃바닷따는 존재하지 않기 때문에, 뎃바닷따가 말을 하지 않는다는 것도 참일 것이다. 이는 뎃바닷따가 묵비권을 행사한다는 걸 의미할까? 아니다. 뎃바닷따가 말을 하고 있다고 하는 것과 마찬가지로 그가 침묵하고 있다고 하는 건 거짓일 것이다. 따라서 뎃바닷따가 침묵하지 않는다는 건 참일 것이다. 그런데 이제 우리는 서로 모순되는 것처럼 보이는 두 개의 진술을 가지게 되었다.

1. 뎃바닷따는 말을 하는 게 아니다.
2. 뎃바닷따는 침묵하는 게 아니다.

존재하지 않는 것에 대해 유의미한 말을 허용하면, 이처럼 모순으로 이어진다. 그래서 어쩌면 이를 허용하지 말아야 할지도 모른다.

그렇지만 불교 논리학자는 이 반론에 대한 답을 가지고 있다. 동사와 결합되는 부정과 명사와 결합되는 부정 사이의 구별을 떠올려 보자. 1과 2는 두 경우에서 "아니다"가 명사와 결합되는 부정인 경우에만 모순인데, 이 둘은 긍정적 규정에 대한 표명을 수반하는 종류다. 왜냐하면 1은 "뎃바닷따는 침묵한다"와 등가이고, 2는 "뎃바닷따는 말을 한다"와 등가이기 때문이다. 그렇지만 불교 논리학자는 여기에 있는 각각의 "아니다"는 동사와 결합되는 종류라고 주장한다. 그래서 1이 말하는 바는 뎃바닷따가 말을 한다고 하는 것은 잘못일 거라는 것이다. 여기에는 우리가 뎃바닷따에 대해 할 수 있는 다른 어떤 표명도 없다. 마찬가지로 2는 뎃바닷따가 침묵한다고 하는 것이 옳지 않으리라는 점만을 말할 뿐이다. 이 말은 뎃바닷따에 대한 어떤 다른, 옳은 긍정적인 기술이 있다는 게 아니다. 그래서 1과 2는 모순이 아니다. 뎃바닷따와 같은 존재하지 않는 것에 대한 언급을 허용한다고 해서 모순으로 이어지는 건 아니다.

7. 인지는 인지 그 자신을 인지하는가?

디그나가를 위시하여 불교 논리학자들은 두 가지 다른 종류의 추론, 즉 자신을 위한 추론爲自非量과 타인을 위한 추론爲他非量을 구별한다. 앞에서 논의한 추론의 정의는 실제로 첫 번째가 아니라 두 번째 종류에 적용된다. 타인을 위한 추론은 어떤 진술이 참이라는 사실을 다른 사람들에게 설득하기 위한 것이기 때문에, 그 대부분이 "머릿속에서" 행해지는 자신을 위한 추론보다 더 상세하게 제시되어야 한다. 불교 인식론자들의 문헌은 일반적으로 각 종류의 추론에 대해 별도의 장을 할애한다. 그리고 타인을 위한 추론에 관한 장은 일반적으로 적절하게 공식화된 철학적 논증의 모델이 되도록 의도된 형태로 제시된다. 이 모델은 아주 흥미로운데, 왜냐하면 유가행경량부가 어떻게 자신들이 개발한 인식론적 도구가 불교의 일부 핵심 주장을 방어하는 데 사용될 수 있다고 생각했는지 우리에게 보여주기 때문이다. 우리는 목샤까라굽따(Mokṣākaragupta)의 불교 인식론에 대한 12세기 연구자용 메뉴얼에서 가져온 그러한 논증의 예를 살펴봄으로써 불교철학에 대한 검토를 끝낼 것이다.

우리의 예는 다음 질문에 대한 디그나가의 답변을 변호한 내용이다. 인지 그 자체는 어떻게 인지되는가? 인도 인식론의 많은 부분은 인지가 다양한 대상을 어떻게 아는지에 관한 질문으로 채워져 있다. 그런데 이 질문은 인지라는 것이 존재한다는 걸 전제한다. 그래서 어떻게 우리가 알아차림의 대상뿐만 아니라, 알아차림 그 자체도 알아차리게 되는가 하는 질문이 제기되는 것이다. 니야야는 특정한 인지가 후속하는 내성적 반성 작용에 의해 인지된다고 주장했다. 무언가를 본 뒤, 나는 "내면을 들여다보고"는 방금 발생한 지각적 사건을 알아차릴 수 있다는 것이다. 또 다른 학파(밧따 미망사Bhāṭṭa Mīmāṃsā)에서는 대상이 인지되었다는 사실에 근거해 인지가 발생했음에 틀림없다고 추론한다고 주장했다. 내가 보고 있는 소가 인지됨을 알기에, 나는 이 인지작용을 수행한 인지가 존재함에 틀림없다고 추론한다는 것이다. 두 답변은 모두 인지가 간접적으로만 알려진다는 주장이다. 디그나가 학파는 이런 답변들을 거부한다. 인지는 자기인지적이라고 주장하는 것이다. 파란색에 대한 지각을 예로 들어보자. 유가행경량부가 볼 때, 지각은 외부적 대상에 대한 알아차림이 아니라는 걸 떠올려 보자. 내가 파란색에 대한 지각에서 알아차리고 있는 것은 정신적 이미지다. 즉, 경량부의 경우는 표상이고, 유가행파의 경우는 인상이다. 이 정신적 이미지는 파란색의 형상을 띤다. 그러나 디그나가는 이 파란색 형상을 띤 정신적 이미지가 이것을 알아차리는 인지와 구별되는 게 아니라고 주장한다. 내 지각의 발생은 바로 자기인지작용의 발생, 즉 파란색 형상을 띤 인지의 발생이다. 내가 파란색뿐만 아니라, 파란색에 대한 나의 인지 또한 알아차릴 수 있는 건 나의 지각이 이런 식으로 구조화되어 있기 때문이다. 이것이 바로 일반적으로 인지가 알려지는 방식이다. 자, 이 견해에 대한 분명한 반론이 있다. 이는 비재귀성 원리에 대한 명백한 위반처럼 보이는 것이다. 유가행경량부의 저자 목샤까라굽따가 어떻게 디그나가의 견해를 위한 논증을 공식화하고 이러한 반론에 답하려고 했는지 살펴보자.

자기인지의 정당화

모든 의식과 정신적 부수물은 스스로를 인지하는데, 곧 자기인지적이다. … 자기인지는 개념화가 없고 무오류적인 지각이라고 하는데, 그 자신의 형상에 대한 직접적인 알아차림을 일으키기 때문이다. 모든 의식과 정신적 부수물과 관련하여, 자기인지는 자기인지를 특징짓는 형상을 스스로 인지하는 것이다.

여기서 어떤 것이 그 자신에 대해 수술을 수행하는 일은 모순이기 때문에, 의식과 정신적 부수물의 자기인지가 가능하지 않다고 말하는 반론이 있다. 춤꾼은 아무리 잘 훈련을 받았더라도, 여전히 자신의 어깨에 올라타지는 못한다. 칼날은 아무리 날카로워도 그 자신을 베지 못한다. 솟구치는 불은 아무리 세차게 타올라도 그 자신을 태우지 못한다. 그렇다면 어떻게 의식이나 정신적 부수물은 그 자신을 인지할 수 있는가? 인지 가능한 것과 인지하는 자 사이의 관계는 단지 대상과 행위자 사이의 관계의 한 사례일 뿐이기 때문이다. 그리고 나무와 목수(나무를 베는 사람)처럼, 대상과 행위자가 구별된다는 것은 보편적으로 인정되고 있다.

이에 대해 인지에서 인지되는 것에 대한 인지작용은 대상-행위자 관계에 의해 발생하는 게 아니라고 대답할 수 있다. 그럼 어떻게 발생하겠는가? 나타나는 것과 나타나게 하는 것 사이의 관계에 의해서다. 빛이 그 자신을 비추듯이, 불활성의 대상과는 달리, 그 자체 원인에 의해 빛을 발하는 내재적 본성으로 인해, 발생하는 인지 또한 자기인지적인 것으로 규정된다. 그래서 다음처럼 설했다.

> 의식은 불활성의 물질과 반대되는 본성을 가지고 일어나는데,
> 의식이 불활성이 아닌 것은 바로 그 자신을 의식할 때이다.
> 그러나 그 자기의식작용은 대상-행위자 관계에 의해서가 아니니,
> 왜냐하면 형태상 단일하고 분할할 수 없는 것은 세 가지 측면을 가질 수 없기 때문이다. (TS 2000-2001)

『아랑까라(Alaṅkāra)』의 저자〔쁘라즈냐까라굽따(Prajñākaragupta)〕 또한 다음처럼 말했다.

> 대상, 행위자 등은 개념적으로 구성되는 것이지 궁극적으로 실재하는 게 아니다.
> 존재자는 그 자신만으로 그 자신을 파괴한다고 한다.

여기서 말하는 "세 가지 측면"은 행위자·대상·작용인데, 말하자면 인지, 인지가 알아차리고 있는 것(파란색 등), 인지하는 작용(파란색을 인지할 때 수반되는 지각작용)이다. 우리는 대개 인지에 이 세 가지 모두 수반된다고 이해하고 있다. 그렇지만 디그나가는 실제로는 우리가 통일된 단일한 것에다 개념적 구별을 부과하기 때문에 이렇게 생각한다고 주장했다. 두 인용문은 인지가 궁극적으로 실재하고 따라서 분할할 수 없는 것이기 때문에, 실제로 이 세 가지 측면으로 분석할 수 있다고 생각해서는 안 된다고 주장하고 있다. 이 세 가지 측면은 단지 우리가 인지에 대해 생각하는 데 유용한 방식을 반영할 뿐이다. 그러나 비재귀성 원리는 목수와 목수의 자르는 작용의 대상인 나무의 경우처럼, 행위자-대상의 구별을 적용할 수 있는 경우에만 적용된다. 찰나성에 대한 논증이, 존재자의 소멸이 외재적 원인을 가지지 않는다면, 그 소멸은 내재적이거나 "자연발생적"이어야 한다는 전제에 기반을 두고 있다는 점을 떠올려 보자(5장, 5절). 이렇게 말하는 것은 궁극적인 존재자의 소멸이 행위자-대상 모델의 관점에서 개념화되어서는 안 되며, 따라서 비재귀성 원리에 위배되지 않는다고 말하는 것이다.

> 더욱이 의식과 정신적 부수물이 또 다른 인지에 의해 조명된다는 것은 옳을 수 없다. 왜냐하면 동시에 존재하는 또 다른 인지가 의식과 정신적 부수물을 조명하는 일은 불가능하니, 소의 좌우 뿔처럼 동시에 존재하는 사물들 사이에는 원인과 결과를 뒷받침해 주는 관계가 없기 때문이다. 또한 별개의 시간에 존재하는 어떤

것에 의해 조명될 수도 없으니, 왜냐하면 사물들은 찰나적이기 때문에 조명되는 것은 그때에는 존재하지 않을 것이다. 또한, 만약 자기인지가 존재하지 않는다면, "한정하는 것이 파악되지 않는 한, 한정되는 것에 대한 알아차림은 발생하지 않는다"는 추리로 인해 대상이 인지된다는 알아차림이 어떻게 존재할 수 있는지 알기 어려울 것이다. 이 〔추리〕에서 대상은 한정되는 것이고, 인지되는 것은 한정하는 것이며, 인지되는 것은 인지를 통해 인지된다. 만약 인지가 그 자신을 알아차리는 형태라고 생각되지 않는다면, 인지에 의해 한정되는 대상이 어떻게 생각에 떠올려지겠는가? 향을 지각하지 않으면서 향꽂이를 지각하는 것은 불가능하다.

그리고 뜨릴로짜나(Trilocana)가 "눈을 지각하지 않으면서 가시적인 색깔을 알아차리듯이, 인지를 알아차리지 않더라도 대상이 알려진다는 것을 알아차릴 수 있다"고 말한 것은 잘못된 것이다. 왜냐하면 그〔예〕는 현재 주제와 관련이 없기 때문이다. 눈은 색깔을 한정하는 것이 아니다. 그렇다면 무엇이 한정하는 것인가? 시각적 의식이다. 만약 시각적 의식이 인지되지 않는다면, 어떻게 색깔이 알려질 수 있겠는가? 그러니 우리의 교리는 전혀 손상된 게 아니다.

내가 파란색을 지각하고 있고, 또 내가 파란색을 알아차리고 있음을 또한 내가 알아차리고 있다고—나는 내가 파란색을 지각하고 있는 인지를 인지한다고—가정해 보자. 대론자는 파란색을 인지하는 지각적 인지

c1을 알아차리는 것은 별개의 인지 c2라고 주장한다. 그렇다면 이 별개의 인지 c2는 인지 c1과 동시적으로 발생하거나 c1 이후에 발생할 것이다. c1와 c2가 동시발생적이라고 가정해 보자. c2는 인지이며, 또 어떤 인지를 알아차리는 일은 가능하기 때문에, 대론자의 견해에 따를 경우, 이는 c2를 알아차리는 별개의 인지 c3가 존재해야 함을 의미한다. 그렇다면 우리는 무한소급에 빠지게 된다. 무한소급을 피하는 유일한 방법은 원본적 c1이 c2를 인지하는 인지가 되도록 하는 것이다. 하지만 그렇다면 우리는 상호 인과적 의존 관계에 놓인 두 가지 동시적 존재를 가지는 것이다. 이건 타당하지 않다. 소의 왼쪽 뿔이 오른쪽 뿔의 원인이고, 또 동시에 오른쪽 뿔이 왼쪽 뿔의 원인이라고 주장하는 건 합당하지 않을 것이다.

c2가 c1 이후에 일어난다고 가정해 보자. 인지는 찰나적이기 때문에, 이는 내가 c1을 알아차리게 될 때 c1이 더 이상 존재하지 않는다는 걸 의미한다. 그러나 우리는 존재하지 않는 것을 지각할 수 없다. 그리고 내성은 일종의 지각이다. 즉, 일종의 "내적인 봄"이다. 그래서 이는 지각적 인지에 대한 나의 알아차림이 내성에 의한 것이 아님을 의미한다. 그렇다면 이는 기억이나 추론을 통한 것임에 틀림없다. 목샤까라굽따는 기억의 경우를 논의하지 않았는데, 왜냐하면 디그나가가 이미 기억에 반대하는 논증을 제시했기 때문이다. 즉, 우리는 이전에 경험하지 않은 것을 기억하지 못하기 때문에, 이전에 파란색을 인지함을 인지했어야만 파란색을 인지함을 기억할 수 있다. 따라서 이러한 접근법은 인지가 인지 자신을 인지할 것을 요구할 것이다.

이전 c1에 대한 나의 알아차림이 추론에 의한 것이라고 가정해 보자. 추론의 주제는 파란색일 것이고, 이유는 인지되는 성질(所知性, cognizedness)일 것이며, 사디야(증명되어야 하는 속성)는 인지다. 이유는 결과 유형에 대한 것일 것이다. 즉, 인지되는 것은 인지의 결과다. 만약 주제에 이유가 있는지 확인할 수 있다면, 이는 타당한 추론이 될 것이다. 파란색이 인지되는 성질에 의해 한정된다는 것을 나는 어떻게 알아차릴 수 있는가? 유일하게 그럴듯한 대답은 나의 알아차림 안에 이 파란색이 존재한다는 것, 또 나는 이 파란색이 인지되는 성질에 의해 한정되지 않는 한, 이 파란색은 존재하지 않을 거라고 추론한다는 것일 것 같다. 그러나 나는 인지되는 성질을 알아차리지 않는 한, 파란색을 인지되는 성질에 의해 한정되는 어떤 것으로 알아차릴 수 없다. 나는 막대기를 알아차리지 않는 한, 누군가를 "막대기를 들고 있는 사람"으로 알아차릴 수 없다. 마찬가지로 나는 파란색을 인지하는 인지를 알아차리지 않는 한, 파란색을 인지된 속성에 의해 한정되는 어떤 것으로 알아차릴 수 없다. 따라서 이 추론은 자기인지 없이는 한 발도 뗄 수 없다. 니야야 논사 뜨릴로짜나는 눈은 파란색을 봄의 원인이지만, 나는 내 눈을 알아차림 없이 파란색을 알아차린다며 반대한다. 마찬가지로, 인지가 파란색이 인지됨의 원인이라고 할지라도, 이 인지를 알아차림 없이 파란색이 인지됨을 알아차릴 수 있으리라는 것이다. 목샤까라굽따의 대답은 눈을 알아차림 없이도 시각적으로 파란색을 알아차릴 수 있지만, 파란색을 알아차리게 하는 의식을 알아차림 없이는 그럴 수 없다는 것이다. 그러나 이렇게 대답한다면, 선결문제 요구의 오류가 될까?

목샤까라굽따는 다음으로 미망사 학파 내 특정 일원들의 견해로 향하는데, 이들은 인지는 지각될 수 없고, 오직 추론에 의해서 인지될 수 있을 뿐이라고 주장한다.

한편, 인지가 지각 가능한 것이 아님을 증명하기 위해 꾸마릴라 밧따(Kumārila Bhaṭṭa)가 한 말이 있다. "그렇지 않으면 색 등을 조명하는 것이 설명되지 않는다는 사실에 의해 감각의 존재가 증명되는 것과 마찬가지로, 인지의 존재도 같은 방식으로 확립된다." 이에 대한 바샤(Bhāṣya)〔주석〕에서는 "인지되는 대상이 부재할 때, 누구도 〔자신의〕 알아차림을 지각할 수 없다. 하지만 알려지는 대상, 그것은 추론을 통해 알려진다"고 말한다. 그리고 복주(Vārttika)에서는 "그것의 인지는 대상의 인지되는 성질 때문이다"고 말한다. 그리고 인지되는 성질은 대상의 현현이라고 한다.

이는 또한 잘못된 것이다. 이 현현에 관해서도, 인지와는 별개로 대상의 형상의 나타남에 불활성이 존재하며, 조명은 불활성에 속하지 않는다. 그리고 만약 그것이 대상이 아닌 다른 것이라면, 그것은 여전히 불활성일 것이며, 그 자신을 조명할 수 없을 것이다. 만약 조명이 또 다른 현현에 의한 것이라면 무한소급이 있을 것이다. 그리고 그 내재적인 본성이 인지인 것, 즉 현현이 지각 가능한 것이 아니라는 불합리한 결과도 있다. 따라서 인지는 자기인지적이라고 주장해야 한다. 자기인지는 경험에 주어지는 것인데, 어째서 이를 부정하는가? (다르마끼르띠는) 이렇게 말했다.

지각작용이 지각되지 않으면 대상을 볼 수 없다.

그리고 『아랑까라』의 저자는 다음처럼 말했다.

> 인지가 지각 가능한 것이 아니라면, 어떻게 그 인지되는 성질에 대한 알아차림이 있을 수 있겠는가?
> 지각할 수 없는 것의 본성을 누가 정의할 수 있겠는가? (TB pp.22-24)

다시 말하지만, 자신의 인지를 자신이 알아차리는 일에 대한 추론적 설명은 인지가 인지 자신을 인지한다는 가정 없이는 작동하지 않을 것이다. 이에 대한 논증을 알려면, 지각적 인지를 갖는다는 게 어떠한 것인지 신중하게 생각해 볼 필요가 있다. 내가 알아차리고 있는 이 파란색은 "불활성"이고, 생명이 없으며, 그 자신을 드러내거나 조명할 수 있는 종류의 것이 아니다. 파란색에 대한 나의 알아차림은 이 불활성의 대상을 현현시키거나 드러내는 경험이다. 그렇다면 나는 이 대상뿐만 아니라, 드러내거나 조명하는 요소도 알아차리는 것처럼 보인다. 문제는 인지가 인지 자신을 인지했지 않은 한 어떻게 그것을 알아차릴 수 있느냐 하는 것이다.

그렇지만 여기서 유가행경량부의 재귀적 인지 교리는 난관에 봉착한다. 방금 거부된 견해는 우리가 다른 사람의 인지를 인지하는 것과 같은 방식으로 우리 자신의 인지를 인지한다고 주장한다. 우리는 우리 자신의 것이든 다른 사람의 것이든, 어떤 인지도 직접 알아차리지 못한다는 것이다. 대신, 인지는 우리가 마음이론(theory of mind), 즉 숨겨진 내적 사건의 관점에서 행동을 설명하는 데 사용하는 이론인,

마음이론을 적용할 때 상정하는 것이다.[11] 우리는 방금 목사까라굽따가 인지의 대상인 파란색과 이 파란색의 현현이나 드러남을 구별하는 데 항의함으로써 이러한 견해를 거부하는 것을 봤다. 그러나 재귀적 자기인지(reflexive self-cognition) 이론은 인지가 "형태상 단일하고 분할할 수 없는 것"이고, 그래서 행위자-대상 모델의 관점에서 이해되어서는 안 된다고 주장함으로써 비재귀성을 위반하는 것을 피해간다. 인지에는 두 가지 형태가 있는가, 아니면 하나인가? 여기서 유가행경량부는 인지가 궁극적으로 분할할 수 없으며, 행위자-작용을 구별하는 관점에서만 세속적으로 분석될 수 있다고 말할지도 모르겠다. 파란색과 파란색의 현현 또는 나타남을 구별하는 건 우리가 망상적인 주체-대상의 구별에 지배를 당하는 동안에만 유효하다. 그러나 이제 유아론의 문제가 다시 한 번 고개를 든다.

앞에서 보았듯이(7장, 5절), 유가행파는 마음과 연합시킬 몸이 없는 상태에서 타자의 마음들(즉, 정신적 흐름들)이 존재한다는 말이 어떤 의미인지 설명하는 데 어려움을 겪는다. 이 어려움은 궁극적으로 인지의 대상과 그 대상의 나타남 혹은 현현이 별개가 아니라고 주장될 때라면 더욱 가중된다. 그렇다면 내가 파란색을 보지 않는 동안 다른 사람은 파란색을 본다고 말하는 건 어떤 의미일 수 있을까? 만약 파란색과 파란색의 나타남이 궁극적으로 별개가 아니라고 한다면, 파란색이 발생할 때는 파란색의 나타남도 발생해야 할 것이다. 그리고

---

11 따라서 꾸마릴라는 에드워드 모건 포스터의 "내가 말하는 것을 내가 보지 않는 한, 내가 무슨 생각을 하는지 내가 어떻게 알겠는가?"라는 글귀를 높이 평가할 것이다.

파란색은 현재 나에게 나타나 있지 않다. 궁극적 진리는 "나"와 "다른 사람"을 구별하는 걸 허용하지 않기 때문에, 별개의 정신적 흐름들에 정신적 사건이 일어나고 있다고 생각할 이유를 어떻게 설명할 수 있을지 알기 어렵다. 꾸마릴라의 이론에는 이를 설명하는 방법이 있다. 당신은 유가행경량부가 이 문제를 해결하는 방법을 생각해 낼 수 있는가?

이것으로 불교철학에 대한 설명을 마치겠다. 디그나가 학파에는 여기에서 제시한 것보다 훨씬 더 많은 내용이 있다. 그리고 불교철학이 티베트와 동아시아에서 수용되면서 이뤄진 흥미로운 발전도 있다. 이와 같은 저작으로는 불교의 철학 전통 전체를 자세히 살펴볼 수 없다. 이 책을 통해, 더 멀리 탐험하기를 원하는 이들이 필요할 기본적인 도구를 갖추었으면 하는 바람이다.

경량부에 관한 더 읽을거리

유가행경량부 저작 세 가지에 대한 훌륭한 영어 번역본이 있다. 이들 중 첫 번째와 두 번째는 해당 텍스트의 낱개 장에, 또 세 번째는 전체 텍스트인 HATTORI Masaaki, *Dignāga: On Perception*(Cambridge, MA: Harvard University Press, 1971)에 해당한다.

Tom Tillemans, *Dharmakīrti's Pramāṇavarttika: An Annotated Translation of the Fourth Chapter*(Vienna: Verlag der Österreichischen Akademie der Wissenschaften, 2000);

Yuichi Kajiyama, *An Introduction to Buddhist Philosophy: An Annotated*

Translation of the Tarkabhāṣā of Mokṣākaragupta, Wiener Studien zur Tibetologie und Buddhismuskunde 42(Vienna: Arbeitskreis für Tibetologie und Buddhistische Studien, 1998).

다르마끼르띠가 유가행경량부를 어떻게 생각했는지 설명하려 하는 야심찬 시도는 John D. Dunne, *Foundations of Dharmakīrti's Philosophy*(Somerville, MA: Wisdom, 2004)이다. 다르마끼르띠 연구들의 현 상황에 대한 탁월한 개관은 *Stanford Encyclopedia of Philosophy*, Edward N. Zalta, ed., Spring 2021 Edition(Stanford: Metaphysics Research Lab, Stanford University, 2021)에 실린 Tom Tillemans의 "Dharmakīrti" 항목이다. https://plato.stanford.edu/entries/dharmakiirti/.

티베트의 자기인지 논쟁에 대한 연구는 Paul Williams, *The Reflexive Nature of Awareness*(Richmond, UK: Curzon, 1998) 참조. 자기인지 이론은 Ching Keng, Mark Siderits, and John Spackman, eds.(Leiden: Brill, 2021)의 *Buddhist Philosophy of Consciousness: Tradition and Dialogue*에 실린 여러 에세이들에서도 논의되고 있다. 이 책에는 지각이 비개념적인지의 여부에 대한 문제를 다루는 여러 에세이들도 포함되어 있다.

재귀적 자기인지를 옹호한 최근은 연구는 Michelle Montague, "What Kind of Awareness is Awareness of Awareness?" *Grazer Philosophische Studien* 94, no.3 (Aug. 2017): 359-80 참조.

아포하 이론을 명확히 설명하고 있는 연구 중 하나는 Vincent Eltschinger, Isabelle Ratié, John Taber, and Michael Much, trans., *Dharmakīrti's Theory of Exclusion (Apoha): Part I: On Concealing: An Annotated Translation of Pramāṇavārttikasvavṛtti* 24,16-45,20(Tokyo: International Institute for Buddhist Studies, 2018)에 실려 있다. 아포하 이론에 대한 최근 학술 문헌으로는 다음의 두 저술을 꼽을 수 있다.

Mark Siderits, Tom Tillemans, and Arindam Chakrabarti, eds., *Apoha: Buddhist Nominalism and Human Cognition*(New York: Columbia

University Press, 2011);

Patrick McAllister, ed., *Reading Bhaṭṭa Jayanta on Buddhist Nominalism* (Vienna: Verlag der Österreichischen Akademie der Wissenschaften, 2017).

유아론에 대한 불교 관련 논쟁은 Yuichi Kajiyama, "Buddhist Solipsism: A Free Translation of Ratnakīrti's *Saṃtānāntaradūṣaṇa*", *Indogaku Bukkyōgaku Kenkyū* 13, no.1(1965): 9-24; *Indo koten ronrigaku no kenkyū; Jinna (Dignāga) no taikei*(Tokyo: Suzuki Gakujutsu Zaidan, 1965), pp.407-29에 실린 Hidenori Kitagawa, "A Refutation of Solipsism(Annotated Translation of the *Saṃtānāntarasiddhi*)" 참조.

인도 이외 지역의 불교철학에 대해 더 읽을거리

티베트의 불교철학 역사에 대한 개관은 Jay Garfield and William Edelglass, eds., *The Oxford Handbook of World Philosophy*(New York: Oxford University Press, 2011), pp.245-63에 실린 Matthew Kapstein, "Buddhist Thought in Tibet: An Historical Introduction" 참조.

인도와 중국의 불교 사유를 대표하는 인물들 사이의 중대한 논쟁을 포함하여 불교가 티베트에 들어온 초기 역사에 대한 설명은 David Seyfort Ruegg, *Buddha-Nature, Mind and the Problem of Gradualism in a Comparative Perspective*(London: School of Oriental and African Studies, 1989) 참조. 티베트 불교 사원 교육에 대한 흥미진진한 설명은 Georges Dreyfus, *The Sound of Two Hands Clapping*(Berkeley: University of California Press, 2003) 참조.

인도에서 중국으로 불교가 전승된 일을 다룬 훌륭한 연구는 Erik Zürcher, *The Buddhist Conquest of China*(Leiden, NL: Brill, 1972) 참조. 중국의 불교철학을

더 큰 중국철학 전통에 안에 두는 논의에 대해서는 JeeLoo Liu, *An Introduction to Chinese Philosophy: From Ancient Philosophy to Chinese Buddhism* (London: Blackwell Publishing, 2006) 참조.

용어 해설

가벼움: 어떤 현상을 설명하기 위해 어떤 이론이 경쟁 이론보다 관찰할 수 없는 존재자를 적게 상정할 때 갖는 속성이다. 간결성이라고 한다.

계: 열여덟 가지 계(十八界)라는 목록은 붓다가 인격체의 모든 구성요소를 범주화하기 위해 사용한 세 가지 분류법 중 하나다. 열두 가지 처와 감각 능력이 감각 대상과 접촉함으로써 생기는 여섯 가지 종류의 상응하는 의식으로 구성된다.

내재: 안에 있음이라는 관계. 니야야에 따르면, 보편자는 그 모든 사례에 내재해 있고, 복합 실체는 그 모든 부분들에 내재해 있고, 색깔 성질은 이것이 한정하는 실체에 내재해 있다는 식이다.

내재적 본성(svabhāva): 어떤 존재자에 내재해 있는, 즉 다른 사물의 존재 방식과 독립적으로 가지고 있는 본성. 달리 말해, 다른 사물로부터 빌린 것이 아닌 본성이다.

내적 감각(manas): 내적 또는 정신적 상태를 알아차리게 하는 능력이다.

단멸론: 인격체는 죽을 때가 아니라 한 순간에서 다음 순간으로 넘어갈 때 사멸한다고 주장하는 소멸론의 형태다.

대상 일반(sāmānya-lakṣaṇa): 디그나가의 체계에서 보면, 개념을 사용하는 모든 지식 에피소드의 지향적 대상은 그렇기에 실재하는 특수자와 간접적으로만 관련이 있다.

법: 불교 형이상학에서 볼 때, 궁극적으로 실재하는 존재자를 지칭하는 용어다.

보편자: 어떤 것들이 집단 또는 종류에 자연적으로 속하는 이유를 설명하기 위해 어떤 이들이 생각해 낸 실체. 예를 들면, 녹색성靑色性, 소성牛性 등이 있다. 보편자가 실재한다는 이들은 어떤 주어진 보편자가 자신의 모든 사례에 동등하게 현존한다고 주장한다. 말하자면, 개개의 모든 녹색의 발생에 내재하는 단 하나의 녹색성이라는 보편자가 존재한다는 식이다.

부분전체론: 전체와 전체를 구성하는 부분들 사이의 관계에 관한 형이상학의 일부다.

사구부정(catuṣkoṭi): 특정한 진술 p가 참인지 여부를 묻는 질문에 대해 'p이다, p가 아니다, p이기도 하고 p가 아니기도 하다, p도 p가 아닌 것도 아니다'고 하는 네 가지 가능한 답을 나열하는 도식법이다.

사디야: 증명되어야 하는 속성(所證). 예를 들어, 불 추론에서 불이라는 속성에 해당한다.

사문: 유행하는 금욕주의자. 지배 이데올로기 바깥에서 실존적 문제에 대한 해결책을 찾는 사람이다.

색: 물질적 또는 물리적인 것의 범주. 때때로 "형태"로 번역되는데, 이는 산스크리트어의 문자적 의미이긴 하지만, 여기서는 "형태나 모양이 있는 것"을 의미하는 데 사용된다(이 같은 물리적 속성이 없는 정신적 존재자와 반대임).

성질(guṇa): 속성-특수자. 예를 들면, 개별 종이 조각에 있는 하얀색의 발현. 그래서 두 개의 속성-특수자는 질적으로 동일할 수는 있지만, 여전히 수적으로는 별개다. 즉, 두 조각의 종이는 그 하얀색성(白色性)에 있어서는 똑같을 수 있지만, 한 종이의 하얀색과 다른 종이의 하얀색은 여전히 두 개의 수적으로 구별되는 존재자들이다.

소멸론: 한 인격체의 구성요소가 새로운 구성요소로 대체된다고 해도, 그 구성요소의 전부 또는 일부가 소멸하면, 그 인격체가 소멸한다는 견해다. 일반적으로 말해, 죽음은 인격체 존재의 끝이라는 견해다.

수적인 동일성: 하나의 동일한 사물인 것. 즉, 질적으로 동일하지 않지만 양립할 수 있는 관계를 말한다(예를 들어, 한 때는 녹색이었다가 다른 때는 노란색인 망고).

실체: 속성들의 담지자인 지속하는 존재자다. 하지만 대부분의 불교도는 궁극적으로 어떤 실체가 존재한다는 점을 부인한다.

아귀: "굶주린 귀신"으로, 나쁜 업 때문에 역겨운 것들만 먹고 마실 수 있는 환경에 태어나며 인간의 모습을 한 존재다.

앎의 수단: 이전에 알지 못한 사실에 대한 참된 인지를 변함없이 생기게 하는 절차다.

에테르: 소리를 전하는, 편재하는 매개체로 상정된 실체다.

영원론: 인격체는 결코 소멸하지 않는다는 견해다. 대체로 인격체의 본질이 자신의 영원한 자아라고 믿는 자들이 주장한다.

온: 다섯 가지 온(五蘊)이라는 목록은 붓다가 인격체의 모든 구성요소를 범주화하기 위해 사용한 세 가지 분류법 중 하나다. 물리적인 모든

것인 색色, 그리고 쾌 관련 느낌(受), 지각적 식별(想), 성향(行), 의식(識)이라고 하는 네 종류의 정신적인 요소로 구성된다.

유명론: 보편자는 존재하지 않는다는 견해다.

유아론: 오직 하나의 마음 혹은 정신적 흐름만이 존재한다는 견해. 즉, 이 견해를 품고 있는 사람의 견해다.

이유: 증거의 발생을 입증할 속성의 발생과 연결한다고 하는 추론의 일부. 예를 들면, 불 추론에서, 연기라는 속성에 해당한다.

인상(vijñapti): 유가행파의 이론상 지각의 지향적 대상인 정신적 존재자를 지칭하기 위한 용어다.

인중무과론: 원인과 결과가 별개의 존재자라는 인과관계 이론이다.

인중유과론: 결과가 아직 현현하지 않은 형태로 그 원인에 이미 존재한다고 하는 인과관계 이론이다.

정통: 고전 인도철학에서 볼 때, 정통학파는 베다를 권위 있는 텍스트로, 즉 다른 어떤 방법으로도 알 수 없는, 감각을 초월한 문제에 대한 앎을 수여하는 것으로 받아들이는 학파다. 니야야와 불이론 베단따는 정통학파이며, 불교의 모든 학파는 비정통이다.

존재론: 어떤 근본적인 종류의 것들이 존재하는지 탐구하는 형이상학의 일부다. 그래서 철학 이론의 존재론은 이 이론이 인정하는 근본적인 종류의 존재자 목록이다.

지향적 대상(viṣaya): 정신적 상태가 대하고 있는 모든 것. 직접적 실재론자들은 지각의 지향적 대상이 무엇인지에 대해 표상주의자들과 의견을 달리한다.

질적인 동일성: 속성에 있어 같은 것. 즉, 수적으로 동일하지 않지만 양립할 수 있는 관계를 말한다(예를 들면, 노란색, 달걀 모양, 달콤함 등에 있어서 같은 별개의 두 망고).

처: 열두 가지 처(十二處)라는 목록은 붓다가 인격체의 모든 구성요소를 범주화하기 위해 사용한 세 가지 분류법 중 하나다. 여섯 가지 감각 능력(다섯 가지 외적 감각과 하나의 내적 감각)과 이 감각 기능이 감지하는 여섯 가지 종류의 상응하는 대상(색깔, 소리 등)으로 구성된다.

트롭: 속성-특수자. 일부 아비달마 학파에 따르면, 법은 모두 트롭이다.

편리한 지시어: 여러 별개의 것들을 단일한 것으로 다루는 게 더 편리하기 때문에 하나의 이름을 붙여 제시된 말이다. 예를 들면, "6캔들이", "1다스", "도시" 등이 그런 말이다.

편재: x가 y 없이는 결코 발생하지 않을 때, 두 사물 x와 y 사이에 유지되는 관계. 타당한 추론에서 보면, 이유 속성은 사디야(sādhya)에 편재한다. 예를 들면, 연기의 있음은 불의 있음에 편재한다.

허무주의(형이상학적 입장): 절대적으로 아무것도 존재하지 않는다는 견해다.

형이상학적 실재론: 실재에 대해 생각할 때 우리가 사용하게 되는 개념과는 독립적으로, 세계가 그 자체로 존재하는 방식 같은 것이 있다는 견해다.

역자 후기

이 번역서는 Mark Siderits, *Buddhism as Philosophy*(2021)의 완역본이다. 초판은 2007년에 *Buddhism as Philosophy: An Introduction*이라는 이름으로 출간되었다. 초판과의 시간 차가 14년에 이른다. 외견상 부제가 빠진 점을 제외하면, 목차의 장에는 실질적인 변화가 없고, 각 장에 딸린 절에 소제목을 붙여놓은 건 새로워진 점이다. 분량을 놓고 단순히 비교할 때 130쪽 가량이 늘었는데, 초판과 직접 비교를 해보지 않아서 실제로 얼마만큼의 내용상 추가가 있는지는 알기 어렵다. 일일이 비교할 수는 없지만 많은 양의 증보가 있다고 짐작할 수 있고 이름을 단 각 절들을 확인할 수 있어, 초판과 비교해 독자에게는 훨씬 유용한 변화가 있는 셈이다.

실제로 저자 마크 시더리츠는 초판이 출간된 2007년 이후는 물론이고, 제2판이 출간된 2021년의 연구들까지 반영해 본서를 갱신했다. 따라서 영어권 최신 연구의 동향도 확인할 수 있는 점을 포함해, 내용상 실질적인 진일보가 있었다고 간주해도 좋겠다. 이 정도라면, 2023년 기준으로 가장 최신의 불교철학서 중 하나로 꼽는다 해도 무방하다. 초판이 나온 2007년은 저자가 28년간 일리노이주립대 교수로 동·서양의 철학을 강의하다가 이른 정년을 한 뒤, 서울대 철학과로 옮기기 1년 전이다. 초판 역시 한 연구자가 오랜 시간 힘주어 쓰고 또 다시 고쳐 쓴 노작이다. 제2판인 본작은 거기에 14년의 세월이 더해졌다.

『철학으로서의 불교』라는 제목에서 짐작할 수 있듯이, 이 책은 불교의 일면을 철학으로 간주하고 철학의 한 분야로 다루고 있다. 우리는 이미 자리잡은 '불교철학(Buddhist Philosophy)'이라는 용어를 자주 쓰긴 하지만, 생각해 보면 이 명칭은 왠지 어색하다는 느낌이 든다. 더군다나 제목의 한정 형태를 보자면, 철학이라는 상위 범주에 불교가 포함되는 양 보여 좀 언짢은 인상을 받은 이들도 있을지 모르겠다. 불교는 인도에서, 철학은 그리스에서 유래했으니 불교 측에서 보면은, '철학적 불교(Philosophical Buddhims)'가 아니라 불교철학이라는 작명은 '인도적 그리스(Indian Greek)'처럼 철학에 초점에 맞춰진 조합이다. 어쨌든, 기독교철학·중국철학 등 다루는 소재를 그 앞에 붙이는 식과 마찬가지로, 저자는 불교의 일면을 소재로 삼는 철학이라는 의미로 제목을 정했다. 물론 불교란 역사·지역·문화적으로 매우 복잡한 현상을 하나로 퉁쳐서 부르는 간편한 명칭인데, 이 책은 정확히 인도불교의 문헌에 담긴 인도불교의 사유를 소재로 하며, 천태·선·화엄 등 동아시아불교는 소재의 영역 밖에 있다.

불교철학은 불교에서 수행, 내적 깨달음, 믿음, 기도, 구제론, 문학, 미술 등 우리가 불교라고 뭉뚱그려 말할 때 익숙하게 떠올려지는 대부분의 영역을 빼고 남은 일부에 자신의 고유한 지분이 있다. 체험·신앙·문화로서의 불교는 어쩌면 우리가 실제 일상에서 접하는 불교의 대부분이어서, 이들을 빼면 뭐가 남느냐고 의아해할지 모르겠다. 사실, 불교철학이라는 분야는 대개 대학의 강단이 아니면 접하기 어렵다. 아무튼 철학이라는 이 영역을 뺀 그 대부분을 가지고도 우리는 문제없이 불교를 해왔고 그럭저럭 잘 해온 것 같다.

말했듯이, 이 책은 불교라는 복잡한 현상의 아주 일부를 다루고 있다. 저자에게 누가 되지 않는다면, 이 책이 대표하는 불교철학이란, 불교를 번거롭게 하고, 일부만 독점하게 만들었으며, 대중들과 멀어지게 했던, 넓은 의미에서 예전 소승의 일 같은 것이라고 말해도 좋겠다. 곧, 역사적 붓다의 말씀을 수집하고 정돈하거나, 초역사적 붓다의 말씀을 받아적은 뒤, 다시 말을 덧붙이고 말로 싸우는 등 인도의 논사들이 주로 해왔던 일이라는 것이다. 불교철학을 모르더라도, 괜찮은 불교도가 되는 데는 아무런 문제가 없다. 인도의 불교 교학은 전체 불교의 일부일 뿐이고, 불교도의 일부가 아주 오래전 인도에서 대중과 별 교류 없이 학파적으로 또 전문적으로 해왔던 일이다.

그렇다고는 해도, 불교가 전개된 이래로 생산되고 전해진 문헌과 그 속의 사유는 불교라는 그 복잡다단한 현상의 '대부분'을 가능하게 했던 거대한 '일부'라고 할 수 있다. 붓다의 핵심 교리에 대한 일부의 사유와 그 사유를 기록한 문헌이야말로 불교 대부분의 원천이기 때문이다. 그렇지만 엄밀히 말하면, 불교철학은 붓다의 다양한 교설들에 미리 진리성을 부여하고 이들을 정합적인 방식으로 해석해 고유한 학적 체계를 만들었던 학파적 교학과도 좀 다르다. 멀리까지 간다면, 불교철학은 붓다의 교설에 또 불교 학파의 학설에 의문을 제기하고, 심지어는 비불교도의 논의가 합당하다면 그에 손을 들어줄 정도로 외도와 비슷한 길을 갈 수도 있다.

불교도로서 불교사상을 접한다면, 그 사상이 타당한지, 논증은 정합적인지를 논의의 대상으로 삼지 않는다. 사실 고전어로 된 텍스트를 번역해 이해하기도 빠듯할 뿐만 아니라, 그 내용을 해석하고 비판하는 데까지 이르기에는 너무 많은 노력이 필요하고, 그럴 동기도 딱히 없다. 이해하고 설명할 수 있으면 족하지, 현대의 불교도라면 그 교리를 대론을 통해 정교화할 일이 없다. 그렇지만 불교 발전의 역사에는 이를 촉진한 상대가 언제나 있었다. 육사외도도 없고, 인도의 육파철학과 대론하지 않는 불교를 상상할 수 있을까? 불교측에서 보자면, 붓다의 핵심 교리는 이들의 잘린 혀로 장엄되어 있다. 인도 당시 패배한 대론자는 실제로 혀가 뽑혀 추방되는 건 약과고, "석재 착유기에서 으깨지고, 기름에 튀겨지고, 도끼로 머리가 잘리고, 나무 절구에 던져져 가루로 갈려버린다."(Verardi, 2014) 말로 하던 전쟁의 시대는 끝났고, 모든 적은 무덤에 들었다. 이제 갓 태어난 불교철학의 대론자는 누가 되어야 할까?

이 책의 가치는 바로 불교 교학을 불교도가 아닌, 마치 상대 철학자의 태도로 대한다는 데 있다. 이는 주어진 전제를 이미 받아들여, 내적 논리를 개발해서 타 종파에 대해 우월성을 놓고 경쟁하는 전통적 종학과는 다른 방식이다. 물론 종학이나 믿음 역시 철학적 태도와 마찬가지로, 불교라는 사태를 대할 때 우리가 취할 수 있는 다양한 방식 중 하나다. 여기서 말하고자 하는 바는 전자는 많고 흔했지만, 후자는 어떤 이유에선지 드물었다는 것이다(시더리츠가 취한 철학적 태도가 무엇인지는 이 책을 읽는 내내 확인할 수 있다). 내 과문 탓인지는 몰라도, 인도의 불교사상을 다룬 많은 책들 중에서 그 분석을 논증을 통해 또 비평자의 관점에서 제시한 저작을 여럿 본 것 같지는 않다. 입문서나 개론서 중 일부에서는 그 제목에 '철학'이라는 단어를 넣어 놓은 경우가 있지만, 그 사상이 무엇인지 이해하기 위한 노력의 하나로 자세히 기술하고 설명하는 데 그칠 뿐이지, 철학이라는 말이 의미하는 만큼의 비판적 태도와 충분한 대론을 포함하고 있지는 않다.

불교 교학에 대한 철학적 분석이 활발하지 못한 이유야 여럿 꼽을 수 있겠지만, 가장 큰 이유는 서양철학과 비교할 때 연구자의 절대적 수가 너무나 적다는 데 있다. 서양의 경우, 그나마도 입문서의 저자들은 종교학이나 동양학을 전공한 학자가 대부분이고, 철학 전공자 중에서 불교를 연구하는 이들의 수는 그중에서도 적다. 문헌학적이거나 역사적인 접근법은 번역과 해석의 정확성을 추구하면서 불교 연구의 근간을 이루기는 해도, 이 방식 자체로는 철학적이라고 할 수 없다. 어느 지점부터는 갈라지는 다른 두 길이다. 이 책은 기존의 불교를 대하던 길과는 다른 길을 대표한다.

여느 입문서와는 달리, 시더리츠의 『철학으로서의 불교』는 주로 분석철학의 방식을 따르며 불교의 형이상학, 인식론, 윤리학이 철학적으로 타당한지 검토하는 노력을 하고 있다. 불교에서 주장하는 바를 독자들에게 그대로 전달하는 데 그치지 않고, 이 주장이 옳은지, 이 주장이 정말 난제를 해결할 수 있는지, 그렇지 않다면 이 주장에는 어떤 의심을 품을 수 있는지 따져본다. 이를 위해 해당 논의를 추려내 뼈대가 되는 논증식을 직접 구성해 보고, 감춰진 전제를 드러낸다. 가령 무아 교리의 경우, 시더리츠는 붓다의 교설에서 소위 통제자 논증, 무상에 근거한 논증 등을 구성해서 해당 전제가 결론을 잘 뒷받침하는지 꼼꼼히 따져가며 그 타당성을 분석하고 있다. 그러고는 불교 측 설명이 합당한지, 나아가 맞선 다른 논증보다 설명력이 뛰어난지, 그래서 불교식 설명을 받아들여야 하는지 자꾸 캐묻는다. 불교가 어떤 주제로, 누구와 논쟁을 하고 있으며, 과연 기대대로 그 대론에서 승리했는지 질문하면서 우리를 불편하게 만든다. 충분히 가능은 했지만, 보기 드물었고, 고대 인도의 정통철학파 측이 아니라면 그 누구에게도 환영받기 힘든 방식이 아닌가.

시더리츠는 이처럼 불교 내적 논리 체계 내에서 질문할 뿐만 아니라, 이를 좀 더 넓은 관점에서 질문하기도 한다. 예를 들면, 이런 식이다. '무아 교리를 받아들이지 않는 이들에게도, 그 유명한 샨티데바의 자비 논증이 통할까?' 하고 묻는다. 왜냐하면, 서양철학에서도 타인에게 윤리적으로 행위해야 하는 이유를 설득력 있게 제시하는 건 두고두고 난제였기 때문이다. 그런데 이렇게 쉽게 풀린다고? 저자는 의심해보라고 한다. 또 유가행파의 유식 이론은 공적 세계의 객관적 존재를 만족스럽게 설명하는 데 성공했을까? 그래서 각자 내면의 수만큼 별개의 세계가 존재한다면, 마음 바깥에서 누군가를 만난다는 건 불가능하지 않을까? 즉, 세친이 유아론을 회피하기 위해 든 지옥의 예시를 포함해 비유적이고 신화적 설명 방식으로 과연 현대인들을 납득시킬 수 있느냐는 것이다. 또 역사적으로 불교에서는 다루지 않은 자유의지의 문제에 대해 불교도는 어떤 설명을 내놓을 수 있을까? 과연 붓다의 무상 교리를 받아들이는 불교 논사들은 그 대척점에 있는 니야야 학파의 주장과 다르게, 영원한 보편자를 상정하지 않고도 이 세계를 만족스럽게 설명했을까? 즉, 서양철학자들을 오랫동안 괴롭혀 온 여럿 위의 하나(One over Many) 문제를 극복했느냐는 것이다. 나아가 보편자를 상정하지 않기 위해 고안된 '아포하'라는 배제의 지칭 방식은 정직할까? 아니면 아포하 이론은 거꾸로 된 보편자를 자신의 체계 내에 몰래 숨겨온 것은 아닐까?

이에 더해 시더리츠는 환원주의와 부분전체론적 허무주의라는 개념을 도입해 무아를 설명한다. 즉, 오온이라는 전체는 색·수·상·행·식이라는 부분들로 환원될 수 있기 때문에 실재하지 않다는 것이다. 한역 불전의 무아 설명에 익숙한 대부분의 독자라면, 이미 이 두 '주의'가 다시 한 번 불편감을 초래했을지 모른다. 붓다의 오온 교리가 일종의 허무주의란 말인가 하는 오해가 있을 수 있는 것이다. 오온이라는 단일한 존재가 별도로 있는 게 아니라 5온, 즉 다섯 가지 구성요소의 집합체를 부르는 편리한 지시어로서, 이는 '6캔들이' 맥주 묶음이나 12개로 구성된 연필 '1다스'처럼 그 실체가 허虛와 무無라는 말이다. 철학의 개념어가 도입되어 설명력이 늘어나기도 했지만, 어쩌면 불교의 핵심이 철학의 개념어 몇 개에 해체되는 듯해 언짢은 이들도 있을 것이다.

이러한 대목들은 이 책이 가진 강점을 보여준다. 서양철학에 익숙하다면, 여기서 대응하는 개념들을 빌려와 불교의 교리를 설명하는 대목에서 눈이 번쩍 뜨일 것이다. 그렇지 않다 해도, 대응하는 개념들로 다채롭게 전개되는 설명에 흥미를 충분히 느낄 것이다. 저자는 "서양과 동양의 철학은 동일한 퍼즐을 두고 서로 다른 철학적 전통에 따라 사유를 전개해 왔다"라고도 언급한 적이 있는데, 그가 보기에 이 둘은 다른 전통 속에서 나름의 사유를 전개해 왔지만, 문제가 되는 펴즐은 동일한 것이다.

이러한 말들의 잔치상을 받고도, 말의 한계에만 주목한 나머지 방망이를 휘두르는 식의 배격을 가하거나, 복잡한 대론과 논증이 단번에 이해되지 않는다는 조급함 탓에 여러 번에 걸쳐 소화시키지 않고 폄훼하기도 한다. 또 이 번역본의 초고를 평가한 혹자처럼 "'일심'이라는 절대 존재에 토대한 동아시아 전통불교"라거나, "우리의 불교 혹은 불교학 전통은 대승종교(기신론)-대승돈교(선종)-대승원교(화엄·천태)가 주류"라고 하며 한국의 불교전통을 인도를 배제한 채 동아시아 내에 가두어버리는 식의 주장을 할 수 있겠다.

내증, 즉 내면의 경험이나, 문학과 예술의 주제가 아니라, 공적인 논의와 논쟁의 대상이 되는 불교 영역은 아주 많다. 팔만대장경은 이러한 영역이 얼마나 광대한지 잘 보여준다. 유구한 시간 동안 불교는 끊임없이 말해왔으며, 그 말을 기록해왔고, 간직해왔다. 그와 동시에 얼마나 말에 공을 들였는지, 또 소중히 다뤄왔는지 자랑스레 내보이는 역사이기도 하다. '경전經'이란 게 뭔가, 바로 말씀을 엮은 책이 아닌가.

역사상 바로 그날, 그 새벽녘에 일어난 붓다의 일회적 깨달음을 자신의 내면에서 반복하고자 분투해 온 내증의 역사만큼이나, 그 통찰의 내용을 언어로 재현해 온 말의 역사가 엄연히 있다. 엄밀히 말해, 각각의 내증은 유일무이해서 반복의 대상이 되지 않지만, 말의 깨달음은 언제 어디서든 재현될 수 있다. 내가 알기론, 자비의 발로인 초전법륜이 바로 그 첫 재현이다. 그래서 말은 자비와 항상 동행이다. 받아적고 번역해온 역사 덕에 파미르를 넘고 타클라마칸을 건너 지금에 전해진 게 아닌가. 불교의 말은 시간을 견디고 언어의 옷을 갈아입으면서도 살아남았다.

그런데 언제부터 말이 시시하고 하찮다고 여겨졌을까? 깨달음은 내적으로 증득되는 언어 초월적 내용이라고 하는 공리 앞에서, 말의 노력은 어딘가 부차적이고 때로는 번거로운 듯 보였다. 수많은 말 너머에 눈빛으로 전수되는 붓다의 마음이 있다는 편안한 생각이 뿌리 깊이 자리한 뒤로, 말은 늘 목적지에 도달할 수 없는 허업虛業 같다는 인식의 벽을 넘지 못했다.

하지만 언어만큼 큰 수레가 있을까? 붓다는 깨달은 새벽 이후 쿠시나가라에서 열반에 든 그날까지 제자들을 말로 가르쳤고, 제자들도 그 말씀을 정돈하고 해석해 더 큰 말의 꾸러미를 남겼다. 불교는 깨달은 내용과 그로 향하는 길을 말을 통해 설명하고 해석한 역사지, 깨달음 자체를 전수한 역사가 아니다. 가르치고 배우는 역사에 말밖에 더 무엇이 있겠는가. 개념을 통해서는 사유할 수 없는 것을 사유하고자 하는 데, 그리고 이 사유할 수 없다는 사실을 포함해 그 모든 걸 사유하려는 노력이 불교의 말에 담겨 있다. 그렇다면, 불교철학은 말의 깨달음을 다룬다고 하면 어떨까? 말로써 말을 해탈한다고 하면 어떨까? 내증의 깨달음은 이심전심이 아닌 다음에야, 철저히 1인칭적 사건이 되겠지만, 말을 통해서라면 이를 공적인 공간에서 논의 가능한 형태로 기술할 수 있다.

붓다 내면의 빛은 말의 옷을 입고서 마음 밖으로 걸어나왔고, 영토를 차지했으며, 사람들이 보고 만지고 전할 수 있는 물성을 띠게 되었다. 붓다가 내적으로 증득한 내용은 말을 통해 형체를 부여받고서 사성제, 무아, 십이연기 등의 교리가 되는 것이다. 반면, 내증의 깨달음에도 좌절은 있다. 적절하게 발화되지 않는다면, 아마 우주에서 가장 고독한 사건이 될지 모른다. 둘은 우열관계가 아니라, 맡은 역할이 다를 뿐이다. 우리는 매번 이 사실을 잊어버린다. 사과의 맛은 잘 설명될 수 있다. 그걸로는 부족하다고 한다면, 사과를 집어 씹어먹는 전혀 다른 노력을 하라. 말에는 그 자체의 성공과 실패의 기준이 있다.

마지막으로 번역어 선택에 대한 언급이 있어야 할 것 같다. 익숙한 한역 술어 몇 개를 영어식으로 풀어서 번역했다. 가령 십이연기十二緣起는 '열두 가지 연결된 의존적 발생의 사슬'로, 팔정도八正道는 '여덟 갈래의 길'로, 사성제四聖諦는 '네 가지 고귀한 자의 진리'로, 삼법인三法印은 '존재의 세 가지 특징'이라는 식이다. 물론 한자어를 병기했고, 군데군데 섞어 쓰기도 했다. 번거롭고 어색한 느낌이 들었지만, 풀어놓으니 개념어 그 자체로도 설명력을 가지는 듯해서 일단은 이 방식의 이점을 취하기로 했다. 또, rebirth는 생사나 윤회 등으로 번역할 수 있겠지만, 인도 정통파나 독자부 등의 경우는 다른 의미를 내포할 수 있으니, 가장 덜 쓰지만 가장 중립적으로 재생이라는 말을 선택했다. 유여열반有餘涅槃과 무여열반無餘涅槃은 각각 '남는 것이 있는 종식'과 '남는 것이 없는 종식'으로 번역했다. 마지막으로 저자는 vyāpti를 pervasion으로 쓰고 있는데, 여러 이유로 흔히 쓰이는 변충遍充보다는 편재遍在가 낫다고 판단했다.

천 년도 훨씬 전인 563년 중국 광주 제지사에서 진제법사가 『섭대승론』을 역출했을 때 그 옆에서 받아적으며 도왔던 혜개慧愷 스님처럼, "큰 골짜기에 겨자씨만한 배를 띄우려 했고, 둔한 말을 채찍질해 먼 길을 가려 했다(欲泛芥舟於巨壑 策駘足於脩路)"던 꼭 그 마음으로 번역했다. 말의 겨자씨가 폭류를 건너 피안에 닿는 수레가 되기를 서원한다.

이 책이 나올 수 있도록 지원해주신 대한불교진흥원 학술·콘텐츠 공모 사업의 신진욱 사무국장님, 고영인 부장님을 포함하여 사업을 진행하셨던 진흥원분들께 먼저 감사의 말씀을 드린다. 또한 함께 힘써주셨던 운주사 김시열 사장님과 직원분들께도 감사드린다. 만날 때마다 지지와 격려를 보내주신 김영욱 선생님과 유경 스님, 범어의 한글 표기에 도움을 준 양영순, 같은 작업실에서 고락을 함께한 박동국에게도 고마움을 전한다. 아내 하현주, 동현, 다현 그리고 가족들의 애정으로 번역 과정의 곤란과 지난을 무사히 넘었다. 사랑과 감사를 보낸다.

찾아보기

【ㄱ】

가벼움의 원리 111~115, 298, 420~422, 602

가변적 연합 전략 122, 123, 153, 326~331

개념적 허구 136, 138, 139, 148, 153, 160, 161, 276, 279, 280, 286~289, 317, 326, 331~334, 368, 435, 475~482, 520, 534, 563

개별자 206, 207, 210, 214, 216, 247, 301, 333, 485, 569

경량부 48, 110, 297~299, 301~304, 316, 332, 339, 352~354, 394, 397, 442, 502, 504, 513, 559, 562, 563

괴로움 34, 36, 39, 57~84, 178~182, 189~193, 195, 196, 204, 361, 367, 462, 551

괴로움의 종식 36, 57, 69, 75, 164, 367

교법 70, 363, 372~376, 381, 384~389, 450, 463, 477, 479

교육 방법(方便) 359, 361, 463, 464, 553

구나(guṇa) 623. 또한 트룹 참조

구제론적(구원론적) 32~33, 353, 354, 396, 462, 466, 550, 552

궁극적 진리(眞諦) 141~142, 149, 151~153, 170, 171, 196, 288, 368, 441, 494~496, 517, 544~555, 617

귀류법(reductio ad absurdum) 146, 497

까말라쉴라 588

꾸마릴라 614~617

【ㄴ】

남는 것이 없는 종식(無餘涅槃) 77, 83, 360~362, 493

남는 것이 있는 종식(有餘涅槃) 77, 82, 83, 173

내재 206~208, 210~214, 216~218

내재성 217~218

내재적 본성(svabhāva) 287~290, 351, 367, 434, 463~471, 475~477, 480, 481, 485, 486, 491~493, 497, 502, 503, 505, 506, 517~523, 542, 621

내재주의 222

네 가지 고귀한 자의 진리(四聖諦) 53, 56~58, 65, 508

네 가지 요소(四大) 44, 105, 211, 374,

380~381
니야야 53, 204~264, 272, 274~276, 278, 291, 293~295, 301, 303, 304, 314, 315, 322, 355, 484, 485, 488, 561, 563~569, 576~578, 599~604, 607, 613

【ㄷ】
다르마끼르띠 559, 575, 581~584, 588, 592, 614, 618
단멸론 148, 172~178, 621
대립자 219, 253
더미(sorites) 283~287, 354
데렉 파핏 162, 172, 179, 183, 203
데이비드 루이스 213
데이비드 흄 107, 114, 120, 162, 398, 453, 531, 532
동일자의 식별불가능성 271~272
디그나가 48, 345, 351, 352, 430~431, 485, 489, 558~564, 567, 571, 574, 575, 577~579, 582, 586~588, 597, 603, 606~612, 617
뜨릴로짜나 611, 613

【ㄹ】
라뜨나끼르띠 355, 601, 619
르네 데카르트 22~23, 106, 107, 114, 232, 398

【ㅁ】
마라(Māra) 55
명색(nāma-rūpa) 95, 158
목샤(mokṣa) 52, 53, 84
목샤까라굽따 607, 608, 612, 613, 616
무본질성 464, 465, 552
무상 57, 65, 70~73, 75, 98, 304~307, 470, 485
무상에 근거한 논증 98, 101, 105, 115, 116, 257
무신론 35
무지(無明) 65, 67~72, 78~80, 186, 472, 473
무착 394, 474~487, 571

【ㅂ】
바이쉐시까 205, 425
바차야나 233, 235
반성적 자기인지(svasaṃvedana) 606~618
반열반(parinirvāṇa) 77, 361, 362
버트런드 러셀 262, 263, 355
베다 51~53, 233, 624
보살 34, 194, 359~383
보편자 27, 206~208, 210~212, 214~218, 226, 227, 229, 230, 247, 264, 274, 301, 484, 485, 565~572, 574, 575, 577, 578, 584~587, 596~598, 622

부분전체론적 허무주의 133, 266, 279, 354, 492, 520
부재 206~208, 218~220, 251~253, 301, 302, 583~584, 599
불이론 베단따 53, 194, 268, 624
붓다고사 97, 98, 327~329, 366
비바사사 48, 297, 298, 300, 301, 304, 344, 426
비영속성 60, 61
비인지 582, 583
비재귀성 원리 117~124, 231, 329, 351, 505, 608~610, 616

【ㅅ】
사구부정 170, 536, 550, 622
사디야(sādhya) 229~231, 237, 581, 583, 613, 622
상좌부 48, 297, 298, 327, 341, 343, 344, 355
상키야 45, 53, 118
샨따락시따 588
선언주의 352
설일체유부 48, 297. 비사사사 참조.
성문 363, 376, 377, 388, 390
세속적 진리(俗諦) 140~142, 149, 176, 195, 201, 288, 546, 549, 554
세친 274~278, 287~289, 291, 293, 298, 306, 313~315, 317, 318, 327, 355, 393~474, 488, 489
소멸론 74, 77, 173, 623
속성 206, 216, 244~246, 240, 253, 257. 또한 트롭 참조
속성-특수자 298~300, 424, 443, 623. 또한 구나·트롭 참조
솔 크립키 262
수적인 동일성 88, 89, 91, 143, 623
승가 42, 70, 371
식별불가능자의 동일성 271
실체 이원론 114
심신 이원론 95
싯다르타 34

【ㅇ】
아귀(preta) 36, 159, 185, 410, 623
아라한 36, 165~172, 297, 359~362, 365~367
아린담 차끄라바르띠 224, 264, 618
아포하 586~604
안혜 466, 474, 481
알렉시우스 마이농 601
앎의 수단 27, 205, 220~223, 228, 232, 235, 236, 250, 340, 449, 561, 564, 575, 576, 579, 580, 585, 623. 추론·지각 참조
앨빈 골드먼 223
앨프리드 줄스 에이어 407
얀 웨스터호프 49, 488, 557
업 51~53, 59, 60, 62, 63, 65, 76, 77,

141, 142, 156~159, 185~190, 327, 328, 410, 411, 413~415, 417~419, 422, 449, 450
여덟 갈래 길(八正道) 56~58, 72, 84, 186
열반 33~36, 53, 63~65, 69, 76, 77, 82, 163~182, 358, 360~365, 396, 462
영원론 35, 623
외재주의자 222
용수 280, 394, 491~549, 553, 555, 556
웃됴따까라 235, 240, 241, 243, 246, 249~255, 257, 258, 261, 262, 322, 258, 604
월칭 491, 510, 516, 518, 524~526, 529, 543, 544, 556
유명론 567~569, 574, 618, 619, 624
유사성(유사함) 215, 570, 571, 593
유아론 461, 462, 616, 619, 624
의미론적 반실재론 549
의미론적 비이원론 495, 496, 548, 549, 551, 552
의미론적 실재론 92, 114
의존적 발생(緣起) 65, 68, 74, 107~113, 453, 507, 549
이유(hetu) 229~231, 237, 257~259, 581~583, 613, 624
인격체주의 315, 355
인과관계 38, 67, 107, 114, 149, 227, 238~244, 260, 261, 453~455, 497, 521, 534~537, 597
인상 393, 395, 396, 398, 400~404, 415~419, 422~462
인중무과론(asatkāryavāda) 523, 528, 624
인중유과론(satkāryavāda) 522, 624
임마누엘 칸트 465

【ㅈ】

재생 36~41, 51~53, 59~61, 66~68, 76~79, 83, 102, 103, 154~160, 185~200, 327, 360~364, 451, 456, 554
정신적 흐름 303, 317, 326, 403, 404, 408, 409, 411, 415, 418, 446, 447, 450~452, 454~462
제바 491, 557
조르주 드레이퍼스 556, 619
조지 버클리 395, 422, 453, 488
존 로크 162, 352
존재론 133~136, 208, 209, 219, 602, 624
지각 27, 94, 95, 109, 114, 208, 223~227, 233~237, 276, 277, 335~344, 348, 350, 403, 419, 425, 430, 431, 438, 443~446, 449, 484~486, 561~568, 575~580
지각적 판단 486, 575~577, 579~581
지향적 대상(viṣaya) 323~352, 425,

429, 430, 445, 446, 449, 525, 621, 624
지혜의 완성(Prajñāpāramitā) 359, 371, 392
직접 실재론 334, 335, 339, 344, 351, 399, 449, 458, 484
질적인 동일성 87, 88, 625

【ㅊ】
찰나성 303~307, 332, 339, 341, 355, 610
찰스 굿맨 203, 354
철저하게 따져보는 방식의 주장 96, 98, 101, 115, 116, 124, 129, 154
청변 491, 522, 543
추론 27, 223, 224, 227~232, 261, 262, 310, 420, 474, 561~568, 574~585

【ㅋ】
클라렌스 어빙 루이스 355

【ㅌ】
타타가타 34
톰 틸레만스 488, 556, 617, 618
통제자 논증 116, 121
트롭(trope) 293, 294, 303, 354, 439~442, 625

【ㅍ】
편리한 지시어 123~152, 157, 171, 172, 246, 276, 288, 294, 302, 324, 329, 476~480, 484, 485, 546, 625
편재 227~231, 237, 261, 566, 584
표상 333~344, 351~353, 398, 401, 402, 445, 446, 607
표상주의 332~355, 397~399, 448, 449, 484

【ㅎ】
형이상적 허무주의 269, 270, 368, 369, 492, 494, 513
환원주의 162, 163, 203
힐러리 퍼트넘 262, 557

지은이 마크 시더리츠(MARK SIDERITS)

고전 인도 불교철학과 현대철학이 만나는 접점에 관심을 두고 연구해 온 철학자다. 하와이 대학교와 예일 대학교에서 동양철학과 서양철학을 전공했으며, 일리노이 주립대학교(현재는 명예교수)와 서울대학교(2012년 정년퇴임)에서 동·서양의 철학을 가르쳤다. 인도 불교철학 및 비교철학에 관한 다수의 논문을 발표했다. 저서로는 *Indian Philosophy of Language*(1991), *Personal Identity and Buddhist Philosophy*(2003), *Nagarjuna's Middle Way*(2013), *How Things Are*(2021)가 있고, 공저로는 *Apoha*(2011)[『아포하』(2019)], *Self, no self?*(2011)[『자아와 무아』(2022)], *Studies in Buddhist Philosophy*(2016)가 있다.

옮긴이 강병화

동국대학교 불교학과를 졸업하고 동 대학원에서 석사학위를 받았으며 박사과정을 수료했다. 동국대 불교문화연구원 전임연구원을 역임했고, 사단법인 가산불교문화연구원 상임연구원으로 재직하며 『가산불교대사림』 편찬에 참여했다. 옮긴 책으로 앤드류 올렌즈키의 『붓다 마인드』(공역), 단 자하비의 『자기와 타자-주관성·공감·수치심 연구』가 있으며, 얀 웨스터호프의 『인도 불교철학의 황금기』의 번역 출간을 앞두고 있다.

대원불교 학술총서 09
철학으로서의 불교

초판 1쇄 인쇄 2023년 8월 1일 | 초판 1쇄 발행 2023년 8월 10일
지은이 마크 시더리츠 | 옮긴이 강병화 | 펴낸이 김시열
펴낸곳 도서출판 운주사
(02832) 서울시 성북구 동소문로 67-1 성심빌딩 3층
전화 (02) 926-8361 | 팩스 0505-115-8361
ISBN 978-89-5746-755-8 93220 값 38,000원
http://cafe.daum.net/unjubooks 〈다음카페: 도서출판 운주사〉